U0925372

Annual of Renmin University of China

中国人民大学年鉴 2019

《中国人民大学年鉴》编辑委员会

中国人民大学出版社

·北京·

▲ 2018年1月13日，中国人民大学习近平新时代中国特色社会主义思想研究院揭牌仪式暨新时代中国特色社会主义高端论坛在学校举行。

▲ 2018年1月2日，学校召开"建设双一流　再上新台阶"第四轮学科评估结果通报会。理论经济学、应用经济学、法学、社会学、新闻传播学、统计学、工商管理、公共管理、马克思主义理论获评A+，政治学、哲学获评A，图书情报与档案管理、中国史、中国语言文学获评A−。A+学科数量位列全国高校第四，人文社会科学A+学科及A类学科均排名全国第二，人文社会科学A+学科占A类学科的比例在教育部直属高校中排名第一。

▲ 2018 年 3 月 29 日，中国人民大学继续教育学院（新）成立大会在学校举行。

▲ 2018 年 5 月 23 日，中国人民大学丝路学院揭牌仪式在苏州独墅湖畔举行。

▲ 2018 年 6 月 30 日，中国人民大学数学学院成立大会暨揭牌仪式在学校举行。

▲ 2018 年 3 月 24 日，世界大学智库联盟成立仪式及首次会议在学校举行。

▲ 2018 年 6 月 5 日，中国人民大学中欧人文交流研究中心揭牌仪式暨“中外人文交流与中国对外关系”研讨会在学校举行。

▲ 纪念马克思诞辰200周年（一）：2018年4月25日，纪念马克思诞辰200周年暨《马克思主义发展史》出版座谈会在学校举行。

▲ 纪念马克思诞辰200周年（二）：2018年5月19日至20日，“中国《资本论》研究会第20次学术研讨会——纪念马克思诞辰200周年暨中国改革开放四十周年”在学校举行。

▲ 纪念马克思诞辰200周年（三）：2018年5月30日，纪念马克思诞辰200周年、学习习近平总书记重要讲话精神暨“走近马克思”小丛书出版座谈会在学校举行。

▲ 2018年12月18日，庆祝改革开放40周年大会在人民大会堂隆重举行。会上，中共中央、国务院表彰改革开放杰出贡献人员，授予100名同志“改革先锋”称号，中国人民大学许崇德教授（图），校友胡福明、何载被授予“改革先锋”称号。

▲ 纪念改革开放 40 周年（一）：2018 年 7 月 29 日，“中国共产党与中国道路”——中国改革开放四十年国际学术研讨会在学校举行。

▲ 纪念改革开放 40 周年（二）：2018 年 9 月 15 日至 16 日，以“新时代中国特色社会主义经济学的新发展——纪念改革开放 40 周年”为主题的第十八届中国青年经济学者论坛在学校举行。

▲ 纪念改革开放40周年（三）：2018年9月29日，以“中国改革开放40年与中国金融学科发展”为主题的中国人民大学金融学科第二届年会（2018）在学校举行。

▲ 纪念改革开放40周年（四）：2018年11月25日，“新时期与新时代：‘中国改革开放40年丛书’出版座谈会”在学校举行。

▲ 纪念改革开放 40 周年（五）：2018 年 12 月 8 日，“新时代　新征程——中国人民大学纪念改革开放 40 周年高峰论坛”在学校举行。

▲ 纪念改革开放 40 周年（六）：2018 年 12 月 16 日，“成就与经验：中国改革开放 40 年”高端论坛在学校举行。

▲ 2018 年 12 月 4 日，首届全国高校党委教师工作部部长工作研讨会在学校举行。

▲ 2018 年 12 月 28 日，学校召开教师职务评审和岗位聘用委员会会议，审议通过第四批教授一级岗位受聘者人选。

▲ 2018年5月11日，第十八届万寿论坛在学校举行。

▲ 2018年10月24日，第二十四届万寿论坛在学校举行。

▲ 2018 年 10 月 20 日，首都治理国际论坛在学校举行。

▲ 2018 年 11 月 3 日至 4 日，第六届世界汉学大会在学校举行。

▲ 2018 年 7 月 28 日，学校与云南省人民政府签署项目合作协议。

▲ 2018 年 10 月 9 日，学校与重庆市人民政府签订战略合作框架协议。

▲ 2018 年 12 月 21 日，学校与内蒙古自治区人民政府签署战略合作框架协议。

▲ 2018 年 4 月 10 日至 15 日，学校党委书记靳诺率团访问德国、意大利，出席学校合作共建的德国莱比锡大学孔子学院成立十周年相关庆典活动，访问意大利博洛尼亚大学，并看望博洛尼亚大学孔子学院教师、志愿者及交换生。

▲ 2018 年 4 月 26 日，学校党委书记靳诺在法国驻华大使官邸被授予法国国家荣誉军团骑士勋章。

▲ 2018 年 10 月 21 日至 27 日，校长刘伟应邀率团访问俄罗斯圣彼得堡国立大学、圣彼得堡国立经济大学，捷克查理大学等，并出席第八届中俄高级经济论坛。

▲ 2018年11月13日至20日，学校党委书记靳诺率学校代表团访问墨西哥、哥斯达黎加和巴拿马，与拉美地区高校友好交流。其间，巴拿马总统、中国人民大学名誉博士胡安·卡洛斯·巴雷拉会见靳诺一行，双方进行友好会谈。

▲ 2018年3月8日，西班牙巴塞罗那自治大学校长玛格丽特·阿尔博斯来访。

▲ 2018 年 4 月 23 日，法国索邦大学校长让·尚巴兹来访。

▲ 2018 年 5 月 3 日，日本一桥大学校长蓼沼宏一来访。

▲ 2018 年 9 月 21 日，美国印第安纳大学校长麦克·麦克罗比来访。

▲ 2018 年 11 月 8 日，比利时根特大学校长里克·冯·瓦利来访。

▲ 2018 年 4 月 12 日，法国驻华大使黎想来访。

▲ 2018 年 12 月 21 日，吉尔吉斯斯坦驻华大使阿扎马特·乌谢诺夫来访。

▲ 2018 年 9 月 19 日，古巴共产党中央书记处书记、国际关系部部长何塞·拉蒙·巴拉格尔率领古巴共产党代表团一行来北京高校思想政治理论课高精尖创新中心考察。

▲ 2018 年 12 月 13 日，南非共产党第一副总书记马派拉率南非共产党代表团来访。

▲ 2018 年 5 月 26 日，学校第七届教职工代表大会暨第十六次工会会员代表大会举行。

▲ 2018 年 12 月 14 日，学校学生艺术团合唱团参演在人民大会堂举行的庆祝改革开放 40 周年文艺晚会《我们的四十年》。

《中国人民大学年鉴（2019）》编辑委员会

顾　　问： 黄　达　李昭公　杜厚文　沈云锁　程天权

主　　任： 靳　诺　刘　伟

委　　员： 吴付来　郑水泉　刘元春　杜　鹏　朱信凯　齐鹏飞　顾　涛　王　轶　胡百精　杜小勇　翟小宁

《中国人民大学年鉴（2019）》编辑部

主　　编： 郑水泉　顾　涛　王　轶

副 主 编： 张　斌

编　　委（以姓氏笔画为序）：

丁　凯　王学军　邓　晖　邓中威　付春梅
任　兵　李　晶　李贞实　沃晓静　陈骊骊
苗　苗　周　石　钟兰芳　黄一顺　蒋香仙
曾丙健　滕文芳

编辑部主任： 楚艳红

编辑部副主任： 陈伟杰　吕鹏军

英文编辑： 张予馨　刘光宇

编　　辑（以所在单位为序）

学校办公室：韦　桦　丁　莹　戴　羽　肖　梦　刘天中　潘　睿　姚思宇　王　蒙　林翌甲　张　珂

党委组织部：田　野

党委宣传部：杨　鹏　张凯怡

党委统战部：蒋海媛

纪委办公室：马　晴　张　磊

党委巡察工作领导小组办公室：杨文娜

党委教师工作部：冯玉军　许小成

研究生院：任　兵

发展规划处：孙　铭
东校区筹备办公室：李　明
教务处：李向前
科研处：张佩芹
理工学科建设处：张　楠
人才工作领导小组办公室：吴　振
人事处：李陈锋
党委学生工作部（处）：高梅红
招生就业处：尚晓莉
国际交流处：徐星一
财务处：洪　叶
保卫处：何佳妮
资产与后勤管理处：龙俊霖
实验室建设与设备管理处：肖逸秋　张洪波　杨　敏
校园建设管理处：徐　青
审计处：袁　璨
继续教育处：崔梦晗
离退休工作处：马小莉
国医学院筹建工作领导小组办公室：赵圣玉
校工会：王雪娇
校团委：曾　瑶　刘广昕　许译文
校友工作办公室：孟繁颖　许泽来
教育基金会：王　乔
哲学院：卫一帆
文学院：吴壹香
历史学院：李　静
国学院：徐　文
经济学院：杨　然
财政金融学院：王　晶
汉青经济与金融高级研究院：曾　妍
统计学院：崔丽君
统计与大数据研究院：李　倩
农业与农村发展学院：刘　婷
法学院：路　磊
马克思主义学院：蔡立庆
社会与人口学院：李玉霞
国际关系学院：姜琳琳
新闻学院：吴翼翔

艺术学院：程　兰
外国语学院：杨书泳
环境学院：魏彦庆
信息学院：曲涵晴
数学科学研究院：王　钧
数学学院：李　慧
理学院：臧　虹
理学院物理学系：上官敏慧
理学院化学系：朱克然
理学院心理学系：何劭玥
商学院：千静文
公共管理学院：张世闯
劳动人事学院：张石磊
信息资源管理学院：梁继红
教育学院：王亚敏
继续教育学院：李忆彤
苏州校区（国际学院、中法学院、丝路学院）：王华贝
深圳研究院：赵　玲
体育部：布　超
图书馆：于子桐
信息技术中心：王斌斌
档案馆（博物馆）：刘　斌　陈姝婕
校医院：耿晓琛
后勤集团：罗舒雯　刘　璇
人大资产经营管理公司：姜晓宇
文化科技园：刘忠彦
出版社：张锁平　刘　莉
书报资料中心：高　寒
附属中学：庄云路
人大附中联合总校：徐　铮
附属小学：卞盈欢

（图片提供：党委宣传部、档案馆　图文编辑：丁晨瑜）

《中国人民大学年鉴（2019）》编辑说明

《中国人民大学年鉴》（以下简称《年鉴》）是一部逐年编辑、出版的兼具中国人民大学工作公报和编年史料性质的工具书。2019 版《年鉴》主要记载 2018 年学校事业发展情况。

一、选编原则

（一）客观、准确，实事求是。

（二）详略适度，前后统一。

（三）大事不漏，小事不收。

二、内容

2019 版《年鉴》全面收录反映 2018 年学校各方面工作情况的资料，包括学校改革、建设和发展过程中的重要事件、重大活动、重要人物、基本数据等。除特别注明外，全部统计数据截至 2018 年 12 月 31 日。凡是前未加学校名称的学院（系）、机关各部处及直（附）属单位，均为中国人民大学所属单位。

三、编写工作的组织

2019 版《年鉴》由年鉴编辑部（挂靠于学校办公室）组织编写。内容由各单位确定专人负责提供，并经本单位负责人审定。

对于编写过程中全校各单位给予的大力支持，在此谨表衷心感谢。

《中国人民大学年鉴》编辑部

2021 年 7 月

人大年鉴(2019)
RENDA NIANJIAN

目　录

中国人民大学简介　1

特　载　4

全国首次专业学位水平评估结果公布　中国人民大学参评专业学位全部A类　人文社科类并列全国首位　4

中国人民大学新学院成立与院系调整　5

第十八届万寿论坛在中国人民大学举行　6

第二十四届万寿论坛在中国人民大学举行　8

专　文　10

习近平新时代中国特色社会主义思想的精神特质和理论品格　10
中国人民大学党委书记　靳诺
(《学习时报》，2018年1月5日第1版)

在首届世界大学智库联盟会议上的致辞　13
中国人民大学校长　国家发展与战略研究院院长
刘伟 (2018年3月24日)

深刻领会习近平新时代中国特色社会主义思想和党的十九大精神，浓墨重彩书写好人民大学"奋进之笔"——在全校中层干部学习贯彻党的十九大精神专题培训班上的讲话　14
中国人民大学党委书记　靳诺 (2018年4月4日)

在中国人民大学第三十三次学生代表大会上的讲话　22
中国人民大学校长　刘伟 (2018年4月22日)

在法国国家荣誉军团骑士勋章授予仪式上的答谢词 23
中国人民大学党委书记 靳诺（2018年4月26日）
在万寿论坛国际研讨会上的致辞 24
中国人民大学党委书记 靳诺（2018年5月11日）
在2018博士学位授予仪式上的讲话 26
中国人民大学校长 刘伟（2018年6月27日）
学好 守拙 别怕——在2018届毕业典礼上的讲话 27
中国人民大学校长 刘伟（2018年6月29日）
在大学最美好的年华找寻人生的答案——在中国人民大学2018—2019学年开学典礼暨教师节表彰大会上的讲话 29
中国人民大学党委书记 靳诺（2018年9月12日）
充分发挥党在“双一流”建设中的领航作用——在教育部“双一流”建设现场推进会上的发言 32
中国人民大学校长 刘伟（2018年9月29日）
在第一届首都发展高端论坛上的致辞 33
中国人民大学党委书记 首都发展与战略研究院院长 靳诺（2018年10月20日）
在第六届世界汉学大会开幕式上的致辞 35
中国人民大学校长 刘伟（2018年11月3日）
在第七届吴玉章人文社会科学终身成就奖颁奖典礼上的致辞 35
中国人民大学校长 刘伟（2018年12月11日）
切实推进师德师风建设 落实立德树人根本任务——在教育部全国师德师风建设工作视频会议上的发言 36
中国人民大学党委书记 靳诺（2018年12月14日）
在“成就与经验：中国改革开放40年”高端论坛暨优秀论文颁奖仪式上的致辞 37
中国人民大学校长 刘伟（2018年12月16日）
在学习习近平总书记庆祝改革开放40周年大会讲话精神学生座谈会上的讲话 38
中国人民大学党委书记 靳诺（2018年12月20日）

2018年统计资料 40

表一 教职员工人员构成一览表 40
表二 专任教师学历构成一览表 40
表三 本科生分学科学生数一览表 41
表四 研究生学生数一览表 41
表五 留学生学生数一览表 41
表六 成人教育、网络教育学生数一览表 41
表七 校园与校舍面积、固定资产一览表 42
表八 学校基建投资状况表 42
表九 经费收入状况表 42
表十 经费支出状况表 42
表十一 科学研究基本状况一览表——文科 42
表十二 科学研究基本状况一览表——理科 43

机构与干部

机构与干部 44
中共中国人民大学第十四届委员会常委、委员和纪律检查委员会委员名单 44
中国人民大学校级领导干部名单 45
中国人民大学校长助理名单 45
中国人民大学第十一届学术委员会委员名单 45
中国人民大学第四届校务委员会委员名单 46
中国人民大学第九届学位评定委员会委员名单 46
中国人民大学第九届学位评定分委员会主席、副主席、委员名单 46
中国人民大学第七届教职工代表大会主席、副主席、秘书长及成员名单 48
中国人民大学工会第十六届委员会主席、副主席、委员名单 48
中国人民大学工会第十六届经费审查委员会组成人员名单 48
校部机关、各学院（系、所）、直（附）属单位负责人名单 49

学院（部）简介

学院（部）简介 54
哲学院 54
文学院 56
历史学院 57
国学院 58
经济学院 59
财政金融学院 60
汉青经济与金融高级研究院 62
统计学院 62
统计与大数据研究院 63
农业与农村发展学院 64
法学院 64
马克思主义学院 66
社会与人口学院 67
国际关系学院 68
新闻学院 69
艺术学院 70
外国语学院 71
环境学院 72
信息学院 73
数学科学研究院 74
数学学院 75
理学院 76
商学院 77
公共管理学院 79
劳动人事学院 80
信息资源管理学院 81

教育学院 82
继续教育学院 83
苏州校区（国际学院、中法学院、丝路学院） 84
深圳研究院 85
体育部 86

党建和思想政治工作 87

综合工作 87
一、概况 87
二、领导班子思想政治建设和理论学习 87
三、民主办学和依法治校 88

组织工作 88
一、概况 88
二、干部工作 89
三、基层党建 93
四、党员队伍建设 94
五、党校工作 95
附录 97
“不忘初心、牢记使命”主题微视频摄制展映活动获奖单位 97
第二届“两学一做”支部风采展示活动优秀组织奖获奖单位 97
第二届“两学一做”支部风采展示活动获奖支部 98
2018 年中国人民大学党校培训班一览表 99

宣传工作 99
一、概况 99
二、理论宣传工作 100
三、新闻宣传工作 100
四、校报编辑工作 101

统战工作 102
一、概况 102
二、人大代表和政协委员工作 102
三、各民主党派基层组织建设及无党派代表人士工作 102
四、港、澳、台及侨联工作 103
五、民族宗教工作 104
六、“统一战线理论政策进高校、进课堂、进教材”工作 104
七、理论研究工作 104
八、统战干部培训工作 105
附录 105
2018 年中国人民大学全国人大代表、政协委员议案提案一览表 105

2018年中国人民大学北京市人大代表、政协委员议案提案一览表 106
2018年中国人民大学各民主党派组织机构情况 106
2018年中国人民大学民主党派成员在其党内任职情况 107

纪检监察工作 107
一、概况 107
二、推动全面从严治党向纵深发展 107
三、聚焦监督执纪问责职责 109
四、其他工作 109

巡察工作 110
一、概况 110
二、制度设计 110
三、人员准备 110
四、启动第一轮巡察工作 111

教师工作 111
一、概况 111
二、教师思想政治工作 111
三、师德师风建设工作 112
四、重要活动 113

工会与教代会工作 113
一、概况 113
二、教代会工作 113
三、校园文化建设和文体社团工作 114
四、师德建设和职业技能竞赛工作 114
五、女教职工工作及职工互助保障工作 115
六、组织建设及其他工作 116

学生工作 116
一、概况 116
二、思想政治教育 116
三、辅导员队伍建设 118
四、学籍管理工作 119
五、学生违纪处理 119
六、奖励与资助工作 119
七、心理健康教育与咨询 121
八、住宿辅导工作 121
九、学业辅导工作 122
十、国防教育工作 122
十一、就业工作 123

十二、创业工作 123
附录 125
2018 年中国人民大学在校学生分学院、类别、年级人数统计表 125
2018 年中国人民大学学生奖励类别及额度 126
2018 年中国人民大学主要学生奖励获奖名单 127
中国人民大学 2017—2018 学年十佳班主任名单 128
中国人民大学 2017—2018 学年优秀班主任名单 128
中国人民大学 2017—2018 学年优秀辅导员名单 129
中国人民大学 2017—2018 学年十佳班级辅导员名单 130
中国人民大学 2017—2018 学年优秀学生兼职辅导员名单 130
中国人民大学 2017—2018 学年先进班集体名单 131
中国人民大学 2017—2018 学年十佳宿舍、文明宿舍名单 135
中国人民大学 2017—2018 学年十佳宿舍长名单 137
中国人民大学 2018 届毕业生分院系人数统计表 138
中国人民大学 2018 届毕业生落实情况统计表 138
中国人民大学 2018 届毕业生就业地区分布情况表 139
中国人民大学 2018 届毕业生就业单位性质统计表 139

共青团工作 140
一、概况 140
二、加强思想政治教育引导 140
三、扎实推进学校共青团改革 140
四、组织建设 141
五、宣传工作 141
六、课外学术活动 141
七、社会实践活动 142
八、校园文化活动 142
九、学生社团工作 142
十、志愿者工作 143
十一、学生会和研究生会工作 143
附录 143
2018 年中国人民大学“创新杯”学生课外学术科技作品获奖情况统计 143
2018 年“创青春”首都大学生创业大赛获奖统计 144
2018 年“创青春”浙大双创杯全国大学生创业大赛决赛获奖统计 144
2018 年中国人民大学共青团系统获评各类奖励情况统计 144

教育教学和学科建设 146
本科生教育 146
一、概况 146
二、招生工作 147
三、教材建设 148

四、教学改革与教学管理 148
五、教学质量监控 153
六、体育教学 154
七、艺术教育 155
附录 156
中国人民大学本科专业目录 156
2018 年中国人民大学各学院分专业招生计划及录取情况 159
2018 年中国人民大学各省份提前批、一批分数线统计表 160
中国人民大学入选 2018 年国家级教学成果奖成果名单 162
2018 年中国人民大学本科教育教学改革立项项目表 163
2018 年中国人民大学教学名师、教学类奖项 166
2018 年中国人民大学学生竞赛获奖情况 168
2018 年中国人民大学大学生创新实验计划结项优秀项目 174
2018 年中国人民大学大学生创业训练计划结项优秀项目 177
2018 年中国人民大学大学生科学研究基金结项优秀项目 177
2018 年中国人民大学本科实践教学品牌项目 178
2018 年中国人民大学高水平运动队成绩统计汇总 179

研究生教育 181
一、概况 181
二、招生工作 182
三、培养工作 183
四、学位管理与学科建设工作 187
五、其他 189
附录 190
中国人民大学国家重点一级学科一览表 190
中国人民大学非国家重点一级学科内国家重点二级学科一览表 190
中国人民大学北京市重点一级学科一览表 190
中国人民大学北京市重点二级学科一览表 191
中国人民大学交叉学科北京市重点学科一览表 191
中国人民大学授予博士、硕士学位和培养研究生的学科、专业目录 191
2018 年中国人民大学学术型博士、硕士学位授予情况 197
2018 年中国人民大学硕士专业学位授予情况 201

对外教育教学 202
一、概况 202
二、招生宣传 202
三、留学生活动 202
附录 203
2018 年中国人民大学在校留学生按国别分类统计表 203
2018 年中国人民大学在校留学生按所在学院分类统计表 206

2018 年中国人民大学接收交换生分类统计表 206
2018 年中国人民大学留学生获奖名单 207

继续教育 207
☞成人高等教育 207
一、概况 207
二、招生工作 207
三、教学管理 207
☞网络教育 208
一、概况 208
二、考试组织情况 208
三、教学服务情况 208
四、学生支持服务情况 209
五、资源建设情况 209
六、基础研究和创新研究情况 209
附录 210
2018 年网络学历教育注册人数统计表 210
2018 年网络学历教育在读学生人数统计表 212
2018 年网络学历教育毕业人数统计表 213
☞教育培训 214
一、概况 214
二、教育培训相关工作 214
三、各类培训 214
附录 215
2018 年培训项目统计 215

实验室建设与仪器设备管理 215
一、概况 215
二、实验室建设工作和成果 215
三、设备购置工作 216
附录 217
2018 年中国人民大学实验室情况表 217

图书馆 220
一、概况 220
二、文献信息资源建设 221
三、文献信息服务 221
四、古籍、特藏收集整理 221
五、教学、科研工作 221
六、分馆建设和资源共建 222

科学研究 223
一、概况 223
二、科研机构 224
三、学术刊物 230
四、科研项目和科研经费 234
五、科研成果与奖励 234
六、学术活动 236
附录 242
2018 年中国人民大学纵向科研项目（部分）表 242

发展规划 252
学科和事业发展规划 252
一、概况 252
二、事业发展规划工作 252
三、院系调整及学科发展规划工作 253
四、统计信息管理工作 253

校园规划与建设 254
一、概况 254
二、中关村校区 254
三、通州新校区 254

专项资金管理 255
一、专项资金管理机构 255
二、统筹推进世界一流大学和一流学科建设 255
三、改善基本办学条件专项资金项目管理 256
四、北京高校“双一流”建设资金专项 257
五、“2011 计划” 258

对外交流与合作 259
一、概况 259
二、主要工作 260
附录 263
2018 年中国人民大学校领导出访团组表 263
2018 年中国人民大学接待重要来访团组表 265
2018 年与中国人民大学签署校际合作协议的境外院校表 267
2018 年与中国人民大学续签校际合作协议的境外院校表 268
2018 年中国人民大学承建孔子学院表 268
2018 年中国人民大学通过校际交换生项目（长期）派出学生表 269
2018 年中国人民大学通过国家公派项目派出学生表 271

2018 年中国人民大学通过暑期境外项目派出学生表 272
2018 年“一带一路”领袖人才国别调研系列项目表 273
2018 年中国人民大学通过校长奖学金项目派出学生表 273
2018 年中国人民大学授予名誉教授称号人员表 273
2018 年中国人民大学因公短期出国/境人数表 273
2018 年中国人民大学因公长期出国/境人数表 274
2018 年中国人民大学主要国际及港澳台会议表 274

管理工作 276

行政管理工作 276
一、概况 276
二、信息工作 276
三、综合协调工作 277
四、规范管理工作 277
五、督查工作 278
六、校史工作 278
七、董事会工作 279
八、国内合作工作 279

人事工作 280
一、概况 280
二、教职工基本情况 280
三、制度建设 280
四、人才工作 281
五、教职工培训 282
六、专业技术职务评聘与岗位聘用工作 284
七、考核工作 284
八、薪酬、福利和离退休工作 285
九、教职工出国（境） 286
十、人事调配工作 286
十一、人事档案管理工作 286
十二、博士后工作 287
附录 288
2018 年中国人民大学教职工增员情况表 288
2018 年中国人民大学教职工减员情况表 289
2018 年中国人民大学博士后科研流动站名单 289

资产管理工作 290
一、概况 290
二、国有资产管理工作 290
三、房地产管理工作 291

附录 293
2018年中国人民大学房屋、土地汇总表 293
2018年中国人民大学固定资产分类统计表 296

财务与审计工作 297
☞**财务工作** 297
一、概况 297
二、年度收支及预算执行情况 297
三、财务状况专题分析 297
四、财务管理 298
☞**审计工作** 299
一、概况 299
二、主要工作 299

后勤工作 300
一、概况 300
二、后勤管理和服务保障工作 300
三、专项改造与维修工作 303
四、节能管理工作 303
五、幼儿园工作 304

安全保卫和医疗保障工作 305
一、概况 305
二、治安、消防、交通、安全教育等工作 305
三、医疗保障工作 306

档案馆、博物馆工作 308
一、概况 308
二、档案馆工作 308
三、博物馆工作 309
附录 311
2018年中国人民大学档案馆馆藏档案和档案利用情况统计表 311
2018年中国人民大学博物馆馆藏文物统计表 311

校园信息化建设工作 312
一、概况 312
二、重点工作 312
三、常规工作 314

校友工作 315
一、概况 315
二、主要工作 315

教育基金会工作 319
一、收支情况 319
二、主要工作 319
附录 320
2018年到账100万元以上的捐赠项目 320

校办产业 321

一、概况 321
二、校属企业管理工作 321
三、人大数媒科技（北京）有限公司 323

出版社 324
一、概况 324
二、选题策划工作 325
三、管理改革工作 326
四、对外合作和版权贸易工作 327
五、其他重要事项 328
附录 328
2018年获奖图书目录 328

书报资料中心 330
一、概况 330
二、管理工作 331
三、期刊编辑出版 331
四、数字化建设 332
五、学术评价研究 332
六、经营销售工作 333

文化科技园 333
一、概况 333
二、服务学校教学科研和人才培养工作 333
三、提升文化产业公共服务能力工作 334
四、其他重要活动 335

人　物 336

全国人大代表和政协委员 336
中国共产党北京市代表大会代表、北京市人大代表和政协委员 336
民主党派中央委员、北京市委委员 337
第八届国务院学位委员会委员 337
国务院学位委员会第七届学科评议组成员 337
第五届北京市学位委员会委员 337

教育部高等学校教学指导委员会委员（2018—2022） 338
教育部高等学校思想政治理论课教学指导委员会委员（2016—2020） 339
第七届吴玉章基金委员会名单 339
中国人民大学荣誉教授 340
中国人民大学首批荣誉一级教授 341
中国人民大学第二批荣誉一级教授 341
中国人民大学第三批荣誉一级教授 341
中国人民大学首批一级教授 341
中国人民大学第二批一级教授 342
中国人民大学第三批一级教授 342
2018 年中国人民大学教授 342
2018 年去世人员名单 347

附属学校 350

附属中学 350
一、概况 350
二、学校建设 351
三、获奖情况 352

人大附中联合总校 356
一、概况 356
二、主要工作 357

附属小学 359
一、概况 359
二、主要工作 359
三、获奖情况 361
四、国内外交流 361

附　录 362

附录一　中国人民大学 2018 年大事记 362
附录二　2018 年媒体报道中国人民大学的部分文章目录索引 396

Contents

人大年鉴(2019)
RENDA NIANJIAN

Brief Introduction to Renmin University of China (RUC) 1

Feature Stories 4

National Professional Degree Level Assessment Results Released: All Professional Degree Programs Evaluated at Renmin University of China Rated as Class A, and Humanities and Social Sciences Programs Tied for First Place Nationally 4

Establishment of New Schools and Department Adjustments at Renmin University of China 5

The 18th Wanshou Forum Held at Renmin University of China 6

The 24th Wanshou Forum Held at Renmin University of China 8

Special Articles 10

The Spiritual Essence and Theoretical Character of Xi Jinping Thought on Socialism with Chinese Characteristics for a New Era 10

Jin Nuo, Chairperson of RUC University Council (*Study Times*, January 5, 2018, the front page)

Address at the Inaugural RUC-WUN Think Tank Conference 13

Liu Wei, President of RUC and Dean of the National Academy of Development and Strategy (March 24, 2018)

Thoroughly Understanding Xi Jinping Thought on Socialism with Chinese Characteristics for a New Era and the Spirit of the 19th CPC National Congress, Writing the Robust Progress of Renmin University with Brilliant Colors—Speech at the Special Training Course for University's Mid-Level Cadres on Learning and Implementing the Spirit of the 19th CPC National Congress ······ 14
Jin Nuo, Chairperson of RUC University Council (April 4, 2018)

Speech at the 33rd Student Representative Assembly of Renmin University of China ······ 22
Liu Wei, President of RUC (April 22, 2018)

Acknowledgement Speech at the Ceremony for the Presentation of Knights of the National Order of the Legion of Honor in France ······ 23
Jin Nuo, Chairperson of RUC University Council (April 26, 2018)

Address at the International Seminar of the 2018 Wanshou Forum ······ 24
Jin Nuo, Chairperson of RUC University Council (May 11, 2018)

Speech at the 2018 Doctoral Degree Conferring Ceremony ······ 26
Liu Wei, President of RUC (June 27, 2018)

Learn Well, Practice Diligently, and Fear Not—Speech at the 2018 Graduation Ceremony ······ 27
Liu Wei, President of RUC (June 29, 2018)

Searching for Answers to Life's Questions in the Best Years of College Life—Address at the 2018－2019 Academic Year Opening Ceremony and Teacher's Day Commendation Meeting of Renmin University of China ······ 29
Jin Nuo, Chairperson of RUC University Council (September 12, 2018)

Fully Leveraging the Leading Role of the Party in the "Double First-Class" Construction—Speech at the Ministry of Education's On-Site Advocating Meeting on "Double First-Class" Construction ······ 32
Liu Wei, President of RUC (September 29, 2018)

Address at the First Capital City Development Forum ······ 33
Jin Nuo, Chairperson of RUC University Council and Dean of the RUC Capital Development and Governance Institute (October 20, 2018)

Address at the Opening Ceremony of the 6th World Conference on Sinology ······ 35
Liu Wei, President of RUC (November 3, 2018)

Address at the 7th Wu Yuzhang Lifetime Achievement Award Ceremony in Humanities and Social Sciences ······ 35
Liu Wei, President of RUC (December 11, 2018)

Actively Promoting the Construction of Teachers' Ethical Standards and Professional Ethics, Implementing the Fundamental Task of Fostering Virtue Through Education—Speech at the National Video Conference on the Construction of Teachers' Ethical Standards and Professional Ethics Conducted by the Ministry of Education ······ 36
Jin Nuo, Chairperson of RUC University Council (December 14, 2018)

Address at the High-End Forum and Outstanding Paper Award Ceremony of "Achievements and Experience: 40 Years of Reform and Opening Up in China" ······ 37
Liu Wei, President of RUC (December 16, 2018)

Speech at the Student Symposium on Studying the Spirit of General Secretary Xi Jinping's Speech at the 40th Anniversary Celebration of Reform and Opening Up ························ 38
Jin Nuo, Chairperson of RUC University Council (December 20, 2018)

2018 Statistics ························ 40

Table 1: Faculty Composition ························ 40
Table 2: Degrees of Full-Time Faculty ························ 40
Table 3: Number of Undergraduates by Discipline ························ 41
Table 4: Number of Postgraduates ························ 41
Table 5: Number of International Students ························ 41
Table 6: Number of Adult- and Online-Education Students ························ 41
Table 7: Campus and School Building Area and Fixed Assets ························ 42
Table 8: Investment in University Infrastructure ························ 42
Table 9: Income ························ 42
Table 10: Expenditure ························ 42
Table 11: Scientific Research—Liberal Arts ························ 42
Table 12: Scientific Research—Science ························ 43

Institutions and Cadres ························ 44

List of the Standing Members and Members of the 14th RUC CPC Committee and Members of RUC Disciplinary Inspection Committee ························ 44
List of University Leadership ························ 45
List of Assistants to University Presidents ························ 45
List of Members of the 11th Academic Committee ························ 45
List of Members of the 4th University Council ························ 46
List of Members of the 9th Academic Degree Evaluation Committee ························ 46
List of Chairperson, Vice Chairperson and Members of the 9th Academic Degree Evaluation Sub-Committee ························ 46
List of Chairperson, Vice Chairperson, Secretary-General and Members of the 7th Faculty and Staff Representative Assembly ························ 48
List of Chairperson, Vice Chairperson and Members of the 16th University Trade Union Committee ························ 48
List of Members of the 16th Fund Review Committee of RUC Trade Union ························ 48
List of Heads of University Departments, Schools (Departments, Institutes), and Direct (Affiliated) Units ························ 49

Schools and Institutes ························ 54

School of Philosophy ························ 54
School of Liberal Arts ························ 56
School of History ························ 57
School of Chinese Classics ························ 58

School of Economics …… 59
School of Finance …… 60
Hanqing Advanced Institute of Economics and Finance …… 62
School of Statistics …… 62
Institute of Statistics and Big Data …… 63
School of Agricultural Economics and Rural Development …… 64
Law School …… 64
School of Marxism Studies …… 66
School of Sociology and Population Studies …… 67
School of International Studies …… 68
School of Journalism and Communication …… 69
School of Arts …… 70
School of Foreign Languages …… 71
School of Environment & Natural Resources …… 72
School of Information …… 73
Institute for Mathematical Sciences …… 74
School of Mathematics …… 75
School of Science …… 76
Business School …… 77
School of Public Administration and Policy …… 79
School of Labor and Human Resources …… 80
School of Information Resource Management …… 81
School of Education …… 82
School of Continuing Education …… 83
Suzhou Campus (International College, Sino-French Institute, Silk Road School) …… 84
Shenzhen Research Institute …… 85
Sports Department …… 86

Party Building and Ideological and Political Work …… 87

Comprehensive Work …… 87
1. Overview …… 87
2. Ideological and Political Building and Theoretical Studies of the Leadership …… 87
3. Running the University in a Democratic Manner and by Law …… 88

Organization Work …… 88
1. Overview …… 88
2. Cadre Work …… 89
3. Construction of Grassroots Party Organizations …… 93
4. Team Building for Party Members …… 94
5. Party School Work …… 95

Appendix …… 97
List of Winning Units of "Never Forget Our Original Aspiration and Founding Mission"

Thematic Micro-Video Production Exhibition ···· 97
List of Excellent Organization Award Winning Units at the 2nd "Have a Solid Understanding of the Party Constitution, Party Regulations, and Related Major Policy Addresses, and Meet Party Standards" Party Branch Exhibitions ···· 97
List of Awarded Party Branches at the 2nd "Have a Solid Understanding of the Party Constitution, Party Regulations, and Related Major Policy Addresses, and Meet Party Standards" Party Branch Exhibitions ···· 98
List of Training Courses of RUC Party School of 2018 ···· 99

Publicity Work ···· 99
1. Overview ···· 99
2. Theoretical Educational Work ···· 100
3. News Publicity Work ···· 100
4. Editorial Work for Journal of Renmin University of China ···· 101

Work Related to the United Front ···· 102
1. Overview ···· 102
2. Work Related to NPC Deputies and CPPCC Members at All Levels ···· 102
3. Grassroots Organization Building of Democratic Parties and Work of Non-Party Members ···· 102
4. Work Related to Hong Kong, Macao, Taiwan and the Federation of Returned Overseas Chinese ···· 103
5. Work Concerning Ethnic and Religious Affairs ···· 104
6. Work Related to "United Front Theory and Policy Entering Universities, Classrooms and Textbooks" ···· 104
7. Theoretical Studies ···· 104
8. Training of United Front Cadres ···· 105

Appendix ···· 105
List of Proposals of RUC NPC Deputies and CPPCC Members in 2018 ···· 105
List of Proposals of RUC Beijing Municipal People's Congress Deputies and Beijing Municipal People's Political Consultative Conference Members in 2018 ···· 106
Organizations of Democratic Parties at RUC in 2018 ···· 106
Members of Democratic Parties at RUC and Their Positions in 2018 ···· 107

Work Related to Discipline Inspection and Supervision ···· 107
1. Overview ···· 107
2. Further Promoting the Comprehensive and Strict Management of Party Work ···· 107
3. Focusing on Duties of Supervision and Discipline ···· 109
4. Other Work ···· 109

Inspection Work ···· 110
1. Overview ···· 110

2. System Design ······ 110
3. Personnel Preparation ······ 110
4. Starting the First Round of Inspections ······ 111

Faculty Work ······ 111
1. Overview ······ 111
2. Ideological and Political Work Concerning the Faculty ······ 111
3. Faculty's Ethics and Professionalism Building ······ 112
4. Important Activities ······ 113

Work Related to the Trade Union and Faculty Representative Assembly ······ 113
1. Overview ······ 113
2. Faculty Representative Assembly ······ 113
3. Campus Culture Building and Recreation and Sports Associations ······ 114
4. Faculty's Ethics Building and Vocational Skills Competition ······ 114
5. Work Related to Female Faculty and Faculty Mutual Insurance ······ 115
6. Organization Construction and Other Work ······ 116

Students Work ······ 116
1. Overview ······ 116
2. Ideological and Political Education ······ 116
3. Counselor Team Construction ······ 118
4. Student Status Management ······ 119
5. Student Disciplinary Treatment ······ 119
6. Awards and Financial Aids ······ 119
7. Psychological Health Education and Counseling ······ 121
8. Accommodation Counseling ······ 121
9. Academic Tutoring ······ 122
10. National Defense Education ······ 122
11. Students' Career Development ······ 123
12. Student Entrepreneurship ······ 123
Appendix ······ 125
Statistics on the Number of Students by School, Category and Grade in 2018 ······ 125
Types and Quotas of Student Awards for the 2018 Academic Year ······ 126
List of Major Scholarship Winners for the 2018 Academic Year ······ 127
List of "Top Ten Head Teachers" for the 2017－2018 Academic Year ······ 128
List of "Excellent Head Teachers" for the 2017－2018 Academic Year ······ 128
List of "Excellent Counselors" for the 2017－2018 Academic Year ······ 129
List of "Top Ten Class Counselors" for the 2017－2018 Academic Year ······ 130
List of "Excellent Students as Part-Time Counselors" for the 2017－2018 Academic Year ······ 130
List of RUC "Advanced Classes" for the 2017－2018 Academic Year ······ 131
List of RUC "Top Ten Dormitory Rooms" and "Outstanding Dormitory Rooms" for the

2017－2018 Academic Year ········· 135
List of RUC "Top Ten Dormitory Room Leaders" for the 2017－2018 Academic Year ········· 137
Statistics on the Number of 2018 Graduates by School and Department ········· 138
Statistics on the Employment Choices for 2018 Graduates ········· 138
Statistics on the Employment Regional Distribution for 2018 Graduates ········· 139
Statistics on the Types of Employment Units for 2018 Graduates ········· 139

The Communist Youth League ········· 140
1. Overview ········· 140
2. Strengthening Ideological and Political Education and Guidance ········· 140
3. Promoting the Reform of the Communist Youth League of RUC ········· 140
4. Organization Construction ········· 141
5. Publicity Work ········· 141
6. Extracurricular Academic Activities ········· 141
7. Social Practice Activities ········· 142
8. Campus Cultural Activities ········· 142
9. Student Associations ········· 142
10. Voluntcer Work ········· 143
11. Undergraduate and Postgraduate Student Unions ········· 143
Appendix ········· 143
Statistics on the Awards for RUC Students' Extracurricular Academic Science and Technology Works in the "Innovation Cup" Competition of 2018 ········· 143
Statistics on the RUC Awards in the "Youth Creation" Capital College Students' Entrepreneurship Competition of 2018 ········· 144
Statistics on the RUC Awards in the "Youth Creation" China College Students' Entrepreneurship Competition Final of 2018 ········· 144
Statistics on the Awards of RUC Communist Youth League System Received in 2018 ········· 144

Teaching and Discipline Construction ········· 146
Undergraduate Education ········· 146
1. Overview ········· 146
2. Enrollment ········· 147
3. Teaching Materials Construction ········· 148
4. Teaching Reform and Management ········· 148
5. Teaching Quality Monitoring ········· 153
6. Physical Education ········· 154
7. Art Education ········· 155
Appendix ········· 156
Catalogues of Undergraduate Majors ········· 156
RUC's Enrollment Plans and Admission Results of Each School by Major in 2018 ········· 159
RUC's Statistics on the Cutoff Scores for Early Admission and First Batch Admission by Province in 2018 ········· 160

List of RUC's Achievements Selected into the Year 2018's National Teaching Achievement Award ······ 162
List of RUC's Approved Projects for Undergraduate Education and Teaching Reform in 2018 ······ 163
RUC's Teaching Excellence Awards and Teaching-Related Honors in 2018 ······ 166
Student Competition Awards in 2018 ······ 168
Excellent Projects of College Student Innovation Experiment Program in 2018 ······ 174
Excellent Projects of the College Student Entrepreneurship Training Plan Program in 2018 ······ 177
Excellent Projects of the College Student Science and Research Fund in 2018 ······ 177
RUC's Undergraduate Practice Teaching Brand Projects in 2018 ······ 178
Summary of Results of High-Level Sports Teams in 2018 ······ 179

Postgraduate Education ······ 181
1. Overview ······ 181
2. Enrollment ······ 182
3. Student Cultivation ······ 183
4. Degree Management and Discipline Development ······ 187
5. Other Work ······ 189
Appendix ······ 190
List of National First-Class Key Disciplines ······ 190
List of National Second-Class Key Disciplines in Non-National First-Class Key Disciplines ······ 190
List of Beijing First-Class Key Disciplines ······ 190
List of Beijing Second-Class Key Disciplines ······ 191
List of Inter-Disciplines under Beijing Key Disciplines ······ 191
Disciplines and Majors of Which RUC Confers Doctoral and Master's Degrees ······ 191
Conferral of Academic Doctoral and Master's Degrees in 2018 ······ 197
Conferral of Professional Master's Degrees in 2018 ······ 201

International Students and Teaching ······ 202
1. Overview ······ 202
2. Enrollment and Publicity ······ 202
3. International Student Activities ······ 202
Appendix ······ 203
List of International Students by Country in 2018 ······ 203
List of International Students by School in 2018 ······ 206
Category of Exchange Students Received by RUC in 2018 ······ 206
List of Awarded International Students in 2018 ······ 207

Continuing Education ······ 207
Adult Higher Education ······ 207
1. Overview ······ 207
2. Enrollment ······ 207

3. Teaching Management …… 207
Online Education …… 208
1. Overview …… 208
2. Examination Organization …… 208
3. Teaching Support …… 208
4. Student Support …… 209
5. Resource Construction …… 209
6. Basic Research and Innovative Research …… 209
Appendix …… 210
Statistics of 2018 on the Number of Registered Enrollments in Online Degree Education …… 210
Statistics of 2018 on the Number of Students Studying Through Online Degree Education …… 212
Statistics of 2018 on the Number of Graduates in Online Degree Education …… 213
Educational Training …… 214
1. Overview …… 214
2. Work Related to Educational Training …… 214
3. Various Trainings …… 214
Appendix …… 215
Statistics of Training Programs in 2018 …… 215

Laboratory Construction and Equipment Management …… 215
1. Overview …… 215
2. Laboratory Construction and Achievements …… 215
3. Equipment Acquisition …… 216
Appendix …… 217
List of Laboratories in 2018 …… 217

Library …… 220
1. Overview …… 220
2. Literature and Information Resource Construction …… 221
3. Literature Information Service …… 221
4. Ancient Books and Special Collections …… 221
5. Teaching and Research …… 221
6. Branch Libraries Construction and Joint Resource Construction …… 222

Scientific Research …… 223
1. Overview …… 223
2. Research Institutes …… 224
3. Academic Publications …… 230
4. Scientific Research Projects and Funds …… 234
5. Scientific Research Achievements and Awards …… 234
6. Academic Activities …… 236
Appendix …… 242

List of Vertical Research Projects (Partial) in 2018 ······ 242

Development Planning ······ 252

Discipline and Career Development Planning ······ 252
1. Overview ······ 252
2. Career Development Planning ······ 252
3. Department Adjustment and Discipline Development Planning ······ 253
4. Statistical Information Management ······ 253

Campus Planning and Construction ······ 254
1. Overview ······ 254
2. Zhongguancun Campus ······ 254
3. Tongzhou New Campus ······ 254

Special Fund Management ······ 255
1. Special Fund Management Organizations ······ 255
2. Coordinately Advancing World-Class University and First-Class Discipline Construction ······ 255
3. Project Management of Special Funds for Improving Basic Conditions for Running Schools ······ 256
4. Special Funding for the "Double First-Class" Construction for Beijing's Universities ······ 257
5. "Plan 2011" ······ 258

Foreign Exchange and Cooperation ······ 259
1. Overview ······ 259
2. Major Work ······ 260

Appendix ······ 263
List of University Leadership Visiting Abroad in 2018 ······ 263
List of Important Delegations that Visited RUC in 2018 ······ 265
List of Overseas Colleges and Universities that Signed Inter-School Cooperation Agreements with RUC in 2018 ······ 267
List of Overseas Colleges and Universities that Renewed Inter-School Cooperation Agreements with RUC in 2018 ······ 268
List of Overseas Confucius Institutes Constructed by RUC in 2018 ······ 268
List of Students Studying Abroad Through Inter-School Exchange Programs (Long-Term) in 2018 ······ 269
List of Students Studying Abroad Through Government-Sponsored Programs in 2018 ······ 271
List of Students Studying Abroad Through Summer Programs in 2018 ······ 272
The "Belt and Road" Leadership Country Survey Series Projects of 2018 ······ 273
List of Students Studying Abroad with President Scholarship in 2018 ······ 273
List of Honorary Professors Awarded by RUC in 2018 ······ 273
Statistics on the Number of Personnel on Official Trips Overseas (Short-Term) in 2018 ······ 273

Statistics on the Number of Personnel on Official Trips Overseas (Long-Term) in 2018 ………… 274
List of Major International Conferences and Conferences with Participants from Hong Kong, Macao and Taiwan Held by RUC in 2018 ………… 274

Management ………… 276

Administrative Management ………… 276
1. Overview ………… 276
2. Information-Related Work ………… 276
3. Comprehensive Coordination ………… 277
4. Standardized Management ………… 277
5. Supervision ………… 278
6. Work Related to RUC's History ………… 278
7. Work of the Board of Directors ………… 279
8. Domestic Cooperation ………… 279

Personnel Management ………… 280
1. Overview ………… 280
2. Basic Information of Faculty and Staff ………… 280
3. Mechanism Construction ………… 280
4. Talent Cultivation ………… 281
5. Faculty and Staff Training ………… 282
6. Evaluation and Appointment of Professional and Technical Titles ………… 284
7. Performance Appraisal ………… 284
8. Compensation, Welfare and Retirement ………… 285
9. Faculty Going Abroad and Overseas ………… 286
10. Personnel Deployment ………… 286
11. Personnel File Management ………… 286
12. Postdoctoral Work ………… 287

Appendix ………… 288
Table of Faculty Increase of RUC in 2018 ………… 288
Table of Faculty Decrease of RUC in 2018 ………… 289
List of Postdoctoral Research Mobile Stations of RUC in 2018 ………… 289

Asset Management ………… 290
1. Overview ………… 290
2. State-Owned Assets Management ………… 290
3. Real Estate Management ………… 291

Appendix ………… 293
Summary of Housing and Land Resources of RUC in 2018 ………… 293
Statistics of Fixed Assets Classification of RUC in 2018 ………… 296

Financial and Auditing Work ………… 297

Financial Work ········ 297
1. Overview ········ 297
2. Annual Income and Expenditure and Budget Execution ········ 297
3. Thematic Analysis of Financial Conditions ········ 297
4. Financial Management ········ 298
Auditing ········ 299
1. Overview ········ 299
2. Major Work ········ 299

Logistics ········ 300
1. Overview ········ 300
2. Logistics Management and Service Support ········ 300
3. Special Renovation and Maintenance ········ 303
4. Management of Energy Saving ········ 303
5. Work Related to the Kindergarten ········ 304

Security and Medical Care ········ 305
1. Overview ········ 305
2. Public Security, Fire Control, Traffic Safety and Safety Education ········ 305
3. Medical Care ········ 306

University Archive and University Museum ········ 308
1. Overview ········ 308
2. University Archive ········ 308
3. University Museum ········ 309
Appendix ········ 311
Statistics on the Collected Archives and Archives Utilization in 2018 ········ 311
Statistics on the Museum Collections and Exhibits in 2018 ········ 311

Campus Information Construction ········ 312
1. Overview ········ 312
2. Key Work ········ 312
3. Regular Work ········ 314

Alumni Work ········ 315
1. Overview ········ 315
2. Major Work ········ 315

Education Foundation ········ 319
1. Income and Expenditure ········ 319
2. Major Work ········ 319
Appendix ········ 320

Donations over 1 Million Yuan Received in 2018 …… 320

RUC-Run Enterprises …… 321
1. Overview …… 321
2. Management of School-Owned Enterprises …… 321
3. Digital Media of RUC …… 323

China Renmin University Press …… 324
1. Overview …… 324
2. Book Commissioning …… 325
3. Management and Reform …… 326
4. International Cooperation and Copyright Trade …… 327
5. Other Important Matters …… 328
Appendix …… 328
Catalogue of Award-Winning Books in 2018 …… 328

Information Center for Social Sciences, RUC …… 330
1. Overview …… 330
2. Management Work …… 331
3. Journal Editing and Publication …… 331
4. Digital Construction …… 332
5. Academic Evaluation Research …… 332
6. Operation and Sales …… 333

Culture and Science Park …… 333
1. Overview …… 333
2. Serving the University's Teaching and Research and Talent Development …… 333
3. Enhancing Public Service Capacity of the Cultural Industry …… 334
4. Other Important Activities …… 335

Figures …… 336
Deputies to the National People's Congress and Members of the Chinese People's Political Consultative Conference …… 336
CPC Beijing Municipal Congress Delegates, Deputies to the Beijing Municipal People's Congress and Members of the Beijing Municipal Committee of the Chinese People's Political Consultative Conference …… 336
Members of the Central Committee of Democratic Party and Members of the Beijing Municipal Committee …… 337
Members of the 8th State Council Academic Degree Committee …… 337
Members of the 7th Discipline Evaluation Group of the State Council Academic Degree Committee …… 337

Members of the 5th Beijing Academic Degree Committee …… 337
Members of Higher Education Teaching Steering Committee of the Ministry of Education (2018—2022) …… 338
Members of Higher Education Steering Committee of Ideological and Political Theory Course Teaching of the Ministry of Education (2016—2020) …… 339
Members of the 7th Wu Yuzhang Fund Committee …… 339
Honorary Professors of RUC …… 340
The First Batch of Honorary First-Grade Professors of RUC …… 341
The Second Batch of Honorary First-Grade Professors of RUC …… 341
The Third Batch of Honorary First-Grade Professors of RUC …… 341
The First Batch of First-Grade Professors of RUC …… 341
The Second Batch of First-Grade Professors of RUC …… 342
The Third Batch of First-Grade Professors of RUC …… 342
List of RUC Professors in 2018 …… 342
List of the Deceased Personnel in 2018 …… 347

Affiliated Schools …… 350

The High School Affiliated to RUC …… 350
1. Overview …… 350
2. School Construction …… 351
3. Awards …… 352

The Headquarters of the United Schools Associated with the High School Affiliated to Renmin University of China …… 356
1. Overview …… 356
2. Major Work …… 357

The Elementary School Affiliated to RUC …… 359
1. Overview …… 359
2. Major Work …… 359
3. Awards …… 361
4. Exchanges Home and Abroad …… 361

Appendix …… 362

Appendix Ⅰ Memorabilia of RUC in 2018 …… 362
Appendix Ⅱ Index of Parts of Articles in Media on RUC in 2018 …… 396

中国人民大学简介

中国人民大学（Renmin University of China）是中国共产党创办的第一所新型正规大学，是一所以人文社会科学为主的综合性研究型全国重点大学，直属于教育部，由教育部与北京市共建。学校的前身是1937年诞生于抗日战争烽火中的陕北公学，以及后来的华北联合大学、北方大学和华北大学。1949年12月16日，中央人民政府政务院第十一次政务会议根据中共中央政治局的建议，通过了《关于成立中国人民大学的决定》。1950年10月3日，以华北大学为基础合并组建的中国人民大学隆重举行开学典礼，成为新中国创办的第一所新型正规大学。著名教育家吴玉章、成仿吾、袁宝华、黄达、李文海、纪宝成、陈雨露先后担任校长。现任党委书记为靳诺教授，校长为刘伟教授。

建校以来，中国人民大学始终坚持党的领导，坚持马克思主义指导地位，坚持为党和人民事业服务，形成了“人民共和国建设者”的摇篮、人文社会科学高等教育的重镇、马克思主义教学与研究的高地三大办学特色，被誉为“在我国人文社会科学领域独树一帜”，为我国哲学社会科学的发展和繁荣，为社会主义革命、建设和改革事业做出了重要的贡献。从1950年至今，国家历次确立重点大学，中国人民大学均位居其中。学校是国家首批“985工程”“211工程”重点建设大学，2017年首批入选国家“世界一流大学和一流学科”建设名单。

中国人民大学早已形成以本科教育为基础、研究生教育为重点、继续教育为辅助的全方位、多层次的办学格局，形成了“主干的文科、精干的理工科”的学科发展体系。学校是我国首批设立研究生院的高校之一，现有30个教学单位、25个跨学院研究机构，另设有体育部、继续教育学院、深圳研究院等。学校设有学士学位专业 81 个，硕士学位授权二级学科 168 个，专业学位硕士授权类别 20 个，博士学位授权二级学科 129 个。学校拥有硕士学位授权一级学科 37 个，博士学位授权一级学科 21 个，博士后科研流动站 19 个。

学校拥有 8 个国家重点一级学科，8 个国家重点二级学科，在人文社会科学领域均居全国第一；拥有 5 个北京市重点一级学科，1 个北京市重点交叉学科，4 个北京市重点二级学科；拥有 13 个教育部普通高等学校人文社会科学重点研究基地，名列全国高校第一；拥有 5 个国家文科基础学科人才培养和科学研究基地，1 个大学生文化素质教育基地；拥有 2 个教育部工程研究中心、重点实验室，4 个国家级实验教学示范中心，2 个北京市重点实验室，3 个北京市哲学社会科学研究基地。在连续十五届全国百篇优秀博士论文评选中，中国人民大学获选 29 篇，占全国已入选人文社会科学优秀博士论文总数的 12％，在所有高校和科研院所中位居第一。

在教育部学位评估中心 2017 年公布的全国一级学科评估结果中，学校获评 A 类的学科总数为 14 个，其中理论经济学、应用经济学、法学、社会学、新闻传播学、统计学、工商管理、公共管理、马克思主义理论获评 A＋，政治学、哲学获评 A，图书情报与档案管理、中国史、中国语言文学获评 A－，A＋学科数量位列全国高校第四。

截至 2018 年底，学校有专任教师 1 869 人，其中教授 674 人，副教授 779 人。学校有 19 名第八届国务院学位委员会委员和第七届学科评议组成员，有 14 名教授受聘为第二届教育部社会科学委员会委员，人数居全国高校前列；有 65 位专家入选中央“马克思主义理论研究和建设工程”课题组首席专家或主要成员，人数居全国高校首位；先后有 480 人享受国务院颁发的政府特殊津贴；有“万人计划”入选者 24 人，国家“有突出贡献中青年专家”21 人，教育部“跨世纪优秀人才培养计划”入选者 25 人，“新世纪百千万人才工程”国家级人选 34 人；有 6 人被评为国家级教学名师，10 人获得国家杰出青年科学基金，14 人获得国家优秀青年科学基金，10 人荣获教育部“高校青年教师奖”，190 人入选教育部“新世纪优秀人才支持计划”。

中国人民大学名师辈出，俊彦云集。已故名家大师吴玉章、成仿吾、范文澜、艾思奇、何思敬、何干之、何洛、胡华、尚钺、吴景超、李景汉、庞景仁、石峻、缪朗山、李秀林、徐禾、塞风、许孟雄、孟氧、佟柔、戴世光、刘铮、查瑞传、苗力田、吴大琨、萧前、林文益、阎达五、阎金锷、方生、高鸿业、钟契夫、吴宝康、彭明、彦奇、曾宪义、宋涛、萨师煊、王传纶、李文海、许崇德、刘佩弦、周诚、王思治、方立天、郑杭生、夏甄陶、周升业、罗国杰、蓝鸿文、甘惜分、黄顺基、庄福龄、孙国华、李占祥、高放等为学校的学科发展、学术繁荣和人才培养做出了奠基性、开创性贡献。老一辈著名学者黄达、戴逸、卫兴华、胡钧、陈共、严瑞珍、高铭暄、王作富、许征帆、何沁、方汉奇、赵履宽、邬沧萍、陈先达、张立文、钟宇人、吴易风、胡乃武、周新城、赵中孚等成就卓著、耕耘不辍，为学校的学科建设、人才培养和科学研究奠定了坚实基础。

截至 2018 年底，中国人民大学共有全日制在校生 27 134 人，其中本科生 11 163 人，硕士研究生 10 489 人，博士研究生 3 941 人，留学生 1 541 人。留学生人数在全国高校中位居前茅。学校以“国民表率、社会栋梁”为人才培养目标，充分发挥人文社会科学学科在全国高校数量多、门类全、综合水平高的优势，积极培养高素质、高层次的理论型、管理型优秀人才，培养“人民共和国的建设者”。从陕北公学至今，学校培养的优秀建设者和各行各业、各个层面的领袖人才中，既有许多成就卓著的专家学者，又有许多闻名遐迩的企业家，政绩斐然的党政军高级领导干部，以及卓有建树的新闻、法律、文学艺术和科学技术工作者。

中国人民大学始终注重发挥人文社会科学认识世界、传承文明、创新理论、资政育人、服务社会的作用，在不断发展学术、繁荣学术的同时，积极发挥“思想库”“智囊团”的作用，研究重大政治、经济、文化和社会问题，为国家经济建设和社会发展提供强大的理论保证和有力的智力支持。党的十六大以来，学校已有许崇德、王利明、曾湘泉、黄卫平、史际春、秦宣、李景治、翟振武、杨凤城、郭湛等教授 11 次为中央政治局集体学习做报告；自许崇德教授为第九届全国人大常委会首次法制讲座做报告以来，学校已有高铭暄、龙翼飞、郭寿康、王利明、林嘉、刘春田、朱信凯、吴晓球等教授 10 次为全国人大常委会做专题讲座：分别都是参加学者最多的高校。一大批教师为中央领导和中央国家机关提供决策咨询。学校先后承担或参与了“马克思主义理论研究和建设工程”“国家清史纂修工程”“北京 2008 年奥运会总体影响评估（OGGI）”“冷中子非弹性散射谱仪的研制”等特大、重大项目。2001 年以来，学校共获得国家社会科学基金项目、国家自然科学基金项目、教育部人文社会科学规划项目、北京市社会科学规划项目等各级各类项目 1.76 万余项，共获得经费 33.47 亿余元，其中国家社会科学基金重大项目立项数居全国高校第一位，教育部人文社会科学重大攻关项目立项数位居全国前列。学校教师发表的学术论文数量持续增长，2004—2017 年，中文社会科学引文索引（CSSCI）收录学校论文数量连续 14 年保持全国高校第一。自 2010 年起，学校共有 31 部学术专著入选“国家哲学社会科学成果文库”，位居全国高校第一。

中国人民大学是国内外学术文化交流的重要平台，先后同美国哈佛大学、耶鲁大学、哥伦比亚大学、密歇根大学，英国剑桥大学、牛津大学，日本早稻田大学，丹麦哥本哈根大学，瑞典斯德哥尔摩大学，奥地利维也纳大学，法国索邦大学等 58 个国家和地区的 279 所高校和机构建立了学术交流关系，其中包括国外高校 250 所，港澳台高校 25 所，国际组织 4 所。作为中方合作伙伴，学校共参与了海外 12 所孔子学院的建设，其中欧洲 6 所，美洲 4 所，非洲 1 所，亚洲 1 所。学校自 2009 年始，每年举办暑期学校（国际小学期）。学校还引进、翻译出版了大量适应我国改革开放需要的教科书和学术著作，开展了一系列重要的交流合作项目，主办或承办了包括世界汉学大会在内的一系列高水平的国际学术会议。授予哥斯达黎加总统索利斯，玻利维亚总统莫拉莱斯，世界知识产权组织总干事弗朗西斯·加利，诺贝尔奖获得者、著名经济学家约翰·海萨尼、罗伯特·蒙代尔，阿根廷前总统费尔南多·德拉鲁阿，日本前首相竹下登，巴拿马总统胡安·卡洛斯·巴雷拉·罗德里格斯等 14 位国际著名人士名誉博士称号，聘请诺贝尔奖获得者、著名经济学家约瑟夫·斯蒂格利茨、米切尔·斯宾思、约翰·纳什、莱因哈德·泽尔腾、托马斯·谢林，联合国全球化特别顾问、著名经济学家贾格迪什·巴格沃蒂，世界银行高级副行长尼古拉斯·斯特恩，著名思想家、教育家池田大作，台湾宗教界知名人士、佛光山开山宗长星云大师，著名国学大师饶宗颐，塞浦路斯总统尼科斯·阿纳斯塔夏季斯，阿塞拜疆总统伊尔哈姆·阿利耶夫，俄罗斯科学院院士齐赫文斯基，吉尔吉斯斯坦外长阿布德尔达耶夫等 68 位知名人士为名誉教授。

中国人民大学是我国重要的人文社会科学资料中心、信息中心和图书出版中心。学校图书馆收藏纸质图书 380 万余册（包括线装古籍 41 万余册），电子图书 430 万余种，并设有“教育部文科文献信息中心”。中国人民大学书报资料中心是新中国最早从事人文社会科学文献搜集、整理、编辑、发布的信息资料提供机构，公开出版发行人文社会科学领域 148 种期刊和 6 大系列数据库产品，编辑的年度报刊资料索引是中国四大文献检索索引之一。中国人民大学出版社是新中国成立以后建立的第一家大学出版社，是我国高等学校文科教材和人文社会科学学术、理论著作的重要出版基地。

近年来，中国人民大学先后获得“全国五一劳动奖状”、“全国模范职工之家”、“北京市高校党建与思想政治工作先进单位”、“首都劳动奖状”、“北京市教育创新先进单位”、“首都文明单位标兵”、北京高校“十佳美丽校园”、“首都城市环境建设样板单位”、教育部“国防教育特色学校”、“平安校园示范校”、“首都大学生思想政治教育工作实效奖特等奖”、“全国五四红旗团委”、“全国工人先锋号”等荣誉称号。

（除标注外，全部统计数据截至 2018 年 12 月 31 日）

特 载

■ 全国首次专业学位水平评估结果公布　中国人民大学参评专业学位全部A类　人文社科类并列全国首位

2018年7月26日，教育部学位与研究生教育发展中心公布了全国首次专业学位水平评估结果。中国人民大学四个专业学位授权点参评，其中法律、会计、公共管理三个专业学位授权点获得A+，工商管理硕士专业学位授权点获得A，参加评估的四个专业学位授权点全部获得A类，在人文社会科学类并列全国首位。

本次专业学位水平评估工作由国务院教育督导委员会办公室统一组织，委托教育部学位与研究生教育发展中心实施，评估工作选取了设置时间较早、社会关注度较高的法律、教育、临床医学（不含中医）、口腔医学、工商管理、公共管理、会计、艺术（音乐）等8个专业学位类别进行评估试点。

自1990年试办工商管理硕士第一个专业学位以来，中国人民大学专业学位教育经历了从无到有、从少到多的发展历程。学校目前设有金融、应用统计、法律、工商管理、会计、公共管理等20个专业学位，最高时，年招生规模达到2 287人，占全校硕士学位研究生招生数量的52.2%，专业学位教育发展迅速，成就显著。

中国人民大学已经形成了金融、应用统计、法律、会计、公共管理、工商管理等多个特色鲜明、国内领先的专业学位，初步形成了以人文社会科学为主的专业学位群；拥有一支强大的理论功底扎实、实践经验丰富的教师队伍。多年来，学校不断完善课程体系，不断创新教学方法，吸收国内外先进经验，聘请实际部门经验丰富的管理者、实干家为实践导师，形成了一批目标清晰、制度健全、管理有序、实效明显的教学实践基地，是教育部专业学位研究生教育综合改革试点单位和教育部深化专业学位研究生教育综合改革试点单位，被誉为全国专业学位研究生教育的"重镇"和"排头兵"。

中国人民大学是全国金融、应用统计、公共管理、会计、法律（与司法部共建）等专业学位研究生教育指导委员会秘书处所在单位，有全国专业学位研究生教育指导委员会委员 22 位，其中副主任委员 9 位，委员兼秘书长（副秘书长）6 位，委员 8 位，非委员副秘书长 1 位。

■ 中国人民大学新学院成立与院系调整

2018 年，中国人民大学以"双一流"建设为发展目标，先后成立了继续教育学院（新）、丝路学院、数学学院、高瓴人工智能学院，并对经济学院进行改革，成立了以理论经济学为主体的新经济学院和以应用经济学为主体的应用经济学院。新学院的成立与院系调整，是中国人民大学顺应时代发展趋势、对接国家战略需求的必然要求，是建设中国特色世界一流大学的重要举措，是调整学科结构、完善学科布局的必经之路，在学校发展历程中迈出了探索性的一步。

一、继续教育学院（新）成立

为落实学校继续教育管办分离的要求，加强对学历继续教育和非学历继续教育的资源整合、规范管理，实现其优化升级、提高质量、打造品牌，2017 年 12 月 1 日，经中共中国人民大学第十四届委员会第 27 次常委会议研究通过，决定将继续教育学院和培训学院合并，组建新的继续教育学院，原继续教育学院、原培训学院随之撤销。2018 年 3 月 20 日，经中共中国人民大学第十四届委员会第 32 次常委会议研究，决定成立新的继续教育学院党委，原继续教育学院党委、原培训学院党总支随之撤销。2018 年 3 月 29 日，中国人民大学继续教育学院（新）成立大会举行。

二、丝路学院成立

为积极配合国家"一带一路"倡议，落实教育部推进共建"一带一路"教育行动，中国人民大学于 2017 年 12 月 8 日着手启动丝路学院筹建的前期研究和准备工作。其间，学校在校本部和苏州校区共组织十余次专题工作会议，同国际关系学院、国际学院、重阳金融研究院就丝路学院的组建、课程、招生、筹资等工作进行专题研究。2018 年 3 月 16 日，经学校 2017—2018 学年第 19 次校长办公会研究，同意启动丝路学院筹建工作。随后，中国人民大学多次同海航集团就合作协议和捐赠协议进行座谈。2018 年 4 月 26 日，学校正式发文成立中国人民大学丝路学院，举行"一带一路"与未来人才培养研讨会暨海航集团支持中国人民大学丝路学院建设捐赠仪式。2018 年 5 月 23 日，中国人民大学丝路学院揭牌仪式在苏州校区举行。

三、数学学院成立

为支持基础学科发展，发挥数学学科对学校相关学科的支撑作用，中国人民大学自 2018 年 1 月 9 日着手启动数学学院的筹建论证工作。其间，学校各相关部门、学院多次召开专题会议，对《中国人民大学数学学院建设规划与实施方案》进行多轮研究。5 月至 6 月，学校组织召开数学学院筹备工作小组成立及筹建工作布置会、数学学院工作会、数学学院揭牌仪式准备工作会、数学学院揭牌仪式工作部署会等会议，专题研究数学学院从信息学院分离各项工作及数学学院筹建各项工作。2018 年 6 月 8 日，经中共中国人民大学第十四届委员会第 42 次常委会议研究，决定在信息学院数学系、公共数学教研室及数学科学研究院基础上组建中国人民大学数学学院。2018 年 6 月 30 日，中国人民大学数学学院成立大会暨揭牌仪式举行。

四、高瓴人工智能学院筹建

为满足国家对新一代人工智能发展的迫切需求，建设世界一流的人工智能学科，提升学校的国际影响力和竞争力，学校于 2018 年 1 月 8 日着手启动高瓴人工智能学院的筹建工作。学校多次同高礼研究院座谈，并会同研究生院、教务处、新闻学院、信息学院、统计与大数据研究院等单位召开“数据科学与人工智能学科建设”暨“高礼数据科学与人工智能学院筹建方案”研讨会、筹建工作会和教师座谈会等，部署工作安排。2018 年 9 月 26 日，学校组织召开中国人民大学人工智能与数据科学学院筹建专家论证会。2018 年 11 月 7 日，学校召开学科规划与建设委员会工作会议，审议成立人工智能与数据科学学院事宜。随后，发展规划处、国内合作办公室、教育基金会等部门同高礼研究院和张磊校友方就合作协议、捐赠协议的相关事宜进行多次座谈协商。经中共中国人民大学第十四届委员会第 59 次常委会议研究审议，批准成立中国人民大学高瓴人工智能学院。

五、经济学院改革

为促进学校优势学科分类发展，推进学校“双一流”建设，学校开始启动经济学院改革与规划工作。2018 年 11 月 15 日，学校启动经济学院改革与规划全覆盖式访谈工作，开展单独访谈和小组访谈共计 35 场，基本覆盖经济学院所有在职教职工和部分离退休教职工，共计 100 余人。2018 年 12 月 6 日，学校组织召开学科规划与建设专门委员会工作会议，审议经济学院改革与规划工作有关事宜。经中共中国人民大学第十四届委员会第 59 次常委会议研究，决定在原经济学院经济系、国际经济系、中国经济改革与发展研究院基础上组建中国人民大学经济学院（新），在原经济学院国民经济管理系、能源经济系和区域与城市经济研究所基础上组建中国人民大学应用经济学院。

■ 第十八届万寿论坛在中国人民大学举行

2018 年 5 月 11 日，第十八届万寿论坛在中国人民大学举行，本届论坛由中共中央对外联络部和中国人民大学共同主办，由中国人民大学习近平新时代中国特色社会主义思想研究院承办。论坛主题聚焦“21 世纪马克思主义与习近平新时代中国特色社会主义思想”，纪念马克思诞辰 200 周年，交流马克思主义中国化和马克思主义南非化最新理论成果。

论坛开始前，教育部党组成员、副部长田学军，中国人民大学党委书记、全国妇联副主席（兼）靳诺会见南非共产党总书记布莱德·恩齐曼迪。中共中央党史研究室原副主任李忠杰，中共中央对外联络部研究室主任栾建章，中国人民大学党委副书记、纪委书记吴付来，中共中央对外联络部四局（非洲局）副局长周国辉出席会见活动。双方就开辟 21 世纪马克思主义新境界、习近平新时代中国特色社会主义思想的历史地位与世界意义、推动中国和南非高等教育领域交流合作、发挥中国人民大学人文社会科学领域学科优势和马克思主义教学与研究优势推进马克思主义研究、中国人民大学推进习近平新时代中国特色社会主义思想研究的举措和成果等进行了深入交流。布莱德·恩齐曼迪、靳诺等出席开幕式并致辞。

靳诺在致辞中表示，南非共产党与中国共产党同作为马克思主义政党，并于同年同月诞生，这种巧合意味着某种深刻的历史渊源，为本次论坛交流提供了良好基础。2018 年 5 月 5 日是马克思诞辰 200 周年。习近平总书记在纪念马克思诞辰 200 周年大会上的讲话缅怀了马克思的伟大人格和历史功绩，重温了马克思的崇高精神和光辉思想，高度评价了马克思主义在人类历史上的划时代意义，也深刻总结了马克思主义中国化的伟大历程和经验启示，指出马克思主义是科学的、人民的、实践的、不断发展的开放的理论，强调要坚持和发展马克思主义，不断开辟当代中国马克思主义、21 世纪马克思主义新境界。

靳诺指出，要从历史与当代相贯通的维度、理论与实践相结合的维度、中国与世界相比较的维度来研讨 21 世纪马克思主义和习近平新时代中国特色社会主义思想。中国人民大学是中国共产党创办的第一所新型正规大学，被习近平总书记誉为“在我国人文社会科学领域独树一帜”，学校成立的全国高校首家“习近平新时代中国特色社会主义思想研究中心”是中央批准的全国首批十家研究机构之一。今后学校将继续为马克思主义人才培养以及马克思主义的研究和传播，为马克思主义学科建设以及马克思主义中国化时代化不断推进，为习近平新时代中国特色社会主义思想的丰富发展贡献力量。

布莱德·恩齐曼迪在主旨演讲中表示，马克思主义在当今世界仍然适用，其真理性没有改变，只要世界上仍然有剥削，马克思主义就会持续发挥作用并且不断发展。但是不应该把马克思主义作为僵硬的教条加以奉行，不断发展马克思主义是其适用于当今世界的关键。南非共产党坚信创新发展马克思主义的一个重要方面就是本地化，使其适应不同地区、不同国家的具体情况，以及不同历史时期的具体情况。马克思主义本地化的一个重要模式就是中国的马克思主义，加强对中国模式和中国特色社会主义的研究十分必要。中国人民大学是中国研究马克思主义最优秀的高等学府，希望南非约翰内斯堡大学和中国人民大学加强交流，特别是在党史研究领域开展合作。

布莱德·恩齐曼迪指出，21 世纪马克思主义要继续发挥作用，就必须加强对第四次工业化进程影响的研究。同时，没有坚强的政治组织保障，马克思主义也无法发挥作用。在纪念马克思诞辰 200 周年之际，推动各国共产党共同研究马克思主义十分必要，虽然各国共产党历史不同，但是其中蕴含着政党的发展历程和方法论。希望中国共产党和南非共产党、中国人民大学和约翰内斯堡大学在相关领域加强合作，共同推动马克思主义研究。

南非共产党政治局委员尤纳斯·卡里姆表示，共产党在运用马克思主义基本原理时要考虑到不同国家的实际情况，在这方面中国已经提供了很好的模板，南非共产党也同样将马克思主义与南非的独特国情相结合。马克思主义是一个永垂不朽而且不断发展的理论体系，只有把实践和理论结合起来才能真正改变世界，各国共产党应该加强合作，不断发展和实践马克思主义。南非共产党希望能够与中国共产党进一步开展合作，使社会主义更多地造福于工人阶级以及世界各国共产党。

随后，布莱德·恩齐曼迪、靳诺、尤纳斯·卡里姆与现场同学进行了互动。

在中国人民大学习近平新时代中国特色社会主义思想研究院院长秦宣主持下，5 位参会代表围绕“中国道路与非洲发展”做了发言。南非共第二副总书记克里斯托弗·马特拉科表示，中国为推动非洲发展、促进双方互利共赢做了大量富有实效的工作，希望未来双方合作进一步深入。南非共政治局委员珍妮佛·施瑞奈介绍了南非共以马克思主义推动妇女发展的实践，希望未来双方在推动妇女发展方面加强合作。南非共政治局委员谢拉·巴塞尔认为，健康问题与人民福祉紧密相连，希望今后两国在医学方面开展更多合作。北京大学中国特色社会主义理论体系研究中心副主任郭建宁从中国道路的基本特征、中国道路贯彻中国逻辑和中国道路的价值与意义三方面对中国道路进行阐释。中国人民大学习近平新时代中国特色社会主义思想研究院副院长陶文昭对十九大报告体现的中国政治基本原则、中国对外关系基本原则、中国处理中非关系基本原则进行了阐述。中国人民大学习近平新时代中国特色社会主义思想研究院副院长王向明在点评时表示，中非交流合作具有广阔前景，社会主义发展需要全世界无产者、全世界共产党人共同奋斗。

在周国辉主持下，6 位参会代表围绕“新型中非合作与政党责任”做了发言。南非共政治局委员、南非经济发展部副部长马达拉·马苏库表示，中国共产党和南非共产党在消除贫困、消除不平等方面面临共同的挑战和共同的责任，南非共将积极为相关问题解决发挥更大作用。南非共政治局委员、东开普省议会副议长布勒瓦·图尼斯瓦表示，中方消除贫困、解决失业问题和反腐败斗争等工作卓有成效，希望今后为南非共工作提供更大支持帮助。南非共政治局委员迪普奥·姆维拉兹提到，南非共希望与中国及其他金砖组织国家加强合作，推动非洲乃至世界的和平发展。南非共中央委员、南非国民议会副议长莱切萨·策诺利表示，南非将继续坚持马克思主义本土化，希望与中国共产党共同促进马克思主义发展。李忠杰提出，坚持和发展马克思主义是中国共产党和南非共产党共同的责任，希望双方随着时代的发展将马克思主义推向前进。广东外语外贸大学教授申明浩谈到中国与南非都面临经济发展不平衡问题，强调了基础设施建设对于工业化发展的重要作用。中国人民大学习近平新时代中国特色社会主义思想研究院教授张云飞在点评中表示，强调与时俱进发展马克思主义的同时还要回到马克思主义文本当中，在把以资本主义为主导的全球化引向以社会主义为主导的全球化过程中，南非共产党、中国共产党都可以发挥创造性、建设性的作用。论坛结束时，栾建章做了总结发言。

■ 第二十四届万寿论坛在中国人民大学举行

2018 年 10 月 24 日，第二十四届万寿论坛在中国人民大学举行，本届论坛由中共中央对外联络部和中国人民大学共同主办，由中国人民大学习近平新时代中国特色社会主义思想研究院和马克思主义学院共同承办。论坛主题聚焦“精准扶贫与中非合作”，旨在贯彻 2018 年中非合作论坛北京峰会精神，促进中非双方友好交流，探索扶贫减贫道路，商讨合作发展大计。

论坛开始前，中共中央对外联络部副部长钱洪山会见了南非非国大全国执委、非国大东开普省召集人、国会议员伦吉薇·穆凯兹一行。中国人民大学党委常务副书记张建明，中央党校原副校长李君如，中国扶贫开发协会会长、国防大学少将袁文先，中共中央对外联络部研究室主任栾建章，中国人民大学党委副书记、纪委书记吴付来等参加会见。

钱洪山在开幕式致辞中指出，在 2018 年 9 月召开的中非合作论坛北京峰会上，习近平总书记同 54 个论坛非洲成员代表与会，围绕“合作共赢，携手构建更加紧密的中非命运共同体”这一主题，共叙友情、共商合作、共话未来。峰会还通过了《关于构建更加紧密的中非命运共同体的北京宣言》和《中非合作论坛—北京行动计划（2019—2021 年）》，为新时代中非关系擘画了新蓝图。事实证明，在中国和非洲各国携手应对各种全球性挑战、深入构建中非命运共同体的进程中，智库交流发挥了重要的促进作用。本届论坛也是基于这样一种背景和考虑，旨在通过相互之间的坦诚交流，架设理念互动的桥梁，促进知识经验的共享，积极助力非洲国家的减贫脱贫和发展进步事业。

钱洪山表示，长期以来，贫困就像是人类社会如影随形的伴生物，一直严重影响着世界各国尤其是广大发展中国家的发展和进步，阻碍着世界文明整体进程的向前推进。迈进新时代，中非的各领域、全方位合作必将进一步巩固和深入，作为其中不可或缺的重要内容，中非围绕减贫脱贫开展的交流合作也必将得到长足发展和不断深化。

伦吉薇·穆凯兹表示，贫困问题一直困扰着非洲，从遥远的非洲来到中国，就是希望通过中非合作来解决这一问题，提高非洲人民的生活质量，同时让社会在各个方面得到长足的发展。此次短期来访，非方为中国在脱贫攻坚领域所取得的成绩感到震撼，同时也深受启发，必须清晰地认识到贫困人口有能力改变自己的处境。她表示，相信中国可以在数字经济方面给予非洲帮助，更期待中非合作抓住第四次工业革命这样一个对于发展中国家来说千载难逢的机遇，以技术的发展推动减贫，帮助贫困地区实现商业化与发展，用技术的力量去重塑每个人的尊严，推动国家向前发展。

张建明代表中国人民大学向此次论坛的举办表示祝贺，他指出，在中国共产党和中国政府主导的精准扶贫工作当中，教育扶贫是一项重要的组成部分。习近平总书记强调，扶贫要与扶智相结合，最大程度地发挥教育的功能，提高贫困人口子女的生活和就业能力，阻断贫困代际传递，从根本上解决贫困问题。张建明表示，中国人民大学愿意以本次论坛为契机，与各方共同努力，依托自身雄厚的学科实力，继续发扬始终与党和国家同呼吸的优良办学传统，为打赢脱贫攻坚战，为非洲的减贫事业做出应有贡献。

李君如在致辞中介绍了改革开放以来中国共产党开展精准扶贫工作的经验，他指出，在这波澜壮阔的四十年里，绝大多数中国人民在致富路上摆脱了贫困，全面总结这一经验，概括来讲就是“一手抓致富，一手抓扶贫”。党的十八大以来，以习近平同志为核心的党中央高度重视脱贫攻坚工作，指出要通过因地制宜、分类指导，实施精准扶贫。2015 年，习近平总书记在减贫与发展高层论坛上发表题为《携手消除贫困 促进共同发展》的主旨演讲，并强调指出消除贫困是人类的共同使命。此次论坛的举办也正是基于这一共识。希望中非双方以此次会议为契机，在未来加强合作、携手并进，为建立一个“没有贫困、共同发展的人类命运共同体”共同努力奋斗。

袁文先表示，消除贫困自古以来就是人类梦寐以求的理想，是各国人民追求幸福的基本权利。中国共产党和中国政府始终将消除贫困、改善民生、逐步实现共同富裕作为自己的重要使命，经过四十年来的努力，已使八亿多人口成功摆脱贫困，对全球减贫的贡献率超过 70%，成为率先实现联合国千年发展目标的国家，这一伟大成就足以载入人类社会发展史册。

在论坛的大会专家交流和演讲阶段，中非双方代表围绕两国扶贫经验和典型案例等议题进行了分享与交流。当天下午，三场平行分论坛在中国人民大学国学馆举行，中非双方政党政要及专家学者分别就“各国减贫实践与经验”“减贫实效与社会责任”“中非减贫合作”三大主题进行了深入探讨。

吴付来主持闭幕式并发表致辞。他指出，中国和非洲国家同属发展中国家，回首过去，我们都曾遭遇过外敌入侵之灾，都曾深受极端贫困之苦。中非发展中国家对“落后就要挨打，贫穷就要挨饿”的历史教训有着共同的体悟。随着改革发展进程的不断推进，中国和非洲各国都取得了不俗的成就，但也在发展中积累了许多矛盾和问题。展望未来，我们既有良好的发展机遇，也面临着十分严峻的挑战。历史、现实和未来把中非各国紧紧连接在一起，凝结成一个命运共同体，只有携起手来、并肩前行，才能抓住机遇、迎接挑战、共同发展。

习近平新时代中国特色社会主义思想的精神特质和理论品格

中国人民大学党委书记　靳诺

(《学习时报》，2018年1月5日第1版)

习近平新时代中国特色社会主义思想，是闪耀着理性光辉和人格光芒的科学理论，集中体现了以习近平同志为主要代表的当代中国共产党人的政治品格、价值追求、精神风范。

坚定的理想信念。坚定的信仰信念，是中国共产党人的鲜明政治品格，是我们党的独特优势。习近平新时代中国特色社会主义思想，充满着对马克思主义的坚定信仰，充满着对共产主义、社会主义的坚定信念，充满着"革命理想高于天"的豪迈情怀。习近平总书记强调，理想信念是中国共产党人安身立命的根本，并多次对坚定共产主义理想、马克思主义信仰和中国特色社会主义信念做出重要论述。2012年，在主持十八届中央政治局第一次集体学习时指出："坚定理想信念，坚守共产党人精神追求，始终是共产党人安身立命的根本。"2014年，在纪念邓小平同志诞辰110周年座谈会上强调："我们共产党人锤炼党性，首要的就是坚定共产主义远大理想和中国特色社会主义共同理想。"2015年，在主持十八届中央政治局第二十六次集体学习时又指出："我们共产党人的根本，就是对马克思主义的信仰，对共产主义和社会主义的信念，对党和人民的忠诚。"可以说，党的十八大以来，习近平总书记强调最多的就是理想信念，"精神之钙”“四个自信”“不忘初心”“牢记使命”，是习近平新时代中国特色社会主义思想中最重要、最鲜明的关键词、高频词。坚定的理想信念，体现了这一思想的马克思主义理论底色，体现了共产党人的政治本色。

真挚的为民情怀。马克思主义是关于无产阶级解放条件的学说，其鲜明的政治立场就是维护人民群众的根本利益。习近平新时代中国特色社会主义思想始终强调的一个核心理念，就是始终坚持人民主体地位，坚持以人民为中心，坚持立党为公、执政为民，全心全意为人民服务，把党的群众路线贯彻到治国理政和改革发展的全部活动之中，把人民对美好生活的向往和人的全面发展作为奋斗目标，依靠人民创造历史伟业。2012 年 11 月 15 日，十八届中央政治局常委与中外记者见面时，习近平总书记郑重宣示，“人民对美好生活的向往，就是我们的奋斗目标”。2017 年 10 月 25 日，十九届中央政治局常委同中外记者见面时，习近平总书记再次强调，“我们要牢记人民对美好生活的向往就是我们的奋斗目标，坚持以人民为中心的发展思想，努力抓好保障和改善民生各项工作，不断增强人民的获得感、幸福感、安全感，不断推进全体人民共同富裕”。十九大报告的主题和通篇都贯穿和体现了以人民为中心的思想，报告开篇就明确提出，“中国共产党人的初心和使命，就是为中国人民谋幸福，为中华民族谋复兴”。全面建成小康社会、全面建设社会主义现代化国家、实现中华民族的伟大复兴，归根到底都是为了人民更加美好的生活、更加全面的发展。

鲜活的时代气息。一切划时代的体系的真正内容都是由于产生这个体系的那个时期的需要而形成起来的。习近平新时代中国特色社会主义思想一个鲜明的特点就是，这一思想是新时代的思想，不是对老祖宗的简单重复，而是立足新时代，着眼新问题，讲了许多老祖宗没有讲过的新话，是指导当代中国改革发展的鲜活理论，具有强烈的时代气息和现实针对性。党的十八大以来，剧烈变化的国内外形势和迅速发展的各项事业向我们党提出了一系列新的时代课题。习近平新时代中国特色社会主义思想是在分析和回答时代课题的基础上形成的系统完整、逻辑严密的科学理论体系，全面系统回答了新时代“坚持和发展什么样的中国特色社会主义”“怎样坚持和发展中国特色社会主义”的重大课题，以全新的视野深化对共产党执政规律、社会主义建设规律、人类社会发展规律的认识。这一思想洞察时代风云，把握时代大势，引领时代潮流，充分反映了以习近平同志为核心的党中央认真倾听时代声音，积极解决时代课题，不断推进理论创新的思想境界，开辟了马克思主义新境界、中国特色社会主义新境界、治国理政新境界、管党治党新境界。

深厚的历史底蕴。中国共产党是一个有 96 年历史的大党，中华民族是一个有 5 000 多年悠久历史的伟大民族，世界社会主义是一个有 500 年沧桑历程的伟大运动。习近平新时代中国特色社会主义思想是在吸吮 5 000 多年中华民族漫长奋斗积累的文化养分、总结世界社会主义 500 年和中国共产党 96 年艰辛探索的历史经验基础上形成和发展而来的，具有无比深厚的历史底蕴、文化底蕴和理论底蕴。“欲知大道，必先为史”。历史是一个民族、一个国家形成、发展及其盛衰兴亡的真实记录，是最好的老师。2011 年 9 月，习近平同志在中央党校开学典礼上专门就领导干部学习历史作了深刻阐述，强调领导干部不管处在哪个层次和岗位，都应该读点历史，最重要的是要具有历史意识和文化自觉，即想问题、作决策要有历史眼光，能够从以往的历史中汲取经验和智慧，自觉按照历史规律和历史发展的辩证法办事。正是在对中国 5 000 多年文明史、世界社会主义 500 年历史和中国共产党 96 年的奋斗历史的系统回顾中，我们才能更全面地厘清社会主义作为人类文明进步的思潮、运动和制度，是怎样向前发展的；能更清晰地理解中国共产党和中国人民是怎样经过反复比较，历史地选择社会主义道路的；能更深刻地感悟中国共产党在把马克思主义基本原理同中国实际结合的过程中，是怎样历经千辛万苦，付出各种代价，开创和发展中国特色社会主义的，又是怎样站立在时代变化的新起点上，开创中国特色社会主义新境界的。

强烈的中国自信。党的十八大以来，习近平总书记在不同场合强调，今天，我们比历史上任何时期都更接近中华民族伟大复兴的目标，比历史上任何时期都更有信心、有能力实现这个目标。中国特色社会主义进入了新时代，意味着近代以来久经磨难的中华民族迎来了从站起来、富起来到强起来的伟大飞跃，迎来了实现中华民族伟大复兴的光明前景。当今中国已经到了一个需要自信也能够自信的时代。习近平总书记对我们的党、国家和民族充满自信。他特别注重使用“中国”二字，如中国梦、中国道路、中国理论、中国制度、中国精神、中国力量、中国声音和中国话语等概念，对中国特色社会主义的道路、理论、制度，对中华优秀传统文化充满自信，特别强调全党同志要坚定“四个自信”。习近平总书记多次强调，要说哪个政党、哪个国家、哪个民族能够自信的话，那中国共产党、中华人民共和国、中华民族是最有理由自信的。在习近平新时代中国特色社会主义思想中，充满着对传承中华民族 5 000 多年文明的自信，对发扬党的优良传统的自信，对坚持和发展中国特色社会主义的自信，对我们正在做的事情的自信，对党和国家事业光明前景的自信。正是有了这种强烈的自信，这一思想才有了这样的大气魄、大视野、大格局，才有了这样的理论成熟、战略定力。正是用这一思想武装起来的当代中国共产党人，才能够以自信的气度、从容的姿态应对前进道路上的各种风险挑战，步伐坚定，向着宏伟的目标迈进。

宽广的世界眼光。世界眼光体现了马克思主义的宽广胸怀，也是中国共产党的优秀品质。96 年来，中国共产党之所以能够带领中国人民取得革命、建设和改革的成功，战胜一个又一个困难，夺取一个又一个胜利，其中一个重要原因就是中国共产党具有比其他政党和团体更宽广的世界眼光，善于从世界发展的大潮中不断校准中国革命和建设的航标，破浪前进；善于团结和动员世界上一切进步的力量，聚合起磅礴之力，为人类进步事业共同奋斗。中国共产党是为中国人民谋幸福的党，也是把为人类做出新的更大的贡献作为自己的使命的党。当今世界正处于大发展大变革大调整时期。面对百年不遇的世界大变局，习近平总书记以卓越政治家和战略家的恢宏视野、战略思维，鲜明提出一系列关乎人类前途命运的新理念新主张，占据了人类道义制高点，凸显了中国特有的大国风范、大国担当，构成了习近平新时代中国特色社会主义思想的重要组成部分。还应当看到，这一思想着力把当代中国在社会主义道路上建设现代化的积极探索和宝贵经验，加以理论化、系统化，构建了坚持马克思主义原则、体现独特文明特征、独立于西方模式和西方话语的思想体系、价值体系、制度体系、目标体系、战略体系和话语体系，深刻凝结着当代中国对人类更好未来的艰辛探索，拓展了发展中国家走向现代化的途径，给世界上那些既希望加快发展又希望保持自身独立性的国家和民族提供了全新选择，为解决人类问题贡献了中国智慧和中国方案。

自觉的担当精神。担当是一种责任、勇气，也是一种刚毅和胆量。只有充满责任担当的人，才敢于直面并破解各种问题。习近平总书记在一次接受外媒采访时说，“我的执政理念，概括起来就是：为人民服务，担当起该担当的责任”。这体现着马克思主义政治家的精神风范，也是习近平新时代中国特色社会主义思想的崇高境界。党的十八大以来，习近平总书记积极推动的加强党的作风建设和反腐倡廉建设，积极推进的全面深化改革，积极倡导的适应经济发展新常态，多次强调的破除体制机制弊端和利益固化藩篱，着力建构的新型大国关系与外交新格局等，都显示出敢于担当的精神。习近平总书记既敢于直面并破解我国发展进程中积累起来的矛盾、问题和难题，也敢于直面我国发展起来以后面临的矛盾、问题和难题，还勇于应对许多复杂的世界性难题。他勇于担当起对党的责任、对国家的责任、对民族的责任和对人民的责任，勇于扛起一代人应当扛起的责任，体现了对历史负责、对民族负责、对人民负责、对党负责的无畏勇气、鲜明态度和坚毅决心。

扎实的实践基础。实践是理论之源。伟大的实践，催生伟大的理论；伟大的理论，指导伟大的实践。习近平新时代中国特色社会主义思想有着深厚的实践基础，是党和人民实践经验和集体智慧的结晶。党的十八大以来，在新中国成立特别是改革开放以来我国发展取得的重大成就基础上，以习近平同志为核心的党中央科学把握当今世界和当代中国的发展大势，顺应实践要求和人民愿望，推出一系列重大战略举措，出台一系列重大方针政策，推进一系列重大工作，解决了许多长期想解决而没有解决的难题，办成了许多过去想办而没有办成的大事，中国特色社会主义事业取得了全方位的、开创性的成就，推动党和国家事业发生深层次、根本性的历史性变革。可以说，党的十八大以来中国特色社会主义事业全方位的、开创性成就的取得，深层次的、根本性的历史性变革的发生，既为习近平新时代中国特色社会主义思想提供了坚实的实践基础，也充分体现了这一思想的巨大理论威力。

在首届世界大学智库联盟会议上的致辞

中国人民大学校长
国家发展与战略研究院院长　刘伟
（2018年3月24日）

尊敬的约翰·赫恩教授，

尊敬的达尼洛·图尔克先生，

尊敬的各位领导、各位嘉宾、各位朋友：

大家上午好！

今天的中国人民大学贵客盈门、蓬荜生辉。由中国人民大学国家发展与战略研究院和世界大学联盟联合主办的世界大学智库联盟会议在此隆重召开。首先，我谨代表中国人民大学，向各位领导、嘉宾和各界朋友的到来表示热烈的欢迎！对大会的召开表示衷心的祝贺！

世界大学联盟自2000年成立以来，始终致力于促进国际研究合作，解决全球性重大问题，是世界上最活跃的科研联盟组织。中国人民大学是新中国创办的第一所新型正规大学，具有悠久的国家智库传统，特别是在社会科学方面有着较高理论水平和突出资源优势。中国人民大学的专家学者具备扎实的学术理论基础，并能熟练运用学科工具与研究方法，剖析和阐释现实问题，这也是高校智库建设的一个安身立命所在和无可取代的独特优势。

作为本次会议的发起者与承办方，中国人民大学国家发展与战略研究院入选中国首批25家国家高端智库建设试点单位，始终坚守“国家战略、全球视野、决策咨询、舆论引导”的目标，着眼于思想创新和全球未来，致力于发展成为具有国际影响力的中国特色新型智库。在新近发布的“中国大学智库机构百强排行榜”中，中国人民大学国家发展与战略研究院荣登榜首。此次能与世界大学联盟携手合作，组建世界大学智库联盟，我们倍感荣幸。中国人民大学不仅有国家发展与战略研究院这样的国家高端智库，有依托优势学科的系列研究机构，还有重阳金融研究院这样蜚声国内外的新型智库。由此，我们也充满信心！

近年来，中国国家主席习近平多次对智库建设做出重要批示，指出要积极探索中国特色新型智库的组织形式和管理方式。通过过去几年的探索，我们切身体会到，智力资源是一个国家、一个民族最宝贵的资源，每项国家战略的实现，都离不开智库发挥重要作用。正所谓教育有共性，知识无国界，特别是在新时代的今天，文化交流、知识共享已是全球的主流趋势，智库更不能闭门造车、向壁虚构。我们需要通过合作促进知识创造，培养新型人才，主动回应国家、民族乃至整个世界不断发展变化而带来的机遇与挑战，为推动人类社会进步做出贡献。

当今世界正处于政治多极化、经济全球化、文化多样化、社会信息化的大变革时代，历史赋予大学智库的任务更为艰巨、责任更加重大，加强智库建设、发挥智库影响力，是合力应对全球变局、推动社会发展、顺应时代潮流的必经之路。在气候变化、能源安全、难民问题等一系列重大全球性课题面前，我们需要的是内强筋骨、外重协同、取长补短、互通有无，将“知识交流”打造成“知识云端”，将“智库对话”提升为“智库联盟”，构筑成一条“智力丝路”，协力献计全球治理与发展。

此次会议围绕“一带一路”倡议共同探讨绿色发展主题，必将开启高校智库合作的新起点。我相信，世界大学智库联盟也必将成为“集多方智慧、聚众人力量”的重要国际平台，为推动学术和科研全球化，为人类社会发展进步做出不懈的努力和应有的贡献。

最后，预祝本次会议取得圆满成功！祝各位嘉宾身体健康、工作顺利！谢谢！

深刻领会习近平新时代中国特色社会主义思想和党的十九大精神，浓墨重彩书写好人民大学“奋进之笔”——在全校中层干部学习贯彻党的十九大精神专题培训班上的讲话

中国人民大学党委书记　靳诺
（2018年4月4日）

同志们：

党的十九大是在全面建成小康社会决胜阶段、中国特色社会主义进入新时代的关键时期召开的一次十分重要的大会。认真学习、深入领会、大力宣传、全面贯彻党的十九大精神，是学校当前和今后一个时期的首要政治任务。经过前一段时间的学习，相信大家对十九大精神已经有了一个较为深入的了解。

根据中央组织部有关要求，新学期伊始，我们又专门抽出三天时间，对全校处级及以上领导干部这一关键少数进行专题培训，目的就是进一步增强大家贯彻落实党的十九大精神的坚定性、自觉性。按照学习培训的整体部署，今天下午，我围绕“深刻领会习近平新时代中国特色社会主义思想和党的十九大精神，浓墨重彩书写好人民大学‘奋进之笔’”这一主题，谈一些认识和体会，与大家交流。

一、必须深刻认识习近平新时代中国特色社会主义思想的历史地位和丰富内涵

党的十九大最重大的理论成就和最重要的历史贡献，就是把习近平新时代中国特色社会主义思想写在党的旗帜上，确立为党必须长期坚持的指导思想，实现了党的指导思想的又一次与时俱进。用习近平新时代中国特色社会主义思想武装全党，是党的十九大提出的重大政治任务，是深入学习贯彻党的十九大精神的重中之重。

一要准确把握时代背景，深刻认识这一思想是立足时代之基、回答时代之问的科学理论。时代是思想之母。中国特色社会主义进入新时代，是我国发展新的历史方位，也是习近平新时代中国特色社会主义思想产生的时代背景。新时代、新方位、新目标给我们党提出了一个重大课题，就是必须从理论和实践结合上系统回答新时代坚持和发展什么样的中国特色社会主义、怎样坚持和发展中国特色社会主义。正是围绕回答这一重大理论和实践问题，形成了习近平新时代中国特色社会主义思想。

二要准确把握丰富内涵，深刻认识这一思想是系统完备、逻辑严密的科学体系。习近平新时代中国特色社会主义思想涵盖了新时代坚持和发展中国特色社会主义的总目标、总任务、总体布局、战略布局和发展方向、发展方式、发展动力、战略步骤、外部条件、政治保证等基本问题。“八个明确”的基本内容、“十四条坚持”的基本方略，在总体上构成了习近平新时代中国特色社会主义思想的核心要件，两者有机融合、有机统一，构成了系统完整的科学理论体系，凝结着我们党坚持和发展中国特色社会主义的经验总结，凝结着以习近平同志为核心的党中央对中国特色社会主义规律性认识的深化、拓展、升华，体现了理论与实际相结合、战略和战术相一致、认识论和方法论相统一的理论特色。

三要准确把握实践价值，深刻认识这一思想是经过实践检验、富有实践伟力的强大武器。新时代催生新思想，新思想引领新时代、指导新实践。习近平新时代中国特色社会主义思想源于实践又指导实践，具有巨大的实践开拓力，从根本上推动了党和国家事业全面开创新局面，为新时代坚持和发展中国特色社会主义提供了根本遵循和强大思想武器。它的实践价值是作用于现实的，更是影响长远的，必将随着实践的发展而更加彰显真理的力量，引领中国特色社会主义开启新征程、夺取新胜利、

续写新篇章。

四要准确把握重大意义，深刻认识这一思想是21世纪的马克思主义、当代中国的马克思主义。习近平新时代中国特色社会主义思想坚持辩证唯物主义和历史唯物主义，紧密结合新的时代条件和实践要求，以全新的视野深化对共产党执政规律、社会主义建设规律、人类社会发展规律的认识，对科学社会主义、中国特色社会主义基本问题及其在21世纪的新表现、新特点、新要求进行了深入分析，提出一系列具有开创性意义的新理念新思想新战略，是最鲜活的马克思主义，彰显了我们党的伟大创造力和“不断为人类作出更大贡献”的远大抱负。

二、必须深刻认识十九大主题高屋建瓴、举旗定向的重大意义

党的十九大开宗明义地宣示了大会的主题，即：“不忘初心，牢记使命，高举中国特色社会主义伟大旗帜，决胜全面建成小康社会，夺取新时代中国特色社会主义伟大胜利，为实现中华民族伟大复兴的中国梦不懈奋斗。”如何理解这个主题，我想可以从这样几个方面入手。

一是这个主题打通了党的最高纲领和最低纲领。中国共产党从成立伊始就把实现共产主义作为自己的最高理想和最终目标，这是我们党的最高纲领；而在每一个革命、建设、改革发展的特定阶段，党所面临的主要使命、主要任务、主要目标，则是我们党的最低纲领。十九大报告的主题明确指出，我们现在的奋斗是为了实现共产主义，而我们现在的主要任务是坚持和发展中国特色社会主义、实现中华民族伟大复兴的中国梦，这生动地体现了党的最高纲领和最低纲领的结合。

二是这个主题打通了党的奋斗史。“不忘初心、牢记使命”八个字，清楚地点明了我们党从哪里走来、要走向哪里这一重要命题。十九大报告指出“中国共产党人的初心和使命，就是为中国人民谋幸福，为中华民族谋复兴”，实际上这是我们党从成立时起就义无反顾地肩负起的历史使命。因此，十九大报告的主题把十八大以来所取得的成就、十九大之后的规划发展与党的初心、党的使命一起用一条红线串了起来，从我们党90多年奋斗历程的角度看，这一主题打通了党的奋斗史。

三是这个主题打通了40年的改革开放史。十九大报告第一次鲜明地指出“中国特色社会主义是改革开放以来党的全部理论和实践的主题”，因此“中国特色社会主义”这个关键词，既是党的十九大的主题，也是改革开放以来我们党一直在坚持探索、坚持完善，并不断将其推向深入的主题。将党的十九大的主题放在40年改革开放的历史进程中来理解，可以看出它深刻地反映了改革开放所取得的历史性成就，根本上就是坚持和完善了中国特色社会主义。这对于统一全党意志、带领人民创造美好生活，具有非常重要的意义。

四是这个主题打通了两个百年的奋斗目标。党的十九大的主题将两个百年的奋斗目标统一了起来，这意味着经过十八大以来的努力，我们在实现第一个百年目标的历史进程中取得了决定性的成就，意味着十九大和二十大之交的这一段时间是两个百年奋斗目标交汇的历史时期。第一个百年目标为第二个百年目标奠定基础，第二个百年目标为第一个百年目标确定方向，体现了发展是个自然的历史过程。因此，我们理解十九大主题，要把它放在两个百年交汇的历史阶段，放在两个百年奋斗目标的相互统一中来理解。

三、必须深刻认识中国特色社会主义进入新时代这个重大政治判断

十九大报告指出，“经过长期努力，中国特色社会主义进入了新时代，这是我国发展新的历史方位”。这个重大政治判断，是改革开放以来我国社会发展进步的必然结果，是我国社会主要矛盾运动的必然结果，也是我们党团结带领全国人民开创光明未来的必然要求。如何理解这个重大政治判断？我想，可以分这么几个层次来理解。

第一个层次，新时代是一个总体性判断。进入新时代，首先看客观依据。十九大报告第一部分就指出：“五年来的成就是全方位的、开创性的，五年来的变革是深层次的、根本性的。”这就是进入新时代的客观基础和主要标志。所谓总体性判断，是指中国特色社会主义事业整体进入新时代，覆盖党和国家发展的方方面面，不是某个方面，也不是某些方面。因此，我们要深刻理解新时代的全面性、总体性。

第二个层次，新时代是一个阶段性判断。所谓阶段性判断，其一是对十八大以来党和国家事业发展状况的判断，其二是对十九大以后党和国家事业面临形势的判断。那为什么不叫新阶段、新时期，而叫新时代呢？因为新阶段和新时期，都不能全面体现十八大以来的历史性变革和十九大的历史性任务。所以十九大报告用了新时代这个概念，这里讲的新时代，不是政治学上对人类社会发展时期的定位，不是历史学上讲的特定历史阶段的时代。它兼有阶段和时期，覆盖基础和目标，衔接过去和未来，统一理论和实践。

第三个层次，新时代是一个战略性判断。进入新时代，面临新问题，要实现新目标、新战略的转变。这一转变是发展积累到一定阶段，综合国力、经济实力、科技实力发生新的跃升基础上的转变。十九大报告中讲了七大战略：科教强国战略、人才强国战略、创新驱动战略、乡村振兴战略、区域平衡发展战略、可持续发展战略、军民融合战略。新的时代面临新的战略选择，深刻理解新时代的战略性，深刻理解发展的规律性，对理解新时代十分重要。

第四个层次，新时代是一个理论性判断。中国特色社会主义进入新时代是对十八大以来我们丰富实践经验的理论总结。十八大以来，我们在伟大事业、伟大工程方面收获丰硕，同时在党的理论建设方面也收获丰硕。我们把科学社会主义基本原理和中国特色社会实践紧密结合，实现了党的理论创新的又一次飞跃，创立了新时代中国特色社会主义思想，收获了治国理政的新理念新思想新战略等，这是过去没有过的，所以，这也是一个理论判断。

第五个层次，新时代是一个世界性判断。十八大以来，我们国家在大踏步走近世界舞台中央的过程中，提出建立新型大国关系、构建人类命运共同体、共建“一带一路”倡议、新型国家安全观等等，在世界上引起强烈反响。这些理念、论断和战略设计给世界格局和大国关系带来了一股新风，提供了中国智慧和中国方案。我们宣布进入中国特色社会主义新时代，这是有世界意义的，意味着中国特色社会主义道路、理论、制度、文化不断发展，拓展了发展中国家走向现代化的全新途径，对当今世界具有重要的示范意义。

四、必须深刻认识维护以习近平同志为核心的党中央权威和集中统一领导是党和国家命运所系

十九大强调，“党政军民学，东西南北中，党是领导一切的”。坚持和加强党的全面领导，首先是坚决维护习近平总书记在党中央和全党的核心地位，坚决维护以习近平同志为核心的党中央权威和集中统一领导。

维护核心、维护权威，是马克思主义政党建设的基本原则。马克思恩格斯在总结巴黎公社失败教训时曾说，“巴黎公社遭到灭亡，就是由于缺乏集中和权威”。列宁1900年在《我们运动的迫切任务》强调，“历史上，任何一个阶级，如果不推举出自己善于组织运动和领导运动的政治领袖和先进代表，就不可能取得统治地位”。邓小平同志1964年会见秘鲁共产党领导人时说，“我们的党是有高度统一意志的革命的党、战斗的党”，“党一定要有领袖，有领导核心”，“领袖就是团结的核心，他本身就是力量”；1988年在听取有关工作汇报时强调，“没有这一条，就是乱哄哄，各行其是，怎么行呢？”党中央和全党有核心，党才有权威、才有力量。这对于我们这样有着8 900多万名党员的大党，有着13亿多人口的大国，尤为重要。习近平总书记作为党中央和全党的核心，是时代的选择、人民的选择。十八大以来，党和国家事业发生历史性变革，取得历史性成就，最根本的就在于我们有以习近平同志为核心的党中央的坚强领导，有习近平新时代中国特色社会主义思想的科学指引，有习近平总书记作为我们党的核心、人民的领袖、军队的统帅。实践证明，习近平总书记是全党拥护、人民爱戴、当之无愧的党的领袖。

坚决维护以习近平同志为核心的党中央权威和集中统一领导，是每个共产党人的政治责任。党的十九届二中、三中全会先后审议通过了《中共中央关于修改宪法部分内容的建议》《中共中央关于深化党和国家机构改革的决定》等文件，今年的全国两会选举产生了新一届国家机构和全国政协领导人，并站在健全完善党和国家领导制度、推进国家治理体系和治理能力现代化的高度，对宪法进行了重大修改。此次宪法修改在充分发扬民主、广泛凝聚共识基础上，从制度上完善了中国共产党、中华人民共和国、中国人民解放军领导人“三位一体”领导体制，这是符合我国国情、保证党和国家长治久安的制度设计，也是中国特色社会主义政治优势和制度优势的重要体现，有利于坚持和加强党的全面领导，有利于完善党和国家领导制度，有利于坚持和维护党中央权威和集中统一领导，符合中华民族伟大复兴这个最大的大局，符合中国最广大人民的根本利益。特别是，此次两会上习近平同志全票当选为中华人民共和国主席、中华人民共和国中央军事委员会主席，这是近 3 000 名全国人大代表的集体意志，是 13 亿多全国各族人民的共同心愿，也是全国两会最重要的成果和最重大的历史贡献，再次印证了习近平总书记在亿万人民心中的崇高威望。我们要认真贯彻落实十九届二中、三中全会和全国两会精神，牢固树立“四个意识”，自觉在政治立场、政治方向、政治原则、政治道路上同以习近平同志为核心的党中央保持高度一致，毫不含糊、不打折扣、表里如一，经得起任何考验，而且必须落实到一言一行上，落实到本职岗位上。

五、必须深刻认识我国社会主要矛盾变化这一重大政治论断

十九大报告指出：“中国特色社会主义进入新时代，我国社会主要矛盾已经转化为人民日益增长的美好生活需要和不平衡不充分的发展之间的矛盾。”正确认识和把握这个新的重大政治论断，对于深刻理解我国发展新的历史方位，更好制定党和国家大政方针、长远战略提供了重要依据。我们要从历史和现实、理论与实践、整体和局部的角度来进一步加深理解。

一是要从历史的角度深刻认识我国社会主要矛盾变化的重大意义。毛泽东同志指出：“对于矛盾的各种不平衡情况的研究，对于主要的矛盾和非主要的矛盾、主要的矛盾方面和非主要的矛盾方面的研究，成为革命政党正确地决定其政治上和军事上的战略战术方针的重要方法之一，是一切共产党人都应当注意的。”

这既是一个朴素的哲学道理，更是总结党的历史得出的深刻结论。新民主主义革命时期，我们党正确分析半殖民地半封建社会中国的社会矛盾全局，制定了新民主主义革命总路线和一系列方针政策，取得了新民主主义革命的胜利。新中国成立后特别是我国社会主义基本制度建立后，党的八大明确指出：“国内的主要矛盾，已经是人民对于建立先进的工业国的要求同落后的农业国的现实之间的矛盾，已经是人民对于经济文化迅速发展的需要同当前经济文化不能满足人民需要的状况之间的矛盾。”这个提法是符合当时我国实际的。党的十一届三中全会以后，我们党科学分析我国社会主义初级阶段主要矛盾，对党的八大的提法做了进一步提炼，提出“我国社会的主要矛盾是人民日益增长的物质文化需要同落后的社会生产之间的矛盾”。这为我们部署党和国家全局工作提供了重要指引。改革开放近 40 年来，正是由于我们党根据这一主要矛盾制定和坚持了正确的路线方针政策，才使我国社会主义现代化建设取得巨大成就。

二是要从实践的角度深刻认识我国社会主要矛盾变化的重大意义。党的十九大关于我国社会主要矛盾变化的新表述，既是一个重大理论突破，又是一个跟现实状况很吻合的顺理成章的重大论断。

一方面，经过改革开放近 40 年的发展，我国社会生产力水平显著提高，社会生产能力在很多方面进入世界前列，我国长期所处的短缺经济和供给不足状况已经发生根本性改变，再讲“落后的社会生产”已经不符合实际。另一方面，人民生活水平显著提高，对美好生活的向往更加强烈，呈现出多样化多层次多方面的特点，特别是在民主、法治、正义、安全、环境等方面，要求也日益增长，这远远超出了原先物质文化需求的层次和范畴，只讲“日益增长的物质文化需要”已经不能真实反映人民群众变化了的需求。所以说，我国社会主要矛盾的新表述，是实践基础上的理论创新。

三是要从全局的角度深刻认识我国社会主要矛盾变化的重大意义。从全局角度理解，最重要的就是牢牢把握“两个没有变”：我国仍处于并将长期处于社会主义初级阶段的基本国情没有变，我国是世界最大发展中国家的国际地位没有变。我国社会的主要矛盾，同社会主义初级阶段既有联系，也有区别。我们党对社会主义初级阶段的认识，从来都不是单纯从经济发展水平这个因素来看的，而是从整个社会主义事业发展全局来看的，涉及生产力和生产关系、经济基础和上层建筑，涉及物质文明建设和精神文明建设，涉及经济、政治、文化、社会、生态文明建设和党的建设各个方面。社会主义初级阶段要延续100年左右，就是从1949年新中国成立，到本世纪中叶。正像很多东西都会发生变化一样，在社会主义初级阶段的历史进程中，我国社会主要矛盾，也必然随着社会发展而变化。对社会主要矛盾的表述做出修改，就是要更准确地把握社会主义初级阶段不断变化的特点，更好坚持党在社会主义初级阶段的理论，牢牢把握社会主义初级阶段这个基本国情，牢牢立足社会主义初级阶段这个最大实际，牢牢坚持党的基本路线这个党和国家的生命线、人民的幸福线。

六、必须深刻认识开启全面建设社会主义现代化国家新征程的宏伟蓝图和远大目标

习近平总书记在党的十九大报告中指出："从十九大到二十大，是'两个一百年'奋斗目标的历史交汇期。我们既要全面建成小康社会、实现第一个百年奋斗目标，又要乘势而上开启全面建设社会主义现代化国家新征程，向第二个百年奋斗目标进军。"全面建设社会主义现代化国家，是党的十九大做出的重大战略部署，是我们党在综合分析国际国内形势和我国发展基础上做出的重大决策，是我们党适应我国发展实际做出的必然选择。

要深刻认识"全面建设社会主义现代化国家新征程"新在何处。首先，新征程之"新"体现为战略目标实现的时间节点提前。改革开放之后，我们党对我国社会主义现代化建设做出战略安排，提出"三步走"战略目标，即解决人民温饱问题、人民生活总体上达到小康水平、基本实现现代化。前两步战略目标已经分别在上世纪80年代末、上世纪末顺利实现。在此基础上，党的十六大提出，本世纪头二十年要全面建设惠及十几亿人口的更高水平的小康社会，党的十七大、十八大对全面建成小康社会目标又提出一系列新要求。在深入研究、反复论证的基础上，党的十九大明确，从2020年到本世纪中叶的30年，全面建设社会主义现代化国家将分两个阶段安排，即到2035年基本实现社会主义现代化，到本世纪中叶把我国建成富强民主文明和谐美丽的社会主义现代化强国。这一新的"两步走"战略意味着我们党原来提出的"三步走"战略的第三步，即基本实现现代化，将提前15年实现。这是考虑到改革开放近40年来，我国经济持续较快发展，工业化城镇化快速推进，各项事业全面进步，国家面貌发生了前所未有的巨大变化。全面建设社会主义现代化国家，是我们党在全面建成小康社会奋斗目标完成之后新的奋斗目标，是我国社会主义现代化建设"三步走"总体战略的继续和深入。其次，新征程之"新"体现为战略目标内涵的丰富拓展。结合基本实现社会主义现代化的主要目标要求以及对建成社会主义现代化强国的展望来看，新的"两步走"战略更加突出"全面深化改革"和"全面依法治国"的目标要求。比如，到2035年目标明确提出"法治国家、法治政府、法治社会基本建成"，到2050年目标提出"实现国家治理体系和治理能力现代化"。更加突出我们要实现的现代化是社会主义的现代化，是以人民为中心的现代化，是全体人民共同富裕的现代化。十九大报告六次提到"共同富裕"，两个阶段目标都鲜明体现了改善人民生活、实现共同富裕的要求。比如，到2035年目标提出"中等收入群体比例明显提高""全体人民共同富裕迈出坚实步伐"，到2050年目标提出"全体人民共同富裕基本实现"。

要深刻理解"全面建设社会主义现代化国家新征程"的重要意义。一方面，提出全面建设社会主义现代化国家的战略安排，有利于保持我们党"四个全面"战略布局的连续性稳定性。在"四个全面"战略布局中，全面深化改革、全面依法治国、全面从严治党都是长期战略举措，而全面建成小康社会则是阶段性战略性目标。在全面建成小康社会任务完成之后，不失时机地提出全面建设社会主义现代化国家这一新的战略目标，用以接续全面建成小康社会，可以保持"四个全面"战略布局的连续性稳定性，有利于继续按照"四个全面"战略布局的要求推动党和国家事业不断向前发展。另一方面，全面建设社会主义现代化国家的战略安排赋予改革开放和现代化建设更高的标准、更丰富的内涵、更广阔的前景。从历史维度看，它体现了中国共产党人不忘初心，始终把为人民谋幸福、为民族谋复兴作为自己的使命；从现实维度看，它体现了中国共产党人与时俱进，始终把人民过上更加美好生活的新期待作为自己的努力方向；从未来维度看，它体现了中国共产党人永不停步，始终把不断推进中国的文明进步作为激励自己前进的动力。

七、必须深刻认识新时代党的建设总要求

习近平总书记在党的十九大报告中提出的新时代党的建设总要求，对推进党的建设新的伟大工程做出了顶层设计、战略部署。这一要求气势恢宏、内涵丰富，突出了马克思主义执政党的政治属性和全面从严治党的大思想大方略，具有鲜明的时代特色和崭新的理论特色。

一是要深刻认识新时代党的建设根本原则。党的建设总要求开宗明义提出要“坚持和加强党的全面领导”，指明了新时代党的建设根本原则。党的领导是战胜一切困难和风险的“定海神针”，是全国各族人民利益所在、幸福所在，同时也是党的社会号召力存续与发展的根本所在、基本所在。必须认识到，“中国特色社会主义最本质的特征是中国共产党领导，中国特色社会主义制度的最大优势是中国共产党领导”。

二是要准确把握新时代党的建设指导方针。党的建设总要求强调要“坚持党要管党、全面从严治党”，明确了新时代党的建设指导方针，体现了十八大以来党的建设最鲜明的主题。正如邓小平同志指出的，“中国要出问题，还是出在共产党内部”，如果管党不力、治党不严，不仅损害党的公信力、破坏党的形象，甚至会带来致命伤害，面临被历史淘汰的危险。增强党建设水平，必须坚持党要管党、全面从严治党的指导方针，使我们党在革命性锻造中不断自我净化、自我完善、自我革新、自我提高，以坚定理想信念和真挚人民情怀，夯实党的群众基础。

三是要紧紧围绕新时代党的建设工作主线。党的建设总要求提出要“以加强党的长期执政能力建设、先进性和纯洁性建设为主线”，深刻昭示长期执政条件下提高党的执政能力和领导水平、保持党的先进性和纯洁性永远在路上，必然伴随我们党执政的全过程、伴随中国特色社会主义的壮阔征程。当今社会思想多样化、利益多元化、就业方式和生活方式多样化，执政党不仅要政治过硬，也要本领高强，不断增强党自身的政治领导力、思想引领力、群众组织力、社会号召力，始终保持勇于自我革命、从严管党治党的鲜明品格，才能在时代大潮中永葆先进和纯洁的政治本色。

四是要科学统筹新时代党的建设总体布局。党的建设总要求强调要“全面推进党的政治建设、思想建设、组织建设、作风建设、纪律建设，把制度建设贯穿其中，深入推进反腐败斗争”，明确了新时代党的建设总体布局，突出了政治建设的统领地位和纪律建设这个管党治党的治本之策。“5＋2”的总体布局为我们党实现政治更清明、思想更先进、组织更牢固、作风更优良、纪律更严明、制度更有效的目标提供了明确思路。

五是要瞄准新时代党的建设基本目标。党的建设总要求指出要“把党建设成为始终走在时代前列、人民衷心拥护、勇于自我革命、经得起各种风浪考验、朝气蓬勃的马克思主义执政党”，确立了新时代党的建设基本目标，集中体现了党的性质、宗旨、纲领，昭示了新时代中国共产党人的价值取向、政治定力、使命担当。新时代推进党的建设新的伟大工程，都要朝这个目标努力、用这个目标来检验。只有深刻领悟这个基本目标所包含的深厚意蕴，以永不懈怠的精神状态和一往无前的奋斗姿态，朝着这个目标整体推进、协调推进、统筹推进，我们党才能以更加强大的社会动员力，在全社会形成夺取新时代中国特色社会主义伟大胜利的磅礴力量。

新时代党的建设根本原则、指导方针、工作主线、总体布局、基本目标，紧密联系，相互作用，相互促进，共同构成了一个科学有机的整体。其中，根本原则是依据、是根本点，党的建设要紧紧围绕这个原则展开；指导方针是方向、是遵循，引领着党的建设沿着正确方向前进；工作主线是纲和魂，纲举目张，魂在本在；总体布局是重点、是路径，总体布局立起来了，党的建设就有了实体的支撑；基本目标是指向、是落脚点，党的建设一切工作都要朝着这个目标来加强、按照这个目标来检验。我们要深刻理解把握党的建设总要求的基本内涵与相互联系，坚持协调推进、统筹推进、一体推进，不断提高党的建设质量，做到管党有方、治党有力、建党有效。

八、必须深刻认识新时代中国共产党的历史使命

党的十九大报告指出，“中国共产党一经成立，就把实现共产主义作为党的最高理想和最终目标，义无反顾肩负起实现中华民族伟大复兴的历史使命”。这是中国共产党第一次在党代会报告中对自己的历史使命进行系统阐述，并从进行伟大斗争、建设伟大工程、推进伟大事业、实现伟大梦想明确提出实现新时代党的历史使命的新要求，具有很强的时代性、科学性、系统性。

一是要深刻认识，这一历史使命是中国共产党脱颖而出的根本原因。历史的长河大浪淘沙，也昭示历史担当者的风采。鸦片战争后，为了民族复兴，无数仁人志士“以爱国相砥砺，以救亡为己任”，不屈不挠、前仆后继，一次次失败，又一次次奋起。历史呼唤真正合格的使命担当者，谁能够承担起实现中华民族伟大复兴这个近代以来最伟大的历史使命，谁就能赢得中国各族人民的衷心拥护。在历史的反复比较中，在各种政治力量的反复较量中，在马克思列宁主义同中国工人运动的结合过程中，中国共产党应运而生。虽然，1921年建党时，中国社会有着200多个政党组织，中国共产党只是其中的一个，但我们党一经成立，就义无反顾肩负起实现中华民族伟大复兴的历史使命，正是这份选择和坚持，使得中国共产党从此成为中华民族的主心骨。

二是要深刻认识，这一历史使命贯穿了中国共产党的“三次飞跃”。报告用三个“必须”全面总结了我们党为实现中华民族伟大复兴走过的辉煌历程。我们党团结带领人民进行28年浴血奋战，打败日本侵略者，打败国民党反动派，推翻帝国主义、封建主义、官僚资本主义统治，完成了新民主主义革命，建立了中华人民共和国，实现了中国从几千年封建专制政治向人民民主的伟大飞跃，为中华民族伟大复兴扫清了根本障碍。我们党团结带领人民完成社会主义革命，确立社会主义基本制度，推进社会主义建设，完成了中华民族有史以来最为广泛而深刻的社会变革，实现了中华民族由近代不断衰落到根本扭转命运、持续走向繁荣富强的伟大飞跃，为中华民族伟大复兴奠定了坚实基础。我们党团结带领人民进行改革开放新的伟大革命，开辟了中国特色社会主义道路，使中国大踏步赶上时代，迎来了中华民族从站起来到富起来、强起来的伟大飞跃，为中华民族伟大复兴开辟了光明前景。可以说，实现中华民族伟大复兴的历史使命贯穿了中国共产党团结带领全国各族人民进行革命、建设和改革的全过程，实践一次又一次证明，中国共产党是民族复兴使命的合格担当者。

三是要深刻认识，这一历史使命需要中国共产党在新时代付出更为艰辛的努力。十九大后，习近平总书记带领新一届中央政治局常委瞻仰中共一大会址时强调，只有不忘初心、牢记使命、永远奋斗，才能让中国共产党永远年轻。今天，我们比历史上任何时期都更接近、更有信心和能力实现中华民族伟大复兴的目标。但中华民族伟大复兴，绝不是轻轻松松、敲锣打鼓就能实现的，必须进行许多具有新的历史特点的伟大斗争。这是中国共产党在新时代对斗争精神的一种呼唤，对革命精神的一种呼唤。今年1月5日，习近平总书记在新进两委和省部级主要领导干部学习贯彻习近平新时代中国特色社会主义思想和党的十九大精神研讨班上专门强调，“不忘初心，牢记使命，就不要忘了我们是共产党人，我们是革命者，不要丧失了革命精神”，要保持过去革命战争时期的那么一股劲、那么一股革命热情、那么一种拼命精神，把革命工作做到底。必须牢记，中国特色社会主义迈入新时代意味着的，不是“轻舟已过万重山”的如释重负，而是“百尺竿头思更进”的全新征程，要以更加昂扬的革命斗志统揽伟大斗争、伟大工程、伟大事业、伟大梦想，一以贯之推进伟大社会革命和伟大自我革命，在新时代中国特色社会主义的伟大实践中，实现中国共产党的历史使命。

同志们！

以上是我学习党的十九大精神的几点体会。党的十九大精神内涵极为丰富、思想十分深刻。这次我们专门集中学习，相信大家内心深处一定有很多收获，进一步增强了真学真懂、真信真用的政治自觉、思想自觉和行动自觉。下面，我结合学校事业的发展再提几点要求，与大家共勉。

贯彻落实党的十九大精神，必须要有不忘初心的奋斗精神，坚定办学自信，凝聚人大力量。建校

80年来，我们始终坚定地跟党走，扎根中国大地办学、矢志不渝奋斗，这是人民大学行稳致远的根本动力，也是我们办学自信的力量源泉。1949年3月23日，毛泽东率领中央机关离开西柏坡前往北平，拉开了建设新中国的帷幕。毛泽东将党中央进驻北平，形象地誉为“进京赶考”。就在党中央进驻北平的同时，还有另外的十路大军从石家庄出发“进京赶考”，其中的“教育大军”，就是华北大学，这是唯一一所与华北人民政府、工青妇团体、新闻机构以及民主人士共同进京的高校。从“有陕公，中国不会亡”的陕北公学，到被誉为“插在敌人心脏上的一把剑”的华北联合大学，再到跟随党中央“进京赶考”的华北大学，一代代人大人义无反顾肩负起历史使命，在中国革命、建设、改革历史进程中留下了浓墨重彩的奋斗之笔。去年校庆当天，习近平总书记亲致贺信，并指出“建校以来，中国人民大学始终坚持党的领导，坚持马克思主义指导地位，坚持为党和人民事业服务，形成了鲜明办学特色，在我国人文社会科学领域独树一帜”。总书记的贺信极大地增强了我们扎根中国大地办世界一流大学的使命感、责任感，极大地鼓舞了我们办好中国特色社会主义大学的自信。今天，站在“两个一百年”的历史交汇点上，我们没有理由不自信满满，我们有能力“进京赶考”，也有底气答好新时代的试卷。我想，这次中层干部集体学习党的十九大精神，就是要进一步动员全校师生，在新的历史起点上乘势而上，以永不懈怠的精神状态、一往无前的奋斗姿态，继续朝着人民大学的历史使命和宏伟目标奋勇前进。

贯彻落实党的十九大精神，必须要有矢志不渝的赤子情怀，回应时代呼唤，敢于担当重任。习近平总书记指出，一个人“最宝贵的是历经沧桑，还怀有一颗赤子之心”。赤子之心是一种发自内心的对于国家和人民的热爱，是一种强烈的责任感与使命感，也是我们哲学社会科学工作者最为宝贵的品质。我们学校的吴宝康同志，就是这样一位精神典范。1952年，吴宝康同志带着一纸调令从中央办公厅到人民大学来办档案教育，从无到有，从小到大，开创了新中国的档案教育和研究事业。2000年，吴宝康同志在病床上让大女儿执笔记录，给中组部写了一封信，主动向组织汇报完成了党交给他的任务。吴宝康同志力谏成立国家档案局、中央档案馆，为新中国档案事业奠定了坚实的基础，堪称中国档案教育史和档案学史上的一座丰碑。吴宝康老先生身上体现出来的这种使命意识，是每一个哲学社会科学工作者应有的品质。中国人民大学作为我国人文社会科学的学术重镇，我们更加需要进一步继承和弘扬这种品质，全身心投入立德树人各项工作，努力在为人民服务、为中国共产党治国理政服务、为巩固和发展中国特色社会主义制度服务、为改革开放和社会主义现代化建设服务中彰显人生价值。

贯彻落实党的十九大精神，必须要有建设“双一流”的使命意识，坚持久久为功，瞄准长远发展。统筹推进世界一流大学和一流学科建设，是党中央、国务院做出的重大战略决策，是建设高等教育强国的重要标志，也是加快实现国家现代化的重要支撑。“加快一流大学和一流学科建设”写入党的十九大报告，彰显了党中央对这一工作的高度重视，作为首批入选高校，我们深深感到，“双一流”认定只是第一步，关键要靠建设。当前，“双一流”建设是学校事业发展的总任务，必须以习近平新时代中国特色社会主义思想为指导，深刻领会中国特色是“双一流”建设的前提，科学选择建设路径，推动大学和学科两个一流协调并进。中层干部是学校事业发展的中间力量，要深刻领会“双一流”建设的立足点、出发点和关键点，在“双一流”建设中找准自己的位置，始终高举改革的旗帜，紧紧围绕总体任务，妥善处理各项事业发展的关系，充分发挥职能，统一思想认识，从高处着眼，从细节处改进，逢山开路，遇水搭桥，以一流的工作水平支撑“双一流”建设，一张蓝图绘到底，不断推动学校事业内涵式发展。

贯彻落实党的十九大精神，必须要有“打铁还须自身硬”的恒心韧劲，坚持党的领导，全面从严治党。进一步加强学校党的建设，是我们做好立德树人中心工作、顺利实现“双一流”目标的政治保证。首先，要紧紧抓住政治建设这个首要任务，增强“四个意识”，自觉在思想上政治上行动上同以习近平同志为核心的党中央保持高度一致，落实到一言一行上、落实到本职岗位上。其次，要紧紧抓住制度建设这个根本保障，重点在保障各项制度落地生根上下功夫。再次，要紧紧抓住基层党组织建设这个薄弱环节，进一步做好基层党支部特别是教师党支部建设，切实发挥基层党支部战斗堡垒作用。最后，要紧紧抓住干部队伍建设这个关键环节，加大年轻干部培养力度，加强干部教育与监督，从严管理干部，确保校园良好政治生态。

同志们！

今年是贯彻党的十九大精神的开局之年，是改革开放的40周年，是决胜全面建成小康社会、实施“十三五”规划承上启下的关键一年。“动人以言者，其感不深；动人以行者，其应必速。”身体力行是最有效的示范，以上率下是最有力的引导。大家要带头学习贯彻习近平新时代中国特色社会主义思想和十九大精神，带头落实新时代学校事业发展的总要求和各项任务，带头发挥“头雁效应”，把各项工作做到位、做扎实，带动广大党员干部师生员工，共同书写好人民大学的“奋进之笔”。

谢谢大家。

在中国人民大学第三十三次学生代表大会上的讲话

中国人民大学校长　刘伟
（2018年4月22日）

各位来宾、各位代表，老师们、同学们：

大家上午好！

今天，中国人民大学第三十三次学生代表大会隆重召开。这是我校一万多名本科生政治生活中的一件大事。在此，我代表学校党委，代表靳诺书记，向大会的召开表示热烈的祝贺，向出席大会的各位来宾表示衷心的感谢，向全体代表并通过你们向全校广大同学致以亲切的问候！

刚才，我认真听取了王新宇同学代表第三十二届学生会委员会所做的工作报告，我都完全赞同。过去两年，学生会团结带领全校广大本科生不忘初心、继续前进，在服务学校各项事业、维护学生切身权益、丰富校园文化生活以及推进学生会组织建设等方面开展了大量卓有成效的工作。在此，我代表学校党委，向第三十二届学生会委员会全体成员以及全校奋进在学生工作战线的各位同志表示衷心的感谢和崇高的敬意！

本次学代会是在学校隆重庆祝80华诞、成功入选国家“双一流”建设高校、站在新的历史起点上奋勇前进之际召开的一次重要的大会。大会贯彻落实中央群团改革意见，对学生会组织架构和运行机制做了必要的调整。相信本次大会的胜利召开一定会为校学生会注入新的活力，也期待着新一届学生会委员会委员和常代会代表在学校党委的领导和团委的指导下，着力在增强政治性、先进性和群众性上下功夫，用心在发挥“自我服务、自我管理、自我教育、自我监督”职能上做工作，倾情在服务师生的课题上写答卷，努力做广大学生成长成才路上的同行者和引路人。

2018年是改革开放40周年，也是学校复校40周年，这不是历史的巧合，而恰恰是人民大学广大师生与党和人民同呼吸共命运最好的注脚。去年，习近平总书记在致我校80周年校庆贺信中充分肯定了学校的优良传统和办学成就，勉励我们坚持立德树人，遵循教育规律，为实现“两个一百年”奋斗目标和中华民族伟大复兴的中国梦做出新的更大贡献。借此机会，我代表学校党委对大家提三点希望。

一是让理想高扬，将仰望星空与脚踏实地相统一。心中有阳光，脚下有力量。希望广大同学永远保持青春的活力，更加坚定地树立共产主义远大理想和中国特色社会主义共同理想，使践行习近平新时代中国特色社会主义思想真正成为所有人大同学的思想自觉和行动自觉。实现远大理想就要珍惜机会、踏实向学，只有通过刻苦努力，掌握了安身立命的根本，才能将远大的抱负变为具体可见的行动和为人称道的成绩，才能在追逐理想的道路上不断前进。

二是与学校同行，将成就自我与爱校荣校相统一。人民大学80年所取得的成就，源于一代代人大人的不懈奋斗。学校是我们的命运共同体，是大家的精神家园。希望广大同学在努力成长为对国家、对社会、对家庭都有益的优秀人才时，也不要忘了母校给予我们的荣耀和我们对她的责任。大家要积极发扬主人翁精神，与学校发展同心同行，以高度的历史责任感参与到学校“双一流”建设和各项事业发展之中。学校也要建设好这个共同的精神家园，维护同学权益、关爱同学成长。

三是和时代共振，将继承传统与改革创新相统一。长期以来，学校始终注重对同学家国情怀的培养，正是源自这种与党和国家休戚与共的红色基因，源于“始终奋进在时代前列”的光荣传统，人大学子才会为党和人民、为国家和社会所认可，所以我们一定要继承这种优良传统。与此同时，也希望学校各级团学组织进一步贯彻落实中央《关于加强和改进党的群团工作的意见》，继续按照《中国人民大学共青团改革实施方案》推进改革创新，以旗帜鲜明的思想引领、科学规范的组织建设、全面贴心的优质服务、丰富多彩的校园活动，履行好自身职能。

新时代开启新征程，新时代期待新作为。同志们，青年朋友们，时代赋予大家实现中国梦的伟大使命，学校寄予大家共圆人大梦的殷切期望。希望大家继承传统、振奋精神、脚踏实地、改革创新，为学校建设世界一流大学，为中华民族伟大复兴，努力谱写青春的精彩篇章！

谢谢大家！

在法国国家荣誉军团骑士勋章授予仪式上的答谢词

中国人民大学党委书记　靳诺
（2018年4月26日）

尊敬的黎想（Jean-Maurice Ripert）大使阁下，
各位同仁，各位朋友：

刚才，大使阁下代表马克龙总统授予我法国国家荣誉军团骑士勋章，并发表了热情洋溢的讲话。首先，我谨向大使阁下，并通过大使阁下向马克龙总统表示最诚挚的谢意。

我知道，法国国家荣誉勋章是奖励那些建立了卓越功勋的人，是专为那些在公共文职职务、军事职务或其他个人活动中做出杰出贡献的人而设立的。法国政府将这样一枚勋章授予我，这不仅是我个人的荣誉，更是中国人民大学的荣誉；不仅是对我个人工作的认可与鼓励，也是对中国人民大学与法国伙伴合作事业的肯定和嘉奖，更是对所有致力于推动中法教育文化交流合作人士的激励和鼓舞。

中国人民大学是学术文化国际交流和高等教育全球合作的重要平台。在文化教育交流国际合作日趋紧密的今天，中国人民大学始终把对法交流合作作为学校国际交往的重点，特别是近些年积极参与到中法人文交流机制中来，先后参加了中法高等教育论坛、中法青年众创交流会等一系列重要活动。学校与法国高等教育界开展交流合作三十余年来，已与包括巴黎索邦大学、巴黎政治学院等十余所法国高校建立了伙伴关系，在法学、文学、哲学、经济学、管理学、历史学、艺术学、物理学、编译与出版等众多领域开展了多种形式的合作交流，在两国政府的指导和支持下，取得了一系列可喜的成果。

特别要提及的是中国人民大学中法学院。2012年，经中国教育部批准，中国人民大学与法国巴黎索邦大学、蒙彼利埃保罗-瓦莱里大学、凯致商学院共同合作创办了中国人民大学中法学院。这是一所以人文社会科学为主的中外合作办学机构，采用中、法、英三语教学。中法学院办学虽然起步不久，但教学育人成果突出，是中法两国重要的高等教育合作项目，也是中国最大规模的法语教育基地，更是中法合作办学的一个良好典范。2016年6月，在法国巴黎举行的中法高等教育论坛上，中国人民大学中法学院获得了“中法大学合作优秀项目”奖项。作为积极参与中法高等教育交流与合作的中外合作办学机构及项目，能够顺利进行并取得良好成绩，离不开法国政府的支持帮助和三所法方伙伴院校的精诚合作。在办学实践中，三所法方伙伴院校为中法学院的建设贡献了优秀的师资、优质的课程，以及优异的留学体验，对此我们深表谢意。在此也特别向魏让方先生及其团队表示最诚挚的感谢！

中国人民大学始终是中国政府重点建设的一所重要大学，是中国人文社会科学高教领域的著名综合性研究型大学。不久前，学校入选中国A类一流大学建设高校名单，14个一级学科入选一流学科建设名单。在教育部公布的最新一轮学科评估结果中，人民大学9个学科获评A+，在中国人文社会科学高教领域排名第一，学科第一的总数也位居全国高校前列。不久前，我们向参与中法学院合作建设的三所法方伙伴院校校长发出担任中国人民大学"双一流"建设国际顾问委员会委员的邀请，衷心希望法国政府及高等教育界持续关注并支持中国人民大学的建设和发展。

最后，衷心希望中国人民大学中法学院在两国政府的大力支持下，在参与合作办学各方的共同努力下越办越好。随着"开创紧密持久的中法全面战略伙伴关系新时代"目标的提出，相信中法两国高等教育的交流与合作也会迎来新的美好前景。中国人民大学的全体师生愿与在座的中法两国同仁一起，共同为两国人民增进了解、深化友谊增色添彩，共同为两国高等教育和文化事业的发展进步贡献力量。

我谨代表中国人民大学全体师生再次感谢大使阁下及各位！再次感谢法国政府对我及学校的鼓励！谢谢！

在万寿论坛国际研讨会上的致辞

中国人民大学党委书记　靳诺
（2018年5月11日）

尊敬的南非共产党总书记布莱德·恩齐曼迪先生，
尊敬的中联部研究室主任栾建章先生，
尊敬的各位来宾，女士们、先生们，老师们、同学们：

大家上午好！

初夏的北京，生机勃勃。今天，我们在这里召开"21世纪马克思主义与习近平新时代中国特色社会主义思想"万寿论坛国际研讨会，在此，我谨代表中国人民大学对远道而来的南非共产党总书记布莱德·恩齐曼迪先生一行以及今天与会的各位中外来宾，表示最热烈的欢迎！在此也感谢中联部对中国人民大学的信任，将如此重要的活动安排在我们学校举办。

南非共产党是南非重要的马克思主义政党，成立于1921年7月，与中国共产党成立时间大致相同。这表明我们两党虽然相距万里，但同年同月诞生，有着很深的历史渊源。这种渊源让我们今天的交流有了非常好的基础，有了共同对话的平台，有了一种天然的默契。恩齐曼迪总书记多年前曾担任过南非高等教育部长，对南非乃至整个世界的高等教育状况十分熟悉；我本人也曾在中国教育部任过职，在中国地方任职时也曾分管教育；今天的论坛又在中国共产党亲手创办的第一所新型正规大学——中国人民大学举行。这些在某种意义上拉近了我们之间的距离，使今天的对话有了更多的共同语言、共同情感、共同关切。

2018年，对于世界和中国而言都是一个非常值得纪念的特殊年份。今年5月5日是马克思诞辰200周年。马克思是人类历史上最伟大的思想家、全世界无产阶级和劳动人民的革命导师、马克思主义的主要创始人、马克思主义政党的缔造者和国际共产主义的开创者。一周以前的5月4日，中国共产党举办了隆重的纪念大会，我本人和人民大学130名师生在人民大会堂聆听了习近平总书记发表的重要讲话。习近平总书记的讲话缅怀马克思的伟大人格和历史功绩，重温马克思的崇高精神和光辉思想，高度评价马克思主义在人类历史上的划时代意义，深刻总结马克思主义中国化的伟大历程和经验启示，指出马克思主义是科学的、人民的、实践的、不断发展的开放的理论，强调要坚持和发展马克思主义，不断开辟当代中国马克思主义、21世纪马克思主义新境界。

马克思主义不仅深刻改变了世界，也深刻改变了中国。近代以来帝国主义的野蛮侵略给中国人民带来深重苦难，十月革命一声炮响，为中国送来了马克思列宁主义，给苦苦探寻救亡图存出路的中国人民指明了前进方向、提供了全新选择。在这个历史大潮中，一个以马克思主义为指导，立志为中国人民谋幸福、为中华民族谋复兴的马克思主义政党——中国共产党应运而生。中国共产党人把马克思主义基本原理同中国革命和建设的具体实际结合起来，团结带领人民经过长期奋斗，实现了中华民族从“东亚病夫”到站起来的伟大飞跃。

在这个伟大历史进程中，中国共产党人不断推进马克思主义中国化，形成和发展了毛泽东思想，以及包括邓小平理论、“三个代表”重要思想、科学发展观和习近平新时代中国特色社会主义思想在内的中国特色社会主义理论体系，开辟了中国特色社会主义道路，确立了中国特色社会主义制度，发展了中国特色社会主义文化，极大地改变了中国的面貌，也拓展了发展中国家走向现代化的途径，给世界上那些既希望加快发展又希望保持自身独立的国家和民族提供了全新选择，为解决人类问题贡献了中国智慧和中国方案。

因此，在今年这样一个具有特殊意义的年份，我们在这里举办“21世纪马克思主义与习近平新时代中国特色社会主义思想”万寿论坛国际研讨会恰逢其时。我想，我们似有必要从以下几个维度来研讨21世纪马克思主义与习近平新时代中国特色社会主义思想。

一是要从历史与当代相贯通的维度来研讨21世纪马克思主义与习近平新时代中国特色社会主义思想。马克思主义既是历史的，又是时代的。在人类思想史上，没有一种思想理论像马克思主义那样对人类产生了如此广泛而深刻的影响。虽然马克思诞辰已经200年，人类社会发生了巨大而深刻的变化，但马克思的名字依然在世界各地受到人们的尊敬，马克思的学说依然闪烁着耀眼的真理光芒。今天，中国共产党人坚持和发展21世纪的马克思主义，坚持和发展中国特色社会主义，仍然在学习马克思，学习和实践马克思主义，不断从中汲取科学智慧和理论力量，特别是要善于从历史与当代相联系、相贯通的维度来坚持和运用马克思主义立场、观点、方法，回顾历史、总结历史、把握历史，观察时代、解读时代、引领时代。

二是要从理论与实践相结合的维度来研讨21世纪马克思主义与习近平新时代中国特色社会主义思想。马克思主义既是理论，又是实践。实践性是马克思主义理论区别于其他理论的显著特征。马克思一再告诫人们，马克思主义理论不是教条，而是行动指南，必须随着实践的变化而发展。今天，中国共产党人坚持和发展21世纪的马克思主义，坚持和发展中国特色社会主义，仍然始终坚持理论与实践相结合，一方面用理论指导实践、推动实践，另一方面又用实践来检验理论、创新理论，推动21世纪马克思主义的发展，推动中国特色社会主义的发展。

三是要从中国与世界相比较的维度来研讨21世纪马克思主义与习近平新时代中国特色社会主义思想。马克思主义产生于欧洲，又不仅仅属于欧洲，它是全世界无产阶级和劳动人民共同的思想武器。马克思主义一经诞生，就在全世界得到广泛传播并指导世界各国无产阶级和劳动人民的实践，不仅深刻改变了世界，也深刻改变了中国。反过来，世界各国无产阶级和劳动人民的伟大实践，又不断检验、修正和发展着马克思主义。实践表明，社会主义并没有定于一尊、一成不变的套路。习近平总书记曾多次指出，中国特色社会主义，不是简单延续中国历史文化的母版，不是简单套用马克思主义经典作家设想的模板，不是其他国家社会主义实践的再版，也不是国外现代化发展的翻版。今天，我们在这里研讨21世纪马克思主义与习近平新时代中国特色社会主义思想，不仅需要总结中国的经验与理论，也有必要总结其他国家的经验与理论，从中国与世界相比较、相借鉴的维度来共同回答“世界怎么了”“人类向何处去”“发展中国家向何处去”等这些关系全球和世界各国前途与命运的重大问题，不断深化对共产党执政规律、社会主义建设规律和人类社会发展规律的认识，让马克思、恩格斯设想的人类社会美好前景不断在中国和世界大地上生动展现出来。

各位代表，2017 年底习近平总书记在中国共产党与世界政党高层对话会上发出了携手建设更加美好世界的倡议。我们真诚地希望，全世界范围内的无产阶级政党能够团结起来，中国共产党与南非共产党能够团结起来，不断深化拓展两党间合作，推动两党两国关系向更高水平迈进，共同推进人类最美好的事业——共产主义事业不断向前发展。

作为中国共产党创办的第一所新型正规大学，中国人民大学始终坚持党的领导，坚持马克思主义指导地位，坚持为人民服务，为中国共产党治国理政服务，为巩固和发展中国特色社会主义制度服务，为改革开放和社会主义现代化建设服务，形成了“人民共和国建设者”的摇篮、人文社会科学高等教育的重镇、马克思主义教学与研究的高地三大办学特色，被习近平总书记誉为“在我国人文社会科学领域独树一帜”。作为全国高校首家“习近平新时代中国特色社会主义思想研究中心”和中央批准的全国首批十家研究机构之一，我们将进一步加强马克思主义理论学科建设，进一步加强理论探索和学术研究，进一步加强国际交往和合作交流，为马克思主义的研究和传播，为马克思主义中国化时代化的不断推进，为习近平新时代中国特色社会主义思想的丰富发展贡献力量。

最后，祝本次论坛圆满成功！

谢谢大家！

在 2018 博士学位授予仪式上的讲话

中国人民大学校长　刘伟
(2018 年 6 月 27 日)

各位博士同学、各位导师、各位来宾：

今天的学位授予仪式，对大家具有里程碑性的重要意义，在这里，你们接受最高的学位、最热烈的掌声和最真诚的祝福，这是对你们多年潜心钻研、刻苦攻关、笃学不倦的最大肯定。首先，我代表学校、代表学位评定委员会，向获得博士学位的 802 位同学表示热烈的祝贺！向为此付出辛劳的各位老师表示由衷的敬意！向背后默默支持你们的各位亲友表示诚挚的感谢！

此刻，大家手里都握着经国务院学位委员会授权，由学校自主设计的学位证书，证书背后醒目地印制了“实事求是”四个字，也就是我们的校训。“实事求是”精神的核心在于“实”，吴玉章老校长曾用“实”字来概括自己的个性，他说：“我并无过人的特长，只是忠诚老实，不自欺欺人，想做一个以身作则来教育人的平常人。”“实”的含义有很多，作为中国人民大学的博士毕业生，应当如何理解和践行“实”的要求，我有几点体会，愿意借今天这样一个场合，与大家分享。

“实”是一种人生智慧。大家在今后的学术和职业生涯中会遇到各种问题和压力，需要面对同行的竞争、家人的期待和现实的落差，不少博士毕业生心中也难免会产生焦虑感，着急出成果，着急评职称，着急获得别人的认可。但是，我想提醒大家，人生从来没有捷径，学术研究更没有什么快车道，无论攀登多高的山峰，都需要一步一步坚实的步伐。“读书切戒在慌忙，涵泳工夫兴味长”，大年三十仍在图书馆潜心研读的方立天教授，历时十年翻译《康德著作全集》的李秋零教授，等等，他们都是我们身边葆有匠心、静水深流，坐冷板凳、出真学问的典范。希望大家能够正确处理好“快”和“慢”的辩证关系，给成功多一点耐心和时间，不计较一时的得失，不搞花架子。扎扎实实地做自己的学问和事业，就一定会实现人生的成功和幸福。

“实”是一种治学方法。在学术研究过程中，特别是对人文社会科学来说，什么样的方法才是科学的方法？我觉得有一条很重要，那就是遵循从实践中来、到实践中去的辩证唯物主义认识论，正如毛主席所说的，我们要“通过实践而发现真理，又通过实践而证实真理和发展真理”。当前我们正在经历最为广泛而深刻的社会变革，正在进行着人类历史上最为宏大而独特的实践创新，这对中国人文社会科学提出了一系列新的重大命题。今年是中国改革开放40周年，总结改革开放40年的成功经验，很重要的一条就是在实践中突破旧理论、旧框框的束缚，以实践的探索去发展理论和创新理论。当前，中国改革开放进入深水区和攻坚期，实现中国现代化的“大问题”“真问题”的解决，人民群众关心的“痛点”“难点”问题的疏通，都有赖于进一步的实践探索，有赖于我们的理论创新和扎实工作。为此，我们一定要把握“实”的治学方法，在认真深入调查的基础上进行思考研究，进而发现事物的本质规律，找到解决问题的科学方法。

“实”是一种学术操守。学术道德不仅是做学问的底线，更攸关学者的声誉和学术生命，攸关科学发展和价值传承，是我们每一个人都应该秉持的职业操守。在今后漫长的学术和职业生涯中，我希望人大的博士毕业生，敢于在陌生领域探索的同时，一定要遵守学术道德，以“零容忍”的标准对待一切学术不端行为，用敬畏的心态和审慎的目光对待自己的每一份学术成果，成为严谨治学的力行者和学术道德的捍卫者。“正其道不谋其利，修其理不急其功”，我们要按照习近平总书记的要求，经得住诱惑，守得住底线，努力成为真善美的追求者和传播者，以深厚的学识修养赢得尊重，以高尚的人格魅力引领风气，努力做一名为大家所认可的人、为大家所尊重的人、为大家所敬仰的人。

梅贻琦在《大学一解》中说过，大学的一项重要使命是“对社会秩序与民族文化所能建树之风气”。“实”，或许就是人民大学能够为学术界、为社会、为国家所建树的风气。我衷心希望，大家都能够像吴玉章老校长一样，把“实”当作融入血液、深入灵魂的人生印记，牢记“实事求是”的校训，怀着对国家、对民族、对社会的担当、责任和使命，在新时代中国特色社会主义伟大事业中建功立业！

最后，祝愿大家工作顺利、前程似锦，人大为你们骄傲，母校为你们加油！谢谢大家！

学好　守拙　别怕
——在2018届毕业典礼上的讲话

中国人民大学校长　刘伟
（2018年6月29日）

亲爱的毕业生同学们，
各位远道而来的家长、校友，
各位来宾、各位老师：

大家好！

对于即将毕业的同学们来说，今天是一个非常重要的节日。迎新入学、毕业典礼，这是我们学校两个最重要的节日，是一个学校的精神年轮。我在大学工作30多年，在这两个节日当中，我面对的是永恒的青春，永远的十八岁，永远的二十多岁，虽然我在变老。

但这两个节日不同。刚才袁卫教授跟我说，开学典礼和毕业典礼不同。开学典礼我们播撒希望，更多的是出发；毕业典礼更多的是收获，是一种享受，是一个大的分享的聚会。秋天9月份是学校开学的时候，高校的秋天是春天，是春意最浓的时候，因为是新生来报到，他们满怀着憧憬，满怀着期望，肩膀上扛着家里的嘱托、国家的希望、自己的梦想，所以是最美丽的季节。

今天骄阳似火，正当夏天，但这是我们学校沉甸甸的收获的季节。看到我们的学生穿着各种学位服，正所谓“春华秋实”，学士的、硕士的、博士的，我知道我们学校的秋天真的来了。在这里祝贺大家有秋天的收获。这个收获是我们每一个学生的，是我们每一个家庭的。我们今天又有几千个毕业生，一个个有出息的孩子，是学校最宝贵、最值得骄傲的财富，更是我们国家的财富，是国家的栋梁，所以今天是值得庆祝的丰收的节日。

开学典礼时其实不用讲很多，因为有的是时间，大家入学以后，我们在一起或者四年或者六年或者更长，有的是时间，你听也好，你不听也好，你愿意听也好，你不愿意听也好，老师、学校总会给你讲。但是今天是毕业典礼，是欢送大家的时候，我要多讲几句。为什么呢？今后要讲的时间和机会就没有入学时那么多了。刚才我们新闻学院的胡百精教授已经“大数据”了一下，说他们把各大学毕业典礼校长讲的内容统计了12万字，我想我这个稿子，被12万字一统计，就跳不出12万字大数据的关键词框架了，确实无外乎家国情怀、今后自己要走好、祝大家开心幸福等等。

不管怎么样，就算跳不出这个大数据，既然是从学校——就是你们的家出发，我在想我们每一个孩子出发时，家里人要给你说点什么。我不敢说我能说得很全，但是有三句话、六个字是我想讲的。

第一，学好。我们的爸爸妈妈、我们的长辈，在大家出门的时候总会告诉我们“你要学好”，学好当然首先不要学坏。我相信经过本科、硕士、博士的学习，在人民大学作为一个合格毕业生，应该是能够认识到你的价值观、世界观、人生观应是怎样的。我们是从延安走来的学校，我们是我们党办的第一所新型正规大学，家国情怀是刻在我们骨头里、印在我们血液中的。

经过这么几年的学习训练教育，作为一个人大的毕业生，对于什么是好，我想你是有清晰答案的。学好就是要经得住诱惑，这个世界吸引你学坏的因素太多。我相信除了家庭和学校之外，这样不厌其烦地给你讲“你要学好”的场合不会很多，所以大家出去之后是学好还是学坏，就要靠你自觉了，没有那么多人会像你小时候在家里、像你读书时候在学校那样，在你的耳边，虽然你很烦，但是喋喋不休地提示你、告诉你。我觉得大家一定要学好，要善良，要爱生命、爱万物，要报效国家、忠诚、热爱我们民族，报效你们的父母，宽容待人，等等。我刚才说过什么是好，大家有自己的答案。我在这里虽然可能很絮叨，但是我还是发自内心想说一下，我们的孩子要离开我们的家园，我真的希望大家学好。这是我想讲的第一句话。

第二句话就是守拙。中国有一句话叫“大智若愚”，从小格调上讲，大聪明的人就是最笨拙的人，我们讲守拙就是要执着，肯吃亏，吃亏是福（可能是带有“机会主义”）。我们说做一个别人喜欢的人，做一个和别人在一起能给别人带来快乐和愉快的人，我想，你愿意吃亏就意味着你愿意奉献，愿意奉献你的价值才能真正体现。而恰恰就是在这种吃亏、奉献别人、奉献社会的过程中，你自己收获满满，你自己赢得了别人的承认、尊重；正是在这种把机会让给别人的过程中，你自己才能真正获得想不到的机会。这就是小我与大我，这就是吃亏和收获之间的取舍。

我在年龄上是你们的长辈，可能比你们的父母年龄还要大，我有一个切身体会：不要去争一时长短，不要去计较一时得失，真的要有大的得失观，把自己放到这个社会里。每一个人都是渺小的，但是伟大的事情都是靠无数个渺小堆积起来的。只要为了“仰不愧于天，俯不怍于地”，哪怕吃点亏、慢一点，也要“留得清气满乾坤”。所以我说大家要守拙，这是我想讲的第二个关键词。

最后我想讲第三个关键词。我们出门的时候，我们的父母经常给我们讲的是什么呢？特别是我们小时候受到惊吓或者不安，我们的父母经常会告诉我们两个字，叫作“别怕”。这是嘱托，“别怕”意味着宠辱不惊，我们要有独立的人格，要有独立的精神，要有自信、自美、自我的欣赏、自我的充实。遇到再难的事情都别怕，再困难、竞争再激烈的事情，你看看周围的人，他不一定比你强，别怕。再难的困难，你想想我们走过多少路，解决了多少问题，今天这点困难算什么呢？别怕。如果遇到我们不想遇到的人或者事情，别怕，邪不压正。今后我们走入社会，在人生成长的道路上会遇到很多很多的事情，别怕。当然不怕的基础是自强不息。我们要提升自己，我们要有能力，这才是自信的根基，我们做好思想准备，我们不怕这些困难，不怕邪恶。

以上是我想借这个机会跟大家讲的三句话。一个就是学好，一个就是守拙，一个就是别怕。不要怕，因为你有家，人大是大家永远的家园。

谢谢大家！

在大学最美好的年华找寻人生的答案
——在中国人民大学2018—2019学年开学典礼暨教师节表彰大会上的讲话

中国人民大学党委书记 靳诺
（2018年9月12日）

亲爱的2018级新生同学们，

各位老师、各位家长、各位来宾：

大家好！

金秋九月，我们迎来了收获的季节，又一批青年学子从五湖四海、四面八方汇聚在中国人民大学这方精致的校园。在此，我首先代表学校，向全体2018级新生表示热烈的欢迎！向含辛茹苦养育你们的父母表示衷心的感谢！今年正值第34个教师节，在今天这个庄重的典礼上，我们安排了对获得各项荣誉的教师代表进行表彰，他们爱岗敬业、为人师表、立德树人、无私奉献。拥有这样一大批值得尊敬的好老师，既是同学们的幸运，更是学校的光荣！让我们向他们致以崇高的敬意！

同学们，看到你们充满朝气的脸庞，我们由衷感到“得天下英才而育之”的喜悦。你们是人民大学迎来的第一批“00后”，更是党的十九大胜利召开、人民大学80周年校庆之后入校的第一批大学生。去年10月3日，中国人民大学作为我们党创办的第一所新型正规大学，迎来了80岁华诞。习近平总书记专门发来贺信，高度评价了建校80年来取得的突出成绩，并对学校扎根中国大地办大学，努力建设世界一流大学和一流学科提出了明确要求和殷切期望。当迈入新时代的中国特色社会主义和进入“双一流”建设新阶段的人民大学，在“强国一代”的你们身上形成一道美丽的交汇，这既是一种缘分，更是一份期待。

今天是开学典礼，也是大家的“开学第一课”。按照教育部关于上好“开学第一课”的要求，我和刘伟校长做了分工，他在博士新生暨新博导大会上讲“第一课”，我借今天开学典礼的机会，为大家即将展开的大学生活做一个领读。

刚才，刘守英教授、车宗凯同学、姚宇奇同学、李春晖老师、邵志豪校长分别作为各方面代表做了非常精彩的发言，对同学们给予美好的祝福和期望。正如他们所表达的，同学们最美好的年华将在人民大学度过。而最美好的年华，不仅仅指物质生活的美好，更是因为精神生活的美好。在昨天刚刚闭幕的全国教育大会上，习近平总书记发表了重要讲话，就教育的战略性、全局性、关键性的重大问题做出了深入阐述，特别指出“培养什么人，是教育的首要问题”，深刻揭示了教育的本质，明确了学校的根本任务。对学校来说，就是要回答“为谁培养人、培养什么样的人、怎样培养人”；对同学们来说，就是要回答“人生应该对谁用情、在哪儿用力、如何用心、成为什么样的人”。今天，试就围绕“培养什么人”这一教育首要问题，从这几个“人生之问”出发，和同学们交流如何度过大学最美好的年华。

第一，思考“人生之问”，要在人大的光荣历史中找寻“对谁用情”的答案，践行“立学为民、治学报国”的精神。

回顾中国近现代高等教育发展的历程，有两条脉络，一条是近代以来受西方列强坚船利炮和科技发展冲击而建立起来的新式学堂，如北洋大学堂、京师大学堂、南洋大学堂等，另一条是中国共产党在革命战争年代创办的抗日军政大学、陕北公学等一批具有红色基因的新型大学。正是这两大源流，逐步汇聚发展形成了今天中国高等教育的体系与格局。中国人民大学是由中国共产党创办的第一所新型正规大学，有着鲜明的红色基因和精神底色。

今年是中国改革开放40周年，也是中国人民大学复校40周年，这是中国高等教育的源流同当代中国发展洪流的一次交汇。这个交汇绝不是时间的巧合，而是中国人民大学“始终与党和人民同呼吸共命运”的最好注脚。中国人民大学在挽救民族危亡的抗日烽火中诞生，在百废待兴的新中国建设中成长，在“文革”的艰苦岁月中磨砺，在改革开放的大潮中新生，在新世纪的征程中腾飞，其80多年的发展与奋斗史，正是中国共产党筚路蓝缕，扎根中国大地，创办新型高等教育的真实写照和光辉典范。在新中国高等教育发展史上，中国人民大学就是这样一所大学——她的命运与党史、国史、改革开放史以及马克思主义中国化的进程始终紧密相连。

我们常说“陪伴是最长情的告白”，以“立学为民、治学报国”为办学宗旨的中国人民大学，用80余年的荣辱与共，深情回答了中国共产党为什么用“中国人民”四个字为我们命名。这里向同学们讲一位老师的故事。今年暑假，我和学校青年教师调研团一同到浙江湖州，参观了学校吴宝康老师事迹陈列馆，深受感动。吴宝康老师为新中国档案事业奠定了坚实基础，堪称中国档案教育史和档案学史上的一座丰碑，国家档案局、中央档案馆的成立都有吴宝康老师的建议和心血。1952年，吴宝康老师带着一纸调令从中央办公厅到人民大学来办档案教育，从无到有，从小到大，无怨无悔，为开创新中国的档案教育和研究事业奉献了毕生精力。2000年，吴宝康老师在病床上让大女儿执笔记录，给中组部写了一封信，信中说：“自中央组织部调我来京，至今已经整整五十年。半个世纪以来，我铭记党交给我的任务，创办新中国档案高等教育事业。几十年呕心沥血，排除万难，终于为档案高等教育和国家档案事业发展打下了一定的基础。作为一个老干部，我想，我现在可以向中央汇报工作了”。吴宝康老师身上体现出来的这种忠诚与担当，是每一个人大人宝贵的精神财富。习近平总书记5月2日在北京大学与师生座谈时对青年学生提出了“爱国、励志、求真、力行”的殷切期望，首要的一点就是要“爱国，忠于祖国，忠于人民”。对人大人而言，国家的召唤、民族的需要就是我们的梦想，这是对“立学为民、治学报国”八个字最好的阐释。

同学们，人民大学文化的精髓与核心，既存在于昨天的历史，又深刻影响着今天的每一位师生，更在面向未来的道路上被一代代人大人接续传承、发扬光大。今天，你们成为新人大人，当你们思考人生应当“对谁用情”这个问题时，请想一想我们光荣而响亮的校名，想一想吴玉章、成仿吾、郭影秋、张腾霄等老一辈革命家、教育家，想一想范文澜、艾思奇、何思敬、何干之等老一辈思想家、理论家，想一想那些把一生奉献给国家、奉献给人民的人大人，他们身上折射着我们的精神底色。

第二，思考“人生之问”，要在时代的广阔舞台上找寻“在哪儿用力”的答案，保持“始终奋进在时代前列”的姿态。

去年80周年校庆之际，在征求广大师生和校友意见的基础上，学校将校庆主题确定为“始终奋进在时代前列”。可以说，中国人民大学的发展历史，就是一部中国共产党人、爱国知识分子倾心奉献的奋斗史，集中体现了人大人“始终奋进在时代前列”的独特精神。同学们阅读校史就会发现，自学校诞生之日起，每逢中国共产党命运攸关的重大关口和共和国建设发展的重要节点，总有人大人挺身而出、尽心竭力。从革命战争年代艾思奇的《大众哲学》，到和平建设年代的新中国第一部中国人自己编写的《辩证唯物论》《政治经济学教程》教材；从胡福明校友撰写《实践是检验真理的唯一标准》一文引发全国范围内真理标准大讨论，到陈锡添校友撰写长篇通讯《东方风来满眼春》标注改革开放新征程……一代代人大人“始终奋进在时代前列”，为中国革命、建设和改革事业做出了巨大的贡献。

一代人有一代人的际遇，一代人有一代人的奋斗。历史车轮滚滚向前，时代潮流浩浩荡荡。今天，中国特色社会主义进入新时代，中华民族迎来了从站起来、富起来到强起来的伟大飞跃，面临的既是近代以来中华民族发展的最好时代，也是实现中华民族伟大复兴的最关键时期。党的十九大提出，到2020年全面建成小康社会，到2035年基本实现社会主义现代化，到本世纪中叶把我国建成富强民主文明和谐美丽的社会主义现代化强国。这一历程跨越30多年，等完全实现这一目标的时候，真正的见证者，可能就只有各位同学。作为“强国一代”的你们，人生黄金期同“两个一百年”奋斗目标的轨迹高度吻合，这就叫生逢其时、重任在肩、大有可为。

同学们大多数是“00后”，出生在新世纪，从小在不愁吃穿的环境中长大，很少有人经历过生死存亡的磨难、经受过血与火的考验、遭遇过艰难困苦的历练，人生阅历很有限。当面对学习的压力、竞争的焦虑、成功的渴望、现实的“骨感”以及各种各样的诱惑时，同学们的内心容易充满成长的困惑。实际上，没有哪一代人的青春是容易的。吃苦的过程，正是锤炼品格、磨砺心智、丰盈内心的过程，如果一遇到困难就害怕、一遇到问题就逃避、一遇到挫折就退缩，那就难以担当大任。“志不求易者成，事不避难者进”，习近平总书记希望同学们“要励志，立鸿鹄志，做奋斗者”，这是因为中华民族伟大复兴，绝不是轻轻松松、敲锣打鼓就能实现的，必须准备付出更为艰巨、更为艰苦的努力。“新时代是奋斗者的时代”，奋斗精神是时代新人的重要标志。作为人民大学的学生，希望大家千万不要因为一时失意而灰心丧志，不要因为身处逆境而放弃前行，要做一个心中始终充满阳光的人，始终保持奋进姿态和蓬勃朝气，像学校求是楼前的爬山虎一样，向着梦想不断攀岩，把充满希望的绿色铺满新时代的广阔舞台，努力成为担当民族复兴大任的时代新人，“始终奋进在时代前列”。

第三，思考“人生之问”，要在青春的宝贵时光里找寻“如何用心”的答案，练就“国民表率、社会栋梁”的本领。

除了“爱国”和“励志”，“求真”与“力行”也是“时代新人”的必修课，要政治过硬、本领高强。正如习近平总书记指出的，“知识是每个人成才的基石，在学习阶段一定要把基石打深、打牢”，“求真学问、练真本领”。同学们的四年大学时光看起来时间很长，1 460 多天，其实很短暂。今年，学校为所有大一新生制作了一本《时间管理手册》，目的就是告诉大家要珍惜大好的学习时光，抓紧一切机会学习知识、锤炼本领，“求真理、悟道理、明事理”。

当今时代，知识更新加速、科技迅猛发展，教学与研究、课堂与生活、老师与学生等高等教育的核心元素及其之间的关系面临深刻变化。“凡益之道，与时偕行”，面对机遇和挑战，一所优秀的大学，我们的老师、同学，包括学校的管理者，都应把“本领恐慌”转化成抓学习、勤学习、善学习的内生动力。一方面要把注意力“举”高一点，不能满足于碎片化的信息、快餐化的知识，主动放下手机、拿起书本，阅读那些经过历史长河大浪淘沙出的名家经典，多一点“咀嚼”大部头的“坚硬阅读”，保持“读书破一卷”的专注，为自己搭建一间“腹有诗书气自华”的精神书屋。另一方面要把好奇心“举”高一点，不能被“算法”俘虏，要注重养成“多走一步”“多问一句”“多想一层”的习惯，仔细体悟著名学者梁漱溟先生曾提出的形成主见、看出问题、融会贯通、知不足、以简御繁、运用自如、一览众山小、通透等思维能力的八层境界，感受深度思考的乐趣，使时代新知与创新活力内化为成长成才的核心竞争力。

大家要“知行合一、以知促行、以行求知”。“耳闻之不如目见之，目见之不如足践之。”学到的东西，不能停留在书本上，不能只装在脑袋里，而应该落实到行动上。人民大学的校训是“实事求是”，历来十分注重开展社会实践活动，有重视理论联系实际的传统。今年 4 月起，为纪念改革开放 40 周年和人大复校 40 周年，学校组织了“追寻改革的足迹”主题活动，几十支社会实践团队分赴深圳、上海、安徽、福建、浙江等改革开放的标志性地区开展学习调研，追寻改革历程、感悟发展成就、增强开放信心。大家在学校学习生活的几年中，像这样的机会有很多，希望大家能充分利用学校搭建的各种实践平台，在革命精神的沃土中汲取先人的刚强意志，在帮贫扶弱的志愿服务中感悟生命的强大力量，在脚踏实地的实践磨砺中涵养成长的底气，在行走中观察、在观察中思考、在思考中记录，不断增强自己的脚力、眼力、脑力、笔力，练就“国民表率、社会栋梁”的本领。

同学们，“时间是人类发展的空间”，今天既是大家“人大时间”的开端，也是大家“青春主场”的新起点。希望你们在大学最美好的年华，多在坚定理想信念上下功夫、多在厚植爱国主义情怀上下功夫、多在加强品德修养上下功夫、多在增长知识见识上下功夫、多在培养奋斗精神上下功夫、多在增强综合素质上下功夫，永远记住这踮着脚尖、眺望远方的姿态，用自己的一生来回答“对谁用情、在哪儿用力、如何用心”的“人生之问”，做一个大写的人大人，立志肩负起民族复兴的时代重任！

最后，祝大家拥有温暖而充实的大学时光！

谢谢大家。

充分发挥党在“双一流”建设中的领航作用
——在教育部“双一流”建设现场推进会上的发言

中国人民大学校长　刘伟
（2018年9月29日）

马克思主义是我们立党立国的根本指导思想，也是我国大学最鲜亮的底色。近年来，中国人民大学以习近平新时代中国特色社会主义思想为指导，深刻领会习近平总书记系列重要讲话精神，全面贯彻全国教育大会精神和教育部各项工作部署，充分发挥党在“双一流”建设中的领航作用，把方向、强领导、善决策、抓执行、促生产，深入推进学校“双一流”建设，学校人文社会科学整体研究水平迈进世界一流行列。中国人民大学的办学实践表明，坚持马克思主义的鲜亮底色，坚持扎根中国大地办学，一定能够创建有中国特色的世界一流大学。

一、牢牢掌握“双一流”建设的“领导力”

习近平总书记深刻指出，办好我国高等教育，必须坚持党的领导，牢牢把握党对高校工作的领导权。中国人民大学是中国共产党创办的第一所新型正规大学，被誉为我国人文社会科学高等教育领域的一面旗帜，学校整体进入世界一流大学建设行列，14个学科进入一流学科建设。“双一流”建设启动实施以来，中国人民大学充分发挥党的领导在“双一流”建设中的领航作用。管方向，始终坚持马克思主义底色，创办扎根中国大地的世界一流大学，推动在马克思主义理论、理论经济学、应用经济学、新闻传播学等学科领域形成“人大学派”，构建具有中国特色的哲学社会科学学科体系、学术体系、话语体系。管全局，成立由全体校领导组成的“双一流”建设领导小组，负责“双一流”建设的顶层设计、宏观布局、统筹协调、经费投入、绩效评价等重大问题和重大事项的决策。管人才，着力集聚一批有深厚马克思主义理论素养的理论人才，涵养党的理论家、人民的理论家、社会主义的理论家。成立党委教师工作部，启动“支部书记‘双带头人’培养工程暨基层党组织‘对标争先’建设”活动，加强“双带头人”队伍建设。马克思主义学院中共党史党支部书记工作室入选教育部首批高校“双带头人”教师党支部书记工作室名单。

二、全面提高“双一流”建设的“决策力”

以完善“党委领导、校长负责、教授治学、民主管理”为基本框架的现代大学治理结构作为推进“双一流”建设的重要任务，扶优扶强，补足短板，理顺关系，保障“双一流”决策科学有力。强优势，以资源配置改革为抓手，释放3项政策福利。一是推动资源配置向14个一流学科倾斜，二是为14个一流学科提供专项人员经费，优化资金使用结构。三是设立“学科标志性重大平台项目”，重点支持以一流学科为牵引的学科重大项目孵化以及跨学科交叉协同创新。补短板，针对学校国际性有待进一步提升的短板，实施中国人民大学科研国际化计划。积极布局，成立数学学院，强化基础支撑；成立人工智能学院，强化前瞻引领；成立丝路学院，对接国家战略需求。激活力，理顺学术和行政的关系，保障学术委员会作为校内最高学术机构，统筹行使学术决策、评审等职权，促进学术权力与行政权力相对分离与配合，充分实现教授治学、民主管理，全面激发学校的创新创造活力。

三、统筹增强“双一流”建设的“执行力”

抓落实，开展一流学科“大调研”，前后历时2个月，梳理10多类重点核心问题，提出近40条针对性政策建议；召开推进会，针对重点核心问题，建立任务清单，明确职责划分、责任主体和解决方案，强化责任倒逼机制。搭平台，成立全国高校首家习近平新时代中国特色社会主义思想研究院，在《人民日报》《光明日报》等主流媒体发表100多篇理论文章，组织编写“习近平新时代中国特色社会主义思想研究丛书”（30卷）、“治国理政新理念新思想新战略研究丛书”（10卷本）、《马克思主义发展史》（10卷本）、《中国共产党思想史研究》（多卷本）、《习近平与21世纪中国马克思主义》、《大道之行》、《不忘初心》等重要著作；设立15个学科标志性重大平台，实行首席专家负责制，推动实现一流机制、一流人才、一流成果。树品牌，推进习近平新时代中国特色社会主义思想“五进”工作，推出国内第一部吸收中国特色社会主义经济理论最新成果的本科教材；实施教师学术精品海外推广项目，2015—2017年，共翻译出版83本高水平学术著作，涉及15种语言，推动中国故事、中国经验国际表达。抓亮点，完善构建“大思政”工作格局，坚持全员、全过程、全方位育人，启动青年教师“初心之旅”和“寻根之旅”大型社会调研计划；积极推动学科建设“姓马”“信马”，强化马克思主义学科的传统优势、办学特色，全面提升马克思主义学科在服务国家决策与社会发展中的重要作用和影响力。促成效，聚焦学科—学校—学院三个层面，搭建“三位一体”成果体系，全方位催生“双一流”建设标志性成果。2015—2017年，中国人民大学获国家级或省部级科研奖励61项，7部学术专著入选“国家哲学社会科学成果文库”。同时，国家发展与战略研究院入选首批25家国家高端智库建设试点单位，首都发展与战略研究院入选第一批首都高端智库，重阳金融研究院连续三年入选国际公认度最高的《全球智库报告》评选的“全球智库150强”。

四、充分发挥“双一流”建设主体的“生产力”

学院是学校建设的主体，教师是学术生产力的源泉。为推动“双一流”建设出成果、见实效，学校深化改革激发生产力，创新机制释放生产力，规范制度保障生产力。一是放权，坚持重心下移、资源下沉，激发学院基层争创“双一流”的内生动力和活力，健全学院“双一流”议事决策机制，发挥学院党政联席会议、学术委员会、教授委员会在“双一流”建设中的作用。以学院党政联席会为载体，不断完善学院推进“双一流”建设重大决策和重要事项集体讨论决定制度。二是激活，通过创新体制机制，释放教师生产力。学术大师不可能速成，只能涵育。中国人民大学结合自身学科特点和人才工作特色，率先推出“杰出学者支持计划”，受聘者在学校原有薪酬基础上享受特殊津贴，使占教师队伍30%左右的优秀群体得到重点支持。学校以“养士”的气度允许学者们自由探索，让他们专注持久地涵育大作、锻造精品。截至2018年7月，“杰出学者支持计划”已聘任三批，共计456人得到重点支持。三是奖惩，学校成立“双一流”绩效管理办公室，积极开展一流学科评估、诊断、预警工作，对“双一流”建设开展全过程绩效管理，建立资金分配与绩效挂钩机制，推动建立一流学科建设“有进有出”、引导专项支持“能多能少”的动态奖惩机制，以规范的制度保障学术生产力。

在第一届首都发展高端论坛上的致辞

中国人民大学党委书记
首都发展与战略研究院院长　靳诺
（2018年10月20日）

尊敬的隋振江市长、仇保兴前副部长、
安东尼·威廉姆斯前市长、青山佾前副知事，
各位城市发展与城市治理专家，各位首发院理事：

大家上午好！

金秋十月，层林尽染，天高云淡，丹桂飘香，在这样一个收获的季节里，国内外首都城市的领导、城市发展与治理的知名学者欢聚在中国人民大学，共同探讨首都治理之道。首先请允许我代表中

国人民大学全体师生，代表中国人民大学首都发展与战略研究院，对各位领导、各位专家学者、各位新老朋友的到来，表示热烈的欢迎和衷心的感谢!

首都是一个国家的政治中心和国际交往中心，通常也是国家的经济中心、文化中心。“建设一个什么样的首都，怎样建设首都”，是各个国家、历朝历代都面临的重大课题。综观当今世界，无论是发达国家，还是发展中国家，首都治理的特性都表现为要担负起双重责任：一方面要落实首都功能，最大限度满足中央政府治理国家对首都建设的要求；另一方面必须尊重城市规律，建构以首都功能为核心的城市经济、社会、文化、生态、空间大系统，促进首都高质量发展，满足首都人民日益增长的美好生活需要。

由于首都治理的特殊性，多数人口规模较大的国家首都都曾经历或正面临着规模庞大、交通拥堵、房价高涨以及生态恶化等“大城市病”。中国北京，是世界著名的千年古都，经过新中国成立近70年，特别是改革开放40年的快速发展，已经成为一座现代化国际大都市。然而，随着经济社会的进一步发展，传统的超级城市发展模式已经不能适应新时代首都北京治理的需要。

党的十八大以来，以习近平同志为核心的党中央始终心系首都建设和发展，从治国理政的新高度，以全新的战略定位为首都发展谋篇布局，北京城市发展出现深刻转型。习近平总书记明确指出，北京作为首都，是我们伟大祖国的象征和形象，是全国各族人民向往的地方，是向全世界展示中国的首要窗口，一直备受国内外高度关注。建设和管理好首都，是国家治理体系和治理能力现代化的重要内容。同时，《北京城市总体规划（2016年—2035年）》强调，“北京城市战略定位是全国政治中心、文化中心、国际交往中心、科技创新中心”，北京的城市发展目标是要建设“国际一流的和谐宜居之都”。如何谋划首都未来可持续发展的新蓝图，构建与首都功能相匹配的超大城市治理体系，如何实现首都的“精治、共治、法治”，则是我们面对的重大课题。

中国人民大学作为一所以人文社会科学为主的综合性研究型大学，在我国人文社会科学领域独树一帜。在教育部公布的第四轮学科评估结果中，中国人民大学共有14个学科获评A类学科，其中9个学科获评A+。学校在人文社会科学领域的综合优势为研究国家治理、首都治理奠定了坚实基础。例如，学校在2013年成立的国家发展与战略研究院，在政治、经济、社会等国家治理的各个领域开展广泛而深入的研究，得到了党和国家领导人以及相关部门的高度重视和充分的认可，曾于2015年入选全国首批25家国家高端智库建设试点单位。

首都发展与战略研究院成立于2016年，依托国家发展与战略研究院平台运行，是整合中国人民大学优质智库资源打造的独立的非营利实体研究机构，2017年9月顺利入选北京市委市政府首批高端智库建设试点单位。首发院坚持“世界眼光、中国特色，决策咨询、舆论引导”的目标，以“首都治理现代化”为特色研究领域，着眼于思想创新和国家战略，致力于发展成为具有国际影响力的新型智库。目前，首发院承担着市委市政府的多项重大研究课题，已成为支撑首都超大城市发展与治理研究的重要力量。

今天，来自世界各国的著名专家聚集一堂，集中讨论首都城市发展与治理这一重大理论与实践问题，这将是一次极具特色和学术吸引力的交流。中国人民大学首都发展与战略研究院非常荣幸有机会成为这一学术交流平台的搭建者，我们相信，所有参会的专家和学者都将在分享各国首都治理的理论和实践中获益，希望大家能够在这里相互借鉴，增进了解，深化对首都治理共性和个性的认识和思考，促进学术界共同探索首都城市治理之道，共同促进首都的可持续发展，共同创造首都的美好明天!

最后，预祝本次活动取得圆满成功！祝各位领导和专家身体健康、工作愉快！祝各位远道而来的朋友在京期间交流顺利、开心快乐!

谢谢大家!

在第六届世界汉学大会开幕式上的致辞

中国人民大学校长　刘伟
（2018 年 11 月 3 日）

尊敬的中外学者、各位嘉宾，老师们、同学们：

由中国人民大学和中国国家汉办共同发起的世界汉学大会自 2007 年开始，至今已是第六届。以往五次的相聚，中外学者就“文明对话与和谐世界”“汉学与跨文化交流”“汉学与当今世界”“东学西学·四百年”“比较视野下的汉学”等议题进行了热烈讨论，使中外互鉴、文明对话的影响力不断拓展。

本届大会的主题是“理解中国”，而汉语中的“理解”一词，亦即“以理解之”。也可以说，这就是所谓的“东海西海，心理攸同；南学北学，道术未裂”。“理解”，是通向和谐的必经之路；在理解“他者”的同时，不同的文化也会在自我反省中获得更新。

从 2007 年至今，世界汉学大会已经走入了第 12 个年头，回首其间，世界经济、政治和文化格局不断改变，不变的则是中外学者由对话而增进理解的责任和承担。本届大会设有“汉学的译介与对话”“汉学的传统与现代转型”“汉学与跨学科研究”“汉学发展与人才培养”“海外汉学与本土学术”等五个专题，这既是“世界汉学”视域下的“理解”，也是因“理解”而尊重差异、从差异而达至和谐的“世界汉学”。

今年是中国改革开放 40 周年。40 年来，中国在经济、政治、科教、文化等方面的成就前所未有，中国人的生活方式也发生了深刻变化。与改革开放相伴随的独特风景，正是中国走向世界、世界理解中国的过程。而世界汉学，则为这道风景打开了一扇色彩斑斓的窗口。我们在纪念改革开放的日子里重新梳理汉学的发展，也期待着发展中的汉学与中国的改革开放并肩同行。

鉴往知来，每届世界汉学大会，都要明辨古人之玄旨，也有汉学新义之肇端。而在新的时代际遇中，汉学必将面临着“当今世界”与“当代中国”的双重更新。中国人民大学的校名就包含着“中国”二字，因此我们特别希望能为中外学者提供一个双向的对话空间，从而可以“坐于室而见四海，处于今而论久远”，既分享世界对中国的阐释，也感悟中国对世界的意义。

最后，请允许我代表中国人民大学，向各位的到来表示感谢。让我们一起预祝第六届世界汉学大会圆满成功，祝中外学者健康、愉快！

在第七届吴玉章人文社会科学终身成就奖颁奖典礼上的致辞

中国人民大学校长　刘伟
（2018 年 12 月 11 日）

尊敬的马凯副总理，
尊敬的吴玉章基金会委员，
各位领导、各位来宾，老师们、同学们：

大家上午好！

今天我们在这里隆重集会，共同见证第七届吴玉章人文社会科学终身成就奖颁奖典礼。首先，请允许我代表学校，向出席典礼的各位领导和来宾表示热烈欢迎！向长期耕耘在人文社会科学领域的各位专家学者表示诚挚问候！向关心支持中国人文社会科学繁荣发展和中国人民大学发展建设的朋友们致以衷心感谢！

自 2012 年设立以来，吴玉章人文社会科学终身成就奖历经 7 年时光，先后评选出 16 位贡献卓越的名家大师，累计奖励 1 600 万元人民币。作为中国人文社会科学领域的最高荣誉，它是对学术楷模、大师风范的表彰和推崇，更是对学术研究、社会风尚的鼓舞和引领；它为国内学者展示学界鸿儒的思想先声，向世界舞台诉说闻道之路的不懈追求。

7年后的2018年，是全面贯彻党的十九大精神的开局之年，在党的十九大报告中，习近平总书记强调，要加快构建中国特色哲学社会科学。习近平总书记的重要讲话，为我国哲学社会科学创新发展指明了方向和路径，也对新时代哲学社会科学工作者提出了期待和要求。吴玉章人文社会科学终身成就奖也应当共担历史使命，努力成为繁荣哲学社会科学事业的重要力量。

“心系家国天下，身传道德文章”。自古以来，我国学者便有着忧国忧民的道德传统与家国情怀。新时代哲学社会科学工作者更需要胸怀大局，坚守正道，担当起为时代书写、为人民做学问的历史使命。习近平总书记在哲学社会科学工作座谈会上的讲话中指出：“这是一个需要理论而且一定能够产生理论的时代，这是一个需要思想而且一定能够产生思想的时代。我们不能辜负了这个时代。”当代哲学社会科学研究，需要积极担当、甘于奉献的倡导者和开拓者，而荣获吴玉章人文社会科学终身成就奖的学者们，正是其中的杰出代表，治学为人的深厚底蕴和求实问道的精神风骨，是他们终身成就的学术写照。今年获奖的章开沅、吴易风两位先生，都是这样的学者，在此也向两位先生表示衷心的祝贺和崇高的敬意。

今年是改革开放40周年，也是中国人民大学复校40周年。党的十八大以来，以习近平同志为核心的党中央站在党和国家事业发展全局的战略高度，统筹推进高校“双一流”建设。中国人民大学首批进入“双一流”建设高校名单，并有14个一级学科入选一流学科建设名单；在全国第四轮学科评估中，9个学科获评A+，位居全国高校前列。习近平总书记在致中国人民大学80周年校庆贺信中，充分肯定我校“在我国人文社会科学领域独树一帜”。在新的历史机遇期，我们将砥砺前行，始终奋进在时代前列，为继续创办“人民满意、世界一流”大学书写时代篇章，为繁荣发展中国特色哲学社会科学、实现中华民族伟大复兴中国梦贡献智慧力量。

再次感谢各位领导和来宾对中国人文社会科学事业和中国人民大学建设发展的关心和支持。

谢谢大家！

切实推进师德师风建设　落实立德树人根本任务
——在教育部全国师德师风建设工作视频会议上的发言

中国人民大学党委书记　靳诺
(2018年12月14日)

尊敬的宝生部长，各位领导，各位同事：

在深入贯彻落实全国教育大会精神和党中央关于师德师风建设重大决策部署、庆祝改革开放40周年的重要时间节点上，教育部召开此次全国师德师风建设工作视频会议，这是对新时代师德师风建设的再动员、再部署、再出发，对于进一步加强和改进全国师德师风建设工作具有重要的意义。

习近平总书记今年5月2日在北京大学师生座谈会上指出：“评价教师队伍素质的第一标准应该是师德师风。师德师风建设应该是每一所学校常抓不懈的工作，既要有严格制度规定，也要有日常教育督导。”中国人民大学始终高度重视师德师风建设，把师德师风建设作为深入贯彻落实全国教育大会精神、加强新时代教师队伍建设的重要内容，以思想认识为引领、以制度建设为根本、以厘清职责为重点、以监督问责为保障，着力打造规范化、可操作、易执行的制度体系，确保立德树人、教书育人落到实处。

第一，提升政治站位，着重解决好思想认识问题。学校党委从全面加强高校党的领导、落实立德树人根本任务的战略高度出发，深入学习宣传习近平总书记关于师德师风建设有关重要论述及教育部最新文件精神，举办了主题集中、内容丰富、形式多样的学习会、报告会、研讨会，实施了百名海归教师挂职锻炼计划，推出了“读懂中国”青年教师主题社会调研活动，开展了向老校长吴玉章、老书记张腾霄、老教授吴宝康等先进典型学习活动。为推进新时代高校教师师德建设探索与创新，还邀请全国

68所高校，召开了首届全国高校党委教师工作部部长工作研讨会。通过强化学习教育，使全校教师充分认识到师德师风建设的重要意义，激发内生动力，凝聚起抓师德师风建设的强大合力和最大共识。

第二，完善制度规定，着重解决好建章立制问题。认真贯彻落实党中央和教育部关于师德师风建设有关精神，并结合学校具体实际，将有关规定精神具体化，增强操作性。特别是制定和出台了《中国人民大学教师职业道德规范》《中国人民大学师德建设长效机制实施办法》《中国人民大学教职工纪律处分条例》三个基础性文件，详细规定了师德师风建设的原则、主体、程序、负面清单以及处理方式，要求在教师选留、考核评聘、导师遴选、人才引进、评奖评优、干部选任等各方面严格落实“一票否决”，为学校加强师德师风建设提供了切实的制度保障。

第三，明确责任主体，着重解决好职责不清问题。根据师德师风建设新情况，探索完善工作体制机制，成立党委教师思想政治工作领导小组、师德建设与监督委员会、党委教师工作部等职能机构，构建党委领导、部门协同、齐抓共管、上下联动的闭环工作格局和运行机制。其中明确，教师思政工作领导小组是全校师德建设的领导机构，师德建设与监督委员会是师德问题的最终裁决机构，党委教师工作部是师德问题的日常受理机构，院（系）是师德建设的直接责任机构，有效解决了以往师德师风建设中存在的责任主体不清、“九龙治水”的问题。

第四，加强监督问责，着重解决好制度落地问题。针对暴露出来的个别教师师德失范问题，学校党委坚持零容忍，完善发现、受理、调查、认定、处理机制，发现一起，查处一起，依法依纪予以严惩。今年以来，学校受理涉嫌师德问题的举报，经过认真深入的核查，对证据确凿的2名教师给予了相应的党纪政纪处分，有效维护了师生合法权益，维护了校园良好教育生态。

当前高校师德师风建设面临新挑战、新课题，下一步，人民大学将进一步贯彻落实好中央有关精神和《新时代高校教师职业行为十项准则》《高校教师师德失范行为处理的指导意见》等文件要求，着力从以下四方面推进工作：

一是加强统筹领导，进一步提升建设合力。统筹发挥各职能机构的作用，进一步健全组织体系、压实主体责任、优化管理职能，进一步完善师德建设体制机制。

二是加强师德教育，进一步筑牢师德防线。深入开展师德宣传教育工作，帮助全校教师全面理解和准确把握师德建设有关文件精神，自觉做以德立身、以德立学、以德施教、以德育德的楷模。

三是加强正面激励，进一步完善评价体系。学校将加大评价体系的改革力度，在绩效考核、岗位聘用、职称评聘、评奖评优等环节加大师德权重，选树一批师德师风先进典范，引导形成学习、崇尚、关爱、争当师德典型的良好风尚。

四是加强责任追究，进一步严格制度执行。学校将认真对照“十项准则”和配套印发的违规处理指导意见，围绕如何确保制度落地见效做文章、下功夫，让“十项准则”的铁律真正生威，努力实现严管与厚爱、高线追求和底线管控的有机结合。

以上是我的汇报，谢谢！

在“成就与经验：中国改革开放40年”高端论坛暨优秀论文颁奖仪式上的致辞

中国人民大学校长　刘伟
（2018年12月16日）

尊敬的陈锡添先生，
各位领导、各位来宾，老师们、同学们：

大家下午好！

再有两天，我们将迎来改革开放40周年纪念日。今天，我们在这里隆重集会，共同召开“成就与经验：中国改革开放40年”高端论坛暨优秀论文颁奖仪式。首先，我谨代表中国人民大学，对各位领导和嘉宾的到来表示热烈的欢迎和衷心的感谢！

40年前的12月18日，十一届三中全会揭开了党和国家发展的新篇章，打开了中国解决“发展问题”的历史之门。40年后的今天，我们会集在人民大学召开学术研讨会，共同总结改革之路的历史经验，问诊“发展起来以后的问题”，探讨现代化的中国如何向民族复兴澎湃而去。在此之前，人民大学还围绕这个主题面向全国开展了主题征文活动。今天我们邀请部分论文作者代表来到现场，也设计了一个简朴的优秀论文颁奖仪式，在此向获奖论文作者表示诚挚的祝贺。

与改革开放共命运的中国人民大学，今年也迎来了复校40周年纪念。作为改革开放的见证者、参与者、推动者，人民大学也在改革开放的大潮中实现腾飞，成为中国共产党扎根中国大地办大学的典范。作为人文社科领域内的领航者，人民大学对于改革开放更意味着特殊的含义：胡福明校友撰写的《实践是检验真理的唯一标准》，陈锡添校友撰写的长篇通讯《东方风来满眼春》，都成为中国改革开放历史发展进程中最为重要的思想航标。因此我想，今天的纪念，也是为了更好地赋予人民大学在改革激流中新的使命和方向。

回首过去，我们在思想陷入僵化的状态下“杀出血路”，“逢山开路，遇水架桥”，实现了经济发展的现代化和人的现代化，这是改革开放40年带给中国的“凤凰涅槃”。我们坚持把马克思主义的基本立场和方法应用于中国发展实践，始终强调解放和发展生产力；我们探索和创造科学社会主义，把公有制和市场机制统一起来；我们坚持开放的道路，顺应时代融入世界；我们也运用辩证法的智慧，在最大程度上凝聚共识，减少改革的风险。改革开放，不仅仅意味着观念的更新，更在于制度的变革和行动的合力。改革洪流奔涌40年，如果说有经验，凝结为最根本的一点，那就是坚持中国共产党的领导，坚持走中国特色社会主义发展道路。

审视当前，40年后的今天，中国特色社会主义发展进入了新时代，这是一段“史诗般的进步”，也是一个“人类发展史上最激动人心的例子”。与此同时，当“中国特色”“制度优势”成为中国人对中国的最大期待时，我们的改革开放也进入了攻坚期和深水期，发展进入了关键期，社会矛盾进入了凸显期，改革的复杂性和艰巨性前所未有。我们在继续念好“发展经”“改革经”的同时，也必须更加注重中国特色社会主义制度的完善，既需要“踩油门”，也需要“点刹车”，同时还要牢牢把握好改革开放的“方向盘”，推动经济社会各方面全面协同均衡有序发展。

展望未来，“改革不停顿、开放不止步”，如何承前启后、继往开来，不断把改革开放推向前进，把新时代中国特色社会主义事业推向前进，这是高等教育事业从业者和人文社会科学工作者必须思考的责任和使命。习近平同志指出：“中国特色社会主义不是从天上掉下来的，是党和人民历尽千辛万苦、付出巨大代价取得的根本成就。”面向未来，我们的任务，就是继续凝心聚力，把坚持和发展中国特色社会主义这篇大文章写下去。今天，我们持续推进国家治理体系和治理能力现代化，努力实现中华民族伟大复兴，其路径既在于把促进公平正义、增进人民福祉作为全面深化改革的出发点和落脚点，又在于坚定不移走中国特色社会主义道路，这也是我们为人类更好社会制度的探索提供的中国方案。

最后，祝愿我们的国家繁荣富强，祝愿人民大学蒸蒸日上，祝愿在座各位幸福安康！

谢谢！

在学习习近平总书记庆祝改革开放40周年大会讲话精神学生座谈会上的讲话

中国人民大学党委书记　靳诺
(2018年12月20日)

同学们：

大家好！很高兴参加今天的座谈会，和在座的各位同学一起来学习习近平总书记在庆祝改革开放

40周年大会上的重要讲话精神。刚刚各位同学的发言都讲得很好，从大家的发言中，我可以感受到同学们自己对改革开放的体会和感悟，对青年的责任和使命的深度思考，这些都体现了人大学子强烈的家国情怀与使命担当。

下面我也就如何深入学习领会习近平总书记庆祝改革开放40周年大会讲话精神，谈三点意见：

一是要在深刻认识改革开放历史经验中坚定信仰、信念和信心。李大钊说："历史的道路，不全是坦平的，有时走到艰难险阻的境界，这是全靠雄健的精神才能冲过去的。"这"雄健的精神"，就是我们在对改革开放历史经验中总结出来的对马克思主义的信仰，对中国特色社会主义的信念，对实现中华民族伟大复兴中国梦的信心，这是全体中国人民强大的精神力量，也是改革开放走向成功胜利的根本。这种信仰、信念和信心，深深地根植于我们改革开放的伟大实践，根植于我们这个伟大的时代，也是我们继续前行的动力和源泉。有了这股力量，才能"处涸辙以犹欢"，才能"万水千山只等闲"，因而我们的学习，也必须把握这样一个历史内涵与时代特质。

二是要在充分学习继承人大人使命担当中勇于求真、求实、求新。前天我在现场参加了庆祝改革开放40周年大会，我们的校友许崇德、何载、胡福明等七人被授予"改革先锋"称号，但还有许许多多做出重大贡献、但却没有被授奖的人大人，依然值得我们铭记。例如，除了发表《实践是检验真理的唯一标准》的胡福明校友外，发表《东方风来满眼春》的陈锡添校友也为改革开放发展历程贡献了最为重大的思想航标。这是人大人的勤勉与努力，更是人大人的使命与担当。人民大学与中国共产党精神血脉相连，始终与国家和民族发展同呼吸、共命运，在重要的时间节点，总能看到人大人的坚持、人大人对实事求是校训精神的坚守。"树高千尺，唯有根深"，正因为坚守着这样的精神标识，坚持实事求是，坚持理论联系实际，我们才能在改革开放的伟大事业中拨云见日、收获真知。因而我们的学习，更意味着同学们要多读书、多思考、多实践，勇于求真、求实、求新，在"读书—思考—实践"这样的良性循环中，不断探索、提高认识，让实事求是成为每一位人大人鲜明的精神底色。

三是要在清晰把握新征程路线图中攒足拼劲、韧劲和干劲。改革不停顿，开放不止步。今天我们庆祝改革开放，不是谢幕，而是刚刚拉开序幕。改革开放40年取得的成就不是坐享其成，更不是别人的恩赐施舍，而是一代一代人接续奋斗的结果，我们应当在继往开来中把我们共同的事业不断推进。不行动，再宏伟的蓝图也只是空中楼阁；不落实，再美好的谋划也只是纸上谈兵。因而我们的学习，既要有伟大梦想，更要戒除"光说不练假把式"，我们要攒足拼劲、韧劲和干劲，立志做脚踏实地的实干家。伟大梦想是拼出来、干出来的，新时代是奋斗者的时代，只有真抓实干、勇于担当，才能在改革开放的新征程上翻越一个又一个的关口，夺取一个又一个的胜利，在新时代书写新的壮丽篇章，交出一份让自己、让时代、让人民满意的答卷。

各位同学，改革开放风雨兼程已走过40年，从最初的"摸着石头过河"，到现在注重顶层设计和基层实践的有机结合，我们的改革开放之路越走越坚定、越走越自信。今天我们纪念改革开放40周年，是向走过的这段征程致敬，而对历史最好的纪念，就是要站在今天的起点上，创造新的历史。改革开放已呈"大潮奔涌逐浪高"的壮阔之势，也进入"中流击水非奋楫不能进"的关口，正如总书记所讲，"我们现在所处的，是一个船到中流浪更急、人到半山路更陡的时候，愈进愈难、愈进愈险而又不进则退、非进不可的时候"，摆在我们所有人面前的"使命更光荣、任务更艰巨、挑战更严峻、工作更伟大"。历史的接力棒现在逐渐交到各位同学手上，大家生逢其时，重任在肩。希望各位珍惜在校时间，砥砺心性、锤炼本领，把各项学习和工作做实做细，努力成长为社会主义事业的合格建设者和可靠接班人，推动"中国号"巨轮劈波斩浪、行稳致远，不断从胜利驶向新的更大胜利。

谢谢大家！

2018年统计资料

表一　　教职员工人员构成一览表　　单位：人

项目	合计	专任教师	行政人员	教辅人员	工勤人员	科研机构人员	校办企业职工	其他附设机构人员
总计	3 369	1 869	676	368	99	212	9	136
其中：女性	1 521	662	397	258	9	102	5	88
正高级	719	674	6	22	0	0	0	17
副高级	1 001	779	50	123	0	0	1	48
中级	610	370	1	191	0	0	1	47
初级	26	5	0	21	0	0	0	0
未定职级	1 013	41	619	11	99	212	7	24

表二　　专任教师学历构成一览表　　单位：人

项目	合计	研究生毕业		本科毕业	专科毕业及以下
		博士	硕士		
总计	1 869	1 643	172	51	3
其中：女性	662	570	75	17	0
正高级	674	638	28	7	1
副高级	779	698	47	32	2
中级	370	296	67	7	0
初级	5	2	3	0	0
未定职级	41	9	27	5	0

表三 本科生分学科学生数一览表 单位：人

学科	毕业生数	招生数	在校生数
总计	2 446	2 852	11 163
哲学	28	153	265
经济学	826	752	3 240
法学	278	399	1 557
文学	325	301	1 331
历史学	53	27	165
理学	172	208	751
工学	82	236	789
管理学	568	670	2 605
艺术学	114	106	460

注：本表不含留学生。

表四 研究生学生数一览表 单位：人

项目	毕业生数	授予学位生数	招生数	在校研究生数					
				合计	一年级	二年级	三年级	四年级	五年级及以上
总计	4 412	4 412	5 300	14 430	5 300	5 464	3 392	256	18
其中：女生	2 649	2 649	3 306	8 502	3 306	3 229	1 845	119	3
博士生	792	792	924	3 941	924	812	1 931	256	18
硕士生	3 620	3 620	4 376	10 489	4 376	4 652	1 461	0	0
其中：学术型	1 982	1 982	2 044	5 287	2 044	2 200	1 043	0	0
专业型	1 638	1 638	2 332	5 202	2 332	2 452	418	0	0

注：本表不含留学生，学校另有在职人员攻读硕士学位在校学生 1 910 人。

表五 留学生学生数一览表 单位：人

项目	当年毕业生	授予学位数	当年招生数	在校学生数
总计	1 046	248	1 031	1 541
博士生	10	10	23	128
硕士生	97	96	243	491
本科生	145	142	127	663
培训生	794	—	638	259

表六 成人教育、网络教育学生数一览表 单位：人

项目	当年毕业生数			招生数			在校学生数		
	合计	本科	专科	合计	本科	专科	合计	本科	专科
总计	16 884	9 066	7 818	25 499	13 413	12 086	76 234	42 873	33 361
成人教育	909	653	256	1 561	1 295	266	3 835	3 261	574
其中：函授	0	0	0	0	0	0	0	0	0
业余	909	653	256	1 561	1 295	266	3 835	3 261	574
脱产	0	0	0	0	0	0	0	0	0
网络教育	15 975	8 413	7 562	23 938	12 118	11 820	72 399	39 612	32 787

表七　　校园与校舍面积、固定资产一览表

全校占地面积（平方米）	778 374.96
校舍面积（平方米）	1 052 082.24
一、教学科研及辅助用房	292 666.64
教室	57 766.58
图书馆	39 735.66
实验室、实习场所	57 941.55
专用科研用房	102 509.78
体育馆	21 024.20
会堂	13 688.87
二、行政办公用房	127 753.39
三、生活用房	320 214.51
学生宿舍（公寓）	202 746.76
学生食堂	23 853.40
教工宿舍（公寓）	20 000.00
教工食堂	—
生活福利及附属用房	73 614.35
四、教工住宅	124 656.04
五、其他用房	186 791.66
固定资产总值（万元）	415 398.50
其中：教学、科研仪器设备	79 836.65

表八　　学校基建投资状况表　　单位：万元

项目	合计	其中		已完成投资中资金构成				竣工面积（平方米）	
		国家投资	自筹投资	建安工程 小计	建安工程 其中：住宅	设备购置	其他	小计	其中：住宅
投资计划	10 026	6 783	3 243	10 026	—	—	—	—	—
完成投资	7 434	5 254	2 180	7 434	—	—	—	—	—

注：投资计划中国家投资的 6 783 万元中，含结转以前年度 1 783 万元。

表九　　经费收入状况表　　单位：万元

总计	财政拨款	事业收入	其他收入
517 979.58	207 212.30	224 114.96	86 652.32

表十　　经费支出状况表　　单位：万元

总计	事业支出	基建支出
452 809.91	445 375.84	7 434.07

表十一　　科学研究基本状况一览表——文科

科技活动人员情况			研究与发展课题数（项）				科研与发展成果情况			应用成果（项）		科研成果获奖情况（项）		研究与发展课题经费拨入（万元）
社科活动人员（人）	研究与发展人员（人）	研究与发展人员全时当量（人年）	合计	基础研究	试验发展	应用研究	合计	出版著作（部）	发表论文（篇）	提交有关部门	鉴定成果	国家级	省部级	
1 651	1 834	512.9	5 418	2 037	45	3 336	4 065	411	3 654	30	0	0	34	22 689.69

表十二

科学研究基本状况一览表——理科

科技活动人员情况		研究与发展课题数（项）						科研与发展成果情况				科研成果获奖情况（项）		研究与发展课题经费拨入（万元）
理科活动人员（人）	研究与发展人员全时当量（人年）	合计	基础研究	应用研究	试验与发展	R&D成果应用	其他科技服务	合计	出版著作（部）	发表论文（篇）	专利（项）	国家级	省部级	
253	123.6	525	362	122	16	7	18	519	8	400	111	1	1	8 789.4

说明：
1. 表一至表七根据《中国人民大学高等教育基层统计报表（2018—2019 学年初）》填写，统计时点为 2018 年 9 月 1 日，统计时期为 2017 年 9 月 1 日至 2018 年 8 月 31 日。
2. 表八至表十二，统计时期为 2018 年 1 月 1 日至 2018 年 12 月 31 日，统计时点为 2019 年 1 月 1 日。
3. 表九、表十统计范围含附中、附小，不含幼儿园；其余表格无特殊说明统计范围均不含附中、附小、幼儿园。

机构与干部

中共中国人民大学第十四届委员会常委、委员和纪律检查委员会委员名单

党委常委（以姓氏笔画为序）

王利明　朱信凯（2018.10任）　刘　伟　刘元春　杜　鹏
吴付来　吴晓球　张建明　郑水泉　洪大用（2018.10免）
贺耀敏　靳　诺

党委委员（以姓氏笔画为序）

王利明　王宏伟（2018.07调出）　朱信凯　伊志宏　刘　伟
刘元春　刘凤良　齐鹏飞　纪红波　杜　鹏　杜小勇　吴付来
吴晓球　宋大我　张建明　陈　岳　郑水泉　郝立新
洪大用（2018.10调出）　贺耀敏　郭洪林　韩大元　靳　诺
翟小宁

注：2018年11月15日中共教育部党组发文（教党任〔2018〕262号），经与中共北京市委商得一致，2018年10月31日研究决定：朱信凯同志任中共中国人民大学委员会常委，免去洪大用同志的中共中国人民大学委员会常委、委员职务。

纪委委员（以姓氏笔画为序）

王　铁　王　健　王小虎　孔祥智　孙　郁　杨伟国
吴付来　补利军　郑瑞芳　顾　涛　旋天颖

■ 中国人民大学校级领导干部名单

党　委　书　记： 靳　诺
校　　　　　长： 刘　伟
党委常务副书记： 张建明
常 务 副 校 长： 王利明
党 委 副 书 记： 刘　伟　吴付来　郑水泉
纪　委　书　记： 吴付来
副　　校　　长： 洪大用（2018.10免）　贺耀敏　吴晓球　刘元春　杜　鹏
朱信凯（2018.10任）

■ 中国人民大学校长助理名单

黎玖高（2018.11免）　顾　涛（2018.12任）　郝立新（2018.11免）　杜小勇（2018.12任）

■ 中国人民大学第十一届学术委员会委员名单

（以姓氏笔画为序）

主　　任： 陈先达
副 主 任： 王利明（常务）　冯惠玲　伊志宏　刘大椿
李路路　杨慧林　贺耀敏　温铁军　解思深
秘 书 长： 刘元春
副秘书长： 叶裕民　杜小勇　杨瑞龙　吴晓球
赵国俊　胡锦光　郭庆旺　黄兴涛
委　　员：

王孝群　王利明　王洪臣　毛基业　乌云毕力格　孔祥智　卢仲毅　叶裕民
冯惠玲　伊志宏　刘大椿　刘小枫　刘元春　孙　郁　孙家洲　杜小勇
李志平　李树旺　李路路　杨伟国　杨瑞龙　杨慧林　吴晓球　何其莘
谷克鉴　宋新宁　张　杰　张成福　张志伟　张积家　张雷声　陈　岳
陈先达　陈兴滨　林　岗　林　勇　林　嘉　金勇进　郑功成　项贤明
赵　方　赵　忠　赵国俊　郝立新　胡锦光　洪大用　贺耀敏　秦惠民
倪　宁　高德步　郭　禾　郭庆旺　唐　忠　黄朴民　黄兴涛　喻国明
温铁军　解思深　翟振武

■ 中国人民大学第四届校务委员会委员名单

名誉主任：程天权
主　　任：靳　诺
副 主 任：张建明　王利明　冯惠玲　杨瑞龙
委　　员：（以姓氏笔画为序）
王　铁　王化成　王利明　冯惠玲　朱信凯　刘小枫　刘建军　齐鹏飞
汤维建　孙家洲　杨光斌　杨瑞龙　吴付来　何家弘　汪昌云　张建明
陈力丹　陈甬军　郑水泉　郑功成　赵彦云　顾　涛　郭海鹰　韩东晖
靳　诺　鲍　威　翟振武
团委书记　学生会主席　研究生会主席
校务委员会秘书：顾　涛

■ 中国人民大学第九届学位评定委员会委员名单

主　席：刘　伟
副主席：王利明　孙　郁　吴晓球
委　员：（以姓氏笔画为序）
王利明　龙永红　冯惠玲　伊志宏　刘　伟　刘大椿　刘凤良　孙　郁
杜小勇　杨开峰　杨瑞龙　吴晓球　张志铭　陈　岳　郝立新　洪大用
姚新中　袁　卫　郭庆光　郭庆旺　黄兴涛　翟振武
秘书长：刘凤良

■ 中国人民大学第九届学位评定分委员会主席、副主席、委员名单

（委员名单以姓氏笔画为序）

一、哲学分会（9人）

主　席：姚新中
副主席：韩东晖
委　员：丁　方　刘晓力　张　法　张风雷　张志伟　罗安宪　臧峰宇

二、理论经济学分会（9人）

主　席：杨瑞龙
副主席：张　宇　翟振武

委　员：马　中　王晋斌　方福前　刘元春　刘凤良　高德步

三、应用经济学分会（10 人）
主　席：郭庆旺
副主席：杨伟国　赵彦云
委　员：孙久文　谷克鉴　张　杰　郑超愚　赵国庆　曾湘泉　瞿　强

四、法学分会（12 人）
主　席：张志铭
副主席：马小红　龙翼飞
委　员：丁相顺　叶　林　冯玉军　朱大旗　李　琛　李艳芳　邵　明
胡锦光　谢望原

五、政治学、社会学分会（10 人）
主　席：陈　岳
副主席：李路路
委　员：冯仕政　杨凤城　杨光斌　时殷弘　金灿荣　段成荣　黄嘉树
蒲国良

六、马克思主义理论分会（7 人）
主　席：郝立新
副主席：秦　宣　张雷声
委　员：刘建军　齐鹏飞　张　旭　郑吉伟

七、文学艺术学分会（11 人）
主　席：孙　郁
副主席：郭庆光
委　员：王建平　朱冠明　李铭敬　张清芳　陈奇佳　周　勇　徐唯辛
郭英剑　蔡　雯

八、历史学分会（8 人）
主　席：黄兴涛
副主席：沈卫荣
委　员：吕学明　华林甫　孙家洲　夏明方　徐兆仁　徐晓旭

九、理工分会（9 人）
主　席：杜小勇
副主席：张　波　孟小峰
委　员：文继荣　龙永红　李　涛　杨云雁　张建平　林　勇

十、工商管理、农林经济管理分会（9 人）
主　席：伊志宏

副主席： 宋远方　　唐　忠
委　员： 王刊良　　孔祥智　　宋　华　　张利庠　　周文霞　　荆　新

十一、公共管理、图情档、教育学分会（11人）
主　席： 杨开峰
副主席： 周光礼　　张　斌
委　员： 卢小宾　　叶剑平　　安小米　　孙柏瑛　　张积家　　郑功成
胡　平　　崔　军

中国人民大学第七届教职工代表大会主席、副主席、秘书长及成员名单

主　席： 吴付来（兼）
副主席： 齐鹏飞　　洪　玫　　张　翔
秘书长： 张玲玲
成　员：（以姓氏笔画为序）
王　健　　王大广　　牛　彤　　龙永红　　刘　志　　刘彧彧　　齐鹏飞　　安小米
李　晰　　李军林　　吴付来　　张　威　　张　翔　　张伦传　　张建明　　张玲玲
张俊岩　　张洁宇　　武　雷　　周　荣　　周文霞　　郑瑞芳　　洪　玫　　贺耀敏
顾　涛　　葛秀珍　　翟小宁

中国人民大学工会第十六届委员会主席、副主席、委员名单

主　　席： 吴付来（兼）
常务副主席： 张玲玲
专职副主席： 徐拥军　　金驰华
兼职副主席：（以姓氏笔画为序）
王　勇　　宋大我　　宋莉芳　　张江涛　　陶　涛
委　　员：（以姓氏笔画为序）
马胜利　　王　勇　　牛宏宝　　叶康涛　　汤　欣　　李　霞　　李红宇　　李艳丽
吴付来　　宋大我　　宋莉芳　　宋姬芳　　补利军　　张江涛　　张玲玲　　张晓萌
金驰华　　赵　方　　徐拥军　　陶　涛　　韩玉军

中国人民大学工会第十六届经费审查委员会组成人员名单

主　任： 叶康涛

委　员：（以姓氏笔画为序）

叶康涛　　刘桂香　　关　宇　　孟雁北　　葛秀珍

■ 校部机关、各学院（系、所）、直（附）属单位负责人名单

学校办公室（党委办公室、校长办公室）	主　任	顾　涛
党委组织部	部　长	杜　鹏（兼）
	常务副部长	齐鹏飞（2018.01任）
党委宣传部	部　长	郑水泉（兼）
	常务副部长	王大广
党委教师工作部	部　长	王宏伟（2018.07免）
		郑水泉（兼，2018.12任）
党委统战部	部　长	杜　鹏（兼）
	常务副部长	齐鹏飞
纪委办公室	主　任	葛秀珍（纪委副书记，兼）
监察处	处　长	葛秀珍（纪委副书记，兼）
巡察工作办公室（2018.10成立）	主　任	石德才（2018.11任）
研究生院	院　长	王利明（兼）
	常务副院长	刘凤良
发展规划处	处　长	朱信凯（兼）
教务处	处　长	龙永红
科研处	处　长	严金明
人才工作领导小组办公室	主　任	韩东晖（兼，2018.11免）
		段成荣（兼，2018.11任）
人事处	处　长	韩东晖（2018.11免）
		段成荣（2018.11任）
学生工作部（处、武装部）	部（处）长	罗建晖
招生就业处	处　长	田传锋
国际合作与交流处	处　长	张晓京（2018.04免）
		时延安（2018.04任）
财务处	处　长	叶康涛（2018.12任）
继续教育处（2017.12成立）	处　长	支晓强（2018.10任）
保卫处（部）	处（部）长	补利军
资产与后勤管理处	处　长	王小虎
校园建设管理处	处　长	李　明（兼）
新校区建设办公室	主　任	林建荣（2018.03免）
		李　明（兼，2018.03任）

	直属党支部书记	王甫银（2018.12 任）
国医学院筹建工作领导小组办公室（2018.03 成立）	主　　任	林建荣（2018.03 任）
审计处	处　　长	张　雁
实验室建设与设备管理处	处　　长	张　卯
理工学科建设处	处　　长	杜小勇
离退休工作处	处　　长	纪红波（兼离退休党委书记）
校工会	主　　席	吴付来（兼）
	常务副主席	张玲玲
校团委	书　　记	李　鹏
机关党委	书　　记	张建明（兼）
	常务副书记	顾　涛（兼）
校友工作办公室	主　　任	郭海鹰（2018.03 免）
		周　荣（2018.03 任）
教育基金会	秘 书 长	杜　鹏（兼，2018.03 免）
		郭海鹰（2018.03 任）
文学院	院　　长	孙　毅（2018.07 免）
		陈剑澜（2018.07 任）
	党委书记	朱冠明
历史学院	院　　长	黄兴涛
	党委书记	刘后滨
哲学院	院　　长	郝立新
	党委书记	徐　飞
国学院	院　　长	杨慧林（兼）
	常务副院长	乌云毕力格
	党委书记	汪永红
经济学院	院　　长	刘元春（兼，2018.03 任）
	常务副院长	关雪凌（兼，2018.03 任，2018.12 免）
	党委书记	关雪凌（2018.12 免）
		刘守英（2018.12 任）
国家发展与战略研究院	执行院长	刘元春（聘）（兼，2018.06 免）
		严金明（聘）（兼，2018.04 任）
财政金融学院	院　　长	庄毓敏
	党委书记	孙华玲
汉青经济与金融高级研究院	院　　长	汪昌云（聘）（2018.07 任）
统计学院	院　　长	赵彦云（2018.07 免）
		王晓军（2018.07 任）
	党委书记	孟生旺
农业与农村发展学院	名誉院长	陈锡文（聘）
	院　　长	唐　忠
	党委书记	王　健
法学院	院　　长	王　轶

	党委书记	林　嘉
马克思主义学院	院　　长	郝立新（兼，2018.03免）
		吴付来（兼，2018.03任）
	常务副院长	王　易（兼，2018.04任）
	党委书记	杨凤城（2018.04免）
		王　易（2018.04任）
党史党建研究院	院　　长	靳　诺（兼，2018.07任）
	执行院长	杨凤城（聘）（2018.07任）
社会与人口学院	院　　长	洪大用（兼，2018.06免）
		冯仕政（2018.06任）
	党委书记	冯仕政（2018.06免）
		宋　健（2018.06任）
国际关系学院	名誉院长	陈　健（聘）
	院　　长	杨光斌
	党委书记	牛　彤
新闻学院	院　　长	赵启正（聘）
	执行院长	胡百精
	党委书记	蔡　雯（2018.01免）
		周　勇（2018.01任）
艺术学院	院　　长	吴付来（兼）
	党总支书记	王　建
外国语学院	院　　长	伊志宏（2018.06免）
		郭英剑（2018.06任）
	常务副院长	王建平（2018.06免）
	党委书记	李　霞
环境学院	名誉院长	李文华（聘）
	院　　长	王　华（聘）
	党委书记	李明奎
信息学院	院　　长	文继荣
	党委书记	陈　红
数学学院（2018.03成立）	院　　长	郑志勇（聘）（2018.06任）
	党总支书记	旋天颖（2018.07任）
理学院	院　　长	解思深（聘）
	党委书记	杨燕萍
	物理学系主任	卢仲毅（兼）
	化学系主任	张建平（兼）
	心理学系主任	胡　平（兼）
商学院	院　　长	毛基业（聘）
	党委书记	黄江明
公共管理学院	院　　长	杨开峰（聘）
	党委书记	李家福
劳动人事学院	院　　长	杨伟国

	党委书记	唐　鑛
信息资源管理学院	院　长	张　斌
	党委书记	王　丹
教育学院	院　长	吴晓球（兼）
	党总支书记	张　茹（2018.01免）
		张晓京（2018.01任）
继续教育学院（原）（2018.01撤销）	院　长	李海彬（2018.04免）
	党委书记	刘　鹏（2018.03免）
继续教育学院（新）（2018.01成立）	院　长	丁　凯
	党委书记	刘　鹏（2018.03任）
苏州校区	管理委员会主任	刘　伟（兼）
	党委书记	方蔚玮（2018.09任）
国际学院（苏州研究院）	院　长	黎玖高（兼）
中法学院	院　长	黎玖高（兼）
丝路学院（2018.04成立）	院　长	王利明（兼，2018.06任，2018.12免）
		杜　鹏（兼，2018.12任）
	执行院长	朱信凯（兼，2018.06任）
深圳研究院	院　长	王利明（兼）
	常务副院长	关雪凌（2018.12任）
体育部	主　任	李树旺
	党总支书记	张玲玲（2018.03免）
		高燕燕（2018.03任）
图书馆	党委书记	刘春鸿
	常务副馆长	宋姬芳（2018.01任）
信息技术中心	主　任	李艳丽
采购与招标管理中心（2018.12成立）	主　任	张　卯（2018.12任）
档案馆	馆　长	贺耀敏（兼）
	常务副馆长	贾铁英
博物馆	馆　长	贺耀敏（兼）
		方　鸣（聘）（兼）
	常务副馆长	贾铁英
校医院	院　长	王大立
	党总支书记	李遵清
后勤集团	总经理	宋大我
	党委书记	冯诗松
学术期刊社	社　长	杨瑞龙
《经济与政治研究》	主　编	刘　伟（兼）
《经济理论与经济管理》	主　编	郭庆旺
《中国人民大学学报》	主　编	秦　宣
《教学与研究》	主　编	秦　宣（2018.12免）
		邱海平（2018.12任）

附属中学	校　　长	翟小宁
	党委书记	周建华
人大附中联合总校	校　　长	刘彭芝（聘）
	党委书记	刘小惠
	常务副校长	杨连明
附属小学	校　　长	郑瑞芳
出版社	社　　长	李永强
	党委书记	李永强（2018.09 免）
		刘　志（2018.09 任）
书报资料中心	主　　任	武宝瑞
	总　　编	高自龙
	党委书记	武宝瑞（2018.10 免）
		李红宇（2018.10 任）
人大资产经营管理公司（人大世纪科技发展有限公司）	总经理	孔　然

学院（部）简介

■ 哲学院

哲学院的前身是创立于 1956 年的哲学系，同年哲学本科专业批准招生。1986 年，教育部批准设置伦理学本科专业。1999 年，教育部批准设置宗教学本科专业，同年宗教学系成立，与哲学系并称哲学系宗教学系。2005 年，哲学院成立，下设哲学系和宗教学系。2016 年，教育部批准设立政治学、经济学与哲学本科专业（PPE）。现任院长为郝立新教授。

中国人民大学哲学学科是国内哲学教学、科研、资政和培养高级人才的重镇，包括马克思主义哲学、中国哲学、外国哲学、伦理学、宗教学、科学技术哲学、美学、逻辑学、管理哲学、政治哲学 10 个二级学科。在 60 余年的发展历程中，产生了新中国教育史上第一本马克思主义哲学教材、第一批哲学硕士点和第一批哲学博士点、第一批哲学博士后流动站，被评为首批国家重点学科、首批国家重点一级学科、首批一级学科授权点。

学院先后被批准为国家文科基础学科（哲学）人才培养和科学研究基地、教育部“211 工程”重点基地、“985 工程”国家哲学社会科学创新基地、高等学校特色专业建设点。哲学学科 2017 年入选国家首批“双一流”建设学科，拥有教育部人文社会科学重点研究基地伦理学与道德建设研究中心、佛教与宗教学理论研究所，形成了包括本科生、硕士生、博士生、博士后研究人员、港澳台学生及外国留学生教育在内的完善的人才培养体系。

2018年，学院引进中国社会科学院哲学所教授姜守诚、北京师范大学哲学学院副教授王小伟、日本东京大学博士毕业的王俊淇任教，师资博士后张炎出站后留院任教。现有教师77人，其中教授47人（含全职外籍教授2人）、副教授21人、讲师9人，另有兼职外籍教授3人、博士后12人。共有学生883人（含留学生39人），其中本科生303人，硕士生295人，博士生285人。

2018年，学院成立了“双一流”学科建设办公室，建立了一套完备的“双一流”学科建设领导机制和管理体制，在统筹和协调科研、教学、师资等各项资源推动“双一流”学科建设方面发挥了巨大的作用。承办了教育部社科委哲学学部2018年学科建设会。完成了学位授权点自评估报告，召开了哲学一级学科学位授权点自我评估专家评审会。在英国QS全球教育集团第8年度世界大学学科排名中，中国人民大学哲学专业在全球名列第43位，位居国内第一。

2018年，学院进一步加强原典原著类课程和本科研究性课程建设，推进国际小学期课程建设，优化研究生课程建设，强化毕业论文评审标准，加强全英文硕士项目和留学生管理。严格施行培养过程管理，进一步提高本科生和研究生学位论文写作水平，颁发优秀硕士论文和优秀博士论文“哲学奖”。博士生招生改革试点工作稳步推进，率先试点博士生卓越人才培养计划。政治哲学专业开始招收硕士生，部分专业开始招收直博生。举办中国人民大学哲学院第四届全国优秀大学生夏令营和第三届全国优秀哲学研究生学术创新论坛。学院共23名博士生获得国家资助和北京市与学校联合资助。

学院设立青年教师科研立项资助、哲学名家文库、哲学文丛出版、新教师科研启动等“双一流”建设项目。2018年学院教师共发表论文206篇，其中核心期刊论文127篇，包括A刊17篇，B刊39篇，C刊71篇；出版著作27部。获批教育部重大招标课题1项，国家社科基金课题4项，教育部课题2项，校级项目8项，横向课题2项。举办国内外重要学术会议20余场，开办系列学术讲座80余场。中国人民大学哲学与认知科学跨学科交叉平台获批成立，刘晓力任首席专家。

学院PPE专业跨学科人才培养模式获2018年国家级高等教育教学成果奖二等奖。臧峰宇获北京市高等学校青年教学名师奖。聂敏里获评中国人民大学“十大教学标兵”。刘玮、田洁分获学校青年教学基本功大赛一、二等奖。韩东晖获2018年度中国人民大学“科研标兵”称号。段忠桥、张文喜获2018年度中国人民大学优秀科研奖。张风雷当选第十三届全国政协委员、全国政协民族和宗教专门委员会委员。臧峰宇担任中国马克思恩格斯哲学思想研究会副会长、中国应用哲学研究会副会长。曹刚担任中国伦理学会副会长。刘劲杨担任中国自然辩证法研究会科技哲学史专业委员会秘书长。王伯鲁担任中国自然辩证法研究会学术工作委员会秘书长。刘晓力获批享受国务院政府特殊津贴。

在社会服务方面，学院发挥学术专长，贯彻落实党的宗教工作方针，举办爱国宗教界人士研修班，为宗教界人才培养和党政咨询服务做出特殊贡献。

学院先后与欧、亚、北美的近20个国家的国际知名高校签署包括师生交换、联合培养在内的合作协议或备忘录。合作伙伴涉及英国牛津大学、伦敦国王学院、格拉斯哥大学，美国哥伦比亚大学、夏威夷大学，法国巴黎索邦大学、巴黎高等研究实践学院，德国慕尼黑大学、柏林洪堡大学，意大利帕多瓦大学，比利时根特大学，希腊帕特拉斯大学，荷兰阿姆斯特丹自由大学等。学院代表团出访英国牛津大学、埃及开罗大学、阿联酋沙迦美国大学，接待了意大利帕多瓦大学访问团、比利时根特大学校长访问团、罗马尼亚布加勒斯特大学校长访问团。学院鼓励优秀教师走进国际顶尖学术机构，开展海外进修与合作交流，资助更多教师参加高水平的国际会议。30余位教师在16个国家参加了20场国际会议并在会上做主旨报告或发言，学生赴境外学习交流共66人次。在创办和发展PPE等学位教育过程中实现国际合作，落实与牛津大学Hertford College的合作协议，完善“中国哲学与宗教”全英文硕士项目。此外，学院邀请十余位国际著名学者来校讲学，主办4场高水平国际学术会议。

■ 文学院

文学院的前身是1939年由陕北公学、延安鲁迅艺术学院等合并成立的华北联合大学文艺学院，以及20世纪60年代成立的语言文学系、中国语言文字研究所。2005年，文学院成立。2008年，原文学院与原对外语言文化学院组建成立新的文学院。现任院长为陈剑澜教授。

学院现有12个教学单位（文艺理论教研室、古典学教研室、中国古代文学及中国古典文献学教研室、中国现当代文学教研室、外国文学教研室、古代汉语教研室、现代汉语教研室、语言学及应用语言学教研室、对外汉语教学中心、创造性写作教研室、影视与多媒体教研室、戏剧戏曲学教研室）。此外，还设有1个校属研究所（汉语国际推广研究所），3个院属研究所（基督教文化研究所、文艺思潮研究所、吴玉章中国语言文字研究所），5个院属研究中心（文化产业研究中心、国际写作中心、古典文明研究中心、古典文献研究中心、古代文本文化国际研究中心）。

学院是国家文科基础学科人才培养和科学研究基地、国家对外汉语教学基地，并设有“中国语言文学”一级学科博士学位授权点、博士后科研流动站，拥有国家二级重点学科1个（文艺学）、北京市一级重点学科1个（中国语言文学）。

学院现有教师104人，其中教授34人（含专任外籍教授1人），副教授37人；另有博士后9人。

学院共有学生1 129人，其中中国学生746人（本科生184人、学术型硕士研究生286人、专业型硕士研究生156人、博士研究生120人），留学生383人（本科生250人、学术型硕士研究生42人、博士研究生9人、语言进修生82人）。

学院先后召开中国语言文学学科自我评估专家评审会、汉语国际教育专业学位授权点自我评估专家评审会、戏剧与影视学学位授权点自我评估专家评审会。专家组评定学院中国语言文学学科此次评估等级为优秀，并提出了切实可行的建设意见和建议，表示该学科未来发展可期；专家组评定学院汉语国际教育专业建设和人才培养符合培养要求，达到了教育部的学科验收标准；专家组评定学院戏剧与影视学学科此次评估等级为良好。

文艺学学科以杰出学者特聘教授B岗名义引进了中国艺术研究院陈剑澜教授；中国古代文学、语言学及应用语言学与古典学专业分别调入了美国哈佛大学博士洪越副教授、中国社会科学院民族学与人类学研究所燕海雄副研究员、北京大学哲学系博士后戴晓光三位青年才俊。美国普林斯顿大学东亚系主任柯马丁（Martin Kern）教授入选国家外专局“高端外国专家（文教类）”，希腊Yiannis Kokosalakis博士入选“外国青年人才引进项目”。

2018年，学院师生在CSSCI来源刊物上发表论文222篇。其中，文学类学科最优刊物《文学评论》7篇，发文数排名全国第三；语言学类学科最优刊物《中国语文》4篇，发文数排名全国第五。

新增国家社科基金项目11项，其中一般项目6项，青年项目4项，后期资助项目1项，立项数高居全校首位。新增教育部人文社科青年项目1项。

刘震云教授被法国文化部授予“法兰西共和国文学与艺术骑士勋章”。杨慧林教授入选2018年北京市师德先锋。柯马丁教授因专著《中国古代的表演、记忆和作者身份：诗歌传统的形成》获美国第九十四届古根海姆奖。殷国光教授等主编的教材《汉语史纲要》获2017年北京市高等教育教学成果奖二等奖。徐建委被评为2018年“中国人民大学教学标兵”。

主办、承办系列高水平学术会议，如“写本及其物质性”国际学术研讨会、“编纂与建构：比较视阈中的古代史学”国际青年学者工作坊、纪念艾特玛托夫诞辰90周年暨“世界文化语境中的艾特玛托夫”国际学术会议、纪念穆旦百年诞辰学术研讨会等。

作为学院人才培养的重要品牌，第十二届文学节“文学与时空”邀请刘震云教授做开幕式首场讲座，北京大学原中文系主任、学院1964级校友温儒敏教授讲授院史，著名作家严歌苓与《读库》主编、人大校友张立宪畅谈小说创作；第十三届谢无量学术论文暨文学创作大赛如期举办。作为“明德人文”厚重人才成长支持计划的执行学院，跨学科组建第二期“明德人文”项目组，赴哈萨克斯坦、马来西亚及我国山西大同学习考察。学院还举办了首届留学生汉语朗诵比赛。

院际合作继续扩展。日本东京大学教养学部第五届“深思北京”学生访华团访问学院，与学院师生交流互动，这是双方自2014年以来，连续第五年开展的学生交流活动。学院与韩国国立釜庆大学签署院际学生交换协议。先后邀请英国剑桥大学钦定讲座教授福德（David F. Ford）、牛津大学东方学系埃及学荣休教授贝恩斯（John Baines）、日本东京大学刈间文俊、日本创价大学辛岛静志、英国当代著名作家伊恩·麦克尤恩（Ian McEwan）等来访讲学。

范方俊教授依托“国家公派访问学者项目”赴美国杜克大学访学研修，董正存副教授依托“语言文字中青年学者出国研修项目”赴英国谢菲尔德大学研修，学院党委副书记胡玲莉依托“高等教育行政管理人员出国研修项目”赴新加坡南洋理工大学研修。全年共选派33名学生志愿者赴海外孔子学院任教。

■ 历史学院

历史学院前身是1948年成立的华北大学中国历史教研室，1956年正式建系，1978年复校后重建历史系和清史研究所。2005年组建成立历史学院，下设历史系和清史研究所。2013年10月增设考古文博系。现任院长为黄兴涛教授。

学院系教育部国家文科基础学科（历史学）人才培养和科学研究基地，拥有中国史、世界史和考古学3个一级学科点。其中，中国史学科为北京市一级重点学科，涵盖了6个硕士点和6个博士点（中国古代史、中国近现代史、专门史、史学理论及史学史、历史文献学、历史地理学），中国古代史及中国近现代史为国家级重点学科。学院还设有教育部人文社会科学重点研究基地清史研究所。

学院现有教职工97人，其中教授34人，副教授32人，讲师17人，管理职员及教师外专业序列人员10人，编外聘用人员4人。其中含外籍及港澳台教师5人，海归人才9人。

学院教师入选海外高层次文教专家重点支持计划2人，高端外国专家1人，长江学者特聘教授3人，青年长江学者1人，“万人计划”哲学社会科学领军人才1人，百千万人才工程国家级人选1人，北京市社科理论人才“百人工程”4人，跨世纪优秀人才培养计划1人，新世纪优秀人才8人，北京市教学名师1人，北京市青年英才计划2人，马工程主要成员3人，全国宣传文化系统“四个一批”人才1人，享有政府特殊津贴专家共计23人，中国人民大学杰出学者特聘教授9人、杰出青年学者15人。

学院教师出版各类著作24部，发表学术论文163篇，其中核心论文103篇。共成功申报各类纵向、横向课题55项，其中省部级以上项目11项，包括国家社科基金项目7项（含重大项目1项）、教育部项目2项、北京市社科项目2项。

黄兴涛《重塑中华：近代中国“中华民族”观念研究》获第四届全国民族研究优秀成果奖著作类一等奖、第五届郭沫若中国历史学奖二等奖；宋瞳《清初理藩院研究——以顺治朝理藩院满文题本为中心》获第四届全国民族研究优秀成果奖著作类二等奖；周施廷《信仰与生活：16世纪德国纽伦堡的改革》获第八届胡绳青年学术奖；曹斌获第二届中国考古学大会青年学者奖金爵奖，其主持发掘的“浙江宁波大榭史前制盐遗址考古发掘项目”获中国考古学会田野考古奖；韩建业《早期中国——中国文化圈的形成和发展》获第五届郭沫若中国历史学奖提名奖；刘凤云《人文之蕴：北京城的空间记忆》获中国出版协会颁布的“2018 年度中国 30 本好书”称号。

学院共举办各类学术会议 24 次，邀请国内外一流学者来访讲座 30 余人次。

历史学院现有本科生 149 人，硕士 308 人，博士 171 人，共计 628 人。2018 年，毕业本科生 32 人，本科肄业 2 人，学位硕士 76 人，专业硕士 14 人，博士 31 人。

学院共有 10 名博士生获批国家留学基金委“国家建设高水平大学公派研究生项目”，2 名博士生获批“中国人民大学境内外联合培养研究生项目”，1 名同学入选研究生院设立的“博士生拔尖创新人才培育资助计划”，5 人入选研究生院“科研基金项目”。10 位博士生、20 位硕士生入选学院设立的“历史学院研究生科研基金项目”。

学院全面推进“宽口径”招生、大类培养的改革工作，扩大历史学和考古学专业自主招生规模。组织开展“中国物质文化常识系列讲座”，继续完善课外教学体系，构建与中国通史教学协调配合的课外教学体系。另外，服务于本科教学的微信公众平台“历史 RUC”用户数量稳步增加。

学院着力进行品牌项目“读史读经典”建设，共组织讲座 20 场，参加学生约 10 000 人次，辅导员指导班级实践活动约 9 000 人次；开展第二届“港澳学子读史知行计划”，招募港澳学子 27 人；在第三届北京市中华经典诗词吟唱诵读比赛中取得三等奖佳绩。学院首次启动针对新生的“引航启程历风雨，读史同行历春秋”系列入学教育活动，增强学生专业凝聚力。组织学生参观“改革开放四十周年”大型展览、开展“追寻改革开放的足迹”专题调研，积极参与“千人百村”“街巷中国”“人大使者家乡行”等活动，获评 2018 年“学生社会实践先进单位”称号。在学校 2018 年“一二・九”合唱比赛中获 C 组三等奖，学院指导的兴趣社团手语社获学校“十佳社团”。学院获评学校 2018 年“五四红旗团委创建单位”。

学院接待中法学院法方合作单位蒙彼利埃保罗・瓦莱里大学校长 Patrick Gilli 教授、巴黎索邦大学副校长 Alain Tallon 教授和法国驻上海总领馆教育领事 Fabien Chareix 博士一行，对课程内容、形式及双方师资和学生层面的交流等合作细节进行讨论。

学院依托新筹建的中华文史研究院平台，启动“大历史・全球史家对话”系列及“海外杰出史家”系列讲座。2018 年邀请美国人文与科学学院院士、普林斯顿大学历史学教授 Daniel Rodgers，德国跨大西洋研究专家、环境史学家、慕尼黑大学卡森中心主任 Christof Mauch，美国纽约大学教授 Sophia Kalantzakos，美国环境经济史、中国宗教史知名学者、香港中文大学高级研究员 Thomas D. Dubois 等多名史家来校讲座交流。

■ 国学院

国学院成立于 2005 年，是新中国第一家以“国学”为名的教育科研机构，下设经学与子学、国文、国史、国学基础 4 个教研室及西域历史与语言研究所。自建院以来，以“究古今之际，通天人之变，育栋梁之才”为宗旨，致力于恢复“和合贯通”“求知致道”的学术传统，努力打造适应时代需求的国学学科体系。现任院长为杨慧林教授，常务副院长为乌云毕力格教授。

国学院现有专任教师 35 人，其中教授 14 人（二级教授以上者 7 人），副教授 14 人，讲师 7 人，包括了专职博士生导师 17 人；有国务院学位办学科评议组成员 1 名，长江学者 3 名。教授、副教授人数占比 80%，教师取得博士学位的达到 94%，中青年教师均获得博士学位。学院既有黄克剑教授、王子今教授、乌云毕力格教授、诸葛忆兵教授、梁涛教授、袁济喜教授等国内知名学者，也有一批学术视野开阔、功底扎实的青年骨干教师。2018 届共有毕业生 74 人，涉及的专业有中国古代文学、中国古代史、中国哲学、专门史 4 个专业；从学历层次上看，本科 22 人，硕士 39 人，博士 13 人。本科全部升学，硕博基本就业，2018 届就业率达到 100%。

2018 年，学院编辑出版《国学学刊》4 期，《西域历史语言研究集刊》1 辑，《蒙古学问题与争论》《卫拉特研究》各 1 期。学院还与中国社会科学出版社合作，继续出版“大国学”研究文库丛书、国学新锐丛书，《中国人民大学博物馆藏和田出土粟特语文书》、*Authorship and Text-making in Early China*、《〈大学〉〈中庸〉解读》、《天竺云韵——〈云使〉蒙古文译本研究》、《太原功臣与唐初政治》、《千秋太史公：司马迁的史学与人类学》、《法家政治原理研究》、《秦始皇直道考察与研究》、《秦汉儿童的世界》等专著陆续出版。孙闻博副教授的专著《秦汉军制演变史稿》荣获第五届郭沫若中国历史学奖。学院获得校内重大规划项目 1 项、重大项目 1 项、决策咨询及预研委托项目 1 项。学院在研的各项国家级、省部级、校级项目均进展良好，部分项目已顺利结项。

学院主办了首届“12 至 18 世纪欧亚古典学”学术研讨会、“当代法家研究的新视野”学术研讨会暨中国先秦史学会法家研究会成立仪式等 6 场学术会议，邀请海内外专家学者举办学术讲座 21 场。同时，安排本院教师进行海外学术交流，乌云毕力格赴日本东京参加“国际蒙古学亚洲大会”、赴俄罗斯圣彼得堡参加俄罗斯科学院东方研究所成立 200 周年国际学术讨论会，王子今、孙闻博赴韩国参加“中国简帛学国际论坛 2018——通过简牍材料看古代东亚社会史研究”。

学院团委组织 2018 级新生班级开展“我与社会主义核心价值观”主题班会，开展“不忘初心跟党走”主题团课，同时以“时代新语”知识竞赛、“一二·九”青春歌会、参观改革开放四十周年大型成就展览等丰富多彩的活动形式推动团员自身思想政治水平的进一步提高。组织团员青年积极参加“千人百村”“街巷中国”等社会实践活动，组织开展“生命之光”无偿献血活动暨“生命之翼”造血干细胞血样采集活动等，同时与紫竹桥社区进行志愿服务活动对接。开展新生即兴戏剧与心理成长工作坊活动；学院领导高度重视学生心理问题，及时制定工作方案与学生家长沟通，班主任、班级辅导员定期开展学生心理访谈工作，关注每一名学生的心理状况。

学院连续第 14 年成功举办学生学术活动季。同时，开设各类经典研读读书班 55 个。研究生在 2018 年度“研究生科学研究基金项目”中取得 2 个立项，拔尖人才项目取得 1 个立项，2 个往届立项分别通过了第二次、第三次审核；完成“大学生创新实验计划”3 个新项目的申报工作。2018 届毕业生的 2 篇论文获得了学校优秀毕业论文奖，1 篇论文获得了北京市级优秀本科毕业论文奖。

学院继续加强与中学的交流合作，截至 2018 年底，一共确立了 29 所国学基地校，主要分布在江苏、浙江、河南、河北、辽宁、江西等省份，覆盖了超过 20 座城市；其中包含 3 所国家级师范中学，以及多所省级、市级示范校。截至 2018 年底，学院老师走访了 20 多所学校，举办了 30 余场讲座。除此之外，于 2018 年暑期举办了全国中学生国学大赛。同时，外事工作继续推进，学生和学术交流双向展开，2018 年共有 14 名学生通过校际交流项目前往美国哥伦比亚大学、美国加州大学伯克利分校、日本东京大学、比利时根特大学、以色列特拉维夫大学、德国波恩大学和德国汉堡大学交流学习。

■ 经济学院

经济学院成立于 1998 年，其前身最早可以溯源至 1939 年陕北公学设立的政治经济学研究室，后历经华北联合大学、华北大学的演进。经济学系为 1950 年中国人民大学成立时首设的“八大系”之一，是新中国经济学科的重要奠基者和开拓者之一。学院坚守“立学为民、治学报国”的人大精神，谱写经济学的中国气派。现任院长为刘元春教授。

长期以来，学院是国家经济学基础人才培养基地、教育部人文社会科学重点研究基地、国家

“2011 计划”中国特色社会主义经济建设协同创新中心和全国中国特色社会主义政治经济学研究中心，并入选国家“双一流”建设学科，设有政治经济学、西方经济学、经济史、经济思想史、世界经济、国际贸易学、企业经济学、网络经济学、数量经济学、国民经济学、区域经济学、城市经济学、产业经济学 13 个博士点，政治经济学、西方经济学、经济史、经济思想史、世界经济、国际贸易学、企业经济学、网络经济学、数量经济学、国民经济学、区域经济学、城市经济学、产业经济学、国际商务 14 个硕士点，理论经济学 1 个博士后流动站，经济学、国际经济与贸易、国民经济学、能源经济学 4 个本科专业。

学院现有在岗专任教师 124 人，其中教授 58 人，副教授 51 人，讲师 14 人。博士学位获得者 116 人，其中海外博士学位获得者 36 人。

学院现有在校学生 1 399 人，其中，本科生 682 人，硕士研究生 475 人，博士研究生 242 人。在校海外学生 99 人，其中本科生 21 人，硕士研究生 69 人，博士研究生 9 人。

2018 年，学院获得国家社会科学基金项目立项共计 7 项，其中专项项目 2 项、重点项目 1 项、一般项目 1 项、青年项目 3 项；获得国家自然科学基金项目立项共计 4 项，其中优秀青年科学基金项目 1 项、应急管理项目 3 项；获得教育部重大课题攻关项目立项 1 项、基地重大项目立项 2 项。学院教师出版学术专著 25 部，在国内外重要学术期刊上发表论文 187 篇，其中在中文核心期刊上发表论文 170 篇，在 SSCI、SCI 上发表论文 17 篇。

学院与乔治·华盛顿大学、麻省理工大学、九州大学、早稻田大学、日本国际医疗福祉大学、新加坡国立大学、西英格兰大学、艾克斯-马赛大学、赫尔辛基大学、国立江原大学、圣彼得堡国立大学、明斯特大学等世界著名高校和研究机构开展了广泛的交流与合作；对日本、韩国、俄罗斯、越南、芬兰等国家和地区进行了深入考察，全面深化与国内外高校在学生培养、学术交流、联合承办研讨会等方面的实质合作。学院举办的国际会议有：中法区域经济合作学术研讨会；“一带一路”新机遇，中俄关系新发展：“一带一路”倡议发表五周年学术研讨会；第八届中俄高级经济论坛；第十一届中国人民大学—汉阳大学联合学术研讨会；《上海合作组织创建、发展和前景》中文版首发式暨上海合作组织发展研讨会；新时代的中日经济关系学术研讨会；北京能源国际会议；“欧亚大讲堂”等。学院承办了中联部“走适合自己的发展道路——中国经验与非洲发展”研修班与 2018 年“逆全球化”与贸易壁垒应对研修班，承办了商务部援外学历学位教育计划“国民经济学”硕士项目，2018 年成功录取 20 名发展中国家的政府官员进入学院全英文硕士项目进行学习，项目的第二届学生——2016 级国民经济学硕士项目的 23 名学生也顺利完成学业。

2018 年，学院举办各类大型学术论坛共计 16 场，开展了系列学术研讨会百余场，还通过每周或每月定期举办各类型的小型研讨会（seminar），为校内外学者提供广泛、频繁交流的学术平台，为教师们在与学生的讨论中实现教学相长提供条件。4 月，学院党委书记兼常务副院长关雪凌教授著作《普京政治经济学》（俄文版）新书发布会在俄罗斯圣彼得堡国立大学隆重举行。

■ 财政金融学院

财政金融学院的前身财政信用借贷系始建于 1950 年，是中国人民大学成立时的“八大系”之一，是新中国第一个培养财政金融领域高级人才的基地，为新中国财政金融学科的建设和发展做出了开拓性贡献。1997 年，财政金融系与投资系合并，组建成立中国人民大学财政金融学院。现任院长为庄毓敏教授。

学院现有财政学、金融学 2 个国家重点二级学科，财政系、货币金融系、应用金融系及保险系 4

个系，财政学、金融学、保险学、金融工程4个博士点，应用经济学1个博士后科研流动站，财政学、金融学、保险学、金融工程4个学术型硕士点，金融、税务、保险3个专业学位硕士点，财政学、税收学、金融学、保险学、金融工程、信用管理等6个本科专业，是全国金融专业学位研究生教育指导委员会秘书处所在单位。

学院拥有1个“教育部人文社会科学百所重点研究基地”——中国财政金融政策研究中心，拥有重阳金融研究院、财富管理研究中心、财税研究所、中国资本市场研究院、国际并购与投资研究所、投资研究所、金融与财税电子化研究所、信托与基金研究所、国际货币研究所、中国艺术品金融研究所、投资与房地产研究中心、金融工程研究所、中国保险研究所等13个院属研究机构。

学院多次召开提升财政学、金融学、国际金融等本科专业教育水平专题研讨会，并成功举办专业学位研究生教育“案例研讨月”系列活动。

2018年，学院教师在SSCI期刊上发表论文32篇，在国际英文A类期刊上发表论文10篇，国际中文A类期刊上发表论文15篇，国家和各部委纵向研究项目新增立项13个。

学院举办了“不忘初心，走向未来”第二届环球人物金融科技领军人物榜发布会、第二十二届（2018年度）中国资本市场论坛、“中国新供给经济学50人论坛一季度峰会暨货币金融圆桌会议·2018春”等重大学术会议。继续开展“黄达－蒙代尔讲座”、“黄达－蒙代尔经济学奖”论文评选等学术活动。

截至2018年底，学院具有海外博士学位教师18人，具有一年以上海外学习研修经历教师24人，合计占全部76名教师的55%。学院教师共有65人次出国（境）参加各类高水平海外合作研究、学术会议、学术访问、学术竞赛等。全国人大代表、财政金融学院院长庄毓敏教授当选十三届全国人大财经委委员。张杰教授入选第三批国家“万人计划”教学名师名单。学院学生共有119人次参加各类校际交换、暑期学校、联合培养、国际学术竞赛、学术会议等国际交流活动。其中，卢森堡大学双学位硕士项目3人获得留基委创新人才培养项目资助，另有9人获得留基委联培硕士奖学金项目资助。

学院党委邀请名家做改革开放四十周年专题报告，组织全院师生党员围绕“不忘初心，牢记使命”“弘扬爱国奋斗精神，建功立业新时代”“新时代新作为新担当”等主题开展理论学习，举办“民声北京”社会实践项目，深入开展关工委“雏鹰引航”活动与“夕阳再晨”活动。学院党委成功入选“全国党建工作标杆院系”培育创建单位，成为学校首个入选的基层单位。学院党委在中国人民大学第二届“两学一做”支部风采展示评比活动中荣获“优秀组织奖”；货币金融系教师党支部的“师生党建促创新，优秀党员传帮带”推荐展示在教育部第二届全国高校“两学一做”支部风采展示活动中获评教师党支部推荐展示精品作品。学院荣获“优秀二级党校”荣誉称号。戴稳胜教授在“百场党课 百名教师”工程中荣获“优秀传统党课教师”荣誉称号。

黄勃老师荣获中国人民大学“十佳班主任”第一名；2016级金融实验班荣获北京市级“先进班集体”荣誉称号；2015级本科生侯玉婷荣获中国人民大学最高荣誉“宝钢奖学金”；2017级金融四班助理班主任李倩荣获中国人民大学“十佳学生辅导员”荣誉称号。

在中国人民大学第十届青年教师教学基本功比赛中，朱文宇老师获得二等奖，代志新老师获得三等奖、最佳教案奖，徐靖老师获得三等奖、最佳演示奖。

财金学子赴香港参加第一届“康奈尔—香港中文大学不动产金融案例大赛”获得小组第三，赴美国纽约参加第十届“康奈尔国际不动产金融案例大赛”获小组第二。在第五届全国大学生保险模拟法庭大赛总决赛中，“知行合一”队获得亚军。此外，学院成功举办2018年中美学生领袖金融对话论坛，举办了2018年度税收辩论赛，建立了中国人民大学北京税务博物馆教学实践基地。在学校新生运动会中，学院获男子团体总分冠军、团体总分第二。在学校第二十三届五四文化艺术节比赛中，群舞《教计字563号》与微电影《风暴再临》荣获一等奖，获得了团体总分第二及“五四红旗团委”荣誉称号；在学校第三十二届“一二·九”合唱比赛中，获得A组二等奖；在学校第十九届健美操大赛中，荣获二等奖。

■ 汉青经济与金融高级研究院

汉青经济与金融高级研究院于2007年3月正式揭牌成立。研究院同时成立了由中国人民大学原校长黄达教授、普林斯顿大学邹至庄教授、全国人大财经委副主任吴晓灵教授、斯坦福大学洪瀚教授任主任的学术委员会。现任院长为汪昌云教授。

研究院现有专任教师18人，其中教授3人，副教授5人，讲师10人。2位教师入选“长江学者奖励计划”青年项目，1位教师入选中组部“万人计划”拔尖人才项目，11人入选中国人民大学首批“杰出学者”青年学者计划。研究院自2008年起开始招收和培养金融学、数量经济学专业的硕士研究生。2012年实行硕博连读项目。2015年开设金融专业硕士项目。现有学术型硕士48人，专业硕士179人，博士研究生15人。

2018年，研究院引进美国密歇根州立大学优秀博士毕业生杨益民博士来学院任教，引进多伦多大学金融系终身讲席教授杨立岩作为中国人民大学讲座教授。

2018年，研究院教师在SSCI收录期刊发表（含接收）论文共计11篇，其中有6篇发表于国际顶尖和分支领域顶尖期刊。研究院教师新增科研项目共计6项，包括国家自然科学基金项目青年科学基金项目1项、决策咨询及预研委托项目援疆援藏项目1项、校内项目4项。

2018年，研究院举办“金融学春季研讨会2018：国际视野下的资产管理”“第二届中国人民大学金融学夏季研讨会”“中国人民大学金融创新研究中心金融科技秋季研讨会”“反垄断与竞争政策研讨会”等国际会议；举办午餐讨论会“汉青论坛”共计31次。

2018年，研究院与加拿大女王大学商学院联办的金融硕士项目得到就业市场认可，招生人数增长180%，生源结构逐步多元化，被媒体称为“中加两国教育合作的模范”。

2018年，研究院邀请到国际顶级期刊主编、副主编来校访问共计4人次，海外一流大学副教授以上学者来访共计21人次，研究院教师出境参加学术会议及合作研究12次。

■ 统计学院

统计学系成立于1952年，是新中国统计学学科的奠基者和开拓者之一。在原有统计学系的基础上，统计学院于2003年正式组建成立，成为全国统计学教学和研究的重要基地。2017年，我校统计学学科入选国家“双一流”建设学科之列，并在教育部第四轮学科评估中获得A+。现任院长为王晓军教授。

学院现有统计学、应用统计学（风险管理与精算）、经济统计学、数据科学与大数据技术4个本科专业；统计学、概率论与数理统计、风险管理与精算、流行病与卫生统计学4个学术型硕士学位点，应用统计1个专业学位硕士点；统计学、风险管理与精算2个博士学位点；统计学博士后科研流动站1个。

学院现有专任教师36人，其中教授15人，副教授13人。聘请各类兼职教授8名。现有在校生808人，其中本科生471人（含留学生1人），硕士研究生271人，博士研究生66人。

学院与哥伦比亚大学、辅仁大学合办学术期刊《数据科学期刊》（*Journal of Data Science*）；承担了国家自然科学基金、国家社会科学基金、北京市社会科学基金和国家各部委、企事业单位的大量科研课题。

2018年，学院教师申请获批新立项目33个，在各类专业期刊杂志上发表论文137篇，出版著作11部。

学院与教务处联合举办的“中国人民大学通识教育大讲堂——数据科学讲坛”从2018年10月份开始，至年底共举办3次。学院主办的系列学术讲座“统计大讲堂”2018年共举办50次。7月1日至2日，第八届中国人民大学国际统计论坛成功举办。此外，学院还组织了如下研讨会：2018大数据与商业智慧研讨会暨海峡两岸统计分析研讨会、2018年中国人民大学风险管理与精算两岸学术研讨会、第八届临床评价方法与应用国际研讨会、2018大数据与精算研讨会等。

■ 统计与大数据研究院

统计与大数据研究院是中国人民大学为建设“人民满意、世界一流”大学，推进一流学科建设，迎接大数据时代挑战而成立的高度国际化的新型教学科研实体，于2015年12月正式挂牌成立，现任院长为艾春荣教授。

研究院设有数理统计、卫生与生物统计、计算统计、金融统计、大数据统计、数据挖掘和机器学习、政府统计与咨询等相关研究领域。

研究院现有全职教师12名、高层次团队4个，包括长江学者2名，新世纪百千万人才工程国家级人选1名，跨世纪优秀人才培养计划人选2名，教育部跨世纪人才3名，国家自然科学基金优秀青年基金获得者1名。研究院还专门组建了一支由国际知名专家组成的顾问委员会，包括美国得克萨斯A&M大学统计学教授、COPSS奖获得者Raymond Carroll，2000年诺贝尔经济学奖获得者Daniel McFadden，世界著名计量经济学家、英国剑桥大学计量经济学教授Oliver Linton，等等。

2018年，研究院的教师以中国人民大学为第一署名单位在国际一流期刊上发表或接受发表论文48篇。2018年，研究院获批科技部国家重点研发计划子课题2项、国家自然科学基金青年项目3项、国家自然科学基金面上项目1项。

研究院创新了学校招收直博研究生的模式，在笔试之外，要求学生对（预先）指定的论文进行报告，全面考核他们对研究问题的理解能力、交流和表述能力以及批判性思维能力。至今，研究院已招收四批直博生，他们绝大部分是来自国内知名高校的优秀理科本科生。成立之初，研究院与统计学科排名北美第15名的美国得克萨斯A&M大学统计系达成全面战略合作协议，双方在学科建设、师资队伍建设、科学研究、人才培养和政府咨询服务等方面进行全方位的合作。双方已正式启动统计学“双博士学位”项目，首批9名2016级博士研究生已经入学三年有余，其中8名博士研究生获得国家留学基金委资助，于2018年8月赴美国得克萨斯A&M大学继续攻读博士学业。第二批12名2017级博士研究生中，3名同学获得国家建设高水平大学公派出国项目资助并赴美国得克萨斯A&M大学继续攻读博士学位。第三批11名2018级直博生已于2018年9月入学，其中2名同学已申请“双博士学位”项目。2018年9月，研究院申报的“创新人才培养示范基地”成功入选科技部2017年“创新人才推进计划”。

在智力引进和学术交流方面，研究院获得“社会经济大数据技术与应用创新引智基地”和“生物医学统计创新引智教学与研究平台”的立项，并在“双一流”建设经费的支持下，开展了高水平学术活动120余场，共邀请百余位专家访问学院并进行学术交流。其中，2018年，研究院邀请近20位专家学者访问学院并举行学术讲座 22 场。此外，研究院还成功举办了“2018 年统计学与数据科学青年学者论坛”和“大数据时代统计学科传承与创新论坛”。

■ 农业与农村发展学院

农业与农村发展学院成立于 2004 年，其前身是 1954 年成立的农业经济系。现任名誉院长为陈锡文教授，院长为唐忠教授。

学院现有农林经济管理、农村区域发展 2 个本科专业，农业经济管理、林业经济管理、农村发展、技术经济及管理、可持续发展管理、食品科学、食品安全管理、食品经济管理 8 个学术型硕士学位点，1 个农业硕士专业学位点，农业经济管理、林业经济管理、技术经济及管理、农村发展、可持续发展管理、食品经济管理 6 个博士学位点，以及农林经济管理、公共管理 2 个博士后科研流动站。

学院现有专任教师 50 人，其中教授 21 人、副教授 19 人、讲师 10 人；中国人民大学讲座教授 1 人，荣誉一级教授 1 人。共有全日制学生 500 人，其中中国学生 498 人，包括本科生 150 人、硕士研究生 243 人、博士研究生 105 人，留学生 2 人；非全日制硕士研究生 80 人。

2018 年，学院承担各类科研项目 78 项，其中国家级、省部级项目 19 项（包括国家自然科学基金项目 7 项、国家社会科学基金项目 3 项、教育部人文社科项目 4 项），校级科研项目 15 项，其他各类纵横向项目 44 项。张利庠、仝志辉获批教育部人文社科项目重大课题攻关项目。学院教师共出版各类著作 25 部，发表论文 227 篇。

学院举办了地理信息与遥感数据在农业经济研究中的应用研讨会、“食物—能源—水”系统关联模型方法研讨会、AWA 大赢家 FF 助力乡村振兴大会、首都农经理论界纪念农村改革四十周年学术研讨会等系列学术活动。此外，近 40 位中外学者在学院双周论坛做学术报告。

学院接待了美国田纳西大学、俄亥俄州立大学、弗罗里达大学、普渡大学及英国剑桥大学、新西兰怀卡托大学、加拿大英属哥伦比亚大学等访问团。学院代表团应邀出访了澳大利亚詹姆斯·库克大学、新西兰怀卡托大学、日本中村学园大学、韩国首尔大学。学院代表团参加了国际农经学会 2018 年会议、美国农业与应用经济学会 2018 年会、中日韩农业经济学术研讨会等会议。

■ 法学院

法学院成立于 1988 年，其前身是 1950 年成立的法律系，是学校成立之初的“八大系”之一，也是新中国诞生后党和政府创立的第一所正规的、新型的高等法学教育机构。现任院长为王轶教授。

学院是全国首批获准在法学一级学科拥有博士学位授予权的单位，博士点和硕士点覆盖了全部二级学科。学院拥有国家一级重点学科 1 个、国家二级重点学科 4 个，拥有“985 工程”国家重点创新基地、国家“211 工程”项目法制信息港、教育部人文社会科学研究基地 2 个（中国人民大学刑事法律科学研究中心、中国人民大学民商事法律科学研究中心）、国家人权教育与培训基地中国人民大学人权研究中心。设有全国第一个法学博士后科研流动站，成立了知识产权学院、律师学院、亚太法学研究院和未来法治研究院，拥有 20 余个研究中心（所）以及《法学家》杂志社等机构。

学院法律专业学位在教育部全国首次专业学位水平评估中获评 A+。未来法治研究院取得多项具有引领性科研成果，并发布了《2018互联网法治蓝皮书》；前沿交叉学科实验室获批为最高人民检察院智慧检务创新联合实验室建设项目；民商事法律科学研究中心获评第四轮教育部高校人文社会科学重点研究基地测评结果优秀单位；宪法与行政法治研究中心获评中国人民大学优秀院属研究机构（2015—2017）。学院与浙江省人民检察院、北京市通州区人民法院、北京市丰台区人民法院、云南警官学院、新疆维吾尔自治区人民检察院、青海省高级人民法院、云南怒江兰坪县等签订合作共建协议；与腾讯、京东等多家企业签订合作研究或捐助协议。

学院现有教师117人，其中教授57人、副教授46人、讲师10人、全职外教4人。教师中有博士研究生导师78人（含返聘教授、校外兼职博导）；另有博士后34人。杨东教授获评长江学者特聘教授，王旭教授、尤陈俊教授获评长江学者奖励计划青年学者。获得政府特殊津贴、杰出人才计划、国家有突出贡献中青年专家等多项荣誉，国家外国专家局高端外国专家项目2项、教育部留基委项目、中美富布赖特联合培养博士研究生项目等。短期任教的外籍教师每学期都达到10名左右。

王利明教授、林嘉教授获批国家社科基金重大项目；王旭教授、丁晓东副教授、王莹副教授、尤陈俊教授获批国家社科基金年度项目；高圣平教授获批国家社科基金专项项目；冯玉军教授、张广良教授获批国家社科基金特别委托项目；王轶教授获批教育部人文社科重大专项项目。高圣平教授、张新宝教授、何家弘教授、杨东教授等11位教师荣获第七届钱端升法学研究成果奖，高圣平教授斩获仅有的1个一等奖；王旭教授、徐阳光教授荣获第六届董必武青年法学成果奖；陈卫东教授荣获第四届中国出版政府奖图书奖提名奖。学院获评2018年度中国人民大学科研管理工作先进集体；冯玉军教授获评中国人民大学科研标兵；杨东教授获评中国人民大学优秀科研奖；王利明教授、冯玉军教授的成果获评“成就与经验：中国改革开放40年征文”优秀论文。2018年，学院教师在《中国社会科学》发文4篇，《中国法学》发文8篇，《法学研究》发文5篇，在《法学家》等16类核心期刊发文共84篇，SSCI发文4篇，出版专著30余部。

学院本科共有4个年级，共计640人；法律硕士（非法学）3个年级、法律硕士（法学）2个年级，共计734人；法学硕士2个年级，共计396人；博士生共计265人。学院“‘一体多维　二元融合’新型社会主义法治人才培养模式探索与实践”获评国家级高等教育教学成果奖一等奖、北京市高等教育教学成果奖特等奖，“着眼高端法律服务市场、培养高水平法治人才——法硕教育综合改革的实践”获评北京市高等教育教学成果奖二等奖。以“打通”（打通本、硕、博课程壁垒，整合本科生与研究生课程资源，打造精实课程）、“纵深”（通过开设各种职业训练、学术训练等课程，促使学生学精、学深、学细）、“自由”（提升学生学习、选择课程、选择教师的自由度）为基本思路，深入打造新开课、转型课、实务课、专业打通课等137门课程。

学院共派出191名学生赴国外一流大学法学院校进行长期或短期学习和交流。全英文硕士项目录取16名外国学生。通过亚洲校园项目和院际交换项目接收55名外国学生来学院交换学习，42名外国学生参加学院举办的中国法暑期班。学院15个本科生交换项目入选留学基金委优秀本科生国际交流项目。与蒙古国立大学法学院、东京第二律师协会、新加坡管理大学法学院等6所机构新签署学生领域的合作协议，与阿姆斯特丹自由大学法学院、鹿特丹大学伊拉斯谟法学院、苏黎世大学法学院和立命馆大学法学院续签合作协议。邀请牛津大学法学院 Mindy Chen-Wishart 教授等10名国外知名学者和法官为法学院学生开设了10门短期课程。与慕尼黑大学法学院的青年学者合作研究项目“欧盟与中国的互联网规制范式”研究成果于2018年10月在中德双方同步出版，与墨尔本大学法学院的青年教师合作研究种子基金实施良好。

学院党委组织师生党员赴雄安新区等地学习党建创新理念。学院获评“中国人民大学先进集体”“学校‘双一流’建设工作先进集体”“学校全国第四轮一级学科评估优秀学科荣誉奖”，院团委荣获中国人民大学“五四红旗团委”称号等。开展“ilaw”菁英暑期赴美国项目助学生打开国际视野，与司法部合作“法治家乡行”活动引领同学聆听百姓声音。学院代表队荣获 EMCC WTO 国际模拟法庭亚太区选拔赛东亚四强，学院辩论队荣获“达辉杯”第八届北京高校法科辩论赛冠军，学院师生调研团获评 2018 年度首都大中专学生暑期社会实践优秀称号。

■ 马克思主义学院

马克思主义学院成立于 1996 年，由马列主义发展史研究所（始建于 1964 年）、马克思主义理论教育研究所（始建于 1986 年）和中共党史系（始建于 1956 年）合并组建而成。学院下设 6 个教研部、11 个教研室作为基本教研单位。现任院长为吴付来教授。

学院建立了国内最齐全的马克思主义学科体系：拥有全国唯一的国家级重点一级学科马克思主义理论一级学科（含 7 个二级学科：马克思主义基本原理、马克思主义发展史、国外马克思主义研究、马克思主义中国化研究、思想政治教育、中国近现代史基本问题研究、党的建设），还拥有马克思主义哲学、政治经济学、科学社会主义与国际共产主义运动、中共党史、中国特色社会主义理论、当代中国史等二级学科，全部二级学科均为国家级重点学科，其中，中共党史学科是全国普通高校党史学科中唯一的国家级重点二级学科。2018 年学院新增马克思主义理论本科专业。学院现有 2 个本科专业（中国共产党历史、马克思主义理论），13 个博士学位点和硕士学位点。

学院现有教师 62 名，包括教授 26 人，副教授 23 人，讲师 13 人。其中，政府特殊津贴享有者 6 人，全国宣传文化系统“四个一批”人才入选者 3 人，“万人计划”第一批哲学社会科学领军人才入选者 2 人，长江学者特聘教授 3 人，教育部跨世纪人才培养计划入选者 3 人，教育部新世纪人才培养计划入选者 6 人，北京市新世纪人才培训工程入选者 5 人，中央“马克思主义理论研究和建设工程”首席专家和主要成员 15 人，北京高校思想政治理论课特级教授、特级教师入选者 11 人，首批中国人民大学“杰出学者” 14 人。

学院现有学生 547 人，其中本科生 146 人，硕士研究生 195 人，博士研究生 206 人。此外，有在站博士后 7 人。学院继续实施教育部“马克思主义理论学科拔尖人才访问学者计划”、“京津冀高校思想政治理论课骨干教师研究基地”、“中西部青年骨干教师国内访问学者”等项目，共招收访问学者 66 人。

5 月，学院党政领导班子圆满完成换届工作，学校党委副书记、纪委书记吴付来教授兼任院长，王易教授担任学院党委书记兼常务副院长。学院充分发挥学科与师资优势，倾力打造中国人民大学习近平新时代中国特色社会主义思想研究院、北京高校思想政治理论课高精尖创新中心、中国特色社会主义理论体系研究中心、21 世纪中国马克思主义研究协同创新中心、马克思主义研究院、中共党史党建研究院等科研平台；先后选派 9 名教师赴中国农业大学、北京航空航天大学、中国石油大学（北京）、天津大学、重庆大学、西藏民族大学、延安大学等高校马克思主义学院挂职副院长或学科带头人，支援兄弟高校马克思主义学院及马克思主义理论学科建设。

学院积极探索“一体两翼”的教学模式。“一体”是指系统讲授、专题教学、实践教学的“三位一体”，“两翼”是指“研究型＋互动型”教学模式。2018 年 5 月，“本科生思想政治理论课‘一体两翼’教学模式探索与实践”获北京市高等教育教学成果奖一等奖。

2018 年，学院教师出版学术专著、译著和教材 19 部，发表学术论文 315 篇，其中核心论文 132 篇；承担国家社会科学基金、教育部人文社会科学基金及其他科研项目 24 项，其中国家社会科学基金重大项目 2 项、中央“马克思主义理论研究和建设工程”重大项目 2 项、教育部人文社会科学基金重大攻关项目 1 项；科研成果得到中央领导批示或被中央有关部门采用的 6 项。出版“中国改革开放 40 年丛书”、《思想政治理论课疑难问题解析》等，继续组织力量推进《马克思主义发展史》（十卷本）和《中国共产党思想史》等重要学术著作的编写工作。

2018 年，学院举办了纪念马克思诞辰 200 周年国际高端论坛、中国改革开放四十周年国际学术研讨会、“改革开放 40 年共产党人坚定理想信念的基本经验”学术研讨会、马克思主义理论世界一流学科建设座谈会、“国际新形势下的社会思潮发展与变体”学术研讨会等大型会议，以及“习近平新时代中国特色社会主义思想与青年信仰”——首都高校学生理论社团交流会暨第十九届“人北清师”马克思主义学院博士生论坛等青年学术会议、胡华大讲堂 3 期、党史学科青年教师工作坊 3 期、马克思主义理论学科青年学者论坛 6 期、海外学者讲坛 5 期、学术论文大讲堂 2 期、马克思主义理论前沿论坛 3 期及思想政治理论课名师讲坛。“青马英才”厚重人才成长支持计划顺利结项。

2018 年，学院荣获全国“工人先锋号”等荣誉称号，中共党史党支部书记工作室入选全国首批高校“双带头人”党支部书记工作室，学院学生获全国高校大学生讲思政课公开课一等奖，学院教工乒乓球队获中国人民大学教职工乒乓球团体赛冠军。

■ 社会与人口学院

社会与人口学院成立于 2003 年 4 月，下设社会学系、人口学系、社会工作与社会政策系 3 个系，另有人类学研究所、老年学研究所。设有法律社会学研究所、性社会学研究所、社会心理学研究所、环境社会学研究所、健康科学研究所、女性研究中心、社会调查中心、体育与社会发展研究中心等院属研究机构，拥有社会学理论与方法研究中心、人口与发展研究中心 2 个教育部重点研究基地，北京社会建设研究院 1 个北京市重点研究基地，以及《人口研究》《社会学评论》《社会建设》3 种学术期刊。现任院长为冯仕政教授。

学院有社会学、社会工作、公共事业管理（公共政策与人口管理方向）3 个本科专业，社会学、人口学、人类学、民俗学、老年学、人口资源与环境经济学、社会医学与卫生事业管理 7 个硕士学位点，社会工作硕士专业学位（MSW）点，社会学、人口学、人类学、老年学、人口资源与环境经济学、社会医学与卫生事业管理 6 个博士学位点，以及社会学一级学科博士后科研流动站。拥有社会学、人口学、人口资源与环境经济学 3 个国家级重点学科和社会学一级学科博士学位授予权。

2018 年 12 月，经学校研究，决定将社会工作系更名为社会工作与社会政策系。

学院现有 65 名专任教师，其中教授 25 人，副教授 32 人，讲师 8 人。共有学生 833 人，包括：本科生 375 人，其中留学生 10 人；硕士研究生 265 人，其中社会工作专业硕士 103 人，留学生 2 人；博士研究生 193 人，其中留学生 4 人。

学院在“人大京东社会学学科建设基金”的支持下开设“社会学名师课程”，陆续邀请一系列社会学大家，重点是海外华人社会学家，到学院开设特色课程，不断提升学生的专业素养。芝加哥大学社会学系 Max Palevsky 讲席教授赵鼎新应邀讲授首门课程“社会科学认识论”。此外，学院还邀请圣彼得堡国立大学社会学系 P. P. 杰留金教授等海外专家，为青年学者和博士研究生进行分享式授课。

2018 年，学院有各类科研项目 63 项。纵向项目 19 项，包括：国家社会科学基金项目 8 项，其中重大项目 1 项，重点项目 4 项；北京市社会科学基金项目 1 项；教育部人文社科项目基地重大项目 1 项；其他项目 9 项。横向项目 33 项。校级项目 11 项，其中校级重大项目 1 项。核心期刊发文 144 篇。

学院举办的重要学术活动或学术会议有：“马克思主义社会学的历史发展与实践创新——纪念马克思诞辰 200 周年”学术研讨会，“网络信息化时代的空间变迁学术研讨会”，农村社会学论坛，2018

年中国社会发展高层论坛——“社会主要矛盾转化新形势下的社会治理创新暨纪念改革开放四十周年学术研讨会”，“当代中国城市空间变迁学术研讨会”，郑杭生社会学大讲堂 6 次。

学院 3 种学术期刊取得丰硕成果：《社会学评论》入选北大中文核心期刊、中国人文社会科学期刊 AMI 综合评价“新刊核心期刊”。《社会建设》被中国社科院的中国人文社会科学引文数据库收录为入库期刊，并被北京大学、中国人民大学等列为专业核心期刊。《人口研究》入选“中国国际影响力优秀学术期刊”和“2018 期刊数字影响力 100 强”（学术类期刊）榜单。

学院创设社会学一级学科国际交流专项基金，资助教师参加国际高水平会议，与美国普林斯顿大学当代中国研究中心和人口研究中心、麻省大学波士顿分校老年学系、伊利诺伊大学厄巴纳-香槟分校，英国南安普顿大学老年学研究中心、牛津大学，加拿大维多利亚大学，以及我国的香港大学、香港城市大学等开展互访活动，建立深度合作。学院共有 32 名教师参与国际访学、会议交流活动。学院派出 1 名社工系教师去纽约大学访问交流半年。

■ 国际关系学院

国际关系学院正式命名组建于 2000 年，其前身可以追溯至 1950 年中国人民大学命名组建时成立的外交系和马列主义基础教研室，是新中国成立后最早建设的开展国际问题研究和政治学学科教学研究的高等教育机构。其间经历了 1958 年成立的马列主义基础系，1960 年改建为马列主义政治学系，1964 年根据中共中央《关于加强研究外国工作的报告》和周恩来总理的指示，由教育部正式批准组建国际政治系，“文革”结束复校后改名科学社会主义系，1984 年恢复国际政治系命名。2000 年春，在原国际政治系和俄罗斯东欧中亚所的基础上组建国际关系学院。现任院长为杨光斌教授。

学院下设国际政治系、外交学系、政治学系、世界社会主义研究所、俄罗斯东欧中亚研究所 5 个基本教学科研单位，以及教育部批准设立的国家人文社会科学重点研究基地欧洲问题研究中心和国别与区域重点研究基地欧盟研究中心。此外还有国际事务研究所、联合国研究中心、国际能源战略研究中心、中国对外战略研究中心、美国研究中心、拉丁美洲研究中心、东亚研究中心、政治思想文化研究所、比较政治研究中心、欧盟研究中心、廉政建设研究中心等研究机构。

学院现有国际政治、外交学、政治学与行政学 3 个本科专业和国际政治经济学本科专业方向，以及世界经济、国际政治、国际关系、国际政治经济学、外交学、政治学理论、中外政治制度、中国政治、科学社会主义与国际共产主义运动 9 个硕士学位点和博士学位点。学院是全国首批获得政治学一级学科博士学位授予权的单位。国际政治专业是国家重点二级学科。

学院现有在读学生 1 200 人，其中中国学生 864 人，外国学生 336 人。学院结合专业特色和人才培养目标，优化本科专业英语课程，新增专业文献选读学分要求，试行本科毕业论文全员答辩制度；实行博士生“申请—考核制”改革，在硕士招生阶段推出“学术人才拔尖计划”科研奖励制度和“人大—英国伦敦国王学院”双硕士项目选拔机制。

学院现有专任教师 74 人，其中教授 32 人，副教授 29 人，讲师 13 人。教师中具有博士学位者 69 人，外籍全职教师 2 人，港澳台教师 1 人，全职教师中具有 6 个月以上国外留学或访学经历者 59 人，占教师总数的 79.7%。2018 年新增政府特殊津贴获得者 1 人。学院鼓励、资助更多的优秀中青年教师赴国外一流大学进修；举办跨学科的、旨在促进青年学者交流并提升人大中青年骨干教师学术影响力的“双周论坛”；为青年学者提供相应的合作性课题，组建“学术工作坊”等。

2018 年，学院教师出版学术专著 17 部，发表 SCI 论文 5 篇，CSSCI 论文 72 篇；两位教师荣获学校科研标兵和科研优秀奖；获得各类项目支持 19 项，其中纵向项目 10 项，横向项目 9 项。学院创建了学术刊物《世界政治研究》和《中国政治学》，主编了“中国与世界秩序研究论丛”和“政治理论与中国政治学话语体系丛书”两套丛书。时殷弘教授的《华夏传统对外战略教益：经典前四史摘录和评注》和杨光斌教授的《中国政治认识论》正式出版，陈伟副教授完成了《西方政治思想史新编》、黄大慧教授主持编写的多卷本《战后中日关系档案文献选编与研究》、蒲国良教授主持编写的多卷本《国际共产主义运动史（1847—2017）》均已列入学校重大规划项目。

学院获得“中国人民大学2018年外事工作先进集体”荣誉称号，成功举办了第一届“中国与世界秩序”国际论坛、“‘一带一路’倡议与中韩合作”国际学术研讨会、“理解一带一路：驱动、期望与启示”国际高峰学术研讨会等国际学术会议。资助教师参加国际会议、参访合作院校、参加教育培训和文化交流等活动约70人次，资助学生参加国际交换学习、暑期学校、模拟联合国和国际会议等活动100多人次。

■ 新闻学院

新闻学院始建于1955年，是中国共产党创办的新中国第一所高等新闻教育机构。1958年，中国人民大学新闻传播学科汇聚北京大学、中国人民大学、燕京大学三校学科资源。经过六十多年发展，学院成为新中国记者摇篮、马克思主义新闻学研究重镇、新闻传播教育工作母机、新闻传播教育改革创新引领者、全球新闻教育交流合作重要平台。学院迄今培养毕业生万余名，《实践是检验真理的唯一标准》《东方风来满眼春》等深刻影响中国社会进程的历史篇章皆出自人大新闻学院毕业生之手。学院现任院长为赵启正教授，执行院长为胡百精教授。

学院现设4个系，即新闻系、传播系、广告与传媒经济系、视听传播系。有新闻学、广播电视学、广告学、传播学4个本科专业，新闻学、传播学、传媒经济学和广播电视学4个硕士学位点，新闻学、传播学、传媒经济学和广播电视学4个博士学位点，新闻传播学博士后流动站。

学院首批获得新闻传播学一级学科学位授予权，拥有新闻学、传播学两个国家重点学科和国家级实验教学示范中心，是教育部人文社会科学重点研究基地“新闻与社会发展研究中心”依托机构。在教育部开展的四次全国一级学科评估中，中国人民大学新闻传播学科蝉联第一或评为“A＋”。2017年，中国人民大学新闻传播学科进入国家“双一流”学科建设序列。

学院现有在岗教师57人（教授23人，副教授25人，讲师9人），“50后”“60后”“70后”“80后”占比分别为1.75％、22.81％、50.88％、24.56％；拥有海外学历背景者14人；长江学者2人，万人计划专家1人。行政教辅人员共25人。在校生1 000余人，其中本科生约700人，硕士研究生约300人，博士研究生约150人，留学生约80人。

学院教师2018年发表中文核心论文87篇、英文核心论文（A类）2篇，出版中文著作25册、外文著作3册。

在庆祝改革开放40周年之际，学院组织举办了纪念《毛泽东对〈晋绥日报〉编辑人员的谈话》发表70周年暨中国特色新闻学学科建设研讨会、改革开放40年与新闻传播教育发展论坛、中国新闻学百年暨新闻业改革40周年研讨会。在中国高等教育学会新闻学与传播学专业委员会第八届理事会换届会议上，学院当选理事长单位，学院党委书记兼副院长周勇教授当选理事长。学院创造性地发起举办了中国人民大学新闻传播学术话语体系创新深研会共12期，举办明新教师学术沙龙24期、“校友讲坛”17期。学院与艺术学院合作开办创意传播实验班，与商学院合作开展大数据与新闻传播方向、战略传播方向专业硕士培养。学院组织第二期“新闻传播学科学术拔尖人才培养计划”选拔。经过为期一年的建设，“新闻传播学科核心与特色课程创新计划”正式结项，首期申报项目的“新闻实务基础”“新闻传播程序设计基础”“数据新闻可视化”“视觉传播技术基础”“广告创意与表现”“数字新闻学”“中国媒体融合的理论与实践研究”各课程团队在教学大纲、论文库、案例库、文献库等方面取得一批课程资源建设成果。

胡百精教授等的“中国特色新闻传播人才的生态型培养体系构建”获得高等教育国家级教学成果奖二等奖，张辉锋教授获2018年宝钢教育基金优秀教师奖，马少华副教授获“北京市师德先锋”荣誉称号，黄河副教授获2018年度“中国人民大学十大教学标兵”称号，张迪副教授获评2018年“全国大学生广告艺术大赛北京赛区优秀指导教师”，王树良副教授获评“全国大学生广告艺术大赛北京赛区优秀指导教师”“全国大学生广告艺术节学院奖优秀指导教师”“时报金犊奖优秀指导教师”，杨钢元副教授“纪录片创作”课程入选中国人民大学本科“实践教学品牌项目”。学院学生在“中国人民大学大学生创新实验计划”中获批6项国际级、5项北京市级、3项学校级立项项目。

学院2018年举办第一届“人大马克思主义新闻观与中国特色社会主义新闻理论的发展与创新骨干师资高级研修班”，组织创办的中国人民大学媒体融合实验室开展“公共领域虚假信息甄别与管控研究”并结项。与浙报集团合作开展“浙江24小时”微软小冰内容数据库建设项目。与人民日报社合作完成《深度融合——中国媒体融合发展年度报告（2017—2018）》，共同开展“全国党媒信息公共平台运营规划研究”项目。封面传媒、百度和中国人民大学媒体融合实验室共同成立“区块链媒体实验室”。与北大方正信息产业集团签约合作共建，合作成立智慧媒体未来实验室。

学院2018年继续拓展与国际一流院校的交流合作，搭建学生交换、访学、联合培养平台，推进未来传播学堂、“一带一路”全英文硕士项目，筹备开办了国际传播全英文实验班。学院接待来自美国、加拿大、西班牙、新西兰、澳大利亚、巴西、德国、俄罗斯等14个国家以及中国香港、澳门地区的21家华文媒体的22位媒体负责人，他们走进学院，参加“北京情思·2018年海外华文媒体北京行”活动。学院师生启程前往俄罗斯开展“一带一路”沿线调研，以“民心相通”为主题。作为中俄新闻教育高校联盟召集人，学院牵头组织中方高校交流访问团赴俄开展2018年度中俄高校交流访问活动。学院举办中外新闻传播学院院长会议（2018）暨2018中国传播学论坛。2018年巴基斯坦青年记者访华短期交流项目在学院开班。

■ 艺术学院

中国人民大学的艺术教育事业源于1937年的陕北公学，历经延安鲁迅艺术学院、华北联合大学文艺部、华北大学三部，以及1999年复建的中国人民大学徐悲鸿艺术学院。2008年徐悲鸿艺术学院更名为艺术学院。现任院长为吴付来教授。

学院是一所集艺术学理论、美术学、设计学、音乐学等多个学科，培养艺术创作与理论研究兼备的高端艺术人才的综合性艺术机构。现有绘画系、艺术设计系、音乐表演系、艺术学系4个教学系，另设有徐悲鸿艺术研究院、东方艺术研究所、文化创新与传播研究中心、绘画材料研究与修复工作室、金铁霖中国声乐艺术研究院、佛教艺术研究所与文艺复兴研究院6个研究机构。现有绘画、视觉传达设计、环境设计、创意传播实验班、音乐表演、美术学6个本科专业，艺术学、音乐学、美术学、设计艺术学4个硕士专业，在哲学院美学专业下招收东西方绘画的理论与实践、中国美术史研究、中国书画的理论与实践、文艺复兴绘画研究、中西艺术比较研究等方向的博士研究生。

2018年，学院艺术设计学专业学位授权通过复评，四个一级学科授权点自评估完成，修订四个一级学科2019级研究生培养方案。

学院现有专任教师58人，其中教授9人，副教授25人；有学生625人，其中本科生421人（含留学生1人），硕士研究生169人（含留学生6人），博士研究生35人；另有国外交换生3人。2018年，学院引进1位人才，调入1位副教授，1位博士入职。

2018年，创意传播双学位实验班正式组建，该班是新闻学院和艺术学院为了应对未来媒体形态和内容生产的变化而主动进行跨界融合的教学创新。

2018年，付阳华副教授获批国家社科基金艺术学一般项目1项；张放副教授获批教育部人文社会科学规划基金项目1项。学院专门设立学科建设基金，并制定管理办法。“双一流”项目共举办展览7场，演出18场，并设立12个支持项目。学院举办“悲鸿讲堂”29讲（其中23讲被纳入学校教务处的“通识大讲堂”），召开“2018·徐悲鸿研究工作坊”学术研讨会。

学院举办第二届中国人民大学艺术学院音乐节、中国人民大学2019年新年音乐会。音乐表演系师生赴京外开展实践教学系列活动，举办专场音乐会，并应邀参与“乐听青春”2018中英湖北音乐节开幕式演出。

学院与意大利帕多瓦大学文化遗产系签署协议，建立合作关系，帕多瓦大学文化遗产系教授费代丽卡·托尼奥罗来学院交流访问。邀请到波兰卢布林居里夫人大学的塞巴斯蒂安等多位外国专家来院讲学。邀请到南犹他大学两位教师来访并开展讲座交流。引入瑞士伯尔尼大学艺术学院格拉玛琪尼教授于10月到11月底完成两个月教学和学术交流任务，并确定选择我校3名学生赴欧洲艺术机构访学。应中国驻约旦大使馆推荐，张淳教授参加第三届AIAS国际艺术节暨高峰论坛，并做主题创作。朱兴国、郭春宁、武洪滨、张建宇4位教师获得国家留基委或其他经费支持，到国外大学或艺术机构访学。

第十三届全国政协副主席马飚一行来学校调研，指导书法教育教学工作，并在学院举行调研座谈会。绘画系教授闫平当选中国美术家协会副主席，成为本届理事会主席团唯一一位女性副主席。张淳教授应邀为中国首届国际进口博览会主会厅创作大型油画《锦华》，并获艺术创陈贡献奖。刘明才副教授在中国国家画院美术馆举办“一路海西——刘明才书画作品展”，作品《一路海西》之一、之二被中央美术学院美术馆收藏。

学院开展“不忘初心、牢记使命”系列主题教育活动，组织教工党支部赴井冈山开展党建活动，并拍摄制作微电影《井冈山上寻初心》。在“百场党课、百名教师”工程中，学院报送的《不忘初心　砥砺前行——延安“现场党课”纪行》荣获“优秀微党课”奖项，顾亚奇副教授获得“优秀传统党课教师”荣誉称号。学院还组织党员赴河南省南阳市淅川县盛湾镇镇直中心小学开展艺术支教，为大厂县小厂村、北京昌平智星学校绘制主题墙绘等。

■ 外国语学院

外国语学院设置始于1937年的陕北公学以及后来的华北联合大学和华北大学的俄语系，1951年起陆续建立俄语教研室、外语教研室（英、法、日）、编译室，1984年组建外语部（下设俄语教研室、本科英语教研室、研究生英语教研室、日德法语教研室、英语培训教研室），1988年设立外语系，2001年正式成立外国语学院。现任院长为郭英剑教授。

学院现有俄语、英语、日语、德语、法语、西班牙语6个本科专业；设有俄语语言文学、英语语言文学、日语语言文学、德语语言文学、法语语言文学、翻译硕士专业学位6个硕士点；拥有外国语言文学一级学科硕士和博士学位授予权，外国语言文学一级学科博士学位授权点下设英语语言文学、日语语言文学和德语语言文学3个二级学科博士授权点；大学英语教研室和研究生英语教研室承担全校公共外语教学工作；另有澳大利亚研究中心、德国研究中心、日本人文社会科学研究中心3个院属研究机构。

学院现有学生 826 人，其中本科生 456 人，硕士生 293 人，博士生 77 人。现有专任教师 119 人，其中教授 18 人、副教授 52 人；博士学位获得者 80 人，其中海外博士学位获得者 37 人。除专任教师外，学院聘有来自英、美、澳、德、俄、日、法、西等国家的外籍专家和学者 50 余人，包括 39 位海外语言教师、4 位中国人民大学讲座教授，还有 9 位入选国家外专局高端外国专家项目教授。

学院外国语言文学一级学科博士学位授权点通过学校自我评估专家评审会考察；翻译硕士专业学位授权点在国务院学位委员会、教育部开展的 2018 年学位授权点专项评估中通过合格评估；“大学英语口语能力标准和测试体系的建立”项目，获得 2017 年北京市高等教育教学成果奖一等奖（2018 年 4 月获得证书）；2017 级小语种硕士班获评 2017—2018 学年北京市级先进班集体；大学英语教研室获校级“先进集体”称号；学院获 2018 年度中国人民大学教学优秀奖评选活动组织奖；在教育部成立的 2018—2022 年教育部高等学校教学指导委员会中，郭英剑教授当选为英语专业教学指导分委员会委员、日语系系主任李铭敬教授当选为日语专业教学指导分委员会委员、德语系系主任张意教授当选为德语专业教学指导分委员会委员。

学院 MTI 教育中心朱源、研究生英语教研室李桂荣、德语系赵蕾莲、西班牙语系韦妮斯等四位老师荣获校级“先进工作者”荣誉称号；英语系李平、大学英语教研室蒋亚娟获得 2018 年度中国人民大学教学优秀奖。西班牙语系韦妮斯在 2018 年外研社多语种“教学之星”大赛（西班牙语）全国总决赛中荣获一等奖。

学院西班牙语本科生首次参加全国“西班牙语之星”演讲大赛就获得佳绩，苏莉雅同学获得低年级组亚军，朱国成同学获得高年级组优胜奖。在“永旺杯”第十一届多语种全国口译大赛中，俄语专业本科生王子为排名第三，获得二等奖，德语专业本科生陈碧含获得三等奖。俄语专业本科生李梦雨参加 2018 年“森腾杯”京津冀高校俄语大赛，获得高年级组一等奖。学院组织选送的其他学院学生在各类比赛中也时有获奖，财政金融学院马子喻、新闻学院崔灿参加 2018 年北京市研究生英语演讲比赛总决赛均获得二等奖。

学院接待何塞·奥尔特加·伊·加塞特-格雷戈里奥·马拉尼翁基金会、墨西哥学院、英国伯明翰大学等境外机构来访，与西班牙胡安卡洛斯国王大学、日本筑波大学签订院际交换生项目协议，与英国伯明翰大学签署联合培养双硕士项目协议，学生共有 168 人次赴境外高校交换学习或参加暑期项目、境外实习项目。

学院党委和行政班子先后于 2018 年 1 月和 6 月进行换届。学院先后召开了首届各系部调研座谈会、新教师座谈会、研究生教育与学科建设工作会议等会议。学院党委组织了教职工党员赴井冈山开展“弘扬井冈山精神，坚定理想信念”的国情教育实践活动，并邀请专家来院开设教职工国情教育系列讲座。副校长杜鹏教授应邀为全体职工做“全国教育大会精神与学校双一流建设”首场专题报告，副校长吴晓球教授应邀做“改革开放 40 年与中国的人才培养”第二场专题报告。学院举办了第十九届澳大利亚文化周和文学周、外语文化节、研究生论坛、人大—辅仁外语研究生学术交流论坛。组织了启航计划、国情教育社会实践、手拉手外语辅导、二十院院际友谊辩论赛等品牌活动。学院举办的“词与世界”第七届研究生学术论坛首次面对北京市高校研究生开放，总计收到来自全国 20 所高校的投稿 166 篇，涵盖英、俄、日、德、法五个语种。

■ 环境学院

环境学院成立于 2001 年 11 月，在环境经济学等学科专业的基础上组建，是一所经济、管理、科学、工程并重的多学科综合型环境教育与研究机构。现任院长为王华教授。

学院下设环境与资源经济学系、环境与资源管理系、环境工程系、环境科学系、环境经济研究所、环境政策与环境规划研究所、低碳水环境技术研究中心、环境科学与工程综合实验中心等教学研究单位。

学院现有专任教师 42 人，其中教授 18 人、副教授 20 人，全部拥有博士学位，80%的教师具有海外学习或工作背景；另聘请 10 余名国内外知名学者担任讲座教授和博士生导师。

学院共有教学办公楼 3 500 平方米、教学基地 80 亩、综合实验中心 1 700 平方米，仪器设备总资产约 3 000 万元，共设立 10 个实验室：化工原理实验室、固体废物处理处置与资源化实验室、水污染控制工程实验室、大气污染与控制工程实验室、生态学实验室、环境生物化学实验室、环境监测实验室、环境微生物实验室、环境生物实验室、地理信息系统实验室。学院在安徽黄山区、黑龙江宝清县七星河湿地、西藏林芝县和四川养麝研究所建立了 4 个教学科研基地。

学院设有人口、资源与环境经济学和自然资源管理 2 个博士学位点，人口、资源与环境经济学、自然资源管理、环境政策与管理、环境工程、环境科学、生态学、地图学与地理信息系统 7 个硕士学位点，公共事业管理（环境与资源管理方向）、环境科学、环境工程、资源与环境经济学 4 个本科专业，设有人口、资源与环境经济学博士后科研流动站。其中人口、资源与环境经济学是国家级重点学科。

2018 年，学院新立科研项目 61 项，其中省部级及以上纵向项目 10 项，校级项目 7 项，横向项目 44 项。学院教师出版专著 14 部，发表学术论文 182 篇，获专利 4 项。

学院王华教授主持的国家重点研发计划课题“大气环境经济价值核心算法研究与示范”给大气环境经济政策制定提供了基础；马中教授主持的国家科技重大专项课题“水环境保护价格与税费政策示范研究”研究成果为我国水价改革提供了理论基础和实施方案；曾贤刚教授主持的国家社会科学基金重大项目“生态产品的供给机制与制度创新研究”为我国生态产品的保护和供给提供了理论依据；王洪臣教授主持的国家科技重大专项课题“城市污水处理厂节能降耗稳定运行技术集成研究与示范”为我国城市污水处理提供了技术创新。学院受联合国委托编制了《中国人类发展报告：迈向低碳经济和社会的可持续未来》。

学院与英国帝国理工学院、伦敦国王学院、曼彻斯特大学、美国南加州大学、芝加哥大学、田纳西大学、北卡罗来纳州立大学、俄勒冈州立大学、密歇根州立大学、瑞典乌普萨拉大学、加拿大约克大学、康考迪亚大学、布洛克大学、英属哥伦比亚大学（UBC）林学院等国际一流大学建立了合作交流关系。

■ 信息学院

信息学院由 1978 年成立的经济信息管理系和 1986 年成立的学校信息中心合并组建而成，于 1994 年正式命名。2005 年经批准建设教育部“数据工程与知识工程重点实验室”，2015 年“大数据管理与分析方法研究实验室”被认定为北京市重点实验室，2018 年在信息学院数学系基础上成立数学学院。现任院长为文继荣教授。

学院现设经济信息管理系、计算机科学与技术系，有信息管理与信息系统、计算机科学与技术、信息安全、软件工程、数据科学与大数据技术 5 个本科专业；计算机科学与技术一级学科博士学位授权点；系统科学、管理科学与工程、软件工程 3 个一级学科硕士学位授权点；计算机应用技术、计算机软件与理论、信息安全、大数据科学与工程 4 个博士点；计算机应用技术、计算机软件与理论、计算机系统结构、信息安全、软件工程、大数据科学与工程、管理科学与工程、系统理论 8 个硕士学位点；软件工程工程硕士专业学位点；计算机科学与技术博士后科研流动站。计算机应用技术为北京市重点学科。计算机科学与技术本科专业被批准为国家级的特色专业建设学科。

学院现（含教育部“数据工程与知识工程重点实验室”）共有专任教师 74 人，其中教授 15 人，副教授 41 人；已取得博士学位的教师 65 人。国家“教学名师”1 人，教育部新世纪优秀人才 3 人，北京科技新星 2 人，北京市优秀人才 2 人。学校“杰出学者支持计划”20 人，其中特聘教授 A 岗 2 人，特聘教授 B 岗 4 人，青年学者 A 岗 6 人，青年学者 B 岗 8 人。学院共有学生 1 157 人，其中本科生 614 人，硕士研究生 389 人，博士研究生 154 人。

2018 年，学院获批 3 项国家级新工科研究与实践项目。在数学系被组建成为数学学院后，学院形成以计算机科学与技术系及经济信息管理系为主的工学学科发展点。在 2018 年 QS 世界大学学科排行榜中，计算机科学与技术学科连续第 4 次进入该排行榜，在进入世界五百强的国内高校中居第 15 位。

2018 年，王珊教授等主编的经典教材《数据库系统概论》出版 35 周年，已至第 5 版，累计销量逾 300 万册。“数据库”课程工作组荣获“中国高校计算机教育 MOOC 联盟优秀课程工作组”，选课人数累计超 23 万人次。杜小勇教授被聘任为 2018—2022 年教育部高等学校教学指导委员会大学计算机课程教学指导委员会副主任委员，石文昌教授被聘任为网络空间安全专业教学指导委员会委员。本科生学科竞赛硕果累累：在第十一届全国大学生信息安全竞赛中获得 2 项全国一等奖，在第三届 CCSP 大学生计算机系统与程序设计竞赛中获得 5 枚金牌、院校排名第七，在第 11 届中国大学生计算机设计大赛中获得 2 项一等奖，在美国大学生数学建模竞赛中共获得 1 项特等奖提名、18 项一等奖，在第 43 届 ACM 国际大学生程序设计竞赛亚洲赛区获得 9 枚银牌、6 枚铜牌、1 个最佳女队奖。

2018 年，学院新增国家级科研项目 11 项，包括国家重点研发计划项目 1 项、国家自然科学基金重点项目 2 项、国家自然科学基金联合基金项目 3 项、国家社会科学基金重大项目 1 项、国家自然科学基金面上项目和青年项目多项。学院教师共发表国际期刊或会议论文（A 类及以上）40 余篇，其中以主要作者（第一作者或通讯作者）身份发表 A 类论文 30 余篇，在国内外知名或重要的学术期刊和学术会议上发表论文 202 篇次，软件著作权登记 12 项次，专利授权 18 项，发表著作 5 部。由杜小勇、王珊教授等申报的“数据库管理系统核心技术的创新与金仓数据库产业化”项目，获评 2018 年度国家科学技术进步奖二等奖；中国信息经济学会 2018 学术年会上，陈禹教授被授予“中国信息经济学终身成就奖”；杜小勇、陈跃国教授参与的联合“面向大型银行应用的高通量可伸缩分布式数据库系统”项目获教育部科学技术进步奖一等奖。

学院成功举办第二届中日智慧养老论坛、中国老年学和老年医学学会智慧医养论坛、首届青年学者论坛、第三届计算机系学术交流节等多个学术活动，学院“数据库与商务智能教育部工程研究中心”顺利通过教育部评估。

学院举办国际交流开放日，宣传院际交换项目、硕士项目和实习项目；接待日本早稻田大学、美国纽约州立大学等多所境外合作高校来访；多次与新加坡管理大学信息系统学院探讨合作模式，双方正式签署商业信息技术硕士“4+1”项目合作协议；学院师生全年累计因公出国、出境 147 人次。

2018 年为信息学院成立 40 周年，10 月 20 日，学院举行建院 40 周年庆祝大会，大会举办了《本科大类培养十年实践》新书发布会暨信息学院发展论坛、信息学院院庆校友论坛、信息学院 40 周年院庆大讲堂、院庆体育节、院庆联欢会等丰富多彩的庆祝活动。

■ 数学科学研究院

数学科学研究院于 2014 年 1 月成立。2018 年 6 月 30 日，学校在原信息学院数学系、公共数学教研室和数学科学研究院的基础上，组建成立数学学院，数学科学研究院在此基础上保持学术特区性质不变。现任院长为楼元教授。

研究院现有在编教师 7 人，行政人员 1 人。研究院领军人物为日本东北大学数学系原系主任 Izumi Takagi（高木泉）教授等；青年师资为龚新奇副教授、孙鸿鹏副教授、向田副教授、李震乾讲师、赖秀兰讲师、李培森师资博士后等中青年有生力量。赖秀兰讲师以第一作者及以中国人民大学为第一单位在 PANS 上发表论文，是数学学科在最顶尖的综合性杂志上的首次突破。2018 年，研究院主持 5 项校内外项目，经费约 104.6 万元；共举办国内国际会议 3 次，邀请来访学者 102 人次，其中海外专家约 20 人次。研究院积极承担全校公共课，包括本科和研究生课程教学任务，共开设课程 7 门次。

研究院师生 2018 年共发表论文 30 篇，总引用次数 114 次，包括 1 篇高被引论文。青年教师和研究生共发表 25 篇论文，约占总发表数量的 83%。研究生发表论文 5 篇。

共举办 3 次国内国际会议，其中与数学学院联合举办的第四届微分几何和微分方程会议在国内外产生了较大的影响。

接待来访学者 102 人次，其中海外学者 20 人次，国内学者 82 人次，包括多位中国科学院院士、美国科学院院士等世界一流知名学者。

共计 3 人次出国交流访问，包括法国索邦大学、美国俄亥俄州立大学、加拿大渥太华大学等世界知名学府。

■ 数学学院

中国人民大学数学学科最早可追溯到 1950 年成立的数学教研室，1978 年学校复校并成立信息系时重新组建，1979 年开始招收经济数学师资班，1984 年开始招收经济应用数学专业本科生，同年设立数量经济学硕士点（为我国第一批该专业的 3 个硕士点之一），1990 年在西方经济学学科点下招收数理经济学方向博士研究生，1994 年学校在原信息系和信息中心基础上组建信息学院时在学院下设立数学系，1998 年被批准设立数量经济学博士点。自 1998 年起，逐步建立了数学的 5 个二级学科硕士点，并于 2006 年获得一级学科硕士学位授权，2011 年获得一级学科博士学位授权。2014 年成立数学科学研究院。2018 年在原信息学院数学系、公共数学教研室和数学科学研究院的基础上，组建数学学院。现任院长为郑志勇教授。

学院现有基础数学、计算数学、应用数学、概率论与数理统计、运筹学与控制论 5 个二级学科硕士点，基础数学、应用数学、概率论与数理统计 3 个二级学科博士点。

数学与应用数学是国内第一个将数学和经济学、金融学相结合的专业，以魏权龄教授为代表的老一辈教师在保险精算、现代投资理论、金融理论等方面开展广泛研究，是国内最早开展相关领域的研究的。从 1990 年开始，龙永红教授团队从事经济、金融理论中的数学研究。20 世纪 90 年代末开设的十余门数学与经济学、金融学高度融合课程，21 世纪初设立的经济学与数学、金融学与数学双学位实验班，为学校相关学科的现代化转型发挥了重要推动作用。2009 年，学院率先按照“打通专业、自助培养、组合专业、复合学位”的本科人才培养模式进行理科试验班（信息与数学）大类招生，本科阶段不分专业。2018 年起，学院与财政金融学院合作设立财税—数学双学位实验班。众多老师在数学和经济学、金融学相结合的广泛领域开展教学和研究工作，培养了一大批在学术、金融、政府和相关大中型企业中活跃的优秀人才。

学院现有教师 50 人，其中教授 11 人（含外籍全职教授 3 人），副教授 27 人，讲师 12 人，90% 以上教师具有博士学位。博士生导师 17 人，硕士生导师 34 人。教师中国家杰出青年基金获得者 1

人，新世纪优秀人才支持计划入选者 2 人，洪堡基金获得者 2 人，北京市高等学校青年英才计划入选者 1 人，3 人获得宝钢优秀教师奖，1 人获得“北京市优秀教师”称号，1 人获得北京市教学名师奖，1 人获得吴玉章优秀教学奖。

学院现有研究生 113 人，其中硕士 69 人，博士 44 人。

2018 年，学院新增科研项目 1 项，学院教师共发表论文 34 篇，其中 A 类论文 5 篇，出版著作 3 部。其中 Oleksiy Zhedanov 教授在国际数学物理领域顶级杂志 *Communication on Mathematical Physics* 上就普通 Heun 算子相关问题发表在线论文。张伦传教授的论文“Relationship between hypercontractivity and logarithmic Sobolev inequality in probability gage space”被第二十八届国际数学家大会（ICM 2018）录用。阳庆节副教授获评中国人民大学十大教学标兵，张会平副教授获中国人民大学教学优秀奖，韩丽涛、龚新奇获校级课外教学优秀奖，欧耀彬获评校级优秀本科毕业论文（设计）优秀指导教师，刘丽光获校级科研优秀奖。

学院为学生组织了院士大讲堂、明德数学大讲堂、专家报告会等学术活动，邀请中科院袁亚湘院士、周向宇院士、江松院士、郑志明院士等举办讲座。2018 年 8 月 28 日，由学院与数学科学研究院联合举办的“第四届微分几何与微分方程学术会议”在学校苏州校区举办。

学院学科竞赛成绩斐然：在 2018 全国大学生数学建模竞赛中获得“Matlab 创新奖”、全国一等奖（2 队）、二等奖（8 队）；在北美大学生数学建模竞赛（2018）中获得一等奖（18 队）、二等奖（41 队）；获得 2018 大学生创业训练计划（国家级）2 项、2018 大学生创新实验计划（国家级）1 项。

2018 年 10 月 25 日，法国索邦大学校长让·尚巴兹（Jean Chambaz）、副校长塞尔日·弗迪达（Serge Fdida）访问学院。12 月 26 日，世界华人数学家联盟（ICCM）年会在台湾大学举行，郑志勇教授、林勇教授应邀参会并做大会邀请报告。郑志勇教授同时荣获 2018 年最佳论文奖若琳奖。

2018 年 9 月 6 日，数学学院召开学院党总支成立暨总支书记任职宣布大会，学校常务副校长王利明、党委组织部副部长沃晓静出席会议，宣读学校《关于成立数学学院党总支的通知》和《关于旋天颖、柯媛元同志任命的通知》，任命旋天颖同志任数学学院党总支书记，柯媛元同志任数学学院党总支副书记（兼）。

■ 理学院

理学院于 2005 年 9 月正式成立，现任院长为中国科学院解思深院士。物理学系于 2005 年 9 月成立，现任系主任为卢仲毅教授；化学系于 2004 年 7 月成立，现任系主任为张建平教授；心理学系于 2009 年 6 月在社会与人口学院原心理研究所基础上组建成立，现任系主任为胡平教授。理学院现有教职工 104 人，在校学生 755 人。

物理学系现有物理学和材料物理 2 个本科专业，1 个一级学科硕士点，3 个二级学科硕士点，1 个一级学科博士点，3 个二级学科博士点。在编人员 43 名，其中正高 19 人，副高 11 人，讲师 5 人，教师外专技岗 5 人，行政人员 3 人。拥有教育部长江学者特聘教授 1 名、国家基金委杰出青年基金获得者 2 名、人事部等七部委百千万人才工程入选者 1 名、教育部“长江学者”青年学者 2 名、优秀青年基金获得者 6 人、中组部“拔尖人才”1 名、教育部新世纪优秀人才 10 名、教育部优秀博士论文获得者 2 名、北京市优秀人才 1 名、北京市科技新星 1 名。拥有霍英东教育基金会高校青年教师奖一等奖获得者 1 人、宝钢优秀教师奖获得者 1 人、北京市优秀教师 1 人。拥有教育部自然科学奖一等奖 1 项、北京市科学技术二等奖 1 项。拥有教育部“长江学者”创新团队 2 个、北京市重点实验室 1 个。2018 届本科毕业生（30 人）中，共有 8 名同学推免到中国人民大学、北京大学、清华大学、中国科学院物理研究所等单位继续深造，9 名同学赴美国、英国、加拿大等国继续攻读硕士、博士学位，1 名同学考取其他单位研究生继续深造，其余同学大部分顺利就业；同年，共 11 位研究生获得硕士学位，19 位研究生获得博士学位。2018 年，学院师生共发表 SCI 论文 112 篇，其中发表在物理学顶级期刊《自然》1 篇，《物理评论快报》4 篇，《自然·通讯》5 篇，《自然·材料》1 篇，《物理评论 X》1 篇。获基金委、教育部、科技部等各类项目经费总计 1 195 万元，其中：国家自然科学基金项目 6 项，包括自然基金委优秀青年基金项目 1 项、基金委培育项目 1 项和面上项目 4 项，直接经费总计 460 万元；装备预研教育部联合基金项目 1 项，经费 80 万元；科技部重点研发计划子课题 4 项，经费总计 655 万元。此外，雷和畅副教授获基金委优秀青年基金项目。共接待国外及我国香港地区的访问学者 4 人次，教师赴境外高校和研究机构进行学术交流与合作研究 28 人次，被邀请在国内外各种重要学术会议上做报告 20 余人次。举行学术报告 34 次。举办了第十二届“全国大学生物理学及其交叉学科暑期学校”，主办了“第七届超冷第二主族原子国际研讨会”（7th International Workshopon Ultracold Group II Atoms），与人大附中联合总校共同举办 2018 国际青年物理学家竞赛中国邀请赛（IYPTC 2018）暨第 31 届国际青年物理学家竞赛（IYPT）。基本完成低维与表面物理实验室的建设，完成实验室洁净室改造建设，购置安装了实验室急需的无液氦超高真空低温扫描隧道显微镜系统。

化学系现设一个化学本科专业，化学一级学科硕士点及应用化学硕士点，以及化学学科博士点。共有教师 28 人，其中教授 10 人，副教授 18 人。教师包括博士研究生导师 16 人，硕士研究生导师 27 人；1 人入选教育部“青年长江学者”人才支持计划，2 人为中科院“百人计划”入选者，2 人获得国家自然科学基金委优秀青年科学基金资助，2 人获教育部新世纪优秀人才计划资助。现有学生 259 人，其中本科生 84 人，硕士研究生 114 人，博士研究生 61 人。共获得 7 项自然科学基金，3 项其他课题，总经费额为 1 374 万元。王亚培教授获得“国家杰出青年科学基金”。2018 年，学院师生共发表 SCI 论文 111 篇，高影响因子文章 20 篇（影响因子＞6）、高被引文章及热点论文 13 篇。共有 32 位研究生获得硕士学位，17 位研究生获得博士学位，有 18 名本科生顺利就业（其中 4 人海外读研，7 人国内读研，7 人直接就业）。

心理学系有专职教师 22 名，行政人员 5 人。2018 年，教师获得中国人民大学科学研究基金项目研究报告系列 1 项，国家自然科学基金项目面上项目 1 项，教育部人文社科项目规划项目 1 项，年度项目新教师启动金项目 1 项，决策咨询及预研委托项目预研及委托项目 2 项。以心理学系为第一单位（包括第一作者）发表论文 36 篇，其中 SCI 及 SSCI 论文 12 篇。译著 1 本。教师参加国内学术会议 40 人次。2018 年，心理学系面向国内外研究人员设立开放课题，共有 19 个开放课题项目申请获得资助。5 月 17 日，与河北省保定市莲池区文体教育局签署“心理健康教育资源对接项目协议”。6 月召开的中国心理学会第十二届三次常务理事会上，心理学系作为主要发起单位申请在中国心理学会设立“文化心理学专业委员会”，获得批准，进入正式筹建阶段。教育部民族教育发展中心与学校签订协议建立民族心理数据中心，由心理学系承接中心工作。7 月 13 日，开展心理学一级学科硕士学位授权点合格评估工作，得到了专家的肯定。11 月 1 日至 2 日，由中国心理学会文化心理学专业委员会（筹）主办、心理学系承办的中国心理学会文化心理学专业委员会（筹）2018 学术年会暨文化心理学高峰论坛顺利举行。12 月 1 日，与山西师范大学教育科学学院签订建设与发展合作协议。12 月 18 日，国家民委教育科技司周晓梅副司长率队来学校民族语言文化心理重点研究基地考察。

■ 商学院

商学院前身是 1950 年成立的工厂管理系、贸易系、簿记核算和财政信贷教研室，是我国最早开办管理教育的机构，是新中国工商管理教育的奠基者。1988 年学校成立工商管理学院，2001 年在工商管理学院和会计系的基础上组建商学院。现任院长为毛基业教授。

学院现设企业管理系、组织与人力资源系、管理科学与工程系、贸易经济系、市场营销系、会计系、财务与金融系 7 个系，并拥有 19 个研究中心（院）。商学院实验中心是国家重点实验教学示范中心。

学院拥有工商管理国家重点一级学科，以及企业管理、产业经济学和会计学 3 个国家重点二级学科，囊括了工商管理学科中从本科到博士的所有学位和培养项目。现拥有 7 个本科专业方向、9 个硕士点、5 个专业硕士项目和 7 个博士点。

2012 年，中国人民大学工商管理学科（商学院）在教育部第三轮一级学科评估中名列全国第一；2017 年，在第四轮一级学科评估中获评 A＋级（最高等级）；2017 年，中国人民大学工商管理学科（商学院）入选教育部“世界一流学科”建设名单。

学院本科项目在取消专业分流、引入学分制管理模式的基础之上，全面推行通识教育与个性化培养相结合的本科生人才培养模式综合改革。作为首个试点学院，学院硕博项目首次启动“哲学社会科学卓越人才资助计划”，选拔 15 名优秀推免生进入直博培养模式。

2019 级 MBA 报名人数创十年来新高，项目实施了包括成立 MBA 顾问委员会、合并全日制中文班与国际班等在内的创新举措。EMBA 项目招生已适应国考模式并继续稳步提升。EE 项目定制课程推出“CIDA 行动共创”行动学习项目，新增客户包括联想集团、万科集团、工商银行、中国人寿等。MPAcc 项目教学成果“理论素养与实践技能并重的 MPAcc 人才培养模式”获 2018 年高等教育国家级教学成果奖一等奖；MPAcc 项目中心负责编写的《全国会计硕士专业学位实习实践基地建设指导意见》于 2018 年 10 月在全国正式公布实施；MIB 项目实施“企业家走进课堂”教学创新，邀请知名公司高层独立开设课程。

2018 年，学院设立全球工商管理学士项目（Global BBA），首批招生 20 人。学院新签 5 所合作院校，续签 2 所，合作院校达 80 余所，各国际交换项目、双学位、游学周等活动学生参与积极性高。

2018 年，学院 9 篇科研成果在国际 A 类期刊发表；各学系全年组织讲座 150 余场。案例中心首创微案例团队作业模式，全年共有 26 位教师参与参访社会企业 23 家，社会企业调研及案例开发取得较大突破；中心多次组织跨学系教师团队，对包括酒仙网、小米集团、微软 Center One 等在内的行业代表企业进行调研。

学院现有专职教师 133 人，其中海外毕业博士占教师总数的近 30%。2018 年引进全职教师 5 人，分别来自中央财经大学、新加坡管理大学、美国加州理工学院、荷兰格罗宁根大学。

MBA 项目获评《金融时报》全球 MBA 百强排行榜全球第 39 位，EE 项目获评《金融时报》全球高管教育年度排行榜全球第 13 位。在全国首次专业学位水平评估中，会计硕士专业学位获评 A＋级，工商管理硕士专业学位获评 A 级。学院国际顾问委员会新聘任 4 人为第三届顾问委员会委员。中国人民大学国企改革与发展研究中心正式揭牌成立并举办 2018（首届）中国国企改革与发展论坛，这是中国高等教育系统第一家以国企改革为主要研究方向的科研机构。除此之外，学院还举办了案例论坛、供应链金融高峰论坛、人力资源管理论坛、MPAcc 案例大赛、“风之韵”毕业晚会、第七届校友返校日等传统品牌活动。

学院党委全面开展党支部规范化建设，完成 7 个学系的教师支部书记和系主任换届工作，持续推进教师党支部书记“双带头人”培育工程。学院积极参加教育部主办的“读懂中国”活动，拍摄系列微视频并撰写系列稿件。学院团委加强从严治团工作，完善基层团支部、班级考评制度体系和团支部书记、班长述职制度，组织团员开展“青年大学习”活动。

2018 年，学院志愿服务项目覆盖网点数为 22 个，全年志愿服务参与总数达 2 504 人次；志愿服务时长累计 11 632.4 小时。由学院十几位教师及同学共同完成的中国首部社会企业管理案例集《社会企业家精神》出版；商标品牌研究院发布“2017 沪深上市公司商标品牌价值排行榜”；大数据商业分析研究平台与罐头财经共同发布《中国上市公司风险指数白皮书》。

■ 公共管理学院

公共管理学院组建于 2001 年 6 月，现设行政管理学系、土地管理系、城市规划与管理系、卫生政策与管理系（筹）、公共财政与公共政策研究所、社会保障研究所、组织与人力资源研究所等教学科研机构。全国公共管理专业学位研究生（MPA）教育指导委员会秘书处挂靠在学院。现任院长为杨开峰教授。

学院现有行政管理、土地资源管理、房地产经济与管理、城乡发展与规划、公共财政与公共政策、社会保障、公共组织与人力资源 7 个博士学位点；行政管理、土地资源管理、房地产经济与管理、城乡发展与规划、公共财政与公共政策、社会保障、公共组织与人力资源、劳动经济学、社会医学与卫生事业管理 9 个学术型硕士学位点，1 个公共管理专业学位硕士点（包括全日制 MPA 和在职 MPA）；行政管理、土地资源管理、城市管理 3 个本科专业。同时，学院设有公共管理博士后科研流动站。在教育部全国第三轮一级学科评估中，公共管理一级学科名列全国高校第一。在学院现有二级学科中，行政管理为国家重点学科，土地资源管理、社会保障为北京市重点学科。学院设有 14 个 MPA 专业方向，招生规模位居全国前列，是我国 MPA 培养的重要基地。

学院现有 86 位全职教师，其中：教授 41 位（47.7%），副教授 34 位（39.5%），讲师 11 位（12.8%）；拥有博士学位者 78 人，其中拥有海外博士学位的有 30 人；国务院学术委员会第六届、第七届公共管理学科评议组成员 1 位，“长江学者”特聘教授 2 位，教育部“跨世纪优秀人才培养计划”入选者 1 位，教育部“新世纪优秀人才支持计划”入选者 7 位，“马克思主义理论研究和建设工程”首席专家 2 位，国家“万人计划”、中组部首批“青年拔尖人才”入选者 1 位；外专局高层次外国专家 3 位。

2018 年，学院新增各种项目 99 项，其中横向项目 67 项，纵向项目 22 项。纵向项目新增立项包括：国家社会科学基金项目立项 2 项，其中一般项目 1 项，专项项目 1 项；国家自然科学基金项目立项 5 项，其中面上项目 4 项、青年项目 1 项；教育部人文社科项目规划基金项目立项 2 项，专项任务项目 1 项，委托项目 1 项；北京市社会科学基金项目重大项目立项 1 项，青年项目 1 项；等等。另外还获得北京市科委项目 1 项，首都高端智库项目 1 项。获得人大科研基金项目立项 8 项，包括：重大规划项目 1 项，重大项目 1 项，面上一般项目 2 项，新教师启动金项目 1 项，学术著作后期资助项目 1 项，决策咨询及预研委托项目 1 项，教育管理类重点项目 1 项。获得学院跨学科项目立项 1 项。学院师生发表的各类论文（据知网不完全统计）共计 392 篇，其中，发表在核心期刊上的论文共计 181 篇。学院教师出版学术专著 15 部。学院各系所共主办、承办及合办 26 个学术会议。合计举办了各类学术讲座 70 余次。

学院与美国、英国、德国、荷兰、澳大利亚、新西兰、日本等国著名高校合作开展学者互访、合作研究、合办会议、学生联合培养、学生交换等丰富多元的国际交流与合作。

学院教职工先后出访国外著名高校和研究机构进行短期讲学、合作研究、参加学术会议 114 人次；先后邀请国外和我国香港、澳门、台湾地区的学者来访、讲学、参加会议 136 人次。学院学生先后赴世界各地高等教育机构进行学习和交流 64 人次，其中包括美国圣路易斯华盛顿大学、乔治·华盛顿大学及英国剑桥大学、法国巴黎政治学院、日本早稻田大学、韩国首尔国立大学等海外一流名校和研究机构。

■ 劳动人事学院

劳动人事学院成立于1983年，由中国人民大学与原国家劳动人事部联合创办，2000年隶属关系归于中国人民大学。现任院长为杨伟国教授。

学院是中国劳动科学研究的最权威学府，是国内相关学术领域最早的开创者，是改革开放以来中国人力资源最佳管理实践的推动者。学院现有劳动经济、人力资源管理、劳动关系、社会保障、职业开发与管理五个系；设有组织行为学研究所、人力资源开发与评价中心、领导科学研究中心、中国社会保障研究中心、中国就业研究所、劳动关系研究所、中国人力资本审计研究所、人力资源服务研究中心、人大—罗格斯全球雇佣与工作研究中心等研究机构；建有数据与案例研究中心、人力资源与领导力开发中心；拥有人力资源管理、劳动与社会保障、劳动关系、劳动经济学四个本科专业，劳动经济学、社会保障、人力资源管理、劳动关系四个硕士点，劳动经济学、人力资源管理、社会保障、劳动关系四个博士点，与其他院系共享一个应用经济学博士后科研流动站。劳动经济学为国家级重点学科，社会保障为北京市重点学科。

学院现有专任教师53人，其中教授21人、副教授24人、讲师8人，院聘兼职教授20人，返聘教授8人。其中“长江学者”特聘教授1人，国家级百千万人才工程入选者1人，国务院政府特殊津贴获得者7人，教育部“新世纪优秀人才支持计划”入选者5人，北京市优秀人才2人，首批“北京高校青年英才计划”入选者3人；博士研究生导师21人，硕士研究生导师51人。另有来自美、德、英、日等国和我国港台地区的近20位著名学者担任学院兼职教授。学院现有全日制学生1 043人（含留学生34人），其中本科生580人，硕士研究生273人，博士研究生190人；同等学力在职研究生2 382人，其中2017级1 011人，2018级1 371人。

学院举办首届劳动经济与管理本科生学术论坛、第三届全国优秀大学生夏令营，实施博士研究生出国（境）研究—联合培养全员资助奖学金项目，首批10位博士研究生获得国家留学基金委资助并前往美国哈佛大学、宾夕法尼亚大学、加州大学伯克利分校及英国剑桥大学、加拿大多伦多大学、比利时布鲁塞尔自由大学等国外知名院校进行博士联合培养。

学院组织教师参加了中国劳动学会劳动科学教育分会年会、劳动经济学科建设研讨会、劳动经济学前沿论坛、社会保障学科建设暨孙光德教授米寿庆祝会、中国人力资源开发与管理案例研究论坛、中国职业发展论坛、中国人民大学领导科学研究中心年度论坛、美国管理学会年会、国际劳动和雇佣关系学会世界大会等。学院教师在中英文核心期刊上发表论文121篇，获得年度科研项目46个。

学院与全国博士后管委会办公室、人力资源和社会保障部人力资源市场司和国际合作司、北京市人才工作领导小组办公室、上海市静安区人民政府、国际劳工组织、阿里研究院等继续合办专题论坛；与江西省人力资源和社会保障厅、宁夏自治区人力资源和社会保障厅、中共银川市委组织部、银川市人才工作服务局、鄂尔多斯市人才领导小组办公室等新签战略合作框架协议。

2018年，学院老师访问了韩国劳动研究院、俄罗斯圣彼得堡国立经济大学、俄罗斯科学院、俄罗斯普列汉诺夫经济大学、荷兰蒂尔堡大学、比利时鲁汶大学、德国慕尼黑大学、加拿大蒙特利尔大学和美国罗格斯大学等兄弟院校。学院首次组织师生参加国际劳工组织培训中心的“培养新一代全球领袖”联合国大学生夏令营项目。曾湘泉教授当选国际劳动和雇佣关系学会新一届执行委员会委员。

学院优化了人力资源与领导力开发中心的机构设置，成立了高管教育部和同等学力部；开设了中国人民大学战略人才官特训营、人力资源专场招聘会、人力资源创业论坛、明德双创学生实践项目、学生职业发展咨询室等；获得了“中国人民大学学生就业创业工作先进集体”“学生社会实践优秀组织单位”等荣誉称号。

学院举办了薪火相传老同志座谈活动、毕业季系列活动、校友值年返校活动、校友代表恳谈会、校友足球友谊赛、校友羽毛球团体比赛、单身校友联谊活动、劳人上海论坛暨华东校友会年会等。获得了中国人民大学第二十六届校辩论赛冠军、排球甲级联赛男子冠军、校园歌手大赛决赛冠军、教职工五人制足球比赛季军、校友工作先进集体、五四红旗团委创建单位、五四文化艺术节最佳组织奖、十佳班主任等荣誉。

学院完成了学校党委的基层党组织建设专题调研，召开了党支部书记述职考核评议会，参观了“真理的力量——纪念马克思诞辰200周年主题展览”、“伟大的变革——庆祝改革开放40周年大型展览”等，观看了“庆祝改革开放40周年大会”电视直播，印发了《中国人民大学劳动人事学院党委会会议规则（试行）》《中国人民大学劳动人事学院党政联席会议规则（试行）》等，编辑了《劳动人事学院2018年年报》。

信息资源管理学院

信息资源管理学院成立于2003年12月，其前身是成立于1952年的中国人民大学专修科档案班。现任院长为张斌教授。

信息资源管理学院设档案学、政务信息管理2个系，共有档案管理、档案信息化、信息资源管理、图书情报、信息分析等5个教研室。学院下设中国人民大学电子政务研究中心、中国人民大学电子文件管理研究中心、中国人民大学电子文件系统测试中心、中国人民大学信息分析研究中心、中国人民大学CIO研究中心、中国人民大学人文北京研究中心、智慧城市研究中心与信息构建研究中心、文献书画保护与鉴定研究中心和《档案学通讯》杂志社，并与兄弟单位合作建设数据工程与知识工程教育部重点实验室。其中，《档案学通讯》为中文社会科学引文索引（CSSCI）来源期刊，电子文件管理研究中心为国家电子文件管理部际联席会议办公室技术支持单位，电子文件系统测试中心获国家认监委颁发的计量认证证书。

学院现有档案学、信息管理与信息系统（政务信息管理方向）、信息管理与信息系统（国防生）、信息资源管理等4个本科专业（方向），档案学、情报学、图书馆学、信息资源管理、信息分析、中外政治制度6个学术型硕士研究生专业和图书情报专业硕士，档案学、图书馆学、情报学、信息资源管理、信息分析5个博士研究生专业，以及1个一级学科博士后科研流动站。学院拥有图书情报与档案管理博士学位一级学科授予权，学科专业结构涉及本学科领域的所有二级学科。二级学科中，档案学科是国家重点学科（全国唯一）、国家特色专业，情报学科为北京市重点学科。图书情报与档案管理一级学科为北京市重点一级学科。2017年，图书情报与档案管理学科入选国家“世界一流学科”建设名单。

学院现有专任教师38人，其中教授16人、副教授17人、讲师5人。共有学生644人，包括本科生340人、硕士研究生202人、博士研究生102人，其中，留学生4人。

2018年，学院教师出版学术著作8部，发表学术论文159篇、研究报告8篇，承担国家社会科学基金、国家自然科学基金、北京市社科基金项目研究基地、北京市教育委员会等纵向项目9项，校级项目3项，横向项目15项。有8人入选首批“全国档案专家”，其中4人入选“档案领军人才”。张斌教授当选iSchools联盟理事会理事。钱明辉副教授当选中国商业史学会常务理事。张斌教授、徐拥军教授入选教育部高等学校档案学专业教学指导委员会委员，并分别任主任、秘书长。索传军教授入选教育部高等学校图书馆学专业教学指导委员会委员。朝乐门副教授获CSC-IBM中国优秀教师奖教金。钱明辉副教授和徐志轩同学获得2018中国营销科学学术年会优秀论文奖。学院获评2018年中国人民大学学生社会实践优秀组织单位。档案学专业博士生祁天娇获得美国档案工作者协会（SAA）2018年专项奖。学院本科生曹新馨和林佳桦分别任组长的参赛作品在“第二届全国高校档案学专业大学生课外科技作品竞赛”中获得一等奖和二等奖。

学院主办2018中国CIO论坛、中国信息资源管理论坛、电子文件论坛、知识管理论坛、中国古书画鉴定修复与保护国际高峰论坛、“北京·我们的记忆”座谈会暨表彰会、北京冬奥遗产论坛暨“2022年北京冬奥会文献遗产的保护与传承”课题开题会、“海峡两岸学科信息化建设”学术研讨会等10余次国际国内学术会议。2018年，学院共举办8期兰台读书会，并组织“书香四月 悦读兰台”第五届兰台读书季活动。

学院邀请美国德雷塞尔大学计算与信息学院院长邓毅教授、美国德雷塞尔大学计算与信息学院信息科学系主任林夏教授、伦敦大学学院数字人文中心主任 Simon Mahony、台湾政治大学图书资讯与档案学研究所所长兼图书馆副馆长陈志铭教授、英国牛津布鲁克斯大学商学院孟捷副教授等来学院做学术报告，进行学术交流。

学院教师共计有35人次参加国际会议，包括 iConference 2018（英国）、国际电工委员会智慧城市系统委员会工作会议（印度）、2018第三届数字遗产国际大会（美国）等。共计有36人次学生出国进行国际学术交流，其中，做大会发言的博士生12人次、硕士生9人次、本科生11人次。

学院与内蒙古自治区档案局（馆）、中国石油档案馆签订战略合作协议，与北京市地税档案馆、安徽宝葫芦信息科技集团股份有限公司签订教学科研实践基地协议书。

■ 教育学院

教育学院成立于2011年，其作为教学科研单位的前身可追溯至1950年成立的教育学教研室。1999年，中国人民大学成立了教育科学研究所，2003年更名为教育研究所。2005年成立高等教育研究室。2011年4月6日学校印发文件，决定在教育研究所和高等教育研究室的基础上组建教育学院。现任院长为吴晓球教授。

学院拥有教育经济与管理、行政管理（教育行政管理）、高等教育学、教育法学4个硕士点和教育学一级学科硕士学位授权点；拥有教育经济与管理、教育学2个博士点；教育经济与管理为北京市重点二级学科。

学院的教学科研主要集中于教育管理、高等教育、教育基本理论三大学术领域，相应的学术平台有教育法律政策研究所、教育行政与院校研究所、教育学与课程研究所、教育调研与实验中心、职业教育研究所并产教融合协同创新中心、教育经济研究所等，另有教育部中国人民大学教育发展与公共政策研究中心、教育部文科教育改革发展研究基地、北京教育法治研究基地—中国人民大学基地等挂靠研究机构。2018年，教育部教育立法研究基地（中国人民大学）成立，基地办公室设在教育学院，以教育学院为主责单位。中国教育发展战略学会高等教育专业委员会秘书处也设在教育学院。

学院创办有《中国人民大学教育学刊》学术季刊，并为人大复印报刊资料《高等教育》月刊提供学术支持。

学院现有专任教师21人，其中教授8人，副教授9人，讲师4人。教师全部具有博士学位，其中获得海外高校博士学位者5人。专任教师中，杰出学者特聘教授2人，杰出学者青年学者2人，教育部新世纪优秀人才4人，人大讲座教授2人，高端外国专家1人。共有在校生121人，其中硕士研究生71人，博士研究生50人。

2018 年，学院教师获得国家自然科学基金项目、教育部人文社科基金项目、北京市社会科学基金项目、教育部人文社科研究专项任务立项各 1 项，获全国教育科学规划项目 2 项。CSSCI 发文 39 篇，SSCI 发文 4 篇；B 类以上期刊人均发文量达 1 篇，被三大文摘转载人均论文数为 0.05 篇。获 2017 年北京市高等教育教学成果奖一等奖 1 项。

2018 年，学院先后举办“第四届中国人民大学教育法律与政策论坛”“中国教育发展战略学会高等教育专业委员会第二届理事会换届大会暨高校‘双一流’建设的理论与实践学术研讨会”“2018 年全国高校教育学研究生学术论坛”“核心期刊评价目录认证会”“新时代中国教育公平与学生发展论坛”，代表中国人民大学协办“2018 教育扶贫论坛”，联合承办“第十九届中国国际教育年会”女性与可持续发展分论坛、“中国教育发展战略学会高教专委会双一流建设与评价圆桌会议”。

2018 年，学院派出开展国际交流的师生规模达到 43 人次，出访国家在欧美主要国家的基础上新增俄罗斯、芬兰、柬埔寨、越南、新加坡、古巴等国家。

学院积极开展习近平教育思想研究与讨论，先后举办“学习贯彻全国教育大会精神专家讨论会”“习近平总书记关于教育的重要论述专题研讨会”等，开设了“习近平教育思想研究”博士必修课，实施“名师工作室”计划，还承担“习近平新时代中国特色社会主义高等教育”等有关课题。

■ 继续教育学院

2018 年，为落实学校继续教育管办分离的要求，加强对学历继续教育和非学历教育培训的资源整合、规范管理，实现其优化升级、提高质量、打造品牌，学校将原继续教育学院和培训学院合并，组建了新的继续教育学院。现任院长为丁凯教授。

学院有近 100 名教职工。两个校区：校本部校区、清华东路校区。三项主业：非学历教育培训（含国际教育、艺术培训）、成人学历教育（夜大学）、网络教育（主要是学历教育）。四块牌子：继续教育学院、国际教育学院、网络教育学院、中国人民大学画院。

成人学历教育专业设置有：会计学、工商管理、人力资源管理、金融学、市场营销，均为专升本起点。学院整体修订教学计划，增加三门思政课，实现思政课占比 10%以上，实施继续教育立德树人方案；增加网络课，实施混合教学，保证足量课时数。

网络教育专业设置有：会计学、工商管理、人力资源管理、金融学、法学、汉语言文学、计算机科学与技术、市场营销、传播学、财务管理、公共事业管理、社会工作、国际经济与贸易、市场营销（互联网营销方向）、财政学、工商管理（物流管理方向）、保险学等，共开设 256 门课。

2018 年成人学历教育新招收 1 176 人，其中校本部校区 932 人，清华东路校区 244 人。网络学历教育招生 23 842 人。非学历教育培训人数达 40 203 人次，服务机构逾 5 000 家。

学院教师发表 3 篇论文：《远程学习者新媒体使用偏好研究——以“网上人大”为例》、《成人远程教育学生考试诚信问题调查研究》和《网上人大网络教学与学习生态体系的构建与实践》。完成了 3 份研究报告：《远程学习者 APP 课程需求与付费意愿研究报告》、《高等学历教育教学模式报告》和《中国企业培训行业现状、趋势与案例调研报告》。北京市教育科学“十二五”规划课题“面向在职成人的移动微型学习应用与评价”经审核准予结题。

非学历教育培训调整升级，认真做好全国干部教育培训高校基地的教学服务工作，为中组部干部网络学院推荐网络课程 29 门，为中组部干部大讲堂推荐优秀课程 4 门；先后为国家部委、地方党政机关、大型金融机构和国有企业举办十九大精神轮训班 200 余期；积极落实省校协议精神；着力服务基层党组织建设；大力推进国有企业和金融机构培训。在高端培训领域实现“双升”：按需定制的委托类项目占比达91%，办班质量提升；党政机关、大型国企和重点金融机构等占比达93%，客户机构层次和学员层次提升。

■ 苏州校区（国际学院、中法学院、丝路学院）

苏州校区正式设立于2012年9月，全面负责国际学院（苏州研究院）、中法学院、丝路学院等教学科研机构与社会服务机构的管理。苏州校区位于江苏省苏州工业园区独墅湖科教创新区，是学校整体事业发展的重要组成部分和新的增长点，是学校国际化的重要窗口，是面向国际、探索中外合作办学和培养高端人才的实验基地，是优势学科国际化拓展与提升的重要平台。校长刘伟兼任苏州校区管理委员会主任，常务副校长王利明兼任丝路学院院长，副校长杜鹏兼任苏州校区管理委员会副主任，副校长朱信凯兼任丝路学院执行院长，黎玖高任苏州校区管理委员会副主任兼国际学院院长、中法学院院长、丝路学院副院长。

苏州研究院成立于2004年3月，2007年9月更名为国际学院（苏州研究院）。国际学院（苏州研究院）是学校在新的历史条件下与苏州市人民政府合作共建的高层次、国际化教学研究机构。学院采取“延伸办学”和“自主办学”相结合的模式运行，现招收金融硕士（风险管理方向）、汉语国际教育硕士等专业硕士研究生。

中法学院成立于2012年6月，是学校与法国索邦大学、法国蒙彼利埃第三大学（保罗-瓦莱里大学）、法国KEDGE商学院合作共建，经中国教育部批准的中外合作办学机构，属于学校的非独立法人办学单位。中法学院招收金融学、国民经济管理、法语等专业本科生。

丝路学院成立于2018年4月，是属于学校的非独立法人办学单位，由重阳金融研究院、国际关系学院和苏州校区等单位合作共建，主要培养“一带一路”沿线国家和地区的硕士留学生。丝路学院依托中国人民大学在人文社会科学领域的学科优势和国际化办学的经验，通过体制机制创新，有效整合校内外优质资源，以一流的师资、完整的培养体系和现代化的教育方式为“一带一路”沿线国家和地区培养热爱中国文化，深刻理解中国发展道路、发展模式及发展经验的国际化复合型高端人才和未来精英领袖。

苏州校区设有全球化研究中心、食品安全治理协同创新中心南方基地、技术性贸易措施研究院等科研机构。中国人民大学国家大学科技园（苏州分园）、中国人民大学生物医学统计研究中心也设在苏州校区。同时，中国人民大学出版社华东分社、中国人民大学书报资料中心华东分社等企事业单位在苏州校区入驻。

苏州校区按照校本部派驻教师、校区专任教师和聘任教师相结合的原则组建教师队伍，现有各类教师86人。校本部派驻教师19人，其中教授7人、副教授9人、讲师3人；专任教师10人，其中副教授5人、讲师5人；聘任教师57人，其中教授7人、讲师50人。

苏州校区现有各类学生1 710人，其中中法学院本科生1 145人，国际学院硕士研究生413人、博士研究生18人，丝路学院留学生64人，非统招留学生、中美硕士项目及中欧欧洲法硕士项目学生70人。

截至2018年底，苏州校区共承担科学研究项目136项，其中，研究生科研项目55项，江苏省、苏州市、苏州工业园区等单位委托课题16项（省部级委托的课题研究7项、市级课题研究9项）。

2018年，苏州校区先后举办第八届人大独墅湖金融论坛暨湖畔论坛、“老龄化的法律应对”国际研讨会、“中国与欧洲的民法法典化”国际研讨会、“中美保险法”国际研讨会等大型学术会议；举办人文社科前沿系列讲座、中国发展经验解析系列讲座、金融风险管理前沿系列讲座等活动；举办学生课外学术科技作品竞赛、辩论赛、读史读经典实践活动等各类学术、实践、文化、体育、生活类活动。

2018年，江苏省委常委、苏州市委书记周乃翔，国家留学基金委秘书长生建学，教育部高等教育司司长吴岩，教育部国际合作与交流司副司长徐永吉，苏州市委常委、苏州工业园区党工委书记吴庆文等先后考察苏州校区。法国KEDGE商学院校长José Milano，法国索邦大学校长Jean Chambaz，法国蒙彼利埃第三大学校长Patrick Gilli等法方合作院校领导先后来访苏州校区。法国驻华大使馆文化教育参赞Robert Lacombe、法国驻上海总领馆教育领事Fabien Chareix访问苏州校区。

中国人民大学党委书记靳诺于2018年4月26日在法国驻华大使官邸被授予法国国家荣誉军团骑士勋章，中法学院办学成绩获法国政府高度肯定。

2018年，在全国高校法语专业四级考试中，中法学院2016级法语专业本科生通过率达100%，优秀率达42%，平均分高于全国平均分20分；在法语专业八级考试中，中法学院2014级法语专业本科生通过率达100%，优秀率达44.4%，平均分高于全国平均分17分。通过率及优秀率均创历史新高。在2018年全国大学生英语竞赛中，中法学院2017级本科生周子琪获得C类（非英语专业本科生组）全国一等奖，中法学院李远征副教授获得“优秀指导教师”荣誉称号，苏州校区荣获优秀组织奖。中法学院代表队在中国人民大学第三十二届“一二·九”合唱音乐节中荣获全场总冠军。

2018年，苏州校区荣获中国人民大学学生就业创业工作先进集体、苏州工业园区文明单位、苏州独墅湖科教创新区文化工作突出贡献奖等荣誉。

深圳研究院

深圳研究院成立于2002年5月，是中国人民大学在深圳市委、市政府支持下，在深建立的集产、学、研于一体的高层次、综合性教育、科研、服务机构，全权负责学校在华南地区的一切事务。法人代表、院长为中国人民大学常务副校长王利明教授。

研究院现有教职工6人，2018年招收博士生8人，其中劳动经济学专业3人，人力资源管理专业5人。

研究院与深圳市宝安区五类百强企业联合会签订战略合作协议，明确将在企业交流、行业研究、专业沙龙、高端论坛、技术研发、人才培训等方面进行全面合作。承办“港中旅金融板块学习贯彻党的十九大精神轮训班（第二期）”，邀请学校秦宣、杨凤城、黄卫平等3位“中南海讲师”授课。

研究院自2018年9月起，启动了中国人民大学求是讲堂·深圳系列活动，2018年共举办3场活动：9月1日，信息学院院长文继荣教授做题为《大数据驱动的分析和智能》的专题讲座；11月4日，经济学院程大为教授做题为《中美贸易战的历史背景和趋势研判》的专题讲座；11月25日，中国社会科学院亚太与全球战略研究院研究员、大国关系研究室主任钟飞腾博士做题为《中美贸易战是争霸战吗?》的专题讲座。

学校王利明教授、郤艳丽教授、杨东教授分别牵头申报的3项课题入选2018年深圳市政府重大研究课题立项名单，立项数量位居各学校第一。

研究院作为全国10家一流智库机构之一，当选为宝安区智库联盟第一届理事会会员理事。

研究院先后接待商务部“2018年‘逆全球化’与贸易壁垒应对研修班”学员一行、日本一桥大学中日文化交流中心代表和日本企业家一行、日本技术贸易企业知识产权保护专题访华团等来访。

研究院为2018年14名深圳地区考入学校的本科新生举办迎新欢送茶话会；承办第四届人大校友（深圳）羽毛球赛；中秋前夕举办2018迎新会；组织热心校友走访校友企业，参观人大附中深圳学校。

■ 体育部

体育部是负责学校体育教学、学生课外体育活动与竞赛，以及高水平运动队管理和学生体质测试的教学部门，下设一拳（太极拳）一泳（游泳）教研室、体能体美教研室、球类教研室、办公室、团工委、体质测试中心、高水平运动队管理中心。现任主任为李树旺教授。

体育部在职在岗教师 39 人、党政教辅人员 5 人。在岗教师中含教授 2 人，副教授 29 人，讲师 8 人。专业方向分为体育教育训练学、体育人文社会学、运动人体科学三大类。

学校体育教学体系设计合理、特色鲜明，开设足球、篮球、游泳、养生、太极拳等 15 门体育必修课程及国际小学期课程，其中，一拳一泳课程是体育教学的核心课程和特色课程。另外，在体育教学之余，体育部非常重视校园体育文化的塑造，通过“大学体育四年不断线”等一系列举措培养学生的体育精神，让学生在“流过汗、较过劲”的运动中与伙伴们一起分享体育的苦和乐，塑造健全的人格，培养团结拼搏的意志品质，使学生成长为未来的栋梁之才。学校体育赛事精彩纷呈，每年举办春季全校田径运动会、秋季新生田径运动会以及足球、篮球、排球、乒乓球、羽毛球等各类学生课外群体比赛。

学校高水平运动队共有男足、女篮、男排、田径、网球和武术 6 个项目的 6 支运动队。针对学生的第二体育课堂，体育部专门成立了体育社团指导联合会，定期开展对社团的培训和相关活动的协调工作，为社团提供比赛信息、技术指导。体育部依托学校的学科特色和学科基础，从体育伦理、体育社会学、国家体育发展战略三个方向积极探索高端体育专业人才的培养路径，致力于为国家培养高素质的专业化体育管理人才。

2018 年 4 月 14 日至 15 日，中国人民大学第五十九届田径运动会在田径场举行。在 2018 年首都高校羽毛球锦标赛中，学校羽毛球队夺得首都高校羽毛球锦标赛女团冠军以及男团乙 A 组第五名的佳绩。学校网球队在第二十三届大学生网球锦标赛（华北赛区）中获得女子团体冠军和男子团体亚军，所有参赛运动员均获得中国大学生网球锦标赛总决赛的入场券。10 月 19 日，中国人民大学第七届体育文化节开幕式暨 2018 年新生田径运动会在田径场举行。11 月 20 日，“北京周期 · 冰雪之约——2018 北京冬奥冰雪运动文化节”在学校开幕。11 月 25 日，北京冬奥会遗产论坛暨“2022 年北京冬奥会文献遗产的保护与传承”课题开题会在学校举行。

党建和思想政治工作

综合工作

一、概况

2018年，学校党建和思想政治工作坚持以习近平新时代中国特色社会主义思想为指导，在学习宣传贯彻习近平新时代中国特色社会主义思想方面走在全国高校前列，积极推进“两学一做”学习教育常态化制度化，全力抓好学校基层党建，牢牢抓住立德树人中心环节推进学校思想政治工作，不断加强领导班子思想政治建设和理论学习、民主办学和依法治校、安全稳定工作、保密工作等，为学校把准正确办学方向以及各项事业发展提供强有力的思想保证、政治保证和组织保证。

二、领导班子思想政治建设和理论学习

2018年，学校领导班子把学习宣传贯彻习近平新时代中国特色社会主义思想作为首要政治任务，统一部署、积极策划、有序推进、务求实效，以高度的政治责任感和历史使命感，组织广大师生先学一步、先做一步、先行一步，第一时间组织师生学习，第一时间展开解读宣讲，第一时间部署科研攻关，第一时间组建研究团队。

学校领导班子带领广大党员认真学习了《深化党和国家机构改革方案》《关于进一步激励广大干部新时代新担当新作为的意见》《关于深化项

目评审、人才评价、机构评估改革的意见》《中国共产党纪律处分条例》《关于深化中央纪委国家监委派驻机构改革的意见》等重要文件，并按照中央的要求认真贯彻落实，不断增强政治自觉、思想自觉和行动自觉，坚决维护习近平总书记作为党中央的核心、全党的核心的地位，坚决维护以习近平同志为核心的党中央权威和集中统一领导，推动全面从严治党向纵深发展。2018 年党委常委会就纪律检查事项进行了 15 次专题讨论，组织对全校各单位 2017 年落实主体责任、“三重一大”制度执行情况、党（院）务公开制度执行情况进行了全面考核。

学校党委牢固树立“四个意识”，将其内化于心、外化于行，真正成为思想自觉、成为党性观念、成为纪律要求、成为实际行动，自觉主动地向党中央看齐、向习近平总书记看齐、向党的理论和路线方针政策看齐，坚定不移地在思想上政治上行动上与以习近平同志为核心的党中央保持高度一致。

三、民主办学和依法治校

2018 年，学校“民主办学，依法治校”工作继续扎实推进。学校领导班子自觉贯彻落实民主集中制和党委领导下的校长负责制，以学校章程建设为抓手，进一步健全和规范党委会、党委常委会等重要议事制度和规则，严格执行“三重一大”事项集体研究决定制度，充分发挥教代会作用，保障教职工参与民主管理和监督的权利，进一步拓展民主管理渠道，完善内部治理结构。同时，进一步加强制度建设，严格按照法律法规和学校各项规章制度办事，坚持依法治校。

学校法律事务室积极为学校重大活动和重要工作提供法律咨询，及时协调法律顾问及律师代表学校应诉。2018 年，法律事务室共处理各种法律事务 70 余件（次），有效防范和化解了各种法律风险，切实维护了学校的合法权益。

学校继续健全信访工作长效机制，完善学校信访工作网络，圆满地完成了信访工作。2018 年全年共接待信访人员、接听信访电话、接收各类信函和电子邮件 350 余件（次），编发信访工作季报 4 期、月报 12 期。

学校党政领导高度重视发挥教代会、工会作用，不断完善教代会制度，保障教职工民主参与权利。学校党政领导高度重视教代会的地位和作用，始终将教代会工作作为凝聚人心、集中民智、促进发展的重要载体和有效途径。2018 年的教代会提案内容涉及学校的教学科研、行政管理、校园环境等方面，多项提案纳入学校“1520”行动计划。教代会提案审查处理工作委员会按照分级负责、归口办理原则责成相关职能部门处理，提案办结率与答复满意率均达 100%。在推进校园民主建设中，注重源头参与，确保教职工合法权益得到保障，2018 年先后组织了教代会代表评议校领导、青年教职工住房、校园建设规划等事关教职工切身利益的座谈会，全校二级单位全部建立了二级教代会或全体职工大会制度，在信息公开、事业发展等方面听取教职工意见，有效保障教职工的知情权和参与权。

■ 组织工作

一、概况

2018 年，党委组织部按照中央和上级要求，在学校党委的统一部署和指导下，以习近平新时代中国特色社会主义思想和党的十九大精神、全国高校思想政治工作会议精神为指导，认真推进“两学一做”学习教育常态化制度化，深入贯彻全面从严治党要求，不断推进基层组织建设、领导班子和干部队伍建设、党员和干部教育培训以及部门自身建设等，为学校各项事业的科学发展提供了有力保障。

二、干部工作

截至2018年底，学校共有处级中层干部330名，平均年龄45.36岁，其中：正处级112人，平均年龄49.36岁，副处级218人，平均年龄43.30岁；男性干部216人，占65.5%，女性干部114人，占34.5%；党员干部291人，占88.2%，党外干部39人，占11.8%；“双肩挑”干部155人，占47.0%，专职干部175人，占53.0%。中层干部中具有博士学位的204人，占61.8%；具有硕士学位（研究生学历）的101人，占30.6%；具有本科学历的23人，占7.0%；具有大专及以下学历的2人，占0.6%。中层干部中具有副高级及以上职称的230人，占69.7%；具有中级及以下职称的100人，占30.3%。

干部基本情况统计表

（截至2018年12月31日）

类别	总人数	男		女		专职		兼职	
		人数	比例（%）	人数	比例（%）	人数	比例（%）	人数	比例（%）
正处级	112	75	67.0	37	33.0	57	50.9	55	49.1
副处级	218	141	64.7	77	35.3	118	54.1	100	45.9
总人数	330	216	65.5	114	34.5	175	53.0	155	47.0

干部学历情况统计表

（截至2018年12月31日）

类别	总人数	博士		硕士（研究生学历）		本科		大专及以下	
		人数	比例（%）	人数	比例（%）	人数	比例（%）	人数	比例（%）
正处级	112	75	67.0	25	22.3	11	9.8	1	0.9
副处级	218	129	59.2	76	34.9	12	5.5	1	0.5
总人数	330	204	61.8	101	30.6	23	7.0	2	0.6

干部职称情况统计表

（截至2018年12月31日）

类别	总人数	正高级		副高级		中级及以下	
		人数	比例（%）	人数	比例（%）	人数	比例（%）
正处级	112	58	51.8	35	31.3	19	17.0
副处级	218	65	29.8	72	33.0	81	37.2
总人数	330	123	37.3	107	32.4	100	30.3

干部年龄情况统计表

（截至2018年12月31日）

类别	总人数	55岁及以上		51～54岁		46～50岁		41～45岁		36～40岁		35岁及以下	
		人数	比例（%）	人数	比例（%）	人数	比例（%）	人数	比例（%）	人数	比例（%）	人数	比例（%）
正处级	112	11	9.8	38	33.9	27	24.1	27	24.1	8	7.1	1	0.9
副处级	218	13	6.0	22	10.1	34	15.6	44	20.2	74	33.9	31	14.2
总人数	330	24	7.3	60	18.2	61	18.5	71	21.5	82	24.8	32	9.7

（一）坚持党管干部，用“好干部标准”把干部“选准”

1. 严格落实党委主体责任，树立正确选人用人导向

学校党委切实担负起选人用人的领导之责、把关之责、监督之责，严格按照《中层党政领导干部选拔任用工作办法》《干部选拔工作小组议事规则》《党委常委会提拔任用干部票决制实施规则》等制度规定的议事程序和规则，尽责任、想办法把忠诚干净担当的高素质干部选出来。全年召开干部选拔工作小组会 22 次，通盘考虑、反复酝酿研究干部人选 557 人次；召开有关人事问题的党委常委会 17 次，以无记名投票表决方式通过干部任免事项 196 人次。新提拔 70 名干部到上一级岗位工作，是 2017 年新提拔干部总数的近两倍。其中包括 27 名“80 后”年轻干部，25 名女干部，3 名少数民族干部，5 名党外干部，体现了结构性配备要求和“五湖四海、任人唯贤”的基本原则。值得一提的是，70 名新提拔干部中，47 人具有博士学位，占 67.1%；具有正高级职称的 28 人，副高级职称的 18 人，合计占到新提拔干部总数的 65.7%；充分挖掘了高校干部的专业背景优势，体现了“高素质专业化”的选人用人导向。

2. 突出政治标准，抓住本质识人察人

政治标准是硬杠杠。政治上有问题的人，能力越强、职位越高，危害就越大。学校党委不断改进干部考察方式方法，坚决把“四个意识”不牢、“四个自信”不够、“两个维护”不坚决的干部挡在门外。一是拓宽征求意见渠道，用好大范围深入谈话，把群众口碑摸清摸透：全年组织召开干部民主推荐会议 51 场，1 450 人次干部群众表达了自己的推荐意见；正确分析运用民主推荐结果，防止简单以票、以分或者以学历、职称、头衔、荣誉等取人偏向；个别谈话征求意见 1 164 人次，基本做到全方位、多角度、近距离考察识别干部。二是注重听取各级党组织和基层党支部意见，把考察对象的政治忠诚、政治定力、政治担当、政治能力和政治自律情况考准考实，对与中央大政方针搞阳奉阴违甚至公开唱反调的一票否决，对存在师德师风问题的一票否决。三是用好考核、经济责任审计、个人事项报告等成果和延伸考察、查看档案等办法，考出干部一贯表现，既在小事上察德辨才，更在大事上看德识才。

3. 坚持“凡提四必”，坚决防止“带病提拔”

从严执行干部选任程序，融入全过程监督，全年审核拟提拔或转任重要岗位的干部档案 70 份，对 6 名“三龄两历”存疑的干部，由组织部门派出专人赴干部出生地进行外调，经学校党委综合研判、集体认定后才继续选任程序；查核比对 33 名拟提拔或进一步使用人选的个人有关事项报告，对 1 名存在漏报但不影响继续使用的考察对象进行了批评教育，对 1 名存在瞒报情况的考察对象予以诫勉并中止选任程序；对 198 名拟任人选的党风廉政情况逐个征求纪委意见，对个别线索具体的信访举报逐一核实，有效避免了“带病提拔”。

（二）坚持事业为上，围绕“双一流”建设把干部“用活”

学校事业发展到哪，干部保障就跟进到哪。一年来，学校党委共调整或续任干部 224 人次，涉及机关部处干部 81 人次，院系干部 118 人次，直附属单位 18 人次，校管企业干部 7 人次。完成了 5 个院系级党组织换届、4 个院系的行政班子换届工作。

一是集中调整了一批党政一把手，把各部门各单位的发展潜力“激活”。一年来，学校党委调整了 7 个教学单位的行政负责人（文学院、经济学院、汉青经济与金融高级研究院、统计学院、马克思主义学院、社会与人口学院、外国语学院），任命 8 个院系级党组织书记（马克思主义学院党委、社会与人口学院党委、经济学院党委、教育学院党总支、苏州校区党委、体育部党总支、图书馆党委、出版社党委），8 个机关部处和群团组织主要负责人（党委组织部、人事处、人才工作领导小组办公室、国际合作与交流处、财务处、新校区建设办公室、校友工作办公室、教育基金会），2 个教辅单位主要负责人（图书馆、《教学与研究》期刊），1 个校管企业主要负责人（世纪明德物业管理有限公司），为各单位工作注入了新的动力。

二是加大干部轮岗交流力度，把中层干部队伍存量“盘活”。2018 年，学校党委从巡视整改要求

出发、从具体工作需要出发，下大力气对在同一岗位任职时间较长的中层干部进行了轮岗交流，涉及2名正职干部和18名副职干部。他们中间大部分人在原单位工作十年以上，对原有业务十分熟悉，倾注了大量心血，对原工作单位充满了热爱，他们服从组织安排到新的岗位上工作，是讲政治、顾大局的表现。组织上对其职务进行调整，也有利于他们将专长和优势带到新的岗位上，让学校干部队伍流动起来，提升整体活力。

三是为新设机构选优配强干部，把学校事业发展增量“带活”。2018年，学校先后整合成立新的继续教育学院，组建丝路学院、数学学院；设置继续教育处、国医学院筹建工作领导小组办公室、国内合作办公室、巡察工作办公室、采购与招标管理中心等新的内设管理机构和直附属单位；将新校区建设办公室与校园建设管理处合署办公，成立新校区建设直属党支部，充实新校区建设力量。按照因事择人、选优配强的原则，学校党委在严格考察的基础上，为新设机构配备32名年富力强的中层干部，有力保障了相关事业迅速走上正轨。

（三）坚持严管厚爱，着眼日常经常把干部“管好”

好干部是选出来的，更是管出来的。严管就是厚爱，是对干部真正负责。学校党委贯彻落实全国组织工作会议精神，对干部加强全方位管理，着力完善管思想、管工作、管作风、管纪律的从严管理体系。

一是在日常监督上下功夫，坚持抓早抓小、防微杜渐。用好提醒函询诫勉手段，使咬耳扯袖、红脸出汗成为常态。2018年组织部门共开展提醒函询诫勉15人次，其中提醒9人次、函询5人次、诫勉1人次，分别针对干部组织纪律、廉政勤政、不如实报告个人有关事项等几个方面的苗头性、倾向性问题及时敲响思想警钟。用好经济责任审计办法，全年委托审计部门对29名中层正职负责人进行任期或离任经济责任审计，做到离任必审、任满必审、任中抽审，对审计结果显示的问题和隐患责成干部和所在单位及时整改杜绝。

二是在领导干部报告个人有关事项工作中加强教育辅导，督促干部自觉做到忠诚老实。在深入学习贯彻“两项法规”的基础上，学校党委不断深化领导干部思想认识，加大个人有关事项工作培训力度，由组织部门对初次首任的领导干部进行一对一填报辅导，使学校中层领导人员个人事项查核一致率有了显著提高：全年委托中组部查核干部个人有关事项报告56份，查核结果与本人填报情况一致的52人，查核一致率达92.9%，与2017年同期相比提升近30%。这充分说明，经过一段时间的从严教育管理，学校中层干部向组织报告个人有关事项更加严肃认真，在党组织的考验面前更加忠诚老实。

三是全面建立请假管理和外出报告制度，将八小时之内的管理和八小时之外的管理贯通起来。请假管理和外出报告制度是党内请示报告制度的重要组成部分，《关于新形势下党内政治生活的若干准则》规定，“领导干部必须强化组织观念，……离开岗位或工作所在地要事先向组织请示报告”。2018年，学校打通出国（境）、离京外出、因病因事请假、会议请假等四个模块，建立起统一的请示报告制度和在线请假办理平台，全年为192人次办理因私出国（境）证照使用审批手续，为348人次办理因公出国（境）请假备案手续，为660人次办理境内请假外出报告审批手续，有效减少了领导干部“八小时外找不到人”甚至“八小时内都找不到人”的情况，领导干部队伍精神风貌得到提振。

四是出台正向激励、加油鼓劲的管理措施，强化干事创业导向。严管就是厚爱，关爱要有温度。学校党委用好领导干部谈心谈话制度，结合日常谈话、任免谈话、诫勉谈话、反馈谈话等多种方式，关心爱护干部，准确评价干部，教育激励干部，促进了校领导班子、组织部门与中层干部之间的沟通交流，特别是中层正职任职前由学校党委书记、校长、纪委书记进行“三必谈”，在明确权责和纪律的同时，也起到了带动担当、鼓舞士气的作用。按照上级要求，学校组织部门在开展提醒函询诫勉工作的过程中，建立了函询回复采信反馈制度，消除以往工作中的“模糊点”，对确实不存在问题的，该澄清的及时澄清，使得到组织采信的领导干部放下包袱、轻装上阵。在领导干部兼职管理方面，学校党委继续坚持“为人才松绑”和分级分类管理的原则，全年由组织部门审批中层领导人员在社会团体、基金会、民办非企业单位兼职50项，党委常委会审批中层领导人员在企业（含校管企业）兼职30项，保护了中层干部发挥智力优势为社会做贡献的积极性，同时也对中层干部兼职数量统筹管理，防止兼职过多过滥影响主责主业。对于兼职取酬的管理，学校出台《中国人民大学中层领导人员兼职取酬管理办法（试行）》，根据中层干部考核情况合理确定兼职取酬上缴返还比例，做到放管结合、有章可循，实施效果良好。

（四）坚持系统思维，立足长远把干部“育强”

1. 大力发现培养选拔优秀年轻干部

一是全面摸底，以基层推荐形式掌握了一批优秀年轻干部情况。学校党委历来十分重视年轻干部队伍建设，既着眼近期需求，也重视长远战略。2018年，各单位在民主推荐、综合考察的基础上向组织推荐了新一批优秀年轻干部，学校党委采取备用结合、动态管理的原则，制定年轻干部培养计划，通过分期分批开办优秀年轻干部培训班、推动校内岗位交流、重大专项工作抽调、校内外挂职选派等途径锻炼培养优秀年轻干部。利用基层党组织换届、行政班子换届、干部调整等工作，在考察谈话的同时对优秀年轻干部进行深入了解，及时记录干部日常表现情况，对政治思想、道德品质、廉洁自律、履行职责等方面出现问题的，及时移出优秀年轻干部队伍，补充新的优秀人选。

二是扩大视野，为优秀年轻干部提供更多展示自我的机会和平台。2018年，学校党委开展了发展规划处副处长、教务处副处长、科研处副处长、党委学生工作部（处）副部（处）长等四个岗位的优秀年轻干部选拔工作。共有43名同志通过资格审查进入到面试环节，在学校领导班子成员、中层干部和基层代表面前充分展示自己，使一批见识和才干突出、有培养潜力的优秀年轻干部进入到组织视野里来。

三是跟踪培养，选派优秀年轻干部到吃劲岗位、重要岗位经受考验。2018年，学校党委选拔11名年轻教师和教师党支部书记“双带头人”到党委宣传部、发展规划处、科研处等多个机关部处挂职，让有良好专业背景的“双肩挑”干部积累行政经验；选派多名年轻专职管理人员参与学校重大专项工作，如“双代会”筹备、房产和国有资产清查、纪委专项工作、巡察工作等，强化实践磨炼，让他们经风雨、见世面、壮筋骨、长才干，其中，一部分比较成熟的年轻干部已经走上了领导岗位。2018年，学校共有46名优秀年轻干部在上级单位、地方政府、兄弟高校挂职或借调，其中，23名为2018年派出，14名同志在新疆、西藏、云南、四川、贵州等西部艰苦地区锻炼。学校党委注重跟踪考察、做好联络保障，关注挂职干部后续发展，把在脱贫攻坚、对口支援工作中表现突出的优秀代表及时大胆用起来，形成正确用人导向。在2018年新提拔的中层干部中，就有3人曾在艰苦地区挂职锻炼。

2. 突出政治素质，抓实干部教育培训

高素质的第一位，是政治素质要高。学校党委在全体处级干部中开展学习贯彻党的十九大精神专题培训，利用学校的丰富师资和优良传统，加强习近平新时代中国特色社会主义思想、党章党规党纪、党史国史校史和党内政治文化教育；组织新上岗处级干部、党组织书记、优秀年轻干部赴嘉兴南湖、陕西旬邑、福建宁德等革命教育基地开展党性教育，把提高政治觉悟、政治能力贯穿干部教育培训全过程，将教育培训重点集中聚焦到提升政治素质上来。

（五）对2017年度“一报告两评议”反映问题的整改情况和进一步努力方向

从2017年度中组部的反馈结果来看，经过近年来学校持续不断地加强和改进选人用人工作，全面从严监督管理领导人员，风清气正的良好环境得到树立，大部分同志对学校的干部工作更加了解，对学校选人用人工作的整体满意度持续提高。但是相关工作仍然有很大提升和改进的空间。

针对“选用的干部不能体现高素质专业化”问题，2018 年，学校党委在坚持依事识人、以事择人的基础上，以高素质专业化为导向，新提拔任用的领导干部都体现了良好的专业背景，拥有较高文化程度和专业技术水平，超过三分之二的新提拔干部拥有博士学位，具有高级职称的新提拔干部也达到 65%以上。

针对“选人用人体制机制不健全”的问题，学校党委认真对照《党政领导干部选拔任用工作条例》，一如既往严把资格关、条件关和程序关，2018 年新提拔任职干部均符合《条例》规定的任职要求。

三、基层党建

学校党委按照中央部署要求，以习近平新时代中国特色社会主义思想为指导，贯彻新时代党的建设总要求，遵循新时代党的组织路线，加强党的领导、突出政治功能、提高党建质量。截至 2018 年底，学校共有基层党组织 760 个，其中院系级单位党委 31 个，党总支 5 个，党支部 724 个。在 724 个党支部中，学生党支部 369 个，在职教职工党支部 274 个，离退休教职工党支部 81 个。

（一）以政治建设为统领，全面加强党的领导

1. 把握学习重点

将全国和北京市两会、组织工作会议、宣传思想工作会议、教育大会和庆祝改革开放 40 周年大会、纪念马克思诞辰 200 周年大会精神作为 2018 年学习重点。

2. 坚持以上率下

校院两级领导班子成员认真执行“双重组织生活”制度和“一联系一帮扶”制度，带头上讲台，讲授党课、团课、思政课。

3. 做好顶层设计

召开 14 次常委会专题研究党的领导和党的建设工作，制定印发 2018 年《党建工作要点》《基层党建工作要点》等 40 多项党建工作重要文件。

4. 扭住关键环节

学校党委开展专项工作调研，统筹制定、抓紧抓实各学院党组织会议规则和党政联席会议规则；同步推进院系级单位党政领导班子交叉任职，推动院系治理结构调整。

5. 健全工作机制

健全教师党支部在教职工聘用、晋职晋级、评奖评优中把政治关、师德关的工作机制，学生党班团一体化、党建带团建促班建的工作机制。

6. 完善责任体系

强化党组织书记第一责任人的意识，扎实开展“党支部—院系级党委（党总支）—学校党委”三级书记抓党建“三级述职”工作。学校党委、各学院级党组织每学期开展党支部建设督查，形成强化基层党建倒逼态势。

（二）坚持质量抓标准，推动基层党建工作全面进步

1. 坚持对标争先

开展教育部“对标争先”计划、“双创”工作和“十百千万”工程，财政金融学院党委获评全国党建工作标杆院系，哲学院马克思主义哲学教研室教师党支部、法学院宪法与行政法教师党支部获评全国党建工作样板支部。

2. 培育“双带头人”

2018 年基层党建年度主题是“教师党支部书记队伍建设年”，学校党委在广泛调研基础上制定《中国人民大学教师党支部书记“双带头人”培育工程实施方案》，大力实施“双带头人”工程，学校教学科研一线教师党支部书记 107 名，“双带头人”比例达 100%。马克思主义学院中共党史系教师

党支部书记工作室入选全国首批“双带头人”工作室。

3. 加强规范建设

制定《中国人民大学加强基层党支部规范化建设的实施方案》，部署基层党支部规范化建设和“七个有力”标准化建设，进一步优化党支部设置，严格支部组织生活。

4. 精准分类施策

充分发挥教师党支部“主心骨”力量和老党员“传帮带”作用，在加强政治引导、筑牢党建根基的同时反哺学科建设与人才培养；着力提升机关部（处）行政一把手兼任党支部书记比例，从16%提升至64.3%；为学生党支部配备理论学习导师，扎实推进“学生党员先锋工程”，创新开展“关怀老党员，传承人大情”主题活动，广泛开展红色“1+1”支部共建活动。

5. 做好教育宣传

在学校范围内开展“不忘初心、牢记使命”微视频拍摄展映活动，其中5部作品分获北京市观摩交流活动一、二、三等奖，获奖数量居北京高校首位。

（三）做好党员发展和党员管理，加强工作保障

1. 提高党员发展质量

全年发展党员1 031名，其中学生党员1 018名；促进团支部、班委会在推优入党工作中提供意见、发挥作用；加强和改进优秀青年教师党员发展工作，学校党委书记靳诺等同每期新发展的青年教师党员进行入党谈话；重视发展少数民族学生入党，2018年发展少数民族学生党员86名。

2. 规范做好党员管理

高度重视新生、毕业生组织关系转接工作，妥善做好组织关系暂留高校的毕业生党员管理工作。扎实开展党费收缴管理使用、党组织党员信息库建设和党内统计、党组织和党员“双报到”、“党员E先锋”使用管理、困难党员老党员慰问帮扶等基础性工作。

3. 加强党建工作保障

创设“片区组织员”模式、配齐建强组织员队伍，落实组织员“双线”晋升和保障激励机制；制定《教学科研一线教师党支部书记考核激励办法》，确保其教学工作量减免和党建工作补贴发放到位；按照北京市统一部署做好学生党建工作经费和离退休党支部书记、委员工作补贴发放工作；完善校院两级“党员之家”、党建微信公众号、学生党建促进会建设，打造基层党建工作阵地。

四、党员队伍建设

截至2018年底，学校共有有正式组织关系的党员11 982名，其中：正式党员10 946名，占党员总数的91.35%，预备党员1 036名，占党员总数的8.65%；女性党员6 812名，占党员总数的56.85%；少数民族党员744名，占党员总数的6.2%。2018年发展党员1 031名，其中：在岗教职工党员11名，学生党员1 018名，离退休党员2名。全年共完成接转党员组织关系4 426人，其中转入党员组织关系2 139人，转出党员组织关系2 287人。到2018年底，学校共有申请入党人员4 827名，入党积极分子4 059名，发展对象997名。

从党员的职业（身份）构成看，学校共有在岗教职工党员3 007名，占学校党员总数的25.10%。其中，管理干部党员878名，占管理干部总数的75.49%；专任教师党员1 387名，占专任教师总数的62.45%。学校共有141名在岗教职工申请入党，确立为发展对象的25名，最终发展在岗教职工党员11名，其中35岁及以下的党员7名，占63.64%。学校共有离退休党员1 623名，占学校党员总数的13.55%；其他类型党员727名，占学校党员总数的6.07%；学生党员6 625名，占学生总数的28.31%，占学校党员总数的55.29%，由此可见，学生党员始终是学校党员队伍的主体。在学生党员中，女性党员共4 174名，占学生党员总数的63.00%；少数民族党员489名，占学生党员总数

的7.38%。

学校党员年龄分布情况为：35岁及以下党员8 210名，36岁至45岁党员1 144名，46岁到55岁党员735名，56岁到60岁党员277名，61岁及以上党员1 616名。

学校党员的学历（已取得的最高学历）分布情况为：研究生学历党员4 904名，大学本科学历党员5 220名，大学专科学历党员295名，中专学历党员88名，高中学历党员1 351名，初中及以下学历党员124名。

2018年，学校党委始终把学习贯彻习近平新时代中国特色社会主义思想以及重要会议精神作为政治任务贯穿全年，学校党委书记带头讲党课，不断创新党员培训方式方法，切实做好党员和发展对象的思想政治工作；始终不渝地加强党员队伍建设，严把发展党员入口关，坚持高标准、高质量发展党员；切实加强党员教育，发挥广大党员的先锋模范作用，做好联系和服务师生工作。

学校党委高度重视在高知识群体和青年学生中发展党员的工作，认真贯彻执行中央和上级主管部门关于发展党员工作的一系列方针、政策和要求，着眼于改善党员队伍的结构和分布，力求在保证质量的前提下，突出发展重点，把发展党员工作的着力点放在入党积极分子队伍建设上，统筹各二级单位党委（党总支）不断完善发展党员工作标准及流程，依托“党课学习小组—学院党校入党积极分子培训班—学校党校发展对象培训班”三级培训体系，采取多样化的培训形式，规范发展党员工作，以此来保持数量充足、素质优良、结构合理的入党积极分子队伍。

五、党校工作

2018年，中国人民大学党校按照中央和上级的要求，深入学习习近平新时代中国特色社会主义思想和党的十九大精神，认真贯彻全国高校思想政治工作会议、全国教育大会、全国组织工作会议精神，坚持“党校姓党”的根本原则，不断创新党员干部培训方式方法，合理规划培训内容，制定2018年党校培训计划，进一步聚焦主业主课、创新培训形式、明确党校培训目标，强化党的理论教育和思想信念教育，统筹做好发展对象、党支部书记、高端人才、年轻优秀干部、新上岗干部、党务干部等各级各类培训教育工作；进一步完善网上党校学习系统、党校培训管理系统和学校党校网站、微信订阅号建设，提高信息化水平；深化制度改革，修订完善规章制度，优化师资队伍建设和学习资源积累，夯实党校事业发展基础。

（一）做好学习习近平新时代中国特色社会主义思想和党的十九大精神主题教育培训

党校第一时间响应中央号召，在学校范围内迅速组织开展培训，深入学习习近平新时代中国特色社会主义思想和党的十九大精神。

党校邀请上级部门领导、知名专家学者，从新思想、新党章、新矛盾、新目标等多个角度进行8个场次主题报告。学校党委书记靳诺带头宣讲十九大精神和全国教育大会精神，全体校领导深入基层宣讲大会精神，带头辅导师生学习。组织党政一把手、高端人才、新上岗干部、党支部书记、年轻优秀干部、党务干部等人员前往中共一大会址、嘉兴南湖、陕西旬邑看花宫陕北公学老校区、四川荣县吴玉章故里、广安邓小平故里、福建宁德等地开展实践教育，加深大家对国情校史的理解和认识。丰富培训形式，组织观影观展、结构化研讨、案例情景教学等，让大家深度参与，主动学、主动想、主动做。重点搭建网络学习平台，手机学习客户端同步上线，进一步提升了学习教育的灵活性、有效性与针对性。

（二）继续深化发展对象联合培养模式改革，做好发展对象培训教育工作

2018年，学校党校先后举办第31、32期学生发展对象培训班，第19期新生党员培训班，第32期教工发展对象培训班，共培训学员1 188人。在坚持高标准、严要求的基础上，聚焦联合培养模式实施以来存在的问题，并进行了针对性的改进。实施助理辅导员制度，调动各单位优秀学员参与当期

培训班管理，充分发挥联合培养的培训育人作用，切实在教育培训过程中发现和培养一批讲政治、有热情、能力强的党建学生骨干，为学校和各单位学生党建工作提供源头活水。

（三）开办基层党支部书记、高端人才示范培训班、全体党支部书记培训班和教师党支部书记“双带头人”校际论坛

5月17日至18日，党校举办2018年基层党支部书记、高端人才示范培训班，邀请学校党委书记靳诺出席开班仪式并讲话，学校党委副书记吴付来主持开班仪式并做首场主题报告。培训班先后开展了集体学习、基层党建业务情景模拟、结构化研讨、经验交流等活动。

6月13日，党校举办全体党支部书记培训班和教师党支部书记“双带头人”校际论坛，邀请了学校党委书记靳诺出席并讲话，学校党委常务副书记张建明出席并主持全体培训班开班仪式。论坛上来自北大、清华、北师大等十余所高校的教师党支部书记围绕党的十九大精神学习、“双带头人”培育工程实施、教师党支部建设等内容进行深入研讨。组织培训班学员赴中共一大会址、浙江嘉兴、吉林延边开展党性教育学习实践活动。

（四）开办新上岗中层干部、优秀年轻干部、党务干部培训班

2018年10月18日至24日，党校举办2018年新上岗中层干部、优秀年轻干部、党务干部培训班。学校党委书记靳诺做主题报告，学校党委副书记吴付来主持开班仪式并做首场主题报告。培训班还邀请了校办主任顾涛，北京市国家保密局副局长刘建华，商学院教授杨杜，公管学院副教授范永茂、王宏伟做专题培训，同时开展结构化研讨和北京大学经验交流等活动。组织学员前往四川荣县、小平故里和福建宁德开展实践学习，参观“他是一座山——吴宝康生平展”。

（五）做好中组部、教育部干部教育专题研修工作

2018年，学校共承办中央和国家机关司局级干部专题研修班7个，教育部干部专题研修班5个。在中组部专题研修工作中，学校特别做好住读制服务工作，加强各部门的沟通协调，及时解决出现的问题，顺利完成上级交办的各项工作任务，得到了上级的肯定与认可。另外，及时向中组部上报干部大讲堂相关课程，组织开展2019年专题研修工作动员会，评审申报课程，积极参加中组部全国高校干部基地交流研讨会，汇报学校工作开展情况，学习兄弟院校工作经验。

（六）完善网上党校学习系统、党校培训管理系统和中层干部在线培训系统，开展十九大网上党校学习

在原有基础上继续完善党校网站、微信订阅号、网上党校学习系统、党校培训管理系统。创新学习模式，开发网上党校移动端，及时分享校内外理论动态，实现培训班档案电子化管理，切实打造线上线下、校内校外、室内室外立体学习格局，为学校师生提供更优质的理论学习环境。持续充实网上党校课程库，已录入课程1 017门，共分为20大类、150小类，内容涵盖党的十九大、全国教育大会、纪念改革开放40周年、党风廉政、教师模范等内容，在各级各类党员教育活动中均设置网上课程选学环节。截至2018年底，网上党校培训系统全部视频累计播放量111 216次，切实在拓展理论学习空间、提升学习灵活性等方面起到重要作用。

（七）深化制度改革，夯实党校事业发展基础

学校领导以身作则、率先垂范，学校党委书记、校长等校领导带头上党课，各基层党委书记、副书记定期为师生讲党课。总结学校各级各类党员教育培训工作经验，根据培训需求，制定《中国人民大学处级及以上领导干部学习贯彻党的十九大精神专题学习培训方案》《2018年党校培训计划》《2018年二级党校、党课学习小组培训建议方案》，修订《中国人民大学党校学员守则》《中国人民大学党校入党积极分子培训规程》，进一步完善“学校党委统一领导、三级党校分工落实”的工作机制，做好干部教育培训协调与业务指导工作。

（八）完成教育部、北京市教育工委、北京市高校党校协作组组织的高校党校干部培训

做好北京市高校党校协作组副组长单位工作，加强与中国高等教育学会高校党校教育研究分会、

北京市高校党校协作组的联系交流，推荐学员参加兄弟院校党支部书记座谈交流，做好相关工作。

（九）其他工作

做好上级领导调研接待与对外业务交流工作。做好中组部、教育部来校进行的党员教育与管理调研，积极参加全国干部教育高校基地工作部署会与经验交流会，参与教育部教育系统2018—2022年干部教育培训规划起草与修订工作。

附录

“不忘初心、牢记使命”主题微视频摄制展映活动获奖单位

序号	单位	微视频成果名称	奖项
1	文学院	不忘初心、以文化人	一等奖
2	外国语学院	讲好中国故事，传播中国声音	二等奖
3	环境学院	张象枢：环境经济教育事业的开创者	二等奖
4	图书馆	做人类知识的守护者与传承人	三等奖
5	艺术学院	井冈山上寻初心	三等奖
6	信息资源管理学院	他是一座山	优秀奖
7	国际关系学院、出版社	陈维雄：七十五载初心不改	优秀奖
8	体育部	房加楼：我还是想为社会做点实事	优秀奖
9	历史学院	以中译西、退而不休的老书记	优秀奖

第二届“两学一做”支部风采展示活动优秀组织奖获奖单位

序号	单位
1	财政金融学院
2	法学院
3	经济学院
4	文学院
5	苏州校区
6	机关党委

第二届“两学一做”支部风采展示活动获奖支部

序号	类别	单位	支部名称	成果名称	奖项
1	党支部工作案例	环境学院	环境经济与管理本科党支部	“创新推优形式，严把入党关口”入党推优答辩制度	一等奖
2		图书馆	采编部党支部	党建知识移动共享平台	一等奖
3		机关党委	科研处党支部	制度化的手段，丰富多彩的活动——扎实开展“两学一做”学习教育	二等奖
4		附属中学	高中党支部	“学中做，做中学”活动案例	二等奖
5		文学院	2015—2017级古典学实验班本科党支部	发展、培养和教育党员“三级梯队”培养策略	二等奖
6		社会与人口学院	本科党支部	“不忘初心·继往开来”主题诗歌朗诵比赛	三等奖
7		财政金融学院	2014级本科第四党支部	巧用潮流热点，深入学习实践，开创支部“两学一做”新模式	三等奖
8		苏州校区	2016级社工1班党支部	“信学做悟当先锋，知行合一做表率”	三等奖
9		附中联合总校	人大附小党支部	凝心聚力、不忘初心，发挥党员模范带头作用	三等奖
10		马克思主义学院	2016级硕士一班党支部	“两学一做”主题党日实践活动	三等奖
11		历史学院	2016级考古文博硕士班党支部	“知行相融学做合一”系列学习实践活动	三等奖
12		后勤集团	后勤集团公寓管理部党支部	勤学、实做——坚定不移的党性情怀	三等奖
13		国际关系学院	2015级博士党支部	多维体验教育，强化党员意识，发挥党支部战斗堡垒作用	三等奖
14	党支部微党课	法学院	宪法与行政法硕士党支部	宪颂	一等奖
15		劳动人事学院	本科党支部	我的初心，是相信	一等奖
16		信息资源管理学院	大一大二大三联合党支部	明明白白看两会	二等奖
17		苏州校区	旅法学生党支部	探寻先辈足迹，传承百年薪火	二等奖
18		培训学院	教工党支部	担当	二等奖
19		经济学院	2017级世界经济·国际贸易硕士班党支部	做堂堂正正、顶天立地的人大人——学习习近平总书记贺信精神	三等奖
20		文学院	回龙观离退休教师党支部	秋色入梦忆校园——身边的党员陈传才	三等奖
21		商学院	2015—2016—2017级本科联合党支部	集中统一领导仍是坚持党的建设之首要任务	三等奖
22		财政金融学院	2014级本科第二党支部	我的入党故事——入党流程示范	三等奖
23	党支部推荐展示	财政金融学院	货币金融系教师党支部	师生共建促创新，优秀党员传帮带	一等奖
24		历史学院	2016级硕士二班党支部	“学”上下功夫·“做”上出实招：打造党员学做一体的“红立方”	一等奖
25		机关党委	信息技术中心党支部	规定动作，从“严”从“实”做到位；自选动作，从”新”从“活”有特色	二等奖
26		经济学院	2014级国民经济管理本科班党支部	线上与线下结合，全方位开展“两学一做”	二等奖
27		商学院	2014级本科贸易经济班党支部	“五力合一”争做优秀支部	二等奖

续表

序号	类别	单位	支部名称	成果名称	奖项
28	党支部推荐展示	信息学院	2016 级计算机硕士党支部	常反思、多实践，深入践行“两学一做”	三等奖
29		法学院	宪法与行政法教研室教师党支部	积极履行宪法使命，着力推动法治发展	三等奖
30		书报资料中心	数媒党支部	积极主动、拓展思路，开展形式多样支部活动	三等奖
31		理学院	心理学硕士党支部	新心之火，可以燎原	三等奖
32		国学院	本科联合党支部	真看、真学、真做	三等奖
33		外国语学院	2016 级硕士班党支部	以多彩活动不断提高学生党员的精神修养和理论水平	三等奖
34		艺术学院	学生党员二支部	“乘着艺术的翅膀”公益支教	三等奖

2018 年中国人民大学党校培训班一览表

培训班名称	举办时间	培训人数（人）
第 31 期发展对象培训班暨第 19 期新生党员培训班	3—4 月	617 （其中第 19 期新生党员 1 人）
学校处级及以上领导干部学习贯彻党的十九大精神专题培训班	4 月	377
2018 年基层党支部书记示范培训班	5—7 月	106
2018 年高端人才示范培训班	5 月	11
2018 年全体基层党支部书记培训	6 月	610
2018 年党支部书记“双带头人”校际论坛	6 月	20
2018 年新上岗中层干部培训班	7—10 月	661
第 32 期发展对象培训班暨第 32 期教工发展对象培训班	10—11 月	577 （其中教工发展对象 19 人）
2018 年党务干部培训班	10—11 月	78
2018 年全体中层干部培训	10—11 月	366
2018 年优秀年轻干部培训班	10—11 月	72
总计		3 495

■ 宣传工作

一、概况

2018 年，宣传思想工作以习近平新时代中国特色社会主义思想为指引，把统一思想、凝聚力量作为中心环节，统筹推进学校思想政治工作和各项重点工作落实，为加快推进“双一流”建设、全面深化立德树人各项工作营造良好的舆论氛围。

二、理论宣传工作

2018 年，党委宣传部充分发挥学校理论研究高地的示范引领作用，围绕党和国家发展过程中的重大事项及重点理论问题进行深入研究宣传，推出了一系列有分量、有影响力的研究成果。

一是深入开展习近平新时代中国特色社会主义思想研究宣传工作。组织学校理论专家围绕习近平新时代中国特色社会主义思想的若干重大理论命题进行集中攻关，全年在主流媒体发表理论文章 130 余篇，多名理论专家受邀参加中央电视台、新华网等媒体的节目录制，发出了解读习近平新时代中国特色社会主义思想的人大之声；参与编写“习近平新时代中国特色社会主义思想研究丛书”，从学理上对习近平新时代中国特色社会主义思想的理论渊源、精髓要义和实践要求进行阐发；协助马克思主义学院推进习近平新时代中国特色社会主义思想研究院建设，组织召开专题会议，从体制机制、后勤保障等方面提升研究院工作质量。

二是围绕改革开放 40 周年和复校 40 周年进行理论研究和阐释。紧密围绕中央、上级单位和学校党委关于改革开放 40 周年的有关指示精神，提前谋划，组织理论专家推出了一系列研究成果，系统展现了改革开放 40 周年来的深刻变化和历史成就，报送的三篇理论文章得到了中宣部的表扬；结合学校党委关于纪念复校 40 周年的工作部署，组织编写了《中国共产党创办新型高等教育的历史、理论与实践》一书，全面展现了学校成立 80 年以及复校 40 年来扎根中国大地办高等教育的光辉历程和创办中国特色社会主义大学的历史经验。

三是深入贯彻落实全国教育大会精神。第一时间深入学习领会习近平总书记关于教育工作的重要论述，制定印发《中国人民大学深入学习贯彻全国教育大会精神和北京市教育大会精神的实施方案》，周密部署大会精神的学习贯彻落实；组织校领导、专家学者在主流媒体发表理论文章十余篇，从不同角度对大会精神进行阐释，在学习宣传大会精神方面发挥了示范引领作用。

三、新闻宣传工作

2018 年，党委宣传部（新闻中心）聚焦校内外重大事件和学校亮点工作，深度挖掘新闻素材，统筹协调校内外媒体资源，展现了学校师生与时代同行的精神风貌，塑造了学校的良好形象。

一是强化主题宣传。围绕改革开放 40 周年及复校 40 周年、学校“双一流”建设、贯彻落实全国教育大会精神、“弘扬爱国奋斗精神，建功立业新时代”和基层党组织建设等主题，在学校新闻网、新媒体矩阵和校报策划推出了专题网页、专题栏目，及时宣传报道学校改革发展进程中的重点亮点工作，全方位展现学校在改革开放新征程中迸发的思想和实践力量；编辑制作《改革开放四十周年和复校四十周年特刊》及相应专题、专栏报道，通过丰富的内容、新颖的形式、精美的设计，增强了创新性和可读性，生动呈现了 40 年来人民大学与党和国家发展休戚与共的办学历程和办学成就。据不完全统计（学校新闻网已转载的），2018 年，关于学校的报道及刊登的相关理论文章，中央电视台共 57 条（其中《新闻联播》栏目 16 条，《焦点访谈》栏目 9 条），新华社共 90 篇，《人民日报》共 246 篇、《人民日报》（海外版）共 81 篇、人民网共 127 篇，《光明日报》共 250 篇、光明网共 81 篇，全年总计 932 篇。

二是加强人物宣传。推出改革先锋系列人物报道，对获得“改革先锋”荣誉称号的学校教授许崇德，校友何载、胡福明的先进事迹进行宣传，讲述人大人在改革开放大潮中的奋进故事，不断鼓舞人心，凝聚力量；推出“新时代，引路人”“新时代，奋斗者”等专题报道，用文字和影像记录学校优秀教师在教学岗位上笔耕不辍、潜心育人的感人事迹，为广大教师树立先进典型，引导广大教师自觉承担起立德树人的使命；推出“吴玉章奖获奖者系列报道”“‘国民表率、社会栋梁’新时代青年系列报道”等，通过展现人大学子良好的综合素质，突出学校厚重的人才培养传统和鲜亮的精神底色。

三是加强新媒体建设。新媒体已经成为高校重要的传播手段和阵地，如何因势而新，充分运用新媒体做好新时期的高校思想政治教育工作，已经成为一个重要的现实性课题。2018 年，党委宣传部充分运用新媒体传播手段创新宣传工作，在人员编制极为紧张的情况下，在已有矩阵基础上新开通学校官方抖音、梨视频等，与官方微信、微博、今日头条等协同，不断增强校园新媒体矩阵和新平台的传播力、引导力、影响力和公信力；同时，强化内容制作，策划推出多条创新性报道，取得良好社会反响。在《中国青年报》公布的高校官微榜单周榜中，学校排名稳步提升，多次排名稳居北京高校前十；党委宣传部（新闻中心）报送的“‘国民表率，社会栋梁’新时代青年系列报道”入选教育部 2018 教育政务新媒体年度案例。

四、校报编辑工作

2018 年，校报编辑部在增强办报时效性方面下功夫，确保校报《中国人民大学》每周按时出版，共编辑出版 40 期；聚焦校内外重大事件和学校亮点工作，及时权威地发布了学校师生热议习近平同志在全国教育大会上重要讲话、庆祝改革开放 40 周年、学校推进“双一流”建设、第七届吴玉章人文社会科学终身成就奖颁奖等 371 条重要原创新闻；深度挖掘新闻素材，策划并推出 35 篇深度报道，报道了 27 位师生的优秀事迹，充分发挥了校报内聚人心、外树形象的功能。

（一）围绕学校中心工作，打造全面宣传矩阵

校报编辑部经研究、讨论并学习相关社会媒体和高校媒体经验，更新版面设计理念，贴近师生需求，适应全媒体时代阅读习惯，进一步美化版面。

一是开设《从严治党》等一版专栏，于二版开设《师德模范》专栏，于三版开设纪念五四运动人物专栏和评论专栏，于四版开设《我的援藏日记》《我的支教日记》专栏，运用多种报道体裁，形成“点线面”结合的宣传局面。

二是围绕中国人民大学复校 40 周年纪念活动，做好氛围营造工作。策划了相应专题、专栏报道，开设了多个栏目，刊发复校纪念征文、复校历史回忆、人物专访等。

三是做好统筹安排，高质高效完成重要活动宣传报道、学校日常及重大事项全部采写任务。

四是加强专题策划，培养忠实受众。新开设《不忘初心、牢记使命》《先生之风》《共和国的建设者》《新时代，引路人》《新时代，奋斗者》等栏目。特别策划对毕业季和迎新季等选题着重报道。

五是对接社会媒体，力求实现对内宣传与对外宣传有机结合。为人民网、新华网、中国教育新闻网等提供原创新闻稿件，发表了 200 余篇消息、通讯和人物专访稿件。

（二）以平台建设为基础，培养“大宣传”队伍

一是落实学校整体宣传思路，调动更广泛的宣传力量。进一步加强校内各部门和各单位的联系，积极搭建平台，推动校园媒体、校内外媒体的交流合作。校报记者团着力推进校园媒体资源整合，创建了人大校媒间资源共享、信息互通的交流合作和资源整合平台。

二是创造展示平台，提升校报学生记者团新闻素养。举办专题培训会 10 余次，积极同校内其他学生媒体组织建立交流联系，派出成员参加首都大学生记者团“一带一路”集体采访活动。在中国高校校报好新闻奖及北京高校好新闻奖评选中获得多个奖项，学生记者稿件已占学校获奖稿件的多数。

三是完善规章制度，加强内部绩效管理。不断完善《中国人民大学校报编辑部编前例会制度》等规章制度，编制《中国人民大学校报学生记者团管理条例》等多项规定，设计工作证，进一步规范人员安排、发行范围、检查范围以及沟通反馈机制，规范办公室管理，严格遵守财务纪律。

■ 统战工作

一、概况

2018年，党委统战部围绕贯彻落实《中国共产党统一战线工作条例（试行）》、《中共中央统战部、中共教育部党组关于加强新形势下高校统一战线工作的意见》、《中共北京市委关于加强新时代党外代表人士队伍建设的意见》和《中共北京市委统一战线工作部、中共北京市委教育工作委员会印发〈关于推进新时代北京高校统战工作的实施意见〉的通知》等中央和北京市最新统战工作文件的指示精神及要求，贯彻落实习近平总书记系列重要讲话精神和以习近平同志为核心的党中央治国理政新理念新思想新战略，坚决以习近平新时代中国特色社会主义思想为指导，紧紧围绕学校建设"中国特色、世界一流"大学的长远战略目标，结合学校的基本校情和实际情况，积极探索高校统战工作的新模式新路径新方法，学校统战工作出现了新气象、新局面。

11月，经中共中国人民大学第十四届委员会第46次常委会审议通过，制定出台了《中共中国人民大学委员会关于加强新时代党外代表人士队伍建设的意见》（校党字〔2018〕138号），就学校加强新时代党外代表人士队伍建设的总体要求、基本思路、工作原则、目标导向、工作措施、领导管理、教育培养、实践锻炼、发现培养、安排使用等方面内容，进行了全面规划和统筹安排，为学校加强新时代党外代表人士队伍建设提供了根本依循，以构建学校党委统一领导、党委统战部牵头协调、有关职能部门及二级学院党组织共同参与的"大统战"工作格局和长效机制。

二、人大代表和政协委员工作

2018年，学校共有32位全国、北京市和海淀区人大代表、政协委员。其中：全国人大代表2人，全国人大常委1人，全国政协委员4人，全国政协常委1人；北京市人大代表4人，北京市政协委员6人；海淀区人大代表4人，海淀区政协委员12人。民主党派成员、无党派人士22人。国务院参事1人：时殷弘。中央文史馆研究馆馆员1人：刘彭芝。

3月，校长刘伟，教师杨光斌、汤维建、张风雷作为新一届全国政协委员，教师郑功成、庄毓敏作为新一届全国人大代表，参加了全国政协十三届一次会议和十三届全国人大一次会议，就国家经济、政治、文化和社会发展中的重要问题以及人民群众关心的热点、难点问题发表意见，提出建议，积极履行政协委员、人大代表的职责。

3月，全国政协十三届一次会议在北京举行第四次全体会议，选举政协第十三届全国委员会主席、副主席、秘书长和常务委员。全国政协委员、中国人民大学校长刘伟当选政协第十三届全国委员会常务委员。

3月，十三届全国人大一次会议在北京举行第六次全体会议。全国人大代表、中国人民大学教授郑功成当选第十三届全国人民代表大会常务委员会委员。同月，十三届全国人大一次会议举行第七次全体会议，郑功成教授当选第十三届全国人大社会建设委员会委员。

三、各民主党派基层组织建设及无党派代表人士工作

6月，民盟中国人民大学委员会委员扩大会议召开，进行了领导班子的调整。调整后的领导班子成员名单如下：主任委员郭国庆；副主任委员龙永红、许勤华、彭丽红、宋小荣、王晓明；委员张

岚、佟世祥、杨楠、于春海、齐悦。同时任命齐悦为联络员。本届委员会任期至2021年。

5月，中央统战部一局五处处长彭岭果、中央统战部一局五处干部白钰来校调研，主题为“发挥新型政党制度优势，推进新时代民主党派工作”。党委统战部组织民主党派基层组织负责人、民主党派代表人士、民主党派青年骨干、多党合作制度方面的专家学者13人参与调研。

9月，北京市海淀区党外知识分子联谊会召开换届大会暨第二届理事会第一次会议。北京市政协委员、海淀区政协常委、民进海淀区委副主委、海淀区侨联副主席、中国人民大学新闻学院教授殷强当选第二届理事会会长。

11月，中国人民大学党外知识分子联谊会成立暨第一届理事会第一次理事大会召开，大会审议通过了《中国人民大学党外知识分子联谊会章程（试行）》和《中国人民大学党外知识分子联谊会第一届理事会会长、常务副会长、副会长、秘书长选举办法》，选举产生了中国人民大学党外知识分子联谊会第一届理事会名单：会长张风雷，常务副会长郝丽，副会长于泽、文继荣、王润泽、支晓强、庄毓敏、朱岩、李岩、陈方、赵旭东、殷强，秘书长张雪松。

12月，中央统战部五局继续聘任庄毓敏，新聘任文继荣、李岩、贾俊雪为党外知识分子建言献策专家组成员。

12月，中国人民大学民建支部与中央民族大学民建支部联合举办“民大人大民建2018人文论坛”。参会成员就中美贸易摩擦以来教育、中美贸易、中日贸易、保险、金融等领域进行了有专业认识高度、有社会责任广度、有独立思考深度的交流。另有来自外交学院及其他高校支部近30名民建会员参加。

民主党派成员积极参政议政，获得多项表彰。

2月，张风雷教授《依托高校优势资源，培养宗教界高层次人才》获得北京市2017年度无党派人士建言献策优秀成果三等奖。

7月，中华人民共和国国家监察委员会来函，对监察部特邀监察员、无党派代表人士、哲学院教授张风雷表示感谢。多年来，张风雷教授作为全国政协委员，围绕特邀监察员职能定位认真履职，积极参加亚太经合组织“治理商业贿赂”高层研讨等会议活动，宣传党中央全面从严治党的决策部署和显著成效，发挥民主监督作用，及时反映社情民意，积极建言献策。

四、港、澳、台及侨联工作

1月，“北京市港澳台侨学生教育管理研究会2017年年会”在学校举行。

1月，中共中央台湾工作办公室、国务院台湾事务办公室主任张志军一行来学校走访调研，看望在校台湾师生。学校党委书记靳诺会见张志军一行并座谈。

3月，第四期港澳台学生领导力提升计划启动仪式举行。

6月，中国人民大学侨联和北京市侨联共同举办“北京情思·2018年海外华文媒体北京行”活动，来自中国香港、澳门地区以及13个国家的21家华文媒体的22位媒体负责人，走进学校参加活动。

7月，2018年全国台联第十五届台胞青年千人夏令营人大主题日欢迎仪式在学校举行。40名中国人民大学志愿者、200余名台湾营员参加活动。

8月，学校党委书记靳诺一行出席澳门校友会成立大会并看望在澳校友。澳门特别行政区行政长官崔世安会见了靳诺一行，双方就加强教育合作、深度培养青年精英等事务交换意见，并就加强青年人才工作等达成了初步共识。

10月，北京市海淀区海淀街道工委和海淀街道侨联召开北京市海淀区海淀街道归国华侨联合会第四次归侨侨眷代表大会暨侨联换届选举大会。学校张芃教授全票当选北京市海淀区海淀街道侨联副主席。

五、民族宗教工作

10 月，配合民族宗教工作专项督查工作，完成自查报告。

10 月，第八届首都民族团结进步表彰大会在北京会议中心召开。学校环境学院教授蓝虹荣获第八届首都民族团结进步先进个人称号。

六、“统一战线理论政策进高校、进课堂、进教材”工作

继续推进学校“统一战线理论政策进高校、进课堂、进教材”（“三进”）工作。2018 年举办两讲“统战理论与政策前沿系列学术讲座”。3 月，举办“统战理论与政策前沿系列学术讲座”第十四讲，清华大学公共管理学院教授、博士生导师，清华大学台湾研究院常务副院长殷存毅做了题为《两岸关系四十年》的学术讲座；10 月，举办“统战理论与政策前沿系列学术讲座”第十五讲，中国人民大学经济学院教授、博士生导师程大为做了题为《中美贸易战的历史背景和趋势研判》的学术讲座。

七、理论研究工作

加强统战理论和政策研究工作，加强统一战线智库建设。在统一战线理论和政策研究以及学术研究成果转化为政策研究成果、直接服务于中央和地方的统战实际工作之“智库”建设方面，有了新突破、新进展。

3 月，北京市委统战部副部长严为群一行来党委统战部调研，并对开展 2018 年港澳问题有关课题进行探讨。学校党委书记靳诺、副校长杜鹏会见了严为群副部长。

5 月，北京市委统战部副部长钟百利一行来党委统战部调研，学校党委书记靳诺、常务副书记张建明会见。钟百利一行与学校宗教领域研究方面的专家学者张风雷、李秋零、王玉洁、冯玉军、张鹏举就宗教有关问题举行座谈。

5 月，全国政协副秘书长、农工党中央专职副主席兼秘书长曲凤宏同志一行来校进行座谈。学校党委书记靳诺会见曲凤宏一行，学校党委常务副书记张建明、副校长刘元春参加会见并座谈。双方积极拓展合作领域、深化合作内涵，就加强人口发展战略方面研究合作事宜、深入了解中国人民大学国家高端智库建设试点单位等有关研究成果、商谈农工党半年经济形势专家研讨会选派高水平专家参会事宜、党建合作事宜等进行深入交流。

6 月，2018 年度北京高校统战部长培训班暨北京高校统战理论与实践研究会换届大会在北京会议中心举行。学校党委统战部常务副部长齐鹏飞连任常务理事。学校党委统战部报送的课题“新中国成立以来中共对各民主党派性质认识的演变”获评北京高校统战理论与实践研究会 2013—2017 年度优秀研究课题，学校党委统战部荣获北京高校统战理论与实践研究会 2013—2017 年度优秀组织奖，学校国际关系学院教授周淑真荣获北京高校统战理论与实践研究会 2013—2017 年度工作贡献奖。

11 月，中国统一战线理论研究会政党理论北京研究基地 2018 年学术年会“新型政党制度与新时代中国特色社会主义政治发展”理论研讨会在京举行。全国政协副主席、九三学社中央常务副主席、中央社会主义学院副院长、政党理论研究基地学术顾问邵鸿，北京社会主义学院党组书记、常务副院长吕仕杰，中央统战部研究室副主任徐小凤，中国人民大学党委常委、副校长、党委统战部部长杜鹏出席研讨会。来自各地的专家学者、北京市各民主党派代表等近 100 人参加研讨会。

继续发挥学校学科、专家资源优势，做好政党理论各类课题研究。10 月，周淑真教授执笔完成中央统战部和北京市委统战部委托课题“新型政党制度话语表述问题研究”、全国政协办公厅和研究

室委托课题“人民政协事业发展新的历史方位研究”、中央统战部和北京市委统战部委托课题“新型政党制度与‘不输入’‘不输出’的若干思考”。中国统一战线理论研究会政党理论北京研究基地秘书长、中国人民大学党委统战部常务副部长齐鹏飞教授执笔完成北京市委统战部联络处委托课题“关于适时启动‘港人参军’的法律准备和舆论准备工作的思考和建议”、农工党中央委托课题“台籍学生大陆就业所面临的突出问题及破解之道”。

八、统战干部培训工作

继续加强统战干部培训工作，继续举办爱国宗教界人士研修班。

9 月，第十三期爱国宗教界人士研修班开班仪式在学校举行，中央统战部副部长、国家宗教事务局局长王作安，教育部等有关领导同志出席开班仪式。此次研修班为期 4 个月，学员为全国性或各省区市五大宗教团体秘书长、副会长以上爱国宗教界领袖人物。第十三期爱国宗教界人士研修班学员 55 人、第四届宗教学硕士研究生班学员 25 人参加了开班仪式。

12 月，第十二期爱国宗教界人士研修班在中央统战部举行结业典礼。来自全国各地的 54 名爱国宗教界中青年代表人士圆满完成了学业。

接受相关部门委托，举办各种短期的统战人士培训班。3 月，举办九三学社鲁闽骨干社员培训班，120 多位省市委委员和骨干社员前来学习；11 月，举办农工党 2018 年参政议政骨干培训班，近 200 位来自农工党中央专门工作委员会及地方委员会的骨干党员参加学习。

附录

2018 年中国人民大学全国人大代表、政协委员议案提案一览表

类别	姓名	议案提案
全国人大代表	郑功成	关于尽快制定《社会救助法》的议案 关于尽快修订《社会保险法》的议案 关于制定《社会组织法》的议案
	庄毓敏	关于改进和完善国家公立高校税收政策的建议 关于金融一体化支持脱贫攻坚和乡村振兴的建议 关于修建厂通大桥和地铁 M6 号线东延以加快推进京津冀协同发展的建议
全国政协委员	刘伟	无
	汤维建	关于将审判委员会改造为审判监督委员会的提案 关于深化推进检察机关提起公益诉讼制度配套改革的提案 关于修改《企业破产法》，建立国家公权力强制破产制度的提案 关于制定我国《个人破产法》的提案 深化依法治国实践，加快法治中国建设步伐
	张风雷	重视哲学社会科学发展，加强宗教学学科建设
	杨光斌	如何纠正关于国家主席任期制的片面观点

2018 年中国人民大学北京市人大代表、政协委员议案提案一览表

<table>
<tr><th>类别</th><th>姓名</th><th>议案提案</th></tr>
<tr><td rowspan="4">北京市
人大代表</td><td>翟小宁</td><td>关于重视人工智能人才培养的建议
关于加强优秀传统文化有效传承的建议
关于鼓励中小学校兴办幼儿教育的建议
关于进一步开展中小学节俭教育的建议
关于进一步做好新时代教师培训与发展工作的建议</td></tr>
<tr><td>韩大元</td><td>关于制定《首都法》的建议
关于将“残疾”“残疾人”改为“残障”“残障人”的建议
关于修改《北京市牌匾标识设置管理规范》的建议</td></tr>
<tr><td>乌云毕力格</td><td>无</td></tr>
<tr><td>黄石松</td><td>关于开展涉老法规和政策宣讲进基层、进街乡活动的建议
关于做好养老大数据规划，加快涉老数据的整合和治理的建议
关于进一步改善营商环境，大力发展养老服务业的建议</td></tr>
<tr><td rowspan="6">北京市政
协委员</td><td>齐鹏飞</td><td>关于进一步完善北京地区高校港澳学生奖学金管理体制机制及进一步落实其“国民待遇”相关问题的提案</td></tr>
<tr><td>赵忠</td><td>关于借力“互联网十”促进残疾人就业的提案</td></tr>
<tr><td>文继荣</td><td>关于学校周边接送孩子车辆乱停乱放问题的提案</td></tr>
<tr><td>张丽华</td><td>加强社区治理和社区服务体系建设，增强市民群众的获得感
关于开放我市部分中小学操场与社区居民共享体育设施的建议</td></tr>
<tr><td>王润泽</td><td>关于防止我市中小学校园霸凌、创建“阳光校园”的提案
关于倡导我市中小学生在国家烈士纪念日组织公祭活动的提案</td></tr>
<tr><td>殷强</td><td>无</td></tr>
</table>

2018 年中国人民大学各民主党派组织机构情况

党派	委员会	支部（支社）	成员数	备注
中国国民党革命委员会		1	19	联合支部
中国民主同盟	1	5	95	联合支部
中国民主建国会		1	27	联合支部
中国民主促进会		1	22	联合支部
中国农工民主党		1	23	
中国致公党		1	12	
九三学社		1	33	
总计	1	11	231	

2018年中国人民大学民主党派成员在其党内任职情况

类别	在其党内任职情况	姓名
全国（4人）	民盟中央副主席	郑功成
	民盟中央委员	汪昌云
	民革中央委员（常委）	汤维建
	农工党中央委员	卜健军
北京市（5人）	民盟北京市委委员（常委）	龙永红
	民盟北京市委委员	于春海
	民建北京市委副主委	黄石松
	民进北京市委委员	殷　强
	农工党北京市委委员	卜健军
海淀区（6人）	民革海淀区工委主委	汤维建
	民建海淀区委委员	李　勇
	民进海淀区委副主委	殷　强
	民进海淀区委委员	郭英剑
	农工党海淀区委委员	卜健军
	九三学社海淀区委委员	刘金龙
石景山区（1人）	民革石景山区工委委员	陈小沁

■ 纪检监察工作

一、概况

2018年，学校纪检监察工作以习近平新时代中国特色社会主义思想为指导，深入贯彻党的十九大、十九届中央纪委二次全会精神，落实全国教育大会、教育系统2018年全面从严治党大会、2018年北京教育系统全面从严治党工作会议精神及安排部署，按照党章赋予的职责，聚焦监督执纪问责，持续正风肃纪，协助学校党委推动学校全面从严治党向纵深发展，为学校“双一流”建设和事业有序健康发展提供坚强保障。

二、推动全面从严治党向纵深发展

（一）协助学校党委落实全面从严治党主体责任

协助学校党委梳理主体责任与监督责任内容，将学校党风廉政建设责任制落实情况专项检查工作由纪委负责转变为学校党委牵头、纪委协助，纪委由承担主要工作转变为抓关键节点、抓督促落实。

开展学校巡察工作前期调研与筹备工作，为学校党委建立巡察工作体制机制提供参考和借鉴。

协助学校党委加强师德师风建设，严肃惩处违反师德师风行为。

协助学校党委组织召开干部警示教育大会，深入剖析和通报一年来校内发生的领导干部违规违纪典型案例，以案为鉴，用身边事警醒身边人。

（二）切实履行全面从严治党监督职责

坚持监察处处长列席校长办公会制度，监察处处长全年列席校长办公会29次。

充分发挥日常监督作用，严把廉洁审核关。全年共审核有关人员情况1 100余人次，其中：按照“凡提四必”要求，涉及中层干部提拔、调整事项事先书面征求纪委意见，2018年回复廉洁意见15次，涉及干部77人；对学校拟调入人员增加廉洁情况审核环节，2018年共审核拟调入人员廉洁情况27人。

紧盯重要节点，积极协助学校党委做好重要节日党风廉政建设宣传教育与监督工作。印发《中国人民大学关于2018年元旦春节期间进一步纠正“四风”确保文明廉洁过节的通知》《关于节日期间加强作风建设严防“四风”问题反弹的通知》《关于中秋国庆期间强化正风肃纪确保廉洁过节的通知》，公开举报电话和举报邮箱，随时受理师生员工对党员干部特别是领导干部违反“四风”问题的举报。对各单位的落实情况进行监督检查，形成自查自纠报告，及时向上级部门进行报告。“五一”劳动节前，印发《纪检监察信息》作风建设专刊，明确新阶段纠正“四风”的任务。

进一步规范对党员领导干部的日常监督，坚持党委组织部、纪委办公室（监察处）、审计处联席会制度，实现部门联动、信息共享，构建干部监督大格局。会同党委组织部落实《中国人民大学领导干部廉洁档案管理办法（试行）》，研究启动学校中层干部廉洁档案建设工作。

（三）完善纪检监察工作体制机制

坚持“两委”书记会商制度，学校党委书记和纪委书记、副书记定期会商学校纪检监察工作重大问题，及时研讨党风廉政建设工作重点、难点问题，推动学校全面从严治党向纵深发展。

坚持信访举报和问题线索的受理、处置由信访工作小组集体决策，纪委书记把关，坚持重要信访件的处理在事实调查清楚的基础上提交学校党委常委会讨论决策，全年召开信访工作小组会36次。

依据“立足实际、分类实施”的原则，稳步推进二级单位纪检组织体系建设。纪检监察部门会同组织部门在全校36个分党委（党总支）分类设置纪检组织或纪检干部岗位，其中成立二级纪委7个（财政金融学院、法学院、公共管理学院、商学院、机关党委、后勤集团、书报资料中心），未设立二级纪委的学院和部门单位配齐配强专职纪检委员。开展二级单位纪委书记、纪检委员、兼职纪检员纪检监察业务专题培训，切实增强纪检干部的责任意识和业务能力，进一步形成全校上下反腐倡廉工作合力。

制定《中共中国人民大学第十四届纪委委员联系二级党组织分工方案》，强化学校纪委委员责任。

参照上级纪检机关的机构设置，纪委办公室（监察处）将原有的信访科和监察科调整为综合室、纪检监察一室和纪检监察二室，重新明确了各室职能和工作要求，理顺相关工作环节，并明确全员参加信访工作小组。

（四）开展党风廉政宣传教育工作

积极宣讲《中国共产党纪律处分条例》（新修订）等文件，纪委书记为学校党校、机关党委等党组织和纪检干部讲授全面从严治党主题党课5次。

落实新任职（调整）中层正职领导人员廉政教育谈话制度，组织新任领导干部集体廉政谈话、签订廉政勤政承诺书，强化新任领导干部廉洁从政意识。纪委书记全年开展任前廉政谈话34人次。

将纪委办公室（监察处）网站改版为全新的中国人民大学纪检监察网，设立“廉洁教育”专栏，发布有关文章和案例，供全校党员领导干部学习。

向全校各分党委（党总支）转发中央纪委国家监委、北京市纪委市监委关于典型案例的通报，结合校内外案例，对广大党员领导干部进行警示教育。由纪委书记带队、纪委组织学校中层干部赴燕城监狱开展现场警示教育活动，用典型案例敲响纪律警钟。

三、聚焦监督执纪问责职责

(一) 持续深化"三转",聚焦主责主业

以"把纪律和规矩挺在前面"作为深化"三转"的方向,在对纪检监察部门现行参与的议事机构和监督事项做系统梳理的基础上,继续深化"三转",坚决退出与纪检监察主责主业不相关的、属于有关职能部门业务的工作,实现"监督的监督、检查的检查",聚焦主责主业。学校纪检监察部门将参与的校内事务性工作和议事协调机构由过去的73项减为12项,不再直接参与招生、基建、招投标等具体业务工作。纪委书记不分管组织、人事、科研、基建、后勤、财务、招生、校办企业等部门或单位。

(二) 加大执纪问责力度,严肃查处违纪行为

积极践行监督执纪"四种形态",尤其是第一种形态的要求,推动学校各级党组织真正担负起主体责任,使咬耳扯袖、红脸出汗成为常态,以治病救人的态度抓早抓小、防微杜渐。2018年共函询7人,诫勉谈话3人,批评教育、提醒谈话9人。

2018年学校纪检监察部门共收到信访举报及其他问题线索128件,受理职责范围内问题线索49件,其中初核21件、函询谈话15件。完成涉嫌违规违纪案件审查、审理6件,党纪处分申诉1件。全校6人受到纪律处分,其中党内警告3人,行政警告1人,降低岗位等级1人,留党察看二年并且降低岗位等级1人。

(三) 坚持"打铁必须自身硬",切实加强内部建设

加强制度建设和队伍建设,提高纪检监察工作能力。逐步理顺纪检体系内部工作机制,科学进行人员配置和任务分工,整合资源集中办案,提高执纪审查效率;严格按照《中国共产党纪律检查机关监督执纪工作规则(试行)》要求,完善内部相关工作流程和制度,进一步规范执纪审查工作。

加大岗位交流力度,拓宽教育、培养干部的途径和方式,发挥纪检监察机关在学校干部队伍建设中的作用。2018年学校纪委办公室先后借调干部7名,增强纪检监察工作力量,推荐3名纪检干部赴中央纪委国家监委、中央纪委驻教育部纪检监察组等机关交流挂职,通过以干代训方式提高学校纪检监察队伍整体业务能力。

不断加强纪检监察队伍建设,加深对管党治党和教育工作规律的认识,深入实践研究问题,提高纪检干部政治理论水平和政策执行能力;定期组织内部业务学习,积极参加上级单位组织的纪检监察业务培训,不断提高纪检监察人员的履职能力和执纪水平。2018年共组织内部专题学习6次,参加上级单位组织的集中业务培训10人次,纪委办公室全体人员参加北京市纪委市监委组织举办的高校纪检监察干部"技能提升大课堂"3次。

四、其他工作

完成多项中央纪委国家监委、中央纪委驻教育部纪检监察组、北京市纪委市监委等上级部门和兄弟单位交办的配合调查任务,每月定期向中央纪委驻教育部纪检监察组、北京市纪委市监委驻市委教育工作委员会市教育委员会纪检监察组报送本月信访及问题线索月报、本月党风政风监督工作月报表等。

承担北京市委教工委委托课题"国家监察体制改革背景下的高校监察工作研究"。完成学校宣传思想工作研究课题重点项目"高校落实全面从严治党责任机制研究",公开发表学术论文2篇。协助中国高等教育学会廉政建设分会举办"高校监察体制改革研修班"。

按照上级单位要求,学校纪委协助学校党委认真组织开展校领导班子成员违规取酬问题专项自查自纠工作,制定实施方案,按照"分时段、分重点、不遗漏、不回溯"的原则,严格落实自纠自查工作,直面问题、如实报告、及时整改。

按照上级部门和学校党委的工作要求，纪检监察部门成立保密工作小组，明确人员构成和职责分工。设置专门的保密工作区，专人负责保密电脑与保密打印机，制定保密机使用规则，明确操作禁忌，防止出现失泄密事故。

■ 巡察工作

一、概况

经2018年10月19日中共中国人民大学第十四届委员会第48次常委会议讨论决定，学校成立党委巡察工作领导小组及办公室。

巡察工作领导小组全面统筹学校巡察工作，组长为学校党委书记、校长，副组长为分管组织工作、纪检工作和意识形态工作的校领导。成员为学校办公室（党委办公室）、党委组织部、党委宣传部（党委教师工作部）、纪委办公室（监察处）、人事处、财务处、审计处等单位主要负责人。主要职责是：（1）贯彻学校党委的有关决策和部署；（2）研究确定巡察工作计划和阶段性工作安排；（3）听取巡察工作汇报；（4）研究巡察工作成果的运用和处置意见；（5）向学校党委报告巡察工作情况；（6）研究处理巡察工作中的其他重要事项。

巡察工作领导小组办公室作为日常办事机构，是学校党委的职能部门，主要职责是：（1）落实党委巡察工作领导小组的部署；（2）拟定巡察工作计划和方案；（3）统筹、协调、指导巡察组开展工作；（4）下达巡察整改意见并督促整改；（5）承担政策研究、制度建设等工作；（6）办理党委巡察工作领导小组交办的其他事项。

2018年，在学校党委的领导下，经过前期的充分准备，学校于12月中旬正式启动校内巡察工作，成立三个巡察组，利用5周时间，完成了对商学院党委、环境学院党委、后勤集团党委的现场巡察工作。

二、制度设计

中共中国人民大学第十四届委员会第55次常委会议通过并印发《中共中国人民大学委员会巡察工作暂行办法》（以下简称《暂行办法》）和《中共中国人民大学委员会巡察工作实施方案》（以下简称《实施方案》）。《暂行办法》明确了学校开展巡察工作的指导思想、工作方针、机构设置、工作内容、工作程序与纪律要求，《实施方案》明确了学校2018—2021年巡察工作安排，为学校完成一届党委任期内巡察全覆盖的任务做了规划。

学校党委还制定了《中共中国人民大学委员会巡察工作规程（试行）》，规范巡察工作程序。

党委巡察工作领导小组办公室制定了《巡察工作办公室“三重一大”制度实施细则》等15项工作制度，初步建立办公室内部管理制度体系，为工作流程化、规范化开展打下基础。

三、人员准备

经党委巡察工作领导小组办公室与党委组织部会商，建立巡察干部库。从库中抽调29名干部组成学校党委第一轮巡察三个巡察组，并针对被巡察单位实际情况开展业务培训。

四、启动第一轮巡察工作

12 月 19 日，学校召开巡察工作动员部署会。党委巡察工作领导小组组长、学校党委书记靳诺做动员讲话，标志着第一轮巡察工作正式启动。

12 月 21 日，三个巡察组正式进驻商学院、环境学院和后勤集团，开始为期 5 周左右的巡察。

12 月 24 日，学校分别组织三家被巡察单位召开巡察工作动员会，党委巡察工作领导小组主要领导靳诺、刘伟、张建明、吴付来和被巡察单位分管校领导吴晓球、朱信凯按职责分工分别参加三个单位的动员会。

■ 教师工作

一、概况

2018 年，在习近平新时代中国特色社会主义思想的指导下，学校贯彻落实党的十九大精神和全国教育大会、高校思想政治工作会议精神，贯彻落实党中央、教育部和北京市关于教师队伍建设、师德师风建设一系列文件要求，顺利完成各项计划和重点工作，使教师思想政治工作和师德师风建设取得显著成效。

二、教师思想政治工作

（一）开展思想政治教育

经学校党委统一部署，在全校教师中深入开展习近平新时代中国特色社会主义思想的理论学习，通过形式多样的学习宣传教育活动，提升教师思想政治素养，激发内生动力，树立崇高理想信念。

利用国家重大活动时间节点，在教师群体中持续开展理论学习活动。2018 年 9 月，组织教师观看全国教育大会，学习习近平总书记重要讲话精神，提高教师立德树人的责任感和使命感；后按上级相关部门要求，分三批报送学校主要领导和部分专家学者、中青年教师学习全国教育大会精神的体会感想。2018 年 12 月，组织教师观看庆祝改革开放 40 周年大会，感受改革开放 40 周年的历史时刻，激发教师建功立业新时代的责任感。

2018 年 10 月，以组织实施中央宣传部、中央组织部“在广大知识分子中深入开展弘扬爱国奋斗精神、建功立业新时代”活动和北京市“做新时代‘四有’好老师和‘四个引路人’”学习实践活动等重要活动为依托，制定中国人民大学活动实施方案并制作任务分解表，开展主题明确、形式多样、内容丰富的选学选读活动，组织教师深入学习贯彻习近平新时代中国特色社会主义思想，学习贯彻习近平总书记关于教育、教师工作、师德师风建设的重要论述，学习贯彻全国教育大会精神，落实立德树人根本任务。

（二）推进国情教育主题社会实践

为认真贯彻落实习近平总书记对弘扬爱国奋斗精神做出的一系列重要指示，根据《中共中央组织部　中共中央宣传部关于在广大知识分子中深入开展“弘扬爱国奋斗精神、建功立业新时代”活动的通知》的有关要求，做好新时代教师特别是青年教师培养工作，于暑期在全校范围内启动了“读懂中国”青年教师社会调研活动，作为学校进一步加强和改进教师队伍建设系列措施的重要组成部分，以引导教师更加深入地了解党情、国情、社情、民情、校情，在实践中锤炼品格、汲取养分、丰富思想、增长才干，努力成为党和国家希望的“四有”好老师。

“读懂中国”青年教师社会调研活动由党委教师工作部牵头，联合党委宣传部、人事处、校工会、校团委、继续教育学院等单位组织实施和具体落实。社会调研以学校主导项目为主，围绕改革开放40周年暨复校40周年的主题展开，制定“初心之旅”和“寻根之旅”两组线路，组织青年教师走进革命老区、改革开放前沿和基层一线，围绕精准脱贫攻坚、生态文明建设、乡村振兴等国家战略进行实践调研。

“初心之旅”包含两条调研线路。7月22日至27日，福建调研团在福州市、三明市、龙岩市和厦门市等地，通过专题理论教学、现场教学、参观体验等形式，深入调研福建改革开放40年来取得的辉煌成就和当地的优秀革命文化传统。7月27日至31日，江浙调研团在苏州市、上海市、嘉兴市、湖州市等地，赴苏州校区、苏州工业园区、上海一大会址、淞沪会战纪念馆、浙江嘉兴南湖等地开展调研活动；其间，学校党委书记靳诺专程赴湖州市南浔区，与青年教师调研团及部分在浙校友一起参观吴宝康陈列馆。

“寻根之旅”包含两条调研线路。8月27日至30日，陕西调研团在延安市、咸阳市等地，赴延安革命纪念馆、杨家岭革命旧址、延川梁家河、延安宝塔山、延安清凉山成仿吾故居和陕北公学旧址、旬邑看花宫陕北公学分校旧址等地进行调研。8月27日至30日，四川调研团在四川自贡市和重庆市，赴荣县吴玉章故居、自贡航空产业、自贡彩灯文化产业集团以及重庆歌乐山、白公馆、渣滓洞等地进行调研。

调研广受教师欢迎，在《人民日报》重要版面得到宣传报道，并被作为特色品牌项目报送中央有关部门，成为学校的亮点活动之一。

三、师德师风建设工作

学校贯彻落实党中央和教育部关于高校师德师风建设有关精神，结合学校实际情况，建立健全工作机制，制定和出台相关文件，推动学校师德师风建设工作制度化、常态化、长效化。

（一）抓好顶层设计

4月14日，经中共中国人民大学第十四届委员会第35次常委会议研究，决定成立中国人民大学师德建设与监督委员会，全面负责学校师德建设的总体规划、政策制定、宣传教育、检查评估等工作，负责涉嫌违反师德师风行为的受理、调查和处理。师德建设与监督委员会实行学校党委书记、校长师德同责的双主任制，下设秘书处，挂靠党委教师工作部。

（二）完善制度建设

4月14日，制定出台《中国人民大学师德建设长效机制实施办法（试行）》《中国人民大学教师职业道德规范（试行）》等文件，为加强师德师风建设提供制度保障。《中国人民大学师德建设长效机制实施办法（试行）》规定了学校师德建设长效机制的基本原则、工作要求、工作机制等，涉及师德教育与宣传、考核与监督等内容，明确在人才引进、职务评审、岗位聘任、干部选拔、评奖评优、绩效考核等环节加强师德师风审核把关。《中国人民大学教师职业道德规范（试行）》规定了学校教师基本职业道德规范、违规的行为及相应的处理程序。

（三）加强培训宣传

9月13日，副校长吴晓球为新入职教职工做师德师风建设专题讲座，120余名教职工参加。

除弘扬“两弹一星”精神、载人航天精神、西安交通大学“西迁”人事迹及以黄大年、李保国、南仁东、钟扬等为代表的新时代优秀知识分子的感人事迹外，学校党委教师工作部联合党委宣传部，积极采取多种方式，深入挖掘中国人民大学师生校友的好故事，对师生校友的爱国奋斗精神和有关事迹进行搜集整理、解读阐释和艺术呈现，深入宣传吴玉章、成仿吾、张腾霄、吴宝康等一大批优秀知识分子典型。通过广播、网站、微博、微信及微视频等新媒体形式，大力策划宣传戴逸、吴易风、孙郁等身边的优秀教师、优秀教师团队的感人事迹，在全校弘扬尊师重教的风尚，引导广大教师自觉向榜样学习，内化于心、外化于行。

（四）严肃师德监督和失范惩处

探索建立师德重大问题的会商报告和舆情响应制度，完善师德失范行为的受理、调查、认定、处理机制。针对暴露出来的个别教师师德失范问题，发现一起，查处一起，依法依纪予以严惩。

6月26日，教育部落实师德建设长效机制专项督查工作组对北京高校开展实地督查，学校党委副书记郑水泉代表学校做《中国人民大学师德建设长效机制贯彻落实情况汇报》，教育部教师工作司司长王定华对学校师德建设工作予以充分肯定。12月14日，教育部召开全国师德师风建设工作视频会议，学校党委书记靳诺出席并作为高校代表做大会交流发言。

四、重要活动

12月4日，为落实教育部加强师德师风建设的有关文件要求，探索创新新时代高校师德师风建设工作机制，学校党委教师工作部牵头筹备召开全国68所高校参加的首届全国高校党委教师工作部部长工作研讨会，积极开展兄弟院校的交流研讨，学习借鉴兄弟高校师德师风建设工作的实践经验。

研讨会由教育部教师工作司、思想政治工作司、中共北京市委教育工委指导，中国人民大学承办，是全国高校思想政治工作会议召开后，高校普遍设立党委教师工作部以来，首次以新时代高校师德建设为主题，以党委教师工作部为平台的工作研讨会。参会的全国高校党委教师工作部部长在会上发言，交流了工作经验，分享了工作体会，提出了加强师德建设的意见和建议。研讨会对于深刻把握新时代高校教师师德建设的形势任务、规律特点和创新路径，加强高校党委教师工作部门的建设与发展，具有重要的推动意义。

■ 工会与教代会工作

一、概况

2018年，中国人民大学教代会、工会以习近平新时代中国特色社会主义思想和党的十九大精神为指引，深入贯彻落实中国工会十七大要求，在上级工会和学校党委的领导下，进一步增强政治性、先进性、群众性，坚持“围绕中心、服务大局、突出重点、强化特色”的工作思路，将常规工作创新做、重点工作认真做、特色工作用心做，积极参与学校民主管理，加强思想引领，弘扬师德师风、劳模精神，围绕“生物钟”开展文体活动，立足教职工需求提供精准服务，深化改革加强自身建设，团结、引导教职工为学校“双一流”建设贡献力量。

二、教代会工作

2018年，在学校党委和上级工会的领导下，按程序完成教代会、工会换届选举，推进教代会提案办理，完善教代会机制，积极组织教代会代表、专门委员会参与学校相关工作。

完成换届选举。1月起启动筹备工作，完成候选人酝酿、会议材料撰写、会务组织等工作。5月25日至26日，召开中国人民大学第七届教职工代表大会暨第十六次工会会员代表大会（以下简称

“双代会”）。会议听取学校工作报告、学校财务工作报告，审议教代会、工会工作报告、教代会提案审查处理工作委员会工作报告、工会财务工作报告和经费审查委员会工作报告，选举产生第七届教代会常设主席团、教代会各专门委员会和第十六届工会委员会、经费审查委员会、女教职工委员会等11个机构的组成人员，选举产生新一届教代会常设主席团和工会委员会、经费审查委员会领导班子成员。

加强教代会提案办理。“双代会”期间教代会秘书处共征集教代会代表提案91件，经并案处理形成最终提案70件，涉及综合改革、教职工队伍建设、教学科研改革等七大类内容。7月6日，第七届教代会提案审查处理工作委员会召开全体会议审查提案，决定立案27件，作为意见、建议处理42件，不立案1件。7月12日，学校组织召开第七届教职工代表大会提案处理部署会，向26个提案承办部门下发提案，部署承办答复工作。9月，教代会秘书处向承办单位发放提案督办函，进一步推动提案办理落实。相关承办部门按规定就立案提案反馈答复意见，就作为意见、建议处理的提案与提案人进行沟通。

组织教代会代表及专门委员会参与民主管理。建立教代会代表参与学校工作备案制度，完善教代会专门委员会组织规则。2018年，组织相关教代会专门委员会及教代会代表77人次，积极参与提案处理、大厂生活区建设、教职工退休文件修订、教职工行政纪律处分、周转住房管理细则起草、教学奖励体系文件起草等学校各类工作共计14次。

三、校园文化建设和文体社团工作

2018年，坚持“月月有比赛、周周有活动、人人有特长”工作目标，围绕欢庆节日、庆祝复校40周年等主题，开展丰富多彩的文体活动。

继续贯彻落实全民健身计划。组织开展庆祝“三八”国际劳动妇女节教职工趣味运动会、第五十九届教职工春季运动会、“白羽惜别”羽毛球赛等传统体育赛事。围绕庆祝复校40周年开展教职工冬季游泳友谊赛、教职工五人制足球比赛、40公里健步走、教职工羽毛球团体邀请赛、教职工乒乓球团体赛、网球友谊赛等系列活动。全年共计6 000余人次参与各类活动。

充分调动教职工社团积极性，满足不同教职工群体兴趣爱好。5月成立中国人民大学教职工徒步协会，吸引100余名教职工参加。协会成员参加校内外多项体育活动，展示人大教职工风采。10月成立中国人民大学教职工合唱团，定期组织排练，引导教职工提升艺术修养。进一步规范游泳协会、太极拳协会、篮球协会、足球协会、舞蹈协会等社团组织运行机制，在经费上给予大力支持。组织开展2018年教职工社团岁末联欢展示活动，为各个社团展示风采、扩大影响力搭建平台。

进一步完善午间课堂课程体系，在原有书法、国画、太极拳、舞蹈、古琴、中华韵、瑜伽等课程基础上增设合唱教学、游泳基础课，形成14类19门课程，吸引教职工1 200余人次报名参与。加强课堂管理，组织结业展示，增强教职工获得感、幸福感。

丰富北戴河暑期休养组织形式。增设临近退休人员暑期休养活动，组织2018年上半年即将退休教职工赴北戴河学术交流中心开展以“幸福健康系人大、不忘初心再出发”为主题的实践活动。此外，按照往年工作安排，组织五个批次534名在职教职工赴北戴河学术交流中心休养。

根据教育部、全国总工会工作部署，与法学院联合开展2018年“尊法守法·携手筑梦”服务农民工法治宣传活动，通过专题讲座、文艺表演、发放普法手册等多种形式向校内外农民工群体普及生活法律常识，惠及近千人次。

四、师德建设和职业技能竞赛工作

2018年，校工会深入开展师德师风教育，营造争做“四有”好老师浓厚氛围；弘扬劳模精神，引导教职工积极实践社会主义核心价值观。

组织开展各类先进评选。2018 年，马克思主义学院荣获“全国工人先锋号”荣誉称号。杨慧林（文学院）、胡锦光（法学院）、佟世祥（附属中学）、张威（理学院）、马少华（新闻学院）获“2018 年北京市师德先锋”荣誉称号，王易、曹春香获“北京市三八红旗奖章”荣誉称号。38 个单位获 2018 年“中国人民大学先进集体”荣誉称号，120 名教职工荣获 2018 年“中国人民大学先进工作者”荣誉称号。68 人获 2018 年校级“优秀工会工作者”荣誉称号，99 人获 2018 年“校级工会积极分子”荣誉称号。116 人获“从事教育工作满三十年”荣誉称号。

创新先进人物慰问形式。2018 年，组织“五一”国际劳动节、教师节慰问，向学校劳模、优秀教师代表送上鲜花和祝福卡片。组织劳模教职工代表赴北戴河休养。组织“从事教育工作满三十年”荣誉称号教职工拍摄工作纪念照，展现人大教职工风貌。

引导教职工提升职业技能。组织开展学校第十届青年教师教学基本功比赛，为营造教学为本氛围、帮助青年教师成长成才搭建平台。共有来自 22 个学院的 37 位青年教师参赛。以“争当主人翁、建功新时代”为主题，联合后勤集团开展第三届后勤职工岗位技能比赛，联合校医院开展急救护理岗位技能竞赛，以赛促练，助力学校后勤保障服务水平提升。

继续组织新入职教职工社会实践。2018 年，开展“走进雄安新区、开启育人之旅”社会实践活动和爱国主义教育活动，组织新入职教职工参观雄安新区，帮助他们深入了解国情、社情，加深对新时代、新担当、新作为的理解。

五、女教职工工作及职工互助保障工作

2018 年，学校女教职工工作以提升兴趣素养、加强自身建设为重点，通过多种形式的活动力争让每位女教职工感受关怀。进一步加强教职工保障体系建设，帮助教职工缓解因罹患大病、遭受意外伤害而带来的经济压力。

开展女教职工系列活动。以“健康身心、美丽人生”为主题，推出“三八”国际妇女节女性关爱系列活动，包括趣味运动会、专题讲座、校外参观、手工制作、摄影比赛、体质测试等 12 场活动。以培育好家风为目标，围绕女性家庭生活举办教职工亲子主题讲座，邀请学校心理健康中心专家为女教职工培养良好亲子关系提供有益建议。根据北京市总工会女职工委员会、北京职工婚姻家庭建设协会要求，组织幸福家庭推荐评选，机关七分工会（研究生院）王俊家庭获得北京职工“幸福之家”荣誉称号。

加强女教职工身心保障和组织建设。依托北京市总工会女职工委员会专项支持，划拨工会专项经费 3.8 万元在校工会办公区域打造母婴关爱室样板间，并在 5 家分工会建立母婴关爱室，面向全校女教职工开放。为符合条件的退休教职工发放独生子女一次性奖励费共计 9.8 万元，为 200 多名教职工发放托补费，为 12 人次办理女教职工特殊疾病保险理赔约 12 万元。12 月召开工会第十六届女教职工委员会第一次全体会议，总结 2018 年女教职工工作，补选女教职工委员会副主任委员、分管委员。

继续开展大病教职工帮扶。继续做好学校关爱师生基金、在职职工爱心互助金、北京市互助保障活动和北京市温暖基金等保障项目申报工作。2018 年，关爱师生基金资助师生 25 人次，资助金额约 43 万元；在职职工爱心互助金资助 7 人，资助金额约 25 万元；为 15 名教职工办理北京市互助保障活动，理赔约 15 万元；为 3 名教职工申请北京市温暖基金 6 万元；为 1 名教职工申报办理京卡 · 互助卡在职职工子女非工伤意外理赔。加大工作力度和经费投入，扩大保障体系覆盖面。2018 年，优化在职职工爱心互助金办理程序和工作材料，共有 1 400 余人加入在职职工爱心互助金保障项目，缴纳互助费约 37 万元；启动 2018 年全员互助保障计划，使用工会经费约 28 万元为 3 600 余名符合条件的事业编制在职教职工办理北京市职工互助保障项目；为 124 名新入职事业编制教职工办理京卡 · 互

助卡。

六、组织建设及其他工作

2018年，学校工会进一步深化改革创新，加强自身建设，提高效能，扩大工会组织代表性和覆盖面，使工会经费更好服务教职工。

完成上级工会改革试点任务。承担北京市总工会“一级工会领导班子配备1～3名副主席”改革试点任务。在学校党委领导下，经过深入调研、广泛征求意见，按程序酝酿候选人并提交“双代会”选举。选举产生的领导班子成员中，一线教师有3人（含劳模1名），代表性更加广泛，达到改革试点预期目标。

加强非事业编制教职工入会研究，推动非事业编制教职工入会。6月承担北京市教育工会“事业单位用工多样化背景下工会工作的挑战与应对策略研究”专项课题，广泛调研北京地区高校非事业编制用工情况，7月完成研究报告撰写并提交北京市教育工会，得到上级肯定。密切关注非事业编制教职工入会需求，以出版社、明德物业公司为试点稳步推进学校非事业编制教职工入会工作。

加大工会经费普惠制力度。将上级工会文件精神与学校精准扶贫政策相结合，采购陕西旬邑苹果作为“五一”国际劳动节慰问品向全校教职工发放。经上级工会批准，使用工会经费聘用财务专业人员，进一步提升工会财务管理专业化水平。

加强职工之家建设。2018年，继续实行建家项目申报制度，共支持活动建家项目181项，资助活动经费约46万元；购买职工小家设备140件，价值约17万元。创新建家宣传形式，10月与学校博物馆联合举办“我爱我家”——中国人民大学“职工之家”图片展，集中展示各分工会近年来建家活动成果，得到学校领导及分工会好评。组织开展校级职工小家评审工作，机关一分工会（学校办公室）、机关四分工会（信息技术中心）职工小家均达到“学校模范职工小家”验收标准，通过审评验收。

■ 学生工作

一、概况

2018年，学校入选教育部首批“三全育人”综合改革试点高校。党委学生工作部（处）、党委人民武装部深入学习贯彻党的十九大以及十九届二中、三中全会精神，认真研究落实中央和教育部、北京市各项文件要求，紧密围绕立德树人根本任务，积极探索构建“三全育人”大思政育人格局，抓紧抓实各项学生工作，强化思想引领、提升管理效能、落实辅导服务，并顺应新形势、新机遇和新挑战，积极探索“互联网+思政”的有效途径，致力于提升工作实效，服务学生成长成才，为培养“国民表率、社会栋梁”不懈努力。

二、思想政治教育

（一）全面深化理想信念教育

深入开展“形势与政策”教育，举办学习习近平总书记在北京大学师生座谈会上的讲话、在纪念马克思诞辰200周年大会上的讲话、在庆祝改革开放40周年大会上的讲话精神系列座谈会，引领学生学讲话、悟思想、担使命。组织嘉兴南湖学习实践、“共谱十九大赞歌，开启新时代梦想”首都大学生学习贯彻党的十九大精神主题创作展参观、“党的十九大精神研习示范小组”建设等活动，学、讲、行结合推进党的十九大精神学习实践走深走实。组织“伟大的变革——庆祝改革开放40周年大型展览”参观，邀请中国国家博物馆副馆长白云涛做改革开放40周年主题讲座；举办“改革开放四十年，砥砺奋进新时代”中国人民大学第十三届国情知识竞赛、“纪念改革开放四十周年”主题定向越野赛和“新时代、新青年、我与改革开放”征文等系列活动，深入开展纪念改革开放40周年主题教育。办好“形势与政策”名家讲坛，开设“吹响科技强国号角，勇立创新时代潮头”科技文化系列讲座，组织《辉煌中国》《大国外交》《大国重器》主题系列观影会，并依托学院、党团支部、班级等基层组织，深入开展多种形式的“形势与政策”学习实践活动，增进学生对国家政策方针、建设伟大成就和发展机遇挑战的认识，坚定理想信念，勇担时代重任。

（二）积极涵育社会主义核心价值观

依托学校国旗护卫队，面向新生举办“当国歌响起的时候”升国旗主题教育活动，面向全校师生举办学雷锋纪念日、“九一八”事变纪念日、国庆节等升国旗主题教育活动，在庄严的仪式中厚植爱国情怀。组织开展“学雷锋、做好事、明明德、在行动”美丽心愿等活动，鼓励学生广泛参与志愿服务，在助人为乐的过程中培育友善品质。深化科学道德与学风建设宣讲教育，组织新生4 000余人线上线下参加全国科学道德与学风建设宣讲会；依托各学院，把握入学、毕业关键期，结合“读史读经典”等学业项目开展讲座、沙龙、知识竞赛、研讨交流等多种形式的教育活动260余场，将科学道德与学风建设贯穿人才培养始终。全面开展“我与社会主义核心价值观”主题班会，引领学生结合自身实际学习践行社会主义核心价值观。积极组织“大学生年度人物”等评选推荐活动，挖掘优秀学生典型及其经历故事，树立榜样和标杆。经济学院2016级硕士生特木钦获评第十三届“中国大学生年度人物”提名候选人，理学院2013级博士生乔婧思、新闻学院2014级本科生李嘉贝获评入围候选人。

（三）持续完善特色育人品牌项目

“精彩第一年”新生引航计划继续为本科新生提供包含适应、融入、引领、发展四个阶段的系统化教育指导。新生入学第一周，学校党委书记靳诺在开学典礼上以《在大学最美好的年华找寻人生的答案》为题讲授“开学第一课”，吴晓球副校长做入学教育报告，教务处、党委学生工作部（处）、保卫处（部）、校医院、图书馆等多部门为新生带来系列“大学学习生活导航讲座”。校史展参观、“达人来啦”分享会等活动陆续开展，“新生i问”网络咨询平台累计为新生答疑1 000余个。党委学生工作部（处）采取立项申报制，给予经费支持，鼓励各学院结合自身实际开展具有针对性的新生引航活动。

“红船领航”计划党员先锋营进一步完善教官辅导员选拔模式，优化考勤管理和团队建设，改进服务实践环节组织模式。上半年，2017级学员在军事训练方面完成体能训练16次、队列训练8次、擒敌拳训练11次、奥林匹克公园定向越野1次，达到男生5 000米、女生3 000米的训练强度，并在校运会开幕式上进行队列方阵、擒敌拳方阵汇报表演；在学习实践方面开展集体学习5次、小组学习37次、志愿服务42次、延安学习实践1次，完成马克思主义经典研习实践任务，并在马克思主义经典研习会上向校领导靳诺、吴付来和朱信凯汇报成果。最终共有208名学员圆满完成熔铸任务顺利结业。下半年，共有227名2018级新学员加入党员先锋营，均为各学院分党委推荐的积极分子。2018级新学员累计开展体能训练14次、队列训练6次、擒敌拳训练2次、小组学习实践活动30次、团队熔炼18次，提交微博式思想汇报共计2 497条，并集体参加了营部组织的西柏坡学习实践活动。

“求是思源”优秀学生培养计划三期学员结业，六期新学员选拔完成，校友导师新增7名，累计达到67名，新聘任校外辅导员5名。四期、五期、六期学员团队于暑假分别赴韩国以及浙江省、福建省、湖南省怀化市等地，按计划开展相应主题学习、调研和支教志愿服务活动，总计参访各类单位87所，完成调研报告16篇，累计达17万字，支教受益学生达150人。除暑期活动外，项目还开展日常活动及能力提升训练，举办各类活动10余场，包括校友导师讲座、读书会、领导力提升工作坊等。

“毕业季”主题教育活动继续以毕业银行活动为纽带，整合毕业宣誓、“毕业十星”评选、毕业校园游、毕业彩票、毕业生座谈会等品牌活动，着力推进思想引领、学习实践、经验传承、奉献公益、成长发展、毕业文化、体育竞技、创新创意、情感交融、仪式庆典等十大类毕业活动的全面开展。2018届毕业誓词确定为：“明德博学，求是笃行；勤勉为新，朴实友爱。爱国励志，争做国民表率；求真力行，勇为社会栋梁。感念母校情，永葆赤子心。扬帆新征程，建功新时代！”李婧文、乔婧思、吕涛、曹松林、陈舒雨、秦意浓、顾天荣、王小军、任锐婧、李嘉贝荣获“毕业十星”荣誉称号，另有19人获提名奖。毕业成长拍卖会热度依旧，共计54个毕业生集体和个人参与了现场拍卖，总成交额为2 217万iRUC毕业纪念币。2018年毕业典礼开始前，组织各学院演唱毕业歌曲，全场毕业生同唱一首歌，将毕业的氛围引向高潮。精心制作《盛夏骊歌——中国人民大学2018年毕业纪念短片》，回顾毕业生在学校学习、实践、生活的种种经历，展现他们的成长变化，讲述真挚情谊，引发毕业生的共鸣与回忆，短短两天内视频累计播放4万次。

（四）积极探索“互联网+”思政有效途径

5月，“学务中心”网络平台首期开发完成验收，实现学生第二课堂活动全流程管理，打造“我们一起”的全员辅导平台，激发基层力量，丰富第二课堂活动供给。对“读史读经典”项目、本科生“形势与政策”教育、毕业银行等项目活动，全面应用这一平台进行管理和评估。党委学生工作部（处）组建管理队伍，定期对活动开展完成情况、积分认证分配情况进行督查，确保平台有序运行。截至2018年底，在平台创建的活动达到8 338个。党委学生工作部（处）依托部门网站、官方微信、官方微博等平台持续推进“网络思政”内容建设，2018年官方微信平台粉丝突破22 000人。

三、辅导员队伍建设

（一）着力加强专职辅导员队伍建设

认真贯彻落实中央和教育部文件精神，按照总体师生比不低于1∶200的比例设置专职辅导员岗位。建立由学校党委统一领导，党委学生工作部（处）具体负责，党委组织部、人事处、纪委办公室等相关部门及学院共同参与的辅导员选聘机制，严把入职关口、严格选聘程序，通过选留优秀毕业生、学工系统骨干计划等方式充实专职辅导员队伍，从源头确保辅导员队伍的素质和水平。组织新上岗辅导员59人次参与4次校内专题培训与报告会，推荐43人次参加由教育部思想政治教育司、北京市教育工委等举办的相关辅导员培训16场（含新上岗辅导员培训15人次）。完善辅导员工作室建设管理机制，组织第一、第二期辅导员工作室总结交流，制作《优秀辅导员工作室成果手册》，开展第三期辅导员工作室申报评审，新增立项10个优秀辅导员工作室。继续做好学工系统学生骨干计划选拔工作，选出2019届学工系统学生骨干培养计划学员26人。信息学院张国富获评第十届“全国高校辅导员年度人物”提名奖，马克思主义学院李晓雨在北京市高校辅导员职业能力大赛中获得三等奖。

（二）探索聘任首批荣誉辅导员

5月，学校聘任文学院教授金戈、信息学院教授陈禹、哲学院教授郭湛、历史学院教授叶凤美、统计学院教授易丹辉、农业与农村发展学院教授程漱兰、法学院教授徐孟洲、国际关系学院教授李宝俊、经济学院教授杨志、艺术学院教授洪涛、社会与人口学院教授姜向群、商学院教授赵苹、外国语学院教授于素秋、劳动人事学院教授周石等14位思想政治素质过硬、理论与实践经验丰富、对学生工作有热情的离退休资深教授担任学校首批荣誉辅导员，通过对荣誉辅导员进行访谈、开展理想人生名家讲座等形式，充分发挥老教授在大思政格局中的育人作用，推进学校“三全育人”探索。荣誉辅导员通过讲党课、办讲座、与学生座谈等多种形式，分享自己的人生故事、奋斗历程及家国情怀，立德树人，引导学生坚定理想信念，树立远大理想，传播正能量。

（三）稳步推进“三班”建设工作

完成2017级班级辅导员和2018级新生班主任续聘和选聘工作，续聘2017级班级辅导员74人，选聘2018级新生辅导员92人。举办2018级新生班主任210名、班级辅导员92名岗前培训会。完成班级辅导员一对一工作督导，建立全员辅导、朋辈辅导、深度辅导、个性辅导相结合的班级综合信息平台、交流分享平台、考核监督平台、即时交互平台和成长认证平台五位一体的“微人大”班级网络工作体系。举办学校2017—2018学年十佳班主任、十佳班级辅导员、先进班集体述评交流会。共评出十佳班主任10名、十佳班主任提名获得者12名；评选出十佳班级辅导员10名、十佳班级辅导员提名获得者10名；评选出先进班集体149个，并推荐其中11个参评北京市先进班集体。

（四）积极推动调查研究工作

参与中央马工程重大项目“高校青年师生思想政治状况跟踪研究”。参与教育部学生思想政治状况滚动调查、北京市委教育工委首都大学生发展状况调查，开展2018级本科新生入学适应与思想行为特点调查。组织申报2018年教育部人文社会科学研究专项任务项目（高校思想政治工作），立项2项。组织申报2019年北京高校思想政治工作研究课题，一般课题立项2项，支持课题立项2项。组织2017年首都大学生思想政治教育一般课题、支持课题结题2项。

四、学籍管理工作

根据《普通高等学校学生管理规定》的要求，结合学校实际情况，研究完善《中国人民大学本科生学籍管理规定》与《中国人民大学研究生学籍管理规定》。开展迎新协调与入学资格复查工作，召开2018年新生入学资格复查工作领导小组会议。依照学籍管理规定办理学籍变动及备案手续2 006人次。顺利完成8 069名2018级新生学信网学籍注册及6 770名2018届毕业生学信网学历注册工作。立足学生信息管理系统功能的开发拓展，进一步清洗、整理学校学生现有电子数据，巩固基础信息建设，优化学籍管理程序，加强信息系统联动，提升管理服务水平。依托电子校务系统，补办学生证件、火车票优惠磁条615份，为学生开具《在读证明》《北京高校非北京户籍大学生在学证明》6 750余份，为因公出国及赴港澳学生办理手续1 376人次。

五、学生违纪处理

坚持理顺工作流程、严格工作程序，进一步完善学生违纪处理的工作程序和适用细则。2018年共计处分学生31人，解除处分20人，召开听证会6场。

六、奖励与资助工作

（一）优化学生奖励设置与管理

围绕立德树人根本任务，将育人作为学生奖励工作的出发点和落脚点，全面优化学生奖助体系，拓展学生奖励项目，提升学生奖助标准，强化学生奖励在价值引领、学业促进、素质提升、能力发展等方面的作用。修订《中国人民大学学生奖励管理办法》，制定包括荣誉称号、奖学金、发展支持奖励、竞赛展评奖励在内的多项学生奖励的评审细则，规范评审程序，优化评审流程。2018年，学校共有 12 358 人次获得奖学金和三好学生、优秀研究生荣誉称号，奖励金额累计 2 237.05 万元（不含研究生学业奖学金和学院设立的奖学金）；评选 2018 届市级优秀毕业生 333 人，校级优秀毕业生 545 人；为 15 名参与美国政府实习项目的学生发放国际实习奖学金共计 15 万元。奖学金总额度较 2017 年增加约 1 倍，其中社会捐赠类奖学金额度增加约 1.5 倍。12 月 26 日，学校召开学生奖励颁奖典礼，对全校获奖个人和集体进行集中表彰，并通过校内媒体对优秀获奖学生进行宣传报道，进一步总结人才培养成果和经验，展现学校优秀学生的时代风貌，发挥学生奖励的育人功能，强化先进典型的示范作用。

（二）完善资助育人体系

以精准资助、隐形资助、跟踪资助为理念，以价值引领、能力发展、学业促进、心理辅导、生活保障为着力点，完善发展型学生资助体系。

优化家庭经济困难学生认定机制。采取班级、学院、学生资助管理中心、学生工作委员会四级认定机制，1 585 名学生纳入学校家庭经济困难学生库，实现资助工作的“对象精准”，也为落实“措施精准”“资源匹配精准”等精准资助要求奠定基础。

优化助学金管理和发放。修订《中国人民大学助学金管理办法》，实现国家、学校资助项目覆盖全体家庭经济困难学生，社会捐赠资助项目覆盖全体特殊困难学生。2018 年全年，共有 1 494 名家庭经济困难本科生获得国家助学金，资助总额 449.4 万元；590 人获得 16 项社会捐赠类助学金，资助总额 281.073 万元。此外，学校全年为硕士研究生发放硕士生国家助学金 4 434.3 万元，为博士研究生发放博士生国家助学金 3 321.06 万元。

做好国家助学贷款的申请与还款工作。2018 年，共有 1 006 名家庭经济困难学生申请国家助学贷款，贷款合同总金额达 889.913 万元。其中，961 人申请生源地国家助学贷款，贷款金额 800.075 万元（一年申请额）；45 人申请校园地国家助学贷款，贷款金额 89.838 万元。做好 363 名贷款毕业生的还款服务工作，发放还款手册，开展相关培训，组织续签借据，并在这一过程中融入诚信教育、感恩教育，将学生资助工作与思想政治教育工作有效结合。

办理学费补偿、贷款代偿及学费减免。为 13 名参军入伍学生、8 名退役学生和 25 名西部基层就业学生办理学费补偿、贷款代偿及学费减免手续，资助金额分别为 19.43 万元、7.7 万元和 59.8 万元。

办理入学“绿色通道”、困难补助和贷学金。为 160 名家庭经济困难新生办理“绿色通道”入学手续，发放各类资助合计 50.8 万元；为 58 名通过“绿色通道”入学的家庭经济困难学生办理奖励性贷学金，发放金额合计 11.6 万元。为生病、家庭突发困难的 7 名学生发放“临时困补”3.8 万元，为 1 566 人（次）家庭经济困难本科学生发放节日补助 52.2 万元，为 1 706 名家庭经济困难学生发放“饮水洗澡电话补助”31.561 万元，为 340 名家庭经济困难新生发放“暖心工程”羽绒服补助 10.27 万元，为 117 名高水平运动员发放训练补助 9.314 5 万元，为本科在校生发放副食补贴 670.680 8 万元。此外，还为 79 人次发放“心平自立贷学金”和“心平留学贷学金”共计 609.72 万元，其中“心平留学贷学金”共计发放 56 人次，批准额度合计 587.3 万元。

规范勤工助学管理。制定《中国人民大学校内勤工助学（固定岗位）管理细则》《中国人民大学校内勤工助学（临时岗位）管理细则》，严格执行设岗单位申请设岗、设岗审批、学生报名、用人单位选拔、用人单位确定人选、记录考勤等程序，确保家庭经济困难学生优先，加强学生在岗管理。调整校内勤工助学酬金标准，固定岗位从 300 元/月调整至 800 元/月，临时岗位从 15 元/小时调整为 25 元/小时。全年共为 6 779 人次发放酬金 454.226 万元。

（三）创新资助项目平台

2018 年初，以“贴心资助、暖心陪伴”为主题开展系列送温暖工作。举办“喜逢新时代，乐享中国年”寒假春节留校学生新春喜乐会等活动；制作《过年·回家》暖心视频，在学校和学生处官方微信公众平台推送；做好寒假留校学生统计，确保无一个学生因返乡困难而留校；与广州王老吉大健康产业有限公司合作开展“让爱吉时回家”公益活动，为家庭经济困难学生报销回家路费，帮助他们顺利回家与亲人团聚，报销路段包括西藏、云南等偏远地区，资助学生近 200 人。2018 年寒假，组织开展包括“家国新时代”返乡调研、“共享美好”政策讲习和“学长来啦”招生宣讲三个项目在内的“人大使者家乡行”活动，751 名同学最终获批结项。推进资助育人，开办“京东学堂”，提供公开课、研讨课、实践课、技能课、游学课等课程，培育学生的家国情怀、求是品质、国际视野、实践能力和创新精神。组织“82 公益领袖培育计划”，通过公益服务、公益调研和公益考察活动，培育具有利他精神、社会责任、创新意识和全球视野的优秀公益人才。成立校级公益性学生组织“阳光公益协会”，助力学生自助助人，形成“解困—育人—成才—回馈”的人才培养循环机制。

七、心理健康教育与咨询

（一）开设心理健康课程

继续开设本科生心理健康通识必修课，2018 年共计 24 个教学班 2 513 名本科生（含留学生）修读该课程。开设 6 门心理健康选修课，347 名本科生选修。

（二）做好日常心理咨询服务

设置 4 间心理咨询室，每周开放 90 个小时以上。暑期期间持续服务，帮助师生解决情绪、情感、人际冲突、就业困惑和个人发展等方面问题。2018 年共计接待个体咨询 2 031 人次，其中：男生 565 人次，女生 1 466 人次；本科生 1 129 人次，硕士生 630 人次，博士生 113 人次，其他（教师、职工、校友等）59 人次。此外，2018 年开展危机干预 121 人次。

（三）推进心理健康教育进学院

进一步前置普及心理健康教育。组织“心理健康进学院”活动 34 场，其中面向学生群体 27 场，面向教职工群体 4 场，面向新生家长 3 场。开设科普讲座 19 场，组织专业培训 8 场、团体培训及沙龙 6 场、心理健康普查 1 次。活动主题以普及心理健康知识、正确处理人际关系以及转换社会角色为主，兼具实用性和趣味性。组织新生心理委员培训，256 位班级心理委员参加培训，覆盖本硕博全部新生班级。

（四）开展心理健康自我教育

依托朋辈心理咨询中心，举办“朋辈宿舍送微笑”迎新、“缓解焦虑、团体减压”心理调试、“别低头，王冠会掉”女性成长工作坊、“做自己的女王”游园会等室外大型活动 18 场，以多样化的主题提醒大家关爱自我，传递温暖与支持，帮助学生了解校园心理健康服务方式、心理咨询的作用及朋辈心理咨询中心的工作。学校获北京市教工委 2018 年大学生心理健康节特色活动奖，学校心理健康中心集体获得中国人民大学海航奖教金，心理健康中心主任胡邓获北京高校心理素质教育工作“20 年奉献奖”。

八、住宿辅导工作

（一）建设和培训公寓辅导队伍

选聘学生兼职公寓辅导员 65 人、教师兼职公寓辅导员 47 人，组建公寓学生自我管理委员会，组建以兼职公寓辅导员为主体，以自管会、院系学生会生活部部长、宿舍长为助力的住宿辅导队伍，与后勤集团国内公寓部紧密协作，打通服务育人“最后一公里”。2018 年，面向公寓辅导员开展新上岗辅导员培训、公寓辅导员人际沟通技能和防火安全主题培训、团体辅导培训、摄影技能培训等 4

场培训，面向校、院专项辅导员开展 2 场培训，面向新生宿舍长开展 9 场培训，召开学院生活部长联席会 2 次。

（二）构建集管理、引导与服务为一体的住宿活动体系

开展校级学生宿舍安全卫生文明集中督查 6 次，累计督查本科生宿舍 11 195 间次、硕博生宿舍 5 091 间次。组织开展 2017—2018 学年十佳宿舍、文明宿舍、十佳宿舍长、优秀宿舍长评选。开展“拾光为家”新生宿舍形象设计大赛、健康早餐打卡、经验分享会、“夜聊”等文化活动，并联合校青协组织“香山环保公益行”志愿活动，引导住宿学生健康生活。开展公寓迎新、毕业季系列等活动，服务学生住宿生活。

（三）打造线上线下联动平台

建设“寓见 RUC”微信公众号，2018 年关注人数达 15 332 人，全年共发推送 356 篇，单篇最高阅读量达 11 946 人次。与后勤集团国内公寓部协作，首次召开公寓辅导员与公寓管理员见面会，在两个群体之间建设交流渠道与工作拓展平台。

九、学业辅导工作

（一）推进“读史读经典”项目实施

完成 2016 级本科生“读史读经典”论文查重和成绩登记，依托“读史读经典”项目开展学风建设。启动 2017 级本科生“读史读经典”项目学习，在通史、断代史阅读环节聘任 97 位研读导师、90 位研究生读史辅导员、92 位高年级本科生小班主任，在专门史阅读环节聘任 99 位研读导师、98 位研究生读史辅导员、105 位高年级本科生小班主任，推进项目顺利实施。举办“读史读经典”通史阶段系列导读讲座 23 场，开展校院班各类读史实践活动近 800 场。举办“品读经典韵，悦读新时代”主题读书文化节，开展“名师荐好书”、“名家讲名著”、“读史达人”大赛、读书征文大赛、主题演讲比赛、微书评比赛等活动 22 场，近 3 700 人次参与活动，近 38 000 人关注。选送的《归去来兮辞》作品获北京高校诵读经典活动三等奖。

（二）开展“励学人大”专项计划

聚焦学生在各学习阶段的具体问题，特邀学校荣誉辅导员、社会知名人士、中青年骨干教师与优秀在读学生提供多层次、多样化、专业化的学业辅导。建设一支拥有超过 110 位朋辈咨询师的队伍，组织“励学工作坊”咨询活动 246 次，超过 300 人次预约咨询，“励学团体课”和“励学训练营”参与人数超过 1 000 人次，为课堂讲授提供有益补充。14 个学院申请设立朋辈学业辅导工作专项计划，4 个学院申请设立面向全校的“励学人大”特色辅导班，共同打造校院联动、点面结合的特色学业辅导模式。编制《时间管理手册》，指导学生合理规划时间、提高学习生活效率。

十、国防教育工作

（一）组织军事课教学

2018 年，由于国防大学全面启动改革，不再选派在职教师承担地方高校军事理论课教学任务，军事理论课教学逐步向本校教师授课为主、国防大学退休教师授课为辅的模式转型，并积极推进军事理论课教学改革，在依据教学大纲开设 36 学时课程的基础上，首次在课程教学中引入实践教学、课题研讨等新形式，调动学生学习主动性与积极性。2018—2019 学年秋季学期，完成在京本科生 2 511 人、苏州校区本科生 280 人的军事课教学。

8 月 17 日至 9 月 3 日，学校组织 2017 级本科生 2 886 人在北京康庄 611 学生军训基地完成为期 15 天的军事技能训练。4 个连队获得“优秀连队”荣誉称号，524 人获得通报嘉奖，其中 178 人获得

团嘉奖，346 人获得连嘉奖。

（二）开展日常国防教育活动

组织开展军营参观、“爱我国防”主题演讲、“全民国防教育日”主题教育等国防教育活动。指导学校国旗护卫队开展升国旗爱国主义教育活动、“走进国旗护卫队”系列观影活动，完成校内典礼仪式升国旗任务，并前往海淀区永丰实验学校举行升国旗仪式，开展支教活动。

（三）开展征兵工作

举行 2018 年中国人民大学征兵工作部署会，深入学习贯彻落实习近平总书记给南开大学 8 名新入伍大学生的回信精神，领会习近平总书记改革强军思想，向各学院传达北京市印发的“五率”考评实施办法，指导各学院认真做好征兵工作。加大宣传动员力度，将征兵工作与学生思想政治教育紧密结合，依托学院，结合讲座、分享、观影、主题党团日和班会等多种形式开展国防教育和征兵宣讲，把宣传动员做到每一个适龄学生。2018 年共有男生 26 人、女生 10 人报名参军，其中男生 10 人、女生 1 人通过体检和政审，光荣入伍。

（四）做好退役大学生工作

积极落实学校退役大学生优待政策，10 名退役学生推免读研，17 名退役学生获得学校 2017—2018 学年国防奖学金。首次设置退役大学生培养专项经费，为退役大学生提供一对一学业辅导支持，并选送优秀退役大学生参与学校厚重人才成长支持计划活动，首批 4 名退役大学生随“求是思源”优秀学生培养计划前往湖南、浙江、福建等地参与支教和调研活动。

十一、就业工作

2018 年，学校毕业生总人数为 6 799 人（不含港澳台侨学生、留学生），总体落实率为 98.62%，其中本科生落实率为 97.02%，研究生落实率为 99.50%（截至 2018 年 10 月 31 日）。

（一）毕业本科生就业情况

2018 年，学校共有本科毕业生 2 415 人，其中，就业 789 人（占 32.67%），升学 834 人（占 34.53%），出国留学 720 人（占 29.81%），待落实 72 人（占毕业生总数的 2.98%）。

2018 届已落实就业去向的 789 名毕业本科生中，到党政机关就业 61 人（占 7.73%），科研教学单位 37 人（占 4.69%），其他事业单位 20 人（占 2.53%），国有企业 119 人（占 15.08%），三资企业 61 人（占 7.73%），民营企业 276 人（占 34.98%），参军 59 人（占 7.48%），自主创业 7 人（占 0.89%），自由职业 149 人（占 18.88%）。

（二）毕业研究生就业情况

2018 年，学校共有硕士和博士毕业生 4 384 人，其中就业 3 851 人（占 87.84%），攻读博士研究生及博士后进站 398 人（占 9.08%），出国留学 113 人（占 2.58%），待落实 22 人（占毕业生总数的 0.50%）。

2018 届已落实就业去向的 3 851 名毕业研究生中，到党政机关就业 737 人（占 19.14%），科研教学单位 536 人（占 13.92%），其他事业单位 385 人（占 10.00%），国有企业 1 165 人（占 30.25%），三资企业 221 人（占 5.74%），民营企业 725 人（占 18.83%），参军 11 人（占 0.29%），自主创业 18 人（占 0.47%），自由职业 53 人（占 1.38%）。

十二、创业工作

（一）创业教育课程体系建设

学校继续扎实推进“创新思维与商业模式”“社会发展与社会创业”等创业课程教学，并紧密结合学科专业特色和人才培养改革实际，将创新创业教育深植于本科人才培养体系，实现创新创业教育与本科人才培养的理念融合、目标融合、知识融合、机制融合和模式融合，在深度融合中突出重点和主线，形成全员、全过程、全方位，具有人大特色的创新创业教育体系。

（二）创业教育研究

学校依托强大的双创教育师资力量和丰富的创业研究基础，以精准掌握全国大学生创新创业教育实践情况为目标，组织全国33所不同类型、不同层次的高校和社会组织联合编写并发布《2017中国大学生创业报告》。报告以“建设更富有生机与活力的大学生创业新生态”为主题，广泛吸纳国内外创业生态系统研究的前沿成果，全方位调查中国高校创业生态系统建设现状及发展趋势，较大范围地收录高校创新创业教育改革典型案例，同时，进一步深入对创业生态系统各相关主体的考察，以及对协同育人机制、创业文化氛围的研究，全方位调查了中国高校创业生态系统建设现状及发展趋势。

（三）创业训练实践指导

创业学院位于文化大厦的众创空间二期新场地正式投入使用，结合新的空间场地，创业学院新推出了创业者电影沙龙、苗圃计划等系列活动，同时继续举办创业大讲堂、创业导师进课堂、创业沙龙等传统品牌活动，邀请知名校友、企业家与学生互动交流，分享创业经验，启迪学生创业灵感。创业学院选拔培育优秀的创业团队，紧密结合学生团队的创业领域，定期举办创业项目路演活动，使学生团队在管理理念、经营模式、市场推广等诸多方面获得指导。

创业学院举办“京东杯”中国人民大学第九届学生“创业之星”大赛，共有107支学生团队近500名学生报名参赛。创业学院将校内“创业之星”大赛与第四届中国“互联网＋”大学生创新创业大赛接轨，使优秀创业项目通过校内赛的指导、优化和精准打磨，不断提升核心竞争力。创业学院还组织学生创业团队多次参加“青年红色筑梦之旅”活动，与主办地区相关单位达成合作意向。

创业学院与理工学科建设处、招生就业处共同设立学校在校生科技创新创业科研项目，组织校内外专家对报名项目进行评审。最终10个项目获批立项，每个项目获得3万元资金支持，有效推动了在校学生科技创新创业成果的转化。

（四）创新创业教育国际交流

4月，创业学院负责人应邀率团赴美国芝加哥大学、加拿大拉瓦尔大学开展校际交流，落实中美青年创客交流中心合作事宜，促成具体合作项目。

（五）创新创业教育实践基地建设

4月，创业学院与新华社客户端《我要去创业》、车库咖啡、万学教育、星界传媒签约合作并互授基地牌。创业学院通过持续推进创新创业教育实践基地建设，为学校创新创业教育营造良好的社会氛围、打造联动的社会生态，培养真正符合国家需要的创新创业人才。

（六）双创教育教学成果丰硕，影响广泛

学校入选首批中美青年创客交流中心。在中美青年创客交流中心年度评估中，学校中美青年创客中心导师常鹏荣获优秀导师奖，学生创业团队“矩视智能”获评优秀团队奖。在2018年北京地区高校大学生优秀创业团队评选活动中，学校选送的团队荣获一等奖2项、二等奖1项。

附录

2018年中国人民大学在校学生分学院、类别、年级人数统计表

学院	合计	博士生				硕士生				本科生					
		总计	2018级	2017级	2016级及其他	总计	2018级	2017级	2016级及其他	总计	2018级	2017级	2016级	2015级	2014级及其他
合计	25 270	3 843	921	814	2 108	10 158	4 387	4 538	1 233	11 269	2 841	2 799	2 753	2 870	6
财政金融学院	2 061	217	56	35	126	732	353	329	50	1 112	274	281	275	282	0
法学院	2 145	366	70	61	235	1 170	506	490	174	609	143	154	153	159	0
公共管理学院	1 627	243	53	55	135	1 021	433	397	191	363	94	86	87	96	0
国际关系学院	872	204	41	38	125	231	105	126	0	437	113	110	100	114	0
国学院	244	67	15	17	35	87	35	43	9	90	16	19	24	31	0
环境学院	580	69	19	20	30	205	76	81	48	306	75	74	76	81	0
经济学院	1 817	373	84	86	203	548	255	287	6	896	227	229	221	219	0
劳动人事学院	1 005	181	39	42	100	279	132	142	5	545	140	142	127	136	0
理学院	345	0	0	0	0	0	0	0	0	345	89	88	99	69	0
化学系	172	59	20	19	20	113	40	39	34	0	0	0	0	0	0
物理系	136	74	20	22	32	62	25	22	15	0	0	0	0	0	0
心理学系	100	30	9	8	13	70	24	23	23	0	0	0	0	0	0
历史学院	597	159	33	35	91	293	102	97	94	145	44	43	28	30	0
马克思主义学院	539	199	67	50	82	194	111	74	9	146	44	46	32	24	0
农业与农村发展学院	566	86	24	16	46	326	144	149	33	154	37	38	37	42	0
商学院	3 203	265	72	31	162	1 694	783	860	51	1 244	306	309	312	317	0
社会与人口学院	793	157	35	36	86	289	128	161	0	347	87	84	79	97	0
统计学院	802	80	23	17	40	262	110	110	42	460	118	128	114	100	0
外国语学院	812	74	17	15	42	293	106	106	81	445	120	109	104	112	0
文学院	855	138	33	27	78	521	166	230	125	196	60	46	36	54	0
新闻学院	1 034	143	33	38	72	302	142	160	0	589	143	135	154	157	0
信息学院	1 054	109	25	24	60	332	134	149	49	613	161	154	145	153	0
信息资源管理学院	641	102	20	24	58	203	95	108	0	336	92	74	85	85	0
艺术学院	626	0	0	0	0	159	53	45	61	467	106	105	115	135	6
哲学院	845	295	70	62	163	278	100	78	100	272	77	69	67	59	0
教育学院	126	49	12	14	23	77	36	41	0	0	0	0	0	0	0
汉青研究院	242	13	8	3	5	229	108	110	11	0	0	0	0	0	0
统计与大数据研究院	31	31	11	11	9	0	0	0	0	0	0	0	0	0	0
数学科学研究院	0	0	0	0	0	0	0	0	0	0	0	0	0	0	0
数学学院	108	39	12	8	19	69	26	21	22	0	0	0	0	0	0
国际学院	135	18	0	0	18	117	57	60	0	0	0	0	0	0	0
中法学院	1 152	0	0	0	0	0	0	0	0	1 152	275	276	283	318	0
体育部	2	0	0	0	0	2	2	0	0	0	0	0	0	0	0

2018年中国人民大学学生奖励类别及额度

类型	类别	奖励项目	等级及奖励金额（元）	设立方
荣誉称号		优秀毕业生	不分等级/0	学校
		优秀研究生	不分等级/0	学校
		三好学生	不分等级/0	学校
		优秀学生干部	不分等级/0	学校
奖学金	特设类	校长特别奖学金	不分等级/10 000	学校
		吴玉章奖学金	不分等级/10 000	学校
		宝钢优秀学生奖	不分等级/10 000	宝钢教育基金会
		京东特等奖学金	不分等级/10 000	京东集团、北京京东公益基金会
	学习学术类	本科生国家奖学金	不分等级/8 000	教育部
		硕士研究生国家奖学金	不分等级/20 000	教育部
		博士研究生国家奖学金	不分等级/30 000	教育部
		本科生国家励志奖学金	不分等级/5 000	教育部
		台湾、港澳及华侨学生奖学金	特等：本/8 000、硕/20 000、博/30 000 一等：本/6 000、硕/10 000、博/15 000 二等：本/5 000、硕/7 000、博/10 000 三等：本/4 000、硕/5 000、博/7 000	教育部
		学习优秀奖学金	一等/5 000	学校
			二等/3 000	学校
			三等/2 000	学校
		中国嘉德徐邦达艺术教育奖学金	不分等级/10 000	中国嘉德国际拍卖有限公司
		苏州工业园区奖学金	不分等级/8 000	苏州工业园区工作委员会组织部
		协鑫奖学金	不分等级/8 000	江苏协鑫阳光慈善基金会
		中国石油奖学金	不分等级/8 000	中国石油天然气集团有限公司
		京东奖学金	不分等级/6 000	京东集团、北京京东公益基金会
		费孝通奖学金	不分等级/6 000	北京中国高校校友海外联谊会
		华为奖学金	本/5 000	华为技术有限公司
			硕/博/6 000	华为技术有限公司
		三星奖学金	不分等级/6 000	三星（中国）投资有限公司
		中国农业银行奖学金	不分等级/5 000	中国农业银行股份有限公司
		海航奖学金	不分等级/5 000	海航集团有限公司
		立国奖学金	不分等级/5 000	立国集团
		光华奖学金	不分等级/3 000	光华教育基金会
		信善奖学金	不分等级/3 000	香港道教信善玄宫基金会
		时尚奖学金	不分等级/3 000	北京时之尚广告有限责任公司
	创新创业类	科研创新奖学金	不分等级/5 000	学校
		实践创新奖学金	不分等级/5 000	学校

续表

类型	类别	奖励项目	等级及奖励金额（元）	设立方
奖学金	文艺体育类	文体优秀奖学金	一等/2 000	学校
			二等/1 000	学校
			三等/600	学校
	服务贡献类	优秀学生干部奖学金	一等/2 000	学校
			二等/1 500	学校
			三等/1 000	学校
		优秀社团骨干奖学金	一等/2 000	学校
			二等/1 000	学校
			三等/600	学校
		社会工作与志愿服务奖学金	一等/2 000	学校
			二等/1 000	学校
			三等/600	学校
发展支持奖励		国学基础奖学金	不分等级/2 000	学校
		基础学科奖学金	不分等级/2 000	学校

2018 年中国人民大学主要学生奖励获奖名单

奖励项目	获奖名单
校长特别奖学金	于皓岩
吴玉章奖学金	田超伟、王翌楷、吕金蔚、李志宇、陈煜、刘畅、申璧箐、王震、吴楚舒、陈菲菲共 10 人
宝钢优秀学生奖	侯玉婷、刘伊琳、杨安琪、马超、琚小飞、吴施美、李嘉弘、陈伟、黄泽霖、简廷轩、林怡、方孝亘共 12 人
京东特等奖学金	黄泽清等 20 人
本科生国家奖学金	何成云等 144 人
硕士研究生国家奖学金	匡晓璐等 185 人
博士研究生国家奖学金	陶新宇等 110 人
本科生国家励志奖学金	欧阳志成等 344 人
台湾、港澳及华侨学生奖学金	林郁婷等 57 人
学习优秀奖学金	马淑婷等 2 010 人
中国嘉德徐邦达艺术教育奖学金	陈祥瑞、曲宇蒙共 2 人
苏州工业园区奖学金	王留一等 40 人
协鑫奖学金	王苏苏等 10 人
中国石油奖学金	李星仪等 30 人
京东奖学金	车宗凯等 200 人
费孝通奖学金	杨镓萁等 6 人
华为奖学金	曾昌礼等 8 人
三星奖学金	钟琪等 16 人
中国农业银行奖学金	方欣等 80 人
海航奖学金	何雅洁等 18 人

续表

奖励项目	获奖名单
立国奖学金	赫峘等 20 人
光华奖学金	谢孟雪等 90 人
信善奖学金	周泽夏等 200 人
时尚奖学金	曾杰等 15 人
科研创新奖学金	陈思远等 11 人
实践创新奖学金	陆宇虹等 2 人
文体优秀奖学金	谭凌波等 252 人
优秀学生干部奖学金/荣誉称号	柳相宇等 1 054 人
优秀社团骨干奖学金	刘翱源等 32 人
社会工作与志愿服务奖学金	宋甫心等 1 536 人
国学基础奖学金	廖浩天等 118 人
基础学科奖学金	吴雨竹等 244 人
三好学生	刘畅等 2 153 人

中国人民大学 2017—2018 学年十佳班主任名单

学院	姓名
马克思主义学院	欧阳奇
统计学院	陈　琳
财政金融学院	黄　勃
理学院	慕　成
信息学院	王璞巍
国学院	辛晓娟
中法学院	任　瑾
国际关系学院	梁雪村
社会与人口学院	宋月萍
劳动人事学院	张石磊

中国人民大学 2017—2018 学年优秀班主任名单

学院	姓名
文学院	彭　磊★　蔡丹君　李昕揆　韩慧英
历史学院	伍婷婷　曹　斌　林　展　张亦冰
哲学院	罗祥相★　王宇洁　雷思温　郭清香
国学院	孙闻博

续表

学院	姓名
经济学院	赵　峰★　陈　朴　林　晨　孙　睿　撒　莉　谢伦裕　江　艇　杜朝晖　徐　瑛　虞义华　张国凤　韩　松
财政金融学院	阿勒泰·赛肯　蔡　泓　方　坤　何　林　黄文彬　李时宇　李　戎　毛一丞　宋　燕　孙　可　张　静　张俊岩　张　睿　童国士
统计学院	王雨溪　吴翌琳　黄丹阳
农业与农村发展学院	陈乙瑶★　王雨濛　尤　婧　毛学峰　张清勇　赵　云　辛　毅
法学院	熊丙万★　朱　腾　丁晓东　张文亮　张吉豫　钟小红　刘　明　李修棋
马克思主义学院	吉昌华　李晓雨
社会与人口学院	杨　凡　靳永爱　韩　佳
国际关系学院	韩冬临　刘　鹏　史小宁　徐正源　许嫣然　许　征
新闻学院	周梦雪★　周　勇　张辉锋　殷　强　任　悦　黄　河　吴翼翔　王　菲
艺术学院	武洪滨　唐晓刚　王　莹　陈光曦
外国语学院	孟　虹★　杜莉莉　李　莎　柳　悦　郭　军　要新乐　牛云平
环境学院	程　荣★　刘国华　何　俊　王　克
信息学院	谢　红　陈文萍　王　姿　姜　昊　卢　卫
理学院	王善才　郁志勇　李永娜
商学院	俞明轩★　干静文　马玉阳　王　丹　兰艳林　石明明　任宪伟　刘晶晶　张丽娟　张孟娇　汪　玲　周　正　袁世琨　黄　微　曾　琪　葛建华
公共管理学院	郐艳丽★　丰　雷　李传军　林翌甲　毛寿龙　于　洋　张世闯　张书海　程秀英
劳动人事学院	周文霞　许　倩　韩　玥　涂永前　刘　凯　陈　轩
信息资源管理学院	熊一璠★　王　丹　徐拥军
教育学院	詹宏毅★
苏州校区	曹丹丹

注：姓名后标注“★”的老师获中国人民大学2017—2018学年十佳班主任提名奖。

中国人民大学2017—2018学年优秀辅导员名单

单位	姓名	单位	姓名
文学院	邢　华	历史学院	夏熙雨
哲学院	梁　凯	国学院	汪永红
经济学院	王姝懿	财政金融学院	丁大鹏
统计学院	边　策	农业与农村发展学院	龚钰莹
法学院	肖　晶	马克思主义学院	卢　垚
社会与人口学院	唐诗雅	国际关系学院	刘禹希
新闻学院	李佳育	艺术学院	王　建
外国语学院	许艳艳	环境学院	张煦昀
信息学院	杜忠朝	学生处	邓　晖

续表

单位	姓名	单位	姓名
商学院	刘洪霞	学生处	刘　超
商学院	姜　明	学生处	唐　杰
公共管理学院	陈　夏	学生处	高梅红
信息资源管理学院	甄　真	党委组织部	冯鹏达
理学院	李　想	招生就业处	潘蔚琳
劳动人事学院	李佳琦	校团委	刘广昕
教育学院	王鸿飞		
苏州校区	闫碘碘		
苏州校区	汤金松		

中国人民大学 2017—2018 学年十佳班级辅导员名单

姓名	所带班级
张天宇	马克思主义学院 2017 级本科班
李　倩	财政金融学院 2017 级本科金融 4 班
魏　铮	劳动人事学院 2017 级本科人力资源管理 4 班
钱佳婷	信息资源管理学院 2017 级本科信息资源管理 1 班
黄　莹	商学院 2017 级本科 3 班
尹　璇	国学院 2017 级本科班
魏法超	商学院 2017 级本科 2 班
闫佳欣	外国语学院 2017 级本科俄语班
张　寻	哲学院 2017 级本科班
禹彦磊	信息学院 2017 级本科理科实验 1 班

中国人民大学 2017—2018 学年优秀学生兼职辅导员名单

学院	姓名
文学院	王旖旎★　谌丽平　丁　冬　曹文潇　李笑然　王帅奇　陈　宁
历史学院	周桂梅　洪　文　马灿灿　蓝颖晨　赵芷琦　刘欣宇
哲学院	王彦歆　谭泰成　杨学建　马　晨　杨凤芹　钱学伟　卢绍辉
经济学院	周健雯★　孙　莹　林文贵
财政金融学院	李　佳　雍红艳　任幸子　王　平　陈　琨　詹静楠　刘徽薇　冯　阳　计　妍　李艺萌

续表

学院	姓名
统计学院	陈嘉怡★　张靖悦　秦文力　李炜圣
农业与农村发展学院	孔麒策★　陈　鹏　路自愿　杜　辉　李　睿
法学院	陈泓怡　徐　楠　梅宇超　徐嘉艺　楼文婷　罗昕桐　冯　帆　邹润乔
马克思主义学院	宋　洋　沈舒榕　李青青
社会与人口学院	丁　帅　徐　瑛　周　萌　王一鹏　赵桐桐　王　源
国际关系学院	孙洁雄★　崔白露　罗涛涛
新闻学院	蒋雨师　王　涵　沈华文
艺术学院	刘诗瑶　刘丹宁　王艺璇　方　圆　章艺源
外国语学院	李晓琳★　徐　萌　蔡芊芊　陈　瑞　郑　彬　刘　聪　陈　蓉
环境学院	方顺燕★　尤翘楚　胡珮琪　潘　旭　张　雪　李佳荫　孟　帆　张　盛 犹彦辰　周　楷　杨　荣　文　芳　佃　柳　宋　丹　张冬蕊　王甜甜
信息学院	赵　安★　谢芃菲　段志强　英辰光
理学院	徐小奇★　吴徐传　陈东阵　郭瑾瑾　邝贝贝
商学院	周小豪　章纪超　赖裕晋　李超凡　和雅娴　杨志豪　马　冲
公共管理学院	孙宇典★　王孟炜　曾钰涵　曾　萍　李亚兰　胡依洁
劳动人事学院	薛金歌　刘　杰　王漫丽　王卓尔　郭长鹏
信息资源管理学院	熊　璠　曲涵晴
教育学院	陈薪宇　王维佳　吴秋翔
苏州校区	谢　威　孙赛赛　吕婷婷

注：姓名后标注“★”的同学获中国人民大学 2017—2018 学年十佳班级辅导员提名奖。

中国人民大学 2017—2018 学年先进班集体名单

学院	班级名称
文学院	2016 级本科班
	2017 级硕士 1 班
	2016 级博士班
	2017 级博士班
历史学院	2017 级本科班
	2017 级硕士 1 班
	2017 级硕士 2 班
	2016 考古文博硕士班
哲学院	2016 级本科 PPE 实验班
	2017 级本科 PPE 实验班
	2016 级硕士班
	2015 级博士班
国学院	2015 级本科班
	2015 级博士班

续表

学院	班级名称
经济学院	★2016 级本科经济学 1 班
	2015 级本科经济学 2 班
	2016 级本科经济学数学实验班
	2016 级本科能源经济班
	2017 级本科经济学类 3 班
	2017 级本科经济学类 6 班
	2017 级经济学硕士 1 班
	2017 级世经国贸硕士班
	2017 级产业经济学硕士班
	2016 级世经国贸博士班
	2017 级经济学博士 2 班
	2017 级国民经济学博士班
财政金融学院	★2016 级本科金融实验班
	2015 级本科金融实验班
	2016 级本科财税班
	2016 级本科财税实验班
	2016 级本科金融 2 班
	2016 级本科金融 3 班
	2016 级本科金融 4 班
	2016 级本科金融 5 班
	2016 级本科信用管理班
	2017 级本科金融 2 班
	2017 级本科金融 3 班
	2017 级本科金融数学实验班
	2017 级本科财税班
	2017 级本科财税实验班
	2017 级税务专硕班
	2017 级金融博士班
	2017 级汉青经济与金融高级研究院硕博班
统计学院	★2016 级本科 3 班
	2017 级本科 4 班
	2016 级学硕班
	2017 级应用统计专硕班
农业与农村发展学院	★2017 级硕士 2 班
	2015 级本科 1 班
	2015 级本科 2 班

续表

学院	班级名称
法学院	2015 级本科法学 2 班
	2015 级本科法学新闻实验班
	2015 级本科法学工商管理实验班
	2016 级本科法学 1 班
	2016 级本科法学新闻实验班
	2016 级本科法学工商管理实验班
	2017 级本科法学 1 班
	2017 级本科法学 2 班
	2017 级本科法学 3 班
	2017 级本科法学新闻实验班
	2017 级本科法学工商管理实验班
	2017 级法律硕士（非法学）1 班
	2017 级法律硕士（非法学）2 班
	2017 级法律硕士（非法学）3 班
	2017 级全日制法律硕士（法学）班
马克思主义学院	★2015 级本科班
	2017 级硕士 1 班
	2017 级硕士 2 班
社会与人口学院	2015 级本科公共事业管理班
	2016 级本科社会学班
	2017 级本科 3、4 班
	2017 级硕士社会班
国际关系学院	2016 级本科国际政治与新闻实验班
	2017 级本科 1 班
	2017 级本科 2 班
	2017 级本科 3 班
	2017 级硕士 1 班
	2017 级硕士 2 班
新闻学院	★2017 级博士班
	2016 级本科新闻国防班
	2017 级本科新闻 2 班
	2017 级本科新闻 3 班
	2017 级本科新闻法学实验班
	2017 级新闻与传播专业硕士班
	2017 级硕士广电传经班
	2017 级硕士新闻班
艺术学院	2016 级本科景观建筑班
	2017 级本科视觉传达班
	2017 级本科新媒体班
	2016 级硕士班

续表

学院	班级名称
外国语学院	★2017 级非通用语种硕士班
	2015 级本科俄语班
	2016 级本科英语 1 班
	2017 级本科法语班
	2017 级本科西班牙语班
	2017 级博士班
环境学院	★2015 级本科资源与环境经济学班
	2015 级本科环境工程班
	2016 级本科公共事业管理班
	2016 级本科资源与环境经济学班
信息学院	★2017 级图灵实验班
	2015 级理科实验 1 班
	2016 级图灵实验班
	2017 级理科实验 1 班
	2017 级理科实验 3 班
	2017 级理科实验 4 班
	2017 级理科实验 5 班
	2017 级理科实验 6 班
理学院	2017 级本科物理学班
	2017 级本科化学班
	2017 级本科心理学班
商学院	★2016 级学硕 2 班
	2015 级本科会计 2 班
	2015 级本科会计 3 班
	2016 级本科贸易经济班
	2016 级本科市场营销班
	2016 级本科会计 2 班
	2016 级本科会计 3 班
	2016 级本科财务管理 2 班
	2016 级本科商法实验班
	2016 级本科管理科学班
	2017 级本科 2 班
	2017 级本科 7 班
	2017 级本科 8 班
	2017 级本科商法实验班
	2017 级学硕 1 班
	2017 级 MPAcc 全日制班
	2017 级 MIB 班
	2017 级博士 2 班

续表

学院	班级名称
公共管理学院	2015 级本科城市管理班
	2015 级本科土地资源管理班
	2016 级本科行政管理班
	2016 级本科土地资源管理班
	2017 级行政管理硕士班
	2017 级公共财政与公共政策硕士班
	2017 级博士 1 班
	2017 级博士 2 班
劳动人事学院	2015 级本科人力资源管理 1 班
	2015 级本科人力资源管理 2 班
	2015 级本科劳动经济学班
	2017 级本科人力资源管理 2 班
	2017 级本科人力资源管理 4 班
	2017 级社会保障硕士班
信息资源管理学院	2015 级本科信管 1 班
	2015 级本科信管 2 班
	2016 级本科信管 1 班
教育学院	2017 级硕士班
苏州校区	★中法学院本科 2017 级金融 1 班
	国际学院 2017 级社会工作硕士 1 班

注：标注“★”的班级为北京市先进班集体。

中国人民大学 2017—2018 学年十佳宿舍、文明宿舍名单

一、十佳宿舍名单

序号	宿舍	学院	年级
1	知行五楼 906	信息学院	2016 级本
2	品园六楼 528	商学院	2017 级本
3	品园六楼 604	商学院	2017 级本
4	品园六楼 625	信息资源管理学院	2017 级本
5	品园六楼 430	新闻学院	2017 级本
6	品园六楼 848	法学院	2017 级本
7	品园六楼 928	财政金融学院	2015 级本
8	知行五楼 303	经济学院	2016 级本
9	知行五楼 1005	外国语学院	2016 级本
10	品园六楼 435	文学院	2017 级本

二、文明宿舍名单

序号	宿舍	学院	年级
1	知行一楼 806	教育学院	2017 级硕
2	知行一楼 906	农业与农村发展学院	2017 级硕

续表

序号	宿舍	学院	年级
3	知行二楼 111	农业与农村发展学院	2017 级硕
4	★知行二楼 214	信息资源管理学院	2015 级本
5	★知行二楼 1004	财政金融学院	2016 级本
6	知行二楼 1008	财政金融学院	2016 级本
7	知行二楼 1012	财政金融学院	2016 级本
8	知行二楼 1111	统计学院	2016 级本
9	知行二楼 1207	商学院	2016 级本
10	知行二楼 1209	商学院	2016 级本
11	知行二楼 1308	经济学院	2016 级本
12	知行二楼 1619	国际关系学院	2017 级硕
13	知行四楼 402	商学院	2015 级本
14	知行四楼 516	商学院	2015 级本
15	知行四楼 710	环境学院	2015 级本
16	知行四楼 716	理学院	2015 级本
17	知行五楼 1003	环境学院	2016 级本
18	知行五楼 1019	外国语学院	2016 级本
19	知行五楼 106	社会与人口学院	2015 级本
20	知行五楼 1210	公共管理学院	2016 级本
21	★知行五楼 1216	哲学院	2016 级本
22	★知行五楼 320	劳动人事学院	2016 级本
23	知行五楼 403	劳动人事学院	2016 级本
24	知行五楼 413	商学院	2016 级本
25	知行五楼 417	商学院	2016 级本
26	知行五楼 507	商学院	2016 级本
27	知行五楼 510	商学院	2016 级本
28	知行五楼 516	商学院	2016 级本
29	知行五楼 518	商学院	2016 级本
30	知行五楼 520	商学院	2016 级本
31	知行五楼 722	财政金融学院	2016 级本
32	知行五楼 813	财政金融学院	2016 级本
33	知行五楼 913	艺术学院	2016 级本
34	宜园三楼 904	历史学院	2017 级硕
35	宜园三楼 906	历史学院	2017 级硕
36	★宜园三楼 1403	公共管理学院	2017 级硕
37	品园一楼 216	法学院	2016 级本
38	品园一楼 412	信息学院	2015 级本
39	品园一楼 509	国学院	2017 级本
40	品园二楼 223	商学院	2017 级本
41	品园二楼 413	环境学院	2017 级本
42	品园二楼 422	理学院	2017 级本
43	品园二楼 516	法学院	2017 级本
44	品园三楼 217	财政金融学院	2017 级博
45	品园五楼 126	农业与农村发展学院	2017 级硕
46	品园五楼 127	农业与农村发展学院	2017 级硕

续表

序号	宿舍	学院	年级
47	品园五楼 529	马克思主义学院	2017 级硕
48	品园五楼 602	信息资源管理学院	2017 级硕
49	★品园六楼 303	法学院	2017 级本
50	品园六楼 327	财政金融学院	2017 级本
51	品园六楼 342	财政金融学院	2017 级本
52	品园六楼 406	社会与人口学院	2017 级本
53	品园六楼 409	社会与人口学院	2017 级本
54	品园六楼 423	新闻学院	2017 级本
55	品园六楼 431	新闻学院	2017 级本
56	品园六楼 503	理学院	2017 级本
57	品园六楼 547	商学院	2017 级本
58	品园六楼 607	外国语学院	2017 级本
59	★品园六楼 612	外国语学院	2017 级本
60	品园六楼 628	信息资源管理学院	2017 级本
61	品园六楼 638	环境学院	2017 级本
62	★品园六楼 640	环境学院	2017 级本
63	★品园六楼 748	统计学院	2016 级本
64	品园六楼 1108	国际关系学院	2015 级本
65	品园六楼 1122	外国语学院	2015 级本
66	东风七楼 218	农业与农村发展学院	2017 级硕
67	东风七楼 427	外国语学院	2015 级本
68	红一楼 224	农业与农村发展学院	2016 级硕
69	红二楼 106	公共管理学院	2016 级硕
70	静园 12 号楼 60 室	外国语学院	2017 级硕

注：标注“★”的宿舍获十佳宿舍提名。

中国人民大学 2017—2018 学年十佳宿舍长名单

序号	姓名	性别	学院	年级	所在宿舍
1	崔雨阳	女	经济学院	2016 级本	知行五楼 303
2	高　钰	女	商学院	2017 级本	品园六楼 528
3	郝梦瑶	女	信息资源管理学院	2017 级本	品园六楼 625
4	李婧瑶	女	信息学院	2016 级本	知行五楼 906
5	李俊昆	女	文学院	2017 级本	品园六楼 435
6	孙小文	女	外国语学院	2016 级本	知行五楼 1005
7	夏婧璇	女	法学院	2017 级本	品园六楼 848
8	杨霄月	女	商学院	2017 级本	品园六楼 604
9	应　滢	女	新闻学院	2017 级本	品园六楼 430
10	余歆瑶	女	财政金融学院	2015 级本	品园六楼 928

中国人民大学 2018 届毕业生分院系人数统计表

学院	人数
财政金融学院	600
法学院	566
公共管理学院	350
国际关系学院	230
国际学院	68
国学院	74
汉青经济与金融高级研究院	97
环境学院	153
教育学院	59
经济学院	531
劳动人事学院	246
理学院	185
历史学院	152
马克思主义学院	134
农业与农村发展学院	156
商学院	957
社会与人口学院	243
深圳研究院	2
统计学院	211
外国语学院	230
文学院	227
新闻学院	302
信息学院	260
信息资源管理学院	177
艺术学院	169
哲学院	157
中法学院	263
总计	6 799

中国人民大学 2018 届毕业生落实情况统计表

学历	总人数	落实人数	落实率	落实						未落实	比例
				就业	比例	出国	比例	升学	比例		
本科生	2 415	2 343	97.02%	789	32.67%	720	29.81%	834	34.53%	72	2.98%
硕士生	3 601	3 580	99.42%	3 173	88.11%	104	2.89%	303	8.41%	21	0.58%
博士生	783	782	99.87%	678	86.59%	9	1.15%	95	12.13%	1	0.13%
总计	6 799	6 705	98.62%	4 640	68.25%	833	12.25%	1 232	18.12%	94	1.38%

中国人民大学2018届毕业生就业地区分布情况表

学历	工作总人数	北京	比例	上海	比例	广州	比例	深圳	比例	西部	比例	其他省市	比例
本科	789	361	45.75%	33	4.18%	18	2.28%	56	7.10%	99	12.55%	222	28.14%
硕士研究生	3 173	1 868	58.87%	192	6.05%	57	1.80%	178	5.61%	236	7.44%	642	20.23%
博士研究生	678	365	53.83%	12	1.77%	19	2.80%	8	1.18%	74	10.91%	200	29.50%
总计	4 640	2 594	55.91%	237	5.11%	94	2.03%	242	5.22%	409	8.81%	1 064	22.93%

中国人民大学2018届毕业生就业单位性质统计表

学历	总计	党政机关	比例	高校	比例	科研单位	比例	其他事业单位	比例	国有企业	比例	三资企业	比例	民营企业	比例	部队	比例	自由职业	比例	自主创业	比例
本科生	789	61	7.73%	28	3.55%	9	1.14%	20	2.53%	119	15.08%	61	7.73%	276	34.98%	59	7.48%	149	18.88%	7	0.89%
硕士生	3 173	636	20.04%	100	3.15%	53	1.67%	326	10.27%	1 076	33.91%	213	6.71%	696	21.94%	8	0.25%	49	1.54%	16	0.50%
博士生	678	101	14.90%	330	48.67%	53	7.82%	59	8.70%	89	13.13%	8	1.18%	29	4.28%	3	0.44%	4	0.59%	2	0.29%
总计	4 640	798	17.20%	458	9.87%	115	2.48%	405	8.73%	1 284	27.67%	282	6.08%	1 001	21.57%	70	1.51%	202	4.35%	25	0.54%

■ 共青团工作

一、概况

2018年，在学校党委和上级团组织的领导下，中国人民大学团委深入学习贯彻习近平新时代中国特色社会主义思想和党的十九大精神，认真学习贯彻习近平总书记在同团中央新一届领导班子成员集体谈话时的重要讲话和团的十八大精神，围绕立德树人核心使命，立足引领和服务青年学生成长成才，紧紧围绕全团“凝聚青年、服务大局、当好桥梁、从严治团”工作格局，以改革创新的行动不断增强学校共青团思想政治工作的针对性、时代感和亲和力，扎实开展了各项团学工作。

二、加强思想政治教育引导

校团委不断加强思想引领，组织理论培训，积极开展新生团校、高阶团校、专职团干部培训、分团委及基层团支部专题学习、集中观看重要会议视频直播等面向不同人群、不同层次、不同规模的共青团系统理论学习活动，共计约15 800人次参与。引导广大青年切实增强“四个意识”、树立“四个自信”，紧密地团结在以习近平同志为核心的党中央周围，坚定不移听党话、跟党走。

三、扎实推进学校共青团改革

（一）落实改革举措，扎实有力推进学校共青团改革

校团委设立共青团改革专项委员会，推动改革进程。设立基层组织建设专项委员会、第二课堂成绩单专项委员会、网上共青团建设专项委员会、学生权益专项委员会、青年教师联系服务专项委员会等5个专项工作小组；全面完成校院两级团委班级专兼挂职副书记配备以及院系学生权益部门设立工作。

校团委实行“职能部门+专业中心”工作机构模式，对内部机构设置进行调整，成立校团委权益部、青年教师工作部、研究室，设立学术创新中心、社会实践中心、志愿服务中心、团学事业发展中心和第二课堂综合素质认证中心，探索采取扁平化管理模式和项目化运作方式开展相关工作。

（二）夯实基层基础，深入推进基层团组织建设

校团委加强基层团组织制度规范，出台《中国人民大学基层团组织标准评价体系》，对分团委和团支部工作进行指导和考核；树立典型，推进团员教育评议规范化，开展“百团竞优”“百团成长”双百团支部工程、团员教育评议活动，将基层团建工作作为加强和改进新形势下思想政治工作的重要抓手。在2018年首都“先锋杯”评选中，学校共有23名优秀共青团员、23名优秀共青团干部和23个优秀团支部获评奖项。

（三）注重探索创新，推动重点项目实现突破

校团委着力推动青年教师联系服务工作，设立青年教师联系服务专项委员会，成立校团委青年教师工作部，召开青年教师代表服务工作座谈会，广泛开展青年教师发展调研；创新学生权益维护工作，设立学生权益专项委员会，收到有效提案238份；每月定期举办学生权益通气会，开创“学生权益十大行动”，关注学生权益诉求。

四、组织建设

校团委高度重视青年思想引领，以党的十九大精神和团的十八大精神为指引，认真把握学校思政工作立德树人的中心环节，以改革开放40周年为契机，在全校范围内开展了“学习新团章”主题团日（团课）活动、“坚定信念听党话、跟党走，做合格共青团员”组织生活会、“我们的新时代”系列主题团日活动、“青年大学习”网上学习等教育实践活动，覆盖全校所有院系近700个基层团支部。同时，校团委将学习教育阶段活动和支部组织建设结合起来，深入推进班团一体化建设，进一步发挥基层团组织的战斗堡垒作用。

校团委扎实开展青年人才培养，成功举办了2018年高阶团校与2018级新生团校，深入推进“青年马克思主义者培养工程”，组织开展了一系列理论学习、参观调研、专题研讨、志愿服务、项目策划等多种形式的培训活动，并邀请吴美华、王义桅、郑风田等知名教授为团学骨干们讲授改革开放新时代的国史国情，培养团学骨干将个人的理想追求融入到国家和民族的事业中。

校团委着力服务青年干部成长，举办“学习习近平总书记‘七二’重要讲话精神和团十八大精神，提升团干部素质能力”系列专题培训，邀请知名校友为专职团干部开设主题培训课程，引导团干部端正工作态度、转变工作作风、把握工作大局、重视师生联系。

五、宣传工作

校团委深入贯彻党的十九大精神，坚持理论与实践相结合，围绕党和国家的要闻大事，把握舆论导向，丰富宣传内容，依托《青年人大》，充分发挥深度报道和理论评论优势，立足校园、放眼社会，在保持传统优势的同时，持续探索、推进新媒体转型，扎实做好团队建设，继续深化校内外合作，编务工作取得良好成效，报社影响力不断提升。

校团委立足团属新媒体矩阵，筑牢网络舆论阵地，传播网络青春正能量。2018年，校级团属新媒体公众号订阅人数累计达193 610人次，累计阅读量达3 353 636人次。其中，校学生会获北京共青团腾讯微力指数排行榜“综合影响力奖”；校研究生会获北京共青团腾讯微力指数排行榜“发展潜力奖”。中国人民大学团委官方微信公众号于2018年12月8日正式上线，以学习新时代思想、展现新青年风采、讲团员身边事、做青年贴心人为核心定位，努力打造一系列品牌栏目，讲好人大青年故事，传播人大青年好声音，积极构建清朗网络空间。此外，校团委制定《中国人民大学校团委新媒体工作警急应对预案》《中国人民大学新媒体中心职位职责说明》《校团委新媒体中心原创推文项目制实施方案》《青年人大新媒体运营部工作手册》，保障新媒体平台的规范化运作。

为提升团学系统新媒体工作水平，培养团学组织新媒体工作队伍，校团委积极培养骨干力量。9月，校团委组织学校学生参加“全国学校共青团新媒体菁英培养计划”，通过网络视频授课和线下培训相结合的方式，学习新媒体内容制作与运营相关职业技能，学校24名学生在规定时间内全部顺利结业。

六、课外学术活动

2018年，校团委组织开展各类学术讲座和跨学科工作坊活动，与研究生院共同举办第十二届“学术新星”评选活动。举办第二十届“创新杯”学生学术科技作品竞赛，共收到288件学术调研类作品、104件创业计划类作品，涵盖了文史哲、法学、经济、管理、社会、教育、其他等7大类别，参赛人数1 671人，共评选出学术调研类作品特等奖12件、一等奖23件、二等奖46件、三等奖149件，创业类作品特等奖4件、一等奖9件、二等奖18件、三等奖52件。2018年，学校在各类高校学生课外学术科技作品竞赛中屡获佳绩。在“创青春”首都大学生创业大赛中，学校共有1件作品荣获金奖，5件作品荣获银奖，5件作品荣获铜奖。在“创青春”浙大双创杯全国大学生创业大赛决赛中，学校参赛项目“ARenT文化责任有限公司创业计划书”荣获银奖。

七、社会实践活动

2018年，校团委组织919名人大师生，组成295支团队，在全国31个省区市的295个县级行政区开展“千人百村”社会调研，形成调研报告919份。招募758名同学，深入全国31个省区市的173个地市的753个街道开展“街巷中国”城市调查，形成调研报告758份。组织开展“追寻改革的足迹”纪念改革开放40周年专项社会实践活动，共组织全校21支队伍300余名师生赴我国改革开放40年发展历程中具有标志意义和重要影响的地区开展专题调研，形成21份高质量研究报告和1份社会实践优秀成果集。

校团委实施科研合作项目，组织46人次参与中国调查与数据中心的数据调查；实施基地共建项目，组织4支团队18人次赴四川省成都市和宜宾市等学生社会实践基地开展调研；实施基层建设项目，收到来自17个学院（部处、学生组织）、87个项目、92支团队、845人的备案信息；组织开展“问道新时代”思想政治理论课学生社会实践，2 273名学生组成518个团队开展思想政治理论课专题调研。2018年，学校荣获“青年服务国家”首都大中专学校暑期社会实践先进单位，“千人百村”项目荣获第五届首都大学生思想政治工作实效奖，4个调研小组获“百强团队”称号，8位老师获“先进工作者”称号，8个团队获“优秀团队”称号，8名同学获“先进个人”称号。

八、校园文化活动

2018年，校团委累计开展校园文化活动59场，参与者达5 240人次，覆盖逾20 000人次。继续组织办好第二十四届“五四”文化艺术节、第三十二届“一二·九”合唱音乐节、新年联欢晚会等一系列校园文化品牌活动。“筑梦四十载，奋进再出发”中国人民大学2019年新年联欢晚会在校团委等有关部门策划下，在环节设计、节目内容、舞台效果等多个方面开拓创新。

应文化与旅游部、北京市委教育工委邀请，校团委组织学校学子参演了“我们的四十年——庆祝改革开放40周年文艺晚会”，我校是本次晚会中非专业艺术团队参演人数最多的高校。校团委还组织11名同学参与了由中宣部、教育部、共青团中央主办的“五月的鲜花”2018全国大中学生文艺会演。

校团委继续加强艺术教育，推动高雅艺术进校园，一年来举办艺术团专场演出共计13场，举办了中国人民大学80周年校庆原创话剧《吴玉章》2018级新生专场。同时，校团委积极推动校园文化走出校园、走向国际、传播中国文化，学生艺术团受邀参加德国莱比锡大学孔子学院成立10周年庆典开幕式、哥斯达黎加大学孔子学院成立10周年庆典开幕式等国际交流活动，海外演出场次共计10场。

九、学生社团工作

2018年，校团委共有注册学生社团93个。各社团共举办活动500余场。举办“百团大战”社团联合招新活动、“萌之韵”大型社团文艺汇演、“社团风云榜”评比活动，进一步展示学生社团风采。为积极响应学校“双一流”建设工作，校团委推出了精品社团项目扶持计划，加大对优秀学生社团项目的扶持力度；同时，致力于社团服务的电子信息化，依托微人大平台规范社团招新报名的流程。

十、志愿者工作

校团委积极组织校内团员志愿者参与重大赛事服务工作，先后参与了首都知识产权办公室主办的汽车用品展知识产权市场监督活动、2018（北京·海淀）比利时布鲁塞尔国际葡萄酒大奖赛志愿服务工作。6 月至 9 月，组织志愿者参与 2018 年中非合作论坛北京峰会志愿服务工作，共选拔出 75 名志愿者，累计上岗 243 人次，服务时长达 2 536 小时。11 月，选送 30 名志愿者作为北京市首批高校志愿者代表，参与“伟大的变革——庆祝改革开放 40 周年大型展览”服务保障工作，志愿者累计服务参观者 7 200 人次，服务总时长达 300 小时。

2018 年，校团委进一步完善社会服务学分认证流程，规范志愿服务时长认证和志愿者登记注册流程。2018 年学校“志愿北京”平台注册志愿者人数超过 8 000 人，学生参与志愿服务活动人数达 5 320 人，累计志愿服务时长 91 740 小时。

十一、学生会和研究生会工作

（一）学生会

4 月，中国人民大学第三十三届学生会委员会第一次全体会议选举产生了新一届学生会主席团和学生会委员会。环境学院 2015 级本科生王博贤同学任中国人民大学第三十三届学生会第一任主席，历史学院 2015 级本科生董津汁同学任第一届常任代表会议主任。

2018 年，校学生会加强理想信念教育、牢筑思想理论基础、开展校园文体活动、打造浓厚学术氛围、畅通问题反馈渠道，广泛凝聚动员学生参与学校各项工作。学生会不断提升自身素养与服务水平，调整组织机构，促进职能转变，影响力进一步增强。

（二）研究生会

6 月，中国人民大学第十七届研究生会中期调整会议召开，进行了委员会委员中期增补，选举产生了第十七届第二任主席团成员，哲学院 2017 级博士生胡静任中国人民大学研究生会主席。

2018 年，研究生会组织开展明德论坛、文华讲堂、人大代表人大行、“学术新星”评选、院长论坛、五十九号讲堂、职发季等校级品牌活动，在思想引领、学术论坛、社会实践、权益维护、职业发展、志愿服务、文体活动等方面充分发挥了联系与服务研究生群体的桥梁纽带作用，助力广大研究生全面发展。

附录

2018 年中国人民大学“创新杯”学生课外学术科技作品获奖情况统计

特等奖	12
一等奖	23
二等奖	46
三等奖	149
获奖总数	230

2018年“创青春”首都大学生创业大赛获奖统计

金奖	1
银奖	5
铜奖	5
获奖总数	11

2018年“创青春”浙大双创杯全国大学生创业大赛决赛获奖统计

一等奖	0
二等奖	1
三等奖	0
获奖总数	1

2018年中国人民大学共青团系统获评各类奖励情况统计

1. 北京市三好学生（32人）

胡 晗　董怡婷　戴静文　王荣珮　廖俊源　傅湘钧　赵可心　孙 震
解昊冉　孙 傲　于皓岩　冯思齐　闫浩博　胡三强　雷引杰　高静严
马 冲　高 天　唐诗雅　王奕航　张柯昕　周楷雅　陈令祚　黄云欢
李 峰　夏清荃　林 晗　秦雪瑶　王昱丹　朱梦嘉　胡 静　车宗凯

2. 北京市优秀学生干部（11人）

李洪满　王博贤　王晓彤　黄佳敏　程 路　马国栋　朱凯雄　陈韵然
张驰宇　孙鑫宇　姜龙钰

3. 2017—2018年度首都大学、中职院校“先锋杯”优秀基层团干部（23人）

卜嘉辉　王 姿　王梦晓　王 硕　申璧箐　吕晓莹　先虹锦　刘广昕
刘青山　刘栋梁　李 扬　李秋婷　肖 晶　宋甫心　张 宇　张 珂
陈 杨　陈 夏　赵雨欣　洪 旸　贾天宇　黄昱璋　梅林燕

4. 2017—2018年度首都大学、中职院校“先锋杯”优秀团员（23人）

王 畅　毛一丞　毛一玮　毛佳文　刘天祥　刘 炜　谷雨佳　张子瑶
张驰宇　林文贵　周 正　孟 垚　段雨滋　施文凯　姜龙钰　徐嘉谦
高 宇　高 岩　黄丹阳　黄 晨　章洪铭　靳永爱　解昊冉

5. 2017—2018年度首都大学、中职院校“先锋杯”优秀团支部

中国人民大学财政金融学院2016级本科金融1班团支部
中国人民大学财政金融学院2016级本科金融3班团支部

中国人民大学法学院 2016 级法学新闻实验班团支部
中国人民大学国际关系学院 2017 级本科 2 班团支部
中国人民大学环境学院 2015 级公共事业管理本科团支部
中国人民大学环境学院 2015 级资源与环境经济学本科团支部
中国人民大学劳动人事学院 2015 级本科人力资源管理 1 班团支部
中国人民大学劳动人事学院 2017 级本科人力资源管理 4 班团支部
中国人民大学马克思主义学院 2015 级中共党史本科班团支部
中国人民大学商学院 2016 级学硕 2 班团支部
中国人民大学商学院 2017 级本科 2 班团支部
中国人民大学商学院 2017 级 MPAcc 全日制班团支部
中国人民大学社会与人口学院 2016 级本科社会学类 1、2 班团支部
中国人民大学统计学院 2016 级本科 3 班团支部
中国人民大学外国语学院 2017 级非通用语种硕士班团支部
中国人民大学新闻学院 2017 级新闻法学实验班团支部
中国人民大学信息学院 2016 级图灵实验班团支部
中国人民大学哲学院 2016 级本科政治学、经济学与哲学（PPE）实验班团支部
中国人民大学中法学院 2016 级法语本科班团支部
中国人民大学国际学院 2017 级汉语国际教育硕士 2 班团支部
中国人民大学后勤集团酒店管理部团支部
中国人民大学附属小学共青团支部
中国人民大学书报资料中心团支部

6. 2018 年北京大学生音乐节展演重唱、小合唱（普通乙组）银奖

中国人民大学学生艺术团合唱团

7. 2018 年北京大学生音乐节展演人声乐团（普通甲组）银奖

中国人民大学学生艺术团合唱团

8. 2018 年北京大学生音乐节展演混声合唱（普通乙组）银奖

中国人民大学学生艺术团合唱团

9. 2018 年北京市大学生音乐节展演西乐室内乐（普通甲组）［弦乐］（四重奏）金奖

中国人民大学学生艺术团交响乐团

10. 2018 年北京市大学生音乐节展演西乐室内乐（普通甲组）［弦乐］（弦乐合奏）金奖

中国人民大学学生艺术团交响乐团

11. 2018 年北京市大学生音乐节展演民乐合奏（普通乙组）金奖

中国人民大学学生艺术团民族乐团

12. 2018 年北京市大学生音乐节展演民乐室内乐（普通乙组）［多声部混合组合］金奖

中国人民大学学生艺术团民族乐团

13. 2018 年北京市大学生音乐节展演西乐室内乐（普通甲组）［手风琴］银奖

中国人民大学学生艺术团键盘乐团

教育教学和学科建设

■ 本科生教育

一、概况

2018年，中国人民大学本科教学工作深入贯彻落实全国教育工作会议和新时代全国高等学校本科教育工作会议精神，扎实推进“双一流”建设和改革任务，对标世界一流本科教育，坚持立德树人根本任务，进一步强化“价值引领、通专结合、实践创新”的人才培养理念，坚持“宽口径、厚基础、多选择、重创新、国际性”的人才培养模式，紧紧抓住人才培养关键要素、关键环节，突破重点难点问题，稳步推进各项本科教学改革。

2018年，学校共有4大类11个子项目被纳入教育部教育教学改革专项资金支持建设，包括：教学改革计划类的学科竞赛项目、虚拟仿真实验教学中心建设项目、课外教学项目、对口支援西部地区高校项目；教师教学发展计划类的新教师培训项目、教师教学发展项目、国家级教师教学发展示范中心建设项目；本科课程建设类的数字化课程项目、新生研讨课项目、通识核心课项目；国际小学期类的2018年国际小学期项目。学校共有110个项目被纳入北京市“本科教学工程”平台建设，包括教学名师项目（6个）、北京高校教学改革创新项目、大学生科研训练项目（100个）、北京市级创新创业示范校项目、教师教学发展中心、在线开放课程建设项目。

2018 年，学校有 1 名教师获北京市高等学校教学名师奖，2 名教师获北京市高等学校青年教学名师奖，4 名教师获宝钢教育基金优秀教师奖，2 名教师获学校大华杰出教学贡献奖，9 名教师获学校教学标兵荣誉称号，24 名教师获学校教学优秀奖，19 名教师获学校本科课外教学优秀奖。2018 年，学校本科学生在各类学科竞赛中取得优异成绩。其中，在美国大学生数学建模竞赛（Mathematical Contest in Modeling/Interdisciplinary Contest in Modeling，MCM/ICM）中，学校代表队共获得 1 项特等奖提名奖（Finalist Winner），18 项一等奖（Meritorious Winner），41 项二等奖（Honorable Mention）；在大学生数学建模与计算机应用竞赛中，共获得全国一等奖 2 项，全国二等奖 8 项；在第 43 届 ACM-ICPC 国际大学生程序设计竞赛中，共获得 9 枚银牌，6 枚铜牌；在第十一届全国大学生信息安全竞赛中，最终获得 2 项一等奖和 1 项二等奖；在第三届 CCSP 大学生计算机系统与程序设计竞赛中，获得 5 项金奖、6 项银奖和 6 项铜奖；在第十届全国大学生广告艺术大赛中，获得二等奖 3 项，三等奖 5 项，优秀奖 18 项；在第十届“尖峰时刻”全国商业决策模拟大赛中，4 人获得二等奖，4 人获得三等奖。

二、招生工作

2018 年，学校录取本科生 2 868 人，其中中法学院 280 人，国家专项计划 220 人，圆梦计划 72 人，自主招生 115 人，外语类保送生 18 人，高水平艺术团 21 人，高水平运动队 20 人，艺术类学生 108 人，港澳台侨联招 10 人，澳门保送生 20 人，台湾免试生 16 人，香港免试生 3 人，内地新疆班西藏高中班 36 人。

2 868 名新生中，男生 1 056 人，占 36.82%，女生 1 812 人，占 63.18%；应届生 2 748 人，占 95.82%，往届生 120 人，占 4.18%；不满 17 周岁的 40 人，17～19 周岁的 2 794 人，20 周岁及以上的 34 人；14.92%的新生为农村生源（河南省 2018 年起实施户籍制度改革，不再区分农村生源）；来自中西部地区的新生占 57.32%；来自河南、山东、山西等重点高校录取比例较低省份的新生占 39.50%；共青团员 2 732 人。

在学校统一领导下，全体招生人员齐心协力，攻坚克难，圆满完成各项工作任务。2018 年，学校在各省（区、市）录取情况良好，录取分数与录取位次稳中有升，生源质量较好。

从录取线排名情况来看（文科有 6 个省份、理科有 5 个省份因无准确排名情况暂未纳入统计），文科一批次录取线在 100 名以内的有 14 个省份，在 150 名以内的有 22 个省份。有 13 个省份文科录取线排名比 2017 年有所上升。理科一批次录取线在 300 名以内的有 7 个省份，在 600 名以内的有 19 个省份。有 17 个省份理科录取线排名比 2017 年有所上升。另外，广西、河北、河南、黑龙江、吉林、江西、辽宁、四川、天津、重庆 10 个省（区、市）文理科录取线排名均有提升。第一批新高考改革的两个省份——浙江和上海录取线排名均有提升。

从录取位次来看，虽然部分内地知名高校本科一批投放计划较少，学校录取位次依然稳居高校前列。学校文科一批次提档线在 6 个省份位列第四，在 20 个省份位列第五，在 2 个省份位列第六。学校理科一批次提档线在 1 个省份位列第五，在 7 个省份位列第六，在 7 个省份位列第七，在 13 个省份位列第八。在新高考改革省份上海、浙江，综合改革提档线分别位列第六、第七。

2018 年，学校继续推行“宽口径招生”。全校本科招生专业共计 31 个，其中普通一批投放专业 22 个。专业志愿满足率（有志愿率）95.93%，一志愿满足率 66.34%。

2018 年，学校严格按照教育部相关政策文件，组织实施外语类保送生、高水平艺术团、高水平运动队、艺术类（音乐表演）、自主招生、圆梦计划、香港免试生、台湾免试生和澳门保送生等特殊类型项目招考工作。共计 7 782 人报名，5 185 人参加校考，766 人取得资格生资格，316 人被录取。

这部分学生占新生的11.02%，对均衡生源结构、支持基础特色学科发展和繁荣校园文化具有重要意义。

2018年特殊类型招生按照巩固成果、继续深入的思路，推进招考方式改革。外语类保送生、高水平运动队、高水平艺术团、艺术类、圆梦计划等招生类型基本沿用近年招生政策与实施方案，并在细节上根据实际情况不断改进，确保招生政策延续性，提升招生工作科学性。为给学校基础学科和部分特色学科招收更多具有学科特长和创新潜质的优秀考生，2018年自主招生着力扩大选才面和提升选拔科学性，增加环境科学、环境工程两个自主招生专业。同时，根据教育部文件要求，继续实施报名材料复核环节，通过面试形式考察考生是否具有报名材料中提交的专利、论文、证书相应知识水平和能力，严防弄虚作假。

三、教材建设

经学校组织推荐，学校王利明被聘任为国家教材委员会大中小学德育一体化专家委员会委员，郑保卫、朱景文被聘任为思想政治审议专家委员会委员，洪大用、杨慧林被聘任为高校哲学社会科学（马工程）专家委员会委员，黄兴涛被聘任为历史学科专家委员会委员。

根据《教育部办公厅关于组织申报国家教材建设重点研究基地的通知》（教材厅函〔2018〕8号）要求，学校组织“国家高校毛泽东思想与中国特色社会主义理论体系概论课程教材重点研究基地”、“国家高校经济学教材重点研究基地”和“国家高校新闻学教材重点研究基地”三个基地申报国家级教材基地并参加答辩工作，最终学校经济学教材基地入选国家教材建设重点研究基地。

2018—2019学年秋季学期，按照《中国人民大学“十三五”本科规划教材立项项目实施管理办法》要求，学校组织完成“十三五”本科规划教材立项项目涉及的266本教材的中期检查工作。

2018年，学校继续做好马克思主义理论研究和建设工程重点教材选用及培训工作，根据教育部要求，组织考察人员所在学院及党委宣传部、人事处、科研处等相关部门完成了四轮共68位马工程重点教材学校参与编写成员的综合考察复核工作。选用培训方面，根据《关于举办教育部马克思主义理论研究和建设工程重点教材任课教师示范培训班的通知》（教材局函〔2018〕11号）要求，按照培训教材所属学科，共组织2个学院选派2名教师参加了教育部马工程重点教材培训。

四、教学改革与教学管理

（一）以学科发展为基础，促进本科专业建设

3月，教育部下发了《关于公布2017年度普通高等学校本科专业备案和审批结果的通知》，批准学校增设“马克思主义理论”本科专业，“数据科学与大数据技术”专业毕业生授予理学学位。

（二）继续完善本科生培养方案和培养体系

学校继续以落实本科人才培养路线图为核心，在保证培养方案连续性和稳定性的基础上，对现有的培养方案进行局部调整和完善，主要包括继续明确专业核心课程、全英文课程、实验（实践）课程和含实验（实践）环节课程、创新创业课程的标识，做好专业选修课程模块设置等。另外，按照教育部《关于加强新时代高校“形势与政策”课建设的若干意见》，调整思想政治理论课程的课程安排和学分设置，具体包括：增加“形势与政策”2学分，其中，1学分为课堂教学，1学分为课外学习，学生在校学习期间开课不断线，每学期不低于8学时；“思想道德修养与法律基础”3学分（第一学年秋季学期开设）、“中国近现代史纲要”3学分（第一学年春季学期开设）、“马克思主义基本原理”3学分（第二学年秋季学期开设）、“毛泽东思想和中国特色社会主义理论体系概论”5学分（第二学年秋季学期开设3学分，春季学期开设2学分）。培养方案涉及全校各专业（含专业方向）主修、副修、实验班、留学生、本科双培计划等，合计 276 个，汇编形成《2018 普通本科生培养方案》、《2018 本科留学生培养方案》和《2018 本科双培计划培养方案》，并发布实施。

根据教育部 9 月 17 日召开的加强高校公共外语教学改革会议和有关通知，学校依托雄厚的经济、金融、法律、政治、管理等学科基础，设立“多语种国际化复合型人才培养实验班”，旨在通过推行非英语语种的公共外语改革，为国家培养一批精通英语、通晓一门以上其他外语的高素质复合型国际化人才，全面服务于“一带一路”建设和国际组织，为国家提升全球治理能力和国际话语权提供支撑。

（三）大力加强课程建设，不断丰富课程资源

1. 不断加强课程建设，优化学生课程学习资源

继续推进通识教育课程建设。按照“先做样板、再做推广、找准定位、保障水平”的思路启动通识核心课程建设，初步规划哲学与伦理、历史与文化、思辨与表达、审美与诠释、世界与中国、科学与技术、实证与推理、生命与环境八大类课程，首批立项建设课程共 32 门；2018 年，开设通识教育大讲堂课程 47 门，原典研读课程 89 门，公共艺术教育课程 37 门，跨学科专业选修课程 409 门（72 个课程模块，其中含“创新通识”课程 6 门），发展指导类课程 187 门（七大类，其中含创新创业指导类课程 12 门），全英文课程 56 门。此外，以改进通识教育、促进学科融通、优化教学资源配置为核心，学校举办通识教育大讲堂系列公开讲座，2018 年举办院士系列讲座 2 讲，悲鸿讲堂系列讲座 16 讲，中国物质文化常识系列讲座 8 讲，数据科学讲坛系列讲座 5 讲。

继续推进研究性教学立项课程建设。组织开展立项课程中期检查和结项验收工作，根据《中国人民大学本科研究性教学建设课程项目管理办法》，经审核，批准“金融时间序列分析”等 32 门课程立项项目通过结项检查，批准“社会调查研究方法”等 4 门课程立项项目通过中期检查。对已批准通过中期检查的项目拨付第二批建设经费，对已批准通过结项检查的项目拨付第二批和第三批建设经费，用于开展后续相关项目建设。

继续做好新生研讨课建设。新生研讨课拥有系统的顶层设计、有力的制度保障、高效的部门合作、多样的研讨形式、具有人大特色的教师教学发展共同体和教学学术社区等五方面特色。教学实践表明，新生研讨课的人大模式，不仅为引导新生的人生和学术发展发挥了积极作用，而且有力地推动了以教学理念更新、教学方式创新、教学社区构建为核心的教师教学发展工作的提升。

2018 年，教师教学发展中心组织遴选和聘任来自全校 25 个院系（含苏州校区）共 180 名新生导师，面向 2018 级新生开设新生研讨课课程 180 门。中心编制并向每一位新生导师和大一新生发放了《2018 本科新生研讨课教师手册》和《2018 本科新生研讨课学生手册》，明确了教师教学目标和学生未来发展路径，鼓励新生导师充分采用小班研讨式教学，积极引导学生增进专业认同和学校认同。在秋季学期新生研讨课顺利运行基础上，教师教学发展中心从学院、教师和学生三个层面对 2018 年新生研讨课的开设效果进行汇总与评估，编写了《2018—2019 学年秋季学期本科新生研讨课学院总结》、《2018—2019 学年秋季学期本科新生研讨课导师总结》和《2018—2019 学年秋季学期本科新生研讨课调查分析报告》，以进一步完善新生研讨课的课程设计和教学模式。

作为本科人才培养路线图八项研究型学习制度之一的“名师沙龙”制度，由学校教师教学发展中心组织实施，是新生研讨课的有机延伸，是学生双选认证线下学习的重要形式。教师教学发展中心组织开设 12 门以小班研讨为特色的名师沙龙，邀请 12 位知名教授主讲。每门沙龙设计 6～8 次课程，每次 2～3 学时，遴选来自不同专业的 15～20 位学生与名师面对面研讨交流，共同探讨学科领域热点、难点和重点问题。

2. 进一步完善跨学科复合型拔尖创新人才培养机制，促进教学科研融合

2018 年，学校依托各学院科研团队、学校各科研机构和平台开展本科生荣誉辅修学位项目，组织学校各院（系）及科研机构、科研平台开展项目申报，经过专家评审，已有法学院、公共管理学院

等12个学院（系）共17项荣誉辅修项目被批准立项。此外，在记录、解答并反馈申报阶段各申报单位存在的问题及意见的基础上，形成《荣誉辅修项目Q&A（教师篇）》与《荣誉辅修项目Q&A（学生篇）》，并在教务处网站及微信公众号发布，对全校师生起到宣传、指导作用。

3. 进一步加强课程课堂教学规范环节

在继续开展本科课程教学大纲制定和上传情况通报的基础上，实施教学大纲展示制度和示范大纲评选制度，共有78门课程教学大纲被评为本科课程示范大纲，并在微人大系统开辟的专门模块中进行展示。此外，继续规范新开课程审批程序。为避免课程开设的随意性，将新开课审批工作与培养方案制定工作同步开展。2018年共受理审批新开课程24门。

4. 理念先行，以课程为载体，推进教学信息化建设

教学信息化不等同于传统课堂的简单数字化，而需要教师在教学观念、方式方法、教学内容等方面进行全面的改革。2018年，学校建设双选认证数字化课程26门、MOOC课程3门。同时，基于学科特点及学生的学习兴趣设计开发信息化课程，进一步完善MOOC课程的建设流程和规章制度，重在以信息化课程为支撑，推动教学改革，构建以学生为中心的研究型教学模式。在积极推进信息化课程建设的过程中，通过举办信息化教学培训等方式，促进教师对信息化教学从认识到认同。加强课程信息化平台建设，完善校内"芸窗慕课"平台学习和预约考试功能，2018年共上线运行71门课程，用户总数3 707人，并通过服务器资源迁移，实现了平台课程资源的本地化，为校内学生学习解决了流量问题。依托北京高校优质课程研究会（北京高校优质课程联盟）的支撑平台上线11门课程，面向兄弟高校开展专业副修，实现了与北京高校优质课程研究会平台的账户对接，1 600余名经过身份认证审核的同学可直接登录北京高校优质课程研究会平台，自主选择和免费学习学校以及其他高校的优质在线开放课程。

5. 继续开展本科课程助教工作

督促相关教学单位做好助教配备、培训和考核，完成助教情况统计分析。2018年，本科课程助教配备数达1 962人。助教人员构成方面：博士研究生549人，占总人数的27.98%；硕士研究生1 323人，占总人数的67.43%；已获推荐免试研究生资格的本科生90人，占总人数的4.59%。

（四）落实国际研学制度，提升人才培养国际性

2018年7月9日—8月3日，学校成功举办2018年国际小学期，共有25个学院（系、部）开设109门校级核心课程，111名来自本校和国际一流大学的优秀师资承担国际小学期课程教学工作。其中，本校教师26人，境外大学和机构教师85人。3 215名来自校内外的学生选修国际小学期课程，包括446名境外高校学生和28名国内其他高校学生。除开展高质量多样化的课堂教学，学校还组织了丰富多彩的文化体验活动，带领学生走出课堂、感受中国文化，促进中外学生交流、增进沟通和理解。

为做好国际小学期各项工作，教务部门完成2018年国际小学期的课程申报、师资聘请、宣传招生、助教、教务秘书及志愿者培训、学生录取、开学典礼、学生报到、教学运行、学生管理、学生活动及其他各项工作，开展教师评学、学生评教、助教工作评估、学生满意度评估等各项评估，召开学生、教师座谈会，全面了解教学、管理与服务情况，教师和学生对国际小学期教学质量及各项工作的满意度逐年提高。

2017—2018学年，学校共组织78个校级一学期及以上本科生境外学习项目的选拔，共计派出369人次，涉及23个国家和地区。其中，学期交换项目选派291人，中国人民大学—耶鲁大学暑期学校项目选派16人，国家公派研究生项目选拔推荐并最终录取了62人。根据《中国人民大学本科学生境外交换学习奖学金评选办法》，全校共有98名学生获得中国人民大学首届本科生境外交换学习奖学金。

（五）加强本科实验教学建设

学校现有128个实验室，其中有本科教学任务的实验室共45个。全校81个本科专业中，开设实

验课程的专业有29个，占比约35.80%。学校继续加大实验教学经费投入，2018年全年投入实验设备更新经费150万元、软件购置经费44.7万元，有效改善了实验教学的软硬件设施。

学校制定了《中国人民大学关于加强国家级实验教学示范中心建设与管理的指导意见》，从学校、中心两级的组织机构、运行机制、条件保障、专业指导、共建共享、考核评估、实验教学改革创新等方面做了相应规定，对4个国家级实验教学示范中心、3个北京市实验教学示范中心的建设与运行起到规范和保障作用。

（六）探索课外教学体系，深化创新创业教育实践

1. 扎实推进创新创业训练项目

2018年，设立大学生创新训练国家级项目85项、北京市级项目81项、校级项目46项；设立大学生创业训练国家级项目20项、大学生创业实践国家级项目3项；设立大学生科研基金校级项目41项。

组织2016年度立项的大学生创新实验计划项目（大创项目）、科研基金项目结项评审工作：共评审大创项目194个，其中优秀项目31个，优秀率为15.98%，未结项项目1个，结项率为99.48%；科研基金项目79个，其中优秀项目9个，优秀率为11.39%，未结项项目6个，结项率为92.41%。2017年的大学生创业训练项目通过结项评审20个，通过率为100%；优秀项目8个，优秀率40%；3个项目进入实践环节。

2. 推进优秀实践教学团队建设，开展本科实践教学品牌项目和课外教学优秀奖评选

学校共评选出6个实习实训项目和5个学科竞赛项目作为2018年本科实践教学品牌项目；评选出19名课外教学业绩较为突出的教师，授予本科课外教学优秀奖。

3. 立足学科特色优势，深化创新创业教育实践

学校在推进本科人才培养路线图的过程中，将创新创业教育深植于本科人才培养体系之中，实现与本科人才培养的目标融合、理念融合、模式融合、知识融合，着力构建分层递进的创业教育体系，即面向全体学生的“普及教育”、面向有创业意向学生的“系统教育”、面向有创业目标学生的“重点教育”以及面向实际创业学生的“实践教育”四个层次。坚持“价值引领、能力培养与知识传授，创业教育、创业训练与创业实践，创新、创意和创业”等三个三位一体的创新创业理念，打造“入门·激发、通识·基础、专业·深度、行动·实践”递进衔接的创业课程体系。

（七）继续总结教育教学改革成果，组织2018年国家级教学成果奖推荐申报工作

4月，北京市教育委员会、北京市人力资源与社会保障局、北京市财政局发布了《关于表彰北京市教育教学成果奖的通知》（京教人〔2018〕13号），学校29项成果荣获2017年北京市高等教育教学成果奖，其中，特等奖1项，一等奖13项，二等奖15项，涉及法学、经济学、哲学、文学、历史学、理学、工学、管理学、艺术学、教育学等学科门类以及素质教育、高等继续教育和综合等科类。

根据教育部《关于开展2018年国家级教学成果奖评审工作的通知》（教师函〔2018〕3号）、教育部高等教育司《关于做好2018年高等教育国家级教学成果奖推荐工作的通知》（教高司函〔2018〕13号）和北京市教育委员会《关于开展2018年国家级教学成果奖推荐工作的通知》（京教人〔2018〕10号），学校有10项教学成果获得推荐申报资格，参加国家级教学成果奖评选。最终共有8项教学成果获奖：作为第一完成单位获奖7项，其中一等奖2项，二等奖5项；作为联合完成单位获二等奖1项。获奖成果覆盖法学、管理学、思想政治理论课、经济学、哲学、新闻学等科类。

（八）推进和深化学校教育教学综合改革，开展教学改革立项项目相关工作

1. 启动学校第五批（2018）本科教育教学改革立项申报工作，开展第五批（2018）校级教育教学改革立项工作

颁布《中国人民大学关于开展第五批（2018）校级教育教学改革项目立项工作的通知》及《中国人民大学本科教育教学改革项目立项指南（2018）》，启动学校2018年本科教育教学改革立项申报工作。在学院择优推荐的基础上，经评审专家组通讯评审和会议集中评审并报校领导批准，确定2018年校级本科教育教学改革立项98项，其中重点项目立项16项，面上项目立项82项。

2. 开展北京市教改项目结项验收工作

根据《北京市教育委员会关于对2013—2015年度北京高等学校教育教学改革立项项目进行第二批结题验收的通知》（京教函〔2017〕507号）和《北京市教育委员会关于对2013—2015年度北京高等学校教育教学改革立项项目进行第三批结题验收的通知》（京教函〔2018〕693号），组织学校2013—2015年承担的北京市级教育教学改革项目结题验收10项，其中重点项目2项。按照北京市文件要求，组织重点项目评审答辩，核查验收结题项目相关材料，根据项目建设情况撰写《2013—2015年度北京高等学校教育教学改革立项项目结题验收情况报告》，并上报北京市教育委员会。

（九）组织2018—2022年教育部高等学校教学指导委员会委员人选推荐工作

根据《教育部办公厅关于推荐2018—2022年教育部高等学校教学指导委员会委员的通知》（教高厅函〔2018〕13号）精神，经全校相关单位推荐、学校推荐工作专题会议审核遴选和学校领导研究通过，最终向教育部推荐70位专家学者作为2018—2022年教育部高等学校教学指导委员会委员候选人。

根据《教育部关于成立2018—2022年教育部高等学校教学指导委员会的通知》，学校共有47人入选为教指委成员，入选33个教指委、5个分教指委，其中，5人为主任委员，13人为副主任委员，5人为秘书长，24人为委员。

（十）启动“六卓越一拔尖”计划2.0建设工作

2018年9月，教育部发布《关于实施基础学科拔尖学生培养计划2.0的意见》（教高〔2018〕8号）、《关于加强农科教结合实施卓越农林人才教育培养计划2.0的意见》（教高〔2018〕5号）、《关于坚持德法兼修实施卓越法治人才教育培养计划2.0的意见》（教高〔2018〕6号）、《关于提高高校新闻传播人才培养能力实施卓越新闻传播人才教育培养计划2.0的意见》（教高〔2018〕7号）、《关于加快建设发展新工科实施卓越工程师教育培养计划2.0的意见》（教高〔2018〕3号），全面启动“六卓越一拔尖”计划2.0。学校组织全校16个学院（系）及相关单位，召开工作部署会，重点研究工作推进计划、人才培养模式、协同育人机制、条件支撑保障等方面工作，并启动基础学科拔尖计划2.0和法治、新闻传播、农林经济卓越人才培养计划2.0。

（十一）以教师为主体，构筑教学学术社区

新入职教师考核与培训方面，2017年学校新入职教师“微格教学”考核于2018年3月20日启动，5月17日完成。学校共邀请38位专业评委和38位优秀学生评委，对取得考核资格的43位新入职教师分13场进行考核。2018年学校新入职教师岗前教学提升培训从2018年9月开始，至12月底结束，培训包括“教学视频采集”、“教学能力提升”和“教师素养提升”三个模块共17讲，采取线上与线下相结合、必修与选修相结合、讲授研讨与教学观摩相结合的形式，全校20个学院（系）的33位新入职教师参加。

教师教学发展与提升方面，为了促进案例教学法在各学科教学实践中的发展，2018年11月21日，学校邀请中国人民大学社会科学案例中心副主任、商学院管理案例与教学创新研究中心主任徐京悦副教授举办以“教学案例的开发与应用”为主题的教师教学发展沙龙，与来自学校财政金融学院、公共管理学院、农业与农村发展学院、社会与人口学院、教育学院等学院以及北京农学院等高校的20余位教师、博士研究生共同探讨案例教学的作用机制、经典案例及创新性案例的开发流程，分享学校商学院在新型案例，如微案例、粗案例等方面的探索和实践。

2018年11月28日，学校举办以“高校全英文教学的挑战与对策”为主题的教学发展工作坊，邀请牛津大学教育系原系主任、全英文教学中心主任、应用语言学终身荣誉教授 Ernesto Macaro，以及来自学校及国内数十所高校的 60 余位教师和教务管理人员，共同探讨专业课全英文教学的理论、实践与方法，尝试从不同专业教师面临的语言挑战中寻找实用性解决对策。

（十二）完成本科毕业审核和学位授予工作

2018 届本科毕业生中，共有 2 589 人获主修学士学位，340 人获副修第二学士学位，106 人获副修第二专业证书。

五、教学质量监控

（一）以审核评估整改工作为契机，全面加强本科教学质量保障体系建设

学校贯彻落实“以评促建、以评促改、以评促管、评建结合”审核评估精神，认真研究审核评估专家意见，全面审视学校本科教学工作。2018 年，学校组织召开全校本科教学工作会议暨本科教学审核评估整改动员会，落实本科教学工作审核评估整改要求，加强“双一流”背景下一流本科人才培养，组织制定审核评估整改方案，形成《中国人民大学本科教学工作审核评估整改方案》并上报国务院督导局。此外，学校召开本科教学工作审核评估整改工作部署会，根据《中国人民大学本科教学工作审核评估整改方案》相关要求，完成整改细化方案，布置各单位整改工作任务，切实着手解决制约本科教学工作的重点难点问题和体制机制约束问题，以更高标准全面提升学校本科人才培养水平。为保证整改工作有效推进，学校组织开展审核评估整改工作中期检查，各主责单位根据本单位制定的负责项目整改细化方案，总结整改工作中期开展情况，形成整改工作中期报告。

（二）继续实施开展教学质量常态监控，保证课堂教学质量

2018 年，学校继续开展课堂教学质量评估工作。2017—2018 学年秋季学期共有 1 428 名教师参加评估，学生提交问卷 84 451 份，全校课堂总平均分为 96.30。2017—2018 学年春季学期共有 1 381 名教师参加评估，学生提交问卷 75 758 份，全校课堂总平均分为 96.33。学校及时总结、分析和反馈常态教学质量监控结果，在每学期初的本科教学工作例会上将学生评教结果、学生建议与意见发给各学院，各学院按照质量总结与质量改进的通知要求，开展教学质量改进工作。教务等部门和各学院也就教学过程所反映出的相关问题和整改措施进行沟通，以促进教学质量的进一步提高。

2018 年，学校继续组织开展试卷检查工作。其中，学院自查 1 283 个课堂，46 066 份试卷。2017—2018 学年秋季学期，学校组织各学院教务秘书分组到各学院进行现场随机试卷抽查，按照 6 大类 18 个指标对试卷进行现场抽取和检查，累计组织抽查 119 个课堂，2 368 份试卷，通过互查对各学院试卷管理工作进行规范。2017—2018 学年春季学期，按照所抽查试卷覆盖各院系、各课程类型的原则，学校聘请专人对学期期末考试试卷进行随机抽查，共抽查 119 个课堂，4 614 份试卷。试卷抽查结果反馈给各学院，各学院据此开展完善、改进工作。

2018 年，学校继续落实校院两级本科教学质量报告制度。各院（系）结合本科教学工作审核评估整改工作，围绕人才培养目标、教学基本条件、教学建设与改革、教学质量保障和学生学习效果等方面对本学院的本科教学工作开展自评，编写学院本科教学质量报告，并在微人大公开发布。为保证质量报告的编写质量，不断改进质量报告相关工作，学校教务部门组织专家对学院的自评报告进行评估，并向各学院反馈了评估结果。学校总结全校本科教学基本情况，编写《中国人民大学 2017—2018 学年本科教学质量报告》，并向社会发布，接受社会监督。

为全面、充分地了解本科学生在校学习状况和学习感受，为进一步改进和完善教学服务、提升人才培养质量提供决策支持，学校于 2018 年继续面向所有在校本科生组织开展学情调查。调查问卷按照年级分为四类，内容涉及课业学习、教学评价、师生互动、学生发展等多项内容。本次学情调查共有 1 000 余名学生参与，学生反馈效果良好。

（三）持续实施本科教学基本状态数据采集与数据报告发布

2018 年，学校继续坚持本科教学基本状态数据采集，采集数据分为 7 个大类 85 张表，涉及全校 19 个部门和 24 个学院。基于数据采集形成的《中国人民大学本科教学基本状态数据分析报告》，全面、准确地展现了学校本科教学的真实状态。数据及分析报告上报教育部高等教育教学评估中心。

（四）实施随堂听课制度，反馈教师教学质量

为反馈教师教学质量水平，2018 年国际小学期首次实施随堂听课制度。教务处有关人员走进课堂，进行随堂听课，同时填写随堂听课记录表，2018 年共听课近 30 个课堂。教师教学质量反馈的主要标准为：（1）教师主要授课方式、课堂讲授安排是否得当，是否全英文授课；（2）课堂氛围是否融洽，师生之间是否积极互动，学生听课效果如何；（3）助教是否发挥作用；（4）课堂教学秩序是否良好；等等。

（五）本科教学督导工作

本科教学督导是学校实施本科教学质量监控，保障教学秩序，规范教学活动，推进教学改革和教学能力建设，不断提升教学水平和教学质量的重要手段，也是学校教学质量保障体系的重要组成部分，旨在发挥督导专家在开展教学工作和教学管理服务工作方面的监督、检查、评价、咨询和指导等作用。

1. 制定并实施《中国人民大学本科教学督导工作条例》

针对审核评估专家整改意见，结合新时代高等教育“以本为本”工作要求以及学校教学督导工作实际，制定《中国人民大学本科教学督导工作条例》，于 2018—2019 学年秋季学期第 9 次校长办公会上审议通过，并在全校发布实施。条例明确了督导工作的地位和作用、督导工作组织与聘任、工作职责和职权、经费与待遇等内容。

2. 组建 2019—2021 年校级本科教学督导团

经过学院推荐、学校提名、材料审核、主管校长主持的专题讨论会以及 2018—2019 学年第 16 次校长办公会审议，最终遴选出 29 名督导专家组建中国人民大学 2019—2021 年本科教学督导团（名单附后）。其中，专职督导 9 名，均为退休老教授；兼职督导 20 名，其中教授 14 名，副教授 6 名。另外，聘任赵国俊教授为学校督导团团长，张志伟教授、王向明教授为督导团副团长。

本届本科教学督导队伍平均年龄 54.5 岁，平均教龄 26 年，拥有教授职称者约占 80%；其中有教学标兵 10 人，宝钢教育奖获得者 7 人，北京市教学名师 4 人，大华杰出贡献奖 3 人；专家所在学科专业覆盖文学、历史学、哲学、经济学、管理学、法学、理学、工学 8 个学科门类。

附：中国人民大学 2019—2021 年本科教学督导团专家名单（按照姓氏笔画排序）

团长：赵国俊

副团长：王向明（专职督导队伍牵头人）、张志伟（兼职督导队伍牵头人）

专职督导专家：王向明、方竹兰、田育英、杨小平、吴美华、赵苹、赵秀文、姜向群、袁妮

兼职督导专家：龙国富、吕亚荣、朱青、刘瑞、刘后滨、许王莉、李志平、吴岚、邱吉、张威、张伦传、张志伟、昌敦虎、岳树民、孟繁瑜、赵国俊、姜萌、贾国栋、翁昌寿、高贵武

六、体育教学

2018 年体育教学工作继续稳步发展，在学校本科人才培养路线图的指导下稳步推进，一拳一泳核心课程建设得到进一步完善。体质测试中心通过辛苦努力，促进了学生的课外体育运动参与，促进了路线图中“大学体育四年不断线”的贯彻实施。为落实《教育部关于狠抓新时代全国高等学校本科教育工作会议精神落实的通知》，进一步提高教学质量，2018 年体育教学方面开展如下工作：

（一）开展业务学习，鼓励教师参加外出培训，提升教学水平

2018—2019 学年秋季学期体育部组织共计 4 次业务学习，培训内容为太极拳教学备课、中长跑、体能康复原理与实战、气排球项目介绍与学习，形成研究和探讨业务的风气。

2018—2019 学年秋季学期，体育部制定了《中国人民大学体育部业务学习考核及奖励办法》《体育部教师外出学习培训管理规定（试行）》，为教师外出学习及进修提供制度保障。

（二）加强推进课程建设和教学改革创新，丰富体育课程资源

2018—2019 学年秋季学期体育部新开设课程 2 门，分别为中华韵形体艺术课程及篮球裁判课程，这 2 门课程深受同学喜爱，收到良好的教学效果。

（三）整顿和规范教学秩序，强化课堂教学和教学环节管理

加强对学生上课秩序和纪律的要求，及时向教师宣传学校新出台的《中国人民大学学生学习纪律及考勤管理办法》《中国人民大学学生违纪处分管理办法》，自 2018—2019 学年春季学期起遵照执行。继续严格落实课堂考勤制度，每学期初向全体教师发放课堂考勤表，要求教师及时上报缺勤学生信息，由教务秘书联系学生所在学院督促其出勤。

（四）进一步完善教师评价体系机制和教学评价奖励体系，更加科学、规范、合理地评价和考核教学

2018—2019 学年，体育部组织开展了教学评议办法征求意见调查，并根据调查结果起草了《体育部教师教学质量考核办法》及《中国人民大学体育部体育教学工作考核办法（试行）》，将教师教学出勤情况、教学大纲是否按时提交、学生期末成绩登录是否无误、业务学习参加情况及教学督导团队评价意见作为指标纳入教师考核体系中。

此外，为加强和改进课堂教学工作，为教师提供经验交流的平台，2018—2019 学年秋季学期体育部制定并实行《中国人民大学体育部业务学习考核及奖励办法》。办法规定：体育部每学期应根据教学需要定期组织业务学习，并对组织教师、主讲教师进行奖励，将其工作量计入教学工作量。所有教师应参加业务学习，其考勤将纳入体育部评奖评优的参考指标。

七、艺术教育

学校继续加强公共艺术教育课程建设，发挥课堂教学的主渠道作用。2018 年，学校常态化开设公共艺术教育课程 41 门，由艺术学院、公共管理学院、国际关系学院、国学院、历史学院、文学院、新闻学院、信息资源管理学院等学院开设。课程包括“西方课程三千年——从远古到现代”、“油画中的西方文明”、“中国古代青铜器”、“俄罗斯艺术专题研究”、“国剧艺术大观”、“欧洲铭文学和书法史”、“电影导论”、“文艺与音乐传播研究”、“摄影艺术概论”、“合唱艺术与发声技巧”、“舞蹈作品赏析”、“中国民间舞蹈”、“中外名歌赏析与比较”、“聆听民乐”、“中国音乐赏析”、“西方古典音乐赏析”、“篆刻学”和“书法基本技能训练”等，涵盖音乐、舞蹈、绘画、戏剧、摄影、影视等多个艺术类别。2017—2018 学年春季学期和 2018—2019 学年秋季学期，共有 2 412 人次选修公共艺术教育课程。

结合美育教育第一课堂，学校以学生艺术团为主要抓手，开展多样的校园文化艺术活动，丰富学生的校园文艺生活，推进正向文化、高雅艺术与民族传统文艺在学生中的普及，开辟和完善艺术教育的第二课堂。2018 年，学生艺术团 7 个分团（社）在校内共举办演出季专场演出 10 场，参与庆祝改革开放 40 周年文艺晚会《我们的四十年》、北京市大学生音乐节开幕式、北京市“春风化雨　桃李成林”教师节文艺汇演、中国人民大学“新生第一课”原创话剧《吴玉章》、中国人民大学 2019 年新年晚会等国家级、市级和校级的综合性演出。2018 年 4 月，艺术团代表学校出访德国，在莱比锡大学孔子学院成立 10 周年庆典开幕式上举办专场音乐会，为中华优秀传统文化走出国门发出人大声音，

贡献人大力量。此外，学生艺术团成员还充分发挥自身艺术特长，利用暑期开展“艺先锋·艺实践”艺术公益行动，通过非遗学习传承、艺术公益演出、艺术普及教育等艺术实践形式了解国情社情，参与社会服务，更加深刻理解当代青年学子的责任与使命。除线下演出和公益行动外，艺术团还依托微信公众平台累计推出154次艺术分享课，涉及民乐、舞蹈、话剧、京剧、交响和音乐剧等丰富的艺术门类，内容涵盖古今中外主要艺术作品，累计覆盖受众超440 000人次。

2018年，学生艺术团在多项赛事活动中赛果累累，所获奖项数量在北京市高校中名列前茅。在全国第五届大学生艺术展演活动中，学校获优秀组织奖，学生艺术团指导老师李晰撰写的《普通高校艺术实践服务社会的创新形式研究——以某高校学生艺术团“艺先锋·艺实践”社会实践活动为例》荣获高校艺术教育科研论文一等奖。在北京市大学生音乐节展演中，学生艺术团斩获民乐合奏（普通乙组）、民乐室内乐（普通乙组）多声部混合组合、西乐室内乐（普通甲组）弦乐四重奏、弦乐合奏4项金奖；获西乐室内乐（普通甲组）手风琴，重唱、小合唱（普通乙组），人声乐团（普通甲组），混声合唱（普通乙组）4项银奖。在“国戏杯”学生戏曲大赛中获得集体项目（业余组）三等奖、优秀组织奖和优秀指导教师奖。

附录

中国人民大学本科专业目录

序号	学科门类	专业代码	专业名称	修业年限	所属学院	设置年份
1	哲学	010101	哲学	四年	哲学院	1956
2	哲学	010103K	宗教学	四年	哲学院	1999
3	哲学	010104T	伦理学	四年	哲学院	1986
4	经济学	020101	经济学	四年	经济学院	1951
5	经济学	020102	经济统计学	四年	统计学院	1950
6	经济学	020103T/020105H	国民经济管理	四年	经济学院/中法学院	1950/2012
7	经济学	020104T	资源与环境经济学	四年	环境学院	2013
8	经济学	020106T	能源经济	四年	经济学院	2011
9	经济学	020107T	劳动经济学	四年	劳动人事学院	2017
10	经济学	020201K	财政学	四年	财政金融学院	1950
11	经济学	020202	税收学	四年	财政金融学院	2006
12	经济学	020301K/020104H	金融学	四年	财政金融学院/中法学院	1950/2010
13	经济学	020302	金融工程	四年	财政金融学院	2002
14	经济学	020303	保险学	四年	财政金融学院	1997
15	经济学	020306T	信用管理	四年	财政金融学院	2002
16	经济学	020401	国际经济与贸易	四年	经济学院	1978
17	经济学	020402	贸易经济	四年	商学院	1950
18	法学	030101K	法学	四年	法学院	1950

续表

序号	学科门类	专业代码	专业名称	修业年限	所属学院	设置年份
19	法学	030201	政治学与行政学	四年	国际关系学院	1960
20	法学	030202	国际政治	四年	国际关系学院	1985
21	法学	030203	外交学	四年	国际关系学院	1950
22	法学	030205T	政治学、经济学与哲学	四年	哲学院	2016
23	法学	030301	社会学	四年	社会与人口学院	1985
24	法学	030302	社会工作	四年	社会与人口学院	1993
25	法学	030501	科学社会主义	四年	国际关系学院	1956
26	法学	030502	中国共产党历史	四年	马克思主义学院	1956
27	法学	030503	思想政治教育	四年	马克思主义学院	2001
28	法学	030504T	马克思主义理论	四年	马克思主义学院	2018
29	文学	050101	汉语言文学	四年	文学院	1960
30	文学	050102	汉语言	四年	文学院	1960
31	文学	050201	英语	四年	外国语学院	1990
32	文学	050202	俄语	四年	外国语学院	1950
33	文学	050203	德语	四年	外国语学院	1997
34	文学	050204/050204H	法语	四年	外国语学院/中法学院	2001/2012
35	文学	050205	西班牙语	四年	外国语学院	2016
36	文学	050207	日语	四年	外国语学院	1992
37	文学	050301	新闻学	四年	新闻学院	1955
38	文学	050302	广播电视学	四年	新闻学院	1985
39	文学	050303	广告学	四年	新闻学院	1996
40	文学	050304	传播学	四年	新闻学院	2013
41	文学	050305	编辑出版学	四年	新闻学院	2003
42	历史学	060101	历史学	四年	历史学院	1950
43	历史学	060102	世界史	四年	历史学院	2017
44	历史学	060103	考古学	四年	历史学院	2013
45	理学	070101	数学与应用数学	四年	信息学院	1984
46	理学	070201	物理学	四年	理学院	2005
47	理学	070301	化学	四年	理学院	2005
48	理学	071102	应用心理学	四年	理学院	2002
49	理学	071201	统计学	四年	统计学院	1950
50	理学	071202	应用统计学	四年	统计学院	1950
51	理学	080402	材料物理	四年	理学院	2011
52	理学	082503	环境科学	四年	环境学院	2001
53	工学	080901	计算机科学与技术	四年	信息学院	1999
54	工学	080902	软件工程	四年	信息学院	2013
55	工学	080904K	信息安全	四年	信息学院	2010

续表

序号	学科门类	专业代码	专业名称	修业年限	所属学院	设置年份
56	工学/理学	080910T	数据科学与大数据技术	四年	信息学院/统计学院、统计与大数据研究院	2017/2018
57	工学	082502	环境工程	四年	环境学院	2012
58	管理学	120101	管理科学	四年	商学院	2007
59	管理学/工学	120102	信息管理与信息系统	四年	信息资源管理学院/信息学院	1978
60	管理学	120103	工程管理	四年	商学院	2001
61	管理学	120201K	工商管理	四年	商学院	1950
62	管理学	120202	市场营销	四年	商学院	1993
63	管理学	120203K	会计学	四年	商学院	1962
64	管理学	120204	财务管理	四年	商学院	1999
65	管理学	120206	人力资源管理	四年	劳动人事学院	1983
66	管理学	120211T	劳动关系	四年	劳动人事学院	2013
67	管理学	120301	农林经济管理	四年	农业与农村发展学院	1954
68	管理学	120302	农村区域发展	四年	农业与农村发展学院	2000
69	管理学	120401	公共事业管理	四年	环境学院/社会与人口学院	1995
70	管理学	120402	行政管理	四年	公共管理学院	1995
71	管理学	120403	劳动与社会保障	四年	劳动人事学院	1998
72	管理学	120404	土地资源管理	四年	公共管理学院	1985
73	管理学	120405	城市管理	四年	公共管理学院	2008
74	管理学	120502	档案学	四年	信息资源管理学院	1952
75	管理学	120503	信息资源管理	四年	信息资源管理学院	2013
76	艺术学	130201	音乐表演	四年或五年	艺术学院	2000
77	艺术学	130310	动画	四年	艺术学院	2000
78	艺术学	130401	美术学	四年	艺术学院	2000
79	艺术学	130402	绘画	四年	艺术学院	2000
80	艺术学	130502	视觉传达设计	四年	艺术学院	2000
81	艺术学	130503	环境设计	四年	艺术学院	2000
82	文学、哲学或历史学	学校自设专业	国学	四年	国学院	2005

注：专业代码后带“T”表示特设专业，专业代码后带“K”表示国家控制布点专业，“H”表示中外合作办学专业。除“音乐表演”专业学制为4年或5年，其余专业学制均为4年。“环境科学”和“材料物理”属于工学门类，但学校授予理学学士学位。“马克思主义理论”为学校2018年新增设本科专业。“数据科学与大数据技术”自2018年起，既可以授予工学学士学位又可以授予理学学士学位。

2018年中国人民大学各学院分专业招生计划及录取情况

<table>
<tr><th>2018年招生专业</th><th>所属院系</th><th>计划数</th><th>录取数</th></tr>
<tr><td>经济学类</td><td>经济学院</td><td>228</td><td>228</td></tr>
<tr><td>金融学类</td><td rowspan="2">财政金融学院</td><td>225</td><td>221</td></tr>
<tr><td>财政学类</td><td>51</td><td>58</td></tr>
<tr><td>农业经济管理类</td><td>农业与农村发展学院</td><td>40</td><td>40</td></tr>
<tr><td>法学</td><td>法学院</td><td>140</td><td>144</td></tr>
<tr><td>社会学类</td><td>社会与人口学院</td><td>84</td><td>88</td></tr>
<tr><td>国际政治</td><td>国际关系学院</td><td>110</td><td>114</td></tr>
<tr><td>新闻传播学类</td><td>新闻学院</td><td>140</td><td>143</td></tr>
<tr><td>工商管理类</td><td>商学院</td><td>300</td><td>307</td></tr>
<tr><td>公共管理类</td><td>公共管理学院</td><td>92</td><td>94</td></tr>
<tr><td>人力资源管理</td><td>劳动人事学院</td><td>140</td><td>140</td></tr>
<tr><td>信息资源管理</td><td>信息资源管理学院</td><td>90</td><td>93</td></tr>
<tr><td>中国共产党历史</td><td rowspan="2">马克思主义学院</td><td rowspan="2">35</td><td>8</td></tr>
<tr><td rowspan="5">人文科学试验班</td><td rowspan="5">203</td></tr>
<tr><td>历史学院</td><td>60</td></tr>
<tr><td>国学院</td><td>30</td></tr>
<tr><td>文学院</td><td>55</td></tr>
<tr><td rowspan="2">哲学院</td><td>30</td></tr>
<tr><td>政治学、经济学与哲学（PPE实验班）</td><td>30</td><td>31</td></tr>
<tr><td>德语</td><td rowspan="6">外国语学院</td><td>17</td><td>17</td></tr>
<tr><td>俄语</td><td>16</td><td>16</td></tr>
<tr><td>法语</td><td>17</td><td>18</td></tr>
<tr><td>日语</td><td>16</td><td>16</td></tr>
<tr><td>西班牙语</td><td>16</td><td>16</td></tr>
<tr><td>英语</td><td>38</td><td>37</td></tr>
<tr><td>统计学类</td><td>统计学院</td><td>120</td><td>119</td></tr>
<tr><td>绘画</td><td rowspan="4">艺术学院</td><td>25</td><td>25</td></tr>
<tr><td>设计学类</td><td>42</td><td>42</td></tr>
<tr><td>美术学（艺术管理与策划方向）</td><td>10</td><td>10</td></tr>
<tr><td>音乐表演</td><td>29</td><td>31</td></tr>
<tr><td>理科试验班（环境理工、环境经管）</td><td>环境学院</td><td>82</td><td>77</td></tr>
<tr><td>理科试验班（信息与数学）</td><td>信息学院</td><td>160</td><td>161</td></tr>
<tr><td rowspan="3">理科试验班（物理、化学与心理学）</td><td>物理系</td><td rowspan="3">95</td><td rowspan="3">91</td></tr>
<tr><td>化学系</td></tr>
<tr><td>心理学系</td></tr>
<tr><td>法语（中外合作办学）</td><td rowspan="3">中法学院</td><td>30</td><td>30</td></tr>
<tr><td>经济学类（国民经济管理）（中外合作办学）</td><td>50</td><td>50</td></tr>
<tr><td>金融学（中外合作办学）</td><td>200</td><td>200</td></tr>
<tr><td colspan="2">总计</td><td>2 843</td><td>2 868</td></tr>
</table>

2018年中国人民大学各省份提前批、一批分数线统计表

省份	录取总数		提前批				中法学院				本部一批							
			文科录取分数		理科录取分数		文科录取分数		理科录取分数		录取人数		文科录取分数（综改）			理科录取分数		
	文科	理科	调档线	录取线	调档线	录取线	调档线	录取线	调档线	录取线	文科	理科	最高	最低	平均	最高	最低	平均
安徽	58	56	649	649	660	666	632	632	637	637	37	36	661	651	654	686	668	672
北京	143	106	666	666	666	666	645	645	648	648	98	72	678	665	670	684	674	679
福建	64	63	648	648	647	647	617	617	622	622	48	50	661	650	655	679	649	666
甘肃	29	27									17	16	618	611	614	667	652	657
广东	71	60	639	639	655	655	614	614	633	633	52	52	653	640	645	677	656	664
广西	31	30									26	26	651	624	641	679	646	665
贵州	32	31									24	24	688	662	672	679	646	659
海南	9	6									7	6	867	845	855	844	836	839
河北	72	49	678	678			663	663	653	653	34	33	692	682	685	704	692	696
河南	75	74					639	639	646	646	42	43	666	655	661	681	667	671
黑龙江	36	34	606	608	655	657	587	587	643	643	19	19	629	617	622	675	669	672
湖北	67	60	657	657			634	634	633	633	45	45	668	649	660	686	671	676
湖南	65	57	663	643	666	666	642	625	633	633	34	35	676	647	668	688	657	679
吉林	42	44	630	628	667	667	605	605	644	644	26	29	657	630	640	688	674	680
江苏	54	46					379	379	382	382	30	30	401	390	394	405	392	398
江西	53	46	648	648			631	631	635	635	33	32	658	648	653	675	667	671
辽宁	47	42	634	634	656	656	621	621	654	654	23	21	645	639	642	686	677	681
内蒙古	27	22					619	614	662	662	18	18	638	618	628	679	661	669
宁夏	10	9									8	7	645	618	632	657	629	647
青海	5	5									3	4	608	596	603	622	602	614
山东	87	57	652	652	669	669	633	633	647	647	40	40	662	655	659	685	674	678
山西	46	43					599	599	620	620	28	28	643	635	638	675	654	662
陕西	45	44					640	640	669	669	27	28	662	655	658	692	678	684
上海	27						555	555			16		597	574	583			

续表

省份	录取总数		提前批				中法学院				本部一批								
			文科录取分数		理科录取分数		文科录取分数		理科录取分数		录取人数		文科录取分数（综改）			理科录取分数		
	文科	理科	调档线	录取线	调档线	录取线	调档线	录取线	调档线	录取线	文科	理科	最高	最低	平均	最高	最低	平均
四川	73	70	631	631	669	669	618	618	659	659	39	42	641	626	635	684	656	676
天津	24	24					640	640	668	668	20	20	668	659	663	691	681	686
西藏	14	13									汉：3	汉：2	627	612	620	654	652	653
											藏：1	藏：1	517	517	517	507	507	507
新疆	47	41									汉：21	汉：22	636	615	627	672	654	665
											民：12	民：7	601	569	577	646	569	594
云南	43	41	662	662			643	643	662	662	31	30	681	645	667	697	657	681
浙江	124		670				647				73		697	678	684			
重庆	53	46	616	617			602	600	656	656	37	36	632	613	624	688	672	678
港澳台侨	38	11									6	4	667	657	661	666	661	663

中国人民大学入选2018年国家级教学成果奖成果名单

序号	成果名称	完成人	完成单位	奖项等级
1	一体多维二元融合新型社会主义法治人才培养模式探索与实践	王轶，杨东，高圣平，王旭，时延安，杜焕芳，石佳友，姚欢庆，徐阳光	法学院	一等奖
2	理论素养与实践技能并重的MPAcc人才培养模式	支晓强，王化成，周华，戴德明，徐经长，赵西卜，宋建波，孙茂竹，耿建新	商学院	一等奖
3	本科生思想政治理论课“一体两翼”教学模式探索与实践	靳诺，吴付来，郝立新，陈崎，王易，王向明，张晓萌，张智	马克思主义学院	二等奖
4	中国特色社会主义政治经济学教学体系创新	林岗，张宇，谢富胜，邱海平，陈享光，赵峰，刘明远，张晨，齐昊	经济学院	二等奖
5	中国特色新闻传播人才的生态型培养体系构建	胡百精，周勇，张辉锋，王润泽，刘海龙，许向东，高贵武，王菲，赵云泽	新闻学院	二等奖
6	PPE跨学科人才培养模式创新	姚新中，陈彦斌，闫瑾，罗安宪，徐尚昆，张时坤，于泽，曹司彬	哲学院， 经济学院， 国际关系学院	二等奖
7	提升中国在国际组织中的话语权，改革国际组织人才培养模式	方长平，蒲俜，周荣，李巍，左希迎	国际关系学院	二等奖
8	国家大学生创新创业训练计划“1311”体系创新及十年实践	李志义，陈启元，郑家茂，朱泓，许晓东，洪大用，万小朋，李正，刘志军，刘义伦，邵进，江志斌，陆国栋，唐子龙，吕永康，王兴元，郭庆，杨芳，平力，沈孝兵，谢火木，张佐刚，沈毅，徐雷，李军，尹辉，马丹	大连理工大学，中南大学，东南大学，华中科技大学，中国人民大学，西北工业大学，华南理工大学，南京大学，上海交通大学，浙江大学，清华大学，山东大学，桂林电子科技大学，电子科技大学，厦门大学，辽宁工程技术大学，哈尔滨工业大学，复旦大学，湖北工业大学	二等奖

2018年中国人民大学本科教育教学改革立项项目表

序号	项目名称	项目类别	项目负责人	所属学院
1	创新实验教学方式方法与运行机制研究	重点项目	庄毓敏	财政金融学院
2	厚重财金人才培养与创建海外课堂探索实践研究	面上项目	黄文彬	财政金融学院
3	以学术研究为导向的研究性教学方法探索与实践	面上项目	李　戎	财政金融学院
4	财政金融学院创新本科人才培养教学管理模式机制研究	面上项目	刘庭竹	财政金融学院
5	管理模拟模块在“商业银行业务与经营”课程中的应用研究	面上项目	宋　玮	财政金融学院
6	财税—数学拔尖人才培养计划	面上项目	薛涧坡	财政金融学院
7	深化财税实验教学的探索	面上项目	岳树民	财政金融学院
8	保险专业案例教学体系构建	面上项目	张俊岩	财政金融学院
9	一流法学课程体系的探索与实践	重点项目	王　轶	法学院
10	法学类基础课程第二（在线）课堂的建设与运维	面上项目	高仰光	法学院
11	构建商经法融合的创新创业教育课程研究	面上项目	姚海放	法学院
12	法律文献检索与论文写作	面上项目	尤陈俊	法学院
13	新时代中国的“国际法”课程建设	面上项目	余民才	法学院
14	环境法律诊所案例教材的体系、形式与研发	面上项目	竺　效	法学院
15	建设“制度设计与空间规划”国际课程，探索SPOC教学模式	面上项目	秦　波	公共管理学院
16	互联网＋在不动产估价教学中的应用	面上项目	曲卫东	公共管理学院
17	地籍测量三维虚拟仿真实验教学系统建设	面上项目	夏方舟	公共管理学院
18	以“专业英语口语听力”课为依托的国际关系学院专业外语教研室团队建设	重点项目	翟东升	国际关系学院
19	关于一个新专业方向的建设构想：大数据与政治社会研究	面上项目	韩冬临	国际关系学院
20	以排序法取代分值法改进本科课堂质量评估体系	面上项目	孙　龙	国际关系学院
21	以研究型拔尖创新人才培养为目标的“中国对外关系史”教学改革	面上项目	王星宇	国际关系学院
22	“西域考古学”课程学术视野的拓展与实践	面上项目	李　肖	国学院
23	生态、安全与健康课程建设创新研究	面上项目	韩　威	环境学院
24	环境工程本科固废实验课教学改革研究	面上项目	朱芬芬	环境学院
25	中国人民大学本科生培养方案（2015）实施效果调研评估	重点项目	蒋香仙	教务处
26	以人才培养为核心的教育教学管理改革与智能化信息管理系统深度融合的理论与实践探索	重点项目	李向前	教务处
27	信息化时代的教学档案管理及应用	面上项目	韩曙光	教务处
28	教师教学大数据的理论探究及原型系统设计	面上项目	吴晓然	教务处

续表

序号	项目名称	项目类别	项目负责人	所属学院
29	大类培养模式对学生自主学习能力的影响——以人文科学试验班为例	面上项目	尹姗姗	教务处
30	“科教融合、学术育人”人大模式的探索与实践	面上项目	周　详	教育学院
31	“职业生涯规划”课程建设	面上项目	周文霞	劳动人事学院
32	历史类专业本科生培养的“三个体系”建设	重点项目	姜　萌	历史学院
33	文物考古的社会调查和案例分析	面上项目	曹　斌	历史学院
34	新媒体视域下的本科教学管理创新路径探索	面上项目	郭相宜	历史学院
35	“考古纪录片的制作与欣赏”课程建设	面上项目	王晓琨	历史学院
36	马克思主义理论本科人才培养模式研究	重点项目	赵淑梅	马克思主义学院
37	优秀传统文化嵌入马克思主义基本原理概论课教学研究	面上项目	沈江平	马克思主义学院
38	精细化培养农林经济管理本科拔尖创新人才模式研究	面上项目	唐　忠	农业与农村发展学院
39	农业经济管理专业本科生对国际交流的认识与行为研究	面上项目	郑　适	农业与农村发展学院
40	商学院本科人才培养模式综合改革研究	重点项目	毛基业	商学院
41	“创业企业运营模拟”课程软件设计思路研究	面上项目	韩冀东	商学院
42	面向新时代的社会学类专业实践教学体系探索	重点项目	黄家亮	社会与人口学院
43	大学新生入学健康教育	面上项目	和　红	社会与人口学院
44	打造“有趣味”的团队——人口教研室教学团队建设	面上项目	李　婷	社会与人口学院
45	学科基础课教学方法探索与实践——以人口概论课程为例	面上项目	孟向京	社会与人口学院
46	情境教学法在社会学教学中的运用研究	面上项目	王水雄	社会与人口学院
47	新常态下人文社科实验教学质量保障体系的量化分析研究	重点项目	张小岗	实验室建设与设备管理处
48	新时代“双一流”建设中实验教学中心的研究与建设	面上项目	张　卯	实验室建设与设备管理处
49	本科计量经济学在线课程	面上项目	范红岗	数学学院
50	线性代数C教学模式改革	面上项目	胡长英	数学学院
51	教学信息化促进数学公共课教学模式改革	面上项目	贾鲁军	数学学院
52	高等数学BⅠ习题课讲解视屏	面上项目	吴　岚	数学学院
53	面向案例实验的“数理统计”课程改革	面上项目	殷　弘	数学学院
54	微积分C课程教学改革探索	面上项目	张倩伟	数学学院
55	游泳课程改革方案	面上项目	陆　峰	体育部
56	高校素质拓展体育教学模式的实验研究——基于大学生身心健康多元评价指标体系	面上项目	张　磊	体育部
57	面向数据科学的统计学科知识体系图谱建设	重点项目	尹建鑫	统计学院
58	高级英语演讲课程教学团队建设	面上项目	冯瑞敏	外国语学院
59	基于语料库和 Sketch Engine 工具的泛在生态学习研究	面上项目	葛晓华	外国语学院
60	外语学科人才培养的大思政格局的构建	面上项目	黄　岩	外国语学院
61	高校英语教师评价素养的内容框架、影响因素和提升策略	面上项目	刘　力	外国语学院

续表

序号	项目名称	项目类别	项目负责人	所属学院
62	大学英语写作数字化课程教学模式探索	面上项目	田丽丽	外国语学院
63	加强“基础西班牙语”课程建设的思考与举措	面上项目	韦妮斯	外国语学院
64	意义百科观下大学英语教学中阅读与讨论的交互模式探讨——一项质性研究	面上项目	许葵花	外国语学院
65	新时代语境下外语人才的中国立场意识培养研究——以“综合英语”课为中心	面上项目	周　铭	外国语学院
66	汉语言（留学生）本科专业课程建设	面上项目	李禄兴	文学院
67	建设跨学科性质的“文艺媒介学”公共艺术教育课程	面上项目	李昕揆	文学院
68	子部小说要籍研读与写作实践	面上项目	王　昕	文学院
69	基于学术汉语能力评价的留学生入学考试改革与展望	面上项目	张　洁	文学院
70	汉语视听说课程主题式多模态互动信息化教学研究	面上项目	张　璐	文学院
71	如何借助研究型教学模式应对“文献阅读与写作”课堂教学中的误区	面上项目	张　治	文学院
72	汉语史文献研读	面上项目	郑林啸	文学院
73	大类招生模式下物理学专业拔尖人才培养体系的构建	重点项目	张　威	物理学系
74	心理学虚拟实验教学平台建设	面上项目	陈文锋	心理学系
75	心理学系本科导师制培养模式探索	面上项目	李欢欢	心理学系
76	新闻传播实验实训孵化平台建设与研究	面上项目	罗雪蕾	新闻学院
77	大数据时代新闻传播人才的数据素养	面上项目	许向东	新闻学院
78	新闻传播技术教学中“案例反推”模式探索	面上项目	于东东	新闻学院
79	文科类大学公共计算机课程研究与建设	重点项目	尤晓东	信息学院
80	计算机公共课应用类“网页设计”课程建设	面上项目	曹　巍	信息学院
81	多层次新型计算机系统课程体系建设	面上项目	柴云鹏	信息学院
82	计算机网络原理演示及教学实训平台	面上项目	焦　敏	信息学院
83	程序设计类课程在线评测平台建设	面上项目	孙　辉	信息学院
84	交叉学科背景下拔尖创新人才培养模式研究	面上项目	许　伟	信息学院
85	基于新媒体的创新创业案例库建设	面上项目	杨　波	信息学院
86	数据库与数据挖掘课程建设	面上项目	战　疆	信息学院
87	MOOC环境下学生学习行为的定量分析与研究——以“数据库系统概论”课程为例	面上项目	张晓莹	信息学院
88	“科研—教学—实践”三位一体的“数字记忆”创意人才培养模式研究	重点项目	冯惠玲	信息资源管理学院
89	信息资源管理学院实验室实验教学质量管理体系建设研究	面上项目	董丹华	信息资源管理学院
90	中国档案文献编纂经典案例库建设研究	面上项目	梁继红	信息资源管理学院
91	大数据时代信息咨询立体课堂构建	面上项目	卢小宾	信息资源管理学院
92	面向数字记忆的本科“教学—科研一体化”档案学创新实验教学模式研究与实践	面上项目	牛　力	信息资源管理学院

续表

序号	项目名称	项目类别	项目负责人	所属学院
93	基于国产数据库（达梦）进行数据库课程设计与改造	面上项目	钱　毅	信息资源管理学院
94	“信息组织与信息构建”教学团队合作机制和教学模式创新研究	面上项目	周晓英	信息资源管理学院
95	中国人民大学学生学业辅导工作模式研究	重点项目	罗建晖	学生处
96	“学术型”音乐表演专业本科人才培养模式改革	重点项目	张　放	艺术学院
97	思想实验与悖论在哲学教学中的使用	面上项目	田　洁	哲学院
98	中外合作异地办学情境下“大学生心理健康教育”课程改革——以发展系统论为指导	面上项目	曹睿昕	中法学院

2018年中国人民大学教学名师、教学类奖项

第十四届（2018年）北京市高等学校教学名师奖

所在学院	姓名
经济学院	王晋斌

第二届（2018年）北京市高等学校青年教学名师奖

所在学院	姓名
财政金融学院	张成思
哲学院	臧峰宇

2018年宝钢教育基金优秀教师奖

所在学院	姓名
新闻学院	张辉锋
法学院	孟雁北
公共管理学院	郐艳丽
马克思主义学院	赵淑梅

2018年大华杰出教学贡献奖

所在学院	姓名
经济学院	杨瑞龙
哲学院	张志伟

2018年中国人民大学教学标兵

所在学院	姓名	所在学院	姓名
新闻学院	黄　河	哲学院	聂敏里
公共管理学院	郐艳丽	经济学院	王晋斌

续表

所在学院	姓名	所在学院	姓名
体育部	李春莲	文学院	徐建委
统计学院	李　扬	信息学院	阳庆节
法学院	孟雁北		

2018 年中国人民大学教学优秀奖

所在学院	姓名	所在学院	姓名
心理学系	陈晓晨	马克思主义学院	欧阳奇
国际关系学院	崔守军	信息资源管理学院	任　明
财政金融学院	何　林	经济学院	宋利芳
外国语学院	蒋亚娟	信息学院	孙　辉
法学院	金美蓉	法学院	王贵松
历史学院	李梅田	化学系	王　鹏
外国语学院	李　平	经济学院	谢伦裕
经济学院	李三希	艺术学院	杨　洁
财政金融学院	林清泉	公共管理学院	于　洋
马克思主义学院	刘　辉	经济学院	张红霞
文学院	娄　林	信息学院	张会平
农业与农村发展学院	毛　飞	商学院	张　瑾

2018 年中国人民大学本科课外教学优秀奖

推荐单位	姓名	职称	所在单位
财政金融学院	宋　玮	副教授	财政金融学院
国际关系学院	蒲　俜	教授	国际关系学院
国学院	辛晓娟	讲师	国学院
环境学院	程　荣	副教授	环境学院
经济学院	韩　松	教授	经济学院
劳动人事学院	于　坤	讲师	劳动人事学院
马克思主义学院	耿化敏	副教授	马克思主义学院
商学院	李东贤	副教授	商学院
社会与人口学院	宋月萍	副教授	社会与人口学院
数学科学研究院	龚新奇	副教授	数学科学研究院
数学学院	韩丽涛	副教授	数学学院
统计学院	吴翌琳	副教授	统计学院
外国语学院	黄晓敏	副教授	外国语学院
外国语学院	初　萌	讲师	外国语学院
文学院	陈　涛	副教授	文学院
物理学系	夏天龙	副教授	物理学系
校团委	李　扬	教授	统计学院
新闻学院	罗雪蕾	工程师	新闻学院
艺术学院	张　放	副教授	艺术学院

2018 年中国人民大学学生竞赛获奖情况

2018 年美国大学生数学建模竞赛获奖名单

序号	队员 1	队员 2	队员 3	所获奖项
1	赵泽坤	马江南	陈　煜	Finalist
2	左笑晨	詹凌玥	徐卓群	Meritorious
3	夏　璐	赵金澎	张宇翔	Meritorious
4	李雅娴	张孟婉	王　斐	Meritorious
5	董恩良	李毅浩	周诗琪	Meritorious
6	王诗俊	方可育	鲍仁杰	Meritorious
7	刘芮汐	张经纬	陈　钰	Meritorious
8	周绮文	张曼黎	薛　扬	Meritorious
9	肖小玥	张真苗	范静怡	Meritorious
10	陈仁泽	孙园成	杨文龙	Meritorious
11	李婧瑶	阮璐丹	姚林丽	Meritorious
12	宜　欣	田晶晶［信科（北大）］	薛修梅	Meritorious
13	唐天一	王偲竹	张明怡	Meritorious
14	刘付匀	邢志超	章洪铭	Meritorious
15	刘秋华	莫　瑜	李效丞	Meritorious
16	张　瑶	徐　滢	闫浩博	Meritorious
17	吴清清	陈思远	王　磊	Meritorious
18	乌焕强	郭　宇	方　然	Meritorious
19	袁怀冰	余睿明	王佳文	Meritorious
20	潘　琼	宁　星	陈邦庆	Honorable
21	QU Yiming	董言午	RUAN Zishan	Honorable
22	石瀚文	高　博	马文秋	Honorable
23	余孟超	纳次格道尔吉	王　扬	Honorable
24	吴明轩	邵昊敏	王涵之	Honorable
25	宋宇晴	姚　菁	赵一达	Honorable
26	奚鼎昊	杨子力	张畅	Honorable
27	WU Yucheng	ZENG Jie	JIANG Yifei	Honorable
28	卢卿华	贺潇潇	曹　乾	Honorable
29	修瑞临	项启昕	罗震宇	Honorable
30	张艺璇	师兵范	朱志伟	Honorable
31	粟寒婷	贾静雯	曹　琛	Honorable
32	ZHANG Xiaoming	LI Shuangyou	WEN Baihe	Honorable
33	张涵弛	余歆瑶	梁晓周	Honorable
34	钟函讯	田昊坤	李芷萱	Honorable
35	周柯宇	陶林同	李静怡	Honorable
36	JIANG Zerui	HUANG Haoyuan	LI Meilu	Honorable
37	陈韵洁	张筱歌	任云芳	Honorable
38	张钧垚	刘　专	宗巍阳	Honorable
39	李晓煜	查怡帆	李家郡	Honorable
40	魏开朗	欧阳志成	刘　笑	Honorable

续表

序号	队员 1	队员 2	队员 3	所获奖项
41	但慎敏	王奎铭	邱子芳	Honorable
42	吴文琦	储奕宇	杨文婧	Honorable
43	金可欣	黄　帅	范卓娅	Honorable
44	王宇睿	詹轶蔚	郭逸默	Honorable
45	冯　煜	林子祺	傅泓棱	Honorable
46	邢语珂	戚庆源	康　宁	Honorable
47	王林兰	岳彦宇	王渭森	Honorable
48	王泰茗	盛培赞	王源清	Honorable
49	李霖霖	尹　宁	张心怡	Honorable
50	蒋　旭	杨翌旭	赵洪昊	Honorable
51	郑娅岐	齐柏珂	王正宵	Honorable
52	FU Jingchi	QIU Kaiyue	LI Zihan	Honorable
53	张　航	殷闻达	郑　铜	Honorable
54	CHEN Xi	XIONG Rui	ZHENG Yunpeng	Honorable
55	范李洋	张　磊	罗　晨	Honorable
56	WANG Zeyu	TONG Yiming	XIA Yixin	Honorable
57	石梦钰	王皓月	施镇栋	Honorable
58	张荣倩	姚雨欣	罗艺奇（公管）	Honorable
59	李致远	余祉慧	杨隆一	Honorable
60	阮紫珊	曲一鸣	董言午	Honorable

注：美国数学建模奖项设置情况为：Outstanding Winner，特等奖，获奖比例为 0.14%，简称 O 奖；Finalist，特等奖提名奖，获奖比例为 0.17%，简称 F 奖；Meritorious Winner，一等奖，获奖比例为 7.09%，简称 M 奖；Honorable Mention，二等奖，获奖比例为 15.35%，简称 H 奖。

2018 年大学生数学建模与计算机应用竞赛获奖名单

序号	队员 1	队员 2	队员 3	所获奖项
1	牛聆宇	李铭914	高济琛	全国一等奖
2	吴清清	陈思远	李浩源	全国一等奖
3	郭　帅	李晓彤	叶睿旻	全国二等奖
4	韩东方	李一繁	黄嘉炜	全国二等奖
5	林圆圆	洪桂毓	冯　晟	全国二等奖
6	刘昕雅	张利华	金可欣	全国二等奖
7	卢卿华	罗　妤	肖若瑾	全国二等奖
8	王　昊	张皇澍	童安宇	全国二等奖
9	王麒森	黄亦嵩	周宇翔	全国二等奖
10	许一鑫	彭小康	张冰清	全国二等奖
11	艾宇彤	邢菁凡	俞钰绮	北京市一等奖
12	曹　乾	蹇沛利	贺潇潇	北京市一等奖
13	曾德坤	曾诚鹏	吴亚峰	北京市一等奖
14	邓和明	李卜诺	高钰婷	北京市一等奖
15	冯子俊	朱泽兰	米懋国	北京市一等奖
16	郭啸宇	左笑晨	卢雨涵	北京市一等奖
17	李根宇	孔祥宇	盖天文	北京市一等奖

续表

序号	队员 1	队员 2	队员 3	所获奖项
18	李婧瑶	姚林丽	阮璐丹	北京市一等奖
19	廖逸涵	谢佳旻	曾京涛	北京市一等奖
20	罗尹清	马跃元	薛　畅	北京市一等奖
21	吕芳锐	曾恬静	廖雅雯	北京市一等奖
22	盛培赞	李鸣霄	刘林德	北京市一等奖
23	施镇栋	吴俊彦	操　懿	北京市一等奖
24	苏　展	侯明烨	高艺境	北京市一等奖
25	潭哲贤	刘人熙	王前超	北京市一等奖
26	唐天一	郭佳男	吴宇宁	北京市一等奖
27	王汉学	张铭岐	来正杰	北京市一等奖
28	王　蕾	韩雨锦	任怡萌	北京市一等奖
29	王泰茗	李毅浩	周诗琪	北京市一等奖
30	王屿凌	高林航	黄实磊	北京市一等奖
31	魏泽新	陈相印	李　晴	北京市一等奖
32	乌焕强	郭　宇	罗依心	北京市一等奖
33	姚欣铭	陈婧婕	尚志伟	北京市一等奖
34	张梦雨	周子乐	高一钊	北京市一等奖
35	张天怡	张　倩	苏吉雅	北京市一等奖
36	张　宵	赵胜男	宋　颖	北京市一等奖
37	郑怡青	粟寒婷	范欣妍	北京市一等奖
38	周昕仪	张大方	娄立威	北京市一等奖
39	张灵溪	陈玮婧	王　芃	北京市二等奖
40	涂荐泓	冯宁轩	王大林	北京市二等奖
41	陈洁婷	苏婉晶	陈颖姗	北京市二等奖
42	苏锦华	康欣来	熊　捷	北京市二等奖
43	薛昕安	陈雪昂	苏国林	北京市二等奖
44	刘炯楠	黄颖珏	王范祎祎	北京市二等奖
45	陶晏阳	钟函讯	冯锦超	北京市二等奖
46	栗梦颖	董梦楠	林　婧	北京市二等奖
47	林锦锋	李嘉懿	彭晧旸	北京市二等奖
48	王偲竹	李梓童	赵雅馨	北京市二等奖
49	王子寒	李湛铷	谢涵章	北京市二等奖
50	肖小玥	郭　妍	楼铭洋	北京市二等奖
51	丁相元	齐雨晨	刘奇伟	北京市二等奖
52	张悦洲	范卓娅	张雅坤	北京市二等奖
53	王欣悦	武歆岚	范　迪	北京市二等奖
54	王博凡	郭仕焓	杨子力	北京市二等奖
55	杨欣怡	张智婧	李煜钰	北京市二等奖
56	覃子涵	李欣蔚	张　谦	北京市二等奖
57	李晓蓥	范晓旭	宫栋源	北京市二等奖

续表

序号	队员 1	队员 2	队员 3	所获奖项
58	陈瑞齐	朱一宁	李　植	北京市二等奖
59	徐洪雪	胡一凡	马亦戎	北京市二等奖
60	陈俊佑	喻邦禄	蔡　嘉	北京市二等奖
61	刘　宸	傅泓棱	江流洋	北京市二等奖
62	冉桂全	刘　烜	王庆硕	北京市二等奖

2018 年第十届全国大学生广告艺术大赛获奖名单

序号	作品名称	作者	指导教师	获奖等级
1	薄情话	陈　曦	王树良	二等奖
2	戴不戴都一样	徐　耕　阿依开林	王树良	二等奖
3	藤娇之舌尖舞蹈	周思宇	王树良	二等奖
4	娃哈哈酸奶饮品——芒着枣杞	张子涵　胥楚琪	王树良	三等奖
5	娃哈哈营养酸奶饮品——萌一点	张子涵	王树良	三等奖
6	杜蕾斯　真爱总是带来高原反应	胡　婧　钟汉涛	王树良	三等奖
7	装下真我	岳永婕　欧阳婕	王树良	三等奖
8	网易云音乐《窗外雨》文案	钟艺冰　孙良磊	王树良	三等奖
9	隐世奇人	王露桦　任宣谕	王树良	优秀奖
10	锌钙小精灵	陈祥瑞　李一凭	王树良	优秀奖
11	牢	陈雨涵　高雨诗	王树良	优秀奖
12	杜蕾斯空气套之杜杜小课堂开课啦	杨欣悦	王树良	优秀奖
13	箱里世界箱外天	徐芯芯　郎雨昕　涂荐泓	王树良	优秀奖
14	电亮灵感	周宛莹　陈　靖　宁　靖 尹家豪　张菲旸	王树良	优秀奖
15	我“多”疯狂	张　晨　刘翱源　林聪	王树良	优秀奖
16	爱华仕竖琴系列拉杆箱营销策划案	郭俊桐	王树良	优秀奖
17	爱华仕，活出韵律!	皮佳萱　岳永婕　郑鑫嘉 贾新荥　纪佳彤	王树良	优秀奖
18	泸沽一梦	李曜宇　邹文昌　柳瑞敏	王树良	优秀奖
19	浴室“求生”	邱雨佳		优秀奖
20	杜蕾斯：作为守门员的精彩瞬间	刘金健　邵逸涵	王树良	优秀奖
21	小 AiR 旅行记	鲁　妮　孔子悦	王树良	优秀奖
22	元气养生，永葆年轻	孔子悦　鲁　妮	王树良	优秀奖
23	辣生活，才够味	王文婷	王树良	优秀奖
24	邀你品尝	黄语嫣　杨秋芳	王树良	优秀奖
25	一次说走就走的旅行都需要什么?	刘金健　邵逸涵	王树良	优秀奖
26	定义旅行的边界	韦佳毅　吴　婧	王树良	优秀奖

2018 年第十届全国大学生广告艺术大赛北京赛区获奖名单

序号	作品名称	作者	指导教师	获奖等级
1	杜蕾斯——极薄	郑鑫嘉　王守业	王树良	一等奖
2	爱华仕箱包——世界与你同行	徐艺珊	王树良	一等奖
3	真爱智商测试	杨可歆　李雅欣　陈庆庆	王树良	一等奖
4	爱华仕箱包——把爱带回家篇	陶　冶		一等奖

续表

序号	作品名称	作者	指导教师	获奖等级
5	“薄”守主义	杨碧涵　顾田君　陈雨涵 郭忆馨　杨雅婷	王树良	一等奖
6	电亮灵感	周宛莹　陈　靖　宁　靖 尹家豪　张菲旸	王树良	一等奖
7	快乐何其多	林安琪　赵菁峤　宛　瑾　程昭尹	张　迪	一等奖
8	爱华仕竖琴系列拉杆箱营销策划案	郭俊桐	王树良	一等奖
9	“诶?！我杜蕾斯呢?”	熊钊萍　杨茜婷	王树良	一等奖
10	都怪杜蕾斯 AiR	杨秋芳　黄语嫣	王树良	一等奖
11	阻隔不再	苏际聪　王啸航	王树良	二等奖
12	世上无难事 只要肯拼“薄”	何　畅　游丹怡	王树良	二等奖
13	真·空气薄	周宛莹　尹家豪	王树良	二等奖
14	藤娇，不止	刘杰航　皮佳萱	王树良	二等奖
15	禁止在球场食用藤娇！	王力飞　张宇轩	王树良	二等奖
16	藤娇，给生活来点电！	杨茜婷　张　晨	王树良	二等奖
17	娃哈哈海报设计	邓玉洁	王树良	二等奖
18	娃哈哈营养酸奶饮品——萌一点	张子涵	王树良	二等奖
19	锌钙小精灵	陈祥瑞　李一凭	王树良	二等奖
20	包容世界，包容梦想	杨茜婷　熊钊萍	王树良	二等奖
21	再宅也要去旅行	彭珺晶　尼玛卓嘎	王树良	二等奖
22	作业挡住了正确答案	程昭尹　葛书润	王树良	二等奖
23	不交作业的理由	葛书润　程昭尹	王树良	二等奖
24	让世界飞入包中	于天奕　李嘉懿	王树良	二等奖
25	箱里世界箱外天	徐芯芯　郎雨昕　涂荐泓	王树良	二等奖
26	杜蕾斯 AiR——高处再相见	冯雨书	王树良	二等奖
27	零与无穷	苏际聪　王啸航	王树良	二等奖
28	仅次于不戴时的使用体验	赵雨欣	王树良	二等奖
29	戴不戴都一样	徐　耕　阿依开林	王树良	二等奖
30	藤娇之舌尖舞蹈	周思宇	王树良	二等奖
31	定义旅行的边界	韦佳毅　吴　婧	王树良	二等奖
32	给在大城市拼搏的你	梁斯妍	王树良	二等奖
33	网易云音乐《窗外雨》文案	钟艺冰　孙良磊	王树良	二等奖
34	约会篇	杨世毅	王树良	三等奖
35	薄如空气	熊钊萍　杨茜婷	王树良	三等奖
36	空气套，空气薄	王乐宾　张何莞尔	王树良	三等奖
37	隐世奇人	王露桦　任宣谕	王树良	三等奖
38	Air Is Real	李心怡　何　畅	王树良	三等奖
39	杜蕾斯　真爱总是带来高原反应	胡　婧　钟汉涛	王树良	三等奖
40	点亮彼此的心	黎雨薇	王树良	三等奖
41	娃哈哈酸奶饮品——芒着枣杞	张子涵　胥楚琪	王树良	三等奖
42	荣耀手机“走光”系列	胡　婧　程昭尹	王树良	三等奖
43	爱华仕——大圣篇、葫芦兄弟篇	姚婧颐	王树良	三等奖
44	“举重若轻”与“固若金汤”	孙嘉悦	王树良	三等奖

续表

序号	作品名称	作者	指导教师	获奖等级
45	发现被埋没的音乐	王欣悦		三等奖
46	AiR 至薄，你选对了吗?	杨　洋　王紫微　丁一鸣　刘　镇	王树良	三等奖
47	杜蕾斯空气套之杜杜小课堂开课啦	杨欣悦	王树良	三等奖
48	装下世界，pick 你的生活	周　瑞　纪佳彤　徐　婧	王树良	三等奖
49	“无”中生“有”	方诗嘉　曾毅瑞	王树良	三等奖
50	爱如空气	肖宇萌　徐雨芳	王树良	三等奖
51	杜蕾斯空气套之杜杜小课堂开课啦	杨欣悦	王树良	三等奖
52	薄情话	陈　曦	王树良	三等奖
53	性致薄勃	刘德贤	王树良	三等奖
54	杜蕾斯空气套，比空气厚一点	李蒙汉	王树良	三等奖
55	杜蕾斯：作为守门员的精彩瞬间	刘金健　邵逸涵　周玉祥	王树良	三等奖
56	杜蕾斯 AiR 空气套策划案	高　曦　魏逸宸		三等奖
57	有爱，就要萌一点	姚婧颐　杨欣悦　杨世毅 张子涵	王树良	三等奖
58	我“多”疯狂	张　晨　刘翱源　林　聪	王树良	三等奖
59	凭什么我要交作业?!	李欣然　杨凯文　林姗蓉 林　聪　褚诗雨	王树良 张　迪	三等奖
60	另一种繁星	宛子远　樊嘉澍	王树良	三等奖

2018 年第 43 届 ACM-ICPC 国际大学生程序设计竞赛获奖名单

序号	赛区	获奖学生	获奖等级
1	ACM-ICPC 区域赛南京站	唐天一　刘炯楠　牛子牧	银牌
2	ACM-ICPC 区域赛南京站	黄浩睿　胡浦云　丁海鹏	银牌
3	ACM-ICPC 区域赛沈阳站	梁钧凯　侯宇蓬　冯宁轩	银牌
4	ACM-ICPC 区域赛北京站	陈昱硕　黄亦嵩　查寒天	银牌
5	ACM-ICPC 区域赛焦作站	刘佳伟　汪文锋　杨铭基	银牌
6	ACM-ICPC EC-Final（西安）	陈昱硕　黄亦嵩　查寒天	银牌
7	ACM-ICPC EC-Final（西安）	梁钧凯　侯宇蓬　冯宁轩	银牌
8	ACM-ICPC EC-Final（西安）	唐天一　刘炯楠　牛子牧	银牌
9	ACM-ICPC EC-Final（西安）	刘佳伟　汪文锋　杨铭基	银牌
10	ACM-ICPC EC-Final（西安）	黄浩睿　胡浦云　丁海鹏	铜牌
11	ACM-ICPC EC-Final（西安）	张若琦　张灵溪　杨　爽	铜牌
12	ACM-ICPC 区域赛南京站	张若琦　张灵溪　杨　爽	铜牌
13	ACM-ICPC 区域赛徐州站	门高翔　陈　洋　徐　炜	铜牌
14	ACM-ICPC 区域赛北京站	何宗炎　杨越千　汪泽宇	铜牌
15	ACM-ICPC 区域赛香港站	何宗炎　杨越千　汪泽宇	铜牌

2018 年第十一届全国大学生信息安全竞赛（团体）获奖名单

序号	获奖学生	获奖等级
1	刘芮汐　杨宁宁　许镭瀚　章晓慧	一等奖

续表

序号	获奖学生	获奖等级
2	侯尚文　王渭森　熊　巍	一等奖
3	吴红薇　李雅娴　王　辉　李瑞晨	二等奖

2018 年第三届 CCSP 大学生计算机系统与程序设计竞赛获奖名单

序号	获奖学生	获奖等级
1	陈昱硕	金奖
2	何宗炎	金奖
3	门高翔	金奖
4	杨越千	金奖
5	梁钧凯	金奖
6	侯宇蓬	银奖
7	刘炯楠	银奖
8	汪文锋	银奖
9	张若琦	银奖
10	侯宇蓬	银奖
11	冯宁轩	银奖
12	罗嗣杰	铜奖
13	刘宇辰	铜奖
14	费楠益	铜奖
15	张心怡	铜奖
16	边关月	铜奖
17	李雅娴	铜奖

2018 年第十届“尖峰时刻”全国商业决策模拟大赛

序号	获奖学生	获奖等级
1	谷雨佳	二等奖
2	吕金蔚	二等奖
3	徐佩茹	二等奖
4	尤梓丞	二等奖
5	李　政	三等奖
6	巩芳哲	三等奖
7	唐蕴欣	三等奖
8	阮　皓	三等奖

2018 年中国人民大学大学生创新实验计划结项优秀项目

序号	项目所在学院	项目名称	项目负责人	项目其他成员	指导教师	项目等级
1	社会与人口学院	供给侧去产能背景下国企职工集体行动意向的影响因素探究——基于鞍钢的实证研究	杜姗姗	雷琳旋　王克泽　李佳佳	李　丁	北京市级

续表

序号	项目所在学院	项目名称	项目负责人	项目其他成员	指导教师	项目等级
2	理学院心理学系	体重污名的内化机制及其干预效果研究：人格特质的影响	冼可欢	林青青 杨 明 李秋实	温晓通	国家级
3	信息资源管理学院	基于口述档案资源建设的古村落记忆构建模式研究——以重庆酉阳县石泉苗寨为例	郑悦	王 晔 张怡梦 廖兴林 毕 得	梁继红	北京市级
4	文学院	地方曲艺受众代际转化的动力机制研究及批判	刘志颖	王昌昀 李旺成 黎耀文	陈奇佳	校级
5	哲学院	当代农禅并重修行生活方式研究——基于广东省云门山大觉禅寺的实地调研	林逸航	白 敏 谢怡晴 周曦鹏 陈思睿	惟 善	北京市级
6	商学院	中国光伏扶贫工程扶贫绩效评估——基于甘肃通渭、清水两县	丁言豪	郑 非 夏璐琪 金士涵 吴 迪	王晓芳	北京市级
7	新闻学院	农村留守女童性安全意识构建中电视媒体的作用分析——以淮安、陇南、玉林三地为例	慕海昕	余楷丽 王子君 李如祎 曾维燊	张 征	北京市级
8	法学院	新《食品安全法》中社会共治制度的实施现状研究——以"三小"的特色治理为例	李 萌	程任豪 贺舒宇 余欣艺 卢湘枚	韩大元 王 旭	国家级
9	公共管理学院	基于人力资本理论分析二孩生育行为对女性职业发展影响——以深圳、合肥、赣州三地为例	罗慧盈	王 珊 邱 骏 林 馨 张振垚	程秀英 施昱年	国家级
10	劳动人事学院	捐助者感知视角下的网络慈善信任测度及信任影响因素研究——基于天津、太原、重庆三市的调研	王 彬	杨 珂 付梦妮 阮端斌 秦 宇	骆南峰	国家级
11	法学院	公权要管家中"拳"：《反家暴法》出台背景下的人身安全保护令实施现状调研——以湖南、浙江两省为例	康杨洁羽	王 敏 吴慧敏 翁双杭 白 雪	肖建国	国家级
12	马克思主义学院	扶贫开发新阶段下企业对口扶贫的成效与问题——基于贵州省普定县秀水村和大方县冷底村的实地调研	赖根发	王玉琳 张明璇 邓金涛 徐晓琪	宋学勤	北京市级
13	统计学院	转型社会的需求：基于量化社会心态指标体系的新型政策价值评估模型的构建与应用——以北京、南京的收入分配政策和教育政策为例的调查研究	陈 雍	吴金涛 谭雁潇 张珂嘉 施 畅	赵彦云	校级

续表

序号	项目所在学院	项目名称	项目负责人	项目其他成员	指导教师	项目等级
14	财政金融学院	供需视角下我国分级诊疗制度的发展现状与现实阻力研究——基于北京市、山西省太原市的调研	范家齐	甄明昊 王心 邱扬 董浩田	王芳 甄峰	北京市级
15	财政金融学院	需求视角下农村“土地银行”的可持续性探究——基于四川彭州和河南临颍的实证调研	温路宇	李楚楚 温睿彤 鲁熠鑫 邢可佳	类承曜 宋玮	国家级
16	社会与人口学院	从结构功能论视角看东北农村地区彩礼实践与家庭建设——以佳木斯市平安村为例	潘越	王婧如 邹和纯 秦铭阳 吴显达	杜鹏 刘谦	北京市级
17	理学院化学系	功能性富勒烯衍生物对倒置结构钙钛矿太阳能电池光伏性能的优化	梁晓敏	董佳 梁鸿宇 吴洵	秦玉军	国家级
18	劳动人事学院	虽远医近，“分级”有效——京青两地远程医疗运行机制与效果探究	胡华	陈明星 康程浩 曾珣皓月 张歆雨	赵忠 刘凯	国家级
19	经济学院	分级诊疗导向下家庭医生制度研究——基于北京、上海、镇江居民就医选择及满意度分析	林佳妮	陈黛苹 李珊珊 余清霜 蔡国材	聂辉华 谢伦裕	国家级
20	历史学院	历史人类学视野下的酉阳阳戏变迁——基于重庆酉阳的田野调查	刘雨铭	朱叶 向力 杨姚瑶 张侃	赵旭东 高波	北京市级
21	环境学院	纳米 TiO2 光催化剂的改性及其处理微生物气溶胶的研究	陈冉	石梦佳 张莹莹 陈帝煜	程荣	国家级
22	商学院	注意力经济时代下的内容创业绩效研究	陈可均	余雯雯 李佳宝 鲜亚 冯艺超	刘军	国家级
23	新闻学院	社交媒体对民族身份建构和民族融合的影响机制研究——基于内蒙古自治区三市七校青少年社交媒体使用调查	黄瀚伦	苏日乐格 陈晓 冉伊蕾 金梦阳	赵云泽	北京市级
24	哲学院	信仰的咏叹：作为民间艺术传统载体的农村基督教——以淮海戏在教会活动中的传播实践为例	徐晗	王芷若 田丽荣 李鑫麒 黄淑媛	曹南来	国家级
25	社会与人口学院	社会生态学视角下农村小学教师流动问题研究——以河北省定州市实地调查为例	温馨	刘雯 舒辉 黄司琪 李宜炀	黄家亮 李婷	国家级
26	中法学院	从农民角度分析农业保险现状——以长三角地区为例	徐立帆	陈星宇 张谢杰 邵帅	胡德宝	国家级
27	社会与人口学院	区域经济一体化隐忧：基于首钢迁址后“非典型性留守家庭”的亲子关系研究	郑凤仪	鹿杨 郑晓佳 张光赢 章天一	巫锡炜	北京市级

续表

序号	项目所在学院	项目名称	项目负责人	项目其他成员	指导教师	项目等级
28	财政金融学院	我国农村养老模式的现状调查	马腾起	钱泽星　王　堃 陈庭龙　刘建宏	岳树民	校级
29	信息学院	基于 one-shot learning 的类脑计算技术研究——以字体识别为例	王维莹	江东哲　李思晴 郑思鹏　郭雨荷	柴云鹏	北京市级
30	信息学院	基于深度学习的图书馆个性化推荐系统研究	程　昊	梁景俊　杨　鑫 葛松玮　佟兆雪	刘家俊	国家级
31	理学院物理学系	利用超冷原子及分子在混合维度中形成超低密度固体相	李承轩	施婷婷	齐　燃	校级

2018 年中国人民大学大学生创业训练计划结项优秀项目

序号	项目名称	项目类别	项目负责人	项目组成员	获奖名称
1	球学科技	国家级	罗钧龄	汪诗韵　胡鸿轩　陈欣然	实践项目
2	《读个小故事》APP	国家级	邹和纯	廖思琦　田城宇　卢星吉	实践项目
3	一号哨位	国家级	王　一	许　哲　袁子超　周晓辉	实践项目
4	铜珂记	国家级	张寰宇	张　琳　童　杰　刘朋鹏	最佳创意奖
5	侧目校园肖像摄影	国家级	范林钦	李雪峰　姚京宏	最佳创业方案奖
6	一叶之家	国家级	叶丽努尔·叶尔肯巴依	马俊杰　梁文瀚　张森学 江布拉提·吾喜洪	最具潜力奖
7	ISQ 校园周边创意设计	国家级	李军雅	孟鑫江　罗瑞仪　况　宇	最佳团队奖
8	大学生全方位艺术培训服务平台	国家级	姚京宏	熊凌云　许晨光　王　玉	最佳商业模式奖

2018 年中国人民大学大学生科学研究基金结项优秀项目

序号	项目所在学院	项目名称	项目负责人	项目其他成员	指导教师
1	理学院物理学系	超冷原子气体中极化子的理论研究	卢倬成	石悦然	张　威
2	商学院	信贷失信：“e 租宝”特大金融诈骗事件对投资者投资意愿的影响——基于北京、温州两地的实地调研	程语桐	李雅南　邱嘉玲 张文茜　林　兰	李　焰

续表

序号	项目所在学院	项目名称	项目负责人	项目其他成员	指导教师
3	哲学院	传承与改变：对香格里拉赛马节的“前世今生”及文化含义变迁的研究	杨雅珺	洛　桑　李瀚睿　王昱丹　李昱彤	徐尚昆　曹南来
4	劳动人事学院	“全面二孩”政策实行对女性性别职业歧视情况的影响	陈清喆	张宇丹　富　佳　李　晔　王亚丹　王国桢　张　航　龙辉洋　阚纯裕	郭　瑜
5	法学院	“弹幕”传播的法律规制研究	刘清越	范　瑶　利尔川　廖　涵　李天贺	张翔
6	历史学院	研读经典，以史为鉴——基于北京地区高校大学生读史活动的调查与分析	顾凌文	韩尚辰　余孟超　任云芳　于焱文　方一弛	黄兴涛
7	理学院物理学系	纠缠熵的蒙特卡罗模拟与拓扑激发的探测	杨建华		李　涛
8	经济学院	温州“金改”背景下的农村资金互助会综合绩效研究——基于浙江三市的实地调查	周　堃	赵　靖　杨冠伦　何佳妮　付艺杰	金乐琴　杨　凡　骆南峰
9	法学院	农民住房财产权抵押贷款风险研究	张建悦	黄喜洋　梁裕征　刘　磊	高圣平

2018 年中国人民大学本科实践教学品牌项目

序号	学院	实践项目名称	项目类别	项目负责人
1	财政金融学院	公司估值模拟路演综合实训	实习实训	李凤云
2	法学院	高水平国家模拟法庭全英文学科竞赛项目探索与实践	学科竞赛	杜焕芳
3	环境学院	创建新生野外实践教学体系，探索环境学科人才培养新模式	实习实训	马　中
4	经济学院	“经英杯”论文比赛	学科竞赛	关雪凌
5	理学院物理学系	物理学系科研实践训练项目	实习实训	王善才
6	农业与农村发展学院	森林可持续经营和社区发展实践教学项目	实习实训	刘金龙
7	社会与人口学院	定县调查与社会学专业厚重人才培养	实习实训	黄家亮
8	数学学院	中国人民大学大学生数学建模竞赛组织与培训	学科竞赛	韩丽涛
9	外国语学院	大学英语辩论教学及竞赛	学科竞赛	王建华
10	外国语学院	全国高校俄语大赛	学科竞赛	黄晓敏
11	新闻学院	纪录片创作	实习实训	杨钢元

2018年中国人民大学高水平运动队成绩统计汇总

序号	项目	时间	比赛名称	组别	成绩	备注
1	网球	2018.05	2018年首都高等学校大学生网球联赛春季团体赛	女子甲A组团体	亚军	
2				男子乙组团体（普通组）	第五名	
3		2018.05	“康湃思杯”第二十三届中国大学生网球锦标赛分区赛（东北赛区）	男子乙组双打	冠军	陈雨昕 陈雨辰
4				女子乙组单打	冠军	钟愉靖
5				女子乙组单打	亚军	徐　尧
6				男子乙组单打	第四名	马伯文
7				女子乙组双打	第六名	徐也晴 王雅馨
8		2018.07	“康湃思杯”第二十三届中国大学生网球锦标赛总决赛	女子乙组单打	第二名	钟愉靖
9				女子乙组单打	第八名	徐　尧
10				女子乙组双打	第三名	范雨洁 徐也晴
11				男子乙组双打	第五名	陈雨昕 陈雨辰
12		2018.10	2018年首都高等学校大学生网球联赛秋季单项赛	女子甲A组单打	第一名	钟愉靖
13				女子甲A组单打	第二名	徐　尧
14				女子甲A组双打	第二名	徐也晴 刘湛君
15				男子甲A组单打	第五名	张　未
16		2018.11	2018年首都高等学校大学生网球精英赛	女子甲A组单打	第二名	徐　尧
17				女子甲A组单打	第三名	王雨帆
18				男子甲A组单打	第五名	张　未
19				女子甲A组双打	第二名	徐也晴 刘湛君
20				男子甲A组双打	第一名	马伯文 张　未
21	足球	2018.05	2017—2018全国青少年校园足球联赛大学男子组（北区）	超级组	第七名	
22	男排	2018.03	2017—2018中国大学生排球联赛（总决赛）	B组	第五名	
23		2018.05	首都高等学校2018年阳光体育排球挑战赛	甲组	第五名	
24		2018.12	首都高等学校2018排球联赛	甲组	第七名	

续表

序号	项目		时间	比赛名称	组别	成绩	备注
25	田径	短跨	2018.05	首都高等学校第五十六届学生田径运动会	女子甲组100米栏	第二名	陈结儿
26		中长跑	2018.05	首都高等学校第五十六届学生田径运动会	女子甲组800米	第三名	徐文超
27			2018.05	首都高等学校第五十六届学生田径运动会	女子甲A组800米	第二名	唐梦洁
28			2018.12	北京大学生第三十五届田径精英赛	女子甲A组800米	第三名	徐文超
29					女子甲组3 000米障碍	第四名	徐文超
30					女子甲A组10 000米	第四名	徐文超
31					男子甲A组5 000米	第四名	杨长青
32					男子甲A组800米	第四名	杨长青
33					男子甲A组800米	第七名	李京宬
34					男子甲A组10 000米	第八名	李京宬
35		跳高			女子甲组跳高	第二名	史雨薇
36					女子甲组跳高	第三名	史雨薇
37	武术		2018.05	2018年首都高校武术比赛	女子各式太极器械	冠军	邢　蓉
38					女子孙氏太极拳	冠军	
39					女子42式太极剑	冠军	
40					男子各式太极器械	冠军	于冰鑫
41					男子42式太极剑	亚军	
42					男子其他传统太极拳	亚军	
43					男子传统双器械	第三名	戴少凡
44					男子传统单器械	第四名	
45					男子传统四类拳	第六名	
46					男子其他传统太极拳	第四名	杨　陈
47					男子传统二类拳	第八名	
48			2018.12	2018年首都高校武术套路精英赛	女子各式太极拳	第一名	邢　蓉
49					女子各式太极器械	第一名	邢　蓉
50					男子传统一类拳	第一名	戴少凡
51					男子传统四类拳	第二名	戴少凡
52					男子传统四类拳	第一名	曹　毅
53					男子自选短器械	第一名	曹　毅
54					男子自选拳术	第一名	马洪政
55					男子自选长器械	第一名	马洪政
56					女子自选短器械	第一名	唐羽忻
57					女子传统四类拳	第二名	王靖楠
58					男子传统二类拳	第三名	杨　陈
59					男子自选短器械	第四名	杨　陈
60					女子一类拳	第一名	安怡平

■ 研究生教育

一、概况

2018 年，学校研究生教育积极探索内涵式发展的形式与路径，全力推进研究生教育管理改革创新工作。一是出台首个博士生招生计划管理办法，进一步探索突出学术和科研导向的博士研究生招生制度。二是首次试行哲学社会科学直博生制度，吸纳有突出学术潜质的优秀应届本科毕业生成为博士生候选人，首批哲学和工商管理学科试点招生共 19 人。三是推动实施“博士研究生教育 4321 工程”，以提升博士学位论文质量为切入点，形成了《关于加强责任意识，完善管理制度，全面提升博士学位论文质量的意见》。四是重新修订学位授予工作细则，特别增加了学位撤销、论文语言要求及保密要求等诸多条款。

学校进一步落实博士研究生教育综合改革试点任务，积极实施“哲学社会科学卓越人才培养支持计划”。在中国特色、世界一流特点突出的哲学社会科学学科中，培养高水平卓越人才。2018 级已通过硕博直通制度首批选拔 170 名博士新生进入“哲学社会科学卓越人才培养支持计划”。

学校继续贯彻落实全国高校思想政治工作会议精神，下大力气抓好思想政治理论课建设。在中国人民大学研究生思想政治理论课工作小组领导下，推进研究生思想政治理论课改革，开设“习近平新时代中国特色社会主义思想研究”“习近平教育思想研究”研究生思想政治理论选修课，并已列入 2018 级博士、硕士研究生（学术学位、专业学位）培养方案；持续推进实施思政课“大师进课堂”计划，并编写相应的高水平博士研究生思想政治理论课读本《博导说——在人大听思想政治理论课》。

学校国际交流选派研究生人数增长四成以上，成效显著。中美富布赖特联合培养博士研究生项目中，学校共有 6 人入选，占全部 19 个名额的 32%，居全国首位。通过“中国人民大学境内外联合培养项目”，学校共选派 53 名博士生赴哈佛大学、麻省理工学院、剑桥大学等 40 余所世界知名高水平大学进行联合培养，资助人数和资助力度较 2017 年均大幅提升。

学校实施学科点自我评估工作，组织各个学科、专业学位类别理清家底，明确优势与不足，找准学科发展方向。截至 11 月底，学校 37 个一级学科、18 个专业学位类别均顺利完成评估工作。专业学位教育综合改革持续推进，在 7 月公布的评估结果中，法律、公共管理、会计等三个专业学位授权点取得了 A+类，工商管理专业学位授权点获得了 A 类，学校参评授权点全部获得 A 类，这再次肯定了学校在这些专业学位类别办学方面的顶尖水平和领先地位。

2018 年，学校共录取硕士研究生 4 397 人，其中学术型硕士研究生 2 023 人，专业学位硕士研究生 2 374 人；共录取博士研究生 920 人，其中硕博连读生 216 人，本科直博生 39 人。

2018 年，学校召开了 3 次学位评定委员会全体会议，共授予博士学位 893 人，授予硕士学位 8 198 人（其中学术硕士学位 2 077 人、硕士专业学位 2 579 人、同等学力硕士学位 3 542 人）。

学校作为调研工作小组成员，参加教育部同等学力工作改革调研项目，多次参加赴全国各地区实地调研活动，并作为主要撰稿单位完成了多个调研报告及改革方案文件的撰写工作。

2018 年，学校积极推动全新研究生教育信息系统的建设。研究生院专门成立了信息化建设领导小组，对新信息系统的建设整体把关，提出方向性要求，努力实现“用户权限分明，操作界面友好，数据互联共享，统计查询灵活”的基本要求。同时，在新版网站建设、微信公众平台等新媒体宣传方面也取得了很好的成效。

二、招生工作

2018 年，学校继续全方位梳理招生制度，广泛拓展招生渠道，积极推进各项招生改革。

(一) 研究生报名、录取情况

1. 大陆硕士研究生招生

2018 年，大陆共有 24 036 人（含“少数民族高层次骨干人才计划”290 人，“大学生退役士兵专项计划”66 人）报考中国人民大学硕士研究生，其中推荐免试 2 626 人，全国统考 14 474 人，专业学位联考 6 733 人，单独考试 101 人，援藏计划 102 人。

最终，学校共录取硕士研究生 4 397 人（不含往年录取、2018 年资格返回 46 人），其中学术型硕士研究生 2 023 人，专业学位硕士研究生 2 374 人。接收优秀本科毕业生推荐免试攻读硕士学位 1 610 人（含“大学生退役士兵专项计划”1 人），其中：本校应届推免生 543 人，外校应届推免生 1 067 人；全国统考、联考硕士研究生 2 733 人（含“少数民族高层次骨干人才计划”62 人，“大学生退役士兵专项计划”12 人，“高校思想政治课教师队伍后备人才培养专项支持计划”30 人）；单独考试硕士研究生 25 人；援藏计划专项硕士生 29 人。录取专业学位硕士研究生占录取硕士研究生总数的比例为 54%。录取的 4 397 名硕士生中：男生 1 578 人，女生 2 819 人；中国共产党党员 1 711 人（含预备党员），共青团团员 2 250 人；汉族 4 084 人，少数民族 313 人。2018 年，以国际学院（苏州研究院）名义共招收金融（专业学位）硕士研究生 57 人。

2. 大陆博士研究生招生

2018 年，大陆共有 5 157 人报考中国人民大学博士研究生，其中男生 2 382 人，女生 2 775 人；党员 3 135 人，团员 1 406 人；汉族考生 4 728 人，少数民族考生 429 人。报名人数在 100 人以上的专业共 8 个，依次是金融学、思想政治教育、社会学、企业管理、人力资源管理、马克思主义中国化研究、中国现当代文学、政治经济学。经过初试、复试、政审等环节，共录取 920 人，其中：男生 426 人，女生 494 人；党员 564 人，团员 285 人；汉族 855 人，少数民族 65 人；硕博连读 216 人，本科直博 39 人。

2018 年学校研究生招生专项计划中，“高校思想政治理论课教师在职攻读马克思主义理论博士学位专项计划”共有 39 人报考，录取 5 人；“高校思想政治工作骨干在职攻读博士学位专项计划”共有 38 人报考，录取 3 人；“少数民族高层次骨干人才计划”共 179 人报考，录取 14 人，其中少数民族考生 13 人；“高校思想政治课教师队伍后备人才培养专项支持计划”录取 24 人；录取“援疆师资专项计划”新疆大学教师 2 人，录取对口支援院校西藏民族大学教师 1 人、延安大学教师 3 人、新疆农业大学教师 1 人。深圳研究院招收博士研究生 8 人。

3. 港澳台地区招生

2018 年，港澳台地区考生共 129 人报考学校研究生，其中，报考攻读博士研究生 11 人，报考攻读硕士研究生 118 人。共录取港澳台地区硕士研究生 47 人（含推免 24 人，统考 23 人），其中，台湾地区生源 33 人，香港地区生源 12 人，澳门地区生源 2 人；录取港澳台地区博士研究生 3 人，其中，台湾地区生源 2 人，香港地区生源 1 人。

4. 留学研究生招生

2018 年，学校主要有以下四种方式招收外国来华留学研究生：(1)“中国政府奖学金计划(CSC)”；(2) 普通面试招考；(3) 全英文硕士研究生项目；(4)“孔子新汉学计划”。全年共录取外国来华留学生 442 人（硕士 409 人，博士 33 人），其中，中文项目硕士研究生 119 人，中文项目博士研究生 29 人，全英文项目硕士研究生 269 人（丝路学院招收 80 人），“中国政府奖学金计划(CSC)”研究生 23 人（硕士 21 人，博士 2 人），“孔子新汉学计划”博士研究生 2 人。

（二）研究生招生工作的新进展

2018年，学校在坚持严格管理、科学管理的基础上，结合实际工作需要，积极推行了以下新举措：

（1）首次试行哲学社会科学直博生招生试点工作，严格执行教育部有关文件的“突出科研创新能力考查”和“加强对推免生特殊学术专长的审核”；

（2）学校首次出台《中国人民大学博士研究生招生计划管理办法》，将在2019年招生年度全面实施；

（3）自2018年开始，教育部决定“高校思想政治理论课教师队伍后备人才培养专项支持计划”作为“国家急需学科高层次人才培养支持计划”的重要组成部分，专门用于马克思主义理论学科博士、硕士研究生招生，学校招生名额分别为30名；

（4）2018年所录取的博士研究生中，本校教职工、部分专项计划的在职人员为非全日制学习，人数21人，占当年录取总数的2.3%，其余博士生均为全日制学习；

（5）博士研究生申请考核制改革稳步推行，实行此项改革的院系达14个，包括哲学院、法学院、商学院、新闻学院、信息学院、农业与农村发展学院、统计与大数据研究院、统计学院、数学科学研究院、理学院物理系、理学院化学系、公共管理学院、外国语学院、劳动人事学院的劳动经济学专业，2018年录取466人，占学校录取总数的50.7%，申请考核制成为学校招收博士研究生的主要形式。

（三）全国硕士生2019年统考初试组考工作

2019年全国共有24 388名考生报考中国人民大学，涉及考点490个，在校本部参加考试的考生共有7 009名，各类自命题试卷印制份数达4.5万份，均为历年来的最高值。12月底，研究生院组织动员了近600名学校教职工参与本次考试的监考及其他相关组织工作，考试得以顺利平安地结束。

（四）研究生招生信息化

学校研究生招生网于7月顺利升级更新改版，上线正常运行；研究生招生网和研究生教育管理系统作为学校信息系统安全等级保护二级备案，于2018年底顺利完成测评；微信公众号推送维护正常，关注人数持续增加，达8万人；2018年底研究生院保密室监控系统顺利完成软硬件的升级更新，运行良好；2019年硕士生入学考试首次启用执法仪，实现试题试卷全程录像。

三、培养工作

（一）学术型研究生

1. 继续开展博士研究生教育综合改革

（1）2018级开始招收、培养人文社会科学类直博生。作为博士生综合改革中“哲学社会科学卓越人才培养计划”的重要内容，学校在哲学一级学科下的政治哲学、马克思主义哲学、中国哲学、科学技术哲学4个专业和商学院的产业经济学、商业经济学、会计学、企业管理、技术经济及管理、市场营销管理、财务学等7个专业招收直博生。

（2）坚持突出立德树人、严格执行培养制度，加强学术规范和学术道德教育。学校自2018级开始，把论文写作指导课程作为必修课纳入博士研究生培养环节中，增设“博士论文写作与规范”必修方法课，且不少于1学分。

（3）形成以大师、名师为主体的博士研究生思想政治理论课教学团队，在博士研究生层面实施“中国马克思主义与当代”博士生思政课“大师进课堂”计划全覆盖。为切实提高博士生思想政治理论课教学质量，实现2018年新修订教材的系统性与教学的专题性有机结合，学校组织2018—2019学年博士生思想政治理论课任课教师进行博士生思想政治理论课读本，即《博导说——在人大听思想政治理论课》的编写。

2. 加强马克思主义中国化研究，按照教育部要求新增博士、硕士培养方案，探索培养具有深厚马克思主义理论功底和深切关注研究中国现实问题的教师人才后备队伍

依据《教育部办公厅关于“高校思想政治理论课教师队伍后备人才培养专项支持计划”研究生培养的指导意见》，自 2018 级起，专项计划研究生必须在马克思主义理论一级学科下设的马克思主义基本原理、马克思主义发展史、马克思主义中国化研究、国外马克思主义研究、思想政治教育、中国近现代史基本问题研究、党的建设等 7 个专业单立专业培养方案，其培养方案设计要执行上级文件相关要求，并合订于本级培养方案册中。

3. 进一步规范来华留学博士生培养方案

根据中华人民共和国教育部、外交部、公安部《学校招收和培养国际学生管理办法》，对来华留学研究生的相关课程进行调整，自 2017 级起，来华留学硕士、博士生单立专业培养方案。

4. 全面推动习近平新时代中国特色社会主义思想进教材、进课堂、进头脑

严格按照中宣部、教育部关于研究生思想政治理论课新方案的规定，在学校研究生中统一开设“习近平新时代中国特色社会主义思想研究”“习近平教育思想研究”两门思想政治理论选修课，已纳入学校 2018 级博士、硕士层次的各专业培养方案。

5. 继续实行硕博连读研究生培养机制

2018 年，学校继续推进硕士阶段和博士阶段课程打通的硕博连读研究生培养模式（简称硕博直通研究生培养模式）。参与试点的学院有哲学院、商学院、汉青经济与金融高级研究院、统计学院、农业与农村发展学院、财政金融学院、公共管理学院、经济学院、历史学院。同时，学校继续实行其他学院原有的硕士研究生入学一年后的硕博连读研究生选拔工作，经过学生本人申请、导师和学院审核、学校评审，共选拔 115 人。

6. 继续做好博士点学科专业主文献制度建设

6 月，研究生院组织了第 9 次全校性的博士点学科专业主文献修订、增订工作。2018 年，全校共有有效主文献 123 卷，共 214 册。新增“党的建设”和“社会法学”2 个专业，修订环境学院（人口、资源与环境经济学 2 册，自然资源管理 3 册，环境工程 2 册）、外国语学院（英语语言文学 2 册，日语语言文学 1 册，德语语言文学 2 册）专业主文献共 5 卷 12 册。

7. 继续实施“中国人民大学拔尖创新人才培育资助计划”

从 2014 年起，学校每学年从二年级博士生中选拔部分具有学术研究潜质的优秀学生进入资助计划，给予其研究经费资助，着力提高学术研究水平和学位论文质量。2018 年选拔通过 89 人。对 2017 年入选计划的 88 名学生进行二次审核，经院校两级审核，通过 56 人。对 2016 年入选计划的 56 名学生进行三次审核，其中，已毕业 41 人（为 2015 级三年制博士研究生），参加审核 15 人（为 2015 级四年制博士研究生），通过 12 人。

8. 召开 2018 级博士生大会

10 月 15 日上午，学校 2018 级博士新生暨新博导大会在明德堂召开。校长刘伟出席大会，常务副校长王利明主持会议。2018 级全体博士新生与各学院新增备案的博士生导师以及各学院研究生工作负责人参加大会。

9. 提升研究生教育国际性

（1）通过实施国际化人才培养支持计划，拓展与境外大学联合培养研究生渠道，开拓研究生的国际视野。

2018 年，通过国家留学基金委员会建设高水平大学公派研究生项目，共有 188 人获得资助公派出国，其中联合培养博士研究生 164 人，攻读博士学位研究生 24 人，获资助人数较 2017 年同比增长

超过40%，创历史新高。通过国家公派硕士研究生项目派出24名硕士研究生赴外联合培养；区域国别项目和国际组织实习项目也使多人获得资助。中美富布赖特联合培养博士研究生项目6人入选，占全部19个名额的32%，居全国首位。通过中国人民大学境内外联合培养项目共选派53名博士生赴哈佛大学、麻省理工学院、剑桥大学、伦敦政治经济学院等40余所世界知名高水平大学进行联合培养，资助人数和资助力度较2017年均大幅提升；通过中国人民大学国际交换研究生项目，选拔118名研究生赴协议院校交换学习。

2018年，学校新实施了和香港城市大学的博士生联合培养项目，首批选拔的2名联合培养博士生已经按照联合培养计划赴香港城市大学开展学习。这是学校首次实施真正意义上的校际联合培养项目，为研究生国际交流渠道进一步拓展提供了有益尝试。

（2）搭建国际学术交流平台，培养研究生跨文化学术交流和沟通能力，提升研究生学术论文国际发表的能力。2018年，通过中国人民大学境外学术活动资助项目，共资助165人次研究生赴境外开展高水平学术活动，积极拓展研究生国际视野，促进创新型人才培养，持续扩大学校的国际影响力。

10. 研究生奖助工作

组织完成2015级、2016级、2017级和2018级研究生学业奖学金的评定管理与发放工作，总计发放研究生学业奖学金8 225.6万元。

组织完成研究生助研、助教岗位的申报、考核、管理工作，完成设立助研岗位352人次，发放津贴329.8万余元；完成设立助教岗位2 566人次，发放津贴664.82万余元。

组织完成2018年研究生科学研究基金项目结项通知、成果审核、名单公示、项目立项、项目拨款以及结项证书制作与发放等工作。2018年科研成果达到结项要求的共81项，结项率为67%。其中，发表核心期刊论文68项，核心期刊率为85%，结项率和科研成果质量均处于较高水平，发放结项资金总计41.78万元。

组织完成2018年研究生拔尖创新人才培育计划年度资金立项、拨款等工作，发放博士生资助资金共计225万元，指导教师指导费共计69万元。

11. 研究生培养方案修订和毕业审核工作

2018年，学校组织制定241个学术型硕士研究生培养方案，134个博士研究生培养方案，53个五年制直博生培养方案。

2018年，共为2 818名研究生办理培养计划审核和学历证书电子注册，为2 804名研究生发放毕业证书，为14名研究生发放结业证书。另外，还为4名研究生发放肄业证书。

12. 研究生教务工作

2018年，共开设研究生课程2 367门，处理调停课170门次。研究生院负责对全部课程进行课程评估，审核学校教师研究生课程工作量考核；组织和安排近64门（场）学校研究生期末考试及其考场巡视工作，其中英语公共课共有2 429名硕士生和博士生参加考试；为104名研究生认证了272门赴境外大学学习的课程学分。

13. 研究生大学外语等级考试管理

2018年，共组织1 784名研究生参加全国英语四、六级考试和大学日语、俄语、德语、法语四级考试。

14. 北京市高等教育学会研究生教育研究分会秘书处工作

学校是北京市高等教育学会研究生教育研究分会的理事长单位，秘书处设在研究生院，研究生院培养办公室承担了研究分会秘书处全部日常工作。

（1）4月26日，北京市高等教育学会2018年秘书长工作会议在首都师范大学召开，研究分会秘书长段成荣教授参加会议并受邀做研究分会工作经验介绍。

（2）4月26日，研究分会2018年学术年会在北京会议中心顺利召开，同时召开了2018年常务理事会，并举行了首届北京市高等教育学会研究生教育研究分会突出贡献个人、先进工作者表彰活动。本次大会由北京交通大学和中国人民大学共同承办，大会主题是“聚焦内涵发展、着力改革创新，开启一流研究生教育新征程”。北京市高等教育学会会长线联平、教育部学位管理与研究生教育司副巡视员唐继卫、教育部学位与研究生教育发展中心副主任任增林、北京市教育委员会副主任叶茂林、北京交通大学副校长余祖俊、中国人民大学副校长吴晓球等出席了会议。参加会议的还有来自北京地区50多所高校和研究院所的200多名代表。

（3）9月20日，在北京市高等教育学会研究生教育研究分会指导下，由研究分会学位组组长单位北京理工大学主办的北京高校学位工作研讨会顺利召开。大会围绕“新科技革命背景下研究生学位工作改革与发展”主题开展研讨，共有来自北京地区49所高校和科研院所的100余名代表参会。

（二）硕士专业学位研究生

1. 组织专业学位授权点水平评估工作

国务院教育督导办公室委托教育部学位与研究生教育发展中心开展专业学位研究生学位授权点水平评估工作，学校法律、工商管理、公共管理、会计4个专业学位参加评估工作。

2. 开展专业学位授权点合格评估后续工作及部分专业学位授权点整改、专项评估工作

督促艺术专业学位授权点依据国务院学位办合格评估反馈意见进行整改。依据北京市学位委员会办公室相关文件，协调推进学位授权点动态调整，2月27日，学校主动撤销审计、教育专业学位授权点。4月28日，研究生院依据国务院学位委员会、教育部《关于开展2018年学位授权点专项评估工作的通知》《关于转发学位授权点专项评估工作方案的通知》《2018年艺术硕士专业学位授权点专项评估工作方案》《2018年翻译专业学位授权点专项评估工作方案》部署专项合格评估工作，翻译、艺术2个授权点通过合格评估。在学校学位办的统一领导下，研究生院对金融等18个专业学位授权点进行自主合格评估工作，经北京市学位委员会抽查，农业硕士点评估合格。

3. 深化专业学位研究生教育综合改革试点工作

推进金融、应用统计、法律、工商管理、会计等专业学位类别专业学位授权点建设的“珠峰计划”，总结经验，努力建设“国内第一、世界一流”的专业学位教育。

4. 完成新增授权点工作

根据国务院学位委员会、教育部和北京市关于新增博士硕士授权点相关文件精神，3月22日学校新增应用心理硕士专业学位授权点。

5. 完成专业学位教学案例支持计划2018年立项工作和已经立项项目的结项评审

实施2018年教学案例支持计划，对学院提请立项的79个项目进行评审，确定立项60项。根据计划要求，对提请结项的9个项目进行2018年春季结项评审，其中1项优秀、5项合格、3项不合格。

6. 举办第四届中国社会科学案例论坛

7月10日，由研究生院、科研处、中国社会科学案例中心、全国金融专业学位研究生教育指导委员会主办，中国人民大学财政金融学院承办的第四届中国社会科学案例论坛圆满举办。

7. 推进专业学位研究生数字化课程建设

对已经立项建设的26门专业学位研究生数字化课程，完成招标工作，建立建设台账，落实建设标准、进度、要求等。

8. 落实教育部《关于进一步发挥国务院学位委员会学科评议组和专业学位研究生教育指导委员会作用的意见》

国务院学位委员会、教育部要求进一步发挥国务院学位委员会学科评议组和专业学位研究生教育

指导委员会的作用，为此，研究生院协同财务处，落实金融、应用统计、法律、公共管理、会计等5个全国专业学位研究生教育指导委员会秘书处的人员经费。

9. 继续做好专业学位教务管理工作

开课1 109门，共计39 855学时；有20种专业学位类别，分布在18个学院；授课教师482名；在校生6 195人（双证5 373人，单证822人）；审核89套专业学位研究生培养方案；发放绩效工资890余万元；发放学业奖学金2 056人，1 371.96万元；设置助教课堂277个，助教岗273人；组织对专业学位研究生教务秘书的培训；对研究生院专业学位教务管理信息系统进行开发、维护、升级；授予硕士专业学位2 579人；完成专业学位学历、学位证书发放及学历、学位信息电子注册。

四、学位管理与学科建设工作

（一）推动实施“博士研究生教育4321工程”

在学校领导的指导下，在广泛征求意见的基础上，研究生院以提升博士学位论文质量为切入点，努力全面梳理学校博士生教育管理经验，提出诸多具有一定创新性、补充性的具体措施，形成了《中国人民大学关于加强责任意识，完善管理制度，全面提升博士学位论文质量的意见》，并得到学校批准。意见从确定责任主体、加强全过程管理、加强事后监督、推行奖优罚劣等四个维度，提出全面提升博士生培养质量的十条意见，其附件就严肃处理问题博士学位论文、细化博士生导师选用条件并严格开展考核等重大事项做出了具体规定。

（二）重新修订学校学位授予工作细则

在学校领导的支持与指导下，研究生院组织开展了《中国人民大学学位授予工作细则（试行）》的修订工作。修订过程中参考了学校以往的细则（1985年草案）和相关文件内容，并根据教育部《普通高等学校学生管理规定》《学校招收和培养国际学生管理办法》及国家安全保密法规中的具体要求，借鉴兄弟高校近年来新修订的学位授予工作细则，特别增加了学位撤销、论文语言要求及保密要求等诸多条款，形成了一份相对完整、较为严密的制度文本。

（三）组织开展学科建设管理工作

1. 组织实施学科点自我评估工作，组织各个学科、专业学位类别理清家底，明确优势与不足，找准学科发展方向

根据国务院学位委员会、教育部《关于开展学位授权点合格评估工作的通知》（学位〔2014〕16号）和《关于印发〈学位授权点合格评估办法〉的通知》（学位〔2014〕4号）文件要求，组织开展了学校学位授权点自我评估工作。组织推动各个相关学院，结合全国一级学科评估分析报告的评估结果数据，积极启动学科点自我评估工作，要求各个学科点从学科发展现状、当前面临的形势、学科的优势和存在的问题、未来改进的规划和发展重点及措施等方面，对各一级学科的建设状况进行全面的梳理，找出优势和不足，切实制定未来学科发展的战略和措施，努力强化优势、补齐短板。截至11月底，学校37个一级学科、18个专业学位类别均顺利完成评估工作，各学科点的总结报告及全校性分析报告均已完成，这将为今后的学科发展提供宝贵的参考。

2. 从建章立制入手稳步推进学科授权点自主审核工作

4月，国务院学位委员会批准学校为首批学位授权自主审核单位。面对此项全新的重要而复杂的工作，研究生院在学校领导的直接指导下，首先从制度建设入手，根据国务院学位办有关文件要求，结合学校自身规章制度，重新梳理编写出《中国人民大学学位授权点设置与调整管理办法（试行）》，并于12月发布实施，学校的自主审核工作有了比较完整的制度框架。

3. 开展全国第四轮一级学科评估表彰工作

为了进一步促进学校学科建设工作，激发全体教职工全身心热爱学科建设、投身学科建设的热

情，根据学校总体安排，开展了全国第四轮一级学科评估优秀学科及先进个人评选表彰工作。经单位推荐、资格审查、学校评选，并经学校党委常委会审议通过，对16个一级学科和82位先进个人进行表彰。

4. 组织“习近平教育思想”学科方向和“党内法规”研究方向设置工作

按国务院学位委员会办公室关于设置“习近平教育思想”学科方向的有关要求，在6月20日召开的校学位评定委员会全体会议上，通报了“习近平教育思想”学科方向设置的有关情况，并提请校学位评定委员会授权研究生院开展相关论证。7—9月，研究生院组织相关学院就“习近平教育思想”学科方向博士、硕士学位研究生培养参考方案提出意见并落实相关设置工作，组织法学院、国际关系学院、马克思主义学院进行设置意愿和方案研究，推进法学院、马克思主义学院开展“党内法规”研究方向的设置。

5. 组织物理学一级学科下目录内二级学科的设置工作

理学院物理学系提出在物理学一级学科下增设理论物理、原子与分子物理、凝聚态物理3个二级学科博士点的申请，研究生院按照教育部和学校相关规定开展了这三个学科的设置论证和审核。

（四）组织开展博士研究生指导教师管理工作

依据《中国人民大学博士生指导教师选用和考核指导意见》《关于严格兼职博士生导师选用工作的通知》以及博士点学院制定的博导选用办法，组织开展了2018年博士生指导教师选用和备案工作。2018年，共选用博士生导师843人，其中校内在职在岗博士生导师751人（含副教授121人），返聘退（离）休博士生导师12人，校外兼职博士生导师80人。

（五）组织开展学位管理工作

1. 组织开展博士学位论文质量监督和事后评估工作

2018年共有920人申请博士学位，有关博士论文前期全部参加了不端行为软件检测；经审核，有893人获得博士学位。

根据博士学位论文抽检办法，组织所有学院开展博士学位论文事后评估。各学院采取自检、抽查、匿名评审等方式，对拟授予学位的博士学位论文进行全面把关。

2. 组织开展学位申请和授予工作

按照资格审查、专家评阅、学位论文答辩、分会审议、校学位评定委员会核准的程序对申请博士学位、硕士学位人员进行了审核、学位授予并颁发证书。6月20日，学校举办2018年博士学位授予仪式；硕士及学士学位授予仪式由学校统筹、以学院为单位进行。

3. 组织开展硕士学位论文质量抽查工作

按照北京市人民政府教育督导室《关于做好2017年硕士学位论文抽检工作的通知》，组织整理并提交学校已毕业硕士学位论文148篇（含同等学力论文67篇），供北京市教育督导室开展硕士学位论文质量审查工作。

（六）召开校学位评定委员会全体会议

2018年，学校共召开了3次学位评定委员会全体会议。

1月10日，学校召开第九届学位评定委员会第四次全体会议。会议决定授予128人博士学位，1 622人硕士学位（其中全日制学术型硕士学位38人、硕士专业学位378人、同等学力硕士学位1 206人），1 235人学士学位（其中北京市高等教育自学考试学士学位175人，继续教育学院成人教育学士学位307人、网络教育学士学位753人）；听取了授予巴拿马总统巴雷拉法学名誉博士学位情况汇报；审议并通过了目录外新增设食品经济管理二级学科博士、硕士学位授权点，报送教育部备案；审议并同意撤销目录内应用化学二级学科硕士学位授权点，报送教育部备案；研究了对《中国人民大学问题博士学位论文处理办法》第五条的修订问题，责成研究生院调研完善，并报校长办公会审定修改；还研究了校学位评定委员会会议时间、申报名誉博士学位的原则等有关问题。

6月20日，学校召开第九届学位评定委员会第五次全体会议。会议决定授予674人博士学位，5 078人硕士学位（其中全日制学术型硕士学位2 022人、专业学位硕士1 861人、同等学力硕士学位1 195人），3 772人学士学位（其中普通高等教育本科生学士学位2 927人，继续教育学院网络教育学士学位845人）；审议校外人员申请担任学校兼职博士生导师的资格；通报研究生院常务副院长刘凤良教授担任第九届学位评定委员会秘书长。

12月27日，学校召开第九届学位评定委员会第六次全体会议。会议决定授予91人博士学位，1 498人硕士学位（其中全日制学术型硕士学位17人、硕士专业学位340人、同等学力硕士学位1 141人），1 177人学士学位（其中教务处成人北京市高等教育自学考试学士学位153人，继续教育学院成人教育学士学位251人、网络教育学士学位773人）；审议并表决通过了在目录内物理学一级学科下设理论物理、原子分子物理、凝聚态物理3个二级学科（均具有博士学位授予权）；审议并通过了公共管理学院设置“城市治理”全英文项目事宜，要求公共管理学院在举办此项目过程中，应注意进一步优化培养方案的课程设置，保证办学质量，努力打造高水平的全英文项目；审议并通过了《中国人民大学学位授予工作细则（试行）》；通报了《中国人民大学关于加强责任意识，完善管理制度，全面提升博士学位论文质量的意见》的主要内容，及其附件中对博士生导师选用及考核的相关要求；通报了将于2019年1月启动学校学位授权点自主审核工作的相关事项。

五、其他

（一）顺利完成教育部委托的同等学力工作改革调研任务

教育部同等学力工作改革调研项目于2017年启动，学校作为调研工作小组成员，2018年多次参加赴全国各地区的实地调研活动，并作为主笔人完成了多个调研报告及改革方案的撰写工作。

（二）加强内部管理，严格规范同等学力申请硕士学位工作

为进一步提高同等学力申请硕士学位工作水平，加强内部规范管理，2018年下半年，研究生院在对各学院广泛开展调查摸底的基础上，反复认真研究，制定并发布了《关于进一步加强授予同等学力人员硕士学位管理工作的通知》。通知明确要求各学院科学合理控制授予同等学力人员学位数量，规范管理、严格考核，牢固树立责任意识与质量意识。

（三）圆满完成同等学力全国统考的组考和阅卷工作

受教育部委托，学校承担2018年同等学力人员申请硕士学位全国统考的考试组织和学科综合水平全国统考的阅卷工作。作为北京市最大的考点之一，共顺利完成7 417名考生的指纹验证和考试组织工作；承接综合水平全国统考63 462份试卷的评阅工作并圆满完成，共涉及10个学科专业、10个学院。

（四）顺利完成多个课程研修班的开班、结业等管理工作

2018年，学校各类研修班开班109个，新注册学员12 997人；审核并颁发各类研修班结业证书，共计7 446人（本）。从1995年至2018年，累计颁发各类课程研修班结业证书137 793人（本）。

（五）顺利完成同等学力人员申请硕士学位课程考试组织工作

截至2018年底，学校接受同等学力人员申请硕士学位资格有效期内的人数3.41万人，其中2018年认定资格并办理手续的11 683人；通过申请硕士学位规定的全部课程考试（包括全国水平考试），进入学位论文写作和答辩阶段的3 441人；按同等学力类别通过学位论文答辩并获得硕士学位的2 396人。

2018年，学校共组织45 188人（门）次231门课程的学位课程考试，8 711人通过2018年同等学力人员全国学科综合和外国语水平考试。

1995年以来，学校已接受同等学力人员申请硕士学位累计95 902人；32 737人完成全部规定的课程考试（含全国水平考试），占34.1%，其中25 210人通过学位论文答辩，获得硕士学位，占完成全部规定课程考试的人员的77.0%。

（六）圆满完成各项归档工作

2018 年，学校硕士、博士研究生科技档案归档共计 7 337 卷；向国家图书馆、中国社会科学院情报中心等送交各类学位论文 14 674 套。

附录

中国人民大学国家重点一级学科一览表

所属学科门类	国家重点一级学科（8 个）
哲学	哲学
经济学	理论经济学
	应用经济学
法学	法学
	社会学
	马克思主义理论
文学	新闻传播学
管理学	工商管理

中国人民大学非国家重点一级学科内国家重点二级学科一览表

所属一级学科	国家重点二级学科（8 个）
政治学	中共党史
	国际政治
中国语言文学	文艺学
中国史	中国古代史
	中国近现代史
农林经济管理	农业经济管理
公共管理	行政管理
图书情报与档案管理	档案学

中国人民大学北京市重点一级学科一览表

所属学科门类	北京市重点一级学科（5 个）
法学	政治学
文学	中国语言文学

续表

所属学科门类	北京市重点一级学科（5个）
历史学	中国史
管理学	农林经济管理
	图书情报与档案管理

中国人民大学北京市重点二级学科一览表

所属一级学科	北京市重点二级学科（4个）
计算机科学与技术	计算机应用技术
公共管理	教育经济与管理
	社会保障
	土地资源管理

中国人民大学交叉学科北京市重点学科一览表

交叉学科北京市重点学科（1个）
农村发展管理

中国人民大学授予博士、硕士学位和培养研究生的学科、专业目录

一、中国人民大学学术型研究生专业设置一览表

制表日期：2018-12-31

学科门类	一级学科	专业代码、名称	博士点批准时间	硕士点批准时间
01 哲学	0101 哲学 ☆☆（1998-06-19） ★★（2007-08-20）	010101 马克思主义哲学	1981-11-03	1981-11-03
		010102 中国哲学	1981-11-03	1981-11-03
		010103 外国哲学	1984-01-13	1981-11-03
		010104 逻辑学	1998-06-19	1984-01-13
		010105 伦理学	1984-01-13	1981-11-03
		010106 美学	1998-06-19	1986-07-28
		010107 宗教学	1998-06-19	1993-12-17
		010108 科学技术哲学	1986-07-28	1981-11-03
		0101Z1 管理哲学	**2004 自**	**2004 自**
		0101Z2 政治哲学	**2011 自**	**2011 自**

续表

学科门类	一级学科	专业代码、名称	博士点 批准时间	硕士点 批准时间
02 经济学	0201 理论经济学 ☆☆（1998-06-19） ★★（2007-08-20）	020101 政治经济学	1981-11-03	1981-11-03
		020102 经济思想史	1984-01-13	1981-11-03
		020103 经济史	1998-06-19	1981-11-03
		020104 西方经济学	1996-04-29	1993-12-17
		020105 世界经济	1981-11-03	1981-11-03
		020106 人口、资源与环境经济学	1998-06-19	1998-06-19
		0201Z1 网络经济学	**2002 自**	**2002 自**
		0201Z2 企业经济学	**2004 自**	**2004 自**
	0202 应用经济学 ☆☆（1999-06-10） ★★（2007-08-20）	020201 国民经济学	1984-01-13	1981-11-03
		020202 区域经济学	1986-07-28	1984-01-13
		020203 财政学	1984-01-13	1981-11-03
		020204 金融学	1981-11-03	1981-11-03
		020205 产业经济学	1984-01-13	1981-11-03
		020206 国际贸易学	1999-06-10	1993-12-17
		020207 劳动经济学	1993-12-17	1986-07-28
		020208 统计学	1981-11-03	1981-11-03
		020209 数量经济学	1999-06-10	1984-01-13
		020210 国防经济		1999-06-10
		0202Z1 保险学	**2004 自**	**2002 自**
		0202Z2 商业经济学	**2011 自**	**2011 自**
		0202Z3 房地产经济与管理	**2011 自**	**2011 自**
		0202Z4 城市经济学	**2004 自**	**2004 自**
03 法学	0301 法学 ☆☆（2003-07-01） ★★（2007-08-20）	030101 法学理论	1986-07-28	1981-11-03
		030102 法律史	1990-11-20	1981-11-03
		030103 宪法学与行政法学	1986-07-28	1981-11-03
		030104 刑法学	1984-01-13	1981-11-03
		030105 民商法学	1986-07-28	1981-11-03
		030106 诉讼法学	1993-12-17	1981-11-03
		030107 经济法学	1993-12-17	1990-11-20
		030108 环境与资源保护法学	2004-06-24	2000-12-07
		030109 国际法学	2003-09-01	1981-11-03
		0301Z1 知识产权法	**2005 自**	**2005 自**
		0301Z2 比较法学	**2011 自**	**2011 自**
		0301Z3 中国法		**2012 自**
		0301Z4 社会法学	**2017 自**	**2017 自**
	0302 政治学 ☆☆（2000-12-29） ▲▲（2008-04-23）	030201 政治学理论	1986-07-28	1981-11-03
		030202 中外政治制度	2002-06-27	1986-07-28
		030203 科学社会主义与国际共产主义运动	1981-11-03	1981-11-03
		030204 中共党史★	1981-11-03	1981-11-03
		030206 国际政治★	2001-01-09	1981-11-03
		030207 国际关系	2000-12-29	1996-04-29
		030208 外交学	2002-06-27	1998-06-30
		0302Z1 中国政治	**2002 自**	**2002 自**
		0302Z2 国际政治经济学	**2011 自**	**2005 自**

续表

<table>
<tr><th>学科门类</th><th>一级学科</th><th>专业代码、名称</th><th>博士点
批准时间</th><th>硕士点
批准时间</th></tr>
<tr><td rowspan="13">03
法学</td><td rowspan="6">0303 社会学
☆☆（2000-12-29）
★★（2007-08-20）</td><td>030301 社会学</td><td>1993-12-17</td><td>1986-07-28</td></tr>
<tr><td>030302 人口学</td><td>1984-01-13</td><td>1981-11-03</td></tr>
<tr><td>030303 人类学</td><td>2000-12-29</td><td>1998-06-30</td></tr>
<tr><td>030304 民俗学</td><td></td><td>2000-12-07</td></tr>
<tr><td>0303Z1 老年学</td><td>2002 自</td><td>2002 自</td></tr>
<tr><td>0303Z2 社会心理学</td><td>2004 自</td><td>2004 自</td></tr>
<tr><td rowspan="7">0305 马克思主义理论
☆☆（2006-01-25）
★★（2007-08-20）</td><td>030501 马克思主义基本原理</td><td>1990-11-20</td><td>1990-11-20</td></tr>
<tr><td>030502 马克思主义发展史</td><td>2006-06-20</td><td>2006-06-20</td></tr>
<tr><td>030503 马克思主义中国化研究</td><td>2006-06-20</td><td>2006-06-20</td></tr>
<tr><td>030504 国外马克思主义研究</td><td>2006-06-20</td><td>2006-06-20</td></tr>
<tr><td>030505 思想政治教育</td><td>1990-11-20</td><td>1990-11-20</td></tr>
<tr><td>030506 中国近现代史基本问题研究</td><td>2008-06-20</td><td>2008-06-20</td></tr>
<tr><td>0305Z1 党的建设</td><td>2017 自</td><td>2017 自</td></tr>
<tr><td rowspan="5">04
教育学</td><td rowspan="3">0401 教育学
☆（2006-01-25）</td><td>040106 高等教育学</td><td></td><td>2006-06-20</td></tr>
<tr><td>0401Z1 教育法学</td><td></td><td>2012 自</td></tr>
<tr><td>0401Z2 体育文化与管理</td><td></td><td>2017 自</td></tr>
<tr><td rowspan="2">0402 心理学（可授教育学、理学学位）
☆（2011-03-03）</td><td>040201 基础心理学</td><td></td><td>2011-06-13</td></tr>
<tr><td>040203 应用心理学</td><td></td><td>2011-06-13</td></tr>
<tr><td rowspan="19">05
文学</td><td rowspan="10">0501 中国语言文学
☆☆（2006-01-25）
▲▲（2012-04-25）</td><td>050101 文艺学★</td><td>1993-12-17</td><td>1984-01-13</td></tr>
<tr><td>050102 语言学及应用语言学</td><td>2006-06-20</td><td>1981-11-03</td></tr>
<tr><td>050103 汉语言文字学</td><td>2003-09-01</td><td>1986-07-28</td></tr>
<tr><td>050104 中国古典文献学</td><td>2006-06-20</td><td>1998-06-30</td></tr>
<tr><td>050105 中国古代文学</td><td>2003-09-01</td><td>1986-07-28</td></tr>
<tr><td>050106 中国现当代文学</td><td>2006-06-20</td><td>1981-11-03</td></tr>
<tr><td>050108 比较文学与世界文学</td><td>2006-01-25</td><td>1981-11-03</td></tr>
<tr><td>0501Z1 古典学</td><td>2012 自</td><td>2012 自</td></tr>
<tr><td>0501Z2 心理语言学</td><td>2014 自</td><td>2014 自</td></tr>
<tr><td>0501Z3 创造性写作</td><td></td><td>2014 自</td></tr>
<tr><td rowspan="5">0502 外国语言文学
☆☆（2011-03-03）</td><td>050201 英语语言文学</td><td>2011-06-13</td><td>1986-07-28</td></tr>
<tr><td>050202 俄语语言文学</td><td></td><td>1998-06-30</td></tr>
<tr><td>050203 法语语言文学</td><td></td><td>2014-06-13</td></tr>
<tr><td>050204 德语语言文学</td><td>2013-01-14</td><td>2003-09-01</td></tr>
<tr><td>050205 日语语言文学</td><td>2011-06-13</td><td>1996-04-29</td></tr>
<tr><td rowspan="4">0503 新闻传播学
☆☆（2000-12-29）
★★（2007-08-20）</td><td>050301 新闻学</td><td>1984-01-13</td><td>1981-11-03</td></tr>
<tr><td>050302 传播学</td><td>1998-06-19</td><td>1998-06-19</td></tr>
<tr><td>0503Z1 传媒经济学</td><td>2002 自</td><td>2002 自</td></tr>
<tr><td>0503Z2 广播电视学</td><td>2011 自</td><td>2011 自</td></tr>
<tr><td rowspan="5">06
历史学</td><td>0601 考古学
☆☆（2011-08-05）</td><td>060101 考古学及博物馆学</td><td>2007-01-26</td><td>2005-06-22</td></tr>
<tr><td rowspan="4">0602 中国史
☆☆（2011-08-05）
▲▲（2012-04-25）</td><td>060201 史学理论及史学史</td><td>2003-01-14</td><td>1981-11-03</td></tr>
<tr><td>060202 历史地理学</td><td>2005-01-06</td><td>2003-01-14</td></tr>
<tr><td>060203 历史文献学</td><td>2003-01-14</td><td>2000-12-07</td></tr>
<tr><td>060204 专门史</td><td>2000-12-29</td><td>1998-06-30</td></tr>
</table>

续表

学科门类	一级学科	专业代码、名称	博士点 批准时间	硕士点 批准时间
06 历史学	0602 中国史 ☆☆（2011-08-05） ▲▲（2012-04-25）	060205 中国古代史★	1981-11-03	1981-11-03
		060206 中国近现代史★	1986-07-28	1981-11-03
		0602Z1 当代中国史	**2002 自**	**2002 自**
	0603 世界史 ☆☆（2011-08-05）	060301 世界史	1998-06-19	1986-07-28
07 理学	0701 数学 ☆☆（2011-03-03）	070101 基础数学	2011-06-13	2000-12-07
		070102 计算数学		2008-06-20
		070103 概率论与数理统计	2011-06-13	1998-07-03
		070104 应用数学	2011-06-13	2003-09-01
		070105 运筹学与控制论		1998-07-03
	0701 数学（物理学）	0701Z1 物理学	**2011 自**	**2011 自**
	0701 数学（化学）	0701Z2 化学	**2011 自**	**2011 自**
	0702 物理学 ☆☆（2018-03-22）	070201 理论物理		2006-01-25
		070203 原子与分子物理		2011-06-13
		070205 凝聚态物理		2006-01-25
	0703 化学 ☆（2011-03-03）	070301 无机化学		2006-01-25
		070302 分析化学		2011-06-13
		070303 有机化学		2006-01-25
		070304 物理化学		2006-01-25
		070305 高分子化学与物理		2011-06-13
	0705 地理学 ☆（2011-03-03）	070502 人文地理学		2011-06-13
		070503 地图学与地理信息系统		2006-01-25
	0711 系统科学 ☆（2006-01-25）	071101 系统理论		2000-12-07
	0713 生态学 ☆（2011-08-05）	由学校原“071012 生态学”二级学科对应调整而来		2003-09-01
	0714 统计学（可授理学、经济学学位） ☆☆（2011-08-05）	由学校原“020208 统计学”和“070103 概率论与数理统计”二级学科对应调整而来		
08 工学	0812 计算机科学与技术（可授工学、理学学位） ☆☆（2011-03-03）	081201 计算机系统结构		2008-06-20
		081202 计算机软件与理论	2006-01-25	2000-12-07
		081203 计算机应用技术▲	2000-12-29	1981-11-03
		0812Z1 信息安全	**2011 自**	**2011 自**
		0812Z2 大数据科学与工程	**2017 自**	**2017 自**
	0830 环境科学与工程（可授工学、理学、农学学位） ☆（2011-03-03）	083001 环境科学		2003-09-01
		083002 环境工程		2006-01-25
	0832 食品科学与工程（可授工学、农学学位） ☆（2011-03-03）	083201 食品科学		1998-07-03
	0835 软件工程 ☆（2011-08-05）	由学校原“081202 计算机软件与理论”二级学科对应调整而来		

续表

学科门类	一级学科	专业代码、名称	博士点 批准时间	硕士点 批准时间
10 医学	1004 公共卫生与预防医学（可授医学、理学学位） ☆（2011-03-03）	100401 流行病与卫生统计学		2006-01-25
12 管理学	1201 管理科学与工程（可授管理学、工学学位） ☆（2000-12-26）	1201 管理科学与工程		2000-12-26
	1202 工商管理 ☆☆（2000-12-29） ★★（2007-08-20）	120201 会计学	1986-07-28	1981-11-03
		120202 企业管理	1986-07-28	1981-11-03
		120204 技术经济及管理	2000-12-29	1986-07-28
		1202Z1 人力资源管理	**2002 自**	**2002 自**
		1202Z2 市场营销管理	**2002 自**	**2002 自**
		1202Z3 财务学	**2011 自**	**2011 自**
	1203 农林经济管理 ☆☆（2000-12-29） ▲▲（2010-05-26）	120301 农业经济管理★	1986-07-28	1981-11-03
		120302 林业经济管理	2009-01-07	2001-01-09
		1203Z1 自然资源管理	**2011 自**	**2002 自**
		1203Z2 农村发展 ［农村发展管理（2008-04-23）交叉学科北京市重点学科］	**2004 自**	**2004 自**
		1203Z3 食品经济管理	**2018 自**	**2018 自**
	1204 公共管理 ☆☆（2003-07-01）	120401 行政管理★	1998-06-19	1990-11-20
		120402 社会医学与卫生事业管理	2015-06-15	2005-06-22
		120403 教育经济与管理▲	2003-09-01	2000-12-07
		120404 社会保障▲	2003-09-01	1998-06-19
		120405 土地资源管理▲	2000-12-29	1998-06-19
		1204Z1 公共财政与公共政策	**2011 自**	**2011 自**
		1204Z2 公共组织与人力资源	**2004 自**	**2004 自**
	1204 公共管理（教育学）	1204Z3 教育学	**2011 自**	**2011 自**
	1205 图书情报与档案管理 ☆☆（2006-01-25） ▲▲（2012-04-25）	120501 图书馆学	2006-06-20	1998-06-30
		120502 情报学	2006-01-25	2000-12-07
		120503 档案学★	1993-12-17	1984-01-13
		1205Z1 信息资源管理	**2008 自**	**2008 自**
		1205Z2 信息分析	**2011 自**	**2011 自**
13 艺术学	1301 艺术学理论 ☆（2018-03-22）	130101 艺术学		2003-09-01
	1302 音乐与舞蹈学 ☆（2011-08-05）	130201 音乐学		2009-01-07
	1303 戏剧与影视学 ☆（2011-08-05）	130301 戏剧戏曲学		2008-06-20
		130302 电影学		2007-01-26
	1304 美术学 ☆（2011-08-05）	130401 美术学		2003-09-01
	1305 设计学（可授艺术学、工学学位） ☆（2018-03-22）	130501 设计艺术学		2003-09-01

注：

1. 加“☆☆”的一级学科具有博士、硕士学位授予权；加“☆”的一级学科具有硕士学位授予权；加“★★”的一级学科为国家重点一级学科；加“★”的专业为国家重点二级学科；加“▲▲”的一级学科为北京市重点一级学科；加“▲”的专业为北京市重点二级学科。

2. 学科点“批准时间”栏目内标注“年度＋自”并用黑字体显示的学科点是学校在一级学科授权范围内自主设置并上报教育部备案的学科点。

二、中国人民大学研究生交叉学科设置一览表

制表日期：2018-12-31

交叉学科代码、名称	涉及一级学科	博士点批准时间	硕士点批准时间
99J1 金融工程	0202 应用经济学 0701 数学	**2011 自**	**2011 自**
99J2 风险管理与精算学	0202 应用经济学 0701 数学	**2011 自**	**2011 自**
99J3 劳动关系学	0202 应用经济学 0301 法学	**2011 自**	**2011 自**
99J4 中国特色社会主义理论	0302 政治学 0305 马克思主义理论 0201 理论经济学 0101 哲学	**2011 自**	**2011 自**
99J5 国学	0602 中国史 0501 中国语言文学 0101 哲学	**2011 自**	**2011 自**
99J6 城乡发展与规划	1204 公共管理 0303 社会学 0602 中国史	**2011 自**	**2011 自**
99J7 可持续发展管理	1204 公共管理 1203 农林经济管理 0202 应用经济学	**2011 自**	**2011 自**
99J8 环境政策与管理	0830 环境科学与工程 1204 公共管理		**2011 自**
99J9 食品安全管理	1204 公共管理 0832 食品科学与工程 1203 农林经济管理 0301 法学		**2011 自**

三、中国人民大学研究生专业学位授予和人才培养目录

制表日期：2018-12-31

专业学位类别代码及名称	硕士点批准时间
0251 金融	2010-09-02
0252 应用统计	2010-09-02
0253 税务	2010-09-02
0254 国际商务	2010-09-02
0255 保险	2010-09-02
0256 资产评估	2010-09-02
0351 法律	1995-05-30
0352 社会工作	2009-07-21
0453 汉语国际教育	2007-06-06
0454 应用心理	2018-03-22

续表

专业学位类别代码及名称	硕士点批准时间
0551 翻译	2014-05-29
0552 新闻与传播	2010-09-02
0651 文物与博物馆	2010-09-02
0852 工程	2008-05-07
0951 农业	2007-06-06
125101 工商管理	1990-11-28
125102 高级管理人员工商管理硕士（EMBA）	2002-07-24
1252 公共管理	2000-04-25
1253 会计	2004-04-30
1255 图书情报	2010-09-02
1351 艺术	2010-09-02

2018年中国人民大学学术型博士、硕士学位授予情况

序号	专业代码	专业名称	博士	硕士		合计
				全日制	同等学力	
1	010101	马克思主义哲学	13	16		29
2	010102	中国哲学	8	14	5	27
3	010103	外国哲学	8	8		16
4	010104	逻辑学	1	4		5
5	010105	伦理学	6	8		14
6	010106	美学	9	7	13	29
7	010107	宗教学	12	10		22
8	010108	科学技术哲学	4	5		9
9	0101Z1	管理哲学	2	7	6	15
10	0101Z2	政治哲学	4			4
11	020101	政治经济学	28	36		64
12	020102	经济思想史	3	2		5
13	020103	经济史	3	2		5
14	020104	西方经济学	11	28	42	81
15	020105	世界经济	20	28	106	154
16	020106	人口、资源与环境经济学	18	33	13	64
17	0201Z1	网络经济学	1	6	5	12
18	0201Z2	企业经济学	2	14	22	38
19	020201	国民经济学	14	61	44	119
20	020202	区域经济学	7	12	20	39
21	020203	财政学	20	9	9	38
22	020204	金融学	41	62	566	669
23	020205	产业经济学	8	14		22
24	020206	国际贸易学	7	29	13	49

续表

序号	专业代码	专业名称	博士	硕士		合计
				全日制	同等学力	
25	020207	劳动经济学	7	24	10	41
26	020208	统计学	7	18	16	41
27	020209	数量经济学	1	21		22
28	020210	国防经济		3		3
29	0202Z1	保险学	1	7		8
30	0202Z2	商业经济学	2	3		5
31	0202Z3	房地产经济与管理	8	8	11	27
32	0202Z4	城市经济学	4	5	37	46
33	030101	法学理论	7	17		24
34	030102	法律史	6	7		13
35	030103	宪法学与行政法学	3	12		15
36	030104	刑法学	9	24	13	46
37	030105	民商法学	23	35	221	279
38	030106	诉讼法学	9	26		35
39	030107	经济法学	8	17	33	58
40	030108	环境与资源保护法学	3	4		7
41	030109	国际法学	10	14		24
42	0301Z1	知识产权法	8	20	31	59
43	0301Z2	比较法学	1	8		9
44	0301Z3	中国法		8		8
45	0301Z4	社会法学				0
46	030201	政治学理论	3	19		22
47	030202	中外政治制度	2	3		5
48	030203	科学社会主义与国际共产主义运动	6	11		17
49	030204	中共党史	10	20		30
50	030206	国际政治	9	22	5	36
51	030207	国际关系	10	15	29	54
52	030208	外交学	8	18	20	46
53	0302Z1	中国政治	3	23		26
54	0302Z2	国际政治经济学	4	12	13	29
55	030301	社会学	17	43	60	120
56	030302	人口学	11	7		18
57	030303	人类学	2	5		7
58	030304	民俗学		2		2
59	0303Z1	老年学	5	6		11
60	0303Z2	社会心理学	7	5	14	26
61	030501	马克思主义基本原理	7	6		13
62	030502	马克思主义发展史	4	4		8
63	030503	马克思主义中国化研究	5	5		10
64	030504	国外马克思主义研究	7	5		12
65	030505	思想政治教育	7	9		16
66	030506	中国近现代史基本问题研究	3	3		6
67	0305Z1	党的建设				0
68	040106	高等教育学		4		4
69	0401Z1	教育法学		1		1

续表

序号	专业代码	专业名称	博士	硕士		合计
				全日制	同等学力	
70	0401Z2	体育文化与管理				0
71	040201	基础心理学		6		6
72	040203	应用心理学		9	27	36
73	050101	文艺学	4	9		13
74	050102	语言学及应用语言学	9	9		18
75	050103	汉语言文字学		8		8
76	050104	中国古典文献学				0
77	050105	中国古代文学	1	11		12
78	050106	中国现当代文学	6	20		26
79	050108	比较文学与世界文学	7	13		20
80	0501Z1	古典学	1	6		7
81	0501Z2	心理语言学	1	3		4
82	0501Z3	创造性写作		8		8
83	050201	英语语言文学	13	64	21	98
84	050202	俄语语言文学		9		9
85	050203	法语语言文学		4		4
86	050204	德语语言文学		6		6
87	050205	日语语言文学		6		6
88	050301	新闻学	17	50	86	153
89	050302	传播学	12	30	114	156
90	0503Z1	传媒经济学	7	10	23	40
91	0503Z2	广播电视学	8	12		20
92	060101	考古学及博物馆学	4	10	2	16
93	060201	史学理论及史学史	3	3		6
94	060202	历史地理学	1	2		3
95	060203	历史文献学	2	6		8
96	060204	专门史	5	7		12
97	060205	中国古代史	5	20	14	39
98	060206	中国近现代史	7	14		21
99	0602Z1	当代中国史	2	3		5
100	060301	世界史	6	12		18
101	070101	基础数学	2	3		5
102	070102	计算数学		2		2
103	070103	概率论与数理统计	2	12	33	47
104	070104	应用数学	5	7		12
105	070105	运筹学与控制论		2		2
106	0701Z1	物理学	19			19
107	0701Z2	化学	19			19
108	070201	理论物理		4		4
109	070203	原子与分子物理				0
110	070205	凝聚态物理		7		7
111	070301	无机化学		3		3
112	070302	分析化学		3		3
113	070303	有机化学		7		7
114	070304	物理化学		10		10

续表

序号	专业代码	专业名称	博士	硕士		合计
				全日制	同等学力	
115	070305	高分子化学与物理		6		6
116	070502	人文地理学				0
117	070503	地图学与地理信息系统		4		4
118	071101	系统理论		3		3
119	0713	生态学		8		8
120	0714	统计学	12	19		31
121	081201	计算机系统结构		4		4
122	081202	计算机软件与理论	6	8		14
123	081203	计算机应用技术	8	19	17	44
124	0812Z1	信息安全		3		3
125	0812Z2	大数据科学与工程				0
126	081704	应用化学		5		5
127	083001	环境科学		7		7
128	083002	环境工程		15		15
129	083201	食品科学		1		1
130	0835	软件工程				0
131	100401	流行病与卫生统计学		3	24	27
132	1201	管理科学与工程		26	35	61
133	120201	会计学	14	19	167	200
134	120202	企业管理	21	29	758	808
135	120204	技术经济及管理	10	16	75	101
136	1202Z1	人力资源管理	13	44	416	473
137	1202Z2	市场营销管理	7	15		22
138	1202Z3	财务学	8	20		28
139	120301	农业经济管理	14	21		35
140	120302	林业经济管理	1	7		8
141	1203Z1	自然资源管理	3	10		13
142	1203Z2	农村发展	8	11		19
143	1203Z3	食品经济管理				0
144	120401	行政管理	6	56	87	149
145	120402	社会医学与卫生事业管理		13	3	16
146	120403	教育经济与管理	16	4	12	32
147	120404	社会保障	15	37	2	54
148	120405	土地资源管理	9	11	4	24
149	1204Z1	公共财政与公共政策	16	25	8	49
150	1204Z2	公共组织与人力资源	2	11	73	86
151	1204Z3	教育学	1			1
152	120501	图书馆学				0
153	120502	情报学	1	6	30	37
154	120503	档案学	5	50	8	63
155	1205Z1	信息资源管理	1	9		10
156	1205Z2	信息分析	2	9		11
157	130101	艺术学		16	31	47
158	130201	音乐学		1	9	10
159	130301	戏剧戏曲学		3		3

续表

序号	专业代码	专业名称	博士	硕士		合计
				全日制	同等学力	
160	130302	电影学		5		5
161	130401	美术学		11	23	34
162	130501	设计艺术学		7	52	59
163	99J1	金融工程	5	7	5	17
164	99J2	风险管理与精算学	3	10	6	19
165	99J3	劳动关系学	2	19		21
166	99J4	中国特色社会主义理论	1			1
167	99J5	国学	12	39		51
168	99J6	城乡发展与规划	3	16		19
169	99J7	可持续发展管理	3	3		6
170	99J8	环境政策与管理		7		7
171	99J9	食品安全管理		5		5
总计			893	2 077	3 542	6 512

注：2018 年学校共召开 3 次学位评定委员会全体会议，审议并通过了三批授予博士、硕士学位人员名单。

2018 年中国人民大学硕士专业学位授予情况

专业代码	专业名称	人数
0251	金融	282
0252	应用统计	61
0253	税务	45
0254	国际商务	96
0255	保险	10
0256	资产评估	22
0351	法律	261
0352	社会工作	70
0453	汉语国际教育	59
0551	翻译	25
0552	新闻与传播	31
0651	文物与博物馆	19
0852	工程	104
0951	农业	202
125101	工商管理	433
125102	高级管理人员工商管理	422
1252	公共管理	269
1253	会计	97
1255	图书情报	36
1351	艺术	35
合计		2 579

■ 对外教育教学

一、概况

截至2018年底，学校长期在校留学生为1 552人，包括本科生663人，硕士研究生489人，博士研究生127人，非学历留学生273人，接受学历教育的留学生人数约占长期在校留学生的82.4%。

学校在注重外国留学生招收规模的同时，更注重留学生的质量和结构，严格把好入学关，进一步完善培养环节。2018年，共有143名本科生、96名硕士生和10名博士生顺利毕业并获得学位。

2018年，共有610名外国留学生获得各类奖学金，其中：321人获中国政府奖学金，42人获商务部奖学金，33人获孔子学院奖学金，8人获得紫禁城奖学金，69人获得北京市外国留学生在校生奖学金，58人获得北京市外国留学生新生奖学金；46人获得中国人民大学外国留学生学习成绩奖，4人获得中国人民大学外国留学生社会活动奖，3人获得中国人民大学优秀留学生干部奖，12人获得中国人民大学留学生学习进步奖；5人获得中国政府优秀来华留学生奖学金，9人获得国家开发银行外国人来华学习专项奖学金。

二、招生宣传

2018年报到的接受学历教育的留学生共有391人（本科生127人，研究生264人），其中：中关村校区中文硕士研究生85人、全英文硕士研究生93人，博士研究生22人；丝路学院（苏州校区）全英文硕士研究生64人。非学历留学生251人，其中中法学院（苏州校区）18人。

2018年，学校共接收校级、院级交换生199人，分别来自韩国、日本、以色列、英国、意大利、西班牙、瑞士、瑞典、葡萄牙、挪威、荷兰、法国、俄罗斯、丹麦、比利时、保加利亚、奥地利、爱尔兰、阿尔巴尼亚、厄瓜多尔、摩洛哥、阿尔及利亚、加拿大等国的协议学校。

2018年，学校全英文硕士招生取得长足发展。中关村校区8个全英文硕士项目共录取110人，分别进入国际关系学院、商学院、财政金融学院、经济学院、哲学院、法学院、公共管理学院和新闻学院攻读2年制全英文硕士课程。另有64名学生在苏州校区丝路学院开始攻读2年制全英文硕士课程。

在招生宣传方面，2018年，学校赴马来西亚、韩国、日本、越南、法国、意大利、俄罗斯等国参与教育交流，进行招生宣传，促进校际合作与学生交流。

三、留学生活动

为帮助留学生尽快适应校园生活，加强中外学生融合，学校积极为留学生组织各类丰富多彩的文化活动，包括新生慕田峪长城游览、孔子学院奖学金生南京文化行、国际文化节、留学生达人秀等。

附录

2018年中国人民大学在校留学生按国别分类统计表

国别	本科生	硕士研究生	博士研究生	普通进修生	高级进修生	汉语言进修生	合计
阿尔巴尼亚		1					1
阿尔及利亚		2					2
阿富汗	1	4					5
阿根廷	2	2	1				5
阿拉伯联合酋长国		1					1
阿塞拜疆	1	2	1				4
埃及	1	4	1			1	7
埃塞俄比亚		4					4
爱尔兰		2				5	7
爱沙尼亚			1				1
安哥拉	1						1
奥地利		1					1
澳大利亚	2	3	2	1		2	10
巴基斯坦		18					18
巴拿马	1	2	1				4
巴西	4	6	2		1		13
白俄罗斯		1					1
比利时		3		5			8
波兰		6	2	1			9
玻利维亚		1					1
博茨瓦纳		2					2
赤道几内亚	1						1
丹麦		1	1	2			4
德国		7	1	12		4	24
俄罗斯	3	24	5	3		11	46
厄瓜多尔	1	5					6
法国	4	24	1	31		4	64
菲律宾		1		1			2
芬兰				4		2	6
佛得角		1					1
刚果（金）		1					1
哥伦比亚		2					2
哥斯达黎加		2	1				3
格鲁吉亚		3					3
哈萨克斯坦	4	11	1	1			17

续表

国别	本科生	硕士研究生	博士研究生	普通进修生	高级进修生	汉语言进修生	合计
韩国	497	68	39	13		13	630
荷兰		6		13	1		20
吉尔吉斯斯坦	4	3	1				8
几内亚比绍		2	1				3
加拿大	7	16	3	6			32
加纳		7					7
柬埔寨		3	1				4
捷克			1				1
津巴布韦	1	10	1			5	17
喀麦隆		3				1	4
科特迪瓦		1					1
克罗地亚		1					1
肯尼亚		1					1
拉脱维亚	1	2					3
老挝	3	5	1				9
利比里亚		2					2
利比亚	1	1					2
罗马尼亚	1	1					2
马来西亚	27	4	2				33
马里	1						1
马其顿		1					1
毛里塔尼亚		1					1
美国	11	18	4	1	1	13	48
蒙古国	27	24	7			2	60
秘鲁			2				2
密克罗尼西亚		1					1
缅甸	1	8					9
摩洛哥		1					1
莫桑比克		1					1
墨西哥	1	3					4
南非		1				2	3
南苏丹	1	10					11
尼泊尔		4					4
尼日尔		1					1
尼日利亚		3					3
挪威		1		5			6
葡萄牙		1		4			5
日本	26	10	4	11		12	63
瑞典				5			5
瑞士		1		3	1		5
塞尔维亚		1					1

续表

国别		本科生	硕士研究生	博士研究生	普通进修生	高级进修生	汉语言进修生	合计
塞拉利昂			3					3
塞浦路斯			1	1				2
塞舌尔			1					1
斯里兰卡			1					1
斯洛伐克			1		1			2
苏丹			1					1
索马里			1					1
塔吉克斯坦		1	2					3
泰国		3	15	3	1		2	24
坦桑尼亚			3					3
土耳其		3	7	1				11
土库曼斯坦		1	2					3
委内瑞拉			1					1
文莱		1						1
乌干达			1					1
乌克兰			6					6
乌兹别克斯坦		2	7		1			10
西班牙		2	3	1	4	1		11
新加坡		1	1	2	3			7
新西兰			2				1	3
匈牙利			1					1
叙利亚			1					1
牙买加					1			1
亚美尼亚		2	3	1				6
也门			1					1
伊拉克		1						1
伊朗		1	5	6				12
以色列						2		2
意大利		1	10		12		6	29
印度			5	1	1		1	8
印度尼西亚		4	6				1	11
英国		2	9	2	4		2	19
约旦		1		1				2
越南		1	7	20	1			29
赞比亚			6					6
乍得			1					1
智利			1					1
其他	中国*				25			25
总计		663	489	127	176	7	90	1 552

注：* 为合作伙伴院校派往学校的交换生。

2018年中国人民大学在校留学生按所在学院分类统计表

学院	本科生	硕士研究生	博士研究生	普通进修生	高级进修生	汉语言进修生	合计
财政金融学院	12	23	6				41
法学院	23	37	22	30			112
公共管理学院	1	24	6				31
国际关系学院	149	103	36	18	1		307
国学院				1			1
汉青经济与金融高级研究院				4			4
经济学院	29	102	14	13			158
劳动人事学院	30	3	1		1		35
理学院	1		1				2
历史学院	4	8	5		2		19
农业与农村发展学院		1	1				2
商学院	66	46	4	87			203
社会与人口学院	10		4	1	1		16
丝路学院		64					64
统计学院	1						1
外国语学院	6		1				7
文学院	247	26	11	3		90	377
新闻学院	76	32	2	1			111
信息资源管理学院	5						5
艺术学院	1	4					5
哲学院	2	16	13		2		33
中法学院				18			18
总计	663	489	127	176	7	90	1 552

2018年中国人民大学接收交换生分类统计表

学院	校级交换生人数	院级交换生人数	合计
法学院	3	26	29
国际关系学院	3	13	16
国学院		1	1
经济学院	10	3	13
商学院	15	73	88
文学院	27	2	29
信息学院	1		1
中法学院		18	18
汉青经济与金融高级研究院		4	4
总计	59	140	199

2018年中国人民大学留学生获奖名单

奖励名称	奖励等级	获奖名单
中国政府优秀来华留学生奖学金		Yoojin Kwon 等 5 人
北京市外国留学生奖学金（在校生）		吴殊玟等 69 人
北京市外国留学生奖学金（新生）		优丽雅等 58 人
国家开发银行外国人来华学习专项奖学金		努佩丽等 9 人
中国人民大学留学生学习成绩奖（本科生）	一等奖	伊丽娜等 7 人
	二等奖	宋政恩等 9 人
	三等奖	朴艺率等 10 人
中国人民大学留学生学习成绩奖（研究生）	博士一等奖	Benjamin Giaimo 等 2 人
	博士二等奖	
	博士三等奖	
	硕士一等奖	Jacopo Zenti 等 6 人
	硕士二等奖	Ayah Reza Nawal5 人
	硕士三等奖	黄氏幸庄等 7 人
中国人民大学留学生社会活动奖		安智穗等 4 人
中国人民大学留学生优秀干部奖		保罗等 3 人
中国人民大学留学生学习进步奖		柳周延等 12 人

■ 继续教育

☞ 成人高等教育

一、概况

2018 年，继续教育学院成人教育部在北京市设有 3 个教学站，共开设 7 个专业，院本部夜大学有 6 个专业。学院共有在读学生 3 833 名，其中夜大专升本 1 866 人，高中起点本科 1 393 人，专科 574 人。毕业学生 909 人。

二、招生工作

2018 年，北京地区报考成人教育部专升本层次的学生共 1 176 人，录取 1 053 人。

三、教学管理

（一）专业设置

2018 年，成人教育部专科升本科有会计学、金融学、市场营销、工商管理、人力资源管理等 5

个专业；高中起点本科有会计学、人力资源管理、工商管理等3个专业；高中起点专科有会计、工商企业管理、市场营销、人力资源管理等4个专业。

（二）教材建设和研究成果

2018年，编写和更新的教材（著作）有：《经济学（全国高等教育自学考试指定教材—电子商务专业）》、《社会主义市场经济概论》（第五版）、《统计学教程》、《中国休闲发展报告（2018）》、《中国区域文化力发展指数》、《计算机应用基础》、《国际金融（一体化智慧数字教材）》、《市场调查与市场分析》（第2版）等。

论文及研究报告有：《收入、休闲时间对休闲消费的影响研究》《北京市居民旅游消费影响因素研究》《我国共有物的裁判分割研究》《"有钱无闲"和"有闲无钱"群体休闲不平等》《家规家训与生活满意度》等。

☞ 网络教育

一、概况

2018年，继续教育学院网络教育部共有教职工121人，其中专职教师11人，教学管理人员23人，学务及考务人员23人，招生人员和项目策划人员13人，研发、技术和运营人员38人，行政人员13人。共开设15个本科专业（高中起点本科、专升本和本科二学历）、5个专科专业（高中起点专科），学历教育在读学生73 825人。在全国30个省区市进行招生的校外教学服务中心共149个，其中直属的教学服务中心5个，自建合作的教学服务中心73个，依托弘成和奥鹏公共服务体系的教学服务中心71个。

2018年春、秋两季，共招生注册网络教育学历生23 842人，非学历教育报读608人。2018年，网络教育共有毕业生17 840人（其中本科毕业生9 038人，专科毕业生8 802人），本科毕业生中符合学士学位授予条件的有1 598人，优秀毕业生332人。

二、考试组织情况

2018年，继续教育学院网络教育部共组织了3次课程考试，累计设立考点702个，安排考场16 552个，预约课程考试433 579门次，预约人数109 710人，人均预约为3.95门次/人。实考375 220门次，缺考率为13.46%，共处理各种违纪696人次，共派出巡考员415人次。

2018年组织了3次现代远程教育试点高校网络教育部分公共基础课全国统一考试，报考人数共13 340人，18 826门次，平均及格率为68%。

2018年组织了2次成人本科学士学位英语统一考试，报考人数为13 521人，实考人数为8 831人，平均及格率26.94%，高于全国平均及格率。

三、教学服务情况

网络教育部以"务实创新、改善体验、管理科学、提高质量"为工作宗旨，充分利用新媒体、新技术，务实创新、大胆探索。2018年，探索了直播辅导和微课辅导，开展了辅导答疑质量专项检查工作。课程辅导教师全年在课程论坛发布了6 105个、累计超过1 021万汉字的教学辅导帖子，解答了4 000多个学生问题；举行值机答疑数42门次，共组织了11次教学辅导直播、创作了55个微课，并有少量课程进行了面授辅导。11次直播参与学生共计8 756人次，且踊跃提问，师生互动高质高效，营造了良好的课堂教学氛围。

四、学生支持服务情况

进一步完善学生日常的学习支持服务，学生注册、选课、导学、个性化学习计划、考试预约、学位申请、毕业管理和办理等工作有序进行。

2018年，针对日常学习支持的优化工作和创新举措顺利实施，完成相关政策规则调整改革11项，核心业务流程优化18项，业务全媒体平台化44项，完成学习提醒和学生档案电子化设计工作。

2018年，实现了日常咨询服务移动化，全年共接听咨询电话6 175个，邮件解答学生问题472个，在线咨询量共计20 408条，微信咨询99 787人次。不断强化咨询服务理念，精细管理有效信息流转的每个环节，通过邮件、短信、微信、电话对服务站老师、学生进行了双向督促，提高了有效信息的流转效率，有效提升了支持服务质量和水平。

五、资源建设情况

（一）课程开发

网络教育2018年课程开发的重点工作是归纳课程设计思路，总结经验和不足，学习提高课程设计水平，开发高质量课程，同时继续推进旧课改造和非学历课程的研发。

2018年，共制作课程45门；签订11种教材出版合同；完成21门试学课程制作和7项非学历课程的资源整理任务；整理239门课程的MP4视频及小学分课程的视频，并统计每门课程的视频时长。

截至2018年底，网络学历教育累积运行网络课程519门，线上运行的最新版本课程为256门（其中22门课程为引进课程），已关闭旧版课程263门。

2018年，签订教材编写及修订合同11个，累计出版现代远程教育系列教材123种，其中有76种教材经过1～5次修订。

（二）专业培养方案的设计与管理

网络教育2018年专业培养方案的设计与管理的重点工作是：根据政策规定，调整专业层次，停止大部分专业的专科层次招生，暂时保留5个专业的专科层次。同时配合非学历项目做好培养计划的设计和管理。

2018年，修改了市场营销学（直销方向）教学计划，在教学计划管理平台中设置了研修院教学站所需课程，增设京东项目70学分的教学计划，更新网站上的各专业教学计划、2018上线课程的教师信息、课程信息，以及学院3个试学栏目的课程相关资料。完成了与中国人民大学出版社合作的校内研究生院专项项目和大讲堂建设工程等8门课程的视频拍摄剪辑，2项校外合作项目的视频拍摄剪辑。

六、基础研究和创新研究情况

（一）专题调研和学习者调查情况

2018年，完成3份网络教育研究报告：《行业课程研究动态报告——国内外网络课程的发展与演变》、《高等学历教育教学模式报告》和《中国企业培训行业现状、趋势与案例调研报告》。完成了4份学习者调查研究报告，即2018年毕业生跟踪调查（毕业生部分）、2018年毕业生跟踪调查（毕业生用人单位部分）、网上人大APP移动学习技术采纳与持续使用意愿调查研究、基于整合技术接受与使用模型（UTAUT模型）的移动学习APP使用意愿调查。其中，用人单位对网络教育毕业生的评价结果显示，毕业生在良好的职业道德、自学能力强、安心工作、独立工作能力强、分析解决实际问题能力强等方面提高最为普遍，在这些方面均有超过70%的毕业生有比较突出的进步。

（二）创新研究情况

2018年11月，北京市教育科学“十二五”规划课题“面向在职成人的移动微型学习应用与评价”经审核准予结题；《打造网络巅峰论坛，构建虚拟校园文化——网上人大网络辩论赛的策划与实现》入选《2018中国高校继续教育优秀成果及特色案例集》，并荣获“2018中国高校继续教育优秀成果及特色案例奖”；《国际金融（数字教材版）》荣获2018（第四届）中国企业微课大赛北京赛区最佳脚本设计奖。

附录

2018年网络学历教育注册人数统计表

层次	专业名称	注册人数
高中起点专科	工商企业管理	4 991
	会计	1 183
	金融管理	1 208
	人力资源管理	2 506
	社会工作	373
	合计	10 261
高中起点本科	保险学	1
	财务管理	5
	财政学	1
	传播学	6
	法学	49
	工商管理	150
	公共事业管理	10
	国际经济与贸易	6
	汉语言文学	25
	会计学	35
	计算机科学与技术	36
	金融学	23
	人力资源管理	44
	社会工作	6
	市场营销	82
	合计	479

续表

层次	专业名称	注册人数
专科起点本科	保险学	212
	财务管理	412
	财政学	28
	传播学	175
	法学	825
	工商管理	2 639
	公共事业管理	425
	国际经济与贸易	174
	汉语言文学	540
	会计学	1 572
	计算机科学与技术	1 065
	金融学	975
	人力资源管理	2 007
	社会工作	342
	市场营销	773
	合计	12 164
本科二学历	保险学	26
	财务管理	52
	财政学	4
	传播学	18
	法学	196
	工商管理	68
	公共事业管理	8
	国际经济与贸易	8
	汉语言文学	156
	会计学	150
	计算机科学与技术	66
	金融学	68
	人力资源管理	60
	社会工作	34
	市场营销	24
	合计	938
学历教育招生合计		23 842
	单科选修	525
	开放课程生	83
非学历教育招生合计		608

2018年网络学历教育在读学生人数统计表

层次	专业	年度（每年含两个批次）							合计
		2012	2013	2014	2015	2016	2017	2018	
高中起点专科	保险	0	0	0	0	0	87	0	87
	财政	0	0	3	3	19	36	0	61
	法律事务	0	4	57	170	750	801	0	1 782
	工商企业管理	0	8	242	518	2 067	3 280	4 468	10 583
	公共事务管理	0	2	53	71	237	401	0	764
	国际经济与贸易	0	0	17	37	103	172	0	329
	汉语言文学	0	2	22	58	154	292	0	528
	会计学	0	9	136	233	1 016	1 638	1 167	4 199
	计算机应用技术	0	0	0	38	597	2 019	0	2 654
	金融管理	0	3	63	174	481	592	708	2 021
	人力资源管理	0	5	133	243	1 324	2 271	2 478	6 454
	社会工作	0	4	16	41	165	182	368	776
	市场营销	0	13	117	233	1 002	1 250	0	2 615
	合计	0	50	859	1 819	7 915	13 021	9 189	32 853
高中起点本科	保险学	0	0	0	0	0	0	1	1
	财务管理	2	4	8	8	1	8	5	36
	财政学	1	0	0	0	0	0	1	2
	传播学	14	71	8	5	8	12	4	122
	法学	14	8	10	23	11	10	44	120
	工商管理	18	13	25	15	17	60	147	295
	公共事业管理	11	3	6	3	8	4	10	45
	国际经济与贸易	4	4	10	4	1	3	6	32
	汉语言文学	2	5	8	19	11	3	26	74
	会计学	11	13	15	17	6	8	37	107
	计算机科学与技术	0	0	1	0	1	3	34	39
	金融学	9	11	13	10	9	21	21	94
	人力资源管理	13	10	8	12	15	18	44	120
	社会工作	0	0	6	1	2	0	6	15
	市场营销	6	9	7	6	14	8	83	133
	合计	105	151	125	123	104	158	469	1 235
专科起点本科	保险学	0	0	0	0	0	242	189	431
	财务管理	0	11	51	88	307	383	420	1 260
	财政学	0	0	4	8	25	28	23	88
	传播学	0	8	45	57	123	125	173	531
	法学	0	37	134	306	665	674	781	2 597
	工商管理	0	99	355	676	1 595	2 096	2 611	7 432
	公共事业管理	0	23	77	119	307	324	416	1 266
	国际经济与贸易	0	8	48	61	140	154	171	582

续表

层次	专业	年度（每年含两个批次）							合计
		2012	2013	2014	2015	2016	2017	2018	
专科起点本科	汉语言文学	0	17	71	148	424	503	541	1 704
	会计学	0	86	337	598	1 449	1 808	1 548	5 826
	计算机科学与技术	0	0	0	24	410	924	1 054	2 412
	金融学	0	80	210	505	1 094	1 111	959	3 959
	人力资源管理	0	78	277	498	1 331	1 549	1 969	5 702
	社会工作	0	11	29	76	217	259	337	929
	市场营销	0	29	108	263	533	666	769	2 368
	合计	0	487	1 746	3 427	8 620	10 846	11 961	37 087
本科第二学历	保险学	0	0	0	1	0	60	43	104
	财务管理	0	0	6	14	29	41	45	135
	财政学	0	0	0	0	12	5	6	23
	传播学	0	0	3	5	13	12	20	53
	法学	0	0	25	53	116	129	223	546
	工商管理	0	3	5	12	30	38	77	165
	公共事业管理	0	0	2	5	7	12	13	39
	国际经济与贸易	0	0	2	8	2	5	10	27
	汉语言文学	0	1	6	21	51	84	153	316
	会计学	0	3	37	42	103	134	157	476
	计算机科学与技术	0	0	0	0	32	38	68	138
	金融学	0	3	17	56	77	76	82	311
	人力资源管理	0	1	16	14	42	46	71	190
	社会工作	0	2	4	3	11	17	31	68
	市场营销	0	1	2	8	12	10	26	59
	合计	0	14	125	242	537	707	1 025	2 650
合计		73 825							

2018年网络学历教育毕业人数统计表

学科门类	专业	毕业生人数		申请学位人数
		本科毕业生人数	专科毕业生人数	
管理学	会计学	1 933	1 314	386
	工商管理	1 644	2 802	244
	市场营销	527	734	110
	公共事业管理	375	395	34
	人力资源管理	1 342	1 283	183
	财务管理	311	0	68
经济学	金融学	1 170	983	172
	国际经济与贸易	146	157	45
	财政学	38	24	5

续表

学科门类	专业	毕业生人数		申请学位人数
		本科毕业生人数	专科毕业生人数	
法学	法学	814	681	161
	社会工作	173	125	28
工学	计算机科学与技术	33	96	11
文学	汉语言文学	388	208	109
	传播学	144	0	42
合计		9 038	8 802	1 598

注：以上统计数字截至 2018 年 12 月 31 日。

☞ 教育培训

一、概况

为全面推进学校“双一流”建设，结合学校“十三五”发展规划，教育培训工作坚持社会效益与经济效益并举，精准定位于社会服务功能，坚持以社会需求为导向，整合学校优秀的教育资源，致力于打造多元化、实践型、实用性的新型教育培训平台，探索人文社会科学研究成果向社会生产力转化的模式，完善终身教育、继续教育的办学体系。

教育培训项目主题鲜明，社会焦点敏锐，深耕行业，市场触觉敏感性高，课程设置紧贴学员需要，有些班次经常能够达到上百学员规模，符合学校高端培训的定位，社会效益与经济效益均较为明显。2018 年，非学历教育共举办 518 个班次，培训人数达 40 203 人次，服务机构逾 5 000 家，其中中组部司局级干部专题研修班 2018 年学员满意度位居高校基地首位。

二、教育培训相关工作

2018 年，教育培训工作有序开展，继续教育处共计审批教育培训项目 1 279 个，审批培训协议 6 000 余份（次），审批近百份各种培训业务合同，并与财务处紧密配合，审查近千个培训项目的 1 100 余次财务结算手续。

建章立制、理顺关系，努力建立科学、完善的继续教育管理工作体系。为规范教育培训的管理工作，有效防范教育培训的工作风险，面向全校发布了《中国人民大学教育培训立项申报规定》《中国人民大学教育培训课程与师资管理规定》《中国人民大学教育培训评估与考核办法》等多项规章制度。

积极推进继续教育管理信息化工作。继续教育处成立后，立即着手推进管理和服务信息化工作，以信息化为手段实现有关管理要求，并且通过信息流程再造理顺工作流程。信息系统通过升级实现了更多的管理功能，实现了网上立项、网上收费、网报培训协议等功能，涵盖了教育培训管理工作的全流程。

建设学校继续教育与“人大培训”品牌。积极策划和推广“人大培训”品牌，按照节约高效的原则，充分利用有限的经费，配合课程进修班招生宣传，推广学校培训品牌，在多个媒体进行宣传，提升“人大培训”品牌的社会影响力。

三、各类培训

一是继续做好全国干部教育培训高校基地的教学服务工作。共承办中组部司局级干部专题研修班

7 期，共 438 人参加，教学满意度为 95.4%，为中组部干部网络学院推荐网络课程 29 门，为中组部干部大讲堂推荐优秀课程 4 门。

二是认真做好深入学习十九大精神的“服务员”。先后为国家部委、地方党政机关、大型金融机构和国有企业举办十九大精神轮训班 200 余期，在课程设计、师资选配和教学效果等方面都得到委托单位的高度评价。

三是积极落实省校协议精神。为合作省份江西、四川、浙江、福建、安徽等举办党政领导干部培训班，承办江西政研改革业务骨干班、四川全省农业局长班、福建建设现代化经济体系班等，为地方经济社会发展和深化改革提供智力支持。

四是着力服务基层党组织建设。举办 2018 年海淀区基层党组织书记轮训班、门头沟区领导干部党建工作能力提升班等，有 2 400 余名基层党组织干部参加，为服务首都建设发挥作用。

五是大力推进国有企业和金融机构培训。先后为中投集团、国投集团、中国建筑、中国电子、中石油、中国建投、中信银行等举办培训班几十期，助力学校高端智库建设，服务一线经济。

附录

2018 年培训项目统计

培训项目	立项数量
政府培训	140
企业培训	229
事业与民办非企业单位培训	47
社会培训	48

■ 实验室建设与仪器设备管理

一、概况

2018 年，为深入贯彻落实教育部、北京市教委、北京市安监局及学校的相关要求，保障正常教学科研秩序，确保广大师生人身安全及校园和谐稳定，不断提高学校实验室建设和安全管理水平，在学校领导的指导下，实验室建设与设备管理处较好地完成了各项工作任务。

二、实验室建设工作和成果

截至 2018 年底，学校实际运行的实验室总数为 129 个，其中教学科研综合实验室 99 个，科研实验室 30 个。现有省部级重点实验室 3 个，国家级实验教学示范中心 4 个，北京市实验教学示范中心 5 个。学校实验室共有各类教学、科研仪器设备 26 180 台件，总价值 3.54 亿元，其中单台套价值在 10 万元（含）以上的教学科研仪器设备 321 台套，总价值 1.33 亿元。

2018 年，物理系、化学系、心理学系、环境学院、信息学院 5 个理工科院系共有 752 名新生通过实验室安全考试，考试通过率为100%。根据北京市环境保护局2018年辐射安全与防护培训工作计划，实验室建设与设备管理处、物理系、化学系、校医院共49名师生参加中国人民大学北京市初级辐射安全培训，并全部取得《辐射安全与防护培训合格证书》。

2018年，学校已建立健全校—院系—实验室三级安全责任体系，层层落实安全责任。2018年，实验室建设与设备管理处及校外实验室安全管理专家对理工类实验室进行例行检查共7次，检查内容包括危险化学品、易制爆化学品、易制毒化学品、有毒有害物品、射线装置、有害废弃物和气瓶的使用、存放、管理，以及实验室防电、防火、防水、防盗等安全防范措施、实验操作流程、设备使用流程、材料管理流程等的规范与执行。

为规范学校化学品管理工作，贯彻国家相关法律法规，学校已于2018年12月上线化学品管理平台，学校师生购买化学试剂、生物制剂，必须通过该平台采购。各院系通过化学品管理平台实现化学品的使用全过程台账管理。

2018年，为更好地提升学生的安全意识，唤起学生对实验室安全的重视、对安全隐患的警惕，实验室建设与设备管理处联合校团委、保卫处面向全校学生举办第一届“校园实验室安全日”活动，采取多种形式，宣传和普及实验室安全知识。

三、设备购置工作

（一）严格执行采购全过程管理，落实政府采购主体责任

根据《中国人民大学招投标工作管理规定（修订）》，涉及学校政府采购招投标工作的重大事项均由集体讨论研究并做出决定，在关键购置环节和细节上把关，确保购置工作顺利进行。同时，抓好政府采购内部控制机制建设、强化需求论证、严格履约验收、确保信息公开、落实主体责任等关键环节的工作。

（二）年度采购数据分析

2018年，学校政府采购总金额为48 381万元，其中货物类政府采购金额为21 677.7万元，工程类政府采购金额为13 060.6万元，服务类政府采购金额为13 642.7万元。

2018年，学校政府采购中采用公开招标方式的采购总金额为33 634.28万元，约占全部采购金额的69.52%；采用政府采购定点采购方式的采购总金额为3 739.66万元，约占全部采购金额的7.73%；采用询价（含校内比价）方式的采购总金额为4 342.75万元，约占全部采购金额的8.98%；采用政府采购协议供货方式的采购总金额为2 368.56万元，约占全部采购金额的4.90%；采用竞争性磋商方式的采购总金额为3 382.25万元，约占全部采购金额的6.99%；采用单一来源谈判方式的采购总金额为615.21万元，约占全部采购金额的1.27%。严格按照国家规定的节能与环保要求采购相关产品，所有相关产品都是节能与环保产品。

（三）做好科研仪器设备采购“放管服”工作

严格按照相关的法律法规和学校规定，制定学校各项采购标准，切实贯彻公开、公正、公平的原则。为贯彻落实中央关于深化改革创新、形成充满活力的教学科研管理和运行机制的要求，根据《中国人民大学科研仪器设备采购管理实施细则》，加大“放”的力度，强化“管”的能力，优化“服”的质量。

（四）设备家具采购信息化逐步完善

建立设备家具类采购管理系统，实时监控流程风险，优化设备购置预算，降低采购成本，提高了采购效率，规范了设备采购工作。根据《中国人民大学合同管理办法（修订）》，实验室建设与设备管理处归口负责全校货物服务类采购合同的协商和签订过程状态的管理。开发了一套合同管理系统，采用基于现代网络架构的应用系统，在保证数据安全和网络安全的前提下，实现与学校其他管理系统的统一认证、统一用户权限规范的信息共享。

附录

2018年中国人民大学实验室情况表

所属单位名称	实验室名称	类型	性质
财政金融学院	财税政策与管理实验室	综合	基础实验室
	金融管理与工程实验室	综合	基础实验室
法学院	文书检验室	综合	基础实验室
	审讯实验室	综合	基础实验室
	电子证据实验室	综合	基础实验室
	痕迹检验室	综合	基础实验室
公共管理学院	GIS 实验室	综合	基础实验室
	管理学实验室	综合	基础实验室
	课件制作及网络管理实验室	综合	专业实验室
	土地利用规划实验室	综合	专业实验室
	公共政策实验室	综合	专业实验室
国际关系学院	国政经济模拟联合国实验室	综合	基础实验室
化学系	分析化学实验室	教学	基础实验室
	普通化学实验室	教学	基础实验室
	物理化学实验室	教学	基础实验室
	有机化学实验室	教学	基础实验室
	化工基础实验室	教学	基础实验室
	仪器分析实验室	教学	基础实验室
	功能高分子材料与器件实验室	科研	专业实验室
	功能分子与材料动态结构实验室	科研	专业实验室
	超快反应动力学实验室	科研	专业实验室
	超临界流体技术实验室	科研	专业实验室
	非均相催化实验室	科研	专业实验室
	高分子复合材料实验室	科研	专业实验室
	环境光催化实验室	科研	专业实验室
	理论与计算化学实验室	科研	专业实验室
	绿色化学实验室	科研	专业实验室
	神经电化学分析实验室	科研	专业实验室
	生物大分子结构实验室	科研	专业实验室
	生物与纳米电化学实验室	科研	专业实验室
	有机催化与合成实验室	科研	专业实验室
	有机合成方法学实验室	科研	专业实验室
	有机光电材料实验室	科研	专业实验室
	无机纳米材料实验室	科研	专业实验室
	有机不对称合成实验室	科研	专业实验室
	配位化学与催化实验室	科研	专业实验室
	能源材料与器件实验室	科研	专业实验室
	热电能源材料实验室	科研	专业实验室

续表

所属单位名称	实验室名称	类型	性质
环境学院	低碳水环境技术研究中心	科研	专业实验室
	化工原理实验室	综合	基础实验室
	水污染控制工程实验室	综合	专业实验室
	大气环境学实验室	综合	专业实验室
	环境化学实验室	综合	基础实验室
	环境微生物实验室	综合	基础实验室
	生态学实验室	综合	基础实验室
	环境生物学实验室	综合	基础实验室
	生物化学实验室	综合	基础实验室
	环境监测实验室	综合	基础实验室
	大气污染控制工程实验室	综合	专业实验室
	地理信息系统实验室	综合	专业实验室
	固体废物处理处置实验室	综合	专业实验室
经济学院	经济组织与经济行为实验室	综合	基础实验室
劳动人事学院	行为实验室	综合	基础实验室
	劳动关系研究中心	综合	基础实验室
	e-HR 实验室	综合	专业实验室
	HR 测评实验室	综合	专业实验室
	HR 管理模拟实验室	综合	专业实验室
	案例研究中心	综合	专业实验室
农业与农村发展学院	农村调查与计量分析实验室	综合	基础实验室
	农产品市场模拟实验室	综合	基础实验室
	乡村发展实验室	综合	基础实验室
商学院	工商管理综合实验室	综合	专业实验室
	领导与沟通行为实验室	综合	专业实验室
社会与人口学院	人口健康实验室	综合	专业实验室
	社会调查与统计分析实验室	综合	基础实验室
	社工实验室	综合	基础实验室
	人类学实验室	综合	基础实验室
实验室管理与教学条件保障处	文科实验中心网络教学平台	教学	基础实验室
统计学院	数据处理仿真研究实验室	综合	基础实验室
	大数据统计分析实验室	综合	基础实验室
	北京生物医学统计实验室	综合	专业实验室
	统计数据分析实验室	综合	专业实验室
	电话调查实验室	综合	专业实验室
外国语学院	外语网络教学实验中心	综合	基础实验室
	外语教学课件开发研究室	综合	基础实验室
	MTI 笔译实验室	综合	基础实验室
	视频点播实验室	综合	基础实验室
	同声传译实验室	综合	基础实验室
文学院	影视学实验室	教学	专业实验室
	汉语语音实验室	科研	基础实验室

续表

所属单位名称	实验室名称	类型	性质
物理学系	近代物理实验室	教学	基础实验室
	普通物理实验室	教学	基础实验室
	电子学实验室	教学	基础实验室
	物理演示实验室	教学	基础实验室
	材料物理实验室	教学	基础实验室
	微纳材料研究实验室	科研	专业实验室
	光电功能材料与微纳器件北京市重点实验室	科研	专业实验室
	凝聚态物性研究实验室	科研	专业实验室
	计算物理实验室	科研	专业实验室
心理学系	眼动实验室	综合	基础实验室
	虚拟现实实验室	综合	基础实验室
	情绪实验室	综合	基础实验室
	EEG 脑电实验室	综合	基础实验室
	行为观测实验室	综合	基础实验室
	行为实验室	综合	基础实验室
	神经影像和数据分析实验室	综合	基础实验室
	基础心理学实验室	综合	基础实验室
	经颅直流电刺激实验室	综合	专业实验室
	近红外光学成像实验室	综合	专业实验室
新闻学院	新闻传播实验室	教学	基础实验室
	新闻与社会发展研究中心	教学	专业实验室
信息学院	计算机网络实验室	综合	基础实验室
	EDA 实验室	综合	专业实验室
	电工电子实验室	综合	基础实验室
	信息安全实验室	综合	专业实验室
	数据库与商务智能教育部工程研究中心	综合	专业实验室
	基于大数据文科综合训练虚拟仿真实验教学中心	综合	基础实验室
	数据仓库与商务智能实验室	综合	专业实验室
	数据库与智能信息检索实验室	综合	专业实验室
	大数据管理与分析方法研究北京市重点实验室	综合	专业实验室
	软件实验室	综合	专业实验室
	网络与移动数据管理实验室	综合	专业实验室
	多媒体实验室	综合	专业实验室
	嵌入式系统实验室	综合	专业实验室
	信息技术与管理实验教学中心	综合	专业实验室

续表

所属单位名称	实验室名称	类型	性质
信息资源管理学院	web 开发实验室	综合	实习场所
	计算机实验室	综合	实习场所
	实验档案馆	综合	实习场所
	暗室实验室	综合	专业实验室
	档案有害生物防治实验室	综合	专业实验室
	缩微摄影技术实验室	综合	专业实验室
	信息记录技术实验室	综合	专业实验室
	中国人民大学物证技术鉴定中心	综合	专业实验室
	档案文献保护化学实验室	综合	专业实验室
	档案修复实验室	综合	专业实验室
	电子文件系统测试中心	综合	专业实验室
	文件处理与档案管理实验室	综合	专业实验室
艺术学院	创意媒体实验室	综合	专业实验室
数据工程与知识工程教育部重点实验室	数据工程与知识工程教育部重点实验室	综合	专业实验室

■ 图书馆

一、概况

中国人民大学图书馆由新馆、藏书馆两部分组成，馆舍总面积近 55 000 平方米，馆藏文献总量 4 137 224 册，设有 10 余个阅览区，阅览座位共计 3 000 余个。图书馆设有 13 个部室：办公室、总务与规划部、借阅部、报刊部、采编部、咨询部、多媒体信息部、系统部、古籍特藏部、技术服务部、文库工作部、藏书馆服务部、图工委秘书处。截至 2018 年底，在职馆员共 113 人。

2018 年是改革开放 40 周年，也是中国人民大学复校及中国人民大学图书馆复馆 40 周年，图书馆立足实际，不忘初心，根据学校“双一流”的建设目标，围绕学校的中心工作，本着为读者提供优质与便捷服务的精神，在资源建设、读者服务、科研支撑、信息化建设、内部管理等多方面进行了实践与探索，取得了一系列成果与成绩，受到了师生读者的广泛好评。

2018 年图书馆主抓了几件基础性工作：一是于 6—10 月对馆藏资源进行了全方位、立体式的核查清点工作，关于 11 月向学校提交了《中国人民大学图书馆图书清点工作报告》。二是全面修订图书馆规章制度与工作规范，编制印刷了《中国人民大学图书馆规章制度汇编》。汇编分为 5 个部分：综合管理、学校规章、业务流程规范、业务流程图、读者服务管理。三是制定了《中国人民大学图书馆发展规划（2018—2022 年）》，并于 11 月提交至学校。规划分为 4 个部分，设定了 6 个分目标、21 个具体目标，旨在将图书馆打造成为学校的学术资源保障中心、知识服务中心、多元学习和文化中心。

二、文献信息资源建设

（一）文献采集整理量

2018 年，共购进中文图书 41 837 种，外文图书 8 576 种，中文报刊 1 635 种，外文报刊 771 种。现有数据库 502 种，电子图书 4 306 293 种，电子期刊 204 622 种。2018 年，收集本校学位论文电子版 10 293 篇。接受来自 23 个国家和地区赠送的书刊，并与 57 个学校或科研机构的图书馆建立了书刊交换关系。2018 年，接受国内外捐赠图书 5 598 册。全年编目加工上架中文图书 22 966 种，63 277 册；西文图书 6 957 种，9 277 册；日文图书 62 种，65 册。

（二）文献信息资源建设特色

按照丰富特藏的工作思路和大力推动文库建设的工作部署，图书馆继续加大人大文库建设力度。2018 年，共收到捐赠图书 812 种，815 册。截至 2018 年底，人大文库图书已达到 63 000 册，论文约 127 400 册。

三、文献信息服务

2018 年，图书馆各阅览室共接待读者 2 087 927 人次，共借、还图书 727 643 册次。复印量近 220 万张；装订各类书刊 5 000 余册；制作论文 30 000 余本。

2018 年，继续通过 CALIS、CASHL、BALIS 三个系统实现原文传递服务，文献传递发生量共计 35 252 篇。

为学校师生提供查收查引服务 530 人次，提供收录引用报告 530 份。

为本科生、研究生、培训学院的新生提供入馆培训 46 场，共计 6 217 人次；为各个院系读者举办图书馆资源与服务利用专题 48 讲，合计 550 余人次。

2018 年，图书馆学科服务工作主要是助力学校“双一流”建设，提供支撑科研的深化服务，主要的工作有：对学校 ESI 经济学与商学学科的研究和报道；为学校科研工作会议提供定制化数据服务；承担学校“双一流”大学评估项目中科研产出指标的原始数据采集整理工作；为部分院系提供科研论文数据及数据分析服务；定期发布和推送 ESI 学科动态和高被引论文，梳理学校高被引论文记录；对 CASHL 期刊的经济学学科资源的保障研究；等等。

四、古籍、特藏收集整理

2018 年，图书馆完成了零散古籍清点，并重启多项重要工作，主要有：3 月 26 日至 7 月初完成零散古籍清点工作，共清点零散古籍 15 万册；完成了古籍善本目录整理、出版的前期工作；重启普通古籍目录的整理工作；完成古籍部数字化知识平台的调研工作；走访调研国内多家图书馆古籍部，选准定位，完成古籍部行业环境扫描分析。

五、教学、科研工作

完成本科生“人文社会科学信息检索”课程共计 6 个班 251 人 216 个学时的教学任务。2018 年，图书馆人员共发表学术论文 27 篇，开展馆内课题研究 14 个。

2018 年，图书馆人员走访了天津大学、南开大学、北京大学、清华大学等多家国内高校图书馆，调研下一代图书馆管理系统相关情况；参与 CALIS 发起的新一代图书馆开放服务平台项目（FOLIO

中国化项目）；同艾利贝斯、汇文、图星、图创、超星等有关公司进行交流。

图书馆立足本馆，以图工委秘书处为纽带，团结北京地区高校图书馆，谋合作、求共赢。组织了2018年馆长培训会和BALIS十周年建设研讨会，圆满完成BALIS十周年庆典，拍摄BALIS十年成果视频1部，出版《共建·共知·共享》一书，组织十周年先进集体和个人表彰颁奖。组织图工委委员、BALIS分中心主任赴黑龙江、广东、深圳等地高校图工委调研。

六、分馆建设和资源共建

图书馆2018年召开了全校文献资源建设工作会议，梳理了新合同管理办法执行后的工作流程、文献资源类购买及财务报销规范，听取各院系的文献资源需求。建立了微信工作群，解答了各院系的文献资源类购买及财务报销、合同备案等相关问题。完成了法学院图书馆的中文图书编目加工、中外文期刊的订购工作；继续将本馆的法律类图书放置到法学图书馆以供利用；完成了民商事法律科学研究中心资料室的中外文图书编目加工工作。

科学研究

一、概况

2018年是国家改革开放40周年，也是学校复校40周年。在加快构建中国哲学社会科学体系背景下，教育部对科研创新、科研管理领域的"放管服"政策不断出台，这为学校科研工作带来了更多的机遇，也使科研工作迎来了新的挑战。

科研项目方面，2018年，全校共获得各类科研项目1 188项，经费共计32 557.99万元，其中纵向项目320项，经费共计23 781.47万元。2018年，获得国家社科基金项目105项，立项总数居全国高校第一位，立项经费达3 430万元。其中：重大项目10项，年度项目和青年项目59项，立项数继续居全国高校第二；"研究阐释党的十九大精神"国家社科基金专项课题8项，位居全国第一。获得国家自然科学基金项目66项，总金额达3 944万元，其中管理科学部面上项目23项，居全国第三位。教育部人文社会科学项目取得近10年来的最好成绩，共获39项，立项总金额为1 023.3万元。获得教育部重大课题攻关项目5项，重大委托项目7项，后期资助项目立项4项，三类项目均位居全国第一；一般项目立项21项，位居全国前列。获得北京市社会科学基金项目25项，立项数居北京市第一位，立项总金额为264万元。获得中央高校基本科研业务费5 103万元。

科研成果方面，在保持数量增长的同时，质量不断提升。在论文发文数上，学校2017年在南京大学中文社会科学引文索引（CSSCI）源期刊上以第一署名机构发文数达2 277篇，连续14年保持全国高校第一。在高水平论文发表上，2018 年，学校教师在《中国社会科学》发文 12 篇，继续居全国高校榜首。

智库和机构方面，不断取得新进展。2018 年 1 月，习近平新时代中国特色社会主义思想研究院获得中共中央批准成立，学校又添一家国家级智库。国家发展与战略研究院（国发院）进一步整合优质资源，在服务决策、智库外交、理论创新、社会服务等方面取得显著成效。2018 年 12 月，国发院获评 CTTI 高校智库百强榜 A+级和 2018 年度精品及优秀成果奖。2018 年累计上报内参 300 余份。学校还倡议成立了世界大学智库联盟，并于 3 月份成功举办世界大学联盟智库会议。

学术评奖和活动方面，全国高校哲学社会科学科研工作会议在学校召开。教育部副部长杜占元出席会议并讲话，刘元春副校长在会上做题为《深化高校科研管理改革、构建中国特色哲学社会科学评价体系》的交流发言，提出要不断深化科研体制改革，探索符合中国人民大学校情的评价之路。会议期间，杜占元副部长实地考察了习近平新时代中国特色社会主义思想研究院、国家发展与战略研究院及民商事法律科学研究中心，对学校科研工作给予充分肯定。纪念改革开放 40 周年征文及高端论坛顺利完成。学校于 6 月底面向全国发起纪念改革开放 40 周年征文活动，共收到来自各大高校、中国社科院、中共中央党校、中央政研室等单位的论文 372 篇。经专家分学科组评审，遴选出 40 篇优秀论文。12 月 16 日，“成就与经验：中国改革开放 40 年”高端论坛顺利召开，改革开放 40 年的亲历者和见证者、相关领域著名学者以及主题征文活动获奖作者会聚一堂，共同回顾历史、见证未来。12 月 11 日，第七届吴玉章人文社会科学终身成就奖揭晓，本届终身成就奖授予著名经济学家吴易风和著名历史学家章开沅，马凯同志亲临现场为获奖者颁奖并讲话。

二、科研机构

截至 2018 年底，学校共有习近平新时代中国特色社会主义思想研究院，1 个国家高端智库，1 个北京市高端智库，13 个教育部普通高等学校人文社会科学重点研究基地，1 个国家人权教育与培训基地，1 个教育部重点实验室，1 个教育部工程研究中心，2 个北京市重点实验室，3 个北京市哲学社会科学研究基地，1 个高精尖创新中心；校内科研机构包括 25 个跨学院研究机构，183 个院属科研机构。

（一）习近平新时代中国特色社会主义思想研究院

习近平新时代中国特色社会主义思想研究院是根据中央领导指示精神和中宣部关于成立首批习近平新时代中国特色社会主义思想研究机构的要求而成立的综合性研究机构。研究院成立于 2018 年 1 月。研究院主要从事如下工作：一是认真学习宣传研究贯彻党的十九大精神，深入推进习近平新时代中国特色社会主义思想学习宣传研究工作；二是积极推进习近平新时代中国特色社会主义思想进教材、进课堂、进头脑工作；三是积极开展习近平新时代中国特色社会主义思想的学科建设和人才培养工作；四是积极开展习近平新时代中国特色社会主义思想的国际交流和传播。

研究院设理事会，由学校党委书记靳诺、校长刘伟担任理事长；聘请徐光春、欧阳淞、顾海良担任学术顾问；设学术委员会，由陈先达教授担任主任，张雷声、郝立新担任副主任；现任院长为秦宣，副院长有王义桅、王向明、冯玉军、邱海平、陶文昭。

研究院是跨部门、跨学科、跨区域的综合研究机构。截至 2018 年底，研究院有专兼职人员近 70 人，专职研究人员主要来自学校马克思主义学院、哲学院、经济学院、国际关系学院等学院，兼职研究人员主要来自国内其他高校、科研机构。研究院首批聘请了中央党校校务委员、副教育长兼科研部主任韩庆祥教授，中国社会科学院马克思主义研究院原党委书记兼院长邓纯东研究员，中国社会科学院马克思主义研究院党委书记兼院长姜辉研究员，中国社会科学院信息情报研究院副院长辛向阳研究员，清华大学马克思主义学院院长艾四林教授，北京大学马克思主义学院执行院长孙熙国教授，北京师范大学马克思主义学院院长王树荫教授为校外兼职研究员。

（二）国家发展与战略研究院

国家发展与战略研究院（国发院）于2013年6月29日正式成立，是学校集全校之力打造的中国特色新型高校智库，是直属于学校的实体单位。现任理事长为学校党委书记靳诺，院长为校长刘伟。国发院于2015年入选全国首批国家高端智库建设试点单位，并入选全球智库百强，于2018年初在中国大学智库百强排行榜中名列第一。

国发院聚焦于经济治理与经济发展、政治治理与法治建设、社会治理与社会创新、公共外交与国际关系四大核心研究领域，下设20个研究中心以及2个地方分院，现有专聘研究员30人，兼职研究员200人。

6年来，国发院通过中办/国办直报点报告、国家高端智库报告、《问题与思路》、《高校智库专刊》等直报通道累计报送内参700多份，其中上百份获得党和国家领导人批示，约三分之一的成果和建议被中央有关部门采纳，并直接转化为各级党和政府的重大决策。

国发院倡议成立了世界大学智库联盟并做为首任秘书处单位，截至2018年底，已与国内外数十家一流智库建立了实质性合作关系，并积极推动“一带一路”国别研究和国际合作，先后与埃及艾因夏姆斯大学、泰国国家研究院等海外机构共建“一带一路”合作研究中心，服务国家“一带一路”重大战略；组织专家积极配合领导人出访和重大外事活动，开展“二轨外交”，持续提升国际影响力。国发院拓展国家高端智库的地方合作网络，成立了宜宾分院（长江经济带研究院）和青岛分院，与地方政府和企业开展深度合作，进行直面真实世界的研究，并在全国布局地方观测点。

（三）首都发展与战略研究院

首都发展与战略研究院（首发院）成立于2016年6月，是整合中国人民大学优质智库资源打造的、独立的非营利实体研究机构，于2017年入选北京市首批14家首都高端智库建设试点单位。截至2018年底，首发院累计承担北京市重大研究项目16个，报送咨政研究成果20余篇，刊发内参《首都咨政》24期，共有6项成果得到党和国家领导人批示，多篇政策建议被相关决策部门吸收采纳。

首发院根据新时代国家治理的总体思路，以及首都北京可持续发展的战略需求，以北京市“十三五”规划纲要、《京津冀协同发展规划纲要》为指导，依据“创新、协调、绿色、开放、共享”的发展理念，牢牢把握首都城市“四个中心”的战略定位，深入实施京津冀协同发展战略，坚持“世界眼光、中国特色，决策咨询、舆论引导”的战略目标，以首都治理现代化为特色研究领域，聚焦强化首都功能研究和首都城市治理研究两个研究方向，着眼于思想创新和国家战略，努力发展成为北京市政府和中央相关部门制定首都发展决策最有效的高端智库，建设成为国内领先、国际一流的大都市地区发展决策研究咨询机构。

首发院实施理事会领导下的院长负责制，由学校党委书记靳诺担任院长兼首席专家，校长刘伟担任理事长，叶裕民教授担任执行院长。现有核心研究团队9个，专职研究人员24名，兼职研究人员75名。

（四）中国经济改革与发展研究院

中国经济改革与发展研究院成立于1996年1月，1999年5月重组为学校与国家发改委宏观经济研究院联合共建的研究机构，1999年12月被批准为教育部人文社会科学重点研究基地。院长为中国人民大学林岗教授和国务院发展研究中心副主任王一鸣研究员，常务副院长为中国人民大学高德步教授和国家发改委宏观经济研究院副院长马晓河研究员。研究院设有宏观经济与政策研究中心、产业经济与政策研究中心、区域经济发展战略研究中心、世界经济研究中心、中国民营经济研究中心等机构。现有专职研究人员18人，兼职研究人员17人。主要学术带头人有：林岗教授、黄泰岩教授、刘元春教授、陈甬军教授、高德步教授等。

（五）刑事法律科学研究中心

刑事法律科学研究中心成立于1988年10月，2000年12月被批准为教育部人文社会科学重点研究基地。中心名誉主任为高铭暄教授，现任主任为时延安教授，专职顾问为王作富教授，副主任为田宏杰教授、刘计划教授、刘品新教授。中心下设网络犯罪与安全研究中心、反腐败法治研究中心、中国刑法研究所、外国刑法研究所、国际刑法研究所、刑事程序法研究所、犯罪和监狱学研究所、证据法研究所、刑事法律史研究所等 13 个子机构。中心现有专职研究人员 28 人，兼职研究人员 5 人，境外客座研究人员 35 人。主要学术骨干有：戴玉忠教授、陈卫东教授、刘明祥教授、谢望原教授、黄京平教授、冯军教授、朱文奇教授、何家弘教授、赵晓耕教授、张小虎教授、田宏杰教授、付立庆教授、魏晓娜教授、李奋飞教授等。

（六）伦理学与道德建设研究中心

中国人民大学伦理学科是新中国最早建立的伦理学科点，2000 年伦理学与道德建设研究中心被批准为教育部人文社会科学重点研究基地。中心现任主任为曹刚教授，副主任为李茂森副教授、郭清香副教授、张霄副教授。中心在发挥高地优势、整合学界优势资源和力量方面做了有效探索，下设马克思主义伦理、中国伦理思想、西方伦理思想、应用伦理、生命伦理、职业伦理、政治伦理、经济伦理、世界民俗文化、乡村伦理与文化建设等研究所，并设有学校基金会所属的罗国杰伦理教育基金。现有专、兼职研究员 37 人，主要学术骨干有宋希仁、焦国成、姚新中、龚群、肖群忠、吴付来、曹刚、郝立新、刘建军等教授，外聘专家有陈瑛、唐凯麟、万俊人、吴潜涛、王小锡、樊和平、李建华、江畅等研究员和教授。中心以学术理论与现实关注为研究导向，在平台、学术、咨政、交流、人才、信息等方面六位一体建设发力，已日益成为国家社会依托的一个学术重镇和思想智库。

（七）佛教与宗教学理论研究所

佛教与宗教学理论研究所以 1991 年成立的宗教学研究所和 1996 年成立的基督教文化研究所为基础，于 1999 年 12 月重新组建，2000 年 9 月被批准为教育部人文社会科学重点研究基地。现任所长为张风雷教授。研究所下设佛教、宗教学理论、基督教、道教、当代宗教等研究室。现有专职研究人员 17 人，国内兼职研究人员 10 人，国外兼职研究人员 5 人。主要学术带头人有：何光沪教授、李秋零教授、杨慧林教授、张风雷教授、何建明教授、温金玉教授、王宇洁教授、张文良教授等。

（八）清史研究所

清史研究所成立于 1978 年 5 月，2000 年 9 月获批成为教育部人文社会科学重点研究基地，名誉所长为戴逸教授，现任所长为杨念群教授。清史所下设中国古代史、中国近现代史、专门史、中外关系史、历史地理学、历史文献学等教研室，拥有 6 个博士点和 6 个硕士点（中国古代史、中国近现代史、专门史、历史文献学、历史地理学、史学理论与史学史）。其中，中国古代史和中国近现代史为国家级重点学科。研究所于 1999 年设立博士后科研流动站。现有专职研究人员 31 人，兼职研究人员 12 人。主要学术带头人有：黄爱平教授、黄兴涛教授、杨念群教授、夏明方教授、张永江教授、华林甫教授、祁美琴教授、朱浒教授、孙喆教授、刘文鹏教授、曹新宇教授、曹刚华教授等。

（九）中国财政金融政策研究中心

中国财政金融政策研究中心于 1999 年组建，2000 年 9 月获批成为教育部人文社会科学重点研究基地。中心依托财政金融学院 2 个国家级重点学科长期积淀而成的优良传统，以财政金融理论与政策研究为导向，成为国家在新世纪推进财政金融理论与政策研究的重镇。中心充分发挥文理渗透、学科交叉的优势，有效集聚“优势互补、专兼结合”的师资力量，聘请多位专兼职研究人员，每年为政府和社会提供多项研究专题报告和系列专著，举办黄达—蒙代尔讲座，迄今已评选 8 届黄达—蒙代尔经济学奖，在国内外均有较强的影响力。在 2004 年、2009 年和 2015 年教育部组织的基地评审中，中心连续 3 次被评为优秀基地。陈雨露教授、郭庆旺教授、张杰教授以及汪昌云教授先后担任中心主任，现任主任为瞿强教授，副主任为贾俊雪教授，著名经济学家黄达教授和陈共教授共同担任名誉主任。

（十）民商事法律科学研究中心

民商事法律科学研究中心成立于1999年9月，2000年9月获批成为教育部人文社会科学重点研究基地。中心以“推动中国民商法走向世界”和“打造中国民商法治建设的智库”为工作重心，在国际交流与合作、科学研究、立法资政、司法指导、人才培养等方面取得了良好成绩，发挥了中心作为民商法科学研究国家队伍的作用，推动了中国的民商事法治建设和中国民商法走向世界。王利明教授、杨立新教授先后担任中心主任，现任主任为姚辉教授。中心下设民法、商法、知识产权法、民事诉讼法、劳动和社会保障法等9个研究所。中心现有专职研究人员23人，兼职研究人员33人。主要学术带头人有：王利明教授、杨立新教授、姚辉教授、刘春田教授、张新宝教授、林嘉教授、汤维建教授、叶林教授等。在2004年、2009年和2015年教育部组织的基地评审中，中心连续3次被评为优秀基地。中心于2007年9月获得国家人事部、教育部授予的“全国教育系统先进集体”荣誉称号，于2010年荣获2009年度首都维护消费者权益突出贡献奖。

（十一）人口与发展研究中心

人口与发展研究中心是2000年1月在原中国人民大学人口研究所的基础上重新组建而成的，2000年9月被批准为教育部人文社会科学重点研究基地，并且是国内唯一的人口学重点研究基地。中心现任主任为翟振武教授。中心现有专职研究人员11名，兼职研究人员7名。中心下设人口学与人口政策研究室、人口与可持续发展研究室、老龄研究室、健康实验室、电话调查室、人口学（老年学）数据库等。主要研究领域有：人口学理论与方法、中国人口问题与政策、老龄化与社会经济发展。主要学术带头人有：邬沧萍教授、翟振武教授、杜鹏教授、刘爽教授、段成荣教授、陈卫教授、杨菊华教授、宋健教授、和红教授、张耀军教授、杜本峰教授、孙鹃娟教授等。2014年，中组部、中宣部、人社部、科技部共同授予中心“全国专业技术人才先进集体”称号。中心出版发行的《人口研究》杂志连续6年（2012—2017年）获颁“中国最具国际影响力学术期刊”荣誉称号，并入选2018期刊数字影响力100强（学术类期刊）。

（十二）新闻与社会发展研究中心

新闻与社会发展研究中心成立于1986年10月，重新组建于1999年11月，2000年9月被批准为教育部人文社会科学重点研究基地。中心现任主任为喻国明教授，执行主任为丁汉青教授，副主任为李彪副教授。下设新闻与传播研究所、舆论研究所、传播媒介管理研究所、公共传播研究所、新媒体研究所、视听传播研究所和新闻伦理与传媒法律研究所等。主要研究领域有：新闻学、传播学、广播电视学及媒介经济学等。现有专职研究人员11人，兼职研究人员4人。主要学术带头人有：方汉奇教授、喻国明教授、蔡雯教授、杨保军教授、陈绚教授、匡文波教授、钟新教授、王润泽教授、赵永华教授、周勇教授、胡百精教授等。

（十三）应用统计科学研究中心

应用统计科学研究中心成立于1988年，是原统计学系下属研究所，重新组建于1999年，2000年9月被批准为教育部人文社会科学重点研究基地。中心现任主任为金勇进教授。中心下设调查技术研究中心、竞争力与评价研究中心、数据挖掘中心、六西格玛质量管理研究中心、保险精算中心、数据库研究室。现有专职研究员15人，兼职研究员14人。主要学术带头人有：袁卫教授、金勇进教授、赵彦云教授、张波教授、王晓军教授、孟生旺教授、高敏雪教授、田茂再教授等。

（十四）欧洲问题研究中心

欧洲问题研究中心成立于1994年9月，系原国际政治系和国际经济系联合成立的系属研究中心，于1999年12月进行重新组建，2000年12月被批准为教育部人文社会科学重点研究基地。2005年，中心被欧盟委员会授予“让·莫内最佳欧洲研究中心”称号。2012年1月获教育部批准成立区域和国别研究培育基地。2017年5月获教育部批准成立中欧人文交流研究中心。中心现任主任为杨慧林教授，学术委员会主任为宋新宁教授和黄卫平教授。中心主要有五大研究方向：欧洲政治与外交、欧洲经济与货币联盟、欧洲联盟法、欧洲文化与宗教研究、欧洲社会政策研究。主要学术带头人有：宋新宁教授、黄卫平教授、杨慧林教授等。

（十五）社会学理论与方法研究中心

社会学理论与方法研究中心成立于1984年9月，重新组建于1999年6月，2000年12月获批成为教育部人文社会科学重点研究基地。中心现任主任为刘少杰教授。中心下设网络社会研究室、依法治理研究室、环境保护研究室和社会政策研究室。现有研究人员20人，其中兼职研究人员9人。主要学术带头人有：刘少杰教授、李路路教授、张建明教授、洪大用教授、郭星华教授、李迎生教授、冯仕政教授、陆益龙教授、赵旭东教授、赵延东教授、王水雄教授等。近年在马克思主义社会学、空间社会学、环境社会学、社会分层与社会治理等领域设立了一系列重大项目，取得了重要研究成果。中心的学术期刊《社会学评论》入选CSSCI来源期刊，《社会建设》入选CSSCI来源期刊扩展版。

（十六）中国特色社会主义理论体系研究中心（原“三个代表”重要思想研究中心）

“三个代表”重要思想研究中心成立于2002年11月29日，2004年11月被批准为教育部人文社会科学重点研究基地，2010年经教育部批准更名为中国特色社会主义理论体系研究中心。中心现任主任为秦宣教授。中心下设马克思主义理论创新、全面建设小康社会和执政党建设3个研究室。中心现有专兼职研究人员30人，其中校内专职研究人员14人，校内兼职研究人员10人，校外兼职研究人员6人。主要学术带头人有：秦宣教授、周新城教授、郝立新教授、张雷声教授、梁树发教授、杨凤城教授、刘建军教授、陶文昭教授、徐志宏教授、王顺生教授、杨德山教授、张秀琴教授、赵汇教授、齐鹏飞教授、吴美华教授、郑吉伟教授、何虎生教授、王易教授、黄继锋教授、王向明教授、张新教授、张云飞教授、张旭教授、谢春涛教授、辛向阳教授、姜辉教授、孙蚌珠教授、吴潜涛教授等。

（十七）人权研究中心

人权研究中心成立于1991年10月，是中国大学中最早成立的人权研究机构之一，并于1996年被收录于世界人权研究与培训机构名录，2014年5月被教育部批准为国家人权教育与培训基地。中心现任主任为韩大元教授。中心作为人权研究的中心机构，旨在为提升人权意识、实现人权目标做出贡献，为国家人权法律法规执行提供建议。中心由来自学校多个学院以及十几个科研机构的40多位研究人员组成，与国际人权领域的联合国人权高专办、欧洲人权法院、挪威奥斯陆大学人权研究中心等国际组织和研究机构建立了良好的长期合作关系，在国内人权教育、人权培训方面也不断拓展，取得了丰硕的成果。2015年开始，中心承办由中国人权研究会主办的《人权》杂志。

（十八）数据工程与知识工程教育部重点实验室

数据工程与知识工程教育部重点实验室于2005年12月经教育部批复开始筹建，2008年10月经教育部专家组验收通过，正式开放运行。实验室现任主任为杜小勇教授，副主任为张斌教授。中国科学院数学研究所陆汝钤院士为学术委员会主任，信息学院王珊教授为学术委员会常务副主任。实验室现有学术带头人13人，全职研究人员63人，其中专职研究人员9人，兼职研究人员54人。主要学术带头人有：王珊教授、冯惠玲教授、杜小勇教授、赵国俊教授、张斌教授、陈红教授、孟小峰教授、石文昌教授、文继荣教授、左美云教授、毛基业教授、陈熙霖研究员、安小米教授等。

（十九）数据库与商务智能教育部工程研究中心

数据库与商务智能教育部工程研究中心成立于2001年。中心以中国人民大学为依托、以北京人大金仓信息技术股份有限公司为市场运作实体，致力于数据库与商务智能新技术研究、产品研发以及应用推广。中心现任主任为王珊教授。中心依托学校，成立了研究实验室、研发中心、测试中心。中心以人大金仓公司为市场运作实体成立了数据库事业部，下设产品部、技术支持部、市场部和销售部，以现代企业管理模式运作。在分工上，研究实验室主要负责数据库与商务智能方面新技术的研究，成熟的研究成果提交研发中心进行转化；研发中心主要从事数据库管理系统相关产品研发以及实验室研究成果的产品化转化，研发中心的产品成果包括大型通用数据库管理系统 KingbaseES、金仓集群数据库 KingbaseRAC、金仓商业智能平台软件 Kingbase Smartbi 和金仓嵌入式数据库管理系统 KingbaseReal 等；测试中心负责中心产品的测试与质量保障；数据库事业部按现代企业模式运作，致力于中心数据库与商务智能产品的推广应用与产业化，负责中心产品的市场推广、应用、销售以及技术支持与培训等工作。数据库事业部的市场化工作主要围绕中心的数据库产品进行。中心自建立以来，得到了国家 863 计划数据库专项、北京市科技计划重大项目的支持，中心研发的系列数据库产品已经在电子政务、电子党务、财务、金融、保险、国防军工、审计、电力、卫生、交通及农业等行业和领域中得到应用。

（二十）光电功能材料与微纳器件北京市重点实验室

光电功能材料与微纳器件北京市重点实验室于 2013 年 6 月获得北京市科委正式认定。实验室现任主任为卢仲毅教授，学术委员会主任为薛其坤院士。主要研究方向包括：数值模拟和理论建模研究、光电功能新材料的合成与制备、物性表征与谱学特征研究、微纳加工及其器件原型。实验室现有工作人员 43 名，其中：正高 22 人，副高 9 人，讲师 6 人，高级工程师 3 人，行政人员 3 人。拥有教育部新世纪优秀人才支持计划入选者 10 名、全国优秀博士学位论文获评者 2 名、北京市“优秀人才”获得者 1 名、北京市科技新星计划入选者 1 名、教育部“长江学者奖励计划”特聘教授 1 名、教育部“长江学者奖励计划”青年学者 1 名、国家自然科学基金委杰出青年基金获得者 3 名、优秀青年基金获得者 5 名、中组部青年拔尖人才支持计划入选者 1 名、国家百千万人才工程入选者 2 名、国家自然科学奖一等奖获得者 1 名、霍英东教育基金会高校青年教师奖一等奖获得者 1 名、宝钢优秀教师奖获得者 1 名。此外，拥有教育部“长江学者和创新团队发展计划”创新团队 2 个。

（二十一）大数据管理与分析方法研究北京市重点实验室

大数据管理与分析方法研究北京市重点实验室于 2015 年 5 月获得北京市科委正式认定。实验室由信息学院牵头，公共管理学院、经济学院、新闻学院、社会与人口学院、统计学院等 6 个学院共同建设。实验室现任主任为文继荣教授，学术委员会主任为王珊教授。主要研究方向包括：大数据感知、大数据处理、大数据深度分析和应用。实验室现有研究人员 23 名，其中 18 人具有高级职称，研究人员中包括教育部“长江学者奖励计划”特聘教授 1 名、教育部新世纪优秀人才支持计划入选者 3 名、北京市科技新星计划入选者 3 名、北京市“优秀人才”获得者 2 名、北京市社科理论人才百人工程入选者 2 名。

（二十二）人文北京研究基地

人文北京研究基地成立于 2009 年 6 月 30 日，其前身为人文奥运研究中心，是中国人民大学在与北京市政府合作的基础上组建的专门进行人文北京相关课题研究的校属跨学科研究机构，也是北京市哲学社会科学重点研究基地。基地现任主任、首席专家为冯惠玲教授。基地是一所服务于北京发展、专门从事人文北京建设相关研究的跨学科、开放性科研平台。其主要研究方向为：人文北京理论的基础性研究；人文北京的应用研究与对策研究；人文北京的历史文化资源研究；人文奥运研究。基地现有研究员 34 人，分别来自中国人民大学、北京大学等 5 所高校的 11 个学科。主要学术带头人有冯惠玲教授、李树旺教授、魏娜教授、葛晨虹教授、徐拥军教授等。

（二十三）马克思主义研究基地

马克思主义研究基地成立于 2006 年 12 月 21 日，是北京市哲学社会科学重点研究基地。基地现任主任为王易教授，首席专家为郑吉伟教授，副主任为郑吉伟教授、汪亭友教授、赵淑梅副教授。现有研究人员 74 人。主要学术带头人有：刘建军教授、王易教授、张雷声教授、秦宣教授、杨凤城教授、张宇教授、汪亭友教授、侯衍社教授、陶文昭教授、郑吉伟教授、冯玉军教授等。

（二十四）北京社会建设研究基地

北京社会建设研究基地成立于 2008 年 4 月 18 日，由北京市委社工委与中国人民大学联合成立，是北京市哲学社会科学重点研究基地。基地现任主任为张建明教授，首席科学家为翟振武教授。基地主要研究方向有：社会建设的理论与实践研究、北京人口发展及其公共服务体系规划研究、北京社区建设与社会工作研究等。基地聚焦于北京社会发展过程中出现的各种问题，集中科研资源开展专项调查、承担科研课题、建立数据资料中心等。基地下设研究一部、研究二部、研究三部。主要学术带头人有：张建明教授、翟振武教授、宋健教授等。

（二十五）北京高校思想政治理论课高精尖创新中心

北京高校思想政治理论课高精尖创新中心成立于 2015 年，是在北京市委教育工委、市教委的支持与指导下成立的首批获得北京市教委认证的 13 所北京高校高精尖创新中心之一。中心由中国人民大学牵头，联合中央党校、中央编译局、中共中央党史研究室、首都师范大学、首都经济贸易大学等研究机构、高等院校，开展协同合作，致力于建设成为巩固马克思主义指导地位的新型高端智库、思想政治理论课的共建共享平台、马克思主义理论教学和研究的优秀人才高地。校内主要由马克思主义学院、出版社、书报资料中心共建。中心设立管理委员会、学术委员会、监督委员会，实行管理委员会领导下的中心主任负责制。现任中心主任为吴付来教授，中心学术委员会主任为陈先达教授。

中心以“立足北京、服务北京”为理念，通过与国内重要科研机构、知名专家的共同协作，开展文献研究、学科研究、课程研究，出版相关学术刊物，建成并逐步完善相关文献资料库，推出各学科前沿领域的创新成果，并促进科研成果向教学成果转化，建立教师教学成果交流平台，汇集和评选思想政治理论课教育教学改革实践经验和优秀研究成果。中心发挥北京高校在思想政治理论课教育教学上的人才优势、资源优势，发挥新技术在大学生思想政治教育中的重要作用，建设系统完整的马克思主义理论研究和文献支撑平台、丰富优质的思想政治理论课教学资源共享平台、高效便捷的思想政治理论课数字化教学平台、科学权威的大学生思想政治教育质量评估平台、及时全面的大学生思想动态调查分析平台，全面提升思想政治理论课教育教学的针对性、实效性，为北京和全国的高校思想政治理论课教学提供多层次、全方位、立体化服务。中心通过马克思主义理论素养提升计划、博士生及博士后人员联合培养计划、青年教师教学与科研能力提升计划、领军人才培养计划和国际拓展计划、国外学者引进计划、宣传理论部门工作者培训计划，培养一批具有较高马克思主义理论素养的专业人才，服务于北京和全国的思想政治理论建设。中心举办思想政治理论课“名师讲坛”和“青椒论坛”，搭建教师培训与交流平台。

三、学术刊物

中国人民大学主办各类中文期刊 157 种、英文期刊 3 种，其中复印报刊资料系列 115 种、文摘卡系列 14 种、报刊资料索引系列 7 种。各学院还主办集刊（以书代刊）19 种。部分期刊介绍如下：

（一）《中国人民大学学报》

1987 年创刊，双月刊，教育部主管，中国人民大学主办，是哲学社会科学综合性刊物。开设的主要栏目有：学术前沿、专题研究、经济学研究、哲学研究、科技与社会、社会学研究、管理学研究、政治学研究、公共行政与管理、法学研究、文学研究、历史学研究、文化研究、当代学术思潮评价等。现任主编为秦宣教授。

2003 年入选首批教育部高校哲学社会科学名刊工程，2009 年入选中国期刊协会、中国出版科学研究所组织评选的新中国 60 年有影响力的期刊，2011 年荣获第二届中国出版政府奖期刊奖提名奖，2012 年入选国家社科基金学术期刊第一批资助名单，2013 和 2017 年两次被国家新闻出版广电总局推荐为百强社科期刊，2018 年获得我国期刊界的最高奖——中国出版政府奖期刊奖。

（二）《教学与研究》

1953 年 5 月创刊，月刊，教育部主管，中国人民大学主办，是教育部委托中国人民大学主办的为高校马克思主义理论教学与研究服务的学术性刊物，是中文核心期刊、中国人文社会科学核心期刊、CSSCI 来源期刊、中宣部重点支持创办中国特色社会主义政治经济学研究专栏的综合类期刊。主要栏目有：马克思主义基本理论、哲学研究、政治经济学前沿、当代中国社会发展研究、当代中国与世界、思想政治教育研究、马克思主义学科建设等。其中，当代中国社会发展研究入选教育部高等学校哲学社会科学学报名栏建设名单。现任主编为邱海平教授。

（三）《经济理论与经济管理》

1981 年 1 月创刊，月刊，教育部主管，中国人民大学主办，是以经济学为主，兼及管理学的学术刊物。刊物既强调问题导向和面向现实，也注重遵循国际学术规范和突出思想性，严格实行双向匿名审稿，被多家权威检索数据库列为中国人文社会科学核心期刊、CSSCI 来源期刊、经济学专业核心期刊，并被国家级各类科研基金确定为科研成果发表认定期刊。2012 年成为国家社科基金首批资助的全国 100 家学术期刊之一，连续 3 年被国家社科规划办评为优秀期刊或优良期刊（2015 年在全国评比优秀空缺的情况下被评为优良）。主要栏目有理论探索、学术前沿、经济热点、公共经济、金融研究、产业经济、区域经济、“三农”研究、企业与组织研究、增长与发展研究、国际经济等，其中经济热点入选教育部高等学校哲学社会科学学报名栏建设名单。现任主编为郭庆旺教授。

（四）《经济与政治研究》（*Economic and Political Studies*）

2013 年 1 月创刊，现为季刊，教育部主管，中国人民大学主办，由国际出版集团 Taylor & Francis 负责海外出版，是同行评议的英文学术刊物，获得国家社科基金中华学术外译项目资助，被 CrossRef、Google Scholar、OCLC、RePEc、ESCI（Emerging Sources Citation Index）等国际检索数据库收录。主要刊登国内外学者在经济学和政治学，尤其是二者交叉领域的英文原创论文。强调以问题为中心，以创新为依归，侧重对中国问题的研究，鼓励跨学科视角，理论和经验研究并举、定量与定性方法兼容，旨在向国际学界展示中国学术动态，为中外学者交流与对话搭建开放性平台。所设栏目有研究论文、专题研究、学术述评、研究报告、书评等。现任主编为刘伟教授，执行主编为何青教授。

（五）《档案学通讯》

1978 年 5 月创刊，双月刊，教育部主管，中国人民大学主办，是国家新闻出版广电总局第一批认定的学术期刊、国家社科基金资助期刊、《中文核心期刊要目总览》收录期刊、CSSCI 来源期刊。创刊 40 多年来，秉承学术立刊的宗旨，贯彻百花齐放、百家争鸣的方针，以推动档案学术繁荣发展为使命。主要栏目有：理论纵横、实践经纬、档案史论、文书学、档案保护等。现任杂志社社长为冯惠玲教授，总编为张斌教授。

（六）《国际新闻界》

1961 年 4 月创刊，月刊，教育部主管，中国人民大学主办，是中文核心期刊、中国人文社会科学核心期刊、新闻专业核心期刊、CSSCI 来源期刊、国家社科基金首批资助期刊，范围涉及新闻学、传播学领域，探讨大众传播业界、广电、编辑出版、广告、公共关系和传媒经济的各种理论与实践问题，探讨网络信息传播、传播科技的各种现象和问题，以及与传播相关的跨学科领域的研究。主要栏目有：本期话题、马克思主义新闻观、名家聚焦（名家访谈）、传播学研究、新闻学研究、广播电视传播研究、网络传播研究、广告传播研究、传媒经济研究、新闻伦理与法治研究、公共关系研究、出版印刷研究、新闻传播史研究、书评、争鸣与探讨、新闻传播学学科引证分析等。现任杂志社社长为胡百精教授，主编为刘海龙教授。

（七）《法学家》

1986 年创刊，双月刊，教育部主管，中国人民大学主办，是中文核心期刊、中国人文社会科学核心期刊、法学专业核心期刊、CSSCI 来源期刊，2012 年起获国家社科基金资助。其前身是创办于

1986年的《法律学习与研究》，自1993年第1期起改名为《法学家》。《法学家》秉承“尚理明德，情系社稷，笃信法意，挥洒正义”的宗旨，以严谨、求实、开放、公正的姿态，首推具有原创思想、关注现实的作品，高度重视有关重大主题、具有重大价值或可能产生重大影响的研究，推崇厚积薄发的研究力作，力求反映我国法学研究的学科前沿问题，推动法学繁荣发展。主要栏目有：主题研讨、法学专论、本期视点、评注、法学研究综述、三大讲坛、法制改革、法学争鸣与评论、域外法学、青年法苑、司法官谈法治、外国法述评、法学信息等。现任主编为史际春教授。

（八）《人口研究》

1977年创刊，双月刊，教育部主管，中国人民大学主办，由人口与发展研究中心承办，是人口学专业唯一被国家新闻出版总署选定的中国期刊方阵“双效”期刊、中国人口学会会刊、CSSCI来源期刊、全国中文核心期刊，是我国最早创办、国内外公开发行的综合性人口学专业杂志，在国内外具有广泛的影响。2012年入选国家社科基金学术期刊第一批资助名单。2012—2017年获“中国最具国际影响力学术期刊”称号，2014年被中国社会科学评价中心评为中国人文社会科学期刊社会学类顶级期刊。本刊旨在传播新的研究成果，介绍新的信息和分析方法，反映学术界和实际部门的新动态，为政府决策提供理论依据，为解决我国重大现实人口问题提供智库支持，为推动人口科学发展提供优质平台。主要栏目有：人口理论、人口调查与分析、人口与社会、人口与经济、生育研究、老龄问题研究、人口流迁、人口统计、人口资源与环境研究、社会医学、少数民族人口等。现任主编为翟振武教授。

（九）《清史研究》

1991年创刊，前身是创办于1979年的《清史研究通讯》，季刊，教育部主管，中国人民大学主办，由清史研究所承办，是中国人文社会科学核心期刊、CSSCI来源期刊。作为全国唯一定期出版的断代史学术期刊，主要刊载清史理论和清代政治、经济、社会、军事、民族、宗教、外交、人物、文化、学术、思想等方面的学术论文，并报道国内外清史研究动态，具有广泛的学术影响力。2001年被国家新闻出版总署评为中国期刊方阵“双效”期刊，2013年荣获国家社科基金资助，并被美国EBSCO数据库收录，连续入选2013、2014年中国国际影响力优秀学术期刊名单，名列中国期刊海外发行排行榜前50。现任主编为祁美琴教授。

（十）《中国人民大学教育学刊》

1995年创刊，季刊，教育部主管，中国人民大学主办，是教育性理论期刊，注重学术性、理论性、政策性研究。设有高等教育研究、教育理论研究、教育政策研究、教育史研究等栏目。主要发表反映国内外教育发展的重要理论、重要政策和实践问题的学术论文、调查实验报告、政策报告，对特定时期国内外教育理论研究进行回顾、总结和前瞻的原创性研究成果，有学术品位的教育经典和教育新书评论，等等。现任主编为申素平教授。

（十一）《社会学评论》

2013年2月创刊，双月刊，是中国人民大学社会学理论与方法研究中心、中国人民大学书报资料中心合办的社会学专业学术期刊，为CSSCI来源期刊。该刊秉承“崇尚学术，追求真理，理论自觉，建设反思”的宗旨，刊发高质量、前沿性、优秀的社会学研究成果，提供权威的社会学教学科研学术交流平台，构建青年社会学学者施展才能、更好成长的学术舞台，促进社会学不同学派的学术争鸣，为推动社会学理论、方法和历史诸领域研究的繁荣和发展，推进世界眼光和中国风格兼具的社会学发展而努力。现任主编为刘少杰教授。主要栏目有：理论社会学、应用社会学、社会政策与社会治理、新型城镇化探索、分支社会学研究、青年学者论坛、综述、书评等。

（十二）《政治经济学评论》

双月刊，中国人民大学书报资料中心主办，中国人民大学经济学院承办，是国内一流、具有一定国际影响力的政治经济学类专业期刊。自创刊以来，杂志为推动马克思主义政治经济学的发展、完善中国特色社会主义政治经济学理论体系、推动高校政治经济学的教学与研究做出了重要的贡献，获得了国内学术界同仁和社会人士的广泛认可。作为国内唯一的一本以“政治经济学”命名的 CSSCI 核心期刊，该刊始终坚持高举“开拓当代中国马克思主义政治经济学新境界”旗帜，形成了鲜明的特点：切实坚持以马克思主义为指导，致力于中国政治经济学的发展，关注重大理论现实问题，开放融通、兼容并包，努力推进中国政治经济学的国际化和现代化。现任主编为林岗教授，执行主编为邱海平教授。

（十三）《公共政策与管理评论》

2012 年 9 月创刊，双月刊，由中国人民大学主办，中国人民大学公共管理学院承办，为 CSSCI 扩展版来源期刊。期刊以公共管理学科为基础，以当代中国公共管理和公共政策重大理论与实践问题为研究和讨论核心，借鉴别国的公共管理经验，追求科学性和学术性，研讨理论，注重实践，旨在成为中国公共管理改革创新的思想前导和经验荟萃。主要栏目有：理论探讨、政府管理、社会治理、政策分析、国外动态、管理与技术、书评等。现任主编为杨开峰教授。

（十四）《新闻春秋》

1994 年创刊并内部发行，2012 年公开发行，季刊，由中国人民大学主办，中国人民大学新闻学院学院承办，是我国新闻传播学学科唯一一个国家一级学会——中国新闻史学会的学报，是一本以中国特色新闻学为核心定位，以新闻传播史研究为内容特色，涵盖新闻传播学理论、实务、研究方法的综合性学术期刊。现任主编为王润泽教授。

（十五）《国学学刊》

2009 年 3 月创刊，季刊，中国人民大学主办，是国内唯一正式出版的国学研究类期刊。该刊强调大国学的学术视野，范围涉及中国古代文学、中国古代史、中国哲学、文献学、语言学、考古学等领域。2017 年改版后，每年第一期主题为中国哲学、经学研究与思想史研究，第二、三期主题为国史研究与西域研究，第四期主题为国文研究。现任主编为沈卫荣教授。

（十六）《情报资料工作》

1980 年创刊，双月刊，是中国社会科学情报学会学报、CSSCI 扩展版来源期刊、全国中文核心期刊、全国人文社会科学图书馆学情报学核心期刊、复印报刊资料重要转载来源期刊。该刊关注图书馆学情报学领域中高质量的理论研究成果和重大应用成果，重视文章的理论研究深度和实践指导价值，旨在促进我国图书馆学、情报学、信息管理理论体系的发展，展示我国图书情报工作者的学术思想和学术成果，凸显我国图书情报事业前进轨迹。主要栏目有：专题研究、理论探讨、信息资源、信息服务、信息技术、实践研究等。现任主编为高自龙教授。

（十七）《基督教文化学刊》

1999 年创刊，半年刊，中国人民大学基督教文化研究所主办。CSSCI 来源期刊（并于 2009 年在香港注册繁体版国际刊号），Web of Science 索引系统 ESCI 收录期刊。范围涉及宗教学、比较文学、文艺理论、汉学等。主要栏目有：道无常名—理论与经典解读，混元之性—基督教思想家研究，化通玄理—基督教与社会、伦理问题研究，法浴水风—中国文化与基督教的对话，镜观物色—基督教文化与文学研究，法流十道—汉语基督教史料研究，书殿翻经—书评及新书介绍，和而不同—学术争鸣与回应，罄集明宫—学术动态等。现任主编为杨慧林教授。

（十八）《数据科学》（*Journal of Data Science*）

季刊，是由中国人民大学、辅仁大学、哥伦比亚大学于 2003 年 1 月共同创办的英文期刊。主要接收国际学者在数据分析方面的原创性文章，包括理论、方法与应用等，旨在在大数据到来的时代为数据科学和数据应用工作者提供一个交流观点和想法的平台。刊物被国际检索机构 Current Index to Statistics、EBSCO Discovery、Zentralblatt MATH 以及 Airiti Library 检索或收录。现任主编为辅仁大学管理学院李天行教授，执行主编为辅仁大学陈铭芷教授、中国人民大学统计学院张波教授和北京大学光华管理学院的王汉生教授。

（十九）《社会建设》

2014年9月创刊，双月刊，中国人民大学社会学理论与方法研究中心和吉林省出版产品质量监测中心合办的社会学类专业期刊，为CSSCI扩展版来源期刊。该刊的学术定位是：服务社会学二级学科社会工作和社会政策，刊发高质量、前沿性的社会工作、社会政策、社会体制、社会组织等相关的优秀研究成果，提供权威的上述各领域教学和研究的学术交流平台，构建青年学者施展才能、更好成长的学术舞台，促进上述领域不同学派的学术争鸣，为推动社会工作和社会政策理论、方法、实务和历史诸领域研究的繁荣和发展，推进世界眼光和中国风格兼具的社会工作和社会政策学科发展而努力，也为国家民政、人力资源和社会保障等部门及工青妇、慈善公益等社会组织加强和创新社会治理提供智力支持。现任主编为李迎生教授。

（二十）《公共绩效与管理》（*Public Performance & Management Review*）

1975年创刊，双月刊，是由中国人民大学、美国罗格斯大学联合主办的英文期刊，由 Taylor & Francis 公司发行。该刊致力于反映公共管理领域最前沿的研究，为全球的学者提供交流平台，在公共部门的绩效管理、责任政府、公民参与、信息技术、战略管理等方面都有很大影响。多年来，该刊一直被评为公共管理领域的一流期刊，并被收录于社会科学期刊索引数据库 Social Sciences Citation Index（SSCI）、多学科期刊评价工具 Journal Citation Reports（JCR）以及在线数据库 JSTOR、Wilson Business Periodicals Index、Worldwide Political Science Abstracts、PAIS International、Scopus、ABI Global、Sage、InCites、Essential Science Indicators 等。现任主编为杨开峰教授。

四、科研项目和科研经费

2018年，全校共获得各类科研项目1 188项，经费总计32 557.99万元，其中纵向项目经费自2011年起连续第8年突破1亿元。

获得国家社科基金项目105项，立项总数居全国高校第一位，立项经费达3 430万元。

获得国家自然科学基金项目66项，总金额达3 944万元。

获得教育部人文社科重点研究基地重大项目5项，立项经费共380万元。

获得教育部人文社科项目39项，其中重大课题攻关项目和重大专项项目居全国高校第一位，立项经费达1 023.3万元。

获得北京市社会科学基金项目25项，立项数居北京市第一位，立项总金额为264万元。

获得中央高校基本科研业务费5 103万元。

五、科研成果与奖励

（一）2018年度国家科学技术进步奖

信息学院杜小勇、王珊、陈红、任永杰、张孝、李翠平、张延松、冯玉、冷建全、王建华申报的项目“数据库管理系统核心技术的创新与金仓数据库产业化”，获评2018年度国家科学技术进步奖二等奖，这是学校首次获得国家科学技术奖项。

该成果由中国人民大学联合北京人大金仓信息技术股份有限公司共同完成，项目经过10多年的系统研究，在国产数据库管理系统内核研制、XML数据和关系数据的统一管理、海量数据的联机分析加速等方面取得了一系列创新性研究成果，突破了数据库管理系统高可靠、高性能、高安全、大数据量“三高一大”的核心技术难题，获得授权专利41项，软件著作权19项，出版著作6部，发表学术论文41篇。该成果形成的品牌产品金仓数据库获得国内数据库最高安全级别认证，在电子政务、电子党务、国防军工、金融、保险、电力、财务、交通、审计、卫生、农业等10多个行业领域60多个重大信息化工程中得到规模化应用，累计推广50余万套，遍布全国3 600多个县市，推动了我国在数据库管理系统技术领域的发展，全面提升了国产数据库产业化水平。

（二）第七届吴玉章人文社会科学终身成就奖

本届终身成就奖分别授予：

著名历史学家、教育家、华中师范大学教授章开沅

著名马克思主义经济学家、中国人民大学教授吴易风

章开沅教授简介

章开沅，男，中共党员，1926年7月8日生于安徽芜湖，祖籍浙江湖州。著名历史学家、教育家。美国奥古斯坦那学院荣誉法学博士、日本创价大学与关西大学名誉博士。曾任华中师范大学校长，国务院学位委员会历史学科第一、二届评议组成员、召集人，中国陶行知研究会副会长等职，是享誉国际的中国辛亥革命史研究会、华中师范大学历史研究所（现为中国近代史研究所）和中国教会大学史研究中心（现为东西方文化交流研究中心）的创办人和领导人。现为华中师范大学荣誉资深教授、中国近代史研究所名誉所长、东西方文化交流研究中心主任。

章开沅先生治学严谨，在辛亥革命史、中国资产阶级及中国商会史、中国教会大学及基督宗教史、近代化道路比较研究、南京大屠杀历史文献研究等领域均有开创性的学术贡献。章先生论著宏丰，主要有：《辛亥革命史》（二卷本，与林增平合作主编）、《开拓者的足迹——张謇传稿》、《辛亥革命与近代社会》、《离异与回归——传统文化与近代化关系试析》（韩、英、俄文版已出）、《辛亥前后史事论丛》与《辛亥前后史事论丛续编》、《南京大屠杀的历史见证》、《从耶鲁到东京：为南京大屠杀取证》（韩文版已出）、《实斋笔记》、《传播与植根——基督教与中西文化交流论集》、《鸿爪集》、《贝德士文献研究》等。其中，多部著作获奖，如：《辛亥革命史》（三卷本）是世界上研究辛亥革命史的第一部综论性的大型专著，荣获国家教委优秀教材一等奖、湖北省社会科学优秀成果一等奖；《辛亥前后史事论丛续编》获湖北省社会科学优秀成果一等奖；《南京大屠杀的历史见证》出版后，得到了100多个来自不同国家的新闻媒体的报道和高度评价，并荣获教育部第二届中国高校人文社会科学研究优秀成果奖一等奖；《从耶鲁到东京》一书获教育部第四届中国高校人文社会科学研究优秀成果奖一等奖；等等。2015年，华中师范大学出版社隆重推出11卷本约460万字的《章开沅文集》，该文集全面汇集章先生自20世纪50年代以来在学术研究、教育管理、社会思考、文明对话等各个方面的成果，备受学界瞩目。

章开沅先生乐为人师，甘当铺路石，在半个多世纪的育人生涯中，培养了大批活跃于国内外社会各界特别是学术界的优秀人才。在中外学术和文化交流方面，章先生曾任普林斯顿大学历史系与神学院客座研究员、耶鲁大学历史系鲁斯基金学者、加州大学圣迭哥分校历史系客座教授等，曾被美国田纳西州州长授予荣誉公民证书，也先后被海外多所高校授予荣誉博士学位，厥功至伟。

章开沅先生在教学、科研、中西学术交流和社会服务等领域贡献卓著，曾荣获“国家级有突出贡献的中青年专家”“全国先进教育工作者”“湖北省劳动模范”“新中国成立以来感动荆楚人物”“荆楚社科名家”等荣誉称号。

吴易风教授简介

吴易风，男，汉族，1932年4月21日生。原名吴桂元，江苏高邮人。他出生在一个贫苦农民家中，只读过几年私塾和乡村初级师范，没有受过正规的中小学教育。新中国成立后，他于1950年参加工作，任成人学校教师。1955年入中国人民大学经济系学习，1959年毕业后一直在中国人民大学从事教学和研究工作。1989—1990年，作为高级访问学者先后访问美国洛杉矶、波士顿和纽约等地

的几所大学，研究西方经济学的最新发展。1995 年 9 月，应俄罗斯科学院邀请，赴莫斯科和圣彼得堡进行学术交流，随后发表著名的《访俄报告》。现任中国人民大学经济学院教授、博士研究生导师，兼任中央国家机关工委宣教团成员和经济组副组长、中央马克思主义理论研究和建设工程政治经济学课题组主要成员和西方经济学课题组首席专家、中国社会科学院马克思主义研究院特邀研究员、国家发展和改革委员会国际合作中心特邀研究员、教育部社会科学发展研究中心研究员、中华外国经济学说研究会会长、全国马克思主义经济学说史学会副会长以及十几所大学教授。

吴易风先生精通马克思主义经济学、西方经济学和外国经济思想史。代表性论文有《市场经济和政府干预——评新古典宏观经济学和新凯恩斯主义经济学的论战》《论以劳动价值论为基础的生产函数》《马克思的产权理论与国有企业产权改革》《论政治经济学或经济学的研究对象》《技术进步和经济的内生增长》《产权理论：马克思与科斯的比较》等。代表性专著有《空想社会主义者的经济学说》《英国古典经济理论》《当前经济理论界的意见分歧》《马克思主义经济学和西方经济学——吴易风文选》《马克思主义经济学和新自由主义经济学》《当前金融危机和经济危机背景下西方经济思潮的新动向》《经济理论探索》《马克思主义经济学与西方经济学比较研究》等。代表性教材有《西方经济学》等。代表性译著有《数理经济学》《经济学百科全书》《宏观经济学》《经济学原理》等。他的终身代表性成果集成 10 卷本的《吴易风文集》，由中国人民大学出版社于 2015 年出版。这套文集的出版受到学术界的重视和媒体的好评。

吴易风先生曾获 2016 年在印度颁发的国际马克思经济学奖、全国高等学校首届人文社会科学研究优秀成果一等奖、国家级教学成果奖一等奖、吴玉章优秀科研奖、“三个一百”原创图书出版工程奖、中华优秀出版物图书奖、北京市优秀社会科学研究成果一等奖、中国人民大学优秀科研成果著作一等奖等，并获“全国模范教师”“资深翻译家”称号。

六、学术活动

2018 年，学校举办各类学术研讨会共 357 次（不完全统计），其中国际会议 86 次，港澳台会议 5 次，全国性会议 266 次。兹介绍其中的部分重要学术会议：

（一）第二十二届（2018 年度）中国资本市场论坛

1 月 13 日，第二十二届（2018 年度）中国资本市场论坛在学校举办。本届论坛主题为“中国资本市场：股市与债市的协调发展”。论坛由中国人民大学金融与证券研究所（FSI）、华融证券股份有限公司和中国人民大学重阳金融研究院主办，教育部社会科学司特别指导。来自中央国家机关、著名高校、著名研究机构等的有关负责人和著名专家学者，证券公司、基金公司、上市公司的嘉宾以及新闻单位的代表等共计 500 余人参加此次论坛。中国金融学会名誉会长、一级教授黄达以 93 岁高龄连续第 22 年出席论坛，中国人民大学学术委员会副主任、一级教授胡乃武出席开幕式。开幕式由中国人民大学财政金融学院院长庄毓敏主持。中国人民大学副校长、中国人民大学金融与证券研究所所长吴晓球代学校党委书记靳诺为本次大会致开幕词。华融证券股份有限公司董事长祝献忠代表主办方致欢迎词。吴晓球代表课题研究组发布题为《中国资本市场：股市与债市的协调发展》的 2018 年中国资本市场研究报告。

（二）货币金融圆桌会议十年庆典暨中国人民大学国际货币研究所 2018 新年报告会

1 月 21 日，货币金融圆桌会议十年庆典暨中国人民大学国际货币研究所 2018 新年报告会在学校举行。中国人民大学校长刘伟，中国国际投资有限公司总经理屠光绍，中国金融会计学会会长、中国人民银行原副行长马德伦，中国社会科学院学部委员、国家金融与发展实验室理事长李扬，厦门国际金融技术有限公司董事长、中国进出口银行原副行长曹彤，中国人民大学财政金融学院院长庄毓敏等金融管理部门、学界、业界专家学者出席会议并发表演讲，百余家媒体参与报道。

（三）习近平新时代中国特色社会主义思想研讨会暨北京高校思想政治理论课高精尖创新中心课程资源平台开通仪式

3月30日，在北京市委教育工委、北京市教委的指导下，中国人民大学北京高校思想政治理论课高精尖创新中心、习近平新时代中国特色社会主义思想研究院举办习近平新时代中国特色社会主义思想研讨会暨北京高校思想政治理论课高精尖创新中心课程资源平台开通仪式。北京市委副秘书长郑登文，北京市委教育工委常务副书记郑吉春，中国人民大学党委书记、北京高校思想政治理论课高精尖创新中心实施计划领导小组组长靳诺，中国人民大学党委副书记、纪委书记、北京高校思想政治理论课高精尖创新中心主任吴付来，中国人民大学学术委员会主任、一级教授、北京高校思想政治理论课高精尖创新中心学术委员会主任陈先达等出席。北京高校马克思主义学院院长（思政部主任）、北京高校思想政治理论课特级教授和特级教师、北京高校思想政治理论课高精尖创新中心共建单位代表等约180余人参加。吴付来主持开通仪式，并对北京高校思想政治理论课高精尖创新中心课程资源平台进行简单介绍。郑登文、郑吉春、靳诺、陈先达共同启动课程资源平台。习近平新时代中国特色社会主义思想研讨会由中国人民大学习近平新时代中国特色社会主义思想研究院院长秦宣主持。

（四）2018智汇养老北京高峰研讨会

4月19日，2018智汇养老北京高峰研讨会在学校召开，来自政府、高校、社会智库、企业代表等系统的近百位专家学者汇聚一堂，围绕新时代养老事业的新格局、新动力、新技术、新跨越，分享各项思想成果并提出多种建设性方案。中央统战部原副部长陈喜庆，中国人民大学校长、国家发展与战略研究院院长刘伟，政协北京市第十二届委员会副主席闫仲秋，全国老龄办党组成员、副主任吴玉韶，中国老年学和老年医学学会会长刘维林，北京市政协社会和法制委员会主任委员闫满成等嘉宾出席研讨会。研讨会由中国人民大学国家发展与战略研究院、中国老年学和老年医学学会、中国民主建国会北京市委员会联合主办，旨在充分发挥国家高端智库的智力资源优势，并结合中国特色多党合作与政治协商制度的优势及国家级学会组织的引领作用，推动政、产、学、研、用的结合，形成多种思想成果，为政府相关主管部门提供智力支持，同时引领养老事业和产业的发展。来自国家信息中心、国有大型企业监事会，北京市委改革办、社会工委、民政局、北京市老龄办、老干部局等委办局，以及中国人民大学的部分师生等共计400余人参加了研讨会。

（五）马克思与现时代：纪念马克思诞辰200周年国际高端论坛

为纪念马克思诞辰200周年，进一步推动面向21世纪的马克思研究和当代中国马克思主义的发展，由中国人民大学马克思主义学院、21世纪中国马克思主义研究协同创新中心、中国特色社会主义理论体系研究中心、马克思主义研究院联合举办的“马克思与现时代：纪念马克思诞辰200周年国际高端论坛”于4月23日在学校举行。中国人民大学党委书记靳诺、校长刘伟出席论坛开幕式，学校党委副书记兼纪委书记吴付来教授主持开幕式。出席本次会议的国际嘉宾有：国际马克思恩格斯基金会秘书长、德国柏林—勃兰登堡科学院MEGA工作组总负责人格哈尔特·胡布曼，德国柏林—勃兰登堡科学院MEGA工作组成员、MEGA2第II部分“《资本论》及其手稿”部分总负责人卡尔-艾里希·福尔格拉夫，德国柏林—勃兰登堡科学院MEGA工作组成员、MEGA2版《德意志意识形态》（2017版）第一编者乌尔里希·帕格尔，柏林MEGA编辑促进会主席罗尔夫·海克尔，德国柏林自由大学哲学院教授弗里德里希·奥托·沃尔夫，德国恩格斯故居博物馆前馆长艾伯哈特·伊尔纳，奥地利格拉茨大学哲学院教授卢卡斯·迈耶尔，德国鲁尔大学哲学院荣休教授汉斯·马丁·萨斯，德国马克思主义政治经济学研究专家克劳斯·迪特·布洛克等。此外，中国人民大学郝立新、梁树发、李忠尚、秦宣、张新、张云飞等教授，中共中央党校侯才教授，中国社会科学院魏小萍研究员，北京大学聂锦芳教授，清华大学韩立新教授，中山大学马天俊教授，中央党史和文献研究院徐洋编审，人民出版社毕于慧副编审等专家学者和资深编辑参加了本次论坛。在为期两天的论坛研讨中，与会专家围绕“马克思的文本与思想研究”“当代国外马克思主义与社会主义发展研究”“当代中国马克思主义的发展与影响研究”等主题开展了深入研讨。

（六）第十八届万寿论坛

5月11日，第十八届万寿论坛在学校举行。论坛由中共中央对外联络部和中国人民大学共同主办，由中国人民大学习近平新时代中国特色社会主义思想研究院承办。论坛主题聚焦“21世纪马克思主义与习近平新时代中国特色社会主义思想”，纪念马克思诞辰200周年，交流马克思主义中国化和马克思主义南非化最新理论成果。论坛开始前，教育部党组成员、副部长田学军，中国人民大学党委书记、全国妇联副主席（兼）靳诺会见南非共产党总书记布莱德·恩齐曼迪。中共中央党史研究室原副主任李忠杰，中联部研究室主任栾建章，中国人民大学党委副书记、纪委书记吴付来，中联部四局副局长周国辉出席会见活动。布莱德·恩齐曼迪、靳诺、李忠杰、吴付来、周国辉等出席开幕式，南非共产党考察团、相关领域中国学者以及中国人民大学师生代表参加开幕式。

（七）中国《资本论》研究会第20次学术研讨会——纪念马克思诞辰200周年暨中国改革开放四十周年

5月19—20日，“中国《资本论》研究会第20次学术研讨会——纪念马克思诞辰200周年暨中国改革开放四十周年”在学校举行。中国人民大学党委书记靳诺，中国《资本论》研究会会长、中国人民大学一级教授、原副校长林岗，中国人民大学荣誉一级教授、研究会顾问卫兴华，中国人民大学荣誉一级教授胡钧，中国《资本论》研究会副会长、南京大学原党委书记洪银兴，教育部社会科学委员会副主任顾海良，中国社会科学院马克思主义研究学部主任程恩富，福建师范大学原校长李建平，中国社会科学院经济研究所党委书记王立胜，北京大学智效和教授，武汉大学简新华教授，吉林财经大学副校长丁堡骏，北京师范大学白暴力教授，重庆工商大学杨继瑞教授，中央党校王天义教授，中国社会科学院王振中教授，广东外贸大学董小麟教授，南开大学张彤玉教授，首都经济贸易大学杨春学教授，河南大学赵学增教授，以及中国《资本论》研究会秘书长、副秘书长、常务理事、理事和论文入选者等来自全国80多个高校和科研单位的200多名专家学者参加会议。参加开幕式的还有俄罗斯圣彼得堡国立大学荣誉教授希罗科拉德·列奥尼德·德米特里耶维奇，圣彼得堡国立大学经济系理论经济教研室主任梁赞诺夫·维克多·季莫费耶维奇教授，以及《人民日报》《光明日报》《中国教育报》《中国社会科学报》等数十家媒体和来自各高校的数百名研究生。开幕式由中国人民大学副校长兼经济学院院长刘元春主持。

（八）中国国际问题论坛2018：改革开放以来的中国与世界

5月20日，“中国国际问题论坛2018：改革开放以来的中国与世界”在学校举办。中国人民大学副校长刘元春和中共中央对外联络部研究室主任栾建章出席论坛并在开幕式上致辞，国际关系学院院长杨光斌主持开幕式。论坛以“改革开放以来的中国与世界”为主题，是学校国际关系学院纪念改革开放40年的系列活动之一。来自中国社会科学院、国防大学、中国人民大学、北京大学、清华大学、复旦大学、外交学院、南开大学、南京大学、对外经济贸易大学、北京师范大学、中国政法大学、北京外国语大学、上海外国语大学、暨南大学、兰州大学、中国现代国际关系研究院、中国国际问题研究院等多家单位的50余位专家学者参与了论坛。论坛共设立“国际政治理论”“国际安全战略”“世界经济问题”“中国外交政策”等四个分论坛，从多角度对中国与世界关系的新变化和新趋势展开研讨。

（九）世界因遗产而璀璨——2018中国古书画鉴定修复与保护国际高峰论坛

6月5日，“世界因遗产而璀璨——2018中国古书画鉴定修复与保护国际高峰论坛”在学校开幕。论坛由中国人民大学信息资源管理学院主办，中国人民大学文献书画保护与鉴定研究中心承办，英国剑桥大学文物鉴定研究中心、世界记忆项目北京学术中心协办，云庐艺社合作。中国人民大学校长刘伟、国家文物局原副局长张柏、国家档案局中央档案馆副局（馆）长付华等出席活动，来自国内外100余家博物馆、档案馆、图书馆的专家、画家等共计200余人参会。论坛延续“鉴定”“修复”“保护”三个主题，一方面关注中国书画与中国精神文化的特殊性，另一方面关注在现代视野下中国传统修复技术与国际范围内科学方法的结合运用，且将展览、学术报告会、圆桌会议三种形式结合，以对人类共同之文化遗产的保护理念为出发点，呈现出展览交流、专业学术、研讨互动相结合的国际学术盛会新形式。

（十）第九届中美公共管理国际学术研讨会

6月15—17日，由中国人民大学公共管理学院主办，美国罗格斯大学公共事务与管理学院、中国行政管理学会、美国公共行政学会和萨福克大学公共服务研究院合办的第九届中美公共管理国际学术研讨会在学校举行，共有来自中国、美国、德国、加拿大、新加坡等国内外公共管理领域的430余名专家、学者、在校师生参加会议。研讨会的主题是“迈向善治的公共政策”。开幕式前，中国人民大学党委书记靳诺会见与会嘉宾，中国人民大学党委副书记郑水泉出席会见及开幕式。开幕式后，美国美利坚大学教授、外国专家 David Rosenbloom，北京大学政府管理学院院长俞可平，美国科罗拉多大学教授、美国公共行政学会前主席 Mary E. Guy，中国人民大学公共管理学院院长杨开峰分别以“Public Administration and the ‘Erosion’ of Law?”“善治和幸福”“How Public Administration E-volves in the Pursuit of Good Governance”“中国地方治理：能力与效果”为主题做演讲。

（十一）第八届中国人民大学国际统计论坛

7月1—2日，第八届中国人民大学国际统计论坛举办。中国人民大学校长刘伟，一级教授、原常务副校长袁卫出席开幕式。论坛由中国人民大学和美国耶鲁大学、康涅狄格大学、乔治华盛顿大学、圣母大学联合主办，来自国内外的300余名统计学界专家学者以及高校学生参加论坛。论坛期间，美国密歇根大学教授何旭铭，美国密歇根大学教授 Jack D. Kalbfleisch，耶鲁大学教授陈晓红，北京大学、美国普林斯顿大学教授鄂维南，美国圣母大学教授 Scott E. Maxwell，中国人民大学、美国乔治华盛顿大学教授胡飞芳等6名国内外著名统计学专家应邀在主会场分享了最新研究成果。与此同时，来自国内外多所高校的130余名统计学者在35个平行分会场进行了交流。分会场交流主题涉及统计学理论、方法及应用，内容涉及大数据分析、机器学习、金融、保险、生物统计、经济社会统计等多个领域，涵盖数据科学技术、统计理论研究、统计实际应用、统计学国际前沿问题、统计学研究方法等各个方面。

（十二）2018国际货币论坛

7月14—15日，由中国人民大学财政金融学院与中国财政金融政策研究中心联合主办，中国人民大学国际货币研究所承办的2018国际货币论坛在学校举行。论坛主题为“改革开放新征程：历史与未来”。与会嘉宾围绕“‘一带一路’倡议下的自由贸易与金融开放新格局”“金融去杠杆与系统性风险防范”“结构变迁中的宏观政策国际协调”“金融科技助力实体经济转型与升级”“中美学生领袖金融对话”等五大课题进行为期两天的研讨。中国人民大学校长刘伟、副校长吴晓球，国务院发展研究中心副主任王一鸣，中国社会科学院副院长高培勇，丝路基金有限责任公司董事长金琦，中国银行原行长李礼辉，中国社保基金会原副理事长王忠民，华夏新供给经济学研究院首席经济学家、财政部财政科学研究所原所长贾康，卢森堡驻华大使俞博生（Marc Pierre Hübsch），国际货币金融机构官方论坛（OMFIF）主席戴维·马什（David Marsh）等来自欧、美、亚各大洲多个国家和地区的金融管理部门、科研院所以及金融实业界的数百位著名专家学者出席会议并发表演讲。

（十三）“中国共产党与中国道路”——中国改革开放四十年国际学术研讨会

7月29日，为纪念改革开放40周年，全面总结和深入研究中国改革开放的非凡历程和经验启示，进一步加强改革开放时期中国共产党与当代中国政治、经济、社会、文化等方面学术研究的交流与合作，由中国人民大学马克思主义学院、中国人民大学中共党史党建研究院主办的“中国共产党与中国道路”——中国改革开放四十年国际学术研讨会召开。中国人民大学党委书记、中共党史党建研究院院长靳诺出席研讨会，中国人民大学党委副书记、纪委书记、马克思主义学院院长吴付来主持开幕式。研讨会围绕“改革开放与当代中国政治发展的模式和经验”“改革开放与当代中国经济”“改革开放与当代中国社会”“改革开放与中国的文化发展”“改革开放与执政党建设”等五个主题展开深入探讨。来自中央统战部、中国社科院、中央党史和文献研究院、中央党校、北京大学、中国人民大学、北京师范大学、复旦大学、上海交通大学、华东师范大学、中山大学、山东大学等国内高校和科研院所以及美国加州大学伯克利分校、美国杜兰大学、日本横滨市立大学的80余名专家学者，以及来自《人民日报》、《光明日报》、《中国社会科学报》、《中国教育报》、《北京日报》、央视网、中青网、求是网等的媒体人员与会。

（十四）第十八届中国青年经济学者论坛

9月15—16日，第十八届中国青年经济学者论坛在学校举行。论坛由中国社会科学院经济研究所《经济研究》编辑部、中国人民大学经济学院、北京大学光华管理学院、武汉大学经济与管理学院高级研究中心联合主办。论坛主题为“新时代中国特色社会主义经济学的新发展——纪念改革开放40周年”。中国人民大学党委书记靳诺，中国社会科学院副院长、《经济研究》主编高培勇，教育部社会科学委员会副主任、武汉大学原校长顾海良，国务院学位委员会学科评议组召集人、南开大学原副校长逄锦聚，中国人民大学副校长、经济学院院长刘元春，北京大学社会科学部部长龚六堂，《经济研究》编辑部主任刘霞辉，《经济研究》常务副主编郑红亮，中国人民大学经济学院党委书记、常务副院长关雪凌和副院长陈彦斌，嘉实基金管理有限公司总经理经雷，以及中国青年经济学者论坛理事会单位代表等共计200余人与会。中国青年经济学者论坛的创设旨在推动青年经济学者针对中国经济问题积极开展研究，培养我国经济研究的后备力量，并努力为中国的经济发展和改革实践服务。该论坛已经成为全国经济学界规模最大、影响力最大的论坛之一，成为全国经济学者的年度学术盛宴。

（十五）中国人民大学金融学科第二届年会（2018）

9月29日，以“中国改革开放40年与中国金融学科发展”为主题的中国人民大学金融学科第二届年会（2018）召开。中国人民大学党委书记靳诺做开幕式致辞，中国人民大学副校长吴晓球、中国社会科学院原副院长李扬做主题演讲。会议由中国人民大学主办，中国人民大学财政金融学院、商学院、经济学院、汉青经济与金融高级研究院、重阳金融研究院、金融与证券研究所、中国普惠金融研究院联合承办。中国人民大学金融学科师生、兄弟院校单位、社会金融研究机构专家学者、媒体代表等共计近500人与会。

（十六）习近平总书记关于教育的重要论述专题研讨会

10月10日，习近平总书记关于教育的重要论述专题研讨会在学校举行。此次研讨会由中国人民大学和中国高等教育学会共同主办，中国人民大学国家发展与战略研究院和教育学院共同承办。中国人民大学校长刘伟、中国高等教育学会副会长管培俊出席会议并致辞。中国职业教育学会常务副会长刘占山、中国教育学会秘书长杨银付、清华大学教育研究院院长谢维和、习近平新时代中国特色社会主义思想研究院院长秦宣、北京大学教育学院卢晓东、中国人民大学附属中学校长翟小宁、中国人民大学教育学院副院长周光礼等分别做主题报告。开幕式由中国人民大学副校长刘元春主持。课题报告环节，由中国人民大学国家发展与战略研究院执行院长兼科研处处长严金明主持。

（十七）首都治理国际论坛

10月20日，首都治理国际论坛在学校举办。论坛由中国人民大学首都发展与战略研究院主办，中国人民大学国家发展与战略研究院、北京市对外人民友好协会、中国人民大学公共管理学院共同协办。中国人民大学党委书记、首都发展与战略研究院院长靳诺，北京市社会科学界联合会党组书记、首都高端智库理事会副理事长张淼分别致辞。中国人民大学副校长刘元春主持论坛开幕式。来自中国、美国、英国、日本、澳大利亚、印度、印度尼西亚、墨西哥、巴基斯坦等9个国家的近30位专家学者齐聚一堂，围绕“精治、共治、法治”的主题，分享了各国首都城市治理的经验和智慧，为首都北京城市治理建言献策。北京市委宣传部、北京市城市管理委员会等北京市政府有关部门领导和中国社会科学院、北京大学、清华大学、同济大学、对外经贸大学、首都经贸大学等高校师生以及媒体记者等共300余人参加了本次论坛。

（十八）第六届世界汉学大会

11月3日，由孔子学院总部、国家汉办和中国人民大学共同主办的第六届世界汉学大会在学校开幕，近百名中外学者共聚一堂，围绕“理解中国：包容的汉学与多元的文明（Understanding China：Inclusive Sinologies and Diverse Civilizations）”主题，结合汉学的发展与中西文化的交流展开了对话。中国人民大学校长刘伟，国家汉办党委书记、孔子学院总部副总干事、国家汉办副主任马箭飞，国家汉办副主任、孔子学院总部副总干事静炜，世界汉学大会理事会主席杨慧林等18位理事出席开幕式。中国人民大学副校长杜鹏主持开幕式。大会的全部发言均采取中外学者直接对话的方式。在三场主旨发言之后，大会设有“汉学的译介与对话”“汉学的传统与现代转型”“汉学与跨学科研究”“汉学发展与人才培养”“海外汉学与本土学术”等五场专题会议，30余位海外学者、40多位参加孔子新汉学计划的海外博士生以及近30位来自中国大陆的学者，围绕这些前沿议题进行一对一的学术交流。

（十九）价格改革40周年研讨会

11月20日，价格改革40周年研讨会在学校召开，来自相关高校和研究机构的专家学者，来自国家发展改革委员会、市场监管总局、各地价格主管部门的代表，以及曾在价格系统工作过的部分领导同志出席研讨会，共话价格改革40年。开幕式上，中国人民大学党委常务副书记张建明致辞，国家发展改革委员会副主任胡祖才做主旨发言。中国人民大学副校长刘元春主持开幕式。研讨会上，中国社会科学院经济研究所原所长张卓元、国家发展改革委员会原副主任彭森、原国有重点大型企业监事会主席赵小平、北京市发展改革委员会副主任李素芳等做了主题发言。随后，与会嘉宾围绕“价格改革成就与经验”“价格预警与调控”“价格要素市场化改革”“农产品价格改革”“公共服务价格改革”“能源价格改革与垄断行业价格监管”六大主题进行了专题研讨。研讨会由中国人民大学主办，中国人民大学国家发展与战略研究院承办。

（二十）2018中国信息资源管理论坛

11月23日，由中国人民大学信息资源管理学院与《档案学通讯》杂志社联合举办的2018中国信息资源管理论坛在学校举行。论坛以“改革开放40周年中国档案事业发展”为主题，中国人民大学原常务副校长、一级教授冯惠玲，中国档案学会副理事长、秘书长邓小军，中国人民大学副校长刘元春，中国第一历史档案馆副馆长胡忠良，中国第二历史档案馆副馆长曹必宏，国家档案局综合馆处副处长丁勇，北京市档案局（馆）副巡视员郭飞、处长李海英，湖南城市学院副校长何振，《档案学通讯》杂志社编委会成员，来自全国45所高校、档案局（馆）和企业的领导、专家学者，《中国档案报》《北京档案》等媒体，以及部分师生代表与会。

（二十一）第七届吴玉章人文社会科学终身成就奖颁奖典礼

12月11日，第七届吴玉章人文社会科学终身成就奖颁奖典礼在学校举行。本届终身成就奖分别授予著名历史学家、教育家、华中师范大学教授章开沅和著名马克思主义经济学家、中国人民大学教授吴易风。十八届中央政治局委员、国务院原副总理、吴玉章基金委员会主任马凯为获奖者颁奖并讲话。由于身体原因，章开沅委托马敏代为领奖。中国人民大学党委书记、吴玉章基金委员会副主任靳诺，中国人民大学校长刘伟，中国史学会会长、求是杂志社原社长李捷，著名人口学家、中国人民大学一级教授邬沧萍，著名新闻史学家、中国人民大学一级教授方汉奇，中国人民大学一级教授吴易风、刘大椿，华中师范大学校长赵凌云、原党委书记马敏，中国人民大学原党委书记程天权、原常务副校长冯惠玲，中国人民大学党委副书记、纪委书记吴付来，中国人民大学副校长贺耀敏、刘元春、朱信凯，中国人民大学原副校长林岗，中国人民大学教授郭庆光，北京大学教授王奇生，北京外国语大学教授秦惠民，以及华中师范大学等兄弟高校代表出席典礼。

（二十二）“世界文化语境中的艾特玛托夫”国际学术研讨会暨新书发布会

12 月 14—15 日，纪念艾特玛托夫诞辰 90 周年的“世界文化语境中的艾特玛托夫”国际学术研讨会暨新书发布会在学校举办。研讨会由中国人民大学和吉尔吉斯共和国驻华大使馆共同主办，中国人民大学文学院和亚洲研究中心承办，中国出版集团华文出版社协办。会前，中国人民大学党委书记靳诺、校长刘伟会见了吉尔吉斯斯坦前总统萝扎·奥通巴耶娃（Roza Otunbayeva），吉尔吉斯斯坦驻华大使乌谢诺夫（Azamat Usenov），艾特玛托夫国际基金会会长、艾特玛托夫之子埃尔达尔·艾特玛托夫（Eldar Aitmatov），中国出版集团公司副总裁李岩，华文出版社社长宋志军，以及华文出版社丝路文化出版中心总经理杨平。来自中国、吉尔吉斯斯坦、俄罗斯的几代学者、翻译家、作家以及话剧《查密莉雅》剧组的演职人员等百余位嘉宾与会。

（二十三）“成就与经验：中国改革开放 40 年”高端论坛

12 月 16 日，“成就与经验：中国改革开放 40 年”高端论坛会议举办。改革开放 40 年的亲历者和见证者、相关领域的学术大家和著名学者以及“成就与经验：中国改革开放 40 年”征文活动的获奖作者代表与会。《东方风来满眼春》作者、《深圳特区报》原总编辑、中国人民大学 1961 级校友陈锡添，中国人民大学党委书记靳诺，校长刘伟，党委常务副书记张建明，常务副校长王利明，党委副书记郑水泉，副校长刘元春、朱信凯，中国人民大学一级教授张立文等出席会议。靳诺宣读颁奖决定。刘元春主持会议。在主题报告环节，中国社会科学院副院长高培勇、中国宏观经济研究院研究员马晓河、北京师范大学教授李实、中国人民大学经济学院教授杨瑞龙分别做主题报告。来自中共中央政策研究室、中共中央党校（国家行政学院）、中国社会科学院、清华大学、北京大学、北京师范大学、南开大学、复旦大学、南京大学、华东师范大学、武汉大学等有关部门单位和兄弟院校的领导和专家学者，以及中国人民大学师生代表参加会议。

附录

2018 年中国人民大学纵向科研项目（部分）表

所属单位	项目名称	项目分类	负责人
法学院	我国社会法的概念、原则、理论与实践	国家社会科学基金项目重大项目	林嘉
法学院	人格权保护立法研究	国家社会科学基金项目重大项目	王利明
公共管理学院	健康中国建设的管理体制与治理机制研究	国家社会科学基金项目重大项目	王虎峰
公共管理学院	中国特色政府监管理论体系与应用研究	国家社会科学基金项目重大项目	刘鹏
公共管理学院	新时代非户籍人口市民化的系统解决方案研究	国家社会科学基金项目重大项目	叶裕民
历史学院	元代北方地区遗存金石碑刻汇录（子课题）	国家社会科学基金项目重大项目	魏坚
历史学院	欧亚视野下的早期中国文明化进程研究	国家社会科学基金项目重大项目	韩建业
马克思主义学院	国外学界《资本论》研究的最新进展	国家社会科学基金项目重大项目	张秀琴
马克思主义学院	中国本土化哲学社会科学体系的建构：文献资料收集、整理与研究（1919—1949）	国家社会科学基金项目重大项目	王海军
商学院	基于马克思劳动价值论的会计宏观价值指数的编制与分析	国家社会科学基金项目重大项目	王化成

续表

所属单位	项目名称	项目分类	负责人
社会与人口学院	深化基层矛盾纠纷化解共建共治机制及其风险预判研究	国家社会科学基金项目重大项目	陆益龙
信息学院	大数据驱动的社交网络舆情主题图谱构建及调控策略研究	国家社会科学基金项目重大项目	梁循
法学院	农地三权分置的实践探索与法律表达	国家社会科学基金项目专项项目	高圣平
公共管理学院	新时代我国城乡住房制度变革与创新	国家社会科学基金项目专项项目	吕萍
国际关系学院	全球化发展趋势与逆全球化思潮应对研究	国家社会科学基金项目专项项目	田野
国际关系学院	现代化进程中的民主参与与政治制度创新研究	国家社会科学基金项目专项项目	杨光斌
国际关系学院	未来30年西方主要国家发展趋势预测	国家社会科学基金项目专项项目	王义桅
国际关系学院	推动绿色“一带一路”建设研究	国家社会科学基金项目专项项目	许勤华
环境学院	市场化、多元化的生态补偿：理论、方法与机制创新	国家社会科学基金项目专项项目	吴健
经济学院	到2035年中国经济发展潜能与新动能分析	国家社会科学基金项目专项项目	刘伟
经济学院	新时代中国推动建设开放型世界经济研究	国家社会科学基金项目专项项目	黄卫平
马克思主义学院	习近平社会主义生态文明观研究	国家社会科学基金项目专项项目	张云飞
农业与农村发展学院	乡村振兴战略核心机制研究	国家社会科学基金项目专项项目	周立
农业与农村发展学院	实现小农户和现代农业发展有机衔接研究	国家社会科学基金项目专项项目	孔祥智
社会与人口学院	社会阶层深刻变化对党的执政基础和国家治理的影响及应对	国家社会科学基金项目专项项目	李路路
应用经济学院	新时代我国区域协调发展战略的理论深化与实践创新研究	国家社会科学基金项目专项项目	孙久文
经济学院	全球经济通史	国家社会科学基金项目重点项目	高德步
马克思主义学院	世界社会主义发展的现状、主要问题与基本趋势研究	国家社会科学基金项目重点项目	汪亭友
马克思主义学院	新时代背景下中华优秀传统文化的继承与创新研究	国家社会科学基金项目重点项目	王易
社会与人口学院	教育能否有助于破解农村学生社会流动的困境研究	国家社会科学基金项目重点项目	李荷
社会与人口学院	中国妇女生育模式变动及其影响因素研究	国家社会科学基金项目重点项目	杨凡
社会与人口学院	影视人类学的理论反思与应用实践研究	国家社会科学基金项目重点项目	富晓星
体育部	藏族传统体育文化记忆、表达与传承机制研究	国家社会科学基金项目重点项目	王智慧
统计学院	基于深度学习的司法案件繁简分流效率模型研究	国家社会科学基金项目重点项目	王星
新闻学院	全球主要智库的作用及对我国的启示研究	国家社会科学基金项目重点项目	王莉丽
新闻学院	新技术影像与社会再生产研究	国家社会科学基金项目重点项目	殷强
财政金融学院	政府公信力的影响机制、评价维度及提升对策研究	国家社会科学基金项目一般项目	吴晶妹
法学院	推进合宪性审查工作的混合宪制原理研究	国家社会科学基金项目一般项目	王旭
法学院	大数据背景下的个人信息保护与企业数据权属研究	国家社会科学基金项目一般项目	丁晓东
法学院	信息刑法时代信息犯罪归责与治理模式研究	国家社会科学基金项目一般项目	王莹
法学院	中国法律史研究的范式问题与方法论反思	国家社会科学基金项目一般项目	尤陈俊
公共管理学院	中国房地产税制改革方案及模拟研究	国家社会科学基金项目一般项目	曲卫东

续表

所属单位	项目名称	项目分类	负责人
国际关系学院	新中国援越抗法顾问团档案整理和研究（1950—1954）	国家社会科学基金项目一般项目	成晓河
国际关系学院	日本改宪动向及其对中日关系影响研究	国家社会科学基金项目一般项目	邱静
国际关系学院	新时代中国能源外交战略研究	国家社会科学基金项目一般项目	许勤华
国际关系学院	新时代人民需求变化实证研究	国家社会科学基金项目一般项目	韩冬临
国家发展与战略研究院	新时代中国特色新型智库体制机制创新研究	国家社会科学基金项目一般项目	伍聪
经济学院	基于马克思主义政治经济学视角的全球价值链理论研究	国家社会科学基金项目一般项目	丁涛
经济学院	思想史视角的行为经济学及其当代意义研究	国家社会科学基金项目一般项目	周业安
马克思主义学院	习近平关于新时代坚持“一国两制”和推进祖国统一重要思想研究	国家社会科学基金项目一般项目	齐鹏飞
马克思主义学院	习近平总书记关于网络意识形态安全的思想研究	国家社会科学基金项目一般项目	蒋丽
清史所	军机处与晚清国家治理研究	国家社会科学基金项目一般项目	刘文鹏
商学院	基于代理理论的信息不对称与政府补助效率研究	国家社会科学基金项目青年项目	宋建波
商学院	中国零售业数字化转型研究	国家社会科学基金项目青年项目	刘向东
社会与人口学院	扶贫项目评估	国家社会科学基金项目青年项目	张有春
社会与人口学院	我国城市残障儿童及家庭服务困境识别与社会工作介入研究	国家社会科学基金项目青年项目	何欣
统计学院	分享经济的统计测度研究	国家社会科学基金项目青年项目	李静萍
文学院	汉语史视阈下楼兰汉文简纸文书词汇研究	国家社会科学基金项目青年项目	路志英
文学院	中国当代文学期刊目录分类编纂及数据库建设（1949—1989）	国家社会科学基金项目青年项目	杨庆祥
文学院	十九世纪《三国演义》的英译与传播研究	国家社会科学基金项目青年项目	王燕
文学院	华美协进社与中国现代文学之关系研究	国家社会科学基金项目特别委托项目	陈倩
文学院	听觉文化研究的话语建构研究	国家社会科学基金项目特别委托项目	王敦
文学院	汉语派生词发展史	国家社会科学基金项目后期资助项目	杨贺
新闻学院	算法推送环境下新闻生产流程重构研究	国家社会科学基金项目后期资助项目	王斌
新闻学院	面向融合传播的新闻内容生产机制研究	国家社会科学基金项目后期资助项目	唐铮
信息资源管理学院	数字中国背景下数字贫困消减行动研究	国家社会科学基金项目后期资助项目	闫慧
信息资源管理学院	基于国家认同视阈的家族档案研究	国家社会科学基金项目后期资助项目	张全海
学术期刊社	文化学学科体系建构研究	国家社会科学基金项目中华学术外译项目	林坚
哲学院	当代中国都市佛教与基督教民间发展形态研究	国家社会科学基金项目专项项目	曹南来
哲学院	笛卡尔永恒真理学说研究	国家社会科学基金项目专项项目	雷思温

续表

所属单位	项目名称	项目分类	负责人
哲学院	从比较哲学的角度探究先秦思想中的“是非”	国家社会科学基金项目中华学术外译项目	马琳
国际关系学院	国家主义理论研究	国家社会科学基金项目青年项目	陈华文
国家发展与战略研究院	社会治安综合治理体制的转变与优化研究	国家社会科学基金项目青年项目	卜清平
国家发展与战略研究院	俄罗斯央地关系治理及对中俄关系的影响研究	国家社会科学基金项目青年项目	宋博
经济学院	生命周期视角下最低生活保障制度的全面影响与改革路径研究	国家社会科学基金项目青年项目	宋扬
经济学院	近代中国银行业与钱业的比较研究	国家社会科学基金项目青年项目	孙睿
经济学院	比较视野下的明斯基经济不稳定性思想研究	国家社会科学基金项目青年项目	李黎力
历史学院	清代田赋积欠与治理研究	国家社会科学基金项目青年项目	李光伟
历史学院	北宋三司财政管理体制研究	国家社会科学基金项目青年项目	张亦冰
马克思主义学院	社会民主的基础理论与实证测量研究	国家社会科学基金项目青年项目	王衡
马克思主义学院	中共革命经验对共产国际理论影响研究(1921—1943)	国家社会科学基金项目青年项目	周家彬
马克思主义学院	政治哲学视阈中的黑格尔与马克思关系研究	国家社会科学基金项目青年项目	任劭婷
社会与人口学院	积极老龄化背景下中国老年人社会参与模式研究	国家社会科学基金项目青年项目	谢立黎
外国语学院	茨维塔耶娃长诗创作与民间文学关系研究	国家社会科学基金项目青年项目	李莎
文学院	先秦口头文学的生成及文本呈现研究	国家社会科学基金项目青年项目	魏玮
文学院	阿甘本与西方语文学研究	国家社会科学基金项目青年项目	赵倞
文学院	汉语话题延续与转换机制及其计算模型研究	国家社会科学基金项目青年项目	卢达威
文学院	色诺芬四部苏格拉底作品的译注与研究	国家社会科学基金项目青年项目	彭磊
哲学院	互联网价值论研究	国家社会科学基金项目青年项目	王小伟
汉青经济与金融高级研究院	宏观金融研究中的潜在变量模型的统计推断方法及其应用	国家社会科学基金项目青年项目	李勇
财政金融学院	金融监管的经济分析	国家社会科学基金项目后期资助项目	马勇
财政金融学院	商品金融化的逻辑	国家社会科学基金项目后期资助项目	张成思
劳动人事学院	农民退休权及其保障研究	国家社会科学基金项目后期资助项目	涂永前
历史学院	天地之间：天文分野的历史学研究（国家社科）	国家社会科学基金项目后期资助项目	邱靖嘉
历史学院	从“新史学”到“新汉学”——清末民初史学发展历程研究	国家社会科学基金项目后期资助项目	姜萌
农业与农村发展学院	牧区草地资源的可持续管理：制度、政策与市场（国家社科）	国家社会科学基金项目后期资助项目	谭淑豪
商学院	新时代我国家庭消费持续增长的动力机制研究	国家社会科学基金项目后期资助项目	石明明
文学院	莎士比亚《李尔王》与现代思想的兴起	国家社会科学基金项目后期资助项目	娄林
环境学院	居民采取雾霾防护措施的影响因素研究：基于调查和实验方法的实证分析	国家自然科学基金项目重点项目	龚亚珍
信息学院	跨模态大数据实时交互式分析	国家自然科学基金项目重点项目	文继荣

续表

所属单位	项目名称	项目分类	负责人
经济学院	随机实地实验和行为经济学	国家自然科学基金项目优秀青年科学基金项目	陆方文
物理学系	铁基和低维关联电子体系	国家自然科学基金项目优秀青年科学基金项目	雷和畅
物理学系	基于 qPlus 原子力显微学的单分子物理化学测量技术	国家自然科学基金项目优秀青年科学基金项目	程志海
财政金融学院	收益可预测性、资本利得税与资产组合选择问题研究	国家自然科学基金项目青年科学基金项目	徐靖
财政金融学院	不完美信息环境下的信息不确定性风险在经济周期和资产定价中的理论与实证研究	国家自然科学基金项目青年科学基金项目	梁墨
财政金融学院	非线性空间面板数据模型研究	国家自然科学基金项目青年科学基金项目	雷敬华
公共管理学院	以患者为中心视角下基于数据挖掘的慢性病精准预防与管理模型构建	国家自然科学基金项目青年科学基金项目	梁海伦
汉青经济与金融高级研究院	资产收益率的广义不对称相关性：基于信息熵的统计检验和对股票定价影响的实证研究	国家自然科学基金项目青年科学基金项目	吴轲
环境学院	新型 Cu 基核壳分子筛催化剂研制及净化柴油车尾气 NOx 性能研究	国家自然科学基金项目青年科学基金项目	张涛
教育学院	“易地教育扶贫”的理论与路径研究	国家自然科学基金项目青年科学基金项目	潘昆峰
农业与农村发展学院	农业生产对气候变化的适应能力研究	国家自然科学基金项目青年科学基金项目	杨三思
劳动人事学院	从“组型”到“构型”：基于成员认知风格视角解决团队创新悖论	国家自然科学基金项目青年科学基金项目	赵锴
劳动人事学院	高等教育扩张对大学生就业和收入影响的区间识别研究	国家自然科学基金项目青年科学基金项目	陈轩
商学院	创业团队共享型领导对团队创新的动态影响：基于互联网创业企业的追踪研究	国家自然科学基金项目青年科学基金项目	祝金龙
商学院	并购、品牌与多市场交互研究：基于消费者视角	国家自然科学基金项目青年科学基金项目	楚燕来
数据工程与知识工程教育部重点实验室	面向集成架构的不规则负载划分及优化关键技术研究	国家自然科学基金项目青年科学基金项目	张峰
统计与大数据研究院	函数型数据分析的积分算子估计——几何降秩模型	国家自然科学基金项目青年科学基金项目	贺诗源
统计与大数据研究院	非参数模型中的低秩和稀疏结构	国家自然科学基金项目青年科学基金项目	何珂俊
统计与大数据研究院	协变量自适应试验设计及统计推断	国家自然科学基金项目青年科学基金项目	马维
新闻学院	时空感知的异构社交网络传播模型研究	国家自然科学基金项目青年科学基金项目	塔娜
信息学院	基于自然语言处理的安全漏洞静态检测方法研究	国家自然科学基金项目青年科学基金项目	黄建军
信息学院	基于动态商业网络的企业创新能力研究	国家自然科学基金项目青年科学基金项目	张文平
财政金融学院	信念、投资者卖出行为与处置效应	国家自然科学基金项目面上项目	汪昌云

续表

所属单位	项目名称	项目分类	负责人
财政金融学院	中国实业部门投融资行为的影响机制研究	国家自然科学基金项目面上项目	张成思
公共管理学院	政治周期、制度摩擦与中国政策的间断性：基于1992—2016年的中国预算变迁数据的实证研究	国家自然科学基金项目面上项目	李文钊
公共管理学院	货币政策冲击下的住房市场情绪波动和房价溢出效应研究——基于媒体大数据情绪指数的分析	国家自然科学基金项目面上项目	黄燕芬
公共管理学院	京津冀地区农村集体建设用地转型：时空规律、农户响应及优化调控	国家自然科学基金项目面上项目	张正峰
公共管理学院	房地产调控效果的空间异质性：理论框架及基于中国256城市大数据的实证研究	国家自然科学基金项目面上项目	余华义
国家发展与战略研究院	中国经济转型中的“改革拖延症”及其治理机制研究：基于行为公共经济学的视角	国家自然科学基金项目面上项目	刘瑞明
国家发展与战略研究院	异质企业环境下税收的超额负担研究	国家自然科学基金项目面上项目	尹恒
化学系	活体微电极抗蛋白吸附的研究	国家自然科学基金项目面上项目	张美宁
化学系	手性1，2，3—三唑卡宾过渡金属催化剂的合成与应用研究	国家自然科学基金项目面上项目	陈自立
继续教育学院	中国乳制品行业“公司＋农户”最优合作边界的理论与实证研究	国家自然科学基金项目面上项目	喻志军
劳动人事学院	中国高铁发展对于劳动力市场的影响：实证框架、应用拓展与政策含义	国家自然科学基金项目面上项目	韩军
历史学院	清代极端气候事件的影响与适应案例分析	国家自然科学基金项目面上项目	萧凌波
农业与农村发展学院	中国氮磷物质流动耦合的动态网络分析和模拟	国家自然科学基金项目面上项目	陈敏鹏
商学院	基于异质企业贸易模型研究中国多产品企业的国际化行为	国家自然科学基金项目面上项目	易靖韬
商学院	企业战略选择对创新模式的影响机理及其经济后果研究	国家自然科学基金项目面上项目	袁蓉丽
商学院	数字化商业环境下创业企业的“最优区分”问题研究	国家自然科学基金项目面上项目	郭海
商学院	基于互联网的产业生态对供应链金融模式与效率的影响研究	国家自然科学基金项目面上项目	宋华
商学院	财务报告舞弊的劳动力市场后果研究	国家自然科学基金项目面上项目	叶康涛
商学院	上市公司社会关系与创新信息定价	国家自然科学基金项目面上项目	伊志宏
商学院	不同场景下面向无人零售终端的供应链资源整合优化研究	国家自然科学基金项目面上项目	姚建明
商学院	社会拥挤对消费者决策模式及产品偏好的影响机制研究	国家自然科学基金项目面上项目	丁瑛
商学院	企业APP作用机理研究：促销策略、消费者使用和线下购买行为的关系	国家自然科学基金项目面上项目	王霞
商学院	基于动态多层网络的企业信用风险研究	国家自然科学基金项目面上项目	吴武清
数据工程与知识工程教育部重点实验室	复杂背景图像中文字关键词匹配技术研究	国家自然科学基金项目面上项目	李锡荣
数学学院	耗散系统的多辛几何算法	国家自然科学基金项目面上项目	苏红玲

续表

所属单位	项目名称	项目分类	负责人
数学学院	高阶高维张量回归的优化理论与算法	国家自然科学基金项目面上项目	张春华
统计学院	基于非结构化数据的个人信用评价	国家自然科学基金项目面上项目	张波
统计与大数据研究院	截面相依数据的处理效应估计与推断：理论与应用	国家自然科学基金项目面上项目	艾春荣
物理学系	铁基超导材料的离子液体氢化研究	国家自然科学基金项目面上项目	于伟强
物理学系	氮（氧）化物长余辉发光材料的非平衡制备及其机理研究	国家自然科学基金项目面上项目	袁轩一
物理学系	LnSb/LnBi 极大磁阻材料的磁输运及拓扑特性研究	国家自然科学基金项目面上项目	夏天龙
物理学系	多体局域化中的若干问题	国家自然科学基金项目面上项目	贺荣强
物理学系	二维层状材料原子尺度缺陷与微纳米尺度电学性质间的关联研究	国家自然科学基金项目面上项目	程志海
心理学系	风险决策中末期效应的内在机制及应用研究	国家自然科学基金项目面上项目	邢采
信息学院	基于深度学习的个性化搜索技术研究	国家自然科学基金项目面上项目	窦志成
信息学院	基于记忆增强神经网络的用户兴趣理解与个性化推荐技术研究	国家自然科学基金项目面上项目	赵鑫
环境学院	低强度超声波强化低浓度污水厌氧生物处理作用机制研究	国家自然科学基金项目地区科学基金项目	张光明
化学系	中加绿色化学双边研讨会	国家自然科学基金项目国际合作与交流项目	王亚培
农业与农村发展学院	易地扶贫搬迁的社会经济与环境影响评估	国家自然科学基金项目国际合作与交流项目	仇焕广
物理学系	具有强层间耦合的二维层状材料的研究	国家自然科学基金项目国际合作与交流项目	季威
信息学院	发展型偏微分方程组的奇异极限	国家自然科学基金项目国际合作与交流项目	欧耀彬
信息学院	函数空间实变理论及其应用（1）	国家自然科学基金项目国际合作与交流项目	杨云雁
信息学院	函数空间实变理论及其应用（2）	国家自然科学基金项目国际合作与交流项目	刘丽光
化学系	聚合物近红外光热转换（杰青）	国家自然科学基金项目国家杰出青年科学基金	王亚培
信息学院	漏洞相关数据集中的知识发现及在漏洞检测中的应用	国家自然科学基金项目联合基金项目	梁彬
信息学院	深度学习支持的政府治理大数据分析与预测关键技术研究	国家自然科学基金项目联合基金项目	许伟
信息学院	政府治理大数据行为知识图谱关键技术研究	国家自然科学基金项目联合基金项目	陈跃国
信息资源管理学院	基于大数据的政府治理综合示范应用	国家自然科学基金项目联合基金项目	杨孟辉
信息学院	高时效、可扩展的大数据计算模型、优化技术与系统	国家重点研发计划课题	陈红
经济学院	深化“放管服”改革促进营商环境持续优化研究	教育部人文社科项目重大课题攻关项目	聂辉华
马克思主义学院	坚持和加强党的全面领导研究	教育部人文社科项目重大课题攻关项目	张世飞

续表

所属单位	项目名称	项目分类	负责人
农业与农村发展学院	乡村振兴战略实施路径研究	教育部人文社科项目重大课题攻关项目	张利庠
农业与农村发展学院	新中国成立以来我国乡村治理体系建设历史经验研究	教育部人文社科项目重大课题攻关项目	仝志辉
哲学院	我国古代治国理念研究	教育部人文社科项目重大课题攻关项目	彭新武
法学院	中国民法典评注	教育部人文社科项目基地重大项目	杨立新
经济学院	产业结构演化视角下的中国生态文明与绿色发展研究	教育部人文社科项目基地重大项目	林岗
经济学院	“十三五”时期中国宏观调控体系的改革与转型问题研究	教育部人文社科项目基地重大项目	陈彦斌
清史所	清代满汉关系视野下的国家治理研究	教育部人文社科项目基地重大项目	杨念群
社会与人口学院	中国少数民族人口与边疆发展研究	教育部人文社科项目基地重大项目	段成荣
财政金融学院	经济金融化的核心特征和微观形成机理研究	教育部人文社科项目青年项目	罗煜
国际学院	机构投资者调研与盈余管理：理论机理与实证研究	教育部人文社科项目青年项目	徐星美
国家发展与战略研究院	结构性减税对企业杠杆率的影响	教育部人文社科项目青年项目	邹静娴
劳动人事学院	组织中工作重塑的作用机制：一项跨层追踪研究	教育部人文社科项目青年项目	王桢
劳动人事学院	延迟退休对我国就业、经济增长和社会福利的影响机制及定量测算	教育部人文社科项目青年项目	刘相波
历史学院	早期国家的商周模式研究	教育部人文社科项目青年项目	曹斌
商学院	数字创意企业共享型领导的影响因素及效能机制	教育部人文社科项目青年项目	祝金龙
文学院	欧美早期电影的知觉范式研究	教育部人文社科项目青年项目	陈涛
新闻学院	商业模式创新视角下平台型媒体的建构路径研究	教育部人文社科项目青年项目	黄森
信息学院	基于异构信息网络构建与特征提取的高校专利转化推荐研究	教育部人文社科项目青年项目	杜玮
公共管理学院	农村失能老人照护状况调查、成本测算与综合治理体系研究	教育部人文社科项目规划项目	胡宏伟
公共管理学院	城镇非正规经济空间结构形成机理与治理研究	教育部人文社科项目规划项目	张磊
国际关系学院	国际政治的不确定性对中国对外直接投资的影响研究	教育部人文社科项目规划项目	韩彩珍
国家发展与战略研究院	地方偏袒主义的遏制与高校招生质量提升研究：理论与中国的经验证据	教育部人文社科项目规划项目	刘瑞明
农业与农村发展学院	在有效实现农民集体土地所有制基础上推进企业农地流转合约稳定与扩张研究	教育部人文社科项目规划项目	辛毅
商学院	消费者财务受限感对亲社会行为的促进作用及其心理机制	教育部人文社科项目规划项目	蒋晶
外国语学院	日本当代学者“帝国史”书写及其史观研究	教育部人文社科项目规划项目	钱昕怡
心理学系	积极情绪影响创造力的双通道模型及其干预研究	教育部人文社科项目规划项目	刘聪慧
信息资源管理学院	用户在线品牌选择动态预测模型的实证研究	教育部人文社科项目规划项目	钱明辉

续表

所属单位	项目名称	项目分类	负责人
艺术学院	音乐表演艺术学科交叉融合模式与人才培养路径研究	教育部人文社科项目规划项目	张放
应用经济学院	产业政策与新兴行业产能过剩—以风电行业为例	教育部人文社科项目规划项目	宋枫
公共管理学院	京津冀基本公共服务协同发展研究	北京市社会科学基金项目重大项目	孙玉栋
财政金融学院	“双支柱”调控框架的理论与实证研究	北京市社会科学基金项目重点项目	马勇
马克思主义学院	新世纪以来国外流行社会思潮研究	北京市社会科学基金项目重点项目	韩海涛
马克思主义学院	MEGA2 版《德意志意识形态》专题研究	北京市社会科学基金项目重点项目	赵玉兰
新闻学院	北京冬奥会国际传播与新媒体传播体系研究——策略设计与渠道选择	北京市社会科学基金项目重点项目	胡百精
新闻学院	改革开放 40 周年首都地区新闻从业人员职业权威研究	北京市社会科学基金项目重点项目	陈阳
历史学院	日本青木文库皮藏民国北京多媒体文献的整理与研究	北京市社会科学基金项目一般项目	牛贯杰
社会与人口学院	社会治理创新视域下北京社区基金会发展模式与培育策略研究	北京市社会科学基金项目一般项目	黄家亮
信息资源管理学院	文化惠民导向的档案馆公共服务策略研究	北京市社会科学基金项目一般项目	黄霄羽
公共管理学院	以患者为中心的医患共同决策模式研究——以首都基层卫生服务机构的慢性病管理为例	北京市社会科学基金项目青年项目	梁海伦
国家发展与战略研究院	社会空间视域下城乡“过渡型”村区社会治理问题研究	北京市社会科学基金项目青年项目	魏钦恭
教育学院	大学生理想信念教育与生涯发展研究	北京市社会科学基金项目青年项目	崔盛
经济学院	北京市土地供给侧结构性改革与产业转型升级研究	北京市社会科学基金项目青年项目	杨继东
劳动人事学院	北京市“新医改”对居民就医行为的影响	北京市社会科学基金项目青年项目	王天宇
农业与农村发展学院	北京农村抵押品替代机制创新的风险防范研究	北京市社会科学基金项目青年项目	毛飞
新闻学院	异构社交网络传播模型及其上北京影响力最大化问题研究	北京市社会科学基金项目青年项目	塔娜
哲学院	人的尊严与脆弱性	北京市社会科学基金项目青年项目	王福玲
公共管理学院	基于合作治理的北京市文化类事业单位分类改革研究	北京市社会科学基金项目研究基地项目一般项目	李文钊
历史学院	晚清民国京畿地区女学研究	北京市社会科学基金项目研究基地项目一般项目	杨剑利
马克思主义学院	空间转向：历史唯物主义的一种可能性重释?	北京市社会科学基金项目研究基地项目一般项目	沈江平
马克思主义学院	以马克思主义虚拟资本理论研究现代化经济体系中的实体经济与虚拟经济	北京市社会科学基金项目研究基地项目一般项目	马慎萧
马克思主义学院	中国共产党处理中央和地方关系的历史经验研究（1949—1954）：以北京市为中心	北京市社会科学基金项目研究基地项目一般项目	李坤睿
社会与人口学院	北京市老年人养老意愿、养老需求及政策应对	北京市社会科学基金项目研究基地项目一般项目	陶涛
信息资源管理学院	北京非物质文化遗产的娱教化保护与传承研究	北京市社会科学基金项目研究基地项目一般项目	加小双
信息资源管理学院	2022 年北京冬奥会文献遗产的保护与传承	北京市社会科学基金项目研究基地项目重点项目	徐拥军

续表

所属单位	项目名称	项目分类	负责人
公共管理学院	非首都核心功能疏解的用地保障研究	北京市科委项目	严金明
数据工程与知识工程教育部重点实验室	大数据共享融合关键技术研究及政务治理验证	北京市科委项目	卢卫
信息学院	融合听觉信息的语言理解技术研究及应用验证	北京市科委项目	金琴
信息学院	互联网环境下北京养老服务创新模式研究：边界跨越的视角	北京市自然科学基金项目面上项目	左美云
经济学院	“龙头效应”与京津冀地区出口质量升级研究	北京市社科联项目青年社科人才资助项目	赵勇
社会与人口学院	改革开放以来创业成功者的社会来源研究	北京市社科联项目青年社科人才资助项目	朱斌
法学院	中国特色社会主义程序法治研究	北京市社科联项目习中心项目	汤维建
马克思主义学院	依规依纪从严治党研究	北京市社科联项目习中心项目	赵淑梅
农业与农村发展学院	新时代我国精准扶贫、精准脱贫的理论和实践研究	北京市社科联项目习中心项目	郑风田

发展规划

■ 学科和事业发展规划

一、概况

学校开展“十三五”规划中期评估工作。为掌握“十三五”规划实施以来重点目标的完成情况和重要举措的实施情况，及时评估形势变化，学校从2018年11月起组织主要职能部门、各学院开展“十三五”规划中期评估工作，形成系列评估报告。

2018年，学校进一步推动学科发展规划工作。对接国家战略需求，面向时代前沿，成立了丝路学院、高瓴人工智能学院；完善优化学科布局，助力“双一流”建设，成立了数学学院，并对经济学院进行改革，成立了以理论经济学为主体的新经济学院和以应用经济学为主体的应用经济学院。

二、事业发展规划工作

（一）“十三五”规划中期评估工作

为切实掌握“十三五”规划实施三年来学校的发展情况，及时梳理学校总体发展目标和各项具体目标的完成情况、各学院发展情况、各项相关重要行动和举措的实施情况，及时评估校内外形势变化和新的发展趋势，及时了解和分析学校发展中面临的新挑战、新困难和新问题，使学校可以在规划后期采取有针对性的行动和措施，从而保障学校、学院“十三五”发展目标的实现，推进学校“双一流”建设进程，学校从2018年11月起组织主要职能部门、各学院开展“十三五”规划中期评估工作，在此基础上对学校整体情况进行认真研究和评估分析，形成“十三五”规划中期评估报告。

（二）向教育部报送学校关于疏解非首都功能有关工作进展情况的报告

根据教育部要求，学校认真梳理了未来在雄安新区的发展设想及相关进展，撰写完成《中国人民大学关于疏解非首都功能有关工作进展情况的报告》，并上报教育部。

三、院系调整及学科发展规划工作

详情见特载。

四、统计信息管理工作

（一）数据填报

1. 3—4月，发展规划处在研究生院、教务处、科研处等15个相关部门的支持配合下，收集、整理数据，填报了《中国人民大学2017—2018学年第二学期统计报表》。该报表共有75张表格，包括人才培养、队伍建设、科学研究、国际交流、办学条件等方面的发展状况。

2. 3—5月，发展规划处按照各大学排名机构的数据口径和填报要求，填报学校相关数据，并将《泰晤士世界大学排名中国人民大学数据》《科睿唯安全球教育机构概况大全项目中国人民大学数据》《QS世界大学排名中国人民大学相关数据》提交给各排名机构。

3. 9—11月，发展规划处在研究生院、教务处、科研处、人才工作领导小组办公室、人事处、学生工作部（处）、招生就业处、资产与后勤管理处等26个相关部门的支持配合下，收集、整理数据，填报了《中国人民大学高等教育基层统计报表（2018—2019学年初）》，并报送北京市教委。

（二）数据发布

2018年，发展规划处累计面向全校公开发布数据两次：6月整理发布《中国人民大学2017—2018学年第二学期重要统计数据》（2017—2018学年校办字40号），12月整理发布《中国人民大学2018—2019学年第一学期重要统计数据》（2018—2019学年校办字28号）。

（三）统计分析

2018年，发展规划处根据学校发展需求，开展了一系列与学科评估、QS学科排名、ESI学科排名相关的专题研究，形成了多份统计分析报告，为学校事业发展及管理决策提供科学依据。完成的报告主要有《中国人民大学QS经济学与计量经济学学科排名成绩分析》《中国人民大学QS法学学科排名成绩分析》《中国人民大学农林经济管理一流学科排名分析报告》《中国人民大学ESI经济学与商学情况分析》。

（四）年度报告

5—7月，发展规划处梳理并印发《中国人民大学年度数据2017》（2018—2019学年校办字10号），该报告包含人才培养、师资队伍、学科建设、科学研究、国际交流、办学条件、分学院情况统计、世界大学排行榜排名情况、中国人民大学与其他高校数据比较等9个部分。

（五）统计服务

发展规划处为学校办公室、新校区建设办公室、国际交流处、人事处、教务处、校医院等部门提供学校综合数据，支持各职能部门开展相关工作。

■ 校园规划与建设

一、概况

2018 年，学校按照“十三五”基本建设规划，全力推进东南区项目工程建设和友谊路基础设施改造工作以及通州新校区建设。

二、中关村校区

（一）东南区项目工程建设

项目进度：东南区项目主体结构顺利封顶并验收；屋面及车库顶板保温防水施工完成；二次结构完成了 90%；机电安装完成了 50%；外幕墙主龙骨安装完成了 30%；督促并配合施工总承包单位完成了变配电室工程招标工作。

项目质量：委托第三方实验室，严格按照规定对所有批次进场材料进行检测复试，从源头确保工程质量，2018 年完成了钢筋、混凝土、砌块、砂浆等材料试验 1 238 项，试验结果合格；每道工序经班组自检、总包质检员检查、监理验收后方可进行下一道工序，形成质量验收记录，加强施工阶段过程控制，保证工程质量。2018 年，东南区项目结构长城杯金奖验收通过、北京市建筑业绿色建造暨绿色施工示范工程检查通过。

项目安全：要求施工总承包单位、监理单位进一步落实安全生产责任制，严格遵守安全生产、消防安全等规章制度，加强安全生产管理及现场安全检查；进行消防安全宣传活动，定期开展现场消防演练；会同监理单位、施工总承包单位每周开展一次安全检查，及时发现安全隐患，并召开安全专题会，督促施工总承包单位立即整改；主动接受学校领导、保卫处，市区消防、安监、城管、街道等各方检查，以此为抓手进一步建立健全工地现场安全防范措施。2018 年，东南区项目通过北京市绿色安全样板工地验收。

项目造价：在项目实施过程中，严格根据《中国人民大学基本建设工程变更及签证管理办法》明确的审批权限、审批程序，按照内控流程进行必要的变更及签证；严格执行《中国人民大学基本建设财务管理办法》，根据支付审批程序和内控流程支付勘察费、设计费、工程进度款、监理费等各类工程款项。2018 年东南区项目完成投资 5 450 万元；截至 2018 年底，东南区项目累计完成投资 24 410 万元。

（二）友谊路基础设施改造项目

为实现东南区综合楼、留学生宿舍建设项目投入使用后供暖、热水、网络、电话、安防、有线电视等基本功能，校园建设管理处会同党委宣传部、保卫处、资产与后勤管理处、信息技术中心、后勤集团等有关部门，围绕友谊路基础设施改造项目进行了多次实地勘察、专题研究。2018 年各有关部门就实施友谊路基础设施改造项目的相关意见达成一致，已报请学校党委常务会研究决策立项，同时完成了本项目的设计单位选用、沿线地质勘察、施工图深化设计、基坑支护设计等工作。

三、通州新校区

2018 年，通州新校区总体建设规划方案通过国家发展和改革委员会评审。

在征地手续方面，通州新校区项目用地取得北京市规划和自然资源委员会批复。

在规划设计方面，通州新校区校园总体规划取得北京市规划部门批复；举办通州新校区校园规划导则展览，征求师生员工及校友意见；开展园林景观、海绵城市、市政道路及综合管廊、基础设施、地下空间综合开发利用等专项规划编制工作。

在单体建筑设计方面，开展了北区学生宿舍一期项目、社会与人口学院楼项目等单体设计工作。

在现场管理方面，全面启动通州新校区项目土方清运工程、文物勘探工程。

■ 专项资金管理

一、专项资金管理机构

专项资金管理办公室全面承担学校专项资金项目管理主要职能，包括中央高校建设世界一流大学（学科）和特色发展引导专项、中央高校改善基本办学条件专项资金项目（原“修购专项”资金项目）。“2011 计划”办公室为学校“2011 计划”相关工作的办事机构，主要负责对外联络、规划设计、组织实施等各项工作。

扎实有为开展中央高校建设世界一流大学（学科）和特色发展引导专项项目管理、绩效管理、全过程管理，做好“双一流”建设资源优化配置，健全制度体系和组织机构，深入推进政策性研究和战略规划性研究，着力为学校“双一流”建设提供全方位、精细化服务。

二、统筹推进世界一流大学和一流学科建设

（一）概况

2018 年，学校“双一流”建设认真对照“双一流”建设方案开展工作，取得阶段性进展，14 个一流学科保持全国领先，社会科学总论、经济学商学、化学等 3 个学科进入 ESI 全球前 1%。2018 年，学校获得中央高校建设世界一流大学（学科）和特色发展引导专项资金（以下简称“引导专项”）合计 4.6 亿元，相比 2017 年增加 2 300 万元，以切实推动一流学科建设提质增效、长远发展为目标，2018 年“引导专项”资源配置突出对一流学科建设的支持力度，积极推动以一流学科为牵引的学科标志性重大平台建设，全年共支持学科建设单位 30 个、公共部门 15 个，搭建成立 15 个学科标志性重大平台。

（二）健全“双一流”建设组织架构体系

1 月 8 日，学校印发《关于公布中国人民大学“双一流”建设领导小组、工作小组及办公室主任、副主任名单的通知》《关于成立中国人民大学“双一流”建设领导小组办公室的通知》，搭建形成“双一流”建设组织架构体系，为学校“双一流”建设高质量发展提供坚强有力的组织保障。

（三）召开“双一流”建设评优评先表彰活动

1 月，“双一流”建设表彰大会在逸夫报告厅举行，学校对“双一流”建设的先进集体和先进个人进行表彰，全面宣传展示“双一流”建设先进事迹。

（四）推动“一流学科建设‘大调研’”会议精神落地落实

1—2 月，系统总结“一流学科‘大调研’”会议精神，完成《推进一流学科建设工作总结报告》。在此基础上，发展规划处在全校范围开展院系“大走访”，就学科标志性重大项目规划、标志性重大成果产出、学科国际性提升三个方面与各院系领导班子进行深入交流研讨。

（五）开展项目提前启动

3 月，向 30 个学科建设单位和部分公共职能部门下发 2018 年“引导专项”提前启动经费，办理

完成“引导专项”提前启动的项目立项和经费拨付，保障各单位的建设资金需求，为学科建设和重大持续性校级项目建设创造了有利条件。

（六）组建学科标志性重大平台

3—4月，按照“集成性、交叉性、前瞻性、标志性”基本原则，推动学科标志性重大平台建设。经过专家遴选、校长办公会讨论、校学术委员会集体决策，在全校层面成立15个学科标志性重大平台，实现了对所有一流学科的全面覆盖，有效带动相关学科发展。

（七）编制专项资金测算方案

4月，按照“保证重点、突出品牌、增量改革、存量优化”基本原则，运用“因素法”从规模测算、学科评估结果测算以及执行绩效测算等方面系统完成2018年“引导专项”测算方案，推动资源配置向一流学科倾斜，为学科标志性重大平台提供重点支持。

（八）组织跨学科院长沙龙

4—5月，召开“院际数据资源共享和学术共同体建设”和“全球治理指数网络数据平台建设”两期跨学科院长沙龙，围绕学科建设中的前沿新兴问题展开讨论，凝聚共识，形成合力，深入推动学科交叉与实质性融合，积极打造“双一流”建设品牌活动。

（九）完成引导专项“一上”“二上”申报

7月，编制完成2019—2021年“引导专项”学校项目申报书，接受第三方专家集中评审，评审专家在对项目申报书40个分项指标进行审核后给出了100%优的评价结论。学校据此将项目申报书以及专家结论正式上报教育部，完成了“一上”申报工作。此后，按照教育部“一下”控制额度，学校于12月完成了“二上”申报工作。

（十）高质量完成“双一流”建设年度进展报告

11月，按照教育部下发关于编制“双一流”建设年度进展报告的通知要求，对照一流大学建设方案和14个一流学科建设方案，学校对2018年度“双一流”建设进展情况进行全面总结，编写完成自评报告，上报教育部并向社会公布。

（十一）高水准创办“双一流”建设年刊

11—12月，深入推动中国人民大学“双一流”建设年刊创刊工作，通过“十大关键词”“数说2018”“七大方面亮点成果”等板块，全面展现“双一流”各项建设任务实施成效，开辟了“双一流”建设风采展现以及经验分享的窗口。

（十二）开展“引导专项”绩效自评

12月，全面启动“引导专项”预算绩效自评工作，按照“全面覆盖、突出重点”基本原则，开展项目支出绩效目标执行监控，编制完成2018年“引导专项”绩效自评报告和绩效目标自评表，对全年绩效管理工作做好经验总结和问题梳理。

三、改善基本办学条件专项资金项目管理

（一）概况

2018年，学校共29个项目获得专项经费支持，总金额1.03亿元。高效推进2018年项目执行，顺利完成了2019—2021年项目库建设，开展2017年项目绩效自评工作，并顺利通过教育部委托第三方机构对2019年项目的评审和对2017年项目的检查。同时，积极开展制度建设，制定并印发《中国人民大学改善基本办学条件专项项目管理办法（试行）》，为专项项目管理提供了明确的制度规范。

（二）高效推进2018年项目执行

3—4月，根据教育部的项目批复开展项目启动工作。组织召开工作会议，向财务处、大类管理部门及各项目单位发放立项通知书。严格按照教育部和财政部的要求对细化论证材料进行审核，按照

“成熟一项，启动一项”的原则，对细化方案符合国家要求的项目快速启动。4月，完成全部项目的启动工作，各项目进入执行状态。

（三）积极组织2019—2021年项目库动态管理和申报，并接受教育部委托的第三方评估机构对2019年项目申报进行评估

3—6月，为做好专项项目管理工作、提升专项管理的规划性和科学性、保证年度项目申报工作顺利开展，专项资金管理办公室积极组织2019—2021年项目申报工作。经专项资金管理工作小组审议、领导小组决策，最终按房屋修缮、基础设施改造、设备资料购置、建设项目配套工程四个大类向教育部申报2019—2021年中央高校改善基本办学条件专项项目库。

7月，教育部委托中天宏咨询公司对学校申报的2019年项目进行评审，专项资金管理办公室牵头组织四大类项目参加评审，涉及14个项目单位的32个子活动参加此次评审，现场评审工作圆满完成，所有项目均通过评审。

（四）顺利完成2017年改善基本办学条件专项项目绩效自评并接受检查

1月，根据教育部文件精神和学校工作部署，学校组织了2017年23个项目的绩效自评工作，严格对照绩效目标填写绩效自评表，并对绩效自评工作进行总结，经校领导批准后上报教育部。

7月，教育部对2017年改善基本办学条件专项项目的管理、执行和绩效进行全面检查，学校全部项目顺利通过检查。

（五）制定颁布《中国人民大学改善基本办学条件专项项目管理办法（试行）》

经2018—2019学年第9次校长办公会审议通过，《中国人民大学改善基本办学条件专项项目管理办法（试行）》于11月16日正式印发。该办法根据财政部、教育部《中央高校改善基本办学条件专项资金管理办法》（财科教〔2017〕3号）的要求进行编制，由发展规划处牵头，经专项工作小组两次会议讨论，并向有关部门多次征求意见。

四、北京高校“双一流”建设资金专项

（一）概况

2018年底，学校获得“北京高校‘双一流’建设资金专项”10 000万元（奖补资金5 500万元、项目资金4 500万元），用于支持一流大学建设，促进央地共建共享。学校在“服务北京，重点投入；定位一流，构建高峰；项目主导，重在创新；改革发展，突出绩效”的指导原则下，认真规划、坚持一流，推动学校和学科建设全面融入北京“四个中心”战略定位。

（二）开展专项规划工作

7月，根据《关于统筹推进北京高等教育改革发展的若干意见》和《北京高校“双一流”建设资金管理办法》，学校立足在人文社会科学领域独树一帜的学科优势，紧密围绕北京“四个中心”战略定位，形成《北京市与中央高校共建一流大学建设计划书》，为推动学校“双一流”建设与北京市“四个中心”建设相结合制定了发展蓝图和施工图。

（三）编制项目资金概算

8月，按照北京市教委要求，在《北京市与中央高校共建一流大学建设计划书》基础上，细化形成《北京支持“双一流”高校建设项目概算申报表》，经学校同意后，上报北京市教委。

（四）推动与市属高校学科结对共建

按照北京市教委关于开展和市属高校结对共建的通知要求，学校与首都经济贸易大学（应用经济学、工商管理）、北京联合大学（工商管理）、北京印刷学院（新闻传播学）进行共建。6月12日，学校召开结对共建工作会。7月18日，学校党委书记靳诺参加北京市教委组织的北京高校学科共建签约仪式，与结对高校签约。

（五）组织申报北京高精尖学科

按照北京市教委通知，积极组织学科申报北京高精尖学科。北京高精尖学科采取限额申报，9月，经学校评审决定，向北京市教委申报科技金融、新时代中国经济学、食品安全治理、大数据与人工智能四个学科。11月4日，申报学科参加北京高精尖学科答辩。

五、“2011计划”

（一）概况

根据教育部《高等学校“十三五”科学和技术发展规划》《2011协同创新中心建设发展规划》《2011协同创新中心政策支持意见》《2011协同创新中心认定暂行办法》等文件要求与精神，按照学校“2011计划”工作的整体部署，扎实推进政策服务、综合管理等各项工作。

（二）项目管理及进展情况

1. 重视政策服务，扎实做好“2011计划”政策追踪与研究工作

扎实做好“2011计划”国家政策及兄弟高校协同创新中心运行情况的追踪与研究工作，追踪国家“2011计划”政策的最新进展，追踪兄弟高校协同创新中心的建设与运行情况。

2. 提升管理水平，认真做好校内协同中心运行与服务工作

不断提高管理服务水平，积极推进校内协同中心的培育与日常运行，做好校内已成立中心的资源配置和配套政策支持协调工作，持续支持校内协同创新中心建设。以“双一流”建设为契机，推动校内协同中心充分参与，加快建设。

3. 加强共建合作，积极协助西藏民族大学西藏文化传承发展协同创新中心申报省部共建协同创新中心

5月，学校收到西藏民族大学《关于邀请中国人民大学参与我校省部共建协同创新中心建设的函》，邀请学校协助西藏文化传承发展协同创新中心申报省部共建协同创新中心。学校高度重视，全力配合，最终顺利完成申报工作。同时，鼓励校内专家学者开展相关研究，推动协同攻关，为服务国家治藏方略、促进西藏长足发展和长治久安提供智力支持。

对外交流与合作

一、概况

2018 年，学校与西班牙巴塞罗那自治大学、芬兰坦佩雷大学、日本关西学院大学、俄罗斯人民友谊大学、哥斯达黎加大学、台湾辅仁大学、香港城市大学、意大利 LUISS 大学、英国谢菲尔德大学、埃及艾因夏姆斯大学、台湾政治大学等共 24 所大学签署或续签了合作协议。截至 2018 年底，与学校签订合作协议的高校和机构共有 279 所。

2018 年，学校出国及赴港澳台地区进行学术交流活动共计 3 659 人次；派出校级代表团 26 团次，访问了德国、意大利、墨西哥、哥斯达黎加、巴拿马、法国、韩国、俄罗斯、捷克、保加利亚、匈牙利、美国、白俄罗斯、朝鲜、日本、加拿大、哈萨克斯坦、吉尔吉斯斯坦、希腊、澳大利亚、新加坡、埃及、伊朗，以及香港特别行政区、澳门特别行政区和台湾地区的教育科研机构。

2018 年校级项目共派出 967 人，其中校际交换项目 303 人，校长奖学金项目 71 人，国家公派项目 367 人，寒暑期项目 196 人。“一带一路”领袖人才国别调研项目第二期共选派 26 名学生分别赴哈萨克斯坦和马来西亚展开调研。

2018 年，接待国际政要和境外高校副校长以上级别来访代表团 59 个；孔子学院总部资助学校接待来华师生交流团组 13 个，来宾累计 279 人，其中中学生 82 人、大学生 129 人（含 97 人参加学校暑期国际小学期）、中学校长 25 人、大学教育工作者 43 人；授予名誉教授称号 1 人；

经教育部批准，学校主办、合办国际及港澳台会议 47 次。

截至 2018 年底，学校与国外高校合作共建了 12 所海外孔子学院，涉及 10 个国家（亚洲和非洲各 1 所，欧洲 6 所，美洲 4 所）。

二、主要工作

（一）全球伙伴布局“百花齐放”，积极推动实质性合作

截至 2018 年底，学校已与世界上 58 个国家和地区的 279 所高校、机构及国际组织建立了校际合作伙伴关系。2018 年新签协议 10 个，续签协议 16 个。

从分布上看，全球伙伴布局呈现“百花齐放”的态势。学校除与耶鲁大学、哥伦比亚大学、剑桥大学、牛津大学等世界名校建立了合作关系外，还与主要发展中国家及“一带一路”沿线国家的最顶尖高校建立了伙伴关系，如哈萨克斯坦纳扎尔巴耶夫大学、阿塞拜疆巴库大学、墨西哥国立自治大学等。

从合作紧密度上看，与欧美传统名校及日韩高校的合作仍为主流。具体合作形式从一般学生交换、教师交流、合作研究、合作举办国际会议等，逐渐向联合培养硕士、博士研究生等更加深入的方向拓展。

（二）师生国际互动日益频繁，形成了往来密切的交流局面

大力做好“请进来”工作。2018 年，学校举办世界级、高水平的国际学术会议 47 次，国际学术大家纷纷登上人大讲坛；国外高层代表团来访频繁，2018 年学校接待政要来访团组 17 个，高校来访团组 59 个。

积极拓展“走出去”渠道。2018 年，校级团组出访成果显著，通过全年 15 次校级因公出访，拓展了学校与伊朗、巴拿马、白俄罗斯、捷克等国家高校的合作，巩固了与美国、加拿大、澳大利亚等国重要伙伴的合作关系。

（三）充分发挥学校优势，大力推动各项人文交流

5 月，学校举办中俄友好、和平与发展委员会教育理事会第二次全体会议，教育理事会中方主席、中国人民大学副校长杜鹏出席并致辞，此次会议对组织各理事单位开展中俄友好合作交流工作进行了规划和部署。

6 月，中国人民大学中欧人文交流研究中心揭牌仪式举行，校长刘伟出席仪式并致辞。中欧人文交流研究中心的成立将促进中国人民大学在中欧人文交流机制建设领域开展更多深入对话与研究，构建多层次的人文交流之桥，开启中欧人文交流研究的崭新篇章。

此外，学校还继续承接“知行中国—中美青年菁英项目”“知行中国—中美学术影响力项目”系列中美人文交流机制活动。

（四）孔子学院工作坚持内涵式发展、积极克服各种困难

截至 2018 年底，学校与国外高校合作共建了 12 所海外孔子学院，涉及 10 个国家（亚洲和非洲各 1 所，欧洲 6 所，美洲 4 所）。

12 月 5 日召开的第十三届全球孔子学院大会授予中国人民大学合作共建的海外孔子学院两项荣誉：哥斯达黎加大学孔子学院荣获“全球先进孔子学院”，意大利博洛尼亚大学孔子学院外方院长莫笛（Marina Timoteo）荣获“全球孔子学院先进个人”称号。中国人民大学承建的孔子学院已 21 次获得“全球先进孔子学院”、“全球孔子学院先进个人”及“孔子学院先进中方合作院校”称号。

2018 年，学校先后迎来了德国莱比锡大学孔子学院以及哥斯达黎加大学孔子学院成立十周年。学校领导通过率团督导孔子学院工作、邀请来访、视频会议等方式，与各家孔子学院所在大学共同召

开孔子学院理事会会议，共商合作发展；召开孔子学院中方院长述职及工作会议；邀请孔子学院所在大学领导参加学校承建海外孔子学院工作招待会。

2018年，孔子学院总部资助学校接待来华师生交流团组13个，来宾累计279人，其中中学生82人、大学生129人（含97人参加学校暑期国际小学期）、中学校长25人、大学教育工作者43人，创项目开展以来最大接待量。与此同时，学校全面提升了接待活动的学术性、文化性、专业性和丰富性。

11月，第六届世界汉学大会及理事会会议在学校召开。学校各个学科领域的一流学者积极参与"孔子新汉学计划"博士生项目的培养工作，为该计划博士生制定精英式、个性化的培养计划。受该项目资助的在校博士生有11人（7名联培博士生，4名来华培养博士学位生）。学校联合国家汉办/孔子学院总部和京内外高校，每学期在校内举办"孔子新汉学计划"博士生论坛。

（五）学生海外交流更加丰富，国际学生工作稳步开展，中外合作办学继续推进

2018年校级项目共派出967人，其中校际交换项目303人，校长奖学金项目71人，国家公派项目367人，寒暑期项目196人。"一带一路"领袖人才国别调研项目第二期共选派26名学生分别赴哈萨克斯坦和马来西亚展开调研。

2018年秋季学期，学校长期在校国际学生1 552人，包括本科生663人，硕士研究生489人，博士研究生127人，非学历生273人。2018年春季学期共有143名本科生、96名硕士生和10名博士生顺利毕业获得学位。学校第一个英文本科项目GLOBAL BBA的26名新生入学；丝路学院第一届英文硕士学生在苏州入学。

学校中法学院新一轮合作办学进展顺利，学校加强哲学、历史、新闻、数学等多学科全面对法交流合作，拟新增人力资源管理和传播学（国际传播方向）两个办学专业。学校与加拿大女王大学合作举办的金融学专业硕士项目通过了教育部评估，办学质量不断提升。

（六）港台校际交流工作再拓展，对澳门交流工作取得新突破，港澳台学生培养质量进一步提升

4月，由包括学校在内的北京12所高校及香港教资会资助的8所大学共同倡议发起的"京港大学联盟"成立，进一步提升京港两地高校合作的层次和水平。5月8日，学校与台湾政治大学共同举办"政治大学日"主题交流活动，台湾政治大学校长周行一率团访问学校，双方签署了校际及院际交流协议。6月9—11日，学校副校长杜鹏率团进行回访，双方就已达成初步合作意向的相关议题进行了详细沟通讨论。

9月1日，中国人民大学澳门校友会成立。学校党委书记靳诺、副校长杜鹏率团出席澳门校友会成立大会并看望在澳校友。其间，澳门特别行政区行政长官崔世安会见了靳诺一行，双方就加强教育合作、深度培养青年精英等事务交换意见并达成了初步共识。至此，学校在港澳台地区均已成立了校友会，对推动学校对港澳台地区交流工作将发挥建设性作用。

2018年，学校共接待港澳台交换生119名，派出赴港澳台地区交换生87名。学校继续举办教育部重点对港、对台教育交流项目"香港城市大学法律生暑期实习班""两岸学子·彩虹计划"，实施教育部"港澳与内地高校师生交流计划"，承接全国台联千人夏令营等活动，参与师生人数达600余人。先后组织交换生开展两次北京一日文化体验活动以及"寻迹苏沪""知行齐鲁"文化体验活动及两次长城文化体验活动。12月18日，学校部分台湾师生代表受邀参加庆祝改革开放40周年大会。

2018年，学校出台了《中国人民大学招收和培养香港特别行政区、澳门特别行政区及台湾地区学生管理办法》，进一步推动港澳台学生工作规范化管理。

作为北京市港澳台侨学生教育管理研究会秘书处所在单位，学校先后组织开展"感悟航空航天魅力"主题参观活动、北京市港澳台侨学生"迎新年·看演出"活动、"金秋相聚北京——2018北京高校港澳台侨学生迎新晚会"等一系列具有重要影响力的活动。

（七）亚洲研究中心工作进一步拓展

2018 年，学校继续与韩国高等教育财团共同举办“国际儒学论坛・2018”。校长刘伟与韩国高等教育财团总长朴仁国出席论坛开幕式并致辞。此外，在韩国高等教育财团实施国际学术交流项目 20 周年之际，亚洲研究中心编纂了《中国人民大学历年参加国际学术交流项目学者文集》。8 月 30 日—9 月 2 日，校长刘伟率团访问韩国，出席由财团举办的“2018 亚洲研究中心主任会议”并发表演讲。7 月，学校选派了 5 名学生参加了财团举办的“中韩学生领袖项目”。此外，亚洲研究中心还资助学校公共管理学院举办了“亚洲政策论坛”，资助学校文学院举办了“纪念艾特玛托夫诞辰 90 周年暨世界文化语境中的艾特玛托夫”国际学术会议，选派学者参加兄弟院校举办的论坛。

（八）出国境管理服务继续优化，不断提升工作效率和质量

学校 2018 年全年因公出国（境）总人数共计 3 508 人次，包括短期出访 3 029 人次、长期出访 479 人次。短期出访中工作访问 317 人次、合作研究 239 人次、国际会议 861 人次、短期讲学 41 人次、学生交流 1 445 人次、其他 126 人次，其中国际会议、学生交流增长明显，同比分别增长 12%和 17%。

2018 年，学校共计为教职工办理因公证照、签证、签注 1 296 人次，保管因公证照 1 410 本，同比分别增长 27%和 31%。

（九）制度建设、队伍建设进一步健全

根据《关于印发〈中国人民大学招投标管理工作暂行规定（修订）〉的通知》，学校于 3 月 27 日对学校 2018—2020 年接待外宾团组代理服务进行公开招标遴选，采购管理更加规范；6 月 22 日，通过招投标方式确定“外事工作信息系统”开发单位，进一步推进办公自动化，截至 2018 年底，“外事工作信息系统”开发工作已基本完成；11 月，2018—2020 年会务公司代理服务进行公开遴选，会务公司选用管理更加规范。

制定了《国际交流处财务管理办法》《国际交流处印章管理办法》《国际交流处合同管理办法》，形成若干标准合同模板。

12 月 27 日，组织召开了全校 2018 年外事工作会议，校长刘伟、副校长杜鹏出席，表彰 10 个先进集体，20 位先进个人。

2018 年组织召开学院外事工作会议 1 次，外事秘书培训 2 次，处务会/党政联席会 25 次，按照处内“三重一大”制度的规定对处内的重要决策、重大人事任免和大额的资金支出进行集体决策。5 月，顺利完成处长交接工作。

（十）加大对外宣传，国际影响持续提升

为积极推动学校的海外宣传，吸引海外优秀学生报考学校，学校设计制作多语种《中国人民大学海外宣传册》《中国人民大学暑期学校宣传册》《中国人民大学学科优势情况介绍》；组织参加亚太、北美、欧洲等各区域国际教育专业组织年会暨教育展，随教育部留服中心赴德国参加“留学中国”说明会暨教育展。开发制作学校外事宣传品，满足全校不同层次、不同类型外事活动需要。新开发中俄友好、和平与发展委员会教育理事会网站，维护学校英文网站，做好新闻发布更新工作。

附录

2018年中国人民大学校领导出访团组表

校领导	出访时间	出访国家/地区	出访任务
靳诺 书记	2018年4月10—17日	德国 意大利	访问德国莱比锡大学和意大利博洛尼亚大学，参加莱比锡大学孔子学院成立十周年活动、学校青年民乐团音乐会及博洛尼亚大学孔子学院理事会，签署续办博洛尼亚大学孔子学院的合作协议等活动
	2018年8月31日—9月1日	澳门	接受澳门特别行政区行政长官崔世安会见，出席澳门校友会成立仪式
	2018年11月12—22日	墨西哥 哥斯达黎加 巴拿马	访问墨西哥国立自治大学、哥斯达黎加大学、巴拿马大学等高校，参加学校承建的哥斯达黎加大学孔子学院十周年系列庆典活动，拜访中国驻各国大使馆
刘伟 校长	2018年5月14—18日	法国	参加中国人民大学校友会欧洲分会暨“一带一路背景下中法经济和法律交流巴黎论坛”，访问索邦大学、KEDGE商学院，参加中法学院联合管理委员会筹备会，拜访中国驻法国使馆教育处，看望中法学院学生
	2018年8月30日—9月2日	韩国	出席由韩国高等教育财团举办的2018亚洲研究中心主任会议，促进学校与亚洲研究中心各与会高校代表深入分享交流，并就亚研中心工作开展进行卓有成效的探讨
	2018年10月21—27日	俄罗斯 捷克	访问圣彼得堡国立大学、圣彼得堡国立经济大学和查理大学，并出席第八届中俄高级经济论坛
张建明 党委常务 副书记	2018年4月24日—5月1日	保加利亚 匈牙利	赴保加利亚访问索菲亚大学并参加“中欧关系中的中国—中东欧国家合作（‘16+1合作’机制）”研讨会；率团访问匈牙利布达佩斯考文纽斯大学、匈牙利罗兰大学孔子学院、匈牙利米什科尔茨大学孔子学院
	2018年8月20—24日	美国	率团访问乔治城大学、普林斯顿大学、哥伦比亚大学，与相关校园建设管理部门进行工作交流
王利明 常务副 校长	2018年9月17—22日	白俄罗斯 俄罗斯	率团访问白俄罗斯国立大学，与该校校长就两校校际及法学院交流合作前景等话题进行了探讨；访问俄罗斯人民友谊大学，续签了校际合作谅解备忘录并签署了校际学生交换协议；访问伊尔库兹克大学、中国驻白俄罗斯驻华使馆、中国驻俄罗斯使馆
	2018年11月4—7日	美国	出席明德论坛2018年会；率团访问哥伦比亚大学法学院，双方就进一步开展学生交流、教师互访和联合科研等事项进行了会谈；访问哥伦比亚大学孔子学院，就孔子学院在美工作进行探讨

续表

校领导	出访时间	出访国家/地区	出访任务
吴付来 副书记	2018 年 4 月 12—13 日	香港	出席由香港科技大学举办的“京港大学联盟”成立仪式，顺访香港中文大学，看望学校香港校友
	2018 年 6 月 14—18 日	意大利	赴意大利 LUISS 大学参加中宣部—人民大学—LUISS 大学中国馆签约仪式，率团访问中国驻意大利大使馆
	2018 年 9 月 24—28 日	朝鲜	出席金日成综合大学国际学术研讨会，率团访问平壤科技大学、中国驻朝鲜大使馆
	2018 年 11 月 25—29 日	日本	参加“第五届中日教育交流会——中日大学校长论坛”，率团访问日本关西学院大学及同志社大学等高校，会见中国驻大阪总领馆总领事
洪大用 副校长	2018 年 4 月 15—20 日	美国 加拿大	率团访问美国芝加哥大学，落实中美青年创客交流中心合作事宜，并顺访加拿大拉瓦尔大学，考察该校学生创新创业教育和实践开展情况
贺耀敏 副校长	2018 年 12 月 14—21 日	美国 加拿大	出席中美建交 40 周年座谈会，访问美国加州大学伯克利分校、斯坦福大学，加拿大英属哥伦比亚大学、西蒙菲莎大学和校友企业，并看望校友
吴晓球 副校长	2018 年 6 月 6—13 日	哈萨克斯坦 吉尔吉斯斯坦	参加欧亚高等教育领袖论坛；率团访问哈萨克斯坦纳扎尔巴耶夫大学、国立欧亚大学，吉尔吉斯斯坦比什凯克人文大学、国立民族大学等多所高校，参访中国驻哈萨克斯坦、驻吉尔吉斯斯坦大使馆，并与在哈、在吉校友座谈交流
	2018 年 12 月 10—12 日	希腊 意大利	率团访问雅典大学，就中希文化交流与教育合作开展对话；与中国驻希腊大使馆、比雷埃夫斯工商会合作举办“‘一带一路’五周年：回顾过去的挑战及对未来的展望”研讨会；赴米兰，与意大利智库——意大利国际政治研究所（ISPI）举行对话会谈；到访博洛尼亚大学并参观孔子学院，就中意文化交流展开对话
刘元春 副校长	2018 年 5 月 22—26 日	澳大利亚	出席 2018 年世界大学联盟年会，率团访问西澳大利亚大学，并与参加年会的英国谢菲尔德大学代表团一行进行会谈
	2018 年 8 月 7—20 日	美国	参加教育部“双一流”建设——中国大学校长赴耶鲁大学培训团
	2018 年 8 月 27 日—9 月 2 日	美国	出席中美智库贸易对话系列活动
杜鹏 副校长	2018 年 3 月 24—27 日	新加坡	出席亚太国际交流协会年会，率团访问新加坡新跃社科大学、南洋理工大学和新加坡管理大学
	2018 年 4 月 10—13 日	日本	前往 NHK 电视台录制节目，并访问一桥大学、早稻田大学、上智大学、庆应义塾大学
	2018 年 5 月 8—13 日	美国	赴美国参加学术会议，访问纽约大学、麻州大学波士顿分校及孔子学院、哥伦比亚大学孔子学院
	2018 年 6 月 9—11 日	台湾	参加两岸老年医学研讨会，访问台湾政治大学并与台湾校友会座谈交流
	2018 年 8 月 31 日—9 月 1 日	澳门	出席中国人民大学澳门校友会成立仪式，接受澳门特别行政区行政长官崔世安会见

续表

校领导	出访时间	出访国家/地区	出访任务
杜鹏 副校长	2018 年 10 月 20—25 日	埃及 伊朗	出席国际助老会亚太区域会议，访问艾因夏姆斯大学、开罗大学、德黑兰大学、沙希德·贝赫什提大学、中国驻伊朗大使馆
	2018 年 12 月 22—25 日	新加坡	出席中国人民大学东南亚校友会启动仪式，访问教育资源拓展协会（CASE）亚太区总部，访问摩根大通私人银行中国组及摩根大通捐赠基金会团队

2018 年中国人民大学接待重要来访团组表

序号	时间	主要来访人员
来访政要		
1	2018 年 3 月 5 日	日本金融厅总务企划局参事官柴田聪
2	2018 年 4 月 12 日	法国驻华大使黎想
3	2018 年 4 月 19 日	韩国驻华大使卢英敏
4	2018 年 4 月 20 日	澳大利亚前驻华大使、中国人民大学名誉教授郜若素
5	2018 年 4 月 24 日	吉尔吉斯斯坦外交部长阿布德尔达耶夫
6	2018 年 5 月 13 日	上海合作组织秘书长拉希德·阿利莫夫
7	2018 年 5 月 14 日	南非共产党总书记布莱德·恩齐曼迪
8	2018 年 6 月 5 日	欧盟驻华大使史伟
9	2018 年 6 月 5 日	比利时驻华大使马文克
10	2018 年 9 月 19 日	古巴书记处书记、国际关系部部长何塞·拉蒙·巴拉格尔
11	2018 年 9 月 29 日	斯洛文尼亚前总统达尼洛·图尔克
12	2018 年 10 月 24 日	南非非国大全国执委、非国大东开普省召集人、国会议员伦吉薇·穆凯兹
13	2018 年 11 月 23 日	中国前驻土库曼斯坦和白俄罗斯大使鲁桂成
14	2018 年 12 月 13 日	南非共产党第一副书记马派拉
15	2018 年 12 月 14 日	吉尔吉斯斯坦前总统奥通巴耶娃、吉尔吉斯斯坦驻华大使阿扎马特
16	2018 年 12 月 17 日	韩国高等教育财团总长朴仁国
17	2018 年 12 月 21 日	吉尔吉斯斯坦驻华大使阿扎马特
来访高校领导		
1	2018 年 1 月 15 日	瑞士日内瓦大学副校长米歇尔·奥瑞斯
2	2018 年 3 月 8 日	西班牙巴塞罗那自治大学校长 Margarita Arboix 教授、外事副校长 Màrius Martínez、西班牙哲学系系主任 Beatriz Ferrus、翻译与口译系 Marta Arumi
3	2018 年 3 月 8 日	加拿大拉瓦尔大学校长苏菲·达默尔
4	2018 年 3 月 12 日	印第安纳大学协理副校长肖恩·雷诺兹、印第安纳大学北京中心主任殷嘉
5	2018 年 3 月 16 日	马来西亚拉曼大学校长蔡贤德
6	2018 年 3 月 19 日	法国巴黎第九大学副校长艾迪科

续表

序号	时间	主要来访人员
7	2018年3月22日	法国KEDGE商学院校长何赛・米拉诺
8	2018年3月23日	明尼苏达大学协理副校长Meredith McQuaid、公共政策学院Laura Bloomberg、中国中心主任Joan Brzezinski及中国办公室主任屈婉玲
9	2018年4月10日	英国圣安德鲁斯大学校监及高级副校长Lorna Milne
10	2018年4月10日	泰晤士高等教育亚洲区域董事兼总经理郑柏霖
11	2018年4月16日	挪威卑尔根大学校长Dag Rune Olsen、副校长Annelin Eriksen、副校长Robert Bjerknes、法学院副教授Bjornar Borvik、董事会办公室副主任Rune Indrøy、交流处高级顾问Sverre Ole Drønen、科研管理处高级顾问Kristin Svartveit
12	2018年4月16日	哈萨克斯坦国立欧亚大学副校长赛力克江・卡纳耶夫
13	2018年4月23日	关西学院大学国际处
14	2018年4月25日	法国索邦大学校长让・尚巴兹
15	2018年4月27日	密歇根大学副教务长James Holloway、孔子学院外方院长Joseph Lam和孔子学院中方院长盛希文
16	2018年5月3日	荷兰格罗宁根大学校长西布兰德・珀别玛
17	2018年5月3日	日本一桥大学校长蓼沼宏一
18	2018年5月8日	台湾政治大学校长周行一
19	2018年5月23日	芬兰坦佩雷大学副校长哈利・梅林
20	2018年6月4日	法国蒙彼利埃第三大学校长帕特里克・基利
21	2018年6月5日	以色列特拉维夫大学副校长拉男・雷恩
22	2018年6月19日	匹兹堡大学副教务长Ariel Armony教授
23	2018年6月20日	朝鲜平壤科技大学副校长金在宏
24	2018年6月21日	纽约市立大学柏鲁克分校副教务长Myung-Soo Lee博士、商学院高级副院长Qing Hu博士
25	2018年6月27日	英国谢菲尔德大学副校长白特勒
26	2018年6月29日	英国玛丽皇后大学校长科林・贝利、副校长科林・格兰特
27	2018年7月4日	匈牙利罗兰大学校长博尔伊・拉兹罗
28	2018年7月24日	世界大学联盟执行官约翰・赫恩
29	2018年9月10日	世界大学联盟首席执行官彼得伦尼
30	2018年9月14日	罗彻斯特大学副教务长
31	2018年9月19日	墨西哥学院院长
32	2018年9月21日	印第安纳大学校长麦克・麦克罗比
33	2018年9月28日	曼彻斯特大学校长南希・罗斯维尔
34	2018年10月9日	玛丽皇后大学国际处
35	2018年10月11日	意大利LUISS大学校长安德里亚・普伦奇佩 意大利LUISS大学副校长拉斐尔・马尔凯蒂
36	2018年10月12日	麦考瑞大学人文学院副院长Lynda Yates
37	2018年10月17日	秘鲁天主教大学校长Marcial Rubio
38	2018年10月17日	哥斯达黎加大学校长亨宁・杰森・派宁顿
39	2018年10月19日	麦考瑞大学商经学院执行院长Stephen Brammer
40	2018年10月20日	欧盟委员会教育文化总司总司长赛米斯・克莉丝托弗德
41	2018年10月25日	法国索邦大学校长让・尚巴兹、副校长塞尔日・弗迪达、法国蒙彼利埃第三大学校长帕特里克・基利、法国KEDGE商学院董事会副主席吉・马赫西亚
42	2018年11月1日	一桥大学副校长中野聪
43	2018年11月8日	比利时根特大学校长里克・冯・瓦利
44	2018年11月12日	美国理海大学校长John Simon

续表

序号	时间	主要来访人员
45	2018年11月16日	乌兹别克斯坦新闻与大众传媒大学校长舍尔佐德霍·库德拉特霍季耶夫
46	2018年11月17日	埃及艾因夏姆斯大学校长阿卜杜勒·瓦哈卜
47	2018年11月21日	慕尼黑大学副校长 Han Van Ess
48	2018年11月21日	英国格拉斯哥大学艺术学院院长 Anselm Heinrich
49	2018年11月23日	泰中战略研究中心主任苏拉西·塔纳唐、泰国驻华大使馆公使孟功
50	2018年11月26日	慕尼黑大学校长叶瀚
51	2018年11月29日	法国 KEDGE 商学院校长何赛·米拉诺、副校长吉·马赫西亚
52	2018年11月30日	芬兰赫尔辛基大学副校长汉娜·斯内尔曼
53	2018年12月4日	爱尔兰都柏林大学副校长德洛丽丝·奥里奥登
54	2018年12月5日	康奈尔大学副教务长傅慧贞
55	2018年12月6日	巴西南大河州联邦大学校长 Vincente Oppermann
56	2018年12月6日	意大利 LUISS 大学副校长拉斐尔·马尔凯蒂
57	2018年12月7日	哥斯达黎加大学第一副校长洛斯·德拉·亚松森·罗梅罗
58	2018年12月10日	加拿大西安大略大学人文学院院长 Michael Milde
59	2018年12月10日	法国蒙彼利埃第三大学校长帕特里克·基利

2018年与中国人民大学签署校际合作协议的境外院校表

序号	签署时间	国家/地区	学校/机构名称	协议类型
1	2018年5月	台湾地区	政治大学	《中国人民大学与政治大学人员交流计划备忘录》
2	2018年6月	吉尔吉斯斯坦	吉尔吉斯斯坦国立民族大学	校际合作协议
3	2018年6月	意大利	意大利 LUISS 大学	校际学生交换协议/校际合作协议
4	2018年6月	英国	谢菲尔德大学	学术合作谅解备忘录
5	2018年6月	哈萨克斯坦	纳扎尔巴耶夫大学	校际合作协议/学生交换协议
6	2018年7月	埃及	艾因夏姆斯大学	校际合作谅解备忘录
7	2018年7月	匈牙利	罗兰大学	校际合作谅解备忘录/学生交换协议
8	2018年9月	美国	印第安纳大学	校际友好合作协议/种子基金合作协议
9	2018年11月	墨西哥	墨西哥学院	学术交换协议
10	2018年12月	马来西亚	拉曼大学	校际合作谅解备忘录

2018年与中国人民大学续签校际合作协议的境外院校表

序号	签署时间	国家/地区	学校/机构名称	协议类型	首签时间
1	2018年2月	芬兰	赫尔辛基大学	合作建设赫尔辛基大学孔子学院的执行协议	2006年9月
2	2018年2月	西班牙	巴塞罗那自治大学	学生交换协议	1998年6月
3	2018年2月	捷克	查理大学	校际合作协议	1998年11月
4	2018年4月	挪威	卑尔根大学	合作备忘录	2002年1月
5	2018年4月	比利时	荷语布鲁塞尔自由大学	校际合作协议延期	1999年1月
6	2018年5月	芬兰	坦佩雷大学	学生交换协议	2013年12月
7	2018年6月	日本	关西学院大学	校际合作谅解备忘录/学生交换协议	1994年2月
8	2018年6月	意大利	博洛尼亚大学	合作建设博洛尼亚大学孔子学院的执行协议	2013年6月
9	2018年9月	吉尔吉斯斯坦	比什凯克人文大学	合作协议书	2011年9月
10	2018年9月	俄罗斯	俄罗斯人民友谊大学	校际合作谅解备忘录/校际学生交换协议	2000年6月
11	2018年10月	意大利	那不勒斯东方大学	校际合作谅解备忘录/学生交换协议	1997年7月
12	2018年11月	日本	埼玉大学	学术交流协议及细则	1999年8月
13	2018年11月	哥斯达黎加	哥斯达黎加大学	框架协议/合作协议	2008年10月
14	2018年11月	香港特别行政区	香港城市大学	学生交换协议	2007年3月
15	2018年12月	台湾地区	辅仁大学	《中国人民大学与辅仁大学学校财团法人辅仁大学学生交流协定书》	2008年6月
16	2018年12月	荷兰	蒂尔堡大学	校际合作谅解备忘录	2015年10月

2018年中国人民大学承建孔子学院表

洲别	国别	外方合作院校	孔子学院名称	成立时间
亚洲	以色列	特拉维夫大学	特拉维夫大学孔子学院	2007年5月
非洲	津巴布韦	津巴布韦大学	津巴布韦大学孔子学院	2006年8月

续表

洲别	国别	外方合作院校	孔子学院名称	成立时间
欧洲	爱尔兰	都柏林大学	都柏林大学孔子学院	2006 年 9 月
	芬兰	赫尔辛基大学	赫尔辛基大学孔子学院	2006 年 9 月
	德国	莱比锡大学	莱比锡大学孔子学院	2007 年 10 月
	意大利	博洛尼亚大学	博洛尼亚大学孔子学院	2008 年 7 月
	瑞士	日内瓦大学	日内瓦大学孔子学院	2010 年 12 月
	比利时	荷语布鲁塞尔自由大学	荷语布鲁塞尔自由大学孔子学院	2015 年 6 月
美洲	美国	麻州大学波士顿分校	麻州大学波士顿孔子学院	2006 年 3 月
		密歇根大学	密歇根大学孔子学院	2009 年 6 月
		哥伦比亚大学	哥伦比亚大学孔子学院	2009 年 9 月
	哥斯达黎加	哥斯达黎加大学	哥斯达黎加大学孔子学院	2008 年 11 月

2018 年中国人民大学通过校际交换生项目（长期）派出学生表

洲别	国家/地区	学校名称	派出人数
亚洲	韩国	中央大学	4
		高丽大学	10
		釜山大学	2
		首尔国立大学	4
		梨花女子大学	3
		东国大学	1
		汉阳大学	1
	日本	同志社大学	3
		早稻田大学	1
		埼玉大学	1
		明治大学	2
		龙谷大学	2
		神户大学	2
		庆应义塾大学	4
		一桥大学	4
		上智大学	3
		东洋大学	2
		北海道大学	4
		关西学院大学	2
		立教大学	3
	新加坡	新加坡管理大学	1
	土耳其	科奇大学	1
		伊斯坦布尔大学	3
	以色列	特拉维夫大学	2
	香港特别行政区	香港大学	10
		香港城市大学	2
		香港岭南大学	3
	澳门特别行政区	澳门大学	1

续表

洲别	国家/地区	学校名称	派出人数
亚洲	台湾地区	台湾辅仁大学	4
		台湾逢甲大学	7
		台湾政治大学	14
		台湾中正大学	7
		台湾大学	2
		台湾高雄师范大学	1
		台湾中国文化大学	4
		台湾文藻外语大学	0
		台湾清华大学	4
		台湾师范大学	3
		台湾东吴大学	4
		台湾世新大学	2
		台湾台北大学	4
		台湾中兴大学	4
		台湾淡江大学	6
		台湾佛光大学	2
		台湾东海大学	3
欧洲	丹麦	奥尔堡大学	3
		哥本哈根商学院	3
	德国	莱比锡大学	10
		图宾根大学	4
		哥廷根大学	5
		慕尼黑大学	4
		科隆大学	8
	俄罗斯	圣彼得堡国立经济大学	7
		圣彼得堡国立大学	2
	法国	巴黎政治学院	4
		巴黎第十大学	8
	芬兰	图尔库大学	4
		赫尔辛基大学	6
		拉普兰大学	6
		坦佩雷大学	4
	荷兰	阿姆斯特丹自由大学	4
	瑞典	林奈大学	4
	瑞士	日内瓦大学	7
	卢森堡	卢森堡大学	1
	西班牙	巴塞罗那自治大学	10
		马德里卡洛斯三世大学	2
	匈牙利	卡尔文纽什大学	2
	英国	华威大学	4
		约克大学	4
		萨塞克斯大学	4
		伦敦国王学院	5

续表

洲别	国家/地区	学校名称	派出人数
欧洲	意大利	威尼斯大学	10
		博洛尼亚大学	4
北美洲	加拿大	西蒙菲莎大学	1
		女王大学	2
		英属哥伦比亚大学	3
		康科迪亚大学	1
		蒙特利尔大学	2
	墨西哥	墨西哥国立自治大学	2
非洲	南非	斯坦陵布什大学	1
总计			303

2018年中国人民大学通过国家公派项目派出学生表

项目名称	派出人数
国家留学基金管理委员会优秀本科生国际交流项目	85
国家留学基金委公派硕士项目	52
国家建设高水平大学公派研究生项目（个人联络渠道）	163
国家留学基金管理委员会与澳大利亚阿德莱德大学合作奖学金项目	2
国家留学基金管理委员会与澳大利亚国立大学合作奖学金项目	1
国家留学基金管理委员会与澳大利亚昆士兰大学合作奖学金项目	1
国家留学基金管理委员会与澳大利亚麦考瑞大学合作奖学金项目	3
国家留学基金管理委员会与澳大利亚墨尔本大学合作奖学金项目	3
国家留学基金管理委员会与澳大利亚纽卡斯尔大学合作奖学金项目	2
国家留学基金管理委员会与澳大利亚西悉尼大学合作奖学金项目	1
国家留学基金管理委员会与澳大利亚悉尼大学合作奖学金项目	1
国家留学基金管理委员会加拿大魁北克省政府奖学金项目	1
国家留学基金管理委员会与美国加州大学戴维斯分校合作奖学金项目	2
国家留学基金管理委员会与美国南加州大学合作奖学金项目	2
国家留学基金管理委员会与美国圣母大学合作奖学金项目	1
国家留学基金管理委员会与美国斯坦福大学合作奖学金项目	1
国家留学基金管理委员会与欧洲学院合作奖学金项目	1
国家留学基金管理委员会与巴黎政治大学合作奖学金项目	2
国家留学基金管理委员会中法欧洲法项目	1
国家留学基金管理委员会与西班牙巴塞罗那自治大学合作奖学金项目	2
国家留学基金委帝国理工奖学金项目	1
国家留学基金管理委员会与英国爱丁堡大学合作奖学金项目	1
国家留学基金管理委员会与英国利物浦大学合作奖学金项目	1
国家留学基金管理委员会与英国伦敦国王学院合作奖学金项目	1

续表

项目名称	派出人数
国家留学基金管理委员会与英国伦敦大学学院合作奖学金项目	1
国家留学基金管理委员会与英国文化教育协会中英联合研究创新基金博士研究生交流项目	1
国家留学基金管理委员会日本政府（文部科学省）博士研究生奖学金	3
国家留学基金管理委员会俄罗斯政府奖学金项目	5
国家留学基金管理委员会国际区域问题及外语高层次人才培养项目	2
国家留学基金管理委员会本科生赴加拿大实习项目	3
国家留学基金管理委员会中美富布赖特联合培养博士生项目	6
国家留学基金管理委员会新闻专业硕士研究生赴海外实习项目	8
国家留学基金管理委员会创新型人才国际合作培养项目	7
总计	367

2018年中国人民大学通过暑期境外项目派出学生表

序号	国家	项目名称	派出人数
1	美国	耶鲁大学暑期项目	12
2	加拿大	英属哥伦比亚大学暑期学期项目	5
3	捷克	查理大学暑期项目	2
4	美国	美国加州大学河湾分校暑期项目	3
5	法国	法国巴黎第十大学暑期项目	2
6	美国	美国斯坦福大学暑期项目	1
7	美国	美国加州大学伯克利分校暑期项目	49
8	美国	美国哥伦比亚大学暑期项目	1
9	英国	英国伦敦国王学院暑期项目	5
10	美国	美国哥伦比亚大学暑期语言文化课程项目	5
11	美国	美国哥伦比亚大学商科硕士预科暑期项目	14
12	日本	日本京都女子大学暑期项目	1
13	英国	英国伦敦大学学院暑期项目	7
14	德国	德国慕尼黑大学暑期项目	9
15	英国	剑桥大学暑期项目	35
16	英国	牛津大学暑期项目	7
17	英国	英国伦敦政治经济学院暑期项目	3
18	英国	英国华威大学暑期项目	13
19	德国	德国柏林自由大学暑期项目	1
20	韩国	韩国庆北大学暑期学校项目	2
21	新西兰	新西兰奥克兰大学暑期学校项目	19
总计			196

2018年“一带一路”领袖人才国别调研系列项目表

序号	国家	学校名称	派出人数
1	马来西亚	拉曼大学	11
2	哈萨克斯坦	纳扎尔巴耶夫大学	15
总计			26

2018年中国人民大学通过校长奖学金项目派出学生表

序号	国家	学校名称	派出人数
1	澳大利亚	麦考瑞大学	9
2	美国	哥伦比亚大学	10
3	美国	加州大学戴维斯分校	26
4	美国	芝加哥大学	3
5	英国	爱丁堡大学	18
6	英国	伦敦国王学院	5
7	美国	哈佛大学法学院交换项目	2
8	英国	牛津大学哲学院交换项目	1
总计			74

2018年中国人民大学授予名誉教授称号人员表

姓名	性别	国籍	职务	授予时间
阿布德尔达耶夫 Erlan Abdyldayev	男	吉尔吉斯斯坦	外交部部长	2018年4月

2018年中国人民大学因公短期出国/境人数表

工作访问	合作研究	国际会议	短期讲学	学生交流	其他	合计
317	239	861	41	1 445	126	3 029

2018 年中国人民大学因公长期出国/境人数表

（高级）访问学者	讲学	学生留学	合计
19	3	457	479

2018 年中国人民大学主要国际及港澳台会议表

序号	会议名称	主办单位	会议时间
1	瑞士日内瓦大学孔子学院理事会	学校	1 月 15 日
2	世界大学智库联盟会议	国家发展与战略研究院	3 月 4 日
3	芬兰赫尔辛基大学孔子学院理事会	学校（视频会议）	3 月 16 日
4	爱尔兰都柏林大学孔子学院理事会	学校（视频会议）	3 月 21 日
5	写本机器物质性国际会议	法学院	4 月 5 日
6	国际 MPA 认证及教学研讨会	公共管理学院	4 月 6—7 日
7	意大利博洛尼亚大学孔子学院理事会	意大利	4 月 16 日
8	马克思与现时代：纪念马克思诞辰 200 周年国际会议	马克思主义学院	4 月 23—24 日
9	密歇根大学孔子学院理事会	学校	4 月 27 日
10	第三届全球老龄化和长期照护体系专题研讨会	社会人口学院	5 月 17—18 日
11	转型社会中法院的角色国际学术会议	法学院	5 月 25—26 日
12	编纂与建构：比较视阈中的古代史学国际学术会议	文学院	6 月 13—17 日
13	第九届中国人民大学中美公共管理国际学术研讨会	公共管理学院	6 月 15—17 日
14	中国与世界秩序	国际关系学院	6 月 18—19 日
15	海峡两岸暨香港、澳门民法典研讨会	法学院	6 月 24—25 日
16	中德俄刑法基础理论比较研究研讨会	法学院	6 月 25 日
17	第八届中国人民大学国际统计论坛	统计学院	7 月 1—2 日
18	德行、身份、义务——中西古代伦理核心概念之比较国际会议	哲学院	7 月 5—8 日
19	中国共产党与中国道路国际会议——中国改革开放四十年	马克思主义学院	7 月 29 日
20	政治伦理与社会治理	哲学院	8 月 22—24 日
21	第六届海峡两岸暨香港、澳门财产法论坛	法学院	9 月 8—9 日
22	2018 北京能源会议——发展中国家能源消费：测度、干预与政策国际学术会议	经济学院	9 月 13—14 日
23	“一带一路”倡议与中韩合作研讨会	国际关系学院	9 月 14—16 日
24	东亚刑事司法论坛——跨国有组织犯罪的惩治与预防	法学院	9 月 20—21 日
25	第七届第二主族超冷原子国际会议	理学院物理系	9 月 29 日—10 月 1 日
26	对话古代中国——《晏子春秋》与新时期先秦诸子研究国际会议	文学院	10 月 7—9 日
27	中外新闻传播学院院长会议	新闻学院	10 月 12—13 日
28	亚洲国际法地区会议：挑战与机遇	法学院	10 月 12—14 日

续表

序号	会议名称	主办单位	会议时间
29	公共管理新时代的方法论：多元和提升国际会议	公共管理学院	10月19日
30	首都治理国际会议	国家发展与战略研究院	10月20日
31	第四届汉语学习词典学国际学术研讨会	文学院	10月20—21日
32	“一带一路”倡议与全球治理国际研讨会	国际关系学院	10月22—23日
33	公益与商业的关系研讨会	公共管理学院	10月22—23日
34	中国人民大学中法学院联合管理委员会会议	学校	10月25日
35	第六届世界汉学大会及理事会	学校	11月1—4日
36	中国佛教与说话文学国际学术研讨会	外语学院	11月3—4日
37	第五届翻译认知研究国际会议	外语学院	11月3—4日
38	亚洲地区的版权许可及规制国际学术会议	法学院	11月12—13日
39	哥斯达黎加大学孔子学院理事会	学校	11月16日
40	东亚合作会议2018：新时代的中日韩关系	国际关系学院	11月17—18日
41	第一次世界大战与中国学术研讨会	历史学院	11月24—25日
42	国际儒学论坛2018	哲学院	12月2—3日
43	中国人民大学承建海外孔子学院工作招待会	孔子学院办公室	12月3日
44	中国人民大学承建海外孔子学院中方院长工作会议	学校	12月7日
45	第三届购买力平价与国民福祉统计发展国际研讨会——大数据技术应用	统计学院	12月13—14日
46	纪念艾特玛托夫诞辰90周年暨世界文化语境中的艾特玛托夫国际会议	文学院	12月13—16日

管理工作

■ 行政管理工作

一、概况

2018年，学校行政综合管理部门紧密团结在以习近平同志为核心的党中央周围，认真学习贯彻习近平新时代中国特色社会主义思想、党的十九大精神、习近平总书记致中国人民大学建校80周年贺信精神，围绕学校创建“人民满意、世界一流”大学的战略目标和中心工作，以服务教学科研一线、推动学校事业发展为中心，积极发挥“参谋助手、综合协调、信息枢纽、服务师生”的职能，为推动全校建立“校令畅通、反应灵敏、运转规范、运作高效、服务优良”的管理体系，为服务和保障学校“双一流”建设做出贡献。

二、信息工作

2018年，学校办公室继续积极发挥信息枢纽作用，以信息刊物为主要载体，积极向上级有关单位报送各种重要信息，及时公开学校各项工作取得的新成绩、新进展、新突破，准确反映学校事业发展情况，回应广大师生和社会关切。学校办公室进一步完善健全信息工作机制，扎实做好信息直报和常规信息报送工作，完成《综合快报》更新换版，在党的十九届三中全会、全国两会、纪念马克思诞辰200周年大会、全国教育大会、庆祝改革开放40周年大会等重大活动中，有效发挥信息工作作用。

2018年，学校办公室共编发《综合快报》57期（约30万字）、《情况反映》364期、《信息专报》183期，编辑整理重要讲话稿及讲话参考资料20余篇，完成2.5万余条信息记录的整理分类，为领导决策、上传下达、信息沟通、督办落实及推进学校各部门、院系工作提供了强力支持。

2018年，学校办公室深入贯彻落实《高等学校信息公开办法》《中国人民大学信息公开办法》，保障信息公开网站运行，按照《中国人民大学信息公开目录》及时更新有关信息，认真接受信息公开申请，依法依规予以答复。全年共受理9起有效信息公开申请，撰写完成《中国人民大学2017—2018学年信息公开工作年度报告》。

三、综合协调工作

2018年，学校办公室紧密围绕学校各项重点核心工作，继续发挥学校内外联络枢纽及服务窗口的作用，坚持高标准、高质量要求，始终保持精细化、规范化的组织运作，积极探索工作方式方法，不断完善工作机制、优化工作流程，持续提升组织协调能力，按照学校“双一流”建设事业的总体安排与部署，结合实际工作内容，认真履行职责，落实学校各项工作规定，脚踏实地，稳步推进，为学校实现内涵式跨越发展做出新的更大贡献。

2018年，学校办公室牵头组织协调大型活动100余项、全校性重要会议100余次，主要包括：庆祝改革开放40周年系列活动、复校40周年系列活动、第十八届万寿论坛、“首都百万师生同上一堂课”、党委理论学习中心组（扩大）系列会议、中国人民大学第七届教职工代表大会暨第十六次工会会员代表大会、2018届毕业典礼、新学年开学典礼等；为十八届中共中央政治局委员、国务院原副总理马凯，斯洛文尼亚前总统达尼洛·图尔克等多位国内外政要来校提供保障服务；为十三届全国人大常委会副委员长、全国妇联主席沈跃跃，全国政协副主席马飚，教育部部长陈宝生，国台办主任张志军等领导来校考察调研提供保障服务。

四、规范管理工作

1. 公文管理

2018年，行政综合管理部门继续积极推进全校规范管理工作。继续推进公文处理规范化工作，严把公文的入口关、流转关、出口关和保密关，公文流转效率提升，信息可控性增强。保证教育部、北京市等上级部门电子政务系统安全可靠，政令畅通。接收并处理已登记文件5 168件，其中校内来文3 240件，校外来文1 928件，按办理节点统计，公文流转次数达25 628次；共核发各类文件844件，承担了学校其他部门大量的材料印制工作。

2. 合同管理

2018年6月8日，学校第28次校长办公会审议通过了《中国人民大学合同管理办法（修订）》（以下简称《办法》），7月5日学校举行了《办法》发布会暨授权委托书、合同专用章颁发仪式。

依据《办法》，合同管理工作以“统一管理、权责清晰、分级负责、兼顾效率”为总体原则，坚持“统一指导监督、分类归口管理”的基本制度。加强学校法人授权管理，明确学校法人授权委托书的法定效力和授权期限；加强分类归口管理，根据业务归口分为12个类别；使用合同专用章，刻制了10枚合同专用章，授权业务归口部门使用；推行使用标准合同文本，统一审定标准合同；建立合同备案和审批制度，对分类归口管理部门签署的合同、标准合同及标的额不满20万元人民币的非标准合同进行备案，对标的额在20万元人民币（含）以上的、无固定标的额的非标准合同，超过限定签署年限的合同进行审批备案；建立更加规范严谨的合同管理体系，规定各单位签署合同需经党政联席会审定，明确在签署合同时须同时依据《中国人民大学“三重一大”制度规定》《中国人民大学招标管理工作暂行规定（修订）》等相关制度，进行相应审批。

为配合《办法》施行，合同管理办公室同时开发上线了合同管理系统，该系统于2018年暑假期间上线，截至2018年底，共备案合同近4 000件，审批合同100余件，合同总标的额约为8亿元。该系统较好地实现了合同信息化管理功能，真正做到了“三个实现”，即：实现学校所有合同文本全部上传备案，便于建立台账、查阅、统计；实现普通合同最长一个工作日内完成备案，提高了效率；实现与财务处约定，合同不上线生成编号，财务处不付款。

同时，强化重点合同审批，严格会签单位与法律顾问审核，实现全过程痕迹管理。根据《办法》，各单位合同标的额在20万元人民币（含）以上的、无固定标的额的非标准合同，超过限定签署年限的合同，经所在单位党政联席会议等研究通过，需完成合同审批流程。此外，根据合同金额使用预算外支出50万元人民币以上、500万元人民币以下的，需要经校长办公会审批通过；500万元人民币以上的，需经党委常委会审批。

五、督查工作

2018年，学校督查办公室共发出279项督查通知。截至2018年底，82项党委常委会决议督查，已落实61项，尚未落实21项，落实率为74.4%；145项校长办公会决议督查，已落实93项，尚未落实52项，落实率为64.1%；10项专项督查，已落实5项，尚未落实5项，落实率为50%。

9月，学校办公室根据工作需要，对学校督查办公室的人员及督查工作内容、开展方式进行调整。相关调整完成后，学校督查办公室对党委常委会、校长办公会的相关决议以及校领导交办的其他重要工作通过下发督查通知的形式开展督查督办，并通过编写每月一期《督查通报》的形式向校领导及时反馈学校重点工作开展情况。9—12月，共编印4期《督查通报》。

11月2日，学校办公室在学校办公自动化系统内启动研发督查工作模块。

六、校史工作

2018年是学校复校40周年，也是改革开放40周年。按照学校纪念活动总体安排，校史研究室组织全校各学院筹办了“始终奋进在时代前列——中国人民大学复校40周年成就展”，以大量图片和数据充分展现学校40年来所取得的巨大成就，彰显学校在改革开放和现代化建设进程中为文科高等教育、为国家、为社会所做出的卓越贡献。该展览已在图书馆大厅展出，获得大量师生关注。

2018年初，《中国人民大学年鉴》编辑工作由信息科调整至校史研究室。校史研究室接手了2016、2017两版未完成的稿件，并启动2018版的编辑工作。经整理、催稿、修改、编排等工作环节，截至2018年底，三版稿件均已基本成型。

2018年是吴玉章同志诞辰140周年，其故乡四川荣县举办了多种纪念活动。校史研究室配合接待了吴玉章纪录片摄制组来校访谈，联系了多位离退休老教授、老干部参与座谈，追忆吴老在学校工作生活的片段，为其丰富素材以便撰写脚本；随后又接待其来校实地拍摄，协调联系取景、拍摄诸事项。12月，四川荣县举办纪念吴玉章同志诞辰140周年学术研讨会，校史研究室派员陪同刘元春副校长参会。

2018年，为编辑“中国人民大学前身时期史料集”，校史研究室在国家图书馆检索陕北公学资料，共获得纸质文本384篇，近600页，数据文件365 MB，涵盖了迄今为止国家图书馆所藏几乎所有关于陕北公学的出版物，为史料集的编纂打下坚实基础。

七、董事会工作

2018年，在学校领导的指导下，按照学校董事会的章程，努力推进学校董事会的相关工作，不断优化董事会的组织结构、运行方式和工作制度，积极在学校的办学方向、发展规划、人才培养等重大问题上发挥咨询、评议、监督的作用，继续在筹措学校发展资金、整合教育资源、支持学校改革与发展方面发挥重要平台作用。

截至2018年底，董事会共有153位董事成员，其中2018年新增2位董事。共有86位董事向学校教育基金会进行过捐赠并签署捐赠协议，有17位董事以其他形式支持学校事业发展建设。

八、国内合作工作

2018年度，学校国内合作工作在校地合作（含教育扶贫）、校际合作（含对口支援）、校企合作等方面顺利开展。

1. 成立国内合作工作办公室，发布《关于加强国内合作工作管理的通知》（以下简称《通知》），分级设置国内合作工作权限及规范流程，做好顶层设计

《通知》区别设置了校内法人单位、非法人二级单位的签约权限，按照既积极推动又规范约束的原则设计了签订国内合作协议的标准流程。在实际工作中，全校各院系、机关部处基本形成了各类国内合作协议先报送国内合作办把关审核、征求意见修改成熟后报校长办公会审议的标准流程，有效防控了合作风险。

2. 积极推动各层级国内合作工作开展

2018年，在国内合作办公室的大力推动下，签署、联络及协助各单位的协议共50份，其中：签署的13份协议中，校地合作协议8份（省校协议6份，地市协议2份），校际协议4份，校企协议1份；已通过校长办公会审议待签署协议9份，全部为校地协议；协议文本已修改成熟，已报文待校长办公会审议协议2份，全部为校地协议；正在洽商并实质沟通的协议5份，其中校地协议4份，校际协议1份；另外，国内合作办公室协助机关部处、院系、直附属单位完成文本审核、征求意见、上会审议、签约共21份。截至2018年底，学校在全国范围内共签署省校战略合作框架协议12份，待联系中省校合作协议将全部完成后，学校省级合作协议将覆盖19个省区市。

3. 认真贯彻落实教育部指定对口支援任务，将各项工作落到实处

对口支援是校际合作的一项重要内容。2018年，学校继续承担教育部指定对口支援任务（教育部新增学校为副组长单位），包括西藏民族大学、新疆财经大学、青海民族大学、延安大学、新疆大学等对口支援高校的年度工作、日常协调，同时承担省部合建高校中新疆大学、西藏大学、河北大学部分学科与产业的对口支援工作。2018年接待对口支援单位来校座谈10余次，整理相关文件材料100余份，并根据教育部、北京市教委通知指示做好对口支援与区域合作工作情况摸底与总结，圆满完成学校相关工作任务。

4. 着力推进教育扶贫工作，贡献人大力量

在教育扶贫方面，学校主要承担对云南滇西地区的支援工作，已连续多年派遣挂职干部赴兰坪县挂职，作为联络学校教育资源与地方扶贫事业的重要桥梁；同时学校每年还派遣研究生支教团赴当地中学支教，为当地基础教育事业提供助力。

除此之外，学校还积极承担教育扶贫工作任务，大力贯彻落实中央扶贫精神，为扶贫攻坚贡献人大力量。例如，国务院扶贫办指导、教育部承办、学校协办的2018年扶贫日论坛“教育扶贫论坛”成功召开。教育部副部长孙尧、陕西省副省长魏增军等领导出席并发表主旨讲话，中国扶贫志愿服务促进会副会长李守山、教育部发展规划司司长刘昌亚、中国人民大学副校长贺耀敏等出席论坛。学校

农业与农村发展学院还承担了国务院扶贫开发领导小组组织实施的脱贫攻坚第三方评估任务，由汪三贵教授担任项目团队负责人。

■ 人事工作

一、概况

2018 年，人事工作按照学校两次新学期部署会精神，紧密围绕学校中心工作，以队伍建设为核心，以薪酬改革为抓手，结合学校人事制度综合改革和“十三五”规划要求，强化服务意识，提高管理水平，扎实推进各项工作，在重点领域取得关键突破，为学校“双一流”建设提供坚实的制度保证和队伍支撑。

二、教职工基本情况

（一）在职人员情况

截至 2018 年底，学校在职人员共计 3 831 人（含 36 个月内国家资助的博士后 77 人），比 2017 年实际减少 49 人，其中专业技术人员 3 024 人，管理人员 686 人，工勤人员 121 人（含附中、附小、幼儿园专业技术人员 658 人，管理人员 13 人，工勤人员 13 人）。

（二）增员情况

2018 年，学校在职人员新增 176 人（含新增享受国家资助指标博士后 47 人）。

（三）减员情况

2018 年，学校在职人员减少 225 人（含享受国家资助指标博士后出站 61 人），其中 109 位教职工办理离退休手续。

三、制度建设

（一）严格标准，规范程序，完成人员选聘工作

围绕学校“双一流”建设中心工作，根据学校学科建设、教师队伍岗位管理和结构调整需要，加强院系教师队伍建设，进一步改善教师队伍结构，提升队伍竞争力。按照严格标准、规范程序的原则，结合学院专家评审和党政联席会共同的选聘意见，通过在学校层次组建专家评审会、规范复议制度，充分发挥同行专家在教师选聘中的作用，加大对评聘者师德师风和教学、学术能力的考察，通过民主、公开、竞争、择优的方式，完成 2018 年人员选聘工作。2018 年由人事处主持选聘校本部教师 39 人，其中应届毕业生 7 人；附属中学、小学和幼儿园选聘教师 15 人，其中应届毕业生 12 人。选聘教师中正高级职务 2 人，副高级职务 8 人，海外优秀博士 15 人。

为推进教师选聘制度改革，进一步发挥师资博士后制度在遴选、培养后备教师，降低选人用人风险等方面的积极作用，2018 年，学校继续开展师资博士后试点工作，共选聘师资博士后 13 人。

2018 年下半年，人事处与人才工作领导小组办公室根据各学院教师的年龄、职务、学历结构以及海外人才占比等情况，综合考虑各学院岗位及现有人员、近三年人员进出及拟退休人员情况，统筹各学院用人需求，在与学院充分沟通的基础上，确定了 2019 年拟审批的教师招聘名额，经校领导、人才工作领导小组会、校长办公会审议后于 2018 年 12 月公布。

为加强管理职员和教师以外专业技术队伍建设，调整队伍结构，更好地服务于教学科研及“双一流”建设，学校进一步规范选聘工作，优化选聘流程，以选留应届毕业生、校外调入、非事业编制聘用、学生骨干培养计划、校内招聘、岗位交流等多种形式，有效补充和调整人员。2018 年学校党政教辅人员选聘审议工作组成立，优化选聘工作流程，确保选聘质量。2018 年共选聘应届毕业生 28 人，校外调入 12 人，校内调动 45 人。此外，还配合做好新设机构非教师队伍人员配备及印刷厂职工分流安置等工作。

（二）加快用人制度的完善和创新

2018 年，继续对新入校人员全部实行聘用合同管理。同时，进一步探索教师聘用中的专职与兼职、固定与流动、短期聘任与长期聘任相结合的用人模式，增加用人形式的多样性。做好课程教师聘用工作，以合理配置教师资源，提高人才培养质量。2018 年聘用课程教师 38 人次。

（三）健全合同管理制度，完成合同续签工作

为进一步规范合同管理工作，有效解决合同管理中遇到的问题，保证聘用制度的落实，学校专门成立教师合同考核工作组，对合同到期教师的合同履行情况、合同期考核情况等进行审核和评议，并就合同是否续签、延聘、终止以及教师转岗等问题提出建议。2018 年共完成如下工作：217 名教师按原岗位续签合同，1 名教师恢复讲师岗位并续签合同，1 名教师按试聘岗位续签，7 名教师按低聘岗位续聘，11 名教师延期考核并按原岗位续签合同，29 名教师签订补充协议，1 名教师转岗至其他系列，不再以教师身份续签合同。2018 年共完成 65 个单位的 249 位党政教辅人员合同续签工作，其中包括首次签订聘用至退休的合同，共 12 人。

（四）围绕中心工作，推进人事管理体制机制改革

为深入推进人事管理体制机制改革，人事处在广泛调研、测算和多次文件修订专题研讨会的基础上，出台多个职务评审与岗位聘用制度文件。出台《中国人民大学教师岗位设置与聘用管理办法（试行）》，进一步规范教师岗位设置，明确岗位职责、任职条件和考核要求。出台《中国人民大学教师职务任职条件（试行）》，对不同岗位类型教师职务评审实行分类评价、分类管理。出台《中国人民大学教师以外专业技术岗位职责和考核办法（试行）》，明确规定教师以外专技岗位职责及考核要求。继续修订《中国人民大学教师以外专业技术职务任职条件规定》和《中国人民大学科级机构设置与科级干部任免管理办法》；修订《中国人民大学管理职员和教师以外专业技术人员选聘管理办法》；研究完善相关学院管理职员及教师以外专业技术人员岗位设置方案。

四、人才工作

（一）制度建设

1. 以薪酬制度改革为契机，以人才项目整合为抓手，落实学校综合改革

继续推动实施“杰出学者支持计划”。截至 2018 年底，“杰出学者”已聘任三批。其中，2018 年第一批共聘任“杰出学者”24 人，包括特聘教授 B 岗受聘者 6 人、青年学者 A 岗受聘者 8 人、青年学者 B 岗受聘者 10 人。根据相关政策及实际情况，部分“杰出学者”超龄退出或退出原岗位直接受聘更高一级岗位，另有个别“杰出学者”调离。2018 年底，学校实际在岗“杰出学者”444 人，包括特聘教授 A 岗受聘（授予）者 71 人、特聘教授 B 岗受聘（授予）者 92 人、青年学者 A 岗受聘（授予）者 185 人、青年学者 B 岗受聘（授予）者 96 人。

2. 完善党委联系专家制度，提高基石人才服务保障水平

继续完善学校党委联系专家、学院（系）联系专家、学生助手服务专家的多层联系、统一管理的党委联系专家工作格局，充分调动校内各方资源，发挥多主体的积极性和主动性，形成合力，为做好人才服务与保障工作奠定基础，致力于形成“党管人才”“尊重人才”的良好形势。学校层面，充分

发挥学校党委统筹全局的作用，为党委联系专家制度提供思想、政治和组织引领，并按教育部要求做好高端人才医疗保健工作；学院（系）层面，积极发挥基层院系直接接触专家学者，掌握专家真实诉求的优势，为党委联系专家制度的落地提供支持，切实解决问题；学生层面，继续推动学生助手服务专家制度的落实，协助专家办理行政性事务，并将专家服务与人才培养紧密结合。

（二）工作进展

1. 依托重大人才项目，做好基石人才队伍建设

依托“长江学者奖励计划”等国家重大人才项目，人才办积极配合推出一批代表中国人民大学学术水平的知名学者。同时，积极协调落实重要人才项目入选者的在校待遇，统筹有效资源，为优秀人才营造归属感，真正留住人才。

2018 年，学校新增“长江学者奖励计划”特聘教授 6 人、青年学者 8 人；新增国家级外国文教专家项目共 19 项，高校重点级外国文教专家项目 3 项，其中，“一带一路”教科文卫引智计划、外国青年人才引进项目 2 个项目均为首次入选。此外，组织推荐 71 人申报 2018 年度“长江学者奖励计划”，9 人申报“万人计划”青年拔尖人才（3 人已进入答辩评审环节），1 人申报 2018 年度中国政府友谊奖，1 人申报中国改革友谊奖，10 人申报北京高校卓越青年科学家（3 人已进入答辩评审环节），2 人申报“北京市有突出贡献的科学、技术、管理人才”。

同时，根据上级单位的统一要求，人才办完成了“长江学者奖励计划”特聘教授、青年学者，“万人计划”青年拔尖人才等重大人才项目入选者的选调工作，进一步推进人才培养，加强高层次人才的政治引领和政治吸纳，坚定“四个自信”，增强高层次人才对党和国家的认同感、向心力。

2. 本土教师国际化培养和海归教师本土化培养战略稳步推进

（1）坚持“走出去”与“请进来”相结合，推进本土教师国际化培养。

一是继续实施“教师公派出国研修支持计划”，认真组织各教师公派出国项目的遴选推荐工作，共有 34 人获得公派出国留学资格。其中，8 人入选国家公派高级研究学者、访问学者、博士后项目，7 人入选青年骨干教师出国研修项目，1 人入选中美富布赖特研究学者项目，3 人入选博士生导师短期出国交流项目，1 人入选语言文字优秀中青年学者出国研修项目，3 人入选高等教育行政管理人员出国研修项目，1 人入选哈佛-燕京学社项目，1 人入选韩国高等教育财团国际学术交流项目，1 人入选日本关西学院大学短期访学项目，1 人入选国外教育调研访问学者项目，6 人入选个人联系纳入单位公派项目，1 人入选学院（系）资助项目。2018 年，学校累计 29 人公派出国研修，29 人完成海外研修计划回国报到。

二是继续实施“学科国际前沿教师培训”项目，2018 年学校累计邀请 41 名海外学者来校为教师集中授课或做系列讲座，参加培训教师达 615 人次。

三是启动实施“教师国际培训学院（系）特色项目”，2018 年批复同意 9 个学院（系）的立项申请，并已为其拨付第一年度资助经费共计 305 万元。

（2）鼓励海外留学归国教师“沉下去”，推进海归教师本土化培养。

继续实施海归教师挂职锻炼计划，加强国情教育。2018 年，学校共分两批选派了 14 个学院（系）的 23 名教师前往 22 家合作单位实践锻炼，以挂职研究员、特聘专家等身份开展工作。与此同时，持续开展往年批次派出教师的结项考核和锻炼成果收集工作，并对典型教师进行宣传。

五、教职工培训

（一）加强和改进并组织实施第八期新教师助教项目

6 月，人事处会同教务处、教师教学发展中心共同下发《关于组织开展第七期新教师助教制度项目总结暨实施第八期新教师助教制度项目的通知》。组织 2017 年 9 月—2018 年 8 月底新入职的 32 名

教师参加第八期新教师助教制度项目，并认真开展第七期新教师助教制度项目总结，敦促学院和教师个人落实好新教师助教制度。

（二）精心组织各类教职工发展与培训项目

坚持以培训需求为导向构建教职工开发培训体系。以需求为导向，以项目为抓手，将学校事业发展需求和教职工个人成长需求相结合，通过广泛调研，精心策划，宽专并举，继承并优化传统培训项目，开发创办新颖的教职工培训项目。除新教职工岗前培训外，2018 年共组织校内教职工培训项目 12 个，累计组织培训学时达 308 个，累计参训教职工达 815 人次，覆盖全校大部分单位。根据满意度调查，培训班获得大部分参训学员的欢迎和好评。学校教职工发展与培训工作正在朝着多样化、常规化、体系化的方向发展。

2018 年组织的教职工培训主要包括三类：

第一类是提高岗位胜任能力培训。

(1) 改进并实施新教职工岗前培训。2018 年 9—12 月，人事处牵头组织实施 2018 年岗前培训工作。岗前培训工作进一步强化教职工在培训中的主体地位，除传统的讲座式教育外，重视互动参与式培训。一是配合党委教师工作部落实“读懂中国”青年教师社会调研计划，组织新教职工赴陕北、四川调研，开展社会实践考察，带领新教职工走基层、看变化、知国情，培育和践行社会主义核心价值观；二是通过组织资深教授分享经验、建立微信群等方式，为新教职工之间、新老教职工之间搭建多元化交流平台，培训效果进一步增强；三是在继续完善《新教职工重要信息指南》的基础上，立足于更好满足新员工需求，积极协调各有关部门，整理并印发了《部分单位办事与工作指南材料汇编》，尽可能为新教职工顺利开展教学科研及管理服务提供指引和帮助。

同时，岗前培训第一课即请学校党委书记靳诺做理想信念教育主题报告；后陆续邀请学校党委副书记、纪委书记吴付来做校史校情专题讲座，副校长吴晓球做师德师风讲座，将师德师风建设融入岗前培训全过程。共有 154 名新入职教职工参加岗前培训，其中教师 81 名、党政教辅人员 73 名（含学工系统学生骨干培养计划）。

(2) 举办公文写作培训、新任科级干部培训等提升岗位胜任力培训，学校相关单位业务部门的关键岗位工作人员 209 人参加了培训。

第二类是提升职业技能培训。

举办提升国际交流能力系列培训。2018 年人事处继续组织第 31、32 期师资英语培训班和第 19、20 期党政教辅人员英语培训班，共有 59 名教职工报名参加。

第三类是提升职业素养和综合素质类培训。

举办两期教职工人文素养提升培训班。2018 年，人事处先后举办了中国古典诗词品鉴、中国画鉴赏、《红楼梦》与中国文化培训班，共有来自全校各单位的 361 名教职工参加。

（三）进一步规范教职工在职攻读学位管理

2018 年，人事处共收到 29 位教职工提出的在职攻读学位申请，按规定审批同意 28 位教职工的申请，其中有 14 位考取并入学就读。通过召开专题宣讲会强调在职学习纪律和政策、签订在职学习合同书等形式，强化在职学习管理。11 月，组织了 2017—2018 学年教职工在职学习学费减免审批工作，受理了在本校在职学习的 53 名教职工的学费减免申请，人事处会同财务处、研究生院等部门共同审核研究，做出全免、半免、不免等审批意见。

（四）开展党政教辅人员驻外工作及留学进修选拔推荐工作

2018 年，根据国家留学基金管理委员会及国家民委、科技部、商务部等部委通知，开展了全国民族研究中青年骨干培训班暨首期智库中青年骨干民族理论政策专题研修班、科技部驻外后备干部选拔考试、商务部驻外经济商务机构秘书级人员选拔考试、联合国粮农组织实习人员等遴选推荐工作。

六、专业技术职务评聘与岗位聘用工作

（一）推进教授一级岗位聘用工作

2018 年，人事处从制度上进一步规范教授一级岗位聘用工作，修订并出台了《中国人民大学教授一级岗位聘用实施办法（修订）》，在任职条件中增加师德师风要求，弱化任职条件中的行政色彩，进一步明确聘用程序，适当增加选聘名额，明确了适用延迟退休条件和程序；修订并出台了《中国人民大学教授一级岗位候选人校长提名规程》，适当增加校长提名名额，调整校长提名程序，明确校长提名流程与组织议事规则。

11—12 月，精心组织了学院（系）教师职务评审和岗位聘用委员会分会会议、学校资格审议与校长提名工作组会议、教授一级岗位聘用评议组会议、教师职务评审和岗位聘用委员会等系列评审会议，顺利完成了第四批教授一级岗位聘用工作，共产生人选 3 人。

（二）教师专业技术职务评审与岗位聘用工作

根据学校工作导向，2018 年职评岗聘工作坚持师德与学术标准统一、学科建设与学术梯队统一、促进学院发展建设与促进学院制度化建设统一、坚持原则与人文关怀统一等“四个统一”，妥善处理学术标准、工作标准等关系，以优化教师布局、激励教师积极性为目标，部分试行新的教师职务任职条件和教师岗位聘用办法，同时启用了新的期刊目录，实现了新旧文件和新旧期刊目录的有效衔接，突出了教学业绩导向，注意教学为主型教师职业发展。在充分调研、沟通，认真审核、校验，严格各级各类评审的基础上，顺利完成 2018 年职评岗聘工作。2018 年学校教师职务评审和岗位聘用委员会共评聘通过校本部各级教师职务 170 人，其中教授 52 人（含本校晋升 39 人），智库研究员 1 人，副教授 70 人（含本校晋升 60 人），智库副研究员 1 人；审议通过各级教师岗位 102 人，其中教授二级岗位 10 人、教授二级岗位认定 1 人，教授三级岗位 20 人、教授三级岗位认定 2 人，副教授一级岗位 24 人，副教授二级岗位 24 人。

（三）非教师专业技术职务评审和岗位聘用工作

2018 年，教师以外专业技术职务评审和岗位聘用工作继续贯彻“重岗位、重水平、重贡献”的指导思想，突出业绩和贡献导向。为落实全国思想政治工作会议精神，加强辅导员队伍建设，对思想政治教育系列单列计划、单设标准、单独评审，向一线辅导员倾斜，并对专职辅导员评审思想政治教育系列中、初级职务。根据中央文件精神和调研兄弟高校情况，结合学校专业技术队伍建设实际需要和专业技术职务评审实际情况，废止《中国人民大学关于专业技术职务外语水平的规定》（2013—2014 学年校政字 22 号）。

2018 年教师以外专业技术人员评审中，经过学校评审共通过 54 人，其中 26 人为高级专业技术人员。2018 年学校通过教师以外专业技术岗位聘用的有 93 人，其中聘用到七级及以上岗位 34 人，占人员总数的 36.6%。2018 年通过管理职员岗位聘用的有 90 人（含直接对应岗位 24 人），其中聘用到六级及以上岗位的有 42 人（含直接对应岗位 24 人），占人员总数的 46.7%。2018 年通过工勤技能岗位聘用的有 3 人。

七、考核工作

（一）教师考核工作

近年来，学校不断推进学院教学整体考核和教师个人考核相结合的教学考核方式，既发挥学院的主体作用，又强化学校的监督检查职责。2017—2018 学年，共完成全校 32 个单位和 1 745 名教师的

学年教学考核，其中各单位的学年教学整体考核结果均为合格；18 人个人考核按合格计，3 人个人考核为不合格，其余教师个人考核合格。

在科研处科研考核意见的基础上，确定了 2018 年聘期考核结果。其中，145 名教师按原岗位续聘；5 名教师不考核科研工作；11 名教师按原岗位续聘至科研处延长考核期限结束，届时依据科研处考核结果，续聘、试聘或低聘；6 名教师试聘；4 名教师低聘。

（二）非教师考核工作

2018 年，学校进行管理职员、教师以外专业技术人员及工勤技能人员年度考核。除将学工系统学生骨干培养计划成员（工保生）和学校承担经费的非事业编制聘用人员统一纳入年度考核范围外，强调附中、附小事业编制人员及各单位自筹经费的非事业编制人员考核应纳入备案范围，进一步强化考核管理。校本部院（系）、机关、教辅及其他单位（不含附中、附小）工作的党政教辅人员（不含中层干部）为 1 211 人，包括事业编 1 083 人，工保生 48 人，学校承担经费聘用 80 人。考核等级为优秀的 181 人（含工保生 5 人、学校承担经费聘用 4 人），良好的 983 人，合格的 13 人，基本合格的 1 人，不合格的 1 人，因校外挂职借调、长期病休、驻外随任、来校工作不满半年等原因未参加考核的 32 人。

2018 年，完成对 2018 年聘期到期教师以外专业技术人员的聘期科研考核，参加考核 103 人，其中副高级 45 人、中级及以下 58 人。其中考核结果合格的 88 人。

2018 年，完成对 2018 年聘期到期管理职员、工勤技能人员的岗位聘期考核。参加考核的管理职员 129 人，其中考核结果优秀的 18 人，合格的 111 人；参加考核的工勤技能人员 13 人，其中考核结果优秀的 1 人，合格的 12 人。

八、薪酬、福利和离退休工作

（一）绩效工资改革

2018 年，围绕“双一流”建设，学校加快了绩效工资的制度完善和水平调整工作。

制度方面，2018 年先后出台与绩效工资有关的两项重要文件，加强薪酬管理的规范性。11 月，《中国人民大学绩效工资实施办法（试行）》经中国人民大学绩效工资改革工作小组反复研商修改后正式制定完成，报中共中国人民大学第十四届委员会第 51 次常委会审议通过。同月，《中国人民大学校级领导干部薪酬管理办法》也在反复沟通和酝酿后制定完成，报中共中国人民大学第十四届委员会第 53 次常委会审议通过。以上两项重要文件是学校绩效工资管理的重要规范性指导文件，是 2018 年薪酬福利制度建设工作的重要成果。

水平调整方面，2018 年学校继续加大投入力度，稳步提升教职工收入水平。9 月，为了配合中央国家机关养老保险管理中心养老保险实际征缴工作，保障学校教职工当期收入不受影响，学校自筹经费，调整学校教职工基础性绩效工资标准。12 月，学校再次筹措资金调整基础性绩效工资标准，并根据国家文件调整基本工资标准，教职工收入水平稳步提升。

（二）养老保险改革

2018 年是在京中央单位养老保险改革的关键之年，在前期各项准备工作的基础上，学校完成了养老保险正式征缴、按照实际基数扣缴个人部分和准备期清算数据核对三项重要工作。

（1）养老保险正式征缴。中央国家机关养老保险管理中心（央保中心）于 2018 年 6 月正式启动养老保险征缴和基本养老金发放工作。为顺利推进工作，2018 年 1—5 月，学校共完成人员增减 46 人，待遇暂停 29 人，退休申请 49 人，并采取措施做好校内信息核对和政策解释工作。

（2）按照实际缴费基数扣缴个人部分。11 月，学校按照实际缴费基数扣缴个人部分养老保险费和职业年金，并补扣 6—10 月差额，月扣缴金额约 800 万元。

（3）准备期清算数据核对。12 月，根据央保中心部署，学校进行准备期清算数据核对工作，共完成信息核对 30 000 余条，涉及人员 7 000 余人，补充采集离校、去世人员信息 2 300 余条，为准备期的资金结算打好基础。

2018 年，学校共为 109 位教职工办理退休待遇申领，在央保中心办理增员 188 人，减员 88 人，定期待遇暂停 63 人，修改信息 28 人，发放《致退休人员的一封信》2 249 份。

（三）离退休工作

截至 2018 年底，学校有离休干部 256 人，全年共发放离休人员离休费 4 000 余万元，防暑降温费 5.8 万元，增发生活补贴 120 余万元。截至 2018 年底，学校有退休人员 2 571 人，全年发放退休费共计 9 000 余万元（含 2018 年 1—5 月准备期学校代发部分）。

（四）教职工福利工作

2018 年，学校为 1 033 名教职工发放子女医疗统筹款 194 204 元，为 43 名教职工发放困难补助 128 500 元，为 65 名教职工完成探亲路费的审核报销，为 88 名去世教职工核发丧葬费及一次性抚恤金。

（五）北京市社会保险工作

2018 年，学校为 270 名事业编制教职工办理北京市失业保险、工伤保险增减员，其中增员 189 人、减员 81 人，并为 149 名教职工办理失业、工伤保险费补缴；为 35 人办理保险信息修改，为 1 人申领工伤保险待遇，为 1 人报销医疗保险费用，为 3 名合同制工人办理退休和养老金领取手续。

九、教职工出国（境）

2018 年，学校共为教职工办理因公出国（境）政审达 1 003 人次，涉及 34 个基层单位。从派出教师所在学院（系）的分布情况看，派出人员较多的学院有法学院、财政金融学院、经济学院、商学院、国际关系学院、公共管理学院等。

十、人事调配工作

（一）积极稳妥、扎实有效落实荣退工作

落实《关于为退休教职工举办荣退仪式的通知》精神，9 月，首次举办学校荣退仪式，并根据校领导的指示，起草并印发《关于做好荣退仪式工作的通知》，推动各单位落实做好本单位荣退仪式。

（二）完善教职工调入工作程序

不断完善调入工作程序，新增《新招聘人员综合鉴定表》，加强对新教职工政治思想表现、道德品质及奖惩情况的综合考察。

十一、人事档案管理工作

实施档案数字化建设，提高人事档案管理的科学化、信息化、规范化水平。启动干部人事档案数字化建设（一期）项目，完成 1 200 册人事档案的整理、扫描、高清处理工作，部分完成档案复审、实体档案装订和网络与系统搭建工作。

截至 2018 年底，人事处管理事业编制在职教职工人事档案 3 683 册、博士后人员人事档案 142 册。

十二、博士后工作

学校是人文社会科学领域最早设立博士后科研流动站的单位之一，自1992年以来，经人力资源和社会保障部批准，先后设立了法学、理论经济学、应用经济学、工商管理、社会学、中国史、哲学、中国语言文学、政治学、新闻传播学、农林经济管理、公共管理、计算机科学与技术、图书馆情报与档案管理、马克思主义理论、世界史、考古学、统计学、物理学等19个博士后科研流动站。在全国博士后管理委员会（全国博管会）组织的历次流动站评估中，学校参评的流动站合格率为100%，法学、应用经济学、理论经济学博士后科研流动站在评估中先后获评全国“优秀博士后科研流动站”，其中法学博士后科研流动站先后两次获评“全国优秀博士后科研流动站”称号。博士后科研流动站新设站工作由全国博士后管理委员会办公室（全国博管办）统一组织，原则上每两年组织一次。符合专业范围、满足申报基本条件的一级学科单位均可申报。

2018年，中国人民大学继续贯彻落实国家博士后制度改革精神，以服务高端人才队伍建设和储备优秀人才队伍建设为目标，按照“加强博士后管理，提高博士后培养质量，提高博士后资源使用效益”的工作重点，调整博士后科研流动站工作思路和管理模式，努力将博士后科研流动站建设成为会聚高端人才的平台、培养优秀师资的蓄水池、争取社会资源的资金池和开展实践活动的基地。2018年完成的主要工作包括：

（一）承办第三届中国人力资源服务业博士后学术交流会

学校受全国博管办与人力资源和社会保障部委托，继续承办人力资源服务业博士后学术交流会。本次交流会是全国博管办组织的博士后学术交流项目的重要组成部分，共有政府、学界、企业人士和青年学者等100余人参加。

（二）博士后进出站情况

2018年，学校继续坚持“两个优先”的招收导向，即优先保证重点研究基地、创新团队、重点实验室、承担“智库”建设的研究机构招收博士后，优先保证国家级人才项目入选者、重大及重点课题主持人招收博士后，将博士后招收与学校高端人才、团队和优势资源平台对接，严把招收入口关。根据《中国人民大学博士后工作实施细则》及《中国人民大学博士后进出站评议议事规则》等文件规定，2018年共招收博士后118人，其中流动站自主招收80人，工作站联合招收38人；按照学科领域划分，社会科学领域110人，自然科学领域8人；在性别结构上，男性60人，女性58人；招收的博士后平均年龄31.7岁。同时，2018年累计为99人办理出站和退站手续。

（三）在站博士后人员结构

截至2018年底，学校共有在站博士后287人，其中流动站自主招收212人，工作站联合招收75人；按照学科领域划分，社会科学领域278人，自然科学领域9人；在性别结构上，男性154人，女性133人。

（四）基金项目申报和资助情况

根据博士后科学基金会申报工作要求，经过博士后个人申请、学院（系）审核、学校遴选上报，10人获得第63批面上资助，其中4人获一等资助，资助金额总计62万元；7人获得第64批面上资助，其中3人获一等资助，资助金额总计44万元；5人获得第十一批特别资助，资助金额总计75万元。同时，结合学校相关学科发展需要，积极动员相关院系组织申报2018年博士后创新人才支持计划项目。除此之外，2018年学校有6人获得国家社会科学基金资助，2人获得国家自然科学基金资助，1人获得教育部人文社科项目资助。

（五）博士后国际交流情况

根据外籍人员特点，学校优化管理服务意识，简化申请和进出站手续，加强在站期间管理。近三年，共招收5位外籍博士后，2018年为2位办理出站手续，为1位办理延期手续。积极组织博士后申报国际交流项目，促进人才资源合理有序流动。2018年，组织了3个项目的申报、录取工作，共推荐4位候选人，有3位成功入选。同时，加强政策宣传和过程管理，促进项目良性发展。鼓励博士后赴海外参加学术交流或国际会议，丰富博士后国际交流模式。2018年共派出18位博士后赴美、日、德等国家与地区，开展了27次学术交流活动。

（六）稳步推进联合培养博士后工作

2018年，学校稳步推进联合培养博士后工作，规范管理、深化合作，与平安银行股份有限公司建立合作关系。截至2018年底，与学校建立合作关系的企事业单位已累计达82家，累计招收企业博士后337人。

（七）探索师资博士后管理制度创新

2018年，学校拟订《中国人民大学师资博士后管理办法（征求意见稿）》，在“双一流”建设学科下推进新聘青年教师全员师资博士后制度，重新修订《中国人民大学师资博士后聘用合同》，并与9月份报到人员签署新版合同。自2017年11月以来，共选聘5位师资博士后出站留校任教，同时，在此期间共招收14位师资博士后进站从事科研工作，扩充了统计学院等10个“双一流”学科建设单位的师资力量，博士后科研流动站已逐渐成为学校新聘青年教师的蓄水池。

（八）其他

学校作为2015年设站的优秀高校博士后设站单位及“双一流”建设高校，应全国博管会邀请，参加首届“中国博士后制度高校校长论坛”。

附录

2018年中国人民大学教职工增员情况表

	类别
增员的系列分布	教学科研人员117人（含新增享受国家资助指标博士后47人）
	党政教辅43人
	工勤人员0人
	中小学、幼教16人
增员的学历分布	博士研究生学历124人
	硕士研究生学历49人
	本科学历3人
	专科学历0人
	专科以下学历0人
增员的来源分布	选留毕业生46人
	其中：外校27人
	其中：获博士学位9人
	获硕士学位37人

2018年中国人民大学教职工减员情况表

	类别
减员的类别分布	离退休109人
	调出校外99人（含享受国家资助指标博士后出站61人）
	辞职、辞退、自动离职、开除10人
	在职死亡7人

2018年中国人民大学博士后科研流动站名单

序号	博士后科研流动站名称
1	法学
2	理论经济学
3	应用经济学
4	工商管理
5	社会学
6	中国史
7	哲学
8	中国语言文学
9	政治学
10	新闻传播学
11	农林经济管理
12	公共管理
13	计算机科学与技术
14	图书馆情报与档案管理
15	马克思主义理论
16	世界史
17	考古学
18	统计学
19	物理学

■ 资产管理工作

一、概况

2018年，资产管理工作根据学校的统一部署，围绕学校创建“双一流”建设核心，着力推动完成各项重点和专项工作，助力学校各项事业发展，较好实现了既定目标。根据《中国人民大学关于深入推进廉政风险防控管理“三个体系”建设工作的实施方案》要求，资产管理部门认真就国有资产管理、学校办公用房、周转住房、教职工住房问题解决等方面的工作进行了详细梳理与改进完善。

二、国有资产管理工作

（一）进一步理顺国有资产管理体制，完善国资管理制度体系

2018年，学校新增和修订的国有资产管理办法包括《中国人民大学国有资产管理办法》、《中国人民大学国有资产处置工作规程》、《中国人民大学科技成果资产评估备案工作操作细则》和《中国人民大学无形资产管理办法》等，已全校印发实施。

（二）加强国有资产规范管理，推动重点工作有序开展

1. 苏州校区资产回购工作

2018年学校完成苏州校区资产回购相关的协议签署、款项支付、资产交接、资产报增及不动产过户等关键工作。此次回购工作共向资产转让方苏州教投公司支付全部款项2.996 8亿元，同时积极争取契税税收优惠，实现契税的全额免征，计800余万元，仅缴纳印花税14万余元。

2. 拈花寺腾退移交工作

学校协调印刷厂配合市佛协清理厂区租户，积极推进拈花寺的全面整体移交，所有租户已全部完成房屋腾退，学校方面已具备拈花寺全面移交条件。

3. 房屋租金评估及出租出借规范整改

学校完成首次房屋租金及价值评估工作，并取得由评估机构出具的评估报告共27份。此次评估工作为学校出租出借的进一步规范管理提供了科学依据。根据《中国人民大学出租出借管理暂行办法》，资产与后勤管理处在前期数据信息统计分析、规范完成报批报备手续的基础上提出学校房屋出租整改方案，2018年重点开展了如下工作：

（1）规范完成部分出租房屋报批报备手续。

就文化和旅游部清史纂修与研究中心承租戴逸教授工作室、中国铁塔公司承租移动通信机站用房、人大世纪科技发展有限公司续借房屋事宜完成报备流程，完成协议补签及租金催缴工作。

（2）持续推进清理整改工作。

完成老教工食堂（1958西餐厅）的到期腾退。开展与中国邮政、北京图联公司、中国联通等承租单位的租赁谈判工作。同时，按照分类委托、规范管理的工作思路，积极推进后勤集团、老校区房屋分类使用与委托管理工作。

4. 校办企业管理体制改革摸底调查专项工作

12月，结合学校实际，按要求上报《中国人民大学推进所办企业集中统一监管工作表》，初步明确学校所属企业拟采取的改革方式。同月，经学校同意，启动校属企业摸底调查（校内自查）工作。与此同时，推动学校成立校企改革领导小组及其办公室，建立相关工作领导和执行机构，为后续改革

工作全面铺开做好准备。

除上述重点工作外，学校于2018年完成两厦委托经营业绩审核确认工作，按协议兑现超额奖励；积极推进校外房屋土地类资产的权属登记及资产入账（天津房产、三高基地取得不动产登记证书，黄山实习基地土地及苏州校区回购资产报增入账等），解决历史遗留问题；按上级部门要求，根据学校改革意见向教育部上报学校北戴河学术交流中心改革意向；校办企业管理方面，完成资产公司2017年度经营业绩指标考核及2018年度经营业绩指标核定工作，协调资产公司向学校上缴2017年投资收益1 256万元等。

（三）加强国有资产管理信息化建设工作

为实现与资产归口管理部门之间的数据动态管理，实现与教育部、财政部资产管理系统的对接工作，学校通过招标方式选定久其软件公司作为国有资产管理系统服务提供商，完成系统的全面部署、上线运行及三期的升级任务。

三、房地产管理工作

（一）继续推进房屋资源清查工作

2018年，继续推进全校房屋资源清查工作，完成《房屋资源清查工作报告》和《中关村校区周转房清理规范工作方案》。根据学校房屋资源清查工作安排，3月起，资产管理部门会同人才办、人事处多次沟通商议，形成分类规范初步建议方案，细化规范措施，开展部分引进人才周转住房清理规范工作。9月30日，学校发布《关于开展中国人民大学中关村校区周转房清理规范工作的通知》，决定开展中关村校区周转房清理规范工作。12月6日，学校召开中关村校区周转住房清理规范工作部署会，对该项工作进行动员、做出部署。

（二）落实和完善公用房管理工作

1. 修订管理制度

经2017—2018学年第31次校长办公会审议通过并发布实施《中国人民大学离退休人员公用房管理规定》；经2018—2019学年第11次校长办公会审议通过并发布实施《中国人民大学周转住房管理实施细则》；经2018—2019学年第15次校长办公会审议通过并发布实施《中国人民大学公用房管理办法》、《中国人民大学管理服务单位用房管理实施细则》和《中国人民大学教学科研单位用房管理实施细则》。拟定《中国人民大学公用房资源共享暂行规定》和《中国人民大学实验室用房管理实施细则（草稿）》等规章制度，并结合工作的持续推进，不断修订完善。

2. 完善定额测算方案，沟通超额面积处理

根据校内调研恳谈征求的意见、建议，继续调整修订定额测算方案，包括调整完善实验用房定额测算方案、为参与“双一流”建设和学科评估的单位增设学科补贴用房面积、增设物理系与化学系教师工作用房定额的调节系数等。

为确保相关工作顺利、持续开展，根据模拟定额测算结果，针对超额面积较多、超额比例较高的院系，按照“一单位一策”的思路，研究拟定超额面积处理建议方案，分别与相关院系通过现场恳谈、电话沟通等方式反复协商，最终主要通过共享的方式相应核减了大部分院系的超额用房面积，督促个别院系腾退交回部分空置或利用率不高的房源，与绝大部分院系就超额面积处理达成了一致。

3. 调整公用房资源分配

2018年，学校进一步完善公用房的管理方式，加强公用房统一管理，在对中关村校区现有房屋状况及各院系、部处用房需求等情况进行调研和测算的基础上，推进落实学校各单位公用房调整工作，为教育学院、马克思主义学院等单位调整分配办公用房53件次。同时，配合学校房屋资源清查工作，收回环境学院、哲学院、老教协等单位在家属区和红楼的办公用房，并对其中部分单位的办公

用房做另行调整安排。

（三）完善东南区规划利用及中关村校区公用房调整

2018 年，资产与后勤管理处以东南区建筑即将建成投入使用为契机，为促进学校“双一流”建设，坚持以师生为中心，以服务教学科研为导向，研究拟定东南区规划利用及中关村校区公用房调整使用建议方案，明晰校园功能区划，调整办公空间布局，集中整合配置资源，优化公用房使用结构，完善制度机制流程，提高公用房使用效率，加强服务师生意识，改善师生用房条件，形成布局明晰、功能合理、相对集中的校园布局，促进学校教育事业发展。完成建议方案初稿后，根据学校领导指示精神，结合新校区建设规划，对建议方案做进一步调整、修改。

根据学校东南区规划利用及中关村校区公用房调整使用建议方案，2018 年，资产与后勤管理处落实并开展学校学生创新中心及教学四楼改造事宜。

（四）加强周转住房管理

2018 年，安排租住、续租引进人才周转住房共 73 人次，安排租住、续租其他用房共 31 人次；安排入住博士后公寓共 43 人次；安排入住学员宿舍（进修访学教师等）共 195 人次；安排租住、续租人才租赁住房共 131 人次。

2018 年，办理引进人才校外租房房租报销共 29 人次，报销金额共计 903 000 元。

2018 年，腾退收回中关村校区周转住房清理规范台账范围外的周转住房 40 套，协助腾退收回中关村校区周转住房清理规范台账范围内的周转住房 21 套。

2018 年，开展并加强各类周转住房日常巡查工作，共巡查房源 400 余套次，发放安全事项告知书 100 余份。

为进一步加强内部规范建设，加强内控管理，不断调整完善周转住房管理服务的岗位设置和职责分工，以分工合作、监督制约为原则，对周转住房申请审核、入住、急零修服务、退房等工作流程进行梳理，进一步明确各业务内容、工作流程。

为进一步规范校内周转住房管理，强化对校内周转住房违规转租、转借行为等的监督制约，切实落实监管职责，根据《中国人民大学周转住房管理实施细则》相关规定，2018 年 11 月启动周转住房专用标识牌设计安装工作，载明监督电话和举报信箱，完成需求对接、式样设计、点位踏勘等相关前期工作。

（五）发放国家住房补贴

2018 年，按国家有关规定向 2 887 名教职工发放住房补贴，共计 3 814 余万元。

（六）开展校园导向标识更新工作

在完成校园导向标识更新更换项目主要工作内容后，开展该项目的验收、查缺补漏、优化完善、项目结算等相关事宜。请标识制作安装单位完成自查自验、部分标识微调完善等工作，并协调实验室建设与设备管理处协助开展项目的正式验收、结算相关工作。

根据办公楼宇修缮改造和办公用房日常调整需求，完成信息楼楼体字及楼内门牌标识、崇德楼与国学馆等楼宇部分户外指示标识及楼内门牌标识的更新更换工作，完成新闻学院、离退休工作处等单位标识的更新更换工作，完成科研一站式服务大厅标识的维修工作。

（七）积极推进信息化建设

为提高工作效率、服务效能和资源使用效率，加强内部控制，2018 年，资产与后勤管理处积极推进房屋管理信息系统、周转住房管理信息系统以及公用房资源共享平台建设工作，完成项目申报、招标及系统需求对接等基础工作，初步构建系统与平台框架。

（八）加强人防设施管理

根据北京市和学校要求，积极进行房屋、人防及地下室安全管理，加强房屋安全巡查、校园安全隐患排查，整改地下空间存在的安全隐患。落实人防及地下空间的使用备案登记制度，落实安全责任制。

附录

2018年中国人民大学房屋、土地汇总表

2018年房屋基本情况汇总表（按用途划分）

房屋用途	房屋名称	面积（平方米）
一、教学及辅助用房		292 953.29
教室	求是楼（教室）	58 053.23
	公共教学一楼	
	公共教学二楼	
	公共教学三楼	
	信息楼（教室）	
	明德楼（教室）	
	国学馆（教室）	
	艺术学院/博物馆楼	
图书馆	藏书馆	39 735.66
	明德楼（资料室）	
	西北区食堂楼上（资料室）	
	艺术学院/博物馆楼（资料室）	
	新图书馆	
实验室及附属用房	体育部楼（实验室）	57 941.55
	科研楼A座（教师工作室）	
	理工楼及其配楼（教师工作室）	
	理工楼及其配楼（实验室）	
	明德楼（教师工作室）	
	明德楼（实验室）	
	求是楼（教师工作室）	
	求是楼（实验室）	
	人文楼（教师工作室）	
	人文楼（实验室）	
	西北区食堂楼上（教师工作室）	
	环境学院（实验室）	
	艺术学院/博物馆楼（教师工作室）	
	信息楼（教师工作室）	
	信息楼（实验室）	
	校友之家（实验室）	
	游泳馆及附属用房（教学6楼实验室）	
专用科研用房	汇贤大厦C座（教室）	102 509.78
	汇贤大厦C座（食堂）	
	汇贤大厦C座（生活福利及其他）	
	汇贤大厦C座（行政办公）	

续表

房屋用途	房屋名称	面积（平方米）
专用科研用房	汇贤大厦C座（学生宿舍）	102 509.78
	汇贤大厦D座（教室）	
	汇贤大厦D座（生活福利及其他）	
	信息楼东配楼（金桥）	
	信息楼东配楼（中大英才教育咨询中心）	
	文化大厦（科研）	
	兴发大厦	
体育馆	世纪馆	21 024.20
	体育馆	
会堂	八百人大教室	13 688.87
	八百人大教室（第三会议室）	
	明德楼（会堂）	
	科研楼（逸夫会议中心）	
二、行政办公用房	东风2楼（行政办公）	127 753.39
	体育部楼（行政办公）	
	科研楼A座（行政办公）	
	科研楼B座（行政办公）	
	理工楼及其配楼（行政办公）	
	明德楼（办公）	
	求是楼（办公）	
	人文楼（办公）	
	西北区食堂楼上（办公）	
	汇贤大厦D座（办公）	
	环境学院（行政办公）	
	艺术学院/博物馆楼（行政办公）	
	信息楼（行政办公）	
	校友之家（行政办公）	
	游泳馆及附属用房（教学6楼行政办公）	
	国学馆（办公）	
	海淀教学楼（北园）	
	海淀科技楼	
三、生活用房		323 801.66
学生宿舍	东风1楼（留学生1楼）（学生宿舍）	202 746.76
	东风6楼（学2楼）	
	东风7楼（学1楼）	
	东风2楼（学生宿舍）	
	红1楼	
	红1楼加建	
	红2楼	
	红2楼加建	
	红3楼	
	红3楼东加建	
	红3楼加建	
	留学生2楼（原二招）	

续表

房屋用途	房屋名称	面积（平方米）
学生宿舍	留学生 3 楼（原离退休工作处）	202 746.76
	培训 1 楼	
	品园 2 楼（学 8 楼）	
	品园 3 楼（研 1 楼）	
	品园 4 楼（研 2 楼）	
	品园 5 楼（研 3 楼）	
	品园 6 楼（学生宿舍）	
	西北区学生公寓 A 栋（学生宿舍）	
	西北区学生公寓 B-E 栋	
	品园 1 楼（学 9 楼）	
	海淀音乐楼	
	海淀综合楼	
	北园 5 楼	
学生食堂	东风 1 楼（留学生 1 楼）（韩日餐厅）	23 853.40
	东风 1 楼（留学生 1 楼）（留学生餐厅）	
	东区食堂	
	集天小吃（南区食堂）	
	京港连线快餐厅	
	南区食堂（八百碗）	
	西北区食堂	
	西区食堂	
	中区食堂	
教工集体宿舍	青年公寓	20 000
生活福利及其他附属用房	校内生活福利配套用房	77 201.50
	张自忠路铁一号生活福利配套用房	
	清华东路成教院生活福利配套用房	
	文化大厦（其他）	
	校外产权住宅	
	北园生活福利配套用房	
四、教工住宅	静园 1～22 号楼	124 656.04
	林园 1～4、12 号楼	
	宜园 1～3 楼	
	南区临时工宿舍	
五、其他用房	中关村校区车棚	258 123.76
	张自忠路铁一号平房等其他用房	
	北戴河学术交流中心	
	紫藤花亭	
	天津房产	
	苏州校区房产	
合计		1 127 288.14

注：本表数据以 2018 年决算账面数据为依据。

2018 年土地资源基本情况汇总表（按区片划分）

区片	面积（平方米）
校本部（中关村大街 59 号）	604 130.00
老校区（张自忠路 3 号）	43 334.00
东四十条 109 号	4 462.00
志新村 31、38 号楼	702.90
清华东路甲 7 号	8 582.03
二里庄 1 号楼	696.90
芙蓉里 7 号楼	427.50
塔院迎春园 11 号楼	470.20
知春里小区 13 号楼	20.00
北戴河学术交流中心	6 741.87
黄山环境经济教学科研基地	52 586.26
中关村校区北园（海淀区通慧寺 1 号院）	35 577.06
海淀西北旺镇三高基地土地（一）	10 130.65
海淀西北旺镇三高基地土地（二）	10 513.59
苏州校区土地	123 007.22
合计	901 382.18

注：以上土地数据以 2018 年决算数据为基础，未包含原黄山学术交流中心土地面积。

2018 年中国人民大学固定资产分类统计表

资产类别	期末账面数
总计	—
（一）土地、房屋及构筑物	—
其中：1. 土地（平方米）	0.00
2. 房屋（平方米）	1 200 050.83
办公用房	205 615.34
其中：办公室用房	27 911.86
业务用房	516 046.37
其他用房	478 389.12
（二）通用设备（个、台、辆等）	88 302
其中：1. 车辆	59
2. 机械设备	6 506
3. 单价 50 万元（含）以上设备（不含车辆）	112
（三）专用设备（个、台等）	10 681
其中：单价 100 万元（含）以上设备	20
（四）文物和陈列品（个、件等）	227
其中：文物	3
（五）图书档案（本、套等）	180 476
（六）家具、用具、装具及动植物（个、套等）	105 680
其中：家具、用具	104 658

■ 财务与审计工作

☞ 财务工作

一、概况

2018年，财务管理部门积极推进教育领域深化改革工作，坚持依法行使财务管理职能，学校财务状况良好，财务风险较低，经济实力不断增强，为学校实现“双一流”目标、拓展办学空间、加快学科建设、提高教育质量奠定良好的经济基础。在中央八项规定精神要求下，学校财务管理方面的工作按照“权责明确、行为规范、管理严格、监督到位、运行有效”的管理目标，在“严肃纪律、规范管理”上狠下功夫，积极落实国家“放管服”政策和政府会计制度改革要求、重点推进会计委派制，继续建设内部控制体系，以财务信息化建设为手段，扎实解决财务工作重点和难点。

二、年度收支及预算执行情况

2018年，学校收入总额为517 979.58万元，支出总额为452 809.91万元。总收入中，中央财政拨款207 212.30万元，占40.00%；事业收入224 114.96万元，占43.27%；其他收入86 652.32万元，占16.73%。总支出中，基本支出342 277.08万元，占75.59%；项目支出110 532.83万元，占24.41%。

2018年收入预算总批复500 899.05万元（不含2017年结转76 983.59万元），实际收入517 979.58万元，比预算批复增加17 080.53万元，主要是财政拨款收入比预计有所增加；支出预算总批复504 459.27万元（不含结转下年73 423.37万元），实际支出452 809.91万元，比预算批复减少51 649.36万元，主要原因一是自2018年6月起，学校退休人员退休费由中央国家机关养老保险管理中心发放，不再由学校列支，二是学校在厉行节约、勤俭办学方面加大力度，压缩了一般性开支，三是改善基本办学条件专项及基本建设项目等实际开展进度慢于预期。

三、财务状况专题分析

（一）年末财务状况分析

截至2018年底，学校资产总额为1 454 543.46万元，比2017年增加107 128.42万元，增长7.95%。其中，流动资产年末余额为764 014.72万元，比2017年增加62 560.05万元，增加8.92%；固定资产年末余额为490 932.49万元，比2017年增加45 788.36万元，增长10.29%，主要包括回购苏州校区房屋校舍增加固定资产原值29 968.51万元，附属中学教学楼在建工程项目竣工决算后转入固定资产增加固定资产原值13 942.30万元，其他固定资产（如通用设备、家具用具装具、专用设备等）随着学校事业发展，均有所增加；长期投资年末余额为53 364.90万元，比2017年减少18.79万元，原因为后勤集团处置了其对黄山交流中心的长期投资；在建工程年末余额为131 164.95万元，比2017年减少6 508.93万元，主要原因是附中教学楼基建项目竣工决算后转固定资产减少在建工程以及中关村校区留学生宿舍工程及东南区综合楼等基建项目发生的支出增加在建工程。

截至2018年底负债总额为128 165.76万元，比2017年减少12 677.07万元，减少9.00%。其中，应付教职工薪酬增加13 765.80万元，主要原因是根据国家自2014年10月1日起实行的养老保险制度改革，学校人事部门按规定预计了2018年1—5月需汇算清缴的养老保险和职业年金，另外应付教职工薪酬还包括已归集待次月发放的按月薪酬。往来款项减少26 200.06万元，主要原因是2018年学校落实政府会计制度改革，经批准清理了三年以上的长期应付及预收款项。应缴税费增加237.35万元，代管款项减少627.60万元。2018年末净资产总额为1 326 377.70万元，比2017年增加119 805.48万元，增长9.93%，主要原因是事业基金增加61 425.91万元，非流动资产基金增加44 389.45万元，专用基金增加7 395.32万元，财政补助结转增加3 230.43万元，非财政补助结转增加3 168.31万元。

（二）年度收支情况分析

1. 年度收入情况总体分析

学校获得财政补助收入207 212.30万元，比2017年增加959.77万元，增加0.47%，其中2018年基本拨款比2017年减少3 163万元，中央高校建设世界一流大学（学科）和特色发展引导专项资金比2017年增加2 300万元，中央高校捐赠配比资金和基本建设经费也有所增加。事业收入224 114.96万元，比2017年增加63 687.42万元，增加39.70%，主要原因是教育事业收入增加。其他收入85 958.99万元，比2017年增加11 639.58万元，增加15.66%。

2. 年度支出情况总体分析

基本支出342 277.08万元，比2017年增加57 660.51万元，增加20.26%；项目支出110 532.83万元，比2017年减少8 685.39万元，减少7.29%。

四、财务管理

（一）贯彻业财融合理念，积极推动政府会计制度改革工作

学校高度重视、切实贯彻落实《教育部关于直属高校直属单位实施政府会计制度的意见》（教财〔2018〕6号）、《关于贯彻实施政府会计准则制度的通知》（财会〔2018〕21号）等文件要求。7月6日，2017—2018学年第30次校长办公会审议通过《中国人民大学政府会计制度改革实施方案》，方案内容包括成立政府会计制度改革领导小组，由校长刘伟担任组长。根据方案，财务处联合相关职能部门不断推动具体工作落实，及时就工作中的重点、难点进行讨论，群策群力，为2019年顺利实施政府会计制度做好准备工作。学校财务工作获得了财政部、教育部的一致认可，作为高校代表在中央部门和各地方财政厅政府会计准则制度和行政事业单位内部控制培训班做经验交流，并获得教育部拨付的2019年绩效拨款。

（二）献计重点专项管理，为加快预算执行进度争取制度保障

中央财政资金预算执行工作一直是学校财务管理的重点。为了加快预算执行进度，学校于9月30日召开专题会议，校长刘伟部署预算执行推进工作，各学院（系）项目负责人认真学习国家和学校关于预算执行情况的要求，会后当即分头召开会议予以落实，取得了良好宣传效果；同时由财务部门加强日常管理，在关键时点或根据项目进展情况及时督促各专项负责人尽快办理财务手续。同时，鉴于国家自2018年起对引导专项资金按五大类设立项目、设置国库关联码，对学校项目管理和经费支付造成的困扰，学校积极向教育部、财政部反映实际困难。12月19日，教育部遴选了30所直属高校作为试点高校优化管理方式，学校位列其中。在《中央高校建设世界一流大学（学科）和特色发展引导专项资金管理办法》（财科教〔2017〕126号）印发后，为规范学校相关资金管理，提高资金使用效益，学校结合实际，起草了《中国人民大学中央高校建设世界一流大学（学科）和特色发展引导专项资金管理办法》。此外，财务处还与发展规划处等职能管理部门合力研究起草《中国人民大学

改善基本办学条件专项项目管理办法（试行）》，经学校审议通过印发。

（三）调整内控工作模式，继续推进学校内控制度建设工作

根据《教育部关于加快建设实施内控制度工作的通知》（教财司函〔2017〕2号），学校内控工作小组调整要求，由财务处负责学校内控建设牵头工作。在按照《行政事业单位内部控制规范（试行）》（财会〔2012〕21号）、《教育部直属高校经济活动内部控制指南（试行）》（教财厅〔2016〕2号）完成单位层面和各业务层面内部控制建设后，学校进一步深化二级单位内部控制建设，于2018年3月启动第三阶段内部控制体系建设项目，遴选了苏州校区、后勤集团、图书馆、信息技术中心和校医院等5个单位，作为第一批试点单位开展内部控制建设工作。在中介机构的协助下相关工作已初步完成，形成业务流程框架269个，梳理管理建议201条，完成《内部控制手册》等8项成果，形成文字资料69.5万字。涉及须进一步整改的设计缺陷69项、执行缺陷118项，提升项目管理14项，共计201项。

（四）加强系统顶层设计，统筹规划学校整体财务信息化建设

为贯彻落实学校提出的加强学院（系）等基层单位财务管理工作，强化财务服务决策的职能，进一步落实学校财务“放管服”工作，规划建设财务管理综合平台，进一步改善和重构财务等相关应用，规范管理服务流程，探索管理创新模式，推进财务系统与其他业务系统衔接进程，全面开展财务信息化建设。财务部门积极推进信息化建设，2018年10月上线预算管理系统，财政专项和校内预算基本实现线上申报、审核、批复和分析。网络报销系统、网络收费系统、劳务费申报系统、财务查询系统、电子影像化系统等多个系统经过半年调研期和一年半的开发期，已完成系统初步测试，将配合政府会计制度的贯彻落实，于2019年1月正式上线。

☞ 审计工作

一、概况

2018年，审计工作以非工程类审计和基建修缮工程审计为工作重点，全年共完成各类审计项目（不包括科研审签）159项，审计资金总额达407.35亿元。

二、主要工作

（一）以中层领导干部经济责任审计为抓手，拓展审计领域，推进审计全覆盖

完成中层领导干部经济责任审计24项，二级单位财务收支审计3项，审计资金总额合计68.29亿元，提出审计建议102条，涉及被审计单位贯彻落实“三重一大”制度情况、建设与执行内部控制制度、规范财务及固定资产管理、防范风险、提高资金使用效益等方面的内容。完成科研审签122项，合计金额1 936.47万元。完成学校2016年度预算管理审计，审计资金336.53亿元，提出审计建议4条。开展学校2017年度预算管理审计。

（二）加强基建修缮工程审计，主动作为，注重绩效

完成各类工程审计共130项，审计资金25 372万元。其中基建修缮工程竣工结算审计125项，累计审核资金10 193万元，审减金额439万元。完成修缮工程招标控制价审计3项，审核资金3 642万元。继续对东南区综合楼与留学生宿舍工程及清陆军部和海军部旧址修缮工程实施跟踪审计，其中审核东南区综合楼与留学生宿舍年度工程资金共11 537万元，较监理公司审核工程进度款意见审减634

万元。

（三）根据总体安排，做好内部控制监督检查工作

与纪委办公室（监察处）共同履行学校内部控制建设的监督检查职责，开展 2017 年度内部控制评价工作，对内部控制建立和执行的有效性进行监督。

（四）其他工作

（1）完成审计信息系统项目的建设工作，涵盖了经济责任审计、科研专项审计、预算管理等多种审计类型。

（2）修订《中国人民大学审计结果运用管理办法》，推动学校从制度上和实务中抓好审计结果运用，通过明确职责、完善联席会议制度及审计报告当面送达制度、实施问题清单与整改清单对账销号等切实有效的措施，加强部门联动，强化构建学校集中统一、全面覆盖、权威高效的审计监督体系。

（3）提请召开经济责任审计联席会议，向主要校领导和相关部门汇报经济责任审计工作情况，审议下年度经济责任审计工作计划。

（4）主责或参与学校“治理教育乱收费”等工作。

■ 后勤工作

一、概况

2018 年，后勤集团根据学校总体工作部署，围绕“规范运行、保障民生、精致校园、创新事业”四大工作理念，突出重点，有的放矢，继续完善 25 项改革服务产品，各职能部门更加规范，有效做好内部管理工作，各业务部门将“为师生提供会心一笑的服务”内化为自身管理准则，切实从师生需求出发，不断提升人大人的幸福感。

二、后勤管理和服务保障工作

（一）后勤集团内部管理水平提升

（1）推进制度修订工作。在已有基础上继续完善行政、人事、财务、合同、招投标、工程等方面的规章制度，包括《中国人民大学后勤集团“三重一大”制度实施细则》《中国人民大学后勤集团党风廉政建设责任制实施细则》《中国人民大学后勤集团因公用车管理暂行规定》《中国人民大学后勤集团合同管理办法》《中国人民大学后勤集团招投标实施细则》等。

（2）通过国际标准化质量管理体系认证 2018 年度审核。

（3）完成第六轮全员岗位竞聘工作。完成 2018 年各职能、业务部门定岗定编工作，第六轮全员岗位竞聘工作。

（4）做好报修服务，继续推进报修服务平台建设。报修服务平台全年共受理报修业务 21 973 单（电力 5 360 单、水暖 11 616 单、修缮 4 997 单），3.0 版本 PC 端报修系统基本开发完成。

（5）举办后勤职工岗位技能比赛。分设烹饪技能比赛、客房服务技能比赛、花灌木修剪技能比赛三项，酒店、物业、餐饮三部门近百名员工积极参赛。

（6）做好行政综合管理服务工作，保障集团有序运行。全面规范公文写作规范，改版公文格式，做好公文流转工作；注重新闻选题策划，集团网站、官方微博“温馨人大”、官方微信公众号发送文

章千余条；《后勤工作通讯》编印30余期；接待校内学生媒体采访50余次。

（7）完成集团年度财务决算，合理编制财务预算。填制2017年部门决算报表，编制2018年部门财务预算，复核原始报销单据，编制记账凭证、会计分录、财务会计报告、各中心损益表和收支表，装订会计凭证。

（8）做好人事工作，完善薪酬体系。组织培训会，指导申报并通过学校评聘；协助幼儿园，向学校评审委员会推荐高级教师二级岗位、高级教师与二级教师；评议技术工二级二等、四等岗位人员的聘用；开发优质人力资源，完成关键岗位招聘工作；制定员工工资调整方案；组织劳务派遣公司与食堂派遣员工见面座谈。

（9）加强合同、招投标、物资采购管理、工程管理。加强对合同的审核与执行监督，规范履行招投标相关程序，完善采购流程，稳步推进工程管理工作；拟稿合同，转单签署经济合同、采购类合同、工程合同、劳服合同；组织招投标、商务谈判；完成学校、集团工程类项目；承接并完成各类工程。

（10）加强安全管理，确保后勤保障平稳运行。开展对员工的安全教育工作，加强住宿学生、家属区居民等安全意识，加强安全检查，与各部门签订安全防火、安全生产责任书，新增安全提示。

（二）各项大型活动后勤保障工作

（1）暑期，国内公寓完成23个项目、19个学院部处近2 600人的暑期班住宿接待任务；国际公寓完成40多个国家和地区的400名留学生的住宿接待保障任务。

（2）完成毕业生离校及新学期迎新任务。

（3）完成博士生入学考试、四六级考试、自主招生考试、全国硕士研究生招生考试等10次重要考试的物业服务保障工作。

（4）完成7期中央和国家机关司局级干部专题研修班、全国社会科学大会、中国人民大学第三十二届“一二·九”合唱音乐节等重大活动的接待服务保障工作，以及校工会北戴河暑期休养团、哲学院爱国宗教研修班等常规任务的住宿和运输接待服务工作。

（5）完成2018年思源工程六校论坛、中国人民大学第七届教职工代表大会暨第十六次工会会员代表大会、校友返校活动等40余次学校重大活动的餐饮服务保障工作。

（三）餐饮服务工作

（1）继续开展“客厨RUC”活动，推出“我是大厨”活动。由学校党委书记靳诺和校长刘伟分别领衔“我是大厨”系列活动第一期和第二期，带来的菜品腐乳肉和葱烧鲫鱼，深受师生喜爱。中央政治局常委王沪宁、国务院副总理孙春兰、北京市委书记蔡奇等领导同志在多个场合表扬“我是大厨”活动。

（2）试点建设“智慧餐厅”，开启学生食堂“智慧”时代。实现了自助结算，自动记录就餐详细数据、计算营养成分等，通过销售大数据对厨房生产、工作量评估等进行精准分析。

（3）增设夜宵餐吧，满足师生多元化需求。教授餐厅夜宵餐吧试运行，增加了可移动自助餐台、灯光、墙面装饰等，柔言bar投入运行。

（4）升级上线网红产品，丰富学生食堂菜肴品种。推出年货礼盒、青团礼盒、重阳糕礼盒、南瓜面包礼盒、柿子礼盒，升级月饼礼盒，各个学生食堂继续丰富菜肴品种。共青团中央、人民网、新华网、新京报等多次报道学校网红菜品。

（5）加强与师生沟通交流，推进“民主办伙”。举办“校园权益开放日”活动、“辛体验”志愿体验活动等；邀请学生参与新品试吃；邀请学生担任餐饮烹饪技能比赛评委；通过集团微信公众号、微博、学生会权益部，了解、汇总学生们对餐饮服务工作的建议。

（6）发放物价补贴，保证饭菜价格稳定。分两批向四大食堂及清真餐厅发放物价补贴，长期开展对纯肉菜、素菜及低价菜品供应数量、价格等的专项检查。

(7) 狠抓安全工作，打造平安餐饮。每周对学校餐饮单位进行专项监督检查，下达《现场检查笔录》131份，编印《餐饮情况反映》29期，采集样品210次1 710种，记录检测数据1 710余项。

(8) 完成餐饮服务许可证延续工作。顺利通过食品药品监督管理部门的审批，完成四大区食堂、留学生食堂、南区食堂集天小吃及汇贤食府的餐饮服务许可证的延续工作。

(四) 校园物业管理与服务

(1) 物业服务与新科技相结合。改造23栋学生宿舍楼电表；新增通过集团微博和微人大平台发布失物信息。

(2) 全面开展校园绿化美化工作。开展“保卫海棠花”行动；在心理健康中心门前种植一大片向日葵；做好校园环境保洁、景观维护及绿植浇灌、修剪、病虫害防治等工作，完成垃圾清运、落叶清扫清运及垃圾站维护保养工作；修剪安全隐患高大树木，补植各类植物，防治树木病虫害，完成校园树木涂白。

(3) 加强校园重点区域、设施设备巡查和检修力度。检修教学楼内电话线路、桌椅、门窗、黑板、照明灯、热水器等基础设备设施，完成电力、土建、给排水等零修工作。

(4) 保障供水、供暖、供电工作安全稳定运行。顺利完成供暖保障工作；做好电力维护，确保用电安全；完成日常水电暖费用的回收、水费代扣、全校一二级水电表核查、远程用电系统管理等工作。

(5) 提升教学服务保障工作质量。做好教学楼每日巡察、空调清理、灭蚊灭蟑、值班值守等工作，排版印刷试卷，分拣信件，投送报纸，分发杂志。

(五) 学生公寓管理与服务

(1) 扎实推进“民生”工程，创建公寓文化。开展学生公寓自助洗衣机深度清洁及相关维保工作、空调清洗及更换工作、家具更新工作等，收集学生意见；开展垃圾分类户外宣传推广活动；绘制学生公寓涂鸦墙，不断更新一层大厅黑板报；首年倡导“人离屋净　绝色离校”毕业生离校行动。

(2) 完成《国内公寓部风险内控工作手册》修订工作。

(3) 推进线上国际住宿预订及宿费境外网上支付。有效提升住宿预订准确率和工作效率，减少床位浪费。

(4) 完成公寓腾退与接管工作。将青年公寓98套宿舍全部腾退用于国内学生住宿，加上家属区房源，共计新增168套宿舍；北园6楼用于留学生住宿接待。

(5) 完成学校东南区项目整体物业管理方案拟定工作。大胆创新管理思路、理念和模式，努力提升东南区项目物业管理品质，打造“双一流”大学物业管理样板楼宇。

(六) 接待资源开发与管理

(1) 提升接待服务质量，打造人大接待服务品牌。酒店创新服务模式，深化内控管理，圆满完成学校各项活动住宿接待和运输接待服务工作；运输服务中心全年执行各类车辆运输服务任务1 200余次。

(2) 积极推进“酒店提升1.0”工作项目。完成了客房网络电视一体化、全面质量管理体系、办公用房合作办法及管理评价等近20项管理和服务项目，50余项落地措施；创建对客服务软文化；全面推进酒店信息化建设。

(3) 推进汇贤楼修缮改造工程，改善接待服务硬件水平。

(七) 家属区、北园、老校区管理与服务

(1) 加强家属区环境整治，维护社区文明秩序。配合海淀区工商局等部门做好校园环境综合治理相关工作；清理家属区废弃自行车，对家属区公共区域私堆杂物现象进行实时督查，对各楼宇公用绿地环境开展整治，积极劝导社区不文明行为，配合整治游商散贩现象。

（2）加强管理，保障北园校区工作稳定运行。确保园区各项工作安全稳定运行；加大对园区外包服务质量标准考评和制度化、规范化管理力度，增加检查频次；进一步规范羽毛球馆日常运营和管理。

（3）保障民生，提高老校区居民满意度。做到报修、报检及时上门处理，有效完成所辖范围内绿化养护、卫生保洁等物业服务工作；严格执行保安24小时值班、昼夜巡逻检查制度；监管灰一楼修缮工程的安全，并在道路交通、管线对接、房屋使用等方面进行协调配合。

三、专项改造与维修工作

（一）食堂餐厅改造工作

建设北区食堂一层“智慧餐厅”，拆除一层自选售饭档口，安装智盘设备和线路；更新北区食堂一至三层中央空调；装饰改造教授餐厅夜宵餐吧；对中区食堂坏损瓷砖、地砖、灶台进行修补。

（二）国内学生公寓改造维修工作

包括粉刷维修、给排水系统改造、供暖系统改造、强弱电改造、无线网络改造、消防设施设备安防改造、红楼屋面防水工程、家具更新腾挪工程、新增房源空调入户工程、智能电表改造等。

（三）国际公寓设施改造工作

改造留学生公寓及专家楼安防设施，升级国际文化交流中心监控系统，改造无线网络，修补国际文化交流中心北侧正门及东侧连廊地面、墙砖，完成国际文化交流中心400余扇防爆裂防火门的维修工作。

（四）物业设备设施改造工作

更换东区浴室更衣柜，加装浴室排风扇；维修校园各主要道路、绿化景观等设施；做好林园1楼屋面瓦及防水维修工程、宜园2楼地下空间装修改造工作；做好隔油池改造工程；重新粉刷北园羽毛球馆；施工改造物理楼污水管线；改造校西门照明设施；更换学生宿舍区、教学楼、办公楼灯具、灯脚等；做好知行区快递驿站整治工作。

（五）配合相关部门改造工程工作

配合做好汇贤园、世纪园等重点景观提升改造工程；配合开展高压配电室改造项目验收工作、北区锅炉房低氮改造工程；配合做好二次供水泵房粉刷及全校消防水箱改造工作；配合进行自来水引入、中水站恢复、校内喷泉系统改造等项目；配合做好东南区基建项目相关工作；配合做好节能型路灯改造工作；配合做好公寓楼电热水器电源安装工作；配合做好理工楼1台、知行一楼3台电梯更换工作及16台电梯改装工作、69台电梯验收工作；配合做好网络中心部分机房用电增容及安装圈存机电源工作。

（六）老校区改造工作

无偿更换张自忠路3号、育群胡同17号140余户居民家内液化气软管，对张自忠路3号暖气管道进行全面更新改造，进行自来水一户一表改造。

四、节能管理工作

（一）建设节约型公寓

2018年寒假期间，为进一步推进节约型公寓建设，后勤集团首次在品园2楼试运行春节期间封楼措施，促进节能减排。

（二）家属区智能电表改造

静园楼19栋，林园楼5栋，宜园3楼17层、18层，青年公寓8个单元，共计2 200余块电表全部更新改造完毕。

（三）学生宿舍用电智能化

(1) 远程智能电表控制系统全面升级。改造后的23栋学生宿舍楼全部具有低电量短信提示购电功能或宿舍楼一楼LED显示屏低电量显示功能，对于电量低于30度的宿舍，系统会自动发送购电短信或在显示屏上显示。

(2) 新生宿舍指标电输送。在暑期进行毕业生宿舍清除剩余电量和新生宿舍指标电发放工作。

五、幼儿园工作

（一）带动各支持园教育事业发展

对中海地产教育板块深圳市中海教育管理有限公司在山东济南及广东佛山、东莞开办的3所幼儿园的教育支持工作走入正轨。派出的常驻人员持续给予其教育支持，截至2018年底已有两所开园，招生工作进展顺利。

（二）通过督导验收

5月，中国人民大学幼儿园经过海淀区人民政府教育督导室学前教育第二组督学的考察，通过督导验收，督学高度肯定了办园方向和保育教育工作质量。

（三）培养专业化师资队伍

(1) 开展新教师培训、骨干教师教学观摩及技能展示等活动，发挥示范引领作用，带动年轻教师成长，鼓励成熟期教师大胆创新，形成自身教育特色。

(2) 积极开展“走出去请进来”的培训活动，邀请教学专家来园开展专题讲座；组织本园教师到优质市级示范园实地参观学习，促进团队整体提升，逐步形成幼儿园专业化教师梯队。

(3) 3月，总园长曹春香获“北京市三八红旗奖章”荣誉称号；9月，朝阳幼儿园何薇荣获“北京市师德先锋”荣誉称号。

（四）完善课程管理体系

(1) 以“共情课程”为依托，开展班级主题活动，促进幼儿情绪情感的发展。

(2) 通过教学活动的开展，稳固园本课程，将园级主题活动与园所特色活动相结合。

(3) 以区域游戏为抓手，充分发挥幼儿活动的自主性、兴趣性。

(4) 通过多种方式建立家园桥梁，如完善家长志愿者的工作、增加家长半日开放活动的次数等，充分发挥原生家庭对幼儿发展的作用。

(5) 深入开展社区早教工作，提升早教水平。

（五）幼儿保健工作

(1) 对全园幼儿进行体检，完成身高、体重、体能测试及涂氟查牙；认真做好日常晨检工作，及时为幼儿接种疫苗；利用微信公众号及网站专题宣传常见病防治保健常识，开展保健知识讲座等，提升家长科学育儿水平。

(2) 重视幼儿膳食质量，及时开展炊事员问卷调查，做好每季度营养计划；在不加粮、减油肉的高标准下做到营养指数达标，杜绝主食过剩，做好带量食谱；开展食堂工作人员培训，提高业务水平和工作能力。

（六）幼儿园安全管理工作

(1) 定期对教职工进行安全教育，层层签订安全责任书，增强教职工责任感。

(2) 节假日用温馨提示的方式提醒家长带幼儿出行注意安全，达到家园合力的目的。

（3）园长带头组成安全工作领导小组，负责全园安全工作，定期对幼儿园设施进行检查，发现问题及时采取措施加以解决，确保师幼人身安全。

安全保卫和医疗保障工作

一、概况

2018年，保卫处（部）紧抓常规工作不松懈，切实保障两会期间及毕业季等重点活动的安防工作，着力加强安全管理水平和安防技防体系建设，深入开展校园安全教育，加大内部专业化建设力度，稳步推进“十三五”时期平安校园建设提升工程各项工作任务，为学校长治久安提供坚强保障。

校医院在2018年海淀区疾病预防控制中心健教所非区属社区卫生服务中心绩效考核中荣获健康教育“优秀单位”称号。校医院共14位同志分别获得中国人民大学先进工作者、校级优秀工会工作者、校级工会积极分子、海淀区卫生系统优秀护理管理工作者等个人荣誉。

二、治安、消防、交通、安全教育等工作

（一）治安工作

2018年，保卫处（部）对求是楼、学校各食堂、国际文化交流中心等楼宇进行了视频监控系统改造，实现了校园公共区域视频监控的全覆盖。共接报各类案件42起，较2017年同期减少5起。共接待求助师生983人次，为师生提供夜间巡逻车护送服务180人次。

（二）消防工作

完成部分楼宇火灾自动报警系统改造项目和校园消防远程监控系统建设项目。完成部分楼宇消防系统改造设计项目。对部分楼宇室内消火栓进行更新。完成中关村校区、老校区、清华东路校区、北校区楼宇的消防设施及电气防火检测项目。完成电动自行车室外充电桩安装工作及后续相关工作。

开展各类消防安全培训8次，处置火情4起。更换和检修各类灭火器4 027具，更换应急疏散灯具124件、灭火器箱100个、水龙带500条。组织各类消防安全检查105次，识别消防安全隐患428项。办理动火证251份，办理装修审批54份。

（三）交通工作

2018年，保卫处（部）采取多种方式巩固、维护“整顿校园停车秩序、优化交通环境的校园停车系列改革”成果，新设多种制度为教职工通勤提供便利，推动技术研发，更好地满足教职工日益增长的便利停车需求。

完成西南门改造，将出门方向道路改为双向机动车道。更换校内14条50厘米减速带。增加3套人脸识别系统。西门辅路增加1台无人值守设备。更换5个收费岗亭。西门辅路新铺自行车道。校园各个出入口增加16个摄像头。

与校属二级单位签订《中国人民大学2018年交通安全责任书》，签订两会、国庆等重点时间节点《交通安全责任书》，与驾驶员签订《中国人民大学2018年机动车驾驶员交通安全保证书》。为学校大型活动提供交通保障35次，上勤359人次。

保卫处（部）1位同志获得“海淀区交通安全优秀管理干部”荣誉称号。

（四）安全教育工作

建立线下与线上相结合的安全教育培训体系。线上安全微课按照学校“全程安全教育”项目的要求，分入学前置和各学期共九个时间段配置安全微课，已完成了2018级本硕博新生入学前置及2016—2017级本科生、2018级本硕博生秋季学期的安全微课学习。线下由应急志愿服务队承担安全教育体验馆的宣讲培训，承担校内外100余场安全宣讲培训，培训师生2 000人次，聘请校外应急专家进行安全知识讲座3场。特别是，2018年11月8日至9日开展“119”消防安全教育系列活动，包含消防专题培训及实地灭火演练、国际文化交流中心高层建筑消防疏散演练及趣味消防体验活动。

（五）校园环境综合管理工作

清理乱张贴广告4 051份；收缴广告6 448份；清理校园摆摊设点和游商1 116人次；清理在教学区遛狗、跳舞等影响教学秩序现象3 000余人次；摘除未经审批的条幅204条；场地使用审批备案53场次；宣传标语审批83场次；大巴车预约入校审批备案129次，涉及车辆229辆。

（六）安全保卫服务工作

制定大型活动安全保卫方案5个，为大型活动提供安全保卫服务269场次（安全级别为三级以上的活动2场），出动保安1 401人次，加班时间达10 015小时。

（七）集体户籍和流动人口基本信息管理工作

办理2018级新生户籍迁入4 186人，其中本科生1 627人、硕士生2 036人、博士生523人；办理2018届毕业生户籍迁出2 774人。协助海淀派出所和居委会开具居住证介绍信126份，居住登记卡介绍信260份。

截至2018年底，学校历年学生滞留户籍共计1 932人；《中国人民大学流动人口基本信息总台账》上共有流动人口51 60人，其中体制内流动人口1 725人，体制外流动人口3 435人。

（八）保安队伍培训工作

继续严格执行保安服务值班、加班、缺员和考勤制度。对保安员进行专题培训30次，参训保安员达360人次。2018年，学校保安中队获北京市保安服务总公司文安分公司集体三等功。

2018年共启动一级超常防控等级实施方案3次，加班时间达2 592.5小时。

三、医疗保障工作

（一）医疗业务管理工作

（1）继续做好基础医疗管理。2018年，医院门诊量171 418人次，急诊4 058人次，体检19 205人次。

（2）不断完善医院医疗管理、院感管理、院前急救、药品管理、医联体等各项制度，强化制度落实。

（3）加强医疗质量管理，继续做好处方点评、病历处方检查和意见反馈工作，每季度进行院内感染的监督检查，对各部门质量控制指标进行核查。

（4）加强业务培训，组织开展呼吸疾病岗位练兵、健康教育知识讲座竞赛、病历书写规范及处方管理、各专科常见病诊疗、院内感染等培训20次；聘请专家来院进行常见病、多发病的指南解读等系列培训；完成了全院医护技80人的医学专业继续教育工作以及社区继续教育的报名、网络学习等培训工作；安排医护技人员参加市卫计委、区卫计委组织的各种专业培训；安排医护人员外出进修培训。

（二）公共卫生服务工作

（1）增加体检服务项目，细化体检服务流程。学校教职工体检新增肿瘤标记物检查、超声项目检查等，体检费用得到提高。提高体检报告准确性，缩短报告生成周期。除体检中心外，新增内科、公共卫生等科室医生共同出具总检报告，并由体检中心负责复审把关，缩短教职工取报告等待周期。

（2）积极推进家庭医生式服务。积极推动师生、居民家庭医生式服务。按照卫生局家庭医生式服务相关工作要求，加强健康档案管理，完成档案的信息系统对接。

（3）助老服务工作取得新进展。积极推进关于《老教师医疗护理提升工作方案》，与学校相关部门积极配合，医院组建助老服务团队，为高龄教职工提供每年1次上门体检、慢性病送药等服务。

（4）积极加强学校心理卫生工作。与北京市卫计委合作开展高校心理健康测评相关工作，加强对学生心理健康工作的指导。

（5）继续做好传染病防控工作。及时处理流感、肺结核、水痘等传染病疫情，确保校园卫生安全。

（三）医疗服务品质提升工作

（1）妥善解决新生入学资格复查期间医疗服务报销空档期问题。新生入学后在校医院就诊可直接进行报销，校外转诊就诊待学校资格复查工作结束后予以补报销。

（2）引入健康档案APP，实现健康档案智能化管理，实现了健康档案的电子化实时管理。从新生开始，建立学生在校期间全面健康档案，对学生健康实行全闭环式管理，完善学生健康管理工作；同时，开展方便教工的健康管理工作。

（3）重视师生意见，提升服务能力。对于师生提出的意见和建议，第一时间了解相关情况，及时沟通及整改。开展学生座谈会2次，院外监督员座谈会1次。

（4）改进工作流程，方便就诊服务。对于师生诉求较高的夜间就诊、假条开具、部分科室就诊服务等，召开专题会议研讨解决办法，不断改进工作流程，方便师生就诊。

（5）积极推进健康教育工作。创新学生健康教育模式，与学生会合作推送《健康特辑》。与学校工会、院系、学生会、居委会加强沟通，使健康讲座进院系、进社区。共举办各类咨询、健康教育活动21场，受众23 238人次。

6）做好健康保健工作。圆满完成学校大型活动、军训等工作保健任务，做好服务支持。

（7）竭力搭建绿色通道，提供人性化服务。为部分高龄、行动不便骨干教师提供家访服务；积极为急、危、重病人联系转、住院。搭建与北医三院、海淀医院即对口支援医院、医联体核心医院的预约挂号绿色通道。积极与卫生局、医联体沟通交流，在方便师生就诊方面有新的进展和突破。

（四）医院内部管理工作

（1）落实“学习与践行年”活动。2018年是医院“学习与践行年”，医院组织全体职工认真学习党的十九大精神和习近平新时代中国特色社会主义思想，组织党员、职工开展实践调研；认真学习全国教育大会等上级相关会议、文件精神；组织全体职工学习国家关于医疗体制改革和推进公共卫生服务事业的有关政策、规定，积极落实各项学习、工作任务。

（2）加强医院内控管理。在内控项目组的协助下，进一步完善医院管理制度，梳理工作流程，完成整改项目29项。

（3）加强人才引进及人事管理工作。内科、外科、针灸科、中药房、超声科等科室事业编制人员完成引进或正办理调入的共6人。注重专业分科，优化医院医务人员队伍建设。完成了非事业编制职工基本工资体系的改革、绩效工资体系的综合改革体系化调校。就教师以外专业技术人员的职称评定、岗位聘任、业务考核等方面的政策问题向学校提出系列建设性意见。提出了改进医院年度考核的框架性意见。

（4）做好财务管理工作。严格遵守各项财务制度及规定，医院大额支出均由党政联席会议共同决定，定期对医院财务状况进行公示。做好医院财务预算工作。向学校基金会申请医院发展基金用于医院设备购置、提升服务。更改公费医疗住院报销方式，加强财务安全。

（5）做好资产、设备管理工作。新购置全自动生化仪1台、血液分析仪1台，完成全院75台办公电脑更新。

（6）加强合同管理。按照学校合同管理规定，制定医院合同管理工作制度，形成合同管理台账，完善合同的审核、备案流程。

（7）进一步加强医德医风建设工作。通过了《中国人民大学医院投诉处理流程》，开通多个信息渠道受理服务投诉建议，多次召开医院工作会议，强调医德医风考核，完成医德医风考核和先进个人评选。

（8）开展信息化调研工作。对工作站系统进行优化，调研信息化服务厂家及团队，支持开展信息化建设调研。

（9）完成老校区卫生站变更。

（五）基层党建工作

2018年，医院党总支在抓好基层党组织基本建设的基础上，围绕中心，服务大局，认真落实基层党建重点任务。落实全面从严治党要求，加强党组织规范化建设和党员教育管理监督；积极发挥党组织战斗堡垒作用和党员先锋模范带头作用；进一步发挥基层党支部作用，进行了联合党支部的拆分，按部门分设党支部，基层党支部书记兼任部门副职，参与部门人员招聘、考核、评价，推动事业发展。按照“一岗双责”要求，落实全面从严治党主体责任和监督责任，党风廉政建设履职认真、工作到位，领导班子廉政建设持之以恒、廉洁自律。

■ 档案馆、博物馆工作

一、概况

2018年，档案馆立足本职工作，紧密围绕学校总体工作的安排部署，在做好常规业务工作的基础上，以实践为抓手、以科技为助力，积极推进各项制度化建设及档案编研工作，努力开创特色发展之路。档案馆下设综合室、文书室、科技室、人事室、认证中心五个部门，共有工作人员11名，包括常务副馆长1名，副馆长1名，事业编工作人员7名，聘用制工作人员2名。2017年12月贾铁英被任命为档案馆常务副馆长。

2018年，博物馆在做实基础工作，促进文化育人、实践育人的基础上，力争做强创新工作，拓展合作模式，积极开设新展，全面提升博物馆的展陈、馆藏水平，提升博物馆综合社会影响。2018年，博物馆新入藏品2 290件（礼品36件，家书2 254封），推出高水平临展16个，举办开幕式16场，开展讲座、读书会、知识竞赛等各种形式的文化活动7场，承办毕业季活动2场，接待校内外观众240批近30 000人。博物馆下设综合室、展陈部、馆藏部、家书博物馆四个部门，共有工作人员10名，包括常务副馆长1名，副馆长2名，事业编工作人员5名，聘用制工作人员2名。

二、档案馆工作

（一）拓展馆藏，做好常规工作

（1）继续做好档案催交、归档、整理工作。对资产处等近20家归档单位进行业务指导，收集文书档案 4 098 卷、科技档案 10 307 卷，收集各类人事档案散材料 6 051 件，转出人事档案 5 455 卷，完成档案整理、录入、上架共计 14 843 卷。接收宣传部、图片与视频中心等部门批量移交的 2008 年至今学校重大活动电子照片与 2000—2010 年部分历史照片万逾张。

（2）继续做好档案利用服务工作。接待查档人员 2 671 人次，查阅档案 4 419 卷，复印 8 301 页；接待各类学生学籍档案查询 10 142 人次，认证在校生成绩单及毕业生学历、学位证明、成绩单 39 687 份；为教职工和学生开具各类公证材料及存档证明 192 件；为毕业生所在人事部门提供本硕博授予学位决定、培养计划及执行情况表等档案材料约 280 人次、680 页。

（3）继续做好档案征集工作。接收成仿吾、胡乃武、胡华、高放、周建明等多名教授学者的手稿、照片、书籍等珍贵人物档案。与图书馆中国人民大学文库共同征集学校名师名家的学术与档案资源。

（4）继续做好档案数字化工作。完成全部人事卡片与 1956 年前珍贵行政类历史档案的数字化扫描工作，完成 2018 年本科成绩单、2017 年新生录取底表以及部分往届硕士、博士档案的扫描录入工作，进行成教生学历信息原始数据录入工作。

（5）继续做好档案编研工作。继续组织档案馆同志对学校命名组建初期具有开创性的工作相关原始档案做了深入梳理，撰写完成相应文章，配以相关档案图片，结集为《人大·档案·记忆（第二辑）》，并正式出版。

（二）理顺工作流程，加强制度建设

（1）坚持业务工作和党风廉政建设工作“两手抓”“两不误”。将学习好、宣传好、贯彻好习近平新时代中国特色社会主义思想作为重要政治责任和任务。联合浙江省湖州市南浔区档案局（馆）主办“他是一座山——吴宝康同志生平展”。

（2）健全单位内部和职能工作领域内各项规章制度，结合工作实际，对现有制度进行修订、完善和补充。

（3）明确涉密工作负责人与涉密工作人员，配置了安全计算机，由专人负责该机器的使用与维护，参加学校保密委员会组织的保密工作培训。

（三）科技助力，探索工作新思路

开发本科生学历学位证明打印功能；自主开发完成学生档案转递电子表单的填写及档案转递 EMS 单号微信查询功能；将南大之星档案管理系统定为学校信息系统等级保护二级系统，并进行了安全性测评；完成新版网站的建设。

（四）加强合作，注重业务交流

（1）加强与兄弟院校档案馆的沟通交流，与北京大学等多所兄弟高校档案馆就档案管理系统开放、档案管理利用等方面工作进行交流研讨。

（2）赴大连参加部属高校档案工作协会年会，展示工作成果，进行工作探讨。会上，档案馆荣获“档案文化建设先进单位”称号，田永香获“从事档案工作满 20 年荣誉证书”，胡莹获“档案工作先进个人”称号。

三、博物馆工作

（一）加强内部建设

建立健全单位内部和职能工作领域内各项规章制度，在博物馆内部印发了管理制度汇编，总结并梳理了博物馆各部门的职位说明书。

党风廉政建设与具体业务工作同部署、同落实、同检查、同考核。将学习好、宣传好、贯彻好习近平新时代中国特色社会主义思想作为重要政治责任和任务，以一系列红色主题展览为依托，开发党员教育新内容、新形式。

（二）探索业务工作新模式

1. 库房保管上安全为先，提高硬件水平

严格执行各项展厅、库房、藏品及行政管理制度，强化消防及安全用电常识；定期排查库房及展厅安全隐患；定期维护更新馆内各类设备，对临展厅的灯轨及射灯全部进行更新换代；与物业、保安联动配合，构建物业管理与责任人同时 24 小时在线的双保险安防系统；定期检视各类藏品保存状况，进一步规划库房布局，按照藏品类别进行合理管理。明德新闻楼地下一层近 400 平方米面积被批准作为博物馆库房使用，并开始改造施工。

2. 展览陈列上多方合作，策划精品展览

继续贯彻“请进来，走出去，打造品牌展览”的战略，不断探索合作办展的新模式，推出一系列高水平临展，努力提高知名度与影响力，打造品牌形象。

（1）以红色教育为契机，推出高水平校史主题临时展。与延安革命纪念地管理局、延安新闻纪念馆共同举办“万众瞩目清凉山——记延安时期的新闻出版事业”图片展；联合浙江省湖州市南浔区档案局（馆）主办“他是一座山——吴宝康同志生平展”；与四川大学档案馆（校史办）及四川荣县吴玉章故居陈列馆合作主办“革命先驱，师表典范——吴玉章诞辰 140 周年纪念展”。

（2）以服务教学为宗旨，加强院馆合作新模式。与信息资源管理学院共同举办“‘世界因遗产而璀璨’——2018 明清近现代书画精品展”。承办信息学院“开信息之先河——纪念中国人民大学信息学院 40 周年图片展”，历史学院“中国人民大学清史研究所四十年教学与科研成果展”，艺术学院“半夏日长——高毅黄华三作品展”“Butterfly theory——关于蝴蝶的设计思考”“另存 V——人大水墨创作展”“满庭芳——刘明才诗词书法作品展”等一系列展览。

（3）以长远发展为目标，推动与社会团体的合作。与中国书法家协会磋商，在引进高水平展览、开展高端学术研讨、建设特色书法宣教中心等方面开展合作。家书博物馆参加中华世纪坛 2018 年“中华家风文化主题展”。

3. 资料辑录上提高水平，有效利用馆藏

策划《西南少数民族背扇图录》和《馆藏老股票图录》的出版，完成藏品挑选、拍照和文字整合工作。与《黄埔》杂志社合作编辑的 2018 增刊《黄埔家书》出版，与《北京晚报》《解放军报》《中国档案报》合作开设家书专栏。

（三）探索服务育人机制

1. 建设志愿服务梯队，提高服务水平

指导和孵化三支学生志愿团队——校史志愿讲解团、考古文博系志愿服务队、家书社团，一支离退志愿团队——退休教职工“为遐”志愿服务团。参加 2018 年全国高校博物馆育人联盟志愿讲解员展示及 2018 京津冀高校博物馆优秀讲解案例展示。对校史讲解员进行语言培训。

2. 参与教育教学实践，发挥教辅功能

参观校史展及一系列常设文物展成为新生入学教育和本科“读史读经典”项目的重要环节，博物馆成为本科及研究生教育的重要实践基地。深度参与毕业季活动，为国际交流处港澳台办、文学院提供场地和设备举办毕业晚会。

3. 植根社会服务，促进精神文明建设

与新浪网合作举办“新浪读书会——听祝勇讲述国家宫殿的古物之美”活动；与解放军等 261 医院合作共建“传承红色基因教育基地”；配合史家小学学生、家长举办“守护家书”走进人大活动；与中国儿童文学研究会、《青年文摘》杂志社联合主办“全国青少年家书写作暨家书征集活动”；参加 2018 中国家长大会，荣获中国关心下一代工作委员会事业发展中心颁发的“2018 中国家庭教育金推手奖”。

（四）积极发声，增强社会影响

以新媒体为手段，积极宣传博物馆的资讯及理念。注重对微信公众号的推广运用，及时发布博物馆的最新资讯信息，利用微信平台进行参观预约。

积极参加全国高校博物馆育人联盟、中国博物馆协会高校博物馆专委会等组织的活动。被授予“北京市第一次全国可移动文物普查先进集体”荣誉称号。

附录

2018 年中国人民大学档案馆馆藏档案和档案利用情况统计表

类名	目次		单位	基本数据
馆藏档案	全宗		个	6
	案卷		卷	217 054
	案卷排架长度		米	2 978
	照片档案		张	24 105
	数码照片		GB	9 971
2018 年进馆档案			卷	15 270
2018 年档案利用情况	总计		卷次	4 463
	利用目的	编史修志	卷次	1 295
		工作查考	卷次	1 967
		学术研究	卷次	67
		其他	卷次	1 134
2018 年举办档案展览参观情况			人次	9 862

注：此表统计数据不含人事档案。

2018 年中国人民大学博物馆馆藏文物统计表

资产名称	藏品年代	数量（件/套）
西南少数民族背扇	近现代	1 231
西域文物	古代	2 151
北方文物	古代	5 969 （含借展 244 件/套）
徽州文书	古代、近代	27 562
老股票	近现代	1 013
老股票配套品	近现代	610
冯其庸捐赠石刻	古代	21

续表

资产名称	藏品年代	数量（件/套）
民间家书	当代	54 336
沈鹏书法	当代	34
民国名人书画（代管）	近现代	19
河山画社书画	当代	56
陈独秀信札	近现代	13
梁启超信札	近现代	11
康有为信札	近现代	2
礼品	现代	547
奥运藏品	现代	294
红色收藏品	现代	643
其他	现代	24

■ 校园信息化建设工作

一、概况

2018年，信息技术中心在学校党委的领导下，在学校网络安全和信息化领导小组的指导和支持下，围绕“五个一”的建设规划，扎实推进学校网络安全和信息化建设工作，完成了信息化建设的“十件实事”。

二、重点工作

（一）注重顶层设计和全局统筹，整体推进网信工作朝着“五个一”的规划方向发展

（1）以体制机制改革为突破，形成“网信工作一盘棋”。3月正式成立学校网络安全和信息化领导小组，从学校层面加强顶层设计和战略规划，全面统一学校信息化建设管理。4月19日召开了学校网络安全和信息化领导小组第一次全体会议，审议通过了《网络安全和信息化建设综合改革方案》，从顶层战略、体制机制等多方面推动学校的网信工作改革。9月17日印发《中国人民大学网站建设与管理办法》，9月18日印发《中国人民大学信息化项目管理办法》《中国人民大学网络与信息技术安全管理办法》，统筹学校信息化建设管理工作，建立“业务驱动、技术引领、标准统一、融合协作”的机制，形成全校信息化建设一盘棋。

（2）以防护、加固、预警为举措，促进“网络安全一体化”。以《网络安全法》为准绳，落实网络安全等级保护工作。针对网络安全意识不强、防护薄弱的现状，从管理、设备和措施等多方面入手，建立管理制度、漏洞扫描、病毒防护、应急预案、安全演练等网络安全立体防护体系。开展大量基础性工作，包括网站梳理、备案审查、上一轮定级情况摸底调查，将学校所有网站纳入教育部教育信息管理平台进行安全监控。完成学校的网络安全保护定级和二级以上等级保护系统的公安备案。按照安全等保要求，完成通过了1个三级系统和5个二级系统的等级保护测评。部署入侵检测、Web应用防护、数据库审计和漏洞扫描安全设备，部署服务器防病毒系统，部署网站群统一运行管理平台和网页防篡改机制，实施安全预警和防护措施。

（3）以统一标准规范为抓手，推动“互联互通一张网”。在统一数据标准的基础上，推动实现各个业务系统之间的融合贯通，为形成网状互联的应用模式奠定基础。制定了《中国人民大学信息系统建设技术规范》《中国人民大学信息系统建设项目实施规范》，明确学校信息化建设数据标准和建设规范。

（4）以建设数据中心为重点，建立“共享数据一张表”。建设学校数据中心，将学校相关数据全部纳入数据中心统一管理，通过对数据标准的把控和数据共享的统一管理，实现学校各业务系统之间数据高度共享，推进互联互通一张表建设。协调学校内各部门进行数据共享。2018 年完成上线的共享，包括人事与科研、人事与教务、国际小学期与学生、OA 与人事、资产与人事、资产与财务等 42 个数据共享接口。

（5）以服务师生为出发点，搭建“公共服务一平台”。搭建公共信息化服务平台，完成微软校园正版软件平台建设，避免校内各学院和部门重复购买，促进学校的公共服务一体化和规范化。

（二）扎实推进信息化基础设施到上层应用建设，落地网信建设的“十件实事”

（1）实施基础设施改造工程，筑牢安全地基。完成明德楼地下机房改造和扩建，进行基础设施升级和供电线路改造，建立核心机房的动能环境监控系统，对电力不足的设备间进行电力增容改，在楼宇汇聚机房部署了视频及温湿度监控。校园网出口骨干链路进行升级改造建设，更换防火墙、路由器、流量控制等设备，优化网络配置和安全配置，增加核心出口链路的安全性、稳定性。完成统一核心数据库的硬件升级，更换了专业的软硬一体集成的数据库服务器，实现本地定时备份以及异地机房数据实时同步。完成云管平台、访客系统、漏扫系统、云盘服务的基础建设，更新 VPN 系统。启动数据共享中心平台、校园网大数据平台、数据中心异地灾备系统的建设。规范数据中心机房管理，启动年审机制。制定了《中国人民大学数据中心虚拟服务器管理办法》，梳理了学校各部门虚拟服务器的使用情况，并启动了首次虚拟机年审工作。

（2）实施无线网络改造工程，提升网络服务质量。对无线网络进行改造，包括学校 25 栋学生宿舍楼近 6 000 个学生宿舍。

（3）试点智慧教室建设，提升服务教育教学支撑能力。在公共教学四楼 1 层试点建设了 4 间智慧教室（U 型互动教室 2 间，分组讨论型教室 1 间，自由组合型教室 1 间）。

（4）整合学校信息门户，丰富网上办事大厅的各项功能。对学校的信息门户实现全面改版，整合信息化服务项目，通过多功能导航和用户个性化定制等，丰富网上办事大厅的各项功能。

（5）配合业务单位开展核心业务系统建设工作，提升信息化应用水平。通过信息化建设项目的形式，在统一建设标准和规范的基础上，以学校各业务单位为主，信息技术中心密切配合，逐步重建学校的核心应用系统。2018 年共有在建系统 21 个。在系统建设的过程中，信息技术中心负责软硬件环境的保障、技术规范的审核、配合系统的开发建设（统一身份认证、统一数据库）以及数据的共享交换等工作。

（6）建设微软正版化软件平台，满足全校师生正版办公软件需要。向师生提供 Windows 操作系统和 Office 办公软件等的下载、激活和更新的免费渠道，提供正版化软件安装和使用过程中常见问题的解决方法。自微软校园化正版平台开放以来，使用平台进行 Windows 操作系统的下载与激活共计 3 000 多次，Office 办公软件的下载激活已超过 10 000 次。

（7）搭建网站群平台，提升网络安全防护水平。2018 年初步建立网站群系统，向没有技术防护能力的单位提供网站迁移服务。解决学校网站小、散、乱、缺乏维护和技术防护的问题。通过了 ISO27001（信息安全管理体系）的首次认证，用于保障组织的信息安全。

（8）建立电子签章平台，可为各业务系统实现网上电子签名流转，构建可信网络空间。建立电子签章平台，可以实现和各个业务系统的对接，用户客户端可通过 USBKey 或手机使用签章服务完成身份认证及电子签名等操作。电子签章项目的建设，实现了从可信身份、可信数据、可信行为、可信时间四个方面构建校内可信的网络空间。

(9) 初步建立大数据平台，逐步推进大数据分析工作。2018 年底开始正式建设学校大数据平台，第一步以校情展示、教师和学生个人中心以及学生预警为重点，逐步推进大数据分析工作。

(10) 整合全校门禁门锁系统，建立门禁系统统一数据平台。将校内多个楼宇门禁系统整合成一个统一的门禁管理平台，统一平台，统一管理，数据统一归口，与一卡通系统统一接口。

三、常规工作

(一) 保障校园基础网络稳定运行

对学校大小 340 余间设备间定期巡检。更换了 39 道楼宇汇聚机房防火安全门。进行了网络及机房等项目技术指标要求的细化工作。

(二) 应用系统维护升级与开发

保障学校数据中心运行稳定，对近百台虚拟机进行了梳理。数据中心支撑运行着学校 DNS、DHCP、电子校务、基础软件服务、各二级网站及其他应用。

保障学校微人大平台和业务信息系统正常使用，包括个人中心、服务中心、学务中心、教学中心、本科教务系统、人事系统、财务系统、学生系统、宿管系统、户籍系统、暑假小学期系统、留学生管理系统、公文处理系统、四六级报名系统和迎新系统等。

保障学校基础软件服务运行稳定，包括计费系统、邮件系统、短信平台、数据交换平台、Blackboard 教学平台、SAS 软件等。在保障运行的同时对各类基础软件做了不同程度的完善。

响应各业务系统的需求变更和系统重构，包括教务、财务、人事等系统的修改。同时开展部分系统的重构工作，包括户籍系统、留学生管理系统、失物招领系统等。

梳理微人大上的各类服务和业务，进行微人大首页的改版，增加了多功能导航栏，可以快速检索和访问业务系统、将常用业务进行收藏，同时增加了独立的新闻版块，进行了页面优化。

(三) 多媒体教学建设与服务

对学校 323 间多媒体教室进行日常维护、升级改造、设备巡检。完成各项重大考试的保障工作。进行学校东南区项目多媒体教室建设。提出通州校区社会与人口学院楼多媒体教室建设、网络建设注意事项。进行多媒体设备更换、语音室改造、中控机房改造、互动教室建设、多媒体教学外包服务购置等。完成明德地下网络教室 1013、1014、1015 管理平台调整工作。多媒体设备与教室管理系统网站上线运行。

(四) 以“一流品质、一流服务”为目标的信息化窗口服务工作

负责 ITS 服务窗口（早 8:00 至晚 8:00，节假日无休）的前台工作以及信息技术中心的夜班值班工作；受理来自微人大服务中心、QQ 群、电话、现场的所有服务请求。据不完全统计，2018 年现场为用户服务 175 次；处理微人大服务中心表单 3 249 单；前台接待 10 507 人次；新办校园卡 22 938 张，补办校园卡 18 028 张；为教师的科研及部处日常工作提供上网流量支持，累计支持免费流量 32 610G；为后勤集团制作功能卡 7 405 张，为校友办制作校友卡 859 张，为参加国际小学期的师生制作短期校园卡 552 张；完成与其他部处的协作业务，如人事处的职评岗聘工作中涉及服务中心申报的咨询；完成迎新相关工作，创建了“2018 级新生校园卡照片采集”服务并审核新生照片 7 935 人次，完成了“2018 年人大现场迎新”服务的创建以及迎新现场的现场服务及保障工作；完成电子注册工作，共 32 182 人成功注册。注重 IT 服务管理，通过了 ISO20000 体系外部监督审核。

(五) 图片、视频拍摄与制作

2018 年完成学校各类新闻及会议活动的图片及视频拍摄共计 712 次。拍摄制作视频专题片共 6

部，图片专题拍摄 16 次，人大网站首页大图更新 42 次。微人大微信公众号共发推送 15 篇，累计阅读量 108 316 人次，点赞 2 049 人次。信息技术中心订阅号共发推送 29 篇，累计阅读量 17 503 人次。信息技术中心网站发布新闻共 35 篇。为中心职工小家建家工作设计装饰、制作 PPT 及海报。

（六）公共政策实验室建设

2018 年公共政策实验室共接待 39 批次 680 人次参观、交流和研讨；分别支持保障统计学院、法学院、公共管理学院、商学院、艺术学院以及相关处室的教学科研活动。公共实验室共开机 720 小时。对实验环境进行升级改造，实现内外网逻辑隔离，加强数据访问权限管理，进行全面的安全检查。

（七）职工之家建设

3 月 20 日，机关四分工会（信息技术中心）职工小家挂牌成立。11 月 20 日，职工小家被评为学校模范小家。

■ 校友工作

一、概况

2018 年，校友工作办公室围绕学校中心工作，明确工作思路，创新工作理念，完善工作机制，在新时代的起点上，努力提高工作水平，提升服务能力，使校友工作在学校“双一流”建设的历史进程中发挥重要作用，为学校的建设和发展做出贡献。

二、主要工作

（一）加强机构建设，提升服务水平

（1）启动校友会年检相关工作。加强机构建设，明确部门分工，调整人力薪资结构，完成独立财务账号的设立。

11 月 17 日，举办中国人民大学校友会第六届理事会第五次会议暨 2018 校友工作研讨会。校长、校友会会长刘伟，副校长杜鹏出席，学校相关部处、学院以及海内外地方校友会负责人，相关年级、专业、行业校友社团组织代表以及热心校友代表参加会议。大会审议通过了《中国人民大学校友会 2018 年工作报告》《中国人民大学校友会 2019 年工作计划》以及一系列议案。

（2）校友工作办公室首次对 1977、1978 级共 40 位校友进行口述史采访，并联合中国人民大学出版社为纪念改革开放 40 周年和中国人民大学复校 40 周年，结集出版了由学校党委书记靳诺、校长刘伟主编的《与改革开放同行——中国人民大学校友口述史》（第一辑）。

（3）加强媒体平台建设，出版第 39 期、第 40 期《校友》杂志，微信公众号共推送 48 期，发布信息 329 条，官方微博累计阅读量约 104 万次，粉丝近 7 万。

（4）建立健全校友联络网络。

新成立历史学院、艺术学院、外国语学院、环境学院、继续教育学院和苏州校区校友分会，截至 2018 年底，成立校友分会的学院（校区）达到 18 个。

新注册成立贵州、澳门、东南亚三个校友会。截至 2018 年底，海内外校友会组织已达 50 个，其中国内校友组织 36 个（覆盖 31 个省、自治区、直辖市以及港澳台地区），海外校友组织 14 个（覆盖美国、加拿大、澳大利亚、日本、韩国、欧洲、东南亚等）。

（5）举办年级理事聘任仪式、学院校友工作座谈会、各地校友组织工作研讨会等。

1月7日，中国人民大学校友会年级联络人年会暨校友工作年级理事聘任仪式在国学馆举行。

6月5日，“中国人民大学2018学院校友工作座谈会”在校友之家召开，副校长杜鹏出席会议并讲话。

6月20日，中国人民大学第五届校友工作年级理事聘任仪式在校友之家举行。来自25个学院的共计84位毕业生受聘为中国人民大学校友会校友工作年级理事，其中本科生26人，硕士研究生34人，博士研究生24人，并首次聘任3位港澳台毕业生。

（6）为加强校友数据管理，制定《校友会信息系统运维规定（暂行）》与校友数据管理和保密制度。完成校友网、数据库和微信平台“人大校友之家”二期建设项目的招投标工作，以及三期项目的预算申请。首次梳理、完善13 000余条留学生校友数据，审核数据有效性、完整性，并按照时间、地区、专业、学历进行分类统计。

（二）推动校地合作，关注校友成长

3月8日，学校党委书记靳诺、常务副书记张建明、副校长洪大用出席宁夏回族自治区实施人才强区工程18条新政暨定向选调生招录宣介会。

4月10日，校长刘伟赴旬邑出席陕西选调生、校友座谈会。

5月5日，副校长杜鹏出席中国人民大学—香港理工大学合作办学15周年暨管理学博士校友联谊会成立大会。

5月14—18日，校长刘伟率团赴法国参加中国人民大学校友会欧洲分会2018年会暨“一带一路背景下中法经济和法律交流巴黎论坛”活动。

5月25日，学校党委书记、教育基金会理事长靳诺会见商学院校友、深圳全景集团有限公司投资人邹刚，北京凤凰城集团董事长、北京市工商联副主席、中国人民大学校友会商学院分会会长周明德一行并洽谈商学院新楼建设规划。

6月6—13日，副校长吴晓球率代表团访问哈萨克斯坦和吉尔吉斯斯坦并与在哈、在吉校友座谈交流。

6月9—11日，副校长杜鹏率团赴台湾政治大学交流，看望并与校友座谈。

6月10日，学校党委书记靳诺会见深圳信立泰药业股份有限公司董事长叶澄海及其夫人并出席中国人民大学教育基金会叶澄海基金管理委员会第一次会议。学校党委常务副书记、教育基金会常务副理事长张建明等出席会议。

6月22日，学校党委书记靳诺赴上海承担教育部委托的工作任务期间，看望国务院新闻办公室原主任、中国人民大学新闻学院院长赵启正，并与上海校友代表座谈。

6月27—28日，学校党委副书记、纪委书记吴付来一行赴安徽和江西看望招生组，接洽省校合作，并与当地校友代表座谈。

7月7日，学校党委书记靳诺、校长刘伟、副校长杜鹏赴贵阳出席中国人民大学贵州校友会成立大会。

7月7—8日，学校党委书记靳诺、校长刘伟一行赴贵州与贵州省人民政府签署战略合作协议，并看望贵州选调生。

7月9—10日，学校党委书记靳诺出席在川选调生及校友座谈会。

7月15—16日，学校党委常务副书记张建明一行赴拉萨市委组织部看望中国人民大学赴西藏自治区就业的专项招录毕业生。

7月18日，副校长杜鹏赴内蒙古自治区洽谈省校合作事宜，看望并与校友代表座谈。

7月20日，副校长杜鹏一行赴长春出席吉林省与国内著名高校人才合作暨新招录选调生座谈会，并看望吉林校友、选调生。

7 月 30 日，学校党委书记靳诺、副书记郑水泉赴浙江省湖州市南浔区与在浙校友参观吴宝康陈列馆。

7 月 30—31 日，学校党委副书记、纪委书记吴付来一行赴吉林省长春市、吉林市，看望慰问正在开展“千人百村”社会实践调研活动的学生团队和校友代表。

7 月 31 日，学校党委常务副书记张建明赴广西壮族自治区河池市巴马瑶族自治县所略乡六能村看望慰问正在当地开展“千人百村”社会实践调研活动的学生团队，并与在广西工作的校友代表会面交流。

7 月 31 日，常务副校长王利明赴海南省海口市琼山区甲子镇甲子村看望慰问正在当地开展“千人百村”社会实践调研活动的学生团队，并看望了海南省委原常委、宣传部长周文彰等在海口工作、生活的人大校友。

7 月 31 日—8 月 1 日，学校党委书记靳诺一行赴河北石家庄推进省校深化合作并出席河北省选调生工作座谈会。

8 月 1 日，学校党委书记靳诺出席学校在冀选调生座谈会。

8 月 2 日，校长刘伟出席福建省 2018 届引进生座谈会。

8 月 4—5 日，学校党委副书记、纪委书记吴付来一行赴安徽看望慰问在马鞍山开展“千人百村”社会调研活动的学生团队以及南京、马鞍山两地校友代表。

8 月 7—11 日，副校长杜鹏率团赴新疆维吾尔自治区和新疆生产建设兵团看望慰问“千人百村”社会调研团队学生、挂职干部和在基层工作的校友代表。

8 月 14—15 日，学校党委书记靳诺一行赴宁夏银川推进校区深化合作并出席宁夏选调生工作座谈会。

8 月 24 日，学校党委副书记郑水泉一行赴河北正定出席“不忘初心　薪火相传　始终奋斗在时代最前列——纪念华北大学建校 70 周年主题教育活动”与河北校友会新校友迎新活动。

8 月 30 日—9 月 2 日，校长刘伟率团访问韩国并出席由韩国高等教育财团举办的 2018 亚洲研究中心主任会议，看望在韩校友。

8 月 31 日—9 月 1 日，学校党委书记靳诺一行出席中国人民大学澳门校友会成立大会并看望在澳校友。

11 月 4 日，常务副校长王利明赴美国出席由中国人民大学北美校友会主办的“北美明德论坛 2018 年会”。

12 月 9 日，副校长杜鹏赴云南调研校友工作并与当地校友座谈。

12 月 10 日，副校长杜鹏赴昆明参加南亚东南亚大学联盟成立大会暨第二届南亚东南亚大学校长论坛并看望当地校友。

12 月 10 日，学校党委书记靳诺、副校长贺耀敏会见校友、深圳信立泰药业股份有限公司董事长叶澄海及夫人廖清清，靳诺为叶澄海颁发深圳市中国人民大学教育基金会第一届理事会名誉理事长聘书。

12 月 15 日，副校长贺耀敏赴美国出席“纪念中美建交 40 周年座谈会”，并向北美校友会颁发 2018 年度“中国人民大学优秀校友组织”荣誉证书。

12 月 17 日，学校党委书记靳诺一行赴内蒙古自治区呼和浩特市交流推动区校战略合作事宜，并看望当地校友代表。

12 月 23 日，副校长杜鹏赴新加坡出席中国人民大学东南亚校友会成立大会。

12 月 29 日，副校长杜鹏一行赴广西出席中国人民大学广西校友庆祝自治区成立 60 周年暨第二届“一带一路”人大校友论坛，并看望广西选调生。

（三）关爱校友生活，做好秩年返校

（1）校领导看望老校友。

春节前后，学校党委书记靳诺、校长刘伟分别看望中国人民大学原校长、原国家经济委员会主任袁宝华，原校长黄达，原党委书记马绍孟等老领导和邬沧萍、徐景秋、鲁风、包慧、殷牛等老教授老职工。

中秋节前，学校党委书记靳诺等校领导看望了胡松华、贾肇巽和郭汉城等老校友。

9 月 17 日，一年一度的陕公联大老校友敬老祝寿会在校内举行，25 位老校友参加。

（2）做好秩年返校工作。

10 月，共有近 4 000 位校友携家人从全球各地赶回母校，返校人数再创新高，1984 级、1994 级、2004 级校友分别举行了秩年返校活动，1977 级、1978 级校友举办了纪念入学 40 周年庆典。

（3）关心慰问基层校友。

按照学校“扶上马，送一程，关爱一生”，为校友终身发展服务的要求，学校领导分别赴 20 多个省区市看望当地校友及选调生，并向在西藏和南疆基层工作的校友寄送人大中秋月饼和慰问卡。

首次通过网络向全球校友发出中秋祝福。

（4）累计发放校友卡 881 张。

（5）首次开展“毕业季”活动。设计制作“校友地图”并提供各地校友会二维码供毕业生扫描加入；放置“我爱人大”等地标，制作“高铁票”展板供毕业生合影留念；设计 2018 毕业生专属纪念品发放给毕业生。

（四）结合校友资源，服务学校发展

（1）举办校友大讲堂系列讲座。

3 月 19 日，1978 级工业经济系校友、著名旅美作家陈志军受邀分享他在学校的学习生活经历和留居美国的感受体会。

9 月 29 日，校友王伟做客校友大讲堂，与青年校友聊投资、谈创业。

9—10 月，8 场“九四级校友讲坛”陆续在校内举办。

10 月 30 日，校友龙绳德做客校友大讲堂暨近代历史人物故事会。副校长吴晓球、杜鹏会见龙绳德及夫人全如珣，双方就学校改革发展情况进行了交流。

11 月 7 日，1954 级工业经济系校友、安徽省原副省长宋明校友做了题为《我的母校我的根》的报告，杜鹏副校长出席活动，并为宋明校友颁发荣誉证书。

（2）助力学校人才培养，推进“双一流”建设。

更新完成学生处“求是思源”导师名单，协助邀请校友廉思、于瑞卓、谢健乔等出席“求是思源”培训班活动，协助邀请校友何润锋、项立刚、温子健、张宇程、靳从恕、唐奎等作为校友导师出席永庚公益基金光华思源工程六校交流会。

更新完成招生就业处“Lead 计划”导师名单共 200 人，为招生就业处招生视频提供杰出校友名录，撰写招生就业处 H5 宣传文案校友文案。

协助招生就业处、文化科技园、京东集团共同举办中国人民大学学生“创业之星”大赛。

配合学校办公室联系于鹏飞校友回校参加毕业典礼并进行演讲。

协助党委宣传部举办“2018 年中国人民大学毕业摄影展”，收集 1977 级到 2003 级所有返校年级校友毕业大合影 32 张，以及班级青春合影 100 余张；协助党委宣传部网络新闻社举办 2018 年毕业摄影展暨“复校四十年影迹”特别展，共收集 1978 年以来人大重大活动和校园生活的照片数百幅。

（五）加强交流学习，改进校友工作

通过了解清华大学、北京大学、复旦大学、浙江大学、同济大学、武汉大学、南京大学、中山大学 8 所高校校友会部门机构设置、人员编制、经费来源、活动开展情况等改进完善部门制度。

陆续走访调研新闻学院、法学院、劳动人事学院、文学院、财政金融学院、商学院等 6 个学院。

■ 教育基金会工作

一、收支情况

2018 年，基金会总收入 15 451.15 万元，总支出 10 783.68 万元，净资产结余 78 301.78 万元。总收入中，捐赠收入 8 467.36 万元，投资收益 6 400.33 万元，其他收入（包括利息收入和心平贷学金还款）583.46 万元。

2018 年，基金会整理 2017—2018 年度捐赠资金中符合教育部捐赠配比项目共计 55 项，累计申请总额 15 198.86 万元，合格金额 14 911.59 万元，最终到账金额 6 220.00 万元。

二、主要工作

（一）捐赠工作

2018 年，基金会继续拓宽筹资渠道，严格执行捐赠协议，扎实推动公益项目实施。同时加强筹款工作的主动性，加强与校友和潜在捐赠人的联系工作，认真做好捐赠前期沟通、协议文本修订、捐赠协议签署等各环节工作，积极促成各类捐赠项目的达成、执行并督促捐赠款项的足额按时到位，促进捐赠筹款工作的良性运转。

（二）投资理财

为确保基金保值增值、运转有序，基金会秘书处积极探寻资金运作方案，进行调查分析，资金运作安全稳妥，力促基金保值增值，并于 10 月 27 日组织召开了基金会投资管理委员会第一次筹备会。2018 年实现投资理财收益 6 120.33 万元，利息收入 282.65 万元，较 2017 年稳步增长。

（三）信息化建设工作

通过招投标，与业界有较好声誉的企业合作，设计开发了基金会项目管理系统和财务管理系统。根据历史财务数据及捐赠协议等相关材料，将财务系统由用友 T3 升级为用友 G6，实现了项目信息由科目核算变更为项目核算。本次财务系统升级，不仅使基金会对历史财务数据进行了正确分类，使项目信息更加直观、清晰，也大大提高了基金会财务人员的工作效率，特别是微人大线上查询系统的上线，使项目执行单位可自行在微人大查询所负责项目的财务收支情况。

（四）国际交流

借 12 月 23 日中国人民大学东南亚校友会启动仪式之机，基金会赴教育资源拓展协会亚太区总部（也称亚太教育资源拓展协会）交流学习。

与摩根大通相关团队沟通中国人民大学教育基金会服务方案，分享基金会的捐赠管理及国内其他院校和海外院校的案例，商谈进一步合作事宜。

借参加北美校友会在亚特兰大主办的“纪念中美建交 40 周年座谈会”，提升学校在美国的影响力和形象，同时看望亚特兰大、旧金山和温哥华的校友企业家，为基金会海外筹款打基础。

附录

2018 年到账 100 万元以上的捐赠项目

捐赠项目名称	捐赠方	2018 年到账金额（元）
高瓴高礼教育发展基金	张磊	20 000 000.00
五粮液教育基金	宜宾五粮液股份有限公司	10 000 000.00
心平贷学金	广东步步高电子工业有限公司工会委员会	6 328 400.00
未来传播基金	上海蓝色光标品牌顾问有限公司	7 060 000.00
紫荆谷创新创业发展辅导中心	陈经纬、经纬集团有限公司、经纬置地有限公司	3 200 000.00
“国学建设”基金	天津市华商世纪企业管理咨询有限公司	2 400 000.00
公益慈善事业研究与校友会、基金会等非营利组织研究	李晓波	2 000 000.00
国际佛学研究基金	大庆富裕正洁寺	2 000 000.00
余彭年人大教育基金	余彭年慈善基金会	2 000 000.00
龙王法学奖助金	北京市地石律师事务所	2 000 000.00
中国普惠金融国际论坛	HSBC Global Services（UK）Ltd.	1 118 236.31
星河教育基金	深圳雅宝房地产开发有限公司	1 000 000.00
一带一路研究基金	四川钛基网络科技有限公司	1 000 000.00
法学交叉学科基金	北京国双科技有限公司	1 000 000.00
中国农业银行励志成才奖助学金	中国农业银行股份有限公司	1 000 000.00
前海国际资本管理基金	深圳市前海国际资本管理学院	1 000 000.00
国家高端智库研究基金	中诚信证券评估有限公司	1 000 000.00
国家高端智库研究基金	中诚信国际信用评级有限责任公司	1 000 000.00

校办产业

一、概况

人大资产经营管理公司（人大世纪科技发展有限公司，以下简称“资产公司”）是由中国人民大学一人出资，经教育部批准，于2007年在原人大世纪科技发展有限公司的基础上组建成立的。资产公司是唯一代表学校对投资企业行使出资人职责的机构，其主要职能为代表学校进行股权投资并对所投资企业进行股权管理和布局结构调整，确保国有经营性资产的保值增值。

资产公司注册资本5.32亿元，有全资子公司7家，直接参股公司5家。截至2018年底，资产公司合并资产总额为152 193.07万元，同比增长8.91%；所有者权益132 132.68万元，同比增长9.75%。2018年实现净利润12 749.22万元，同比增长1.49%；上缴财政部国有资本收益1 128.02万元，上缴学校投资收益1 256.00万元。

二、校属企业管理工作

1. 坚持党的领导不动摇，着力加强校属企业党的建设

资产公司在学校党委、机关党委的领导下，积极学习贯彻党的十九大、全国教育大会等会议精神及高校所属企业体制改革等政策文件，不断促进党的建设与业务工作有机融合。通过将党建工作和党风廉政建设情况纳入校属企业负责人经营业绩考核，做到有据可依、落到实处。做深、做细、做实支部党员的党性教育、宗旨教育、警示教育，努力营造风清气正、干事创业的良好环境，不断提升校属企业的战斗力和凝聚力。

2. 启动校属企业体制改革工作

根据《教育部 财政部关于做好中央高校所属企业体制改革试点工作的通知》和《高等学校所属企业体制改革政策解读》，按照学校工作要求，资产公司认真研究改革内容，结合学校实际情况拟定校属企业改革方式。同时，启动资产公司所投资企业全面摸底，筹划改革工作方案，为相关工作奠定基础。

3. 规范校属企业上交投资收益方案

经与学校相关部门多次沟通，召开专题研究会讨论，资产公司拟定了规范校属企业上交投资收益的方案，并经校长办公会审议通过。方案充分考虑各企业的不同特点和情况，在保证学校权益的同时，兼顾企业发展的需要，达到在保持合理增长的同时消除相关政策风险的效果。

4. 继续开展集团公司重要规章制度的规范工作

梳理资产公司及全资子公司章程，重新修订、拟定《人大资产经营管理公司董事会工作规则》《人大资产经营管理公司监事会工作规则》等制度，同时整理汇编“三重一大”、委派董监事、年度报告、财务管理等多项基本制度，印发全资子公司，从制度层面上进一步规范校属企业的管理运营。

5. 完成集团公司向全资子公司、参股企业委派股东代表程序

为规范股权投资与管理，保障学校和公司作为法人股东的合法权益，资产公司按照学校要求，重新审议向全资子公司及参股企业委派的董事、监事人选。整个委派过程合法合规，所有涉及中层领导干部兼职的，均经学校批准并在组织部门予以报备。

6. 稳步推进财务主管委派工作

2018 年 1 月，资产公司向文化科技园公司和人大数媒科技（北京）公司委派了财务主管，并逐步通过工作例会、财务季报等方式积极探索委派模式和工作程序。财务主管委派制的实行，有利于加强监管、防范风险，同时为集团公司层面的财务管理和筹划、资源整合与优化打下了基础。

7. 开展专项检查和内控审计，重视对所投资企业的监督管理

资产公司 2018 年先后开展对全资子公司的董事会议事规则规范化和内部制度建设两项专项检查，经各企业整改落实后，进一步完善了校属企业法人治理结构。此外，聘请外部中介机构对人大数媒科技（北京）公司实施内部控制审计。检查和审计的开展，有效地推动了各子公司的规范运作，提高了内控管理能力。

8. 积极开展培训和业务指导，着力提高履职能力和业务水平

资产公司举办首届中国人民大学校属企业董事、监事和高级管理人员培训，有效提高了委派董监事及高级管理人员的履职能力和业务水平。继续举办财务主管培训，两次召开集团财务主管工作会议，持续加强集团公司财务管理能力和水平。

9. 完成人大数媒科技（北京）有限公司股权无偿划转工作

按照学校要求和教育部、财政部关于国有资产无偿划转的规定程序，2018 年 6 月完成对人大数媒科技（北京）有限公司的股权无偿划转相关工作，该公司成为资产公司第 7 家全资子公司。

10. 推动书报资料中心对外投资处置工作

根据学校工作安排，启动书报资料中心对外投资事项的处置工作。起草上报处理建议方案，并组织召开专题会议，讨论形成了推进实施意见。

11. 完成企业年金试点工作

经多次与有关机构沟通、调研，确定企业年金方案，并上报学校批准，完成了企业年金建立工作，对未来在校属企业中推进企业年金计划起到了试点作用。

三、人大数媒科技（北京）有限公司

1. 概况

2011 年 12 月，经学校批准，人大数媒科技（北京）有限公司正式成立。根据学校 2017—2018 学年第 5 次校长办公会决议和中共中国人民大学第十四届委员会第 28 次常委会议的文件精神，人大数媒科技（北京）有限公司于 2018 年 3 月完成产权变更手续，6 月完成在工商行政管理部门的股东、法定代表人及公司章程修订案变更备案手续，完成了股权无偿划转至人大世纪科技发展有限公司（即资产公司）的有关事项。人大数媒科技（北京）有限公司自成立以来，潜心利用先进的数字化技术及运营理念，秉承“源于学者，专于学术”的宗旨，以满足人文社科领域专家学者、学术机构的多样化需求为核心，致力于建设中国权威的人文社科知识服务平台。

2. 加强党建

2018 年，人大数媒科技（北京）有限公司坚持把党的领导融入公司治理各环节，把企业党组织内嵌到公司治理结构之中，明确和落实党组织在公司法人治理结构中的法定地位，坚持服务生产经营不偏离，把提高企业效益、增强企业竞争实力、实现国有资产保值增值作为国有企业党组织工作的出发点和落脚点，以企业改革发展成果检验党组织的工作和战斗力。按照各级党组织的要求，积极参加各项党建工作，及时传达党中央及学校党委有关会议及文件精神，做好党风廉政建设，充分发挥基层党组织的核心作用和战斗堡垒作用。通过各项党建活动，加强对国有企业管理者的党性教育、宗旨教育、警示教育，严明政治纪律和政治规矩，不断提高思想政治素质、增强党性修养，从思想深处拧紧螺丝。

3. 制度建设

建立现代企业制度是国有企业改革的方向，也是公司良好运行的重要保障。2018 年人大数媒科技（北京）有限公司根据经营管理需要不断制定和完善各项内控制度，确保“组织落实、干部到位、职责明确、监督严格”的目标。通过规范董事会议事规则和“三重一大”实施细则，强化决策机制规范化、科学化建设；配合各级主管部门完成公司内部控制审计等相关工作，并在审计意见指导下进一步强化内控管理；在完成各级主管部门下达的工作要求的前提下，对公司各项管理制度进行全面梳理，新增基本管理制度和具体管理制度 19 项，修订基本管理制度和具体管理制度 18 项，总共建立各项内控管理制度 57 项，为公司经营管理提供了有力的制度保障。

4. 工作业绩

在学校各级领导关怀和全体员工共同努力下，2018 年人大数媒科技（北京）有限公司资产总额增长约 15%，所有者权益增长约 20%，净利润增长约 76%。在保持经营业绩显著提升的同时，公司新申请 6 项软件著作权；作为副组长单位参与 2 项新闻出版国家标准的制定工作；“读懂中国：精优人文社科学术成果国际传播工程”项目入选国家新闻出版广电总局改革发展项目库 2018 年度项目；“人文社科学术创新大数据支撑平台”获得财政部 2018 年文化产业发展专项资金（重大项目方面）300 万元；“壹学者”平台获新闻出版业国家最高奖项——第四届中国出版政府奖；“学界”平台获评第十二届新闻出版业互联网发展大会“优秀创新项目”。

5. 业务发展

2018 年 7 月，人大数媒科技（北京）有限公司新产品“学界”作为移动互联网学术服务的开拓性产品正式上线。至此，公司已形成以“人大复印报刊资料”数据库、“壹学者”、“学界”三大产品为核心的业务体系。“学界”自上线以来，与近百家期刊社达成合作意向，有 79 位期刊编辑入驻“学界”产品，使得论文写作服务从线下移到线上，拓展到了移动互联网，受到市场的广泛关注及良好反馈。

2018 年，在采购单位总体预算缩减的大背景下，“人大复印报刊资料”数据库业绩力争与往年持平，树立了“人大复印报刊资料”在学界和业界的良好口碑。“壹学者”产品重新定位，年用户量增长 20%。此外，“壹学者”针对学校书报资料中心与人大数媒科技（北京）有限公司来多年在学术评价方面的探索，基于中科院合作学者几十年的研究，结合大数据技术的深度挖掘，进一步研发国内首创的“互联网+代表作”学者大数据评价平台，结合大数据时代特征，通过“开放评议、智能分析”对学术成果进行评价，更真实有效地反映学者的科研能力，筛选前沿学者，有效规避“重头衔”“轻成果”带来的种种弊端，促进学术公平，助力学术应用与传播。

6. 国际影响

人大数媒科技（北京）有限公司海外版“人大复印报刊资料”数据库 1.0 版本已于 2018 年 9 月正式上线，迈出了公司产品国际化的第一步。海外事业项目组调研美国、德国、韩国、柬埔寨、泰国、新加坡、印度、英国、澳大利亚等国家 45 所海外高校机构客户需求，并实地拜访法兰克福大学汉学系、法兰克福大学图书馆等 3 家欧洲客户，以及泰国朱拉隆功大学、正大管理学院、博仁大学等 7 家亚洲客户，并与新加坡国立大学、南洋理工大学以及台湾清华大学、台湾大学等 7 家亚洲客户建立了初步联系，同时进一步拓展了美洲市场的客户覆盖率和影响力。

■ 出版社

一、概况

2018 年，出版社深入学习贯彻党的十九大精神和习近平总书记系列重要讲话精神，把握正确政治方向和出版导向，坚持把社会效益放在首位，实现社会效益和经济效益相统一，各项工作取得了良好成绩。2017 年出版社获评第四届中国出版政府奖先进出版单位奖，2018 年 10 月正式授牌、颁奖，这是出版社第二次获评这一出版业内最有分量的奖项。

2018 年是改革开放 40 周年、马克思诞辰 200 周年。围绕一系列国家重要时间节点和重大事件，出版社集中策划出版了一大批传播马克思主义理论、弘扬社会主义核心价值观、反映社会主义伟大进程、阐释中国道路的优秀出版物。出版社不断涵养学术品牌，出版了很多影响深远的学术著作集，围绕重点学术著作开展了很多学术成果推广活动。2018 年出版社在“走出去”工作上再创佳绩，荣获 2018 年度“中国版权金奖”推广运用奖、2017—2018 年度国家文化出口重点企业称号、第二十五届北京国际图书博览会优秀版权贸易输出奖、首都新闻出版广电“走出去”示范企业称号、“外国人写作中国计划”突出贡献奖。出版社继续开展“一带一路”学术出版联盟的组织协调工作，通过举办联盟峰会不断扩大联盟的国际影响力，助力国家“一带一路”文化建设。

2018 年，出版社各项经济指标运行良好。印制码洋达到 11.2 亿元，比上一年增加 1.3 亿元，增长了 13.13%。出书品种 3 874 种，比 2017 年增加 248 种，增长了 6.84%，其中新书 1 449 种，比 2017 年增加 171 种，增长 13.38%。全社整体发货码洋 10.6 亿元，比上一财年增长 5%。回款 5.39 亿元，同比增长 4%，高于三年平均增长 3%的增速。高销量新书单品种类和图书重印量逐年增加，全年发展稳中有进，继续保持良性健康的发展态势。

2018 年出版社在发展中获得了许多荣誉。出版社数字出版业务成绩显著，入选新闻出版广电总局第二批“专业数字内容资源知识服务模式”试点单位，获评“2018 中国最具创新布局力的 20 家产业巨头”，并通过了 ISO9001 质量管理体系认证，建立起了更加完善的数字产品研发服务体系。出版社多个数字产品荣获业界知名奖项。比如“中国问题研究文献出版目录及服务平台”在 7 月第八届中国数字出版博览会上荣获了“创新项目”大奖。知识服务产品的建设案例也被全国新闻出版标准化技术委员会选入国家知识服务典型案例。出版社印装质量获奖创历年新高：连续第七次荣获“出版物印制优质产品质量最佳”奖项；2 种图书被评为“中国出版政府奖”推荐产品；2 种图书被评为“中华印制大奖”推荐产品；612 个图书品种被评为“2017 年度印刷出版物优质产品”。出版社还荣获了京津冀三地印协颁发的“2018 年京津冀绿色印刷优秀出版单位”称号。

2018 年，图书出版获奖颇丰。在“第五届马克思主义研究优秀成果奖”评奖中，出版社荣获优秀组织奖，并有《精神交往论——马克思恩格斯的传播观》（修订版）等 4 种图书入选成果奖。出版社“马克思主义理论研究与当代中国书系”等 4 个项目获得国家出版基金资助。《信仰人民》等 3 种图书入选 2018 年上半年中央和国家机关“强素质·作表率”读书活动政治类推荐图书。《“一带一路”政治经济学》等 20 种选题入选教育部 2018 年全国高校出版社主题出版选题名单。《点亮民族精神之魂：社会主义核心价值观青少年读本》入选 2018 年向全国青少年推荐百种优秀出版物目录。“走近马克思”小丛书、《中国人的理想和信仰》入选中宣部 2018 年重点主题出版物选题目录。《社会主义核心价值观与中国文化国际传播》等 3 种图书获得国家出版基金资助。《礼乐文明与中国文化精神》入选国家新闻出版广电总局第二届中华优秀传统文化普及图书；“爱智书系有声读物”“汉字魔方——一套学习汉字的科学方法”两个项目入选国家新闻出版署 2018 年全国有声读物精品出版工程。《人文之蕴：北京城的空间记忆》入选中国出版协会 2018 年度中国出版 30 本好书。《时代大潮和中国共产党》入选第七届书香中国·北京阅读季社长、总编辑荐书（第二季）好书书目。

二、选题策划工作

2018 年，出版社重视社会效益，坚持精品战略，着力打造哲学社会科学出版第一品牌，集中策划出版了一系列讴歌时代精神、反映社会主义伟大进程、在社会上引起强烈反响的主题出版物，一系列有社会影响力和学术辐射力的学术著作，一系列人文社科优势品牌教材，一大批倡导健康积极文化导向的大众读物。

1. 弘扬主旋律、传播正能量，主题出版分量十足

出版社是我国马克思主义理论出版和主题出版重镇，2018 年出版了一大批传播马克思主义理论、弘扬社会主义核心价值观的优秀出版物。为纪念马克思诞辰 200 周年，出版社重磅推出了“走近马克思”小丛书、《重读马克思：文本及其思想》（全十二卷）、《革命根据地法律文献选辑》（第二辑）、《建设世界上最强大的政党》等经典著作。围绕庆祝改革开放 40 周年，出版社出版了《改革开放口述史》《企业家精神》等一系列反映改革开放伟大成就、探讨深化改革开放之路的优秀理论著作。在“伟大的变革”庆祝改革开放 40 周年大型展览上，主题图书“走进马克思”小丛书、《时代大潮与中国共产党》、《中国人的理想与信仰》亮相。

出版社围绕重大时间节点，结合图书出版举办了一系列高规格、有影响的图书活动。围绕纪念马克思诞辰 200 周年、学习习近平总书记重要讲话精神，出版社举办了“走近马克思”小丛书出版座谈会。围绕《马克思与世界》《建设世界上最强大的政党》，联合开展了第二十五次长安街读书会暨“伟大的马克思主义”集体读书学习活动。围绕纪念改革开放 40 周年，出版社召开了“中国民法学的发展”暨王利明民法学研究系列（典藏本）新书发布会。这些活动在学术界和出版界获得高度评价。

2. 追求一流、追求卓越，学术精品气势磅礴

“学术沃土，思想摇篮”是出版社的学术追求，多年来出版社推出了一系列学术价值高、影响广泛的学界扛鼎之作。2018 年出版社出版了很多堪称经典、影响深远的学术著作集。比如《梁启超全集》、《戴逸文集》、《中国政治哲学史》、“陈兴良刑法学”丛书、《曲青山党史论集》、《剑桥美国经济史》等。其中《清史百年》等 3 种图书入选“十三五”国家重点图书、音像、电子出版物出版规划增

补项目；《中西印思想基本点比较》等7种图书入选2018年国家社科基金后期资助项目。

为加强学术出版影响力，出版社围绕重点学术著作开展了很多学术成果推广活动。1月，与长安街读书会、共青团中央联合主办“新时代　新教育　新使命”读书会。中国民主促进会中央委员会副主席朱永新教授等活动嘉宾，围绕《新教育实验：为中国教育探路》一书，从书本到现实，从理论到实践，共同讲述了新时代的强国教育和使命担当。6月，举办了学校经济学院方福前教授的《中国式供给革命》新书发布会。人文咖啡馆系列活动在学术著作大众化营销方面开展了“批判、理想和自由：道家哲学的精神气质”“聂锦芳：理解马克思并不容易!”等一系列既有学术内涵又接地气的读书活动，获得读者欢迎。

3. 教材出版深耕产品研发、实现平稳增长

2018年，出版社的教材出版在新产品研发、头部产品维护、核心产品改造升级以及教材营销推广等方面都做了大量扎实细致的工作。在各个部门的通力配合下，出版社教材实现了平稳增长。2018年教材发货码洋5.9亿，同比增长6%，高于2017年的增速，教材发货比重也从58%提升到59%，教材为主体的发展根基进一步得到夯实。教材成为出版社永续发展的动力源泉。出版社面对马工程教材的冲击，在重点教材维护、新教材研发、大课营销等多个方面全面出击，进一步集中加强重点教材的修订与换版工作，顶住了马工程带来的传统大课教材市场萎缩的压力，取得了可喜的成绩，大课教材发货均实现较好增长。

4. 引领风尚、双效俱佳，大众出版异彩纷呈

2018年，出版社在大众图书营销上试行了《重点AB级产品分类管理办法》。大众图书通过加强选题筛选和一般图书营销运作，打造了一批市场表现突出的新书，如A级产品《人工智能》，发货4.6万册，《自媒体之道》《中国道路能为世界贡献什么》等B级产品发货均超过2万册。在社会影响上，《人工智能》获得第十四届江苏读书节“12本好书”等多项荣誉。《天下为公》《制度与繁荣》《大国工程》等新书，获得了社会效益和经济效益的双丰收。大众图书在政治、经管等强势领域影响力不断加强。大众图书开发方面还积极探索多媒体领域，在知识付费、社群营销等领域做了很多新的尝试，积累了媒体融合经验。

5. 数字出版、培训业务顺利开展，相关领域做出新成绩

出版社关注新媒体发展业态，关注出版融合发展，在数字出版领域注重自主知识产权的研发创新，形成了以数字教育、数字学术、数字阅读为主体的健康可持续的数字出版生态。2018年，数字出版业务总销售收入超过2 500万元。同时，独立提供技术支持完成的北京高校思想政治理论课程资源平台一期项目获得了教育部的高度赞扬。出版社入选新闻出版广电总局“专业数字内容资源知识服务模式”试点单位，获评“2018中国最具创新布局力的20家产业巨头”，并通过了ISO9001质量管理体系认证，建立起了更加完善的数字产品研发服务体系。培训中心通过五年的运营，业务板块进一步清晰，保持了持续盈利。2018年在2017年基础上着力打造了党政培训品牌，盈利能力大幅提升，营业额达到1 100余万元，比2017年翻了三番。出版培训、人大版教材师资培训、特色专业培训三大业务板块均在相关专业培训领域获得了品牌认可。培训中心连续5年承办国家新闻出版署（原广电总局）进口管理司的委托培训任务，深化了出版社在“走出去”工作中的领军形象，起到了良好的示范作用。

三、管理改革工作

2018年出版社深化管理制度建设，继续完善各项管理制度。由出版社领导牵头，组织多个职能部门对出版社各项规章制度进行修订完善，对已有的规章制度根据日常运行情况予以修订；分工理清、整理相关规章制度，对于缺失的制度及时制定。对照母公司人大世纪科技发展有限公司的制度框

架编排制度体系，完善出版社制度顶层设计。出版社新增《对外担保管理暂行管理办法》《招标管理工作暂行规定》《中国人民大学出版社有限公司年度报告制度》《中国人民大学出版社有限公司货币资金筹划管理规定（暂行）》《中国人民大学出版社有限公司内部控制管理制度》《中国人民大学出版社有限公司内部检查工作实施细则（试行）》等新制度，修订了《董事会议事规则》《监事会工作规则》《"三重一大"制度实施细则》《合同管理办法》《财务管理制度》《人力资源管理制度》《办公室行政管理制度》《出版管理制度》《质量管理制度》《编辑管理制度》等制度汇编，进一步规范明确了公司治理体系。另外，根据学校党委要求，出版社制定了《中国人民大学出版社党组织会议规则实施细则（草案）》和《中国人民大学出版社党政联席会议规则实施细则（草案）》，进一步加强党对出版社工作的领导。

出版社发行公司积极落实精准营销，努力维护和拓展渠道，控制退货，合理调配物流，有力地保证了出版社资金回流和资金安全。在营销上，由市场部牵头建设的全社营销共享平台正式上线运营，线上线下通过丰富多彩的营销活动有力地支持了出版社品牌建设和产品营销。质管部认真把关，在全社重视编校质量的共同努力下，2018 年出版社没有国家有关部门质检不合格的图书。

四、对外合作和版权贸易工作

2018 年，出版社荣获 2018 年度"中国版权金奖"推广运用奖。"中国版权金奖"是中国国家版权局与世界知识产权组织（WIPO）开展的合作项目，每两年评选一次，是中国版权领域内评选的唯一国际性奖项，也是国内版权领域的最高奖项。出版社是 2018 年获此殊荣的唯一一家国内出版社。出版社还获评 2017—2018 年度国家文化出口重点企业、第二十五届北京国际图书博览会优秀版权贸易输出奖、首都新闻出版广电"走出去"示范企业，还获得了"外国人写作中国计划"突出贡献奖。

2018 财年出版社输出版权 380 种，引进版权 447 种，保持了引进与输出的平衡，输出版权继续保持增长趋势。出版社"走出去"在"一带一路"国家布局更为深入，输出比例大幅提升，占图书输出总量的 60%以上。德语、印尼语、马来语实现首次输出，输出语种接近 40 种。

海外分支机构方面，2018 年承建的意大利中国馆，是继以色列分社、中国—罗马尼亚学术出版合作中心、蒙古国中国主题图书翻译出版中心和土耳其中国馆之后出版社设立的第五家海外分支机构。中国馆项目是对外推广中国文化的窗口项目，集中国图书阅览、中外学术交流和中国文化传播等职能为一体。合作建馆的意大利路易斯大学成立于 1966 年，在意大利享有盛誉，曾于 2016 年被评为综合实力第一的私立大学。意大利中国馆的建设旨在打造世界上第一个先进的数字化图书馆，以电子书、视听资源作为意大利中国建设的核心资源，建成意大利各所大学和学生共享的体验和推广中国文化的现代化的平台。中宣部副部长、国家新闻出版署署长庄荣文出席相关活动。大中华文库《晏子春秋》汉英对照版是以色列分社的最新出版成果，出版社于北京召开了新书发布会，国家出版基金规划管理办公室相关领导出席，会上展示了大中华文库和出版社以色列分社的出版成果，受到与会嘉宾的极大关注和一致好评。此外出版社还代表中国参加波兰华沙国际书展，访问罗马尼亚参加系列文化活动，访问墨西哥并参加古巴哈瓦那国际书展中国主宾国活动，在印度新德里世界书展上举办新书首发仪式。

继 2017 年出版社发起成立"一带一路"学术出版联盟在国内外出版界、学术界获得广泛影响之后，2018 年联盟又吸收了 100 多家会员，联盟成员达到 206 家，实现了加盟会员翻一番的目标。在 2017 年成功举办联盟成立大会的基础上，为进一步扩大联盟影响力，2018 年联盟在北京国际图书博览会期间举办首届高峰论坛，来自全球 26 个国家和地区的近百名成员代表出席了本次活动。中国人民大学党委书记靳诺、中宣部对外推广局副局长李智慧、原国家新闻出版广电总局进口管理司副司长赵海云、中国人民大学副校长贺耀敏等领导出席论坛并为一年来表现突出的成员单位颁奖。尼泊尔驻华大使利拉·马尼·鲍德尔、古巴图书委员会主席胡安·罗德里格斯·卡布雷拉出席并致辞，吉尔吉斯斯坦、波兰等多国驻华使节和嘉宾与会祝贺，来自中国、波兰、尼泊尔、印度、古巴、新加坡、英国、吉尔吉斯斯坦等国家的联盟代表做了主旨发言。

2018年，出版社承担了大量的重要外事活动，比如策划组织了哈萨克斯坦欧亚国际书展、印度新德里世界书展、古巴哈瓦那国际书展、波兰华沙国际书展、土库曼斯坦图书展销会、阿尔及利亚阿尔及尔国际书展等活动。这些活动为出版社国际品牌提升搭建平台，为开拓国际出版资源积累经验。

五、其他重要事项

1. 纪念马克思诞辰200周年、学习习近平总书记重要讲话精神暨“走近马克思”小丛书出版座谈会在京举行

5月30日，相关领导、专家学者、新闻媒体等在学校召开了纪念马克思诞辰200周年、学习习近平总书记重要讲话精神暨“走近马克思”小丛书出版座谈会。座谈会上，教育部社会科学司司长刘贵芹、原国家新闻出版广电总局出版管理司副司长许正明、《中国社会科学》杂志社副总编兼中国社会科学网总编辑罗文东等领导先后发表讲话，强调要坚持用马克思主义观察时代、解读时代、引领时代，用鲜活丰富的当代中国实践来推动马克思主义发展。中国人民大学党委书记靳诺、副校长贺耀敏，以及来自中共中央党校、教育部、北京市社会科学界联合会、中共中央编译局、中国社会科学院、中国人民大学、北京大学、复旦大学、吉林大学等机构的各界代表，也从各自角度阐释了新时代深入学习马克思主义思想理论的时代意义。

2. 改革开放40年中国民法学的发展暨王利明民法学研究系列（典藏本）新书发布会在京举行

12月15日，改革开放40年中国民法学的发展暨王利明民法学研究系列（典藏本）新书发布会在国家图书馆文汇堂召开。来自全国人大常委会法制工作委员会、中国人民政治协商会议全国委员会、中国法学会、最高人民法院、中华全国律师协会、国家粮食和物资储备局以及其他立法、司法机关和各高校共一百多位领导、专家和学者参加会议。王利明教授发表“改革开放40年中国民法学的发展与展望”主旨演讲，详细回忆了改革开放40年来民法学的发展。与会专家领导与学者们围绕改革开放40年来中国民法学的发展发表真知灼见，针对中国当下问题的解决方案，同时紧扣民法典编纂的主题，不但有精确的问题分析，而且有深刻的法理思考。

附录

2018年获奖图书目录

（省部级以上）

序号	作品名称	奖项（项目）名称	作者
1	“走近马克思”小丛书（共4册：《马克思与我们》《马克思与信仰》《马克思与世界》《马克思与当代中国》）	中宣部2018年重点主题出版物选题	孙正聿　陈先达 顾海良　陈学明

续表

序号	作品名称	奖项（项目）名称	作者
2	中国人的理想与信仰（“认识中国·了解中国”书系）	中宣部2018年重点主题出版物选题	宇文利 等
3	礼乐文明与中国文化精神——彭林教授东南大学讲演录	国家新闻出版广电总局第二届中华优秀传统文化普及图书	彭林
4	点亮民族精神之魂：社会主义核心价值观青少年读本	2018年向全国青少年推荐百种优秀出版物	韩震　吴玉军
5	信仰人民：中国共产党与中国政治传统	中央和国家机关“强素质·作表率”读书活动2018年上半年推荐书目	潘维
6	中国道路能为世界贡献什么（修订版）	中央和国家机关“强素质·作表率”读书活动2018年上半年推荐书目	韩庆祥　黄相怀 等
7	经济转型与改革攻坚	中央和国家机关“强素质·作表率”读书活动2018年上半年推荐书目	张卓元
8	爱智书系有声读物	2018年全国有声读物精品出版工程	周国平 等
9	汉字魔方——一套学习汉字的科学方法	2018年全国有声读物精品出版工程	李英　张晓清
10	中西印思想基本点比较	2018年国家社科基金后期资助项目	张法
11	金融监管的经济分析	2018年国家社科基金后期资助项目	马勇
12	中国会计管理思想与会计理论建构	2018年国家社科基金后期资助项目	曾雪云
13	附加值贸易网络关系视角的中国对外贸易模式及转型升级研究	2018年国家社科基金后期资助项目	廖泽芳
14	中国与全球金融治理的国际政治经济学分析	2018年国家社科基金后期资助项目	张发林
15	行政法教义学：原理、技术及其变革研究	2018年国家社科基金后期资助项目	周海源
16	交易成本视角下的包容性发展促进机制研究	2018年国家社科基金后期资助项目	姜雁斌
17	马克思主义理论研究与当代中国书系	国家出版基金	刘同舫 等
18	再读马克思：文本研究与哲学创新系列	国家出版基金	聂锦芳 等
19	当代中国教育改革与创新书系	国家出版基金	许新海 等
20	人民的胜利：中国人民解放军图史（1921—1949）（上、中、下）	国家出版基金	王奇生
21	时代大潮和中国共产党	国家出版基金	李君如
22	社会主义核心价值观与中国文化国际传播	国家出版基金	韩震
23	最美中国人（中国人的故事）	国家出版基金	中国青年网　中央网信办网络评论工作局
24	“走近马克思”小丛书（共4册：《马克思与我们》《马克思与信仰》《马克思与世界》《马克思与当代中国》）	“‘十三五’国家重点图书、音像、电子出版物出版规划”增补项目	孙正聿　陈先达　顾海良　陈学明
25	清史百年	“‘十三五’国家重点图书、音像、电子出版物出版规划”增补项目	黄兴涛　朱浒　杨念群
26	马克思主义理论研究与当代中国书系	“‘十三五’国家重点图书、音像、电子出版物出版规划”增补项目	刘同舫 等

■ 书报资料中心

一、概况

中国人民大学书报资料中心（以下简称“中心”）成立于1958年，是新中国最早从事人文社会科学文献搜集、整理、评价、编辑、集成、发布的信息资料提供机构，现已成为集纸质期刊出版、数字出版、信息咨询、智库服务、教育培训等业务于一体的综合性现代出版机构和服务机构，是隶属于中国人民大学的自负盈亏的二级事业法人单位，注册资本5 900万元，办公地点位于海淀区中关村大街文化大厦。

中心共拥有148个刊号，出版期刊152种，2018年，出版期刊1 449期，发行总量约523万册，营业总收入7 606.03万元。

截至2018年底，中心共有正式在职职工160人，离退休职工162人。在职职工中：事业编制职工48人；硕士以上学历54人，占员工总数的33.75%；高级职称34人，占员工总数的21.25%；中级职称44人，占员工总数的27.5%。

经过几年的调整和发展，中心形成了纸质出版、数字出版、学术评价、智库服务相互支撑融合的业务架构。

1. 纸刊出版

中心共有148个国家正式批准的刊号，分为复印报刊资料（115种）、人文社科文摘（14种）、报刊资料索引（7种）和原发期刊（12种）四个系列，是国内期刊号数量最多的出版单位，其中121种期刊被原国家新闻出版管理部门认定为学术期刊。中心每年共出版期刊1 600余期，约2亿字，海内外发行约800万册。

中心出版的核心产品——“中国人民大学复印报刊资料”系列刊的期刊布局基本覆盖了我国哲学社会科学所有一级、二级学科，哲学社会科学领域的新兴学科、交叉学科和边缘学科也有相应期刊或栏目。“复印报刊资料”系列期刊常年采集的哲学社会科学来源期刊共约3 000种，年发表学术论文近40万篇。2018年，经初审筛选进入“复印报刊资料”编辑流程的期刊共3 075种，报纸共104种；索引论文约为27.55万篇，“复印报刊资料”学术系列期刊转载论文11 533篇，涉及原发期刊和报纸共计1 394种；转载论文占索引论文比例约4.2%。作为“中华学术的窗口”，“复印报刊资料”期刊海外发行量在国内中文学术期刊中名列前茅，具有较强的国际影响力。

2. 数字出版

数字化改造工作一期各系统于2018年12月完成最终验收。复印报刊资料系列数据库业务继续稳健发展。

3. 学术评价

2008年成立学术评价研究中心，探索符合学科发展规律、体现哲学社会科学特征、关注价值引领的评价方法，初步建立了同行评议、数据支撑的复合型学术评价体系，持续发布复印报刊资料转载指数排名，复印报刊资料重要转载来源期刊、机构名录，年度中国十大学术热点等评价成果，并定期召开国内外学术评价研讨会。在国内哲学社科学术评价以影响因子、引文计量评价为主导评价方法争议较大的环境下，彰显了关注学科特点、重视同行评议的价值，为学术评价提供了崭新的视野。

4. 智库服务

中心围绕舆情监测、信息分析、数据挖掘、报告研读等内容，长期为哲学社会科学管理机构、出版机构和科研机构提供有价值的定向信息增值服务。

二、管理工作

（1）完成了人大数媒科技（北京）有限公司公司股权无偿划转工作，按照学校指示精神处理中心对外投资和欠款，已将中心持有的中国高科股票全部处理，仁达书报资料咨询服务公司也定于2019年春节前正式关停。

（2）进一步优化中心绩效考核方式和薪酬结构，改善员工薪酬福利水平，对完善管理、稳定队伍起到了积极的作用。

（3）组织好各级政府资助项目申报、研究工作。完成2018年度文化产业发展专项资金项目、原国家新闻出版广电总局新闻出版改革发展项目库等政府项目的申报工作。

（4）明确项目组发展方向，完善项目组管理模式。

（5）研究出台《书报资料中心科研奖励管理办法》，将中心科研工作的激励机制落到实处。

三、期刊编辑出版

中心始终遵循“学术为本，为教学科研服务”的宗旨，近年来学术影响力和学术地位进一步提升。

1. 筑牢政治意识，增强使命责任，确保学术期刊编辑出版的正确导向

中心在办刊实践中始终坚定地遵循坚持马克思主义为指导这一原则，牢固树立鲜明的政治意识，坚持以人民为中心的出版导向，明确在意识形态领域守土有责的责任担当，在确立和实行的编辑方针、选稿原则、审读制度中，以制度机制的形态划清马克思主义和非马克思主义政治红线，把好正向倡导和反向过滤两个关口。

2. 牵头成立中国编辑学会学术期刊编辑专业委员会

11月15日，中国编辑学会学术期刊编辑专业委员会成立大会在学校召开。50多家由全国社科院、社科联、党校（行政学院）主办的学术期刊和高校学报社的社长、主编作为专委会首届常务理事参加成立大会。学术期刊编辑专业委员会的成立是中心促进学校学术影响力持续提升的重要举措，标志着我国学术期刊编辑有了自己的学术共同体，将为实现学术期刊的创新发展发挥重要作用。

3. 加强期刊学科分类与论文学科分类规范化

为推动中心期刊出版、学术评价、数字出版、智库服务等各项工作所需数据的著录标准的规范与统一，中心在《中华人民共和国国家标准　学科分类与代码》框架下，基本完成了《书报资料中心学科分类与代码表》和《复印报刊资料分类指南》（第二版）的编制工作。

4. 召开年度编辑工作会议

5月，中心召开以“转型：从转载的评价到评价的转载”为主题的年度编辑工作会议，深入学习习近平总书记在哲学社会科学工作座谈会上的讲话精神，集中精力对中心现有选文流程、标准、成果进行自我剖析，对中心未来以评价为主导的选文工作进行了展望，并逐步建立相关流程和规范，强化编辑工作中的政治意识、质量意识和评价意识，探讨学术评价研究工作与学术期刊编辑工作的一体化发展，推动复印报刊资料以高质量、高站位立足业界，引领学术评价与学术出版。

5. 发挥以文资政咨询功能

2018年，中心学习贯彻十九大精神，发挥自身学术出版优势，承接并高质量地完成上级主管部门的科研项目，发挥好以文资政咨询功能。主要包括中宣部出版局委托的《哲学社会科学学术期刊发展调研报告》《我国哲学社会科学学术期刊在政治导向、学术规范方面存在的问题及对策》《学术期刊服务构建中国特色哲学社会科学话语体系研究》，以及正在进行的原国家新闻出版广电总局报刊司的委托项目《重点报刊宣传学习贯彻十九大精神专题审读》。

6. 建立和完善选文编辑系列管理制度

中心研究制定了《中国人民大学书报资料中心来源期刊管理办法》和《中国人民大学书报资料中心来源期刊目录》，为提升选文质量和中心学术公信力打下坚实基础。继续完善包括人文社科成果评价指标体系、编辑管理制度体系、论文分类体系在内的期刊质量管理体系。

7. 开展学术交流与合作

中心积极开展学术交流与合作，鼓励编辑积极参加学术交流，全年参加学术交流共计 80 余次。认真组织并积极参与文博会、数博会。深化与行业协会和学科一级协会的有效联系，参与、组织相关的学术活动。

四、数字化建设

（1）数字化改造工作一期各系统于 2018 年 12 月完成最终验收。

（2）复印报刊资料系列数据库业务继续稳健发展。

五、学术评价研究

学术评价体系进一步完善，学术影响力和公信力不断加强。

1. 年度十大学术热点发布获得业内广泛关注

1 月 16 日，2017 年度中国十大学术热点发布会暨面向新时代的中国学术研究展望论坛在学校举行，国家新闻出版广电总局新闻报刊司司长李军发表讲话，中国人民大学副校长刘元春、上海社联专职副主席解超分别致辞。来自上海市社会科学界联合会、中国社会科学院、上海社会科学院、人民出版社、北京大学、中国人民大学、北京师范大学、复旦大学、南京大学、上海交通大学、华东师范大学、中国政法大学、中央民族大学、上海师范大学、中国高等教育学会等机构的专家学者，以及期刊和媒体代表共 150 余人参加了发布会及学术论坛。

2. 延续常规的年度成果发布工作，召开大型的评价成果发布论坛，影响力显著提升

3 月 27 日，“中国人民大学人文社会科学学术成果发布论坛”在学校召开，会上发布了年度评价成果，来自人文社科领域学术期刊社、科研管理部门、学术界、新闻媒体等的代表共约 900 人参会。与会人员围绕经济管理学科、法政学科、信息管理与传播学科、文化创意产业、基础英语教育学科的中国特色学术评价、期刊与学科发展以及科研管理与学术评价等开展了热烈讨论。

会上同时发布了另外两项成果：一是文化创意产业优秀论文，共有 20 篇论文获奖；二是基础教育英语获奖论文，共有 50 篇论文获奖。

3. 成功举办第三届中国学术评价高峰论坛

11 月 15 日，“庆祝中国人民大学书报资料中心成立六十周年大会暨第三届中国学术评价高峰论坛”在学校召开，主管部门领导、多家单位的专家学者、知名学术期刊与学术机构负责人及相关媒体代表共 300 余人参会，会聚一堂，回顾中心的发展历程，并围绕“积淀·开拓·创新：‘人大学术成果评价’的探索与发展”的主题开展了深入研讨。

4. 评价工作新媒体宣传取得显著进展

学术评价中心微信平台于 2017 年 3 月搭建完成，2018 年稳定运行，每两周定期发布学术评价领域的研究成果和资讯。截至 2018 年底，共发布 26 期 99 篇文章，稳定关注者显著提升。

5. 课题申报、学术研讨、对外交流等工作取得较大进展

2018 年学术评价中心共有 7 个学术科研项目在运行，其中校级项目 6 项、国家社科基金一般项目 1 项，均按计划进行，其中 3 个校级项目已提交结项。2018 年累计发表论文 7 篇，出版编著 1 部，

完成专著 1 部，完成研究报告 5 份（其中 1 份为部门独立完成，其余 4 份学术评价中心作为主要参与者）。

六、经营销售工作

2018 年，中心完成全年经营指标，全年编辑出版各类期刊 148 种，共计 1 449 期，年总印量 563 万册，年总发行量 523 万册，全年营业总收入 7 606.03 万元，其中主营业务收入 5 233.04 万元，其他业务收入 2 372.99 万元。

■ 文化科技园

一、概况

中国人民大学文化科技园（人大文化科技园）于 2004 年成立运营，依托中国人民大学学科优势，率先建立文化特色产业大学科技园区，探索文化创意产业集聚区建设及人文社科成果转化之路。园区在文化创意产业园区建设领域开创了四项“第一”，即：全国第一家以文化创意为主题的国家级大学科技园，全国第一家专门服务文化创意企业的留学人员创业园，全国第一家国家版权贸易基地，全国唯一依托大学建设的国家文化产业示范基地。园区连续五年获得“海淀区消防工作先进单位”荣誉称号。2018 年园区积极开展节能改造工作，实现节能减排。

二、服务学校教学科研和人才培养工作

1. 创新创业服务水平稳步提升

2018 年，人大文化科技企业孵化器有限公司完成 560 平方米创业园场地翻新改造工程，空间和环境得到很大改善。大学生创新创业教育工作模式取得丰硕成果。北京人大文化科技企业孵化器有限公司举办大学生创业训练课程系列活动 11 期，参与的学生累计超过 400 人次，3 个优秀项目入选 2018 年大学生创业训练计划项目，实现了大学生创业教育和课程实践的金字塔架构。6 月，2017—2018 大学生创业训练计划结项评审会圆满完成，共有 20 个项目申请结项，其中 5 个项目获得优秀创业项目奖，3 个团队获得创业支持资金。2018—2019 大学生创业训练计划新立项 20 个。

2. 孵化服务再创佳绩，孵化企业成长迅速

2018 年园区获得“中关村创新型孵化器”及首批“中国留学人员创业园区孵化基地”荣誉资质。全年 2 家企业获得融资，9 家企业获得全国性或地区性创新创业大赛奖项，5 家企业入选中关村瞪羚企业。园区不断创新孵化模式，为园区企业健康发展提供强有力支撑，企业对园区的认同感、归属感不断增强，企业与园区已形成良性互动、共赢发展的格局。园区现有建筑面积 67 000 平方米，其中孵化面积 18 600 平方米。2018 年人大文化科技园在园企业达 199 家，新入园留创企业 5 家，新入园学创企业 14 家，在园孵化企业 59 家，其中留创企业 18 家，一般在孵化企业 5 家，大学生创业企业 36 家。园区累计孵化企业 278 家，其中留学生企业 173 家，累计吸引留学生 278 人，产业和人才集聚效应进一步凸显。

三、提升文化产业公共服务能力工作

1. 产业公共服务和智库建设再上新台阶

连续9年发布“中国省市文化产业发展指数”，连续6年发布“中国文化消费指数”，两大指数成为衡量我国文化产业发展水平十分重要的指标。落实学校与四川省合作协议，连续3年发布“中国西部省市文化产业发展指数”和“中国西部文化消费指数”。各类指数产品受到媒体广泛报道和众多省份的持续高度关注。

品牌榜单推陈出新。文化品牌评测技术文化和旅游部重点实验室（依托园区建设运营）连续4年推出“中国文化企业品牌价值TOP50”榜单。2018年，新发布“中国文化科技融合TOP30企业品牌”榜单和“文化和科技融合十大技术应用场景”。新榜单受到专家和媒体广泛关注，爱奇艺、科大讯飞、蓝色光标等上榜企业还制作宣传专题，报道企业上榜情况。

连续10年编纂《中国版权年鉴》，连续3年编纂文化品牌蓝皮书《中国文化企业品牌发展报告》，不断积累产业发展数据，梳理产业发展脉络。2018年正式出版文化品牌蓝皮书《中国文化企业品牌发展报告（2018）》，已成为社会科学文献出版社皮书系列的重要内容。

平台运营持续改进，行业对接成效显著。2018年受文化和旅游部委托继续运营文化和旅游产业公共服务平台，截至2018年底，平台注册用户27 000余个，平台入库项目累计6 392个，创业创意人才库入库作品3 282件、人才3 622名、文化企业品牌案例123个，产业发展司各类培训学员数据926条。企业用户注册数12 326个，个人用户注册数14 818个，年度访问量155 716次。

全年举办或承办全国性文化产业重点项目对接会4次、文化产业主题沙龙（版权沙龙、互联网文化沙龙）4场，服务金融机构和重点文化企业400余家，签约项目总金额达1 699亿元；举办“文化科技融合热点和趋势论坛”，网络直播关注量超过50万；开展文化产业高端人才培训，包括“2018年全国文化产业项目管理人才培训班”“扩大文化消费试点工作培训班”“国家文化和科技融合示范基地负责人高级研修班”等；承办“第十届全国大学生版权征文活动”；参与组织2018年动漫企业认定、第三批国家文化和科技融合示范基地申报和中国文化艺术政府奖第三届动漫奖颁奖活动。

政策研究服务产业发展。为中宣部、文化和旅游部、科技部等部委提供政策起草或咨询服务7项，包括国务院《进一步支持文化企业发展的规定》、科技部等六部委《关于促进文化和科技深度融合的指导意见》等，为地方政府提供园区规划等服务8项。为文化产业政府管理部门和企业管理者的决策提供了智力支持，推动了地方文化产业的发展，促进了企业的转型升级。

政策成果有：《进一步支持文化企业发展的规定》（国务院）、《国家文化和科技融合示范基地认定管理办法（试行）》（中宣部等五部委）、《关于促进文化和科技深度融合的指导意见》（科技部等六部委）、《文化科技融入实体经济研究》（全国艺术科学规划领导小组办公室）、《新形势下文化市场监管体系研究》（文化和旅游部）和《文化和旅游市场举报投诉协调机制研究》（文化和旅游部）等。

2. 区域合作稳步推进，国际合作开局良好

按照学校整体战略安排，积极推进大厂园区建设；按照省校合作目标，探索深化与四川省的合作。

在江苏常熟建设运营的众创空间“文化众创C-space”成功引进7家双创、文创类企业入孵。截至2018年11月底，常熟园区申报知识产权共计23项，1家在孵企业被认定为江苏省2018年第四批高新技术企业。

3. 人大创意，成果初显

2018年，人大文化科技园建设发展有限公司共举办两期中国人民大学文创沙龙，园区企业代表、青年艺术家代表等近80人次参加。沙龙活动旨在集聚以人大师生为主体的创意项目，开展知识产权

保护和转化，让学科建设、人才培养更好地为文化和科技融合提供深度服务，探索校园文创产业创新发展路径，用产品和服务提升校园文化品质。活动主题分别为“传统文化的现代表达”及“中国校园文创创新发展之路”。活动形式包括展示暗榫动物造型、大型剪纸长卷《红楼梦》《庆赏昇平》，发布“求是杯”文创产品等，介绍“求是杯”设计理念和其骨质瓷材质“薄如纸、透如镜、声如磬、白如玉”的特质等，借助现代技术手段创新表现形式，引领校园文创从简单的“logo＋”向深度提取校园文化要素进行工业产品化转化的新风尚，在创意、审美和功能三者间建立了良好的平衡，真正让优秀文化内化于心、外化于行，在人文和科技之间寻找契合点。

公司不断拓展多重销售渠道，在原有线下销售的同时注重新媒体营销，微信公众号“中关村大街59号”全年共推送原创文章33篇，新增粉丝1 212个，为线上销售奠定基础。

4. 加大校内服务力度

2018年，人大文化科技园不忘初心、深耕本业，进一步加强服务学院人才培养工作，先后与创业学院、商学院、法学院、劳动人事学院、信息学院、国际关系学院、公共管理学院、新闻学院等开展了各类有关创新创业的合作：成立中国人民大学商学院MBA创业中心，成立人大文化科技园法律服务站，筹建中国人民大学人力资源创业园（国内首家大学人力资源创业园）、中国人民大学融媒体创业园等。

截至2018年底，园区服务学校学生创新创业超过10 000人次。

四、其他重要活动

（1）5月25日，由人大文化科技园建设发展有限公司总经理白连永主持的大厂分园策划方案专家咨询会在学校召开。学校党委常务副书记张建明出席会议。本次会议邀请了在产业园区建设运营、特色小镇投资经营、建筑设计、房地产开发等领域的校友及艺术家代表，从各自角度对大厂分园的定位、建设目标等提出了中肯的意见建议。

（2）8月22日，由中关村科技园区管理委员会主办，中关村海外人才创业园协会协办，中国人民大学海外人才创业园承办的“中关村留学人员企业精品项目推介会（三三会）人大海创园文化科技融合项目专场”在人大文化科技园举行。中关村10余家兄弟海创园负责人、20多家投融资和金融机构代表、媒体代表等共计80多人参加推介会。

（3）12月11日，海淀区政务服务办联合区直机关工委、区编办、区新闻中心等单位举办“海淀区政务服务窗口行业第三届风采展示大赛”决赛，人大文化科技园政务服务站选送的舞蹈《鸿雁》荣获大赛三等奖。

人 物

■ 全国人大代表和政协委员

全国人大代表

第十三届　郑功成（常委）（民盟）　庄毓敏（无党派）

全国政协委员

第十三届　刘伟（中共）　汤维建（民革）　张风雷（无党派）
　　　　　杨光斌（中共）

■ 中国共产党北京市代表大会代表、北京市人大代表和政协委员

中国共产党北京市代表大会代表

第十二届　靳　诺　王　轶　王晓楠

北京市人大代表

第十五届　韩大元（中共）　翟小宁（中共）
　　　　　黄石松（民建）　乌云毕力格（无党派）

北京市政协委员

第十三届　齐鹏飞（中共）　赵忠（致公党）　文继荣（无党派）　殷强（民进）
　　　　　张丽华（民建）　王润泽（无党派）

民主党派中央委员、北京市委委员

民盟中央第十二届中央委员会副主席　郑功成
民盟中央第十二届委员　汪昌云
民革中央第十三届委员会常委　汤维建
农工党中央第十六届委员会委员　卜健军
民盟北京市第十二届委员会常委　龙永红
民盟北京市第十二届委员会委员　于春海
民进北京市第十三届委员会委员　殷　强
农工党北京市第十三届委员会委员　卜健军

第八届国务院学位委员会委员

刘　伟

国务院学位委员会第七届学科评议组成员

（以姓氏笔画为序）

王子今　王利明　冯惠玲　伊志宏　杨瑞龙　杨慧林　吴晓球
何家弘　张　法　张成福　张雷声　陈雨露　袁　卫　黄嘉树
喻国明　温铁军　翟振武　魏　坚

第五届北京市学位委员会委员

吴晓球

■ 教育部高等学校教学指导委员会委员（2018—2022）

序号	所在教指委名称（含分委员会）	姓名	担任职务	所在单位
1	哲学类专业教学指导委员会	郝立新	副主任委员	哲学院
2	经济学类专业教学指导委员会	刘　伟	主任委员	经济学院
3		杨瑞龙	副主任委员	经济学院
4		邱海平	秘书长	经济学院
5	财政学类专业教学指导委员会	郭庆旺	副主任委员	财政金融学院
6	金融类专业教学指导委员会	吴晓球	副主任委员	财政金融学院
7	经济与贸易类专业教学指导委员会	关雪凌	副主任委员	经济学院
8	法学类专业教学指导委员会	王利明	副主任委员	法学院
9		王　轶	委员	法学院
10	政治学类专业教学指导委员会	杨光斌	副主任委员	国际关系学院
11		秦　宣	委员	马克思主义学院
12	社会学类专业教学指导委员会	李路路	主任委员	社会与人口学院
13		冯仕政	秘书长	社会与人口学院
14	马克思主义理论类专业教学指导委员会	靳　诺	主任委员	学校办公室
15		齐鹏飞	秘书长	马克思主义学院
16	英语专业教学指导分委员会	郭英剑	委员	外国语学院
17	德语专业教学指导分委员会	张　意	委员	外国语学院
18	日语专业教学指导分委员会	李铭敬	委员	外国语学院
19	新闻传播学类专业教学指导委员会	胡百精	副主任委员	新闻学院
20	历史学类专业教学指导委员会	孛儿只斤·乌云毕力格	委员	国学院
21		刘后滨	委员	历史学院
22	物理学类专业教学指导委员会	卢仲毅	委员	物理学系
23	心理学类专业教学指导委员会	胡　平	委员	心理学系
24	统计学类专业教学指导委员会	孟生旺	委员	统计学院
25	网络空间安全专业教学指导委员会	石文昌	委员	信息学院
26	城乡规划专业教学指导分委员会	叶裕民	委员	公共管理学院
27	林学类专业教学指导委员会	孟秀祥	委员	环境学院
28	管理科学与工程类专业教学指导委员会	毛基业	委员	商学院
29	工商管理类专业教学指导委员会	伊志宏	副主任委员	商学院
30	会计学专业教学指导分委员会	王化成	副主任委员	商学院
31	农业经济管理类专业教学指导委员会	唐　忠	主任委员	农业与农村发展学院
32		朱信凯	秘书长	农业与农村发展学院
33	公共管理类专业教学指导委员会	刘元春	副主任委员	经济学院
34	图书馆学专业教学指导委员会	索传军	委员	信息资源管理学院
35	档案学专业教学指导委员会	张　斌	主任委员	信息资源管理学院
36		徐拥军	秘书长	信息资源管理学院
37	电子商务类专业教学指导委员会	王刊良	委员	商学院
38	艺术学理论类专业教学指导委员会	牛宏宝	委员	哲学院
39	美术学类专业教学指导委员会	黄华三	委员	艺术学院

续表

序号	所在教指委名称（含分委员会）	姓名	担任职务	所在单位
40	大学数学课程教学指导委员会	龙永红	副主任委员	信息学院
41	大学计算机课程教学指导委员会	杜小勇	副主任委员	信息学院
42	实验室建设与实验教学指导委员会	张　卯	委员	实验室建设与设备管理处
43	创新创业教育指导委员会	杨　东	委员	法学院
44	文化素质教育指导委员会	梁　涛	委员	国学院
45	教学信息化与教学方法创新指导委员会	田宏杰	委员	教师教学发展中心
46	图书情报工作指导委员会	宋姬芳	委员	图书馆
47	对口支援工作指导委员会	王利明	委员	法学院

■ 教育部高等学校思想政治理论课教学指导委员会委员（2016—2020）

高等学校思想政治理论课教学指导委员会：靳　诺（主任委员）
“马克思主义基本原理概论”分教学指导委员会：张雷声（副主任委员）
“毛泽东思想和中国特色社会主义理论体系概论”分教学指导委员会：秦　宣（副主任委员）
“思想道德修养与法律基础”分教学指导委员会：刘建军（委员）
“研究生思想政治理论课”分教学指导委员会：靳　诺（主任委员）

■ 第七届吴玉章基金委员会名单

名誉主任：李　鹏　宋　平　袁宝华
主任委员：马　凯
副主任委员：（以姓氏笔画为序）
王伟光　王利明　刘　伟　刘元春　陈雨露
赵启正　黄　达　程天权　靳　诺
委员：（以姓氏笔画为序）
马绍孟　王子今　王伟光　王利明　方汉奇
叶　朗　叶康涛　冯惠玲　邬沧萍　刘　伟
刘大椿　刘元春　孙　郁　严金明　杜厚文
李　扬　杨瑞龙　杨慧林　吴晓球　张　宇
张文显　张卓元　陈雨露　赵启正　郝立新
洪银兴　姚新中　贺耀敏　秦　宣　秦惠民
袁宝华　顾　涛　顾明远　顾海良　郭庆光
黄　达　黄朴民　黄兴涛　曹明新　韩大元
程天权　温铁军　谢维和　靳　诺　戴　逸

秘 书 长：刘元春
副秘书长：顾　涛　　严金明
司　　库：叶康涛

■ 中国人民大学荣誉教授

哲学院：

萧　前　罗国杰　黄顺基　夏甄陶

历史学院：

戴　逸　王思治

经济学院：

宋　涛　吴大琨　卫兴华　高鸿业　胡　钧

财政金融学院：

黄　达　王传纶　周升业　陈　共

农业与农村发展学院：

周　诚　严瑞珍

法学院：

高铭暄　许崇德　孙国华　王作富

马克思主义学院：

许征帆　庄福龄　何　沁　彭　明　刘佩弦　彦　奇　林茂生

社会与人口学院：

邬沧萍

国际关系学院：

高　放

新闻学院：

方汉奇　蓝鸿文　甘惜分

商学院：

李占祥

公共管理学院：

钟契夫

中国人民大学首批荣誉一级教授

（按文件顺序排序）

卫兴华　方汉奇　王传纶　甘惜分　邬沧萍　罗国杰

夏甄陶　高　放　高铭暄

注：2009 年 5 月 20 日，学校印发《关于授予卫兴华等 9 人中国人民大学首批荣誉一级教授称号的决定》（2008—2009 学年校政字 19 号）。

中国人民大学第二批荣誉一级教授

（按文件顺序排序）

黄顺基　孙国华　陈　共　许征帆　周　诚　何　沁

李占祥　周升业　王作富　胡　钧　许崇德　庄福龄　严瑞珍

注：2013 年 1 月 11 日，学校印发《关于授予黄顺基等 13 位退（离）休老专家荣誉一级教授称号的决定》（2012—2013 学年校政字 18 号）。

中国人民大学第三批荣誉一级教授

（按文件顺序排序）

陈立丹　郭　湛　黄克剑

注：2017 年 1 月 16 日，学校印发《关于 2016 年教授一级岗位聘用结果的通知》（2016—2017 学年校政字 12 号）。

中国人民大学首批一级教授

（以姓氏笔画为序）

方立天　刘大椿　纪宝成　李文海　吴易风　宋　涛

张立文　陈先达　周新城　郑杭生　胡乃武　黄　达

曾宪义　戴　逸

注：2009 年 5 月 20 日，学校印发《关于聘任中国人民大学首批一级教授的决定》（2008—2009 学年校政字 20 号）。

■ 中国人民大学第二批一级教授

（以姓氏笔画为序）

王利明　林　岗　袁　卫

注：2017 年 1 月 16 日，学校印发《关于 2016 年教授一级岗位聘用结果的通知》（2016—2017 学年校政字 12 号）。

■ 中国人民大学第三批一级教授

（以聘任时间、姓氏笔画为序）

王子今　冯惠玲　吴晓球　杨瑞龙

注：2017 年 1 月 16 日，学校印发《关于 2016 年教授一级岗位聘用结果的通知》（2016—2017 学年校政字 12 号）；2017 年 9 月 20 日，学校印发《关于 2017 年教师岗位聘用结果的通知》（2017—2018 学年校办人字 1 号）。

■ 2018 年中国人民大学教授

（以聘任年月为序，包括党政、教辅正高职，截至 2018 年 12 月 31 日）

哲学院：

张立文　陈先达　刘大椿　段忠桥　焦国成　李秋零
马俊峰　张志伟　龚　群　张风雷　葛晨虹　肖群忠
欧阳谦　温金玉　刘敬鲁　牛宏宝　何建明　彭永捷
李　萍　刘晓力　韩东晖　张文喜　罗安宪　杨武金
王伯鲁　吴　琼　彭新武　温海明　张立波　聂敏里
曹　刚　王宇洁　XINZHONG YAO　林美茂　刘永谋
曹　峰　张文良　罗　骞　余俊伟　臧峰宇
DENNIS RALF SCHILLING　谢地坤　张　旭　余开亮
徐　飞　刘劲杨　周　濂　姜守诚

（注：葛晨虹于 2018 年 10 月去世，韩东晖于 2018 年 12 月调出）

文学院：

程光炜　杨慧林　李　泉　冷成金　王贵元　李　今
王家新　张永青　刘小枫　孙　毅　阎连科　梁　坤
陈满华　曾艳兵　高旭东　徐正英　朱万曙　王　昕
刘震云　LEOPOLD LEEB　杨联芬　陈前瑞　陈奇佳
张洁宇　范方俊　龙国富　梁　鸿　宋文辉　姚　丹
朱冠明　陈　阳　马云龙　陈剑澜　王　燕

历史学院：

戴　逸　黄爱平　孙家洲　徐　浩　黄兴涛　王皖强
杨念群　牛润珍　华林甫　郭双林　孟广林　魏　坚
夏明方　马克锋　刘后滨　祁美琴　张永江　包伟民
许海云　韩树峰　赵　珍　李梅田　朱　浒　李晓菊
徐晓旭　杨雨青　孙　喆　陈胜前　何黎萍　曹新宇
刘文鹏　吕学明　韩建业　赵秀荣　曹刚华

（注：牛润珍于2018年2月退休）

国学院：

袁济喜　向世陵　黄朴民　诸葛忆兵　杨庆中　乌云毕力格
王子今　梁　涛　孟宪实　李　肖　韩　星　KIRILL SOLONIN
陈壁生　汪永红　谷曙光

经济学院：

吴易风　胡乃武　黄泰岩　林　岗　杨瑞龙　陈　建
叶卫平　方福前　贺耀敏　高德步　彭　刚　刘　瑞
孙久文　吴汉洪　陈享光　雷　达　赵国庆　刘凤良
张可云　郑超愚　韩玉军　陈　璋　关雪凌　侯景新
邱海平　刘元春　周业安　贾根良　方　芳　李军林
王晋斌　黄　隽　郭　杰　陈彦斌　陶　然　黎玖高
杨其静　杨天宇　胡　霞　郑新业　宋利芳　谢富胜
聂辉华　程大为　丁守海　付晓东　王湘红　刘明远
于春海　刘　伟　石敏俊　姚永玲　罗来军　张　杰
刘守英　韩　松　于　泽　王孝松　魏　楚　顾海兵
范志勇　孙文凯　陆方文

（注：陈建、赵国庆于2018年2月退休，石敏俊于2018年7月调出，陈璋、叶卫平于2018年8月退休）

财政金融学院：

黄　达　吴晓球　郭庆旺　任淮秀　赵锡军　朱　青
林清泉　庄毓敏　张　杰　吴晶妹　汪昌云　何　平
刘振亚　瞿　强　岳树民　关　伟　王小龙　岳希明
涂永红　陈忠阳　张成思　张顺明　郑志刚　石晓军
魏　丽　吕冰洋　许　荣　贾俊雪　类承曜　何　青
王秀芝　谭松涛　戴稳胜　马　勇　王国刚　王　芳

法学院：

王利明　龙翼飞　何家弘　陈卫东　韩大元　胡锦光
黄京平　叶　林　杨建顺　谢望原　周　珂　赵晓耕
郭　禾　林　嘉　姚　辉　汤维建　莫于川　朱文奇
余劲松　张世明　冯　军　王云霞　史彤彪　张新宝
马小红　李艳芳　黎建飞　张志铭　张小虎　刘明祥
田宏杰　王　轶　刘俊海　朱大旗　肖中华　冯玉军
韩立余　肖建国　朱　岩　李学军　邵　明　李　琛
时延安　张　翔　丁相顺　刘计划　余民才　高圣平

万　勇　刘孔中　李奋飞　石佳友　杨　东　竺　效
刘品新　杜焕芳　邢海宝　付立庆
（注：黎建飞于2018年8月退休）

马克思主义学院：

周新城　张雷声　王　东　郝立新　秦　宣　刘建军
齐鹏飞　杨凤城　赵　汇　黄继锋　陶文昭　张云飞
杨德山　何虎生　张　旭　王　易　辛　逸　郑吉伟
王向明　侯衍社　邱　吉　王海军　张秀琴　宋学勤
汪亭友　张世飞　宋少鹏　郗　戈
（注：黄继峰、赵汇于2018年2月退休）

社会与人口学院：

翟振武　李路路　杜　鹏　于显洋　张建明　李迎生
段成荣　洪大用　郭星华　刘　爽　刘少杰　陈　卫
杨菊华　郝大海　陆益龙　赵旭东　宋　健　冯仕政
杜本峰　陈劲松　张耀军　和　红　张有春　孙鹃娟
王水雄　赵延东
（注：洪大用于2018年7月调出）

国际关系学院：

黄嘉树　宋新宁　陈　岳　金正昆　周淑真　时殷弘
陈新明　金灿荣　杨光斌　刘青建　王续添　蒲国良
黄大慧　李庆四　任剑涛　保建云　王英津　郭春生
房乐宪　王义桅　韩彩珍　吴征宇　许勤华　宋　伟
方长平　田　野　蒲　俜　张广生　马得勇　林　红
陈小沁　尹继武　李　巍　任　锋
（注：任剑涛于2018年1月调出，刘青建于2018年8月退休）

新闻学院：

喻国明　蔡　雯　周建明　盛希贵　高　钢　彭　兰
陈　绚　匡文波　杨保军　钟　新　王润泽　刘小燕
赵永华　郭庆光　周　勇　刘海龙　胡百精　宋建武
贾文山　张辉锋　栾轶玫　殷　强　高贵武　周蔚华
邓绍根　许向东　赵云泽
（注：喻国明于2018年5月调出，彭兰于2018年6月调出，周建明于2018年6月去世）

艺术学院：

徐唯辛　赵　方　黄华三　丁　方　王家增　王英健
李宇宏　王文娟　齐柏平
（注：徐唯辛于2018年2月退休）

外国语学院：

张勇先　陈世丹　任国强　刁克利　赵蕾莲　贾国栋
王建平　郭　军　李铭敬　张　意　代显梅　朱　源
李　霞　杨　敏　李桂荣　郭英剑　谢江南　王建华
MICHAEL CARL　杨彩霞　郭庆民　陈　方
（注：张勇先、任国强、王建平于2018年8月退休，MICHAEL CARL于2018年9月调出）

环境学院：

马　中　曾凡刚　宋国君　张景来　王洪臣　沈大军
曾贤刚　张光明　吴　健　孟秀祥　蓝　虹　李　岩
郑　祥　龙　峰　王　华　靳　敏　庞　军　常化振

信息学院：

杜小勇　陈　红　孟小峰　李德英　左美云　石文昌
梁　循　李翠平　文继荣　何　军　梁　彬　朱　青
陈跃国　窦志成　徐　君

数据工程与知识工程教育部重点实验室：

陆嘉恒

数学学院：

朱来义　林　勇　龙永红　张伦传　张庆彩　杨云雁
王　伟　柯媛元　OLEKSIY ZHEDANOV

数学科学研究院：

YUAN LOU

理学院：

物理学系：

王孝群　李　涛　胡　辉　王善才　卢仲毅　刘玉良
张清明　于伟强　王　雷　WEI BAO　陈根富
朱传界　魏建华　曹永革　张　芃　李茂枝　YIN GUO
季　威　张　威　陈珊珊　俞　榕　程志海　同宁华
（注：王孝群于2018年1月调出，张清明于2018年7月调出）

化学系：

郭志新　艾希成　张建平　林　隽　李志平　徐立进
金朝霞　陈自立　王亚培　张美宁

心理学系：

雷　雳　胡　平　张积家　张清芳　李欢欢

商学院：

郭国庆　戴德明　耿建新　王利平　王化成　李　平
王凤彬　宋远方　刘凤军　李　焰　伊志宏　陈　冠
宋　常　杨　杜　谷克鉴　张瑞君　成　栋　刘国山
秦志华　孙茂竹　宋　华　吕景胜　王亚星　徐经长
JIYE MAO　刘晓梅　章　凯　陈甬军　王晓东
赵西卜　王保林　刘向东　姜付秀　刘　刚　王刊良
曹　伟　况伟大　彭　翊　李先国　刘　军　宋建波
徐佳宾　许年行　支晓强　赵　晶　吴江华　姚建明
周　华　易靖韬　叶康涛　邓子梁　张　敏　廖冠民
（注：彭翊于2018年3月调出，李平、杨杜于2018年2月退休，陈冠于2018年8月退休）

公共管理学院：

董克用　许光建　张成福　张康之　杨　健　叶剑平
毛寿龙　叶裕民　严金明　吴春波　吕　萍　魏　娜
孙柏瑛　康晓光　谢　明　方振邦　李　珍　刘　昕

黄燕芬　蓝志勇　刘太刚　孙玉栋　张占录　王虎峰
李家福　祁凡骅　崔　军　YUNHUA LIU
KAIFENG YANG　丰　雷　杨宏山　李超平
张正峰　秦　波　曲卫东　王丛虎　DAVID HARRY ROSENBLOOM
郐艳丽　刘　鹏　王　俊　李东泉　李文钊
（注：刘云华于2018年4月离校，谢明于2018年8月退休）

劳动人事学院：
曾湘泉　彭剑锋　郑功成　孙健敏　潘锦棠　仇雨临
程延园　张丽华　周文霞　杨伟国　林新奇　赵　忠
石　伟　易定红　唐　鑛　杨立雄　韩克庆　徐世勇
刘松博　苏中兴　李育辉　文跃然
（注：潘锦棠于2018年2月退休）

信息资源管理学院：
冯惠玲　赵国俊　胡鸿杰　周晓英　卢小宾　王　健
王英玮　安小米　张　斌　侯卫真　索传军　张美芳
刘越男　唐跃进　黄霄羽　杨孟辉　徐拥军　贾君枝
（注：赵国俊于2018年2月退休，胡鸿杰、唐跃进于2018年2月退休）

统计学院：
袁　卫　赵彦云　金勇进　高敏雪　张　波　王晓军
彭　非　孟生旺　杜子芳　田茂再　张景肖　许王莉
吕晓玲　李静萍　李　扬

统计与大数据研究院：
胡飞芳　艾春荣　朱利平

农业与农村发展学院：
唐　忠　孔祥智　郑风田　马九杰　曾寅初　汪三贵
张利庠　刘金龙　王志刚　周　立　朱信凯　REARDON THOMAS ANTHONY
生吉萍　谭淑豪　王西琴　仇焕广　庞晓鹏　陈卫平
仝志辉　刘晓鸥　陈敏鹏

教育学院：
秦惠民　张晓京　俞国良　胡　娟　申素平　李立国
程方平　周光礼　曹淑江　胡莉芳
（注：秦惠民于2018年3月调出，张晓京于2018年4月从国际交流与合作处调入）

继续教育学院：
王琪延　缪代文　喻志军　文书锋　丁　凯

体育部：
李树旺　王智慧

图书馆：
宋姬芳　李辉华

出版社：
刘　志　孟　超　费小琳　刘　晶　潘　宇　马学亮
杨宗元　郭燕红　李永强　李　宏　苏玉宏　鞠方安
罗海林　安　卫　郭晓明　刘叶华　王　磊

书报资料中心：

高自龙　宣小红　王立君　钱　蓉　武宝瑞

学术期刊社：

杨万东　武京闽　林　坚　李淑英　孔　伟　王碧峰

学校办公室：

靳　诺　郑水泉　吴付来

发展规划处：

李红宇

人事处：

宋东霞

国医学院筹建工作领导小组办公室：

林建荣

汉青经济与金融高级研究院：

叶光亮　李　勇　赵万里

国家发展与战略研究院：

尹　恒　黄石松　刘瑞明　刘　青

附属中学：

许作良　李晓风　翟小宁　周建华　高江涛　汤步斌
乜全力　谢泽运　梁丽平　于金华　高德莲　徐良云
闫桂红　杨连明

（注：高德莲于2018年2月退休，李晓风于2018年8月退休）

附属小学：

郑瑞芳

■ 2018年去世人员名单

2018年去世人员（离休）

（以去世时间先后为序）

单位	姓名	性别	出生年月	参加工作时间	去世时间
图书馆	陈万青	男	1926.10	1949.01	2018.02.23
图书馆	赵长富	男	1930.12	1945.08	2018.02.28
经济学院	杨兴斌	男	1930.09	1946.10	2018.03.12
商学院	李占祥	男	1928.01	1948.12	2018.03.20
马克思主义学院	方　钢	男	1922.03	1949.08	2018.04.03
马克思主义学院	曾曼西	女	1925.07	1948.11	2018.04.08
财务处	苏贻英	女	1929.12	1944.03	2018.04.22
图书馆	王芙蓉	女	1933.08	1949.07	2018.04.29
新闻学院	包　慧	女	1921.11	1938.08	2018.04.30
国际关系学院	高　放	男	1927.02	1947.06	2018.05.30
历史学院	黄兆群	女	1928.02	1949.09	2018.06.17
文学院	余　飘	男	1928.06	1946.07	2018.06.17

续表

单位	姓名	性别	出生年月	参加工作时间	去世时间
统计学院	唐　垠	男	1926.12	1948.04	2018.06.24
商学院	方　群	男	1930.11	1948.11	2018.07.17
商学院	齐佐治	男	1930.11	1948.12	2018.08.02
国际关系学院	王玲霄	女	1926.03	1938.06	2018.08.19
后勤集团	张必兴	男	1927.10	1948.12	2018.08.20
马克思主义学院	吴知足	女	1929.10	1949.01	2018.10.09
后勤集团	殷　牛	男	1923.02	1938	2018.10.28
经济学院	李　木	男	1926.10	1949.03	2018.10.30
马克思主义学院	靳易生	女	1922.04	1949.02	2018.11.02
图书馆	蒋慧霞	女	1928.11	1948.12	2018.11.02
信息资源管理学院	张　滨	女	1929.11	1949.08	2018.12.06
商学院	沈亮安	男	1928.11	1949.02	2018.12.09
商学院	郑泽铭	男	1933.08	1948.12	2018.12.18
历史学院	张兴伯	男	1929.01	1949.06	2018.12.29

2018 年去世人员（退休）

（以去世时间先后为序）

单位	姓名	性别	出生日期	参加工作时间	去世时间
附中	齐景泉	女	1943.06	1967.07	2018.01.19
文学院	管　珑	女	1923.10	1952.07	2018.01.20
人事处	刘敬俭	男	1941.10	1961.07	2018.01.22
实验室建设与设备管理处	连淑敏	女	1940.03	1964.08	2018.01.23
附中	于润洲	男	1927.10	1950.04	2018.02.07
哲学院	董永俊	男	1936.12	1960.04	2018.02.12
农发学院	刘运梓	男	1933.06	1953.07	2018.02.14
继续教育学院	张根成	男	1935.03	1960.09	2018.02.21
哲学院	周述岐	男	1929.03	1952.08	2018.02.28
历史学院	韩大成	男	1924.08	1949.06	2018.03.23
图书馆	冯之圣	男	1935.02	1950.10	2018.04.12
外国语学院	刘兴邦	男	1927.05	1951.05	2018.04.19
商学院	陶家琴	女	1929.05	1955.08	2018.04.28
文学院	徐京安	男	1929.12	1952.07	2018.05.03
环境学院	葛汉云	女	1935.09	1957.09	2018.06.07
商学院	王永兰	女	1932.02	1954.07	2018.06.21
附中	郭长陆	男	1937.03	1958.08	2018.06.26
离退休处	李成实	男	1933.09	1954.02	2018.07.08
历史学院	曾黎力	女	1942.02	1960.08	2018.07.18
信管学院	高鹏云	男	1936.12	1953.12	2018.07.19
附中	曾　龙	男	1944.06	1964.09	2018.08.13
历史学院	高王凌	男	1950.08	1968.12	2018.08.24
公管学院	齐明山	男	1945.10	1968.08	2018.09.05
新闻学院	刘忠诚	男	1927.09	1950.08	2018.09.05
哲学院	罗定灯	男	1933.02	1950.12	2018.09.07
经济学院	余学本	男	1929.07	1953.08	2018.09.10

续表

单位	姓名	性别	出生日期	参加工作时间	去世时间
附中	陆剑鸣	女	1959.12	1982.08	2018.10.20
新闻学院	何梓华	男	1931.10	1953.08	2018.11.16
体育部	王继训	男	1935.03	1956.09	2018.12.01
信息资源管理学院	李凤英	女	1931.03	1951.07	2018.12.30
文学院	陈传才	男	1936.11	1955.07	2018.12.31

2018 年去世人员（在职）

（以去世时间先后为序）

单位	姓名	性别	出生日期	参加工作时间	去世时间
新闻学院	周建明	男	1956.05	1973.05	2018.06.05
经济学院	邹正方	男	1962.06	1986.07	2018.09.25
哲学院	葛晨虹	女	1958.11	1977.07	2018.10.01

说明：表中列出的是副教授或副处以上去世人员。

附属学校

附属中学

一、概况

2018年，中国人民大学附属中学（以下简称“人大附中”）占地面积97 227平方米，建筑面积115 338.5平方米，体育场（馆）面积25 352平方米，图书馆藏书16.7万册，拥有计算机2 045台，多媒体教室座位7 500个，校园网出口总带宽850 Mbps，数字资源量50 000 GB，“信息技术”课程1课时/周，普通教室154个，实验室67个。在册教职工548人，其中具有正高级职称12人、副高级职称258人、中级职称211人；专任教师462人，包括特级教师21人（在职18人，退休返聘3人）、北京市学科教学带头人4人、市级骨干教师17人。开设教学班154个，其中初中班59个、高中班95个。毕业1 675人，其中初中710人、高中965人；在校生5 907人，其中初中2 395人、高中3 512人（包括寄宿生702人、外省市借读生605人）。高中录取分数线560分（海淀区）。有社团135个。为促进基础教育优质均衡发展，人大附中已经连续十多年向周边薄弱学校、外省市学校输送干部、教师，2018年合计输送66人。网址：www.rdfz.cn。

二、学校建设

1. 概要

初高中教育教学领导小组、年级组、教研组等组织机构自主发展，教育管理机制日益完善；继续落实“十二五”校本研修与培训，搭建高端平台，建设融会中外、具有开拓视野和创新精神的高素质教师队伍；继续坚持以人为本的管理思想，尊重和爱护每一位教职员工；持续完善人大附中多元立体课程体系，开发综合实践活动课程，构建手机在线授课、慕课等多维网络授课体系，尝试导师制、走班制、小班化、翻转课堂等教学实践；开辟高端科技实验室，提升科技教育水平，培养学生创新意识和实践能力；为具有体育、艺术及各类特长的孩子搭建发展平台，积极参加各级各类体育、艺术展示与比赛；大力拓展国际交流，提升国际化办学水平，努力创造具有中国特色的未来教育。被评为“引领京城教育品牌中学”，在教育部第一批教育信息化试点验收中被评为试点优秀单位，获得海淀区教育事业统计工作先进集体、海淀区教育系统“三八”红旗手（集体）、JA China 青年成就奖杰出校际合作、中国人民大学先进集体等荣誉。

2. 2018 年重要活动

1 月，人大附中寒假教师教育科研年会举行。

3 月 26 日，全国首场“相约北理”校园开放日进中学和“院士进中学”学科讲座活动在人大附中举行。

3 月，人大附中团委与中国人民大学团委联合开展中国人民大学大学生支教团教育培训项目。

4 月 16 日，海淀区“聚·享”大讲堂活动在人大附中礼堂开讲。

4 月 23 日，人大附中与钱学森空间技术实验室携手成立了 STEAM 教育联合实践基地。

5 月 8 日，“智慧教育和基础教育创新发展”第二届研讨会在人大附中召开。

5 月 19 日，在第 69 届英特尔国际科学与工程大奖赛（Intel ISEF）上，丑瑞华凭借“恶劣天气下路况环境增强感知系统”获“软件系统”学科一等奖、“软件系统学科”最佳奖，为此将有一颗小行星以她的名字命名。此外，丑瑞华还获得了国际计算机学会颁发的专项奖、美国航空航天局颁发的专项奖提名。

7 月 12 日，人大附中教师发展中心举办新教师见面座谈会。

7 月，人大附中金帆合唱团参加第 14 届中国国际合唱节，以《马其顿幽默曲》、《雨霖铃·寒蝉凄切》和《El Vito》三首参赛作品再次夺得少年组第一名，获得“少年组 A 级合唱团”和“十佳合唱团”称号。人大附中金帆合唱团带团教师、合唱团指挥王欣老师再次荣获“优秀指挥奖”。

为落实党的十九大精神，推动教育公平发展，人大附中积极开展教育帮扶活动。一是赴陕西省旬邑县开展送教活动。7 月，刘炜、王清、王宇、丁晓新等四位骨干教师来到陕西省旬邑县开展送教活动。二是结对帮扶马兰齐心学校和旬邑中学。7 月，人大附中与马兰齐心学校、旬邑中学结为“手拉手教育帮扶学校”。8 月，人大附中邀请旬邑县教育局和两校教师代表到人大附中全程参加人大附中暑期教育科研年会。12 月，邀请马兰齐心学校参加翟小宁校长任总课题组长的国家社会科学基金教育学重大（重点）课题“人才培养模式的国际经验及改革研究”课题阶段性研讨会暨人大附中育人模式展示交流会，并吸收马兰齐心学校加入该课题子课题研究。三是与拉萨市教育系统开展合作。9 月，人大附中与拉萨市教育团队就双方教育合作事宜开展了会谈。11 月，人大附中委派教育教学骨干赴拉萨市就合作办学开展实地调研。四是与云南昭通市、兰坪白族普米族自治县开展教育帮扶活动，邀请当地教师到北京参加人大附中教科研活动。人大附中团委通过社团“橘子学院”与兰坪开展青年学生一对一在线交流活动和线下互动，开展以开阔视野、立志成才、学科教学和青年交流为主题的帮扶交流活动。2018 年共有 1 500 余人参与到人大附中的教育帮扶活动中。

2018 年，人大附中高考取得优异成绩。人大附中学生刘浩宇获得北京市理科第一名，郭易获得北京市理科第二名。北京市高考理科裸分前十名中，人大附中占 6 人。北京市理科 700 分以上 53 人中，人大附中有 15 人。

2018 年，人大附中中考再次取得优异成绩。初三学生赵颖姗文化课总分位列海淀区第一名；海淀区中考文化课前五名中，人大附中占 4 人；海淀区中考文化课前 10 名中，人大附中占 7 人；全年级成绩达到海淀区示范校人数为 552 人。

中外合作项目 2018 届毕业生提前录取再创佳绩。140 多名学生被美国常青藤大学及其他美国名校录取，70 多名学生被英国名校录取，国际部 2018 届国际学生 10 名考入北大、7 名考入清华、6 名考入人大，其他学生被美国达特茅斯学院、日本早稻田大学、韩国延世大学等世界著名大学录取。国际部 2019 届国际学生中有 4 名同学顺利通过"北大外国留学生本科生博雅海外人才培养计划"。

2018 年，人大附中竞赛成绩突出。陈天扬、王晨冰获得第 19 届亚洲物理奥林匹克竞赛金牌。姬晨轩、张瀚在第 23 届国际天文与天体物理奥林匹克竞赛中获得银牌。五大学科奥赛全国决赛中共 14 人次获得金牌，占全市的 54%；8 名选手进入数学、物理、化学、生物国际竞赛新一轮国家集训队，占北京市的三分之二，其中北京市入选物理、生物国家集训队的选手均为人大附中学生。2018 届 11 名学生被保送北大、清华，占全市保送人数的 68.75%，6 人被清华、北大首届数学英才班保送或降分至一本线录取，此外有 101 人次获得北大、清华的博雅计划、领军计划的加分。人大附中足球队获得 2018 年全国高中联赛总冠军和全国高中锦标赛冠军、北京市高中足球联赛暨冠军赛决赛总冠军。

8 月 24 日至 26 日，人大附中 2018 年全体教师员工大会召开。

8 月 27 日，人大附中举行新生入学仪式。

8 月 31 日，人大附中举行 2018—2019 学年开学典礼。

9 月 1 日，人大附中 2020 届首次走班顺利开展。

10 月 9 日至 12 月 31 日，人大附中举办首届校园文创纪念品设计大赛。

10 月 18 日，人大附中举办全国教育科学"十二五"规划教育部重点课题"拔尖创新人才早期培养研究"中期汇报会暨早培教学开放日活动。

10 月 22 日，以"人工智能与传统文化"为主题的 2018 年人工智能周开幕式在人大附中逸夫楼报告厅举行。

10 月 22 日至 26 日，人大附中联合澳门培正中学及中国人工智能学会中小学工作委员会（筹）、清华大学人工智能研究院等单位首倡每年 10 月的第四个星期为"世界人工智能周"。

10 月 29 日，2011 年诺贝尔生理学或医学奖的获得者、法国先天性免疫领域著名科学家朱尔斯·霍夫曼教授来到人大附中做报告。

11 月 27 日，由人大附中通用技术组主持承担的北京市科学技术委员会科普专项工作"'中小学生光电技术展厅'科普设施能力提升"通过结题验收。

12 月，人大附中 2018 年教师基本功大赛举行，大赛包含青年教师解题大赛、青年教师说课大赛、全体教师板书大赛等三项。

三、获奖情况

1. 学生获奖——国际级

4 月，在第 19 届亚洲物理奥林匹克竞赛中，陈天扬、王晨冰获得金牌。

4 月，在中国大智汇创新研究挑战赛全球总决赛中，王子楷、艾文斯、周廷昱、许佩涵的"虚拟现实技术助力学校灾害安全教育"获得铜奖，王子楷获得个人银奖。

4 月，在第 46 届日内瓦国际新技术新产品发明博览会上，陈芃润、宋泽闻、贺奕璋、刘尘雨获得金奖，高境远获得银奖。

5月，在第69届英特尔国际科学与工程大奖赛上，丑瑞华获得软件系统学科最佳奖、国际计算机学会专项奖、NASA美国航空航天局专项奖提名，王煜桐获得材料科学学科四等奖。

5月，在第22届亚太青年桥牌锦标赛上，人大附中队连续第三次捧得陈凤玲杯，实现了四连冠。

6月，在“创·饰未来”2018首届国际青少年首饰艺术创意展评活动中，徐笑祎获得最佳人气奖，韦静恬获得设计二等奖，杨可盈获得设计三等奖。

6月，邓栖桐、王逸文获得第4届“亚洲杯”中学华语辩论锦标赛季军。

7月，在第31届国际青年物理学家锦标赛中，杨海川、黄雨衡、王莛然获得金牌。

7月，人大附中队获得中美（国际）机器人挑战赛季军及控制创新奖、钱江国际机器人公开赛亚军、中国机器人总决赛（RCC）冠军及最佳风尚奖。

7月，在第14届中国国际合唱节上，人大附中金帆合唱团被评为少年组A级合唱团，并荣获“十佳合唱团”称号。

7月，蒙思凯获得第7届华罗庚金杯国际少年数学精英邀请赛初一组个人一等奖。

7月，温子涵获得2018年亚欧国际艺术比赛全国总决赛乐团组别金奖。

7月，梁亦为获得2018美国数学大联盟杯赛六年级组总决赛铜牌、2018爱·乐国际音乐大赛管乐少年组二等奖。

7月，宋世弘获得亚洲少年击剑巡回赛女子花剑季军、全国少年击剑锦标赛高中组个人冠军、北部赛区预选赛个人亚军、北京市锦标赛个人冠军。

7月，三高基地初二组获得第7届“北京杯”国际中学生足球赛初中组第二名，高二组获得高中组第六名。

8月，叶柏新获得第2届新菁英英国国际青少年音乐节暨大赛弦乐组别银奖。

8月，由姜保卓、潘雅乐、程知禹、王熙昊、孙谦、廖宇凡组成的中国20岁代表队获得第17届世界青年桥牌团体锦标赛跨国队式赛亚军。

11月，在首届韩国健美操邀请赛上，张泽获得年龄二组男子单人操第一名，刘佳美、刘家乐获得年龄一组混合双人操第一名。

12月，在丘成桐中学生科学竞赛中，黄雨衡获得物理学科银奖，李艳蔚、黄咏歆、王凤仪、王锦芸获得生物学科银奖。

12月，在2018年国际天文与天体物理奥林匹克竞赛中，姬晨轩、张瀚获得银牌。

12月，在世界中学生华语辩论公开赛中，人大附中队获季军、最佳团队合作奖，队长黄亦宸排名第二。

2. 学生获奖——国家级

3月，由黄雨衡、裴昱非、杨海川、谢德东、王莛然、贾思迈组成的人大附中队在第6届CYPT（中国高中生物理创新竞赛）中获得特等奖第一名，实现四连冠。队长黄雨衡，队员贾思迈、杨海川和王莛然入选IYPT（国际青年物理学家锦标赛）国家集训队。

5月，在第13届全国青少年未来工程师博览与竞赛“爱创造智能作品竞赛”全国决赛中，郭雨薇、石雨哲和叶知春获得一等奖。

5月，在第31届北京市高中物理力学竞赛中，庞元喆、周耘吉等45人获得一等奖，陈舸弋、张卓远等36人获得二等奖，李润家、王序书等18人获得三等奖。

5月，在第13届全国高中应用物理竞赛中，李享、李佳泰等18人获得一等奖，卑逸、向宇扬等22人获得二等奖，杜嵘、杨皓然等4人获得三等奖。

5月，在首届全国中学生地球科学竞赛决赛中，王子来、王之行、姬晨轩、罗丹清、邬绍宸、吕化雨获得金牌，翟元莉获得铜牌。

6月，在第17届全国创新英语大赛总决赛中，郁梓堉等37人获得一等奖。

6月，张博为获得中国青少年音乐比赛·蜂鸟音乐奖室内乐组合二等奖。

6月，在全国青少年家书写作暨家书征集活动中，胡博元获得二等奖。

6月，在第3届华语物理学术论证赛中，陶思远所在团队获得最佳团队奖。

7月，洪正畅获得第12届"地球小博士"全国地理科普知识大赛一等奖，王语哲获得二等奖。

7月，李由雅、孟想获得亚欧艺术节全国总决赛金奖。

7月，李奕炜获得"未来外交官"比赛一等奖和最佳风采奖。

7月，李立浩获得全国健美操锦标赛男子单人第一名，朱猛获得第四名，刘佳美、刘佳乐获混合双人操第三名。

7月，刘睿哲获得2018国际青少年科学奥林匹克中国区终选一等奖。

7月，李奕炜获得第15届"外研社杯"中小学生英语大赛全国三等奖和北京市一等奖。

8月，黄亦宸、吴佩萱、张颢议等组成的人大附中队获得第4届"亚洲杯"中学华语辩论锦标赛季军，黄亦宸获得全程最佳辩手称号。

8月，鲁研获得第17届中国女子数学奥林匹克金牌，并获得直接参加中国数学奥林匹克资格，耿纪平获得银牌。

8月，张博信、赵芳辰、牛元喆、王照峰、吴限、刘羿镝组成的团队获得2018全国中学生桥牌锦标赛团体赛冠军。

8月，在第33届全国青少年科技创新大赛中，人大附中共有6个项目入围，庄正、许鹤瀛、李雨菲、陈芃润、刘亦辰获得一等奖，杨海川获得三等奖。6个项目共获得10余项专项奖，其中许鹤瀛获得大赛最高荣誉奖——中国科协主席奖。

8月，厉宇晨、聂畅来、于若彤、张铭轩、张启峰、张亦宁组成的模拟政协小组在第5届全国青少年模拟政协活动中荣获最佳提案奖、优秀展示团队、优秀社团等荣誉。张亦宁获得优秀模拟记者、最佳风采个人、优秀模拟政协委员，张启峰获得优秀新闻发言人，张铭轩获得优秀模拟政协委员，于若彤和张铭轩在知识竞赛中获得成绩优异奖。

8月，袁黛茜的作品在茅盾青少年文学院首届征文活动中被评为全国征文百强，在茅盾青少年文学院首届少年作家营中被评为创意之星。

8月，张家铭获得第14届宋庆龄少年儿童发明奖。

8月，在"北大培文杯"全国青少年创意写作大赛决赛中，李松晓获得中文、英文写作双项特等奖，李岱宸、叶泽坤、张思桐获得中文写作一等奖，李沛航、范睿瑶、朱子云、王舒桐、任皓月获得中文写作三等奖。

8月，在"叶圣陶杯"全国中学生新作文大赛决赛中，张雯一、王琪颖获得一等奖，聂畅来、朱卓帆获得三等奖，张睿佳获得优胜奖。

8月，在全国中学生创新作文大赛总决赛中，孙雪童获得二等奖，李沛怡获得三等奖。

9月，在第34届全国中学生数学联赛中，贺思凯等26人获得省级赛区一等奖，13人进入北京队。

9月，在第35届全国中学生物理竞赛中，孙向恺等20人获得省级赛区一等奖，7人进入北京队。

9月，在第32届全国中学生化学竞赛中，辛世计等15人获得省级赛区一等奖，2人进入北京队。

12月，初二年级三支队伍参加首届未来太空学者大会，分别获得立方星载荷设计组团队一、二等奖及月球基地设计组一等奖。

3. 学生获奖——省市级

5月，安琪、吕可、丁婉在第6届北京市普通高中通用技术纸服装展示活动中获得一等奖，徐笑祎、朱晏、陈依阳、潘子昂、郝温雅、杨雨晴、傅娆获得二等奖，刘安琪、任佳锐获得最佳模特奖，周茗、陈依阳、武明硕、彭坤森获得优秀模特奖。

5月，王楚芊、王佳琦获得第16届北京青少年科技创新市长奖。

5月，在北京市中小学生校园足球联赛中，人大附中足球队获得高中男子A组冠军。

6月，钱瑞恒获得全国实用英语超级联赛北京赛区个人特等奖、团体冠军，宋衍鹏获得个人一等奖，陈卓然获得希望奖。

6月，陈嘉雷、邹岳桐获得北京市中学生数学竞赛初二年级一等奖，徐金等10人获得二等奖，王泽尘、王众一、杨紫雄获得三等奖。

6月，杨若和获得希望之星英语风采大赛北京赛区初中组特等奖。

6月，曾子易获得北京市第21届学生艺术节一等奖。

6月，单战获得北京市中学生数学竞赛高一年级一等奖。

6月，蒋欣祝、吴硕、向尚言、刘益洲、孙浩宸等获得第2届中美青少年创客大赛北京赛区一等奖。

6月，史君炜获得第31届“首师大附中杯”北京市高中力学竞赛决赛一等奖。

6月，何岸获得2018年高中化学奥林匹克竞赛北京地区预选赛一等奖。

6月，孟龙参获得2018年全国高中应用物理知识竞赛北京赛区一等奖。

6月，三高足球基地高中联队获得2016—2017北京市中小学生校园足球联赛暨冠军赛高中男子A组第一名。

7月，段则均获得“蛇口杯”全国中小学生围棋团体锦标赛北京赛区第一名。

7月，在第7届“兰亭杯”北京中小学生书法大赛中，人大附中6人获奖，赵泓霖获得市一等奖、海淀区比赛一等奖，邓舒馨获得市一等奖、海淀区比赛一等奖，李沐晨获得市一等奖。

7月，崔洛宾获得北京市第15届运动会游泳4×100米自由泳接力男子甲组第一名，张天宇获得200米仰泳女子甲组第二名、游泳4×100混合泳接力第二名。

7月，人大附中桥牌队获得“八喜杯”北京市中学生桥牌邀请赛中学组团体第一名、2018年北京市体育大会桥牌比赛青年团体赛第二名。

7月，三高足球基地高二组在北京市第15届运动会中获得足球男子甲组第一名。

8月，宁潇函获得北京市第15届运动会田径女子甲组110米栏项目第一名，蒋琬婷获得女子乙组跳高第一名，吴宜桐获得男子丙组100米项目第一名、4×100米项目第一名和110米栏项目第一名，卢伟生获得男子丙组400米项目第一名，黄熙庭、张笑酌、李淑崃获得乒乓球比赛女子团体第一名。

8月，三高足球基地初中联队获得北京市校园足球精英赛初中组第一名。

8月，朱卓帆获得全国校园啦啦操示范套路展示中学组花球北京市第一名。

12月，在2018北京市中小学生阳光体育系列活动竞技健美操比赛中，姚方远获高中乙组女子单人操第一名，张泽获高中乙组男子单人操第一名，姚方远、张泽获高中乙组混合双人操第一名，曹天硕等人获高中乙组三人操第一名，张泽等人获高中乙组五人操第一名，李立浩获高中甲组男子单人操第一名，陈思宇等人获初中甲组三人操第二名、初中甲组五人操第二名。

12月，人大附中FTC机器人队在北京市学生机器人智能大赛中获得5战全胜的战绩。在大赛机器人工程挑战赛中，侯云淞、方皓钰、刘睿达、郭正熙获初中组一等奖。

4. 教师获奖——国家级

3月，闫新霞、施一宁、王思思、杨阳、张燕怡组成的STEAM课程团队研发“药用植物栽培的智能温室设计与搭建”STEAM类校本课程荣获第16届全国中小学信息技术创新与实践活动创客与STEAM课程评优一等奖、教育信息化发明创新奖（NOC奖）。

6月，在中美青少年创客大赛中，纪朝宪、恽竹恬获得优秀辅导员称号。

6月，在“创·饰未来”2018首届国际青少年首饰艺术创意展评活动中，何玲燕获得优秀指导老师称号。

6 月，董梦婕、荆京获得全国实用英语超级联赛优秀指导教师称号。

7 月，王欣在第 14 届中国国际合唱节暨国际合唱联盟合唱教育大会合唱测评中被评为优秀合唱指挥。

7 月，朱京力获得全国中学英语读写教学优秀观摩课评选与展示活动一等奖。

7 月，袁继平荣获第 19 届全国中小学电脑制作活动全国优秀指导教师奖。

8 月，在第 19 届全国青少年航海模型教育竞赛中，恽竹恬、韩嘉强获得优秀指导教师称号。

8 月，在北大培文杯全国青少年创意写作大赛、叶圣陶杯全国中学生新作文大赛、全国中学生创新作文大赛中，人大附中获得三项赛事的优秀组织奖，王彩云等 13 人获得北大培文杯伯乐奖、叶圣陶杯优秀指导教师奖。

11 月，在全国健美操冠军赛中，许东霞获得国家级优秀教练员奖。

5. 教师获奖——省市级

1 月，袁继平在北京市青少年科技创新学院“翱翔计划”中获得优秀指导教师奖。

3 月，万丹获得北京市金鹏科技论坛优秀辅导员称号。

3 月，姜茜获得北京市中小学教师优秀课堂教学设计征集与评选一等奖。

5 月，张仲英在北京市中小学、幼儿园教师演讲朗诵比赛中获得三等奖。

6 月，韩甲祥、林琳被评为北京市普通高等学校招生统一考试优秀阅卷员。

7 月，董梦婕在 2018“风采杯”中学新任教师教学基本功展示中获得高中英语一等奖。

7 月，王莹莹获得北京市中小学教师法治教育基本能力展示一等奖。

6. 学校获奖

1 月，在教育部第一批教育信息化试点验收中被评为试点优秀单位。

3 月，荣获 2018 年海淀区教育系统“三八”红旗手（集体）奖。

4 月，荣获 JA China 青年成就奖杰出校际合作奖。

5 月，荣获中国人民大学先进集体奖。

5 月，在第 9 届“北斗杯”全国青少年科技创新大赛中获得优秀组织奖。

7 月，在第 19 届全国中小学电脑制作活动中获得全国优秀组织奖。

10 月，被评为中国教科院首批 STEM 教育领航学校。

12 月，荣获海淀区招生考试考务工作先进集体，中考考务工作目标管理一等奖，学考合格考、高中会考目标管理一等奖。

12 月，荣获初海淀区教育事业统计工作先进集体称号。

■ 人大附中联合总校

一、概况

中国人民大学附属中学联合学校总校（简称“人大附中联合总校”或“总校”）是中国人民大学直属办学机构，旨在深入推进教育改革与发展，促进教育均衡优质发展，是人大附中秉承“履行社会责任，共享优质资源”办学理念的实践，也是新的历史背景下促进教育体制机制转型发展的探索。2018 年，人大附中联合总校在党建工作、内部制度建设、干部教师队伍建设、文化建设、对外帮扶工作、签署新成员校合作办学协议并开展筹办工作、基础教育共建共享联盟及双师教学、基础教育研究等方面持续发力，各成员校教育教学成果突出，总校的发展呈现蓬勃态势。

二、主要工作

（一）党建工作

2018 年，人大附中联合总校分党委在中国人民大学党委的领导下，认真履行党建主体责任，班子成员“一岗双责”落实到位；严明党的纪律，严守政治纪律和政治规矩；组织党员干部深入学习贯彻习近平系列讲话精神，党的十九大和十九届二中、三中全会精神；结合分党委实际情况，讨论通过了《中国人民大学附属中学联合学校总校党组织会议制度》《中国人民大学附属中学联合学校总校党政联席会议制度》；严格执行“三重一大”制度，总校重大决策、重要干部的推荐与任免、重要项目安排和大额度资金的使用，均经集体讨论做出决定；夯实基层党组织建设，以“一规一表一册一网”为抓手，加强支部规范化建设；做好党支部书记抓党建述职评议工作、组织生活会和民主评议党员工作。精心组织丰富多彩的党日活动，如参观焦庄户地道战遗址纪念馆、砥砺奋进的五年大型成就展、纪念马克思诞辰 200 周年主题展览、庆祝改革开放 40 周年大型展览等；推进党员发展和教育培训工作，2018 年发展 4 名优秀教师为预备党员；关注离退休党员的生活和思想情况，看望慰问老干部老党员，为长期病重党员发放补贴。

（二）内部制度建设

2018 年，人大附中联合总校进一步完善人事、财务、薪酬体系、劳动纪律、合同管理等方面的制度建设，注重与人大附中以及各成员校的协调沟通，相互配合，加强总校的凝聚力。协调人大附中以及全体在京成员校，圆满完成了北京市教委绩效奖励专项工作；梳理近年外派干部的人事档案资料，报中国人民大学人事部门存档；按期完成总校的年检和年度审计工作。

（三）干部教师队伍建设

1 月 18—23 日，人大附中联合总校、创新人才教育研究会、创新方法研究会联合举办创新人才教育研究会 2018 年年会。研讨会议题涉及教育帮扶推动教育均衡发展、创新人才早期发现与综合培养、STEAM 课程、中医药文化进校等，聚焦创新人才园、养老服务、普林斯顿国际数理学校、青少年足球人才培养、名校长领航班结业成果等八大主题。来自全国各地的大中小学和科研院所等单位共计 500 余人参会。6 月 19 日，总校组织成员校代表赴人大附中通州校区开展干部研修活动。11 月 4 日，教育帮扶成果汇报会暨人大附中联合总校第一届理事会第三次会议召开，中国人民大学党委书记靳诺出席，校长刘伟发表重要讲话，教育部基础教育司司长吕玉刚出席并讲话。刘彭芝校长做主题为“勇担社会责任　促进教育均衡”的主旨报告，总结了总校教育帮扶的六个突出特点：一是需求推动；二是帮（建）一所成一所；三是向成员校派出带领打鱼的人，发展起来的成员校又催生、培养出新的领头人；四是人大附中自身也实现了大量新鲜血液的注入和良性发展；五是从人大附中培养出 70 多位优秀的校级领导干部，在全国范围内带出 300 多名优秀校长，一批成员校陆续成为优质校；六是为向北京市和国家建言献策提供了实践基础和材料、经验和教训。

（四）文化建设

总校继续在管理制度、办学评估、课程资源和教师发展等各方面加强对成员校的协调指导，总校和各成员校之间既有统一的协调和支持，又保证各成员校独特的教育品质，各校既相互协作又相对独立，追求各自的办学特色，相互激励，共同成长。各成员校的工作得到所在区域的学生、家长、社会各界和各级领导的普遍好评和充分肯定。总校充分利用各种资源，帮助各成员校解决管理、教育教学过程中遇到的各种难题，通过建立紧密的联系纽带，促进总校领导下的各成员校成为凝聚力强的教育集团，实现集团化管理。

7 月 20—27 日，由中国人民大学物理学系和人大附中联合总校共同主办的 2018 国际青年物理学家竞赛中国邀请赛开幕式在人大附中经济技术开发区学校隆重举行。来自世界各地的220余名青年物理学家齐聚校园，人大附中学生参加的中国队获得金牌。

（五）对外帮扶工作

3月23日，教育部中小学名校长领航工程人大附中培养基地主持人、中央文史研究馆馆员、人大附中联合总校校长刘彭芝率领专家团队赴西安高级中学进行考察调研，进行全面深入的指导并提出了中肯的意见和建议。

4月12日，刘彭芝校长与总校领导率一分校、二分校、朝阳学校、西山学校等成员校各学科骨干教师70余人，前往河北兴隆县六道河中学调研考察，进行评课听课。

4月16日，在北京教育学院中轴路校区，刘彭芝校长向江西名校长90余人，分享教育思想、教育理念、教育智慧。

5月6—8日，在国家教育行政学院，刘彭芝校长作为首期中小学名校长领航班人大附中培养基地主持人参加首期名校长结业典礼，并作为第二期中小学名校长领航班人大附中联合总校、中国人民大学教育学院联合培养基地负责人，阐述人大附中联合总校培养基地的优势及培养方案，并遴选第二期名校长学员。

8月4日，教育部"校长国培计划"——第二期中小学名校长领航班人大附中联合总校、中国人民大学教育学院联合培养基地首次集中培训在西安市铁一中学举行。基地主持人、人大附中联合总校校长刘彭芝率领基地部分导师团队、研习助理以及来自8个省市的8位学员等40余人参加了此次培训。

（六）签署新成员校合作办学协议并开展筹办工作

8月20日，海口市人民政府、人大附中联合总校、人大附中、人大附中实验小学共同签订人大附中海口实验学校合作办学框架协议。

12月12日，三亚市人民政府与人大附中联合总校、人大附中、人大附中实验小学签署合作办学协议。

（七）基础教育共建共享联盟及双师教学

总校以信息技术为推手，从两个方面进一步扩大优质教育资源覆盖面：

一是通过建立并推动"国家基础教育资源共建共享联盟"，实现各校间的服务于教师的信息化资源共享。人大附中和总校已为联盟网提供了1万多个课时的视频课件。截至12月28日，联盟已辐射全国32个省区市，加盟的中小学校有4 773所，共建共享教育资源6.5万余件，超过94万名师生免费使用网上资源。

二是通过1+1慕课教学（即双师教学），利用信息化手段来推动直接服务于学生的教师资源共享，提升教育质量。该项目于8月23日启动，至年底，已开设了初一数学、初二数学、初三数学、英语口语等多门课程，每天的课堂教学、教师讲义和学案都通过网络直播给贫困地区学校，当地教师利用这些资源对本地学生进行教学。参加项目的重点实验中学有61所，实验中学有200所。

（八）基础教育研究

为在推进基础教育优质均衡发展的探索实践中继续发挥带头引领和资源支持作用，隶属于总校的中国人民大学基础教育发展研究院于2017年初挂牌成立。至2018年，研究院已基本完成机构设置和规章制度的建立，下设研究分院、研修分院、课程分院、创新人才教育研究分院、资源分院、国际教育分院、健康教育分院以及刘彭芝教育思想研究分院。截至2018年底，已完成或在研课题有"教育均衡发展研究与实践""科学素养提升与名校集团化办学研究""关于快速推进优质公办学校落户教育薄弱地区，满足人民群众对优质教育需求的建议""中小学名校长领航班工程""立德树人研究与实践""人大附中联合总校特色课程研究""中美STEAM教育比较研究""拔尖创新人才早期发现与综合培养”“体教结合培养高素质中国足球后备人才”“国家基础教育资源共建共享网络资源”“双师教学”“关于中外教育比较研究促进中国基础教育的建议”。

■ 附属小学

一、概况

2018年，中国人民大学附属小学除人大附小主校区外，另有4所分校，分别为人大附小银燕分校、人大附小亮甲店分校（包括东、西校区）、人大附小京西分校、人大附小雄安校区，一校六址。主校区总占地面积31 716平方米，校舍建筑面积34 875平方米，运动场（馆）面积20 484平方米。主校区为师生营造了得天独厚的七彩阅读环境：历史主题图书馆（包含军事及人物传记）、文学主题图书馆、英文主题阅读图书馆、绘本阅读及绘本珍藏馆（收藏人大附小学生的绘本创作作品）、园林图书馆（包括科学艺术体育书籍）、人民大学出版社图书馆、数字国学图书馆七大主题图书馆，共计藏书4万册（包括电子图书2万册），固定资产总值5 806.96万元。全年教育经费投入10 597.25万元，拥有计算机296台，多媒体教室座位192个，校园网出口总带宽130 Mbps，音视频资源10 000小时，“信息技术”课程1课时/周。普通教室112个、专用教室61个。教职工293人，其中，具有高级职称者19人、具有中级职称者127人。专任教师261人，包括特级教师1人、北京市骨干教师4人；具有本科以上学历者271人。开设教学班114个，在校生4 542人，毕业757人，招生710人。

二、主要工作

1月5日，人大附小教师齐聚主校区参加“感受教育幸福　实现人生价值”2018班主任大讲堂第一期活动。

1月19—21日，人大附小第四届教学工作会召开，核心议题是“立足国家课程，聚焦核心素养，完善七彩研学课程”。

1月24日，人大附小近400名教师欢聚主校区，举办“不忘初心，幸福同行——人大附小第十八届教师春晚”。

3月23—24日，人大附小第六届教职工代表大会召开。

3月30—31日，“成仁才，争做新时代好少年”中国少年先锋队中国人民大学附属小学第六次暨五校区第一次少先队员代表大会召开。

4月13—15日，人大附小开展“春天里，第八届男孩节亲子壮志行、女孩节亲女雅秀行”活动。

4月23日，人大附小开展“我的七彩阅读梦”第二届绘本节活动。

5月2—5日，郑瑞芳校长带领教师代表一行16人前往湘西开展教育精准扶贫、送培送教活动。

5月13日，人大附小全体师生、家长志愿者举行“纪念北京奥运十周年，迎接2022北京冬奥会——人大附小第五届暨五校区第二届小小奥运会”。

5月19—29日，人大附小2018届毕业生分四批次进行毕业旅行课程——福建武夷山研茶文化行、江西景德镇陶瓷文化行、陕西西安历史文化行。

5月20日，人大附小的班主任们赴雄安进行文化考察。

5月25日，人大附小以“追寻烈士足迹，争做优秀队员”为主题开展为期一周的红领巾系列课程暨红领巾教育周活动。

5月27日，人大附小为五3班郭一凝、五1班吴则宽、五20班马心田举办学生个人画展。

5月28—30日，人大附小举行第二届艺术小妙会。

6月1日，人大附小举办以“为雄安校区建设做贡献”为主题的第七届“六一”小妙会。

6月26日，人大附小第四届毕业画展在中国人民大学艺术学院美术馆举办。

6月29日，人大附小党员及教师举行纪念中国共产党建党97周年歌咏演唱会。

7月1日，人大附小举行2018届毕业典礼。

7月9日，人大附小在京西校区召开了建校五周年汇报会。

7—9月，人大附小开展改革开放的成果考察活动。师生代表走进西安、延安、青岛考察；走进安徽小岗村考察农村改革开放的源起；走进深圳考察城市改革开放的源起；走进中国国家自主创新示范区中关村考察改革开放四十年科技发展历程；走进中国人民大学、人大附中，回到人大附小旧校舍考察教育的发展变化；走进中国改革开放新地标雄安新区考察千年大计的宏伟蓝图。

8月27—30日，人大附小举行第十二届“浸润传统文化　激扬时代精神”暑期培训。

9月1日，人大附小银燕校区、亮甲校区、京西校区1 156名一年级新同学相聚主校区，举行主题为“走进彩虹门　放飞七彩梦”的新生入学礼。

9月3日，人大附小主校区、亮甲店校区、京西校区分别举行2018—2019学年第一学期开学典礼。

9月10日，人大附小教师欢聚主校区举行了“纪念改革40年　七张图片话成长”庆祝第三十四个教师节暨教师成长回顾分享会。

9月28日，“人大附小数字国学馆”落成开馆。

10月12日，人大附小召开“以奋斗为美　向40年致敬”人大附小纪念改革开放40周年主题大队会。

10月15—19日，人大附小五年级赴上海开启以“离开父母的日子”为主题的研学之旅。

10月17日，人大附小学生成长中心与家长助校会联合举办人大附小欢度2018重阳节暨首届乐龄乐活节。

10月17—18日，人大附小开展一年一度的七彩德育社会实践课程。

2014年，郑瑞芳校长提出了人大附小课堂四声理念，此后附小全学科课堂教学围绕这一理念努力践行，促进学生的核心素养及审辩思维发展。为总结课堂四声文化阶段性成果，先后召开了三个四声研讨会：10月31日召开由北京教育学会、海淀区小学数学教研室主办，人大附小承办的“享受七彩课堂，四声文化绽放”数学课堂四声文化研讨会。12月25日召开由北京市教育学会外语教学研究会、海淀区教师进修学校主办，人大附小承办的“享受七彩课堂，四声文化绽放”英语课堂四声文化研讨会。12月26日召开人大附小主办的“享受七彩课堂，四声文化绽放”语文课堂四声文化研讨会。在三个研讨会上分别成立了人大附小数学专家指导工作室、人大附小英语专家指导工作室、人大附小语文专家指导工作室。编辑出版了《人大附小的课堂四声》，全面阐述了附小课堂四声理念及各学科课堂四声案例。

11月9—10日，人大附小开展第九届男士节“男人当自强，附小的脊梁”团建冰雪行。

11月12日，人大附小援助雄安新区办学签约暨揭牌仪式在容城中学举行。

11月20日，石秀荣带领低、中、高年级数学教师代表来到雄安校区，拉开全学科送课活动的序幕。

11月23日，郑瑞芳一行来到雄安校区，先后走进体育、音乐、美术学科5位教师的课堂听课，了解诊断课堂教学现状。

11月24日，由中国人民大学文学院和人大附小联合主办的“文字、文学、文化——基于汉字的传统文化和语文教育”研讨会在人大附小隆重举行。

11 月 28 日，由海淀区特殊教育研究与指导中心主办，人大附小承办的“让每一个生命独特绽放”人大附小融合教育十年实践研讨会召开。与此同时，《人大附小的融合教育》一书由中国人民大学出版社出版。

12 月 22 日，人大附小首届七彩冰雪节在亮甲西校区举行。

12 月 23 日，人大附小举办“七彩艺术造就高雅人生——2019 人大附小管乐团新年专场音乐会”。

12 月 29 日，人大附小近 450 名教师，举办了“不忘初心，携手共行——人大附小第十九届教师春晚”，雄安校区教师在 2018 年融入附小大家庭后首次在附小教师春晚登台亮相。

三、获奖情况

（一）学校获奖

北京市基础教育教学成果一等奖，中国人民大学先进集体，海淀区教育系统青年文明号，北京市海淀区优秀体育场馆。

（二）社团获奖

人大附小彩虹艺术中心的金帆京剧团、管乐团、合唱团、舞蹈团在国内外比赛中，获得金奖 7 项、银奖 5 项，一等奖 10 个、二等奖 6 个。

人大附小学生在中网小画家、科学幻想画、现场书画、书法等比赛中，170 人获得市区级一等奖，295 人获得二等奖，427 人获得三等奖。

人大附小阳光体育中心的足球、篮球、排球、游泳、健美操、冰球、高尔夫等体育社团，在全国及市区级别赛中夺得冠军 44 项、亚军 34 项、季军 12 项。

人大附小的小小科创中心的机器人、创客、单片机、信息、DI、航模、海模社团，获得国内外比赛冠军 42 项、亚军 28 项、季军 30 项。

（三）教师获奖

在北京市中小学第二届“京教杯”青年教师教学基本功培训与展示活动中，人大附小有语文、数学、英语、音乐、美术、科学、体育七个学科共计 30 人参赛，8 位教师获得区级比赛的资格，6 位教师获得市级比赛的资格。

在海淀区第八届“世纪杯”小学教师教学基本功培训展示活动中，人大附小 13 人获得区级特等奖，20 人获得区级一等奖，7 人获得区级二等奖。

四、国内外交流

接待国际来访 5 批，共计 79 人次；国内来访 7 批，共计 150 余人次。

附 录

附录一　中国人民大学2018年大事记

1月1日，“扬帆新征程，建功新时代”2018年新年联欢晚会在明德堂落下帷幕。校领导靳诺、刘伟、洪大用、郑水泉、刘元春出席晚会。会上，学校党委书记靳诺为2018—2019学年秋季学期团学系统获得北京市荣誉的先进个人和先进集体代表颁发获奖证书和奖杯。校长刘伟代表学校致新年贺词。

1月2日，学校召开“建设双一流　再上新台阶”第四轮学科评估结果通报会。校领导刘伟、王利明出席会议，相关学院、部处负责人参加会议。本轮学科评估共有34个学科参评，获评A类学科总数为14个，其中理论经济学、应用经济学、法学、社会学、新闻传播学、统计学、工商管理、公共管理、马克思主义理论获评A+，政治学、哲学获评A，图书情报与档案管理、中国史、中国语言文学获评A－。A+学科数量位列全国高校第四，学科顶尖率排名全国第三，人文社会科学A+学科及A类学科均排名全国第二，人文社会科学A+学科占A类学科的比例在教育部直属高校中排名第一。

1月3日，学校召开分工会主席工作会议，部署校工会近期重点工作。学校党委副书记、纪委书记、工会主席吴付来出席会议，各分工会主席、专职工会干部近60人参加会议。

1月3日，学校召开秋季学期本科教学期末工作会议。副校长洪大用出席并讲话。相关部处负责人及各学院主管本科教学副院长等参加会议。

1月3日，云南省玉溪市委常委、副市长田川一行来校座谈交流。校长刘伟会见田川一行，学校党委副书记郑水泉陪同会见并主持座谈会。

1月4日至9日，学校开展2017年党风廉政建设责任制落实情况专项检查工作。校领导贺耀敏、郑水泉、刘元春分别带队，前往书报资料中心、信息技术中心、国际关系学院和后勤集团等单位现场检查党风廉政建设责任制落实情况。

1月5日，教育部发布《关于2017年度“长江学者奖励计划”建议人选公示的通知》。学校共14人进入建议人选名单，包括特聘教授6人、青年学者8人。其中，特聘教授入选人数在全国位列第二位；人文社科领域特聘教授入选人数、青年学者入选人数及入选总数均位列全国第一。

1月5日，北京市港澳台侨学生教育管理研究会2017年年会在学校举行。国务院台湾事务办公室交流局副局长王振宇，教育部港澳台办公室副主任王志伟，学校副校长、北京市港澳台侨学生教育管理研究会理事长杜鹏出席会议。有关领导及来自北京市37所高校的代表参加会议。

1月6日，《2017中国大学生创业报告》发布会暨高校创新创业教育院长论坛在学校举行。教育部高等教育司副司长徐青森，学校副校长兼创业学院院长、报告主编洪大用等领导和知名专家学者出席。来自北京师范大学、大连理工大学、吉林大学、上海交通大学、浙江大学等30余家报告联合发布单位的代表，以及来自地方政府、社会组织、创投机构、孵化企业的代表与会。

1月6日，学校国际货币研究所（IMI）和人民日报《环球人物》杂志联合主办的“不忘初心，走向未来”第二届环球人物金融科技领军人物榜在京发布。人民日报社副社长张建星致辞，全国人大财经委委员、中国互联网金融协会区块链研究工作组组长、中国银行原行长李礼辉，学校副校长吴晓球出席并发表主旨演讲。

1月6日，“国家发展与城市治理”青岛高端论坛暨学校国家发展与战略研究院青岛分院成立仪式在山东省青岛市举行。青岛市委副书记、市长孟凡利，学校副校长、国家发展与战略研究院执行院长刘元春出席并致辞。

1月7日，学校校友会年级联络人年会暨校友工作年级理事聘任仪式在国学馆举行。副校长杜鹏出席大会，来自1978级以来41个年级的校友代表180余人参加会议。

1月10日，西藏民族大学党委常委、副校长邹亚军一行来校访问交流。学校党委常务副书记张建明会见，双方就推进对口支援工作进行座谈。

1月10日，学校举行2017年工会工作总结表彰大会。学校党委副书记、纪委书记、工会主席吴付来出席，教代会、工会专兼职副主席，各单位工会工作负责人、分会主席和工会干部，教职工社团负责人，校级优秀工会工作者和校级工会积极分子代表参加会议。

1月10日，延安革命纪念馆管理局主办，延安新闻纪念馆、学校博物馆承办的“万众瞩目清凉山”图片展在学校隆重开幕。全国政协委员、原新闻出版总署副署长、中国新闻文化促进会会长李东东等受邀出席开幕式并参观展览，学校副校长、博物馆馆长贺耀敏出席活动并致辞。

1月12日，学校2017年度基层团委述职会在学生活动中心举行。副校长洪大用出席会议。来自全校23个学院的分团委负责人进行现场述职。学校党委组织部、校团委负责人，校院团委专职团干部以及来自校院两级学生组织的代表参加会议。

1月13日，学校习近平新时代中国特色社会主义思想研究院揭牌仪式暨新时代中国特色社会主义高端论坛举行。全国人大常委会委员、中国中共党史学会会长、中共中央党史研究室原主任欧阳淞，教育部社会科学司司长刘贵芹等有关领导及部分高校和科研机构的负责人出席揭牌仪式。校领导刘伟、张建明、吴付来、洪大用、郑水泉、刘元春，一级教授卫兴华、陈先达、周新城出席活动。揭牌仪式由学校党委副书记、纪委书记吴付来主持。

1月13日，“新时代中国特色社会主义政治经济学——纪念改革开放四十周年”高级研修班开班仪式在学校举行。校长刘伟、学校荣誉一级教授卫兴华等与研修班成员合影。副校长贺耀敏出席开班仪式。来自各级政府机关、中央党校及各地方党校、各高校等企事业单位的90多名学员参加。

1月13日，学校党委副书记、纪委书记吴付来与来访的延安大学党委副书记田伏虎一行座谈，就推进两校马克思主义学院对口支援工作展开交流。

1月14日，山西大同国家级绿色金融改革创新试验区建设座谈会在学校举办。学校党委书记靳诺会见山西省委常委、大同市委书记张吉福一行，双方就推进市校合作等相关议题进行交流。

1月15日，学校召开干部警示教育大会。学校领导刘伟、吴付来、贺耀敏、吴晓球、郑水泉、刘元春、杜鹏等出席会议，校长助理，校党委委员、纪委委员，校务委员会委员，全体中层干部，二级党组织兼职纪检委员，民主党派负责人、无党派人士代表，教代会主席团成员和重要研究机构主要负责人等与会。会议由校长刘伟主持。

1月16日，学校机关党委举行2017年度党支部书记述职评议考核会。学校党委副书记郑水泉出席会议。机关党委委员、各党支部书记、相关部处负责人和党员代表参加会议。

1月17日，学校召开2017年度校级领导班子民主生活会。中央组织部副部长周祖翼全程参加并指导民主生活会，中央第四十五督导组对民主生活会各个环节进行了督导，中组部、教育部、北京市有关同志也到会指导。学校党委书记靳诺主持会议。

1月17日，学校党委理论学习中心组专题学习会议召开，深入学习习近平总书记在1月5日举行的新进中央委员会委员、候补委员和省部级主要领导干部学习贯彻习近平新时代中国特色社会主义思想和党的十九大精神研讨班开班式上的重要讲话精神。学校领导靳诺、刘伟、王利明、吴付来、洪大用、贺耀敏、吴晓球、郑水泉、刘元春等出席会议，校长助理黎玖高、郝立新及党委职能部门负责人参加会议。会议由学校党委书记靳诺主持。

1月19日，学校召开2017年度干部选拔任用“一报告两评议”暨校级领导班子和领导人员述职大会。校领导靳诺、刘伟、王利明、吴付来、洪大用、贺耀敏、吴晓球、郑水泉、刘元春、杜鹏出席会议。学校党委书记靳诺代表学校领导班子做2017年度干部选拔任用情况报告和2017年度述职报告。校长刘伟主持会议并通报2017年度学校领导班子民主生活会情况。领导班子成员分别做个人述职述廉报告。中组部干部监督局有关同志到会指导工作。

1月19日，学校召开第四届校务委员会第一次会议。学校党委书记、校务委员会主任靳诺主持会议并做会议总结，校长刘伟出席会议并通报了2017年学校重要工作。在校校务委员会委员参加会议。

1月19日，学校召开2017年度重点专项工作总结表彰会。学校党委书记靳诺做总结讲话，校长刘伟主持会议，常务副校长王利明宣读学校各项表彰决定。校领导吴付来、洪大用、贺耀敏、吴晓球、郑水泉、刘元春、杜鹏等出席会议。与会校领导为获奖集体与个人颁奖。

1月23日，学校党委书记靳诺、校长刘伟看望了老校长袁宝华，感谢老校长长期以来对学校改革发展的亲切关怀和鼎力支持，希望老校长快乐生活、保重身体，今后一如既往地关心和指导学校事业发展。靳诺代表领导班子汇报了2017年学校发展的十件大事。

1月23日，2018年全国教育工作网络视频会议在京召开。教育部党组书记、部长陈宝生做工作报告。学校在明德主楼第一会议室设立分会场，校领导靳诺、刘伟、王利明、吴付来、洪大用出席会议。学校各部门负责人及各学院主管领导参加会议。

1月24日，北京高校思想政治理论课高精尖创新中心中期评估工作调研座谈会在学校举行。学校党委书记、中心实施计划领导小组组长靳诺出席会议并讲话，学校党委副书记、纪委书记、中心主任吴付来做中心建设进展情况工作汇报，副校长洪大用、学校党委副书记郑水泉、副校长刘元春出席会议。

1月24日，学校党委常务副书记张建明、副校长贺耀敏一行与中国建筑设计研究院名誉院长、总建筑师，中国工程院院士，国家勘察设计大师崔愷座谈交流。新校区建设的相关负责人参加座谈。

1月25日，学校党委书记靳诺等先后来到鲁风、徐景秋等家中慰问，对他们为新中国高等教育所做出的奠基性和开拓性贡献表达了敬意。

2月2日，学校党委书记靳诺与人民日报社社长杨振武座谈交流，就进一步加强双方合作交换意见。学校党委副书记兼党委宣传部部长郑水泉等陪同。

2月5日，学校举行2018年新春喜乐会。900名寒假春节留校学生欢聚一堂，喜迎中国年。副校长洪大用、学校党委副书记郑水泉参加活动并看望慰问寒假春节留校学生，为学生代表送上新春礼包。

2月6日，校长刘伟先后走访书报资料中心、出版社、文化科技园、后勤集团、财务处和保卫处，看望慰问寒假期间坚守在工作一线的教职工。副校长贺耀敏陪同。

2月7日，寒假春节留校学生座谈会在学校举行。北京市委教育工作委员会常务副书记郑吉春，学校党委书记靳诺、副校长洪大用出席座谈会，慰问寒假春节留校学生，向学生代表送上新春祝福礼包，并与大家进行交流。

2月8日，校长刘伟等校领导先后来到邬沧萍、包慧、殷牛三位年逾九十高龄的老教授老职工家中，代表学校致以新春祝福和诚挚问候，并就学校过去一年的主要工作、学科建设成绩和未来发展方向等进行了交流。

2月13日，学校党委书记靳诺、校长刘伟等看望原校长黄达、原党委书记马绍孟，致以新春祝福和诚挚问候，并汇报学校事业近期发展情况。学校办公室主任顾涛陪同看望。

2月24日，学校领导班子务虚会召开，畅谈当前以及未来一段时期学校办学事业的改革与发展。校领导靳诺、刘伟、张建明、王利明、吴付来、洪大用、贺耀敏、吴晓球、郑水泉、刘元春、杜鹏出席。会议由学校党委书记靳诺主持。校长助理郝立新和有关单位负责人等参加会议，并围绕“双一流”建设工作展开讨论。

2月24日，学校教代会、工会专兼职主席会议举行。学校党委副书记、纪委书记、工会主席吴付来出席会议，校教代会主席团副主席、校工会专兼职副主席参加会议。

2月25日，北京市委教育工委召开北京高校领导干部会议，北京市委教育工委书记林克庆出席并发表重要讲话。学校党委书记靳诺、校长刘伟代表学校参加会议。

2月26日，学校党委书记靳诺走访研究生课堂并检查校园安全与环境综合整治情况，副校长贺耀敏陪同检查校园安全与环境综合整治情况。

2月26日，受学校党委委托，学校党委副书记郑水泉主持召开专题会议，传达北京高校领导干部会议文件精神，结合学校贯彻落实全国高校思想政治工作会议精神情况，分解会议任务并制定落实方案。学校办公室、党委组织部、党委宣传部、党委教师工作部、发展规划处、教务处、人事处、马克思主义学院等相关单位负责人参加会议。

2月26日，国家发展与战略研究院常务副院长聂辉华代表课题组发布了“中国城市政商关系排行榜(2017)”，对中国285个城市的政商关系健康指数进行排名。副校长刘元春出席活动并致辞。

2月27日，学校召开2017年度分党委(党总支)书记抓基层党建工作述职评议考核会议。校领导靳诺、王利明、吴付来、洪大用、吴晓球、郑水泉、杜鹏出席会议。各分党委(党总支)书记，党委职能部门负责人，部分行政部门负责人，部分市级和区级党代表、人大代表、政协委员，以及党支部书记、党员和师生员工代表等参加会议。会议由学校党委副书记、纪委书记吴付来主持。

3月1日，2018年教育系统全面从严治党工作视频会议召开。教育部党组书记、部长陈宝生出席会议并讲话。中央纪委驻教育部纪检组组长、教育部党组成员吴道槐主持会议。学校设立分会场，校领导张建明、王利明、吴付来、洪大用、贺耀敏、吴晓球、刘元春、杜鹏出席，各部处、学院负责人参加。

3 月 1 日，全国学校安全工作电视电话会议召开。教育部党组书记、部长陈宝生，公安部部长助理王俭出席会议并讲话。学校设立分会场，校领导张建明、贺耀敏、杜鹏出席，各部处、学院负责人参加。

3 月 1 日，“一带一路”全球新闻传播英文硕士项目在学校正式启动。副校长杜鹏出席启动仪式并讲话。这是国内新闻传播院系首个面向“一带一路”沿线国家和地区媒体记者开办的全日制硕士项目，首批 17 名学生来自埃及、南非、肯尼亚、菲律宾等 17 个国家和地区的媒体机构。

3 月 3 日，学校 2018 年艺术类（音乐表演）专业招生考试在校内举行。学校党委副书记、纪委书记吴付来，副校长洪大用在招生就业处、艺术学院负责人的陪同下视察了专业测试现场。

3 月 5 日，副校长吴晓球会见来访的日本金融厅总务企划局参事官柴田聪。双方就将于 4 月 11 日一起参加的博鳌亚洲论坛分论坛等事宜进行探讨。

3 月 5 日至 15 日，学校党委正式启动主题为“教师党支部书记队伍建设”的专题调研。校领导靳诺、张建明、吴付来、杜鹏等走访新闻学院、统计学院、哲学院、信息学院、法学院、经济学院、商学院、信息资源管理学院、艺术学院、理学院、国学院等。

3 月 6 日，学校党委书记靳诺，学校党委副书记、纪委书记吴付来一行走访调研体育部。体育部领导班子全体成员、教研室代表、中层干部代表、高水平运动队教练员代表等参加了调研座谈会。吴付来主持座谈会。

3 月 7 日，学校召开庆“三八”教职工趣味运动会，各机关、学院的 48 个分工会组织共计 2 000 余人参加比赛。学校党委常务副书记张建明，学校党委副书记、纪委书记、校工会主席吴付来，副校长吴晓球出席此次活动。

3 月 7 日，学校 2017—2018 学年春季学期本科教学工作部署会召开。副校长洪大用出席会议并讲话。

3 月 8 日，西班牙巴塞罗那自治大学校长玛格丽特·阿尔博斯率团来访，学校党委书记靳诺会见。

3 月 8 日，宁夏回族自治区实施人才强区工程 18 条新政暨定向选调生招录宣介会在学校举行。学校党委书记靳诺在活动前会见宁夏回族自治区党委常委、组织部部长、人才工作领导小组组长盛荣华一行。学校党委常务副书记张建明、副校长洪大用陪同会见。宣介会由洪大用主持。

3 月 8 日，学校副校长杜鹏会见来访的加拿大拉瓦尔大学校长苏菲·达默尔，双方就拓展两校各学科领域合作及学生交流等事宜进行探讨。

3 月 9 日，复旦大学党委书记焦扬一行来校调研，学校党委书记靳诺，学校党委副书记、纪委书记吴付来，副校长刘元春出席活动，双方就高校智库和马克思主义学院建设进行座谈交流。座谈会由吴付来主持。

3 月 9 日，学校党委副书记郑水泉主持召开专题会议，研究部署党建和思想政治入校检查验收反馈整改意见和落实工作。

3 月 11 日，2017“寻找最美医生”颁奖典礼在中央电视台综合频道播出。学校党委书记、全国妇联副主席（兼）靳诺出席颁奖典礼并为“最美医生”新疆伊犁州中医医院骨科主任江阿古丽·艾山颁奖。

3 月 12 日，学校召开党委理论学习中心组扩大会议，邀请中央纪委委员、中央纪委驻人力资源和社会保障部纪检组组长、人力资源和社会保障部党组成员耿文清做《领导干部要做廉洁自律的表率——学习贯彻党的十九大精神》专题报告。校领导靳诺、张建明、王利明、吴付来、贺耀敏、吴晓球、刘元春、杜鹏出席会议，校长助理黎玖高、郝立新，学校党委委员、纪委委员，各学院（系），机关各部、处及直（附）属单位党政主要负责人，各单位兼职纪检委员参加会议。会议由学校党委书记靳诺主持。

3月12日，副校长刘元春会见了来访的美国印第安纳大学协理副校长肖恩·雷诺兹，印第安纳大学北京中心主任殷嘉陪同来访。

3月13日，2018年“人大代表人大行”系列活动首场讲座在学校举办，第十三届全国政协委员、中国孔子研究院院长杨朝明受邀担任主讲嘉宾。副校长贺耀敏在活动开始前会见杨朝明，双方围绕文化传承和人才培养等问题进行了沟通。

3月13日，《第十三届全国人民代表大会财政经济委员会主任委员、副主任委员、委员名单》（草案）（共23名）表决通过。全国人大代表、学校财政金融学院院长庄毓敏教授当选第十三届全国人大财政经济委员会委员。

3月14日，2017年学校党校总结表彰大会暨第31期发展对象培训班开班仪式举行。学校党委书记、党校校长靳诺出席开班仪式并讲话，学校党委常务副书记张建明主持开班仪式并做首场培训报告，副校长、党委组织部部长杜鹏宣读表彰决定。学校各基层党委、党委组织部相关负责人参加开班仪式。

3月14日，2018年北京教育系统全面从严治党工作会议在北京航空航天大学召开。学校党委副书记、纪委书记吴付来出席会议并代表驻京教育部直属高校发言，就学校纪委在全面从严治党工作中的履责情况做了介绍。

3月14日，全国政协十三届一次会议举行第四次全体会议，选举政协第十三届全国委员会主席、副主席、秘书长和常务委员。全国政协委员、校长刘伟教授当选政协第十三届全国委员会常务委员。

3月16日，2017—2018学年第二学期全校工作部署会议召开。学校党委书记靳诺主持并讲话，校长刘伟部署新学期行政工作，学校党委常务副书记张建明部署党建工作，校领导王利明、吴付来、洪大用、贺耀敏、吴晓球、刘元春、杜鹏出席会议。校长助理，学校党委委员、纪委委员，校务委员会委员，民主党派负责人、无党派人士代表，教代会主席团成员，校学术委员会正副主任，校学位评定委员会正副主席和各分会负责人，重要研究机构主要负责人，全体中层干部（含处级调研员）参加会议。

3月16日，北京市委教育工作委员会召开2018年北京高校宣传教育工作会议，对2017年北京高校宣传教育工作进行总结，并对第五届首都大学生思想政治工作实效奖、北京高校学习宣传贯彻党的十九大精神优秀项目、2017北京高校青年教师社会调研优秀项目等奖项获得者进行表彰，学校获得多项表彰。北京市委教育工委常务副书记郑吉春出席会议并讲话，学校党委副书记郑水泉代表学校出席会议。

3月16日至28日，学校基层党组织建设专题调研持续推进。学校党委书记靳诺带队，学校党委常务副书记张建明，学校党委副书记、纪委书记吴付来一行先后赴文学院、劳动人事学院、苏州校区、马克思主义学院、历史学院、农业与农村发展学院、外国语学院，与各学院党政领导班子成员、学院党委委员、教师党支部书记以及教师党员代表座谈。学校党委组织部、统战部、宣传部负责人等陪同调研。

3月17日，学校2018年“千人百村”社会调研方案专家论证会在明德主楼召开。副校长洪大用出席会议并致辞。

3月18日，十三届全国人大一次会议举行第六次全体会议。第十三届全国人大代表、学校劳动人事学院郑功成教授当选第十三届全国人民代表大会常务委员会委员。

3月19日，十三届全国人大一次会议举行第七次全体会议。学校劳动人事学院郑功成教授当选第十三届全国人大社会建设委员会委员。

3月19日，学校党委书记靳诺，学校党委常务副书记张建明，学校党委副书记、纪委书记吴付来带队，前往中国科学院文献情报中心，参观“率先行动，砥砺奋进——‘十八大’以来中国科学院创新成果展”。中国科学院行政管理局局长顾全、党委副书记兼纪委书记胡伟等，以及学校办公室党支部党员、机关部处负责人参加活动。

3月19日，兰州大学党委常务副书记吴国生一行来学校调研。学校党委书记靳诺、校长刘伟分别会见了吴国生一行，双方就两校智库建设情况进行深入交流。学校党委副书记、纪委书记吴付来参加会见，副校长、国家发展与战略研究院执行院长刘元春参加会见并主持座谈会。会上，两校相关单位的负责人围绕智库建设和管理方面的问题进行了深入交流。

3月19日，学校召开第七届教职工代表大会暨第十六次工会会员代表大会筹备工作领导小组扩大会议。学校党委副书记、纪委书记、工会主席吴付来出席并主持会议。会议确定：学校于2018年5月25日至26日召开第七届教职工代表大会暨第十六次工会会员代表大会。大会将全面回顾总结工会、教代会近十年的工作，选举产生学校新一届教代会、工会的领导机构和工作机构。

3月20日，中共中国人民大学第十四届委员会第32次常委会议研究决定成立中国人民大学国医学院筹建工作领导小组。

3月21日，学校第31期学生发展对象暨第19期新生党员培训班第二课开讲。常务副校长王利明以《树立当代大学生的法治信仰》为题授课。

3月21日，学校召开党委理论学习中心组专题学习会议，深入学习党的十九届二中、三中全会精神，传达学习2018年全国两会精神。校领导靳诺、刘伟、张建明、洪大用、贺耀敏、吴晓球、刘元春、杜鹏出席会议。党委职能部门、各学院党委负责人参加会议。会议由学校党委书记靳诺主持。

3月21日，学校召开教授一级岗位聘用相关文件修订征求意见座谈会。副校长吴晓球出席座谈会并讲话。学校部分一级教授和二级教授代表，研究生院、科研处、教务处、人事处等部处负责人等参加座谈。

3月22日，教育部下发《关于公布2017年度普通高等学校本科专业备案和审批结果的通知》，批准学校增设“马克思主义理论”本科专业，批准学校“数据科学与大数据技术”专业授予理学学位。至此，学校本科专业达到81个，分布在哲学、经济学、文学、史学、法学、管理学、理学、工学、艺术学等9个学科门类30个专业大类。其中，基本目录专业64个，特设专业10个，国家控制布点专业7个。

3月23日，学校丝路学院筹建工作专题部署会在苏州校区召开。常务副校长王利明出席并主持会议，校长助理、苏州校区管委会副主任兼国际学院、中法学院院长黎玖高，研究生院、发展规划处等负责人参加会议。

3月24日，世界大学智库联盟成立仪式及首次会议在学校举行。会议主题聚焦“一带一路”绿色发展，由学校国家发展与战略研究院和国际多边科研合作机构世界大学联盟联合主办。学校党委书记、国家发展与战略研究院理事长靳诺，世界大学联盟首席执行官约翰·赫恩，“一带一路”智库合作联盟秘书长金鑫，香港中文大学副校长张妙清共同启动成立仪式。校长、国家发展与战略研究院院长刘伟，约翰·赫恩，斯洛文尼亚前总统达尼洛·图尔克，世界大学联盟轮值主席、荷兰马斯特里赫特大学校长马丁·保罗为开幕式致辞。3月23日，副校长杜鹏主持会议预备会。

3月24日，学校原工业经济系企业管理教研室主任李占祥教授遗体告别仪式在八宝山革命公墓举行。李占祥教授逝世后，中共中央总书记、国家主席、中央军委主席习近平通过中共中央办公厅、教育部办公厅致电李占祥教授治丧委员会，对李占祥教授逝世表示哀悼，并对家属表示慰问。通过治丧委员会对李占祥教授逝世表示哀悼并对家属表示慰问的领导还有孙春兰、陈希、李鹏、朱镕基、张德江、李岚清、吴官正、刘延东、陈宝生、袁宝华等。中组部、教育部、中国企业联合会、中国企业家协会、内蒙古财经大学等有关国家机关、社会团体和个人纷纷致电李占祥教授治丧委员会表示沉痛哀悼，并向李占祥教授敬献花圈。

3月24日至27日，副校长杜鹏率团赴新加坡参加亚洲太平洋国际教育协会（APAIE）2018年年会暨教育展。本届年会暨教育展主题为“第四次工业革命对亚太地区高等教育的影响”，来自全球 90 余所教育机构的近 1 600 名代表参加。

3 月 27 日，中共中央对外联络部国际交流中心副主任张旭羿、姚建国一行来学校访问调研。学校党委书记靳诺会见来访代表团，双方就推进落实院校合作进行深入交流。

3 月 27 日，学校人文社会科学学术成果评价发布论坛暨学术评价与学科发展研讨会召开。中国期刊协会会长、国家新闻出版广电总局原副局长石峰，国家新闻出版广电总局新闻报刊司司长李军，校党委常务副书记张建明出席会议。

3 月 27 日，学校第七届教职工代表大会暨第十六次工会会员代表大会代表团临时召集人会议举行。学校党委副书记、纪委书记、工会主席吴付来教授出席并主持会议。

3 月 28 日，以“吹响科技强国号角，勇立创新时代潮头”为主题的科技文化专题系列讲座在学校举行，中国科协党组副书记、副主席、书记处书记徐延豪做首场报告。学校党委书记靳诺在活动前会见徐延豪，副校长吴晓球出席会见并主持讲座。

3 月 28 日，学校国家发展与战略研究院和国际关系学院联合主办的“改革开放 40 年国家治理变革之道”报告发布会举行。发布会通过报告形式梳理和总结了改革开放 40 年国家治理变革的重大内容。副校长、国家发展与战略研究院执行院长刘元春与会并致辞。

3 月 29 日，荣盛房地产发展股份有限公司总裁、校友耿建明受聘担任学校董事会副董事长。学校党委书记、教育基金会理事长靳诺，校长刘伟，学校党委常务副书记、教育基金会常务副理事长张建明，学校党委副书记、纪委书记兼艺术学院院长吴付来出席聘任仪式。靳诺、刘伟共同为耿建明颁发了聘书。艺术学院、荣盛房地产发展股份有限公司等相关负责人参加活动。此前，耿建明曾捐赠 1 亿元人民币，用于建设学校新校区音乐堂。

3 月 29 日，学校继续教育学院（新）成立大会举行。校长刘伟、学校党委常务副书记张建明、副校长吴晓球、副校长兼党委组织部部长杜鹏出席大会。原继续教育学院、原培训学院领导班子成员及全体教职工百余人参加会议。张建明主持会议。

3 月 30 日，北京新象天地资本投资合伙企业（有限合伙）执行董事、校友李堃捐赠 2 000 万元设立“新象基金”，用于支持学校土地管理等学科、习近平新时代中国特色社会主义思想研究院和中共党史党建研究院的建设和发展等。学校党委书记、教育基金会理事长靳诺，学校党委常务副书记、教育基金会常务副理事长张建明，副校长、教育基金会副理事长杜鹏出席仪式。

3 月 30 日，北京高校思想政治理论课高精尖创新中心、习近平新时代中国特色社会主义思想研究院举办的习近平新时代中国特色社会主义思想研讨会暨北京高校思想政治理论课高精尖创新中心课程资源平台开通仪式在学校举行。学校党委书记、中心实施计划领导小组组长靳诺，北京市委副秘书长郑登文，北京市委教育工委常务副书记郑吉春，学校党委副书记、纪委书记、中心主任吴付来，校学术委员会主任、一级教授、中心学术委员会主任陈先达等出席。

3 月 30 日，学校党委书记靳诺、常务副书记张建明会见新疆财经大学校长居来提·吐尔地一行，就推进落实两校对口支援工作进行座谈。新疆财经大学党委常委、副校长高志刚参加会见并座谈。

4 月 1 日，“中国新供给经济学 50 人论坛一季度峰会暨货币金融圆桌会议·2018 春”在学校举行。会议围绕政府工作报告解读，深入探讨金融监管、宏观调控、财税体制改革、宏观经济金融形势等议题。校长刘伟、副校长吴晓球与会并讲话。

4 月 2 日至 4 日，按照中组部有关工作要求，学校举行处级及以上领导干部学习贯彻党的十九大精神专题培训班。校领导靳诺、刘伟、张建明、吴付来、洪大用、吴晓球、刘元春出席相关培训学习活动。学校全体中层干部参加培训。

4 月 3 日，学校党委书记靳诺会见到访的雄安新区党工委委员、管委会副主任吴海军一行。学校党委常务副书记张建明参加会见和座谈。座谈会由张建明主持。

4 月 3 日，学校党委书记靳诺会见河北秦皇岛市委书记孟祥伟一行，学校党委副书记、纪委书记吴付来出席。双方就加强交流合作、推动双方事业共同发展进行座谈。

4 月 3 日，教育部、中央军委国防动员部联合召开全国大学生征兵工作网络视频会议。副校长洪大用等前往主会场参会。同时，学校在明德主楼第二会议室设立分会场，学校办公室、党委宣传部、研究生院等部处、学院相关负责人参会。

4 月 8 日，学校党委常委、副校长刘元春会见四川大学党委常委、副校长晏世经一行，双方就进一步加强合作、共同推进“双一流”建设进行深入交流。

4 月 8 日至 11 日，应博鳌亚洲论坛秘书长周文重邀请，副校长吴晓球出席在海南举行的博鳌亚洲论坛 2018 年年会，并作为讨论嘉宾出席“资本市场改革的‘四梁八柱’”分论坛。年会主题为“开放创新的亚洲，繁荣发展的世界”。

4 月 9 日，学校常务副校长王利明会见来校调研的山东大学常务副校长王琪珑一行，双方就人文社会科学学科建设与人才培养等问题进行交流。

4 月 9 日至 11 日，学校中层干部学习贯彻党的十九大精神专题培训班学员前往陕西旬邑开展“不忘初心、牢记使命”主题教育，30 余名学校各机关部处、学院党政负责人，学校各民主党派主任委员参加培训。校长刘伟、学校党委常务副书记张建明出席相关活动。

4 月 10 日，学校副校长洪大用会见来访的泰晤士高等教育亚洲区域董事兼总经理郑柏霖等，双方就学校发展情况、泰晤士高等教育大学排名评估方式以及未来合作方向等事宜交流探讨。

4 月 10 日至 15 日，学校党委书记靳诺率团访问德国、意大利，出席学校合作共建的德国莱比锡大学孔子学院成立十周年相关庆典活动，访问意大利博洛尼亚大学，并看望博洛尼亚大学孔子学院教师、志愿者及交换生。

4 月 12 日，校长刘伟会见来访的法国驻华大使黎想，双方就推进学校与法国高校在教育文化领域的交流进行探讨。法国驻华大使馆高等教育合作专员鲍佳佳等陪同来访，校长助理、中法学院院长黎玖高，国际交流处负责人等参加会见。

4 月 12 日，北京市教育委员会科学技术与研究生处副处长李善廷一行来学校就理工学科建设、科技创新、成果转化、创新平台建设等工作进行专题调研。学校党委常务副书记张建明出席调研会并讲话。

4 月 13 日，学校召开 2017—2018 学年第一次本科教学工作会，落实本科教学工作审核评估整改要求，加强“双一流”背景下一流本科人才培养。校长刘伟、学校党委常务副书记张建明、副校长洪大用出席。各学院院长、党委（党总支）书记、主管本科教学的副院长、教务秘书，学校人才培养委员会委员，各部处负责人等参会。会议由洪大用主持。

4 月 13 日，推进冰雪运动进校园专题研讨会在学校举行。校长刘伟、国家体育总局冬季运动管理中心副主任洪平、中国大学生体育协会副主席王钢出席会议，来自 7 个省、直辖市、自治区教育部门的有关负责人，14 所高校、中学的代表参会研讨。

4 月 13 日，第五届全国大中城市联合招聘高校毕业生（春季）巡回招聘会“人民大学站”在学校举行。活动由人力资源和社会保障部发起，全国人才流动中心和学校招生就业处联合主办。学校副校长洪大用、人力资源和社会保障部就业促进司副司长刘宇文等到招聘会现场。

4 月 13 日至 15 日，第十三届中国人民大学模拟联合国大会举办。校长刘伟、共青团中央国际联络部副部长贾波、联合国开发计划署驻华代表处代表孙乾出席开幕式。

4 月 14 日，“新时代中共党史党建学科建设”研讨会在重庆大学召开。中国中共党史学会会长、中共中央党史研究室原主任、学校中共党史党建研究院名誉院长欧阳淞，教育部高等学校社会科学发展研究中心主任王炳林，学校党委副书记、纪委书记吴付来出席会议并致辞。

4 月 14 日至 15 日，学校第五十九届田径运动会举行。校领导刘伟、张建明、王利明、洪大用、贺耀敏、郑水泉、杜鹏出席开幕式。学校部分机关部处、学院负责人参加。

4月17日，中国关心下一代工作委员会学习贯彻习近平新时代中国特色社会主义思想培训班在学校举办。十届全国人大常委会副委员长、中国关工委主任顾秀莲出席开班式并做题为《以习近平新时代中国特色社会主义思想为指引，推动关心下一代事业创新发展》的专题报告。学校党委书记靳诺会见顾秀莲一行，并向顾秀莲主任汇报了学校近期事业发展情况。开班仪式上，校长刘伟以《贯彻新发展理念，建设现代化经济体系》为题做专题报告。学校党委常务副书记张建明致辞。来自31个省区市、8个副省级城市和部分中央国家机关有关部委（集团公司）关工委的负责人，共计80余人参加培训。

4月18日，学校“吹响科技强国号角，勇立创新时代潮头”科技文化专题讲座第二场举行，中国科技馆原馆长李象益受邀以《跟踪科技发展走向，做新时代创新人才》为题做报告。学校党委书记靳诺会见李象益，常务副校长王利明出席会见并主持活动。

4月18日，学校“学科标志性重大平台”专家评审会议召开。常务副校长王利明、副校长贺耀敏出席并讲话。人文学部、社会学部、经济学部和法政学部四位专家及发展规划处等相关部门负责人参会，并就有关议题深入研讨和交流。

4月19日，学校召开网络安全和信息化领导小组第一次全体会议。校长刘伟出席会议并讲话，副校长刘元春主持会议。

4月22日，学校第三十三次学生代表大会召开。大会审议并通过《第三十二届学生会委员会工作报告》和新修订的《中国人民大学学生会章程》，选举产生学校第三十三届学生会委员会。校领导刘伟、张建明、王利明、吴付来、洪大用、郑水泉、刘元春等出席会议。中华全国学生联合会、北京市学生联合会、各兄弟院校学生会负责人及学校相关单位、学生组织负责人参加大会。

4月23日，校长刘伟会见了来访的法国索邦大学校长让·尚巴兹（Jean Chambaz），就办好中法学院及与索邦大学开展更为紧密的全面合作等议题进行探讨。

4月23日，学校召开2018年征兵工作部署会，全面部署做好2018年征兵入伍工作。副校长洪大用出席并讲话。

4月24日，吉尔吉斯斯坦外交部部长阿布德尔达耶夫到访学校，获聘名誉教授并发表演讲。校长刘伟为阿布德尔达耶夫颁发名誉教授证书。副校长杜鹏主持名誉教授授予仪式暨演讲会。

4月24日，丝路规划研究中心常务副理事长李小琳一行来校会谈。校长刘伟，副校长吴晓球、刘元春出席座谈会。双方围绕丝路学院合作开展及智库建设等议题进行深入探讨和交流。

4月24日，学校党委常务副书记张建明一行出席欧洲外交学会颁奖仪式，并作为布鲁塞尔中欧研究院中方院校代表与欧方院校代表一同领奖，共同签署保加利亚索菲亚大学加入布鲁塞尔中欧研究院框架协议，随后又受邀对比利时驻保加利亚大使馆进行参观访问。

4月25日，学校党委常务副书记张建明出席中欧关系“16+1”研讨会。

4月25日，纪念马克思诞辰200周年暨《马克思主义发展史》出版座谈会在学校召开。学校党委书记、《马克思主义发展史》编委会主任靳诺，校长刘伟，学校党委副书记、纪委书记、《马克思主义发展史》编委会副主任吴付来，人民出版社总编辑辛广伟，原国家新闻出版广电总局出版管理司副司长许正明，国际马克思恩格斯基金会秘书长格哈尔特·胡布曼，学校一级教授、《马克思主义发展史》顾问陈先达等出席。会议由吴付来主持。

4月25日，北京市委改革办督察组来学校北京高校思想政治理论课高精尖创新中心督察调研。督察组组长、北京市委改革办专职副主任胡雪峰，督察组副组长、北京市政协委员、北京工业大学党委副书记、校长柳贡慧等出席。学校党委副书记、纪委书记、中心主任吴付来会见督察组一行并陪同调研。

4月26日，学校党委书记靳诺在法国驻华大使官邸被授予法国国家荣誉军团骑士勋章。法国驻华大使黎想代表法国总统埃马纽埃尔·马克龙向靳诺颁发荣誉勋章和证书。这是法国政府颁授的最高荣誉勋章，旨在表彰靳诺为中法高等教育交流与合作所做出的卓越贡献。法国驻华使馆官员、学校副校长杜鹏出席观礼。

4月26日，学校与海航集团签署合作协议，并召开“一带一路”与未来人才培养研讨会，双方宣布设立“中国人民大学海航教育基金”。学校党委书记、教育基金会理事长靳诺，校长刘伟，常务副校长王利明，副校长、教育基金会副理事长杜鹏，海航集团董事局主席陈峰、副董事长逯鹰等出席签约仪式。王利明主持签约仪式。

4月26日，北京市高等教育学会研究生教育研究分会2018年学术年会在北京会议中心召开。大会由北京交通大学和学校共同承办，主题是“聚焦内涵发展　着力改革创新　开启一流研究生教育新征程”。教育部学位管理与研究生教育司副巡视员唐继卫、北京市高等教育学会会长线联平、教育部学位与研究生教育发展中心副主任任增林、北京市教育委员会副主任叶茂林、北京交通大学副校长余祖俊、学校副校长吴晓球出席会议。

4月27日，中央纪委国家监委网站重磅推出的原创视频栏目《大学》播出校长、著名经济学家刘伟教授应邀录制的节目《深刻理解习近平新时代中国特色社会主义经济思想的内在逻辑》（上），深刻阐释了“为什么要建设现代化经济体系”这一主题。

4月27日至29日，学校党委常务副书记张建明一行对匈牙利布达佩斯考文纽斯大学等多所大学进行访问，就加强校际交流、提升国际化水平、拓展合作空间等方面进行深入交流。

4月28日，庆祝“五一”国际劳动节暨“当好主人翁，建功新时代”劳动和技能竞赛推进大会在人民大会堂举行。学校马克思主义学院获得“全国工人先锋号”荣誉称号。

4月28日，学校党委书记靳诺、副校长杜鹏到苏州校区考察指导工作，会见法国索邦大学校长让·尚巴兹一行，并应邀与苏州市主要领导会谈。校长助理、苏州校区管委会副主任兼国际学院、中法学院院长黎玖高等陪同考察。

4月28日，学校创业学院与新华社客户端《我要去创业》、车库咖啡、万学教育、星界传媒合作签约授牌仪式举行。副校长、创业学院院长洪大用出席签约仪式。

5月2日，学校召开师生座谈会，学习习近平总书记当日考察北京大学重要讲话精神。校领导靳诺、刘伟、吴付来、洪大用、吴晓球、郑水泉、刘元春、杜鹏出席座谈会。

5月2日，共青团中央下发《关于表彰2017年度“全国优秀共青团员”“全国优秀共青团干部”“全国五四红旗团委（团支部）”的决定》，学校团委被授予2017年度“全国五四红旗团委”称号，该称号是全国基层团组织的最高荣誉。

5月3日，校长刘伟会见日本一桥大学校长蓼沼宏一，双方就深化拓展两校交流合作等话题进行探讨。一桥大学中国交流中心代表青木人志等陪同来访。

5月3日，学校学工系统学习习近平总书记考察北京大学重要讲话精神座谈会举行。副校长洪大用出席。学生代表、班主任代表、辅导员代表先后发言，分享学习体会。

5月3日，教育部办公厅公布第二届全国高校“两学一做”支部风采展示活动评选结果。学校财政金融学院货币金融系教师党支部的推荐展示成果获评教师党支部精品作品，历史学院2016级硕士2班党支部的推荐展示成果获评学生党支部优秀作品。

5月4日，纪念马克思诞辰200周年大会在人民大会堂隆重举行，中共中央总书记、国家主席、中央军委主席习近平发表重要讲话，学校130多名师生到现场聆听。当日，学校召开党委理论学习中心组扩大会议，学习习近平总书记在大会上的重要讲话精神。校领导靳诺、刘伟、张建明、吴付来、洪大用、郑水泉、刘元春、杜鹏出席座谈会。

5月4日，学校党委学生工作部与校团委联合组织召开学生骨干座谈会，深入学习习近平总书记在纪念马克思诞辰200周年大会上的重要讲话精神。副校长洪大用出席座谈会并讲话。

5月7日，在最新发布的“英国《金融时报》2018FT金融业职场表现最佳商学院排行榜”（FT Top MBAs for Finance Ranking 2018）中，学校商学院MBA项目首次入榜并位列全球第26位，居北京地区MBA项目之首。

5月8日，中央人民政府驻香港特别行政区联络办公室副主任陈冬一行到学校调研。学校党委书记靳诺、常务副书记张建明会见陈冬一行，双方就筹建“新时代青年发展研究中心”等相关合作事宜交换了意见。

5月8日，台湾政治大学校长周行一率团到学校交流访问，与学校共同举办“政治大学日”主题交流活动。活动期间，学校校务委员会主任靳诺会见了周行一一行，校长刘伟出席启动仪式并致辞，学校副校长吴晓球、刘元春，政治大学副校长张昌吉等出席相关活动。

5月9日，学校环境学院“院士大讲堂”系列讲座暨学校“通识大讲堂·环境系列院士讲座”第三讲举办。中国工程院首批院士、清华大学环境学院教授、著名环境工程专家钱易院士应邀做题为《生态文明建设的意义与实施途径》的学术演讲。学校党委常务副书记张建明在讲座开始前会见了钱易院士，环境学院有关负责人参加会见。

5月9日，学校人事制度改革征求教代会常设主席团意见座谈会举行。学校党委副书记、纪委书记、工会主席吴付来，副校长吴晓球出席会议。教代会常设主席团部分成员及青年教师代表参加座谈。

5月10日，学校召开2018年专业技术职务评审和岗位聘用工作部署会。学校党委书记靳诺、校长刘伟出席会议并讲话。学校各单位主要负责人70余人参加会议。会议由副校长吴晓球主持。

5月11日，第十八届万寿论坛在学校举行。本届论坛由中共中央对外联络部和学校共同主办，学校习近平新时代中国特色社会主义思想研究院承办。论坛主题聚焦“21世纪马克思主义与习近平新时代中国特色社会主义思想”，纪念马克思诞辰200周年，交流马克思主义中国化和马克思主义南非化最新理论成果。南非共产党总书记布莱德·恩齐曼迪，学校党委书记、全国妇联副主席（兼）靳诺，中共中央党史研究室原副主任李忠杰，学校党委副书记、纪委书记、马克思主义学院院长吴付来等出席开幕式，南非共产党考察团、相关领域中国学者以及学校师生代表参加开幕式。论坛开始前，教育部党组成员、副部长田学军，学校党委书记、全国妇联副主席（兼）靳诺会见南非共产党总书记布莱德·恩齐曼迪。中共中央党史研究室原副主任李忠杰，中联部研究室主任栾建章，学校党委副书记、纪委书记吴付来，中联部四局副局长周国辉出席会见活动。

5月11日，青少年宪法教育研究中心成立暨第三届全国学生“学宪法　讲宪法”活动启动仪式在学校举办。教育部党组成员、副部长田学军出席并讲话，校长刘伟、常务副校长王利明，北京外国语大学校长彭龙，教育部政法司、基础司、高教司、思政司、社科司负责人，相关领域专家，学校法学院师生代表，教育部全国青少年普法网相关负责人参加。

5月11日，共青团四川省委副书记任世强一行来校调研共青团工作。副校长洪大用会见任世强一行，并就学习践行习近平新时代中国特色社会主义思想、深化高校共青团改革等方面进行了交流。

5月11日，“应援之手，急人所急”——纪念“5·12”汶川地震应急演练活动暨高校应急管理建设实务交流会在学校举办，来自全国41所高校、机构的70余名学者、负责人参加活动。会议主题为“新时代高校应急管理体系建设”“高校安全工作管理机制创新”“大学生应急管理协会可行性探讨”。副校长贺耀敏出席交流会并致辞。

5月11日，科睿唯安公司（Clarivate Analytics）基本科学指标数据库（Essential Science Indicators，简称ESI）发布了最新一期世界学科排名，学校进入ESI经济学商学学科全球前1%。此次排名中，全球共306所科研机构进入ESI经济学商学学科全球前1%，中国大陆共有5所高校进榜。学校ESI经济学商学学科论文总被引次数为4 000次，位列世界科研机构第296名，在中国大陆高校中排名第3名，仅次于北京大学和清华大学。

5 月 12 日，2016 年诺贝尔经济学奖得主之一、哈佛大学教授奥利弗·哈特参加在学校举办的第四届思想中国论坛，畅谈现代企业理论与中国国企改革。副校长刘元春代表学校向哈特颁发聘书，特邀其作为学校国际学术大师讲堂的嘉宾。

5 月 13 日，学校第七届大学生创新论坛举办。副校长洪大用出席，并为大学生创新实验计划和本科生科学研究基金 2016 优秀项目代表及 2017 年课外教学优秀奖获奖教师颁发荣誉证书。

5 月 13 日，《上海合作组织的创建、发展和前景》中文版首发式暨上海合作组织发展研讨会在学校举行。首发式前，学校党委书记靳诺会见了上海合作组织秘书长、该书作者阿利莫夫一行。副校长兼经济学院院长刘元春参加首发式。

5 月 14 日，教育部高校思想政治理论课 2018 年版教材使用培训班开班，集中部署中央实施马克思主义理论研究和建设工程重点教材《马克思主义基本原理概论》、《毛泽东思想和中国特色社会主义理论体系概论》、《中国近现代史纲要》和《思想道德修养与法律基础》等 2018 年版教材的使用工作并开展网络培训。教育部党组书记、部长陈宝生出席会议并讲话，教育部党组成员、副部长朱之文主持会议，教育部党组成员、部长助理、教材局局长郑富芝，中宣部理论局副局长杨宇军等出席会议。会议在学校设分会场，学校党委副书记、纪委书记、马克思主义学院院长吴付来出席，马克思主义学院党政领导班子成员、全体思政课教师、访问学者、博士后及博士生代表参加。

5 月 14 日，教育部、人力资源和社会保障部主办，学校承办的大学生到国际组织实习任职全国高校巡讲（北京站）举行。副校长杜鹏、教育部高校学生司副司长孙海波与会并致辞，人力资源和社会保障部国际合作司副司长马何祖出席。

5 月 14 日，北京市教育委员会、北京市人力资源和社会保障局、北京市财政局发布了《关于表彰北京市教育教学成果奖的决定》，学校 29 项成果荣获 2017 年北京市高等教育教学成果奖，其中特等奖 1 项、一等奖 13 项、二等奖 15 项，涉及法学、经济学、哲学、文学、历史学、理学、工学、管理学、艺术学、教育学等学科门类以及素质教育、高等继续教育和综合等科类，成果形式主要包括学科专业建设、人才培养综合改革、人才培养模式创新、大类培养体系构建、教学与教材体系建设、公共课程教学改革、素质教育、实验实践教学建设、创新创业教育、教学质量保障体系以及中外合作办学模式探索等。

5 月 14 日至 18 日，校长刘伟率团赴法国访问法方合作高校，就进一步深化中法学院合作办学工作进行座谈交流。校长助理、苏州校区管委会副主任兼国际学院、中法学院院长黎玖高等陪同出访。

5 月 15 日，学校组织学校纪委委员，学院（系）、直（附）属单位和机关部处负责人，专职纪检监察干部共 70 余人，赴司法部燕城监狱开展干部警示教育活动。学校党委副书记、纪委书记吴付来参加活动。

5 月 15 日，由教育部、共青团中央、人民日报社共同指导，人民网、大学生杂志社、光明日报、教育部和中国大学生在线联合主办的“第十三届中国大学生年度人物”评选活动落下帷幕。学校经济学院政治经济学专业 2016 级硕士研究生特木钦荣获“第十三届中国大学生年度人物提名奖”，理学院物理学系 2013 级博士研究生乔婧思和新闻学院 2014 级本科生李嘉贝荣获“第十三届中国大学生年度人物入围奖”。

5 月 15 日至 16 日，学校党委常务副书记张建明一行赴山西师范大学和山西农业大学考察调研，围绕推动校际合作与考察挂职干部等议题进行深入交流。

5 月 17 日，2018 年党支部书记、高端人才示范培训班开班仪式举行。学校党委书记靳诺出席并致辞，学校党委副书记、纪委书记吴付来主持开班仪式并做首场专题报告。全校各分党委、党总支推荐的 100 余名党支部书记和 11 名高端人才参加培训。

5 月 18 日，学校党委书记靳诺受邀为学校办公室、纪委办公室、党委宣传部、保卫部和实验室建设与设备管理处五个机关党支部的全体党员做专题党课报告。

5 月 19 日，以“新时代·新青年·新思想”为主题的 2018 年永庚公益基金光华思源工程六校交流会在学校举行。副校长洪大用与会并致辞。

5 月 19 日至 20 日，“中国《资本论》研究会第 20 次学术研讨会——纪念马克思诞辰 200 周年暨中国改革开放四十周年”在学校举行。学校党委书记靳诺，中国《资本论》研究会会长、学校一级教授、原副校长林岗，学校荣誉一级教授、研究会顾问卫兴华，学校荣誉一级教授胡钧，研究会副会长、南京大学原党委书记洪银兴，教育部社会科学委员会副主任顾海良等，以及来自北京大学等全国 80 多所高校和科研单位的 200 多名专家学者参加会议。参加开幕式的还有俄罗斯圣彼得堡国立大学荣誉教授希罗科拉德·列奥尼德·德米特里耶维奇、经济系理论经济教研室主任梁赞诺夫·维克多·季莫费耶维奇教授。开幕式由学校副校长兼经济学院院长刘元春主持。

5 月 20 日，教育部党组成员、副部长杜占元一行巡视 2018 年同等学力人员申请硕士学位全国统考学校考点。学校党委书记靳诺、校长刘伟陪同考察并与杜占元座谈。教育部研究生司司长李军，教育部学位中心主任黄宝印，北京市教委副巡视员葛巨众，学校常务副校长王利明、副校长洪大用出席座谈。

5 月 22 日，学校召开党委理论学习中心组（扩大）会议，学习《中央巡视工作规划（2018—2022 年）》精神。中央巡视工作领导小组办公室副主任夏立忠应邀做《深入贯彻党的十九大精神巩固深化发展新时代巡视工作》专题报告。校领导靳诺、刘伟、张建明、吴付来、洪大用、杜鹏出席会议，各学院（系）党政主要负责人、党委部门主要负责人以及巡视工作重点单位全体中层干部参加会议。会议由学校党委书记靳诺主持。

5 月 22 日至 26 日，副校长刘元春率团赴澳大利亚珀斯参加 2018 年世界大学联盟年会。在世界大学联盟校长论坛上，世界大学联盟首席执行官约翰·赫恩宣布成立世界大学智库联盟，由赫恩、刘元春和卑尔根大学校长奥尔森担任智库联盟联席主席，共同推动智库联盟开展各项工作。

5 月 23 日，丝路学院揭牌仪式在学校苏州校区独墅湖畔举行。学校党委书记靳诺、校长刘伟、常务副校长王利明，江苏省委常委、苏州市委书记周乃翔，中国公共外交协会副会长胡正跃，斯洛文尼亚驻华大使普瑞泽，国家发改委国际合作中心主任黄勇，南京审计大学党委书记晏维龙，商务部综合司副司长朱志明，江苏省委教育工委副书记徐子敏，海航集团董事局董事兼首席执行官张岭，苏州市委常委、苏州工业园区党工委书记吴庆文，苏州市副市长曹后灵等出席。这是学校为积极配合国家“一带一路”倡议、落实教育部推进共建“一带一路”教育行动的重要举措。首批来自“一带一路”沿线国家和地区的约 100 名硕士留学生将会聚这里，开始为期两年的学习。

5 月 23 日，学校 2018 年高阶团校开班仪式举行。副校长洪大用出席开班仪式并讲话，校团委相关负责人和来自全校各学院、各校级学生组织的近 70 名学员参加开学典礼。

5 月 23 日至 25 日，学校党委组织部和党校组织部分教师党支部书记、高端人才赴上海市、浙江省嘉兴市开展实践学习，瞻仰上海中共一大会址和嘉兴南湖红船，参观南湖革命纪念馆，并举行党员干部教育培训基地揭牌仪式。学校党委书记靳诺，党委副书记、纪委书记吴付来出席相关活动。

5 月 24 日，2017“外教中国”年度人物颁奖典礼举行，学校历史学院教授唐纳德·沃斯特获得 2017“外教中国”年度人物称号。

5 月 25 日，学校商学院校友、深圳全景集团有限公司投资人邹刚，北京凤凰城集团董事长、北京市工商联副主席、校友会商学院分会会长周明德一行来校座谈，洽谈商学院新楼建设规划。学校党委书记、教育基金会理事长靳诺会见，学校党委常务副书记、教育基金会常务副理事长张建明，副校长贺耀敏会见并座谈。

5 月 25 日，闽江学院党委书记何代钦、副校长狄俊安一行来访学校。学校党委常务副书记张建明会见并座谈。

5 月 26 日，学校第七届教职工代表大会暨第十六次工会会员代表大会举行。中国教科文卫体工会巡视员陈晖，北京市总工会党组成员、经费审查委员会主任何广亮，北京市教育工会主席张锦等应邀出席大会。校领导靳诺、刘伟、张建明、吴付来、贺耀敏出席大会。学校原校领导程天权、冯惠玲、周建明及荣誉一级教授代表郭湛、全国先进工作者代表刘彭芝出席大会。

5月27日，“民族文化进校园暨中国少数民族电影工程推荐影片展映活动”在学校举办。国家民委原副部级专职委员、全国政协委员、国家督学、高教学会驻会副会长管培俊，中国作家协会副主席、书记处书记吉狄马加，学校党委书记、全国妇联副主席（兼）靳诺，贵州省人大常委会原副主任杨序顺，中影集团董事长焦宏奋，文化与旅游部非物质文化遗产司副司长王晨阳，国家民委文化宣传司副司长、中国少数民族电影工程领导小组办公室副主任钟廷雄，学校党委副书记郑水泉等出席活动。

5月28日，中共中央对外联络部主办的中国共产党与世界政党高层对话会专题会议——纪念马克思诞辰200周年专题研讨会在广东深圳举行。中共中央总书记、国家主席习近平向会议致贺信。此次专题研讨会的主题是“21世纪马克思主义与世界社会主义未来”，共有来自50个国家75个共产党的100余位领导人和代表参会。会间，学校党委副书记、纪委书记吴付来主持“习近平新时代中国特色社会主义思想与21世纪的马克思主义”分论坛，国内外与会嘉宾共同研讨习近平新时代中国特色社会主义思想，共话21世纪马克思主义和世界社会主义理论与实践。校长助理、哲学院院长郝立新等参加此次专题研讨会。

5月28日，学校召开2018年毕业生就业创业工作推进会。副校长洪大用主持会议并讲话。相关部处及学院负责人参会。

5月29日，学校与四川省自贡市人民政府签署战略合作框架协议。学校党委书记靳诺，副校长吴晓球、刘元春，自贡市委书记李刚，市委副书记李国贵，市委常委、组织部部长刘敏，副市长陈张铭出席签约仪式。签约仪式由副校长吴晓球主持。

5月29日，电子科技大学党委常委、副校长胡俊一行来学校调研。学校党委常委、副校长吴晓球会见胡俊一行，并就两校文科教师队伍建设工作、思政教师能力提升计划及师资队伍合作交流情况等议题进行座谈交流。

5月30日，十三届全国人大常委会副委员长、全国妇联主席沈跃跃，全国妇联副主席、书记处书记邓丽到学校博物馆、新闻学院调研。学校党委书记、全国妇联副主席（兼）靳诺，副校长贺耀敏出席调研活动。

5月30日，学校“青春扬帆新征程，奋斗建功新时代”2018年共青团颁奖典礼举行。校领导靳诺、张建明、洪大用出席，学校相关部处、学院党委相关负责人，学校共青团系统师生代表等共同参加颁奖活动并观看文艺演出。

5月30日，学校第二届“科技文化周”体验日活动举行。学校党委书记靳诺、副校长洪大用，学校科学技术协会主席、中国科学院院士解思深出席。

5月30日，南非共产党政治局委员马丁斯受邀来学校做主题为“南非共产党与高等教育”的演讲。学校党委副书记、纪委书记、马克思主义学院院长吴付来主持会议。

5月30日，“思想政治理论课名师讲坛”第六期在学校举行。全国政协委员、中共中央党校一级教授韩庆祥应邀做题为《新时代中国特色社会主义的发展逻辑》的讲座。学校党委副书记、纪委书记、马克思主义学院院长、北京高校思想政治理论课高精尖创新中心主任吴付来会见韩庆祥。

5月30日，纪念马克思诞辰200周年、学习习近平总书记重要讲话精神暨“走近马克思”小丛书出版座谈会在学校举行。学校党委书记靳诺，教育部社会科学司司长刘贵芹，原国家新闻出版广电总局出版管理司副司长许正明，北京市社科联党组书记张淼，中国社会科学杂志社副总编、中国社会科学网总编辑罗文东，副校长贺耀敏出席座谈会。

5月31日，学校首批荣誉辅导员聘任仪式举行。学校党委书记靳诺出席仪式并讲话，副校长洪大用主持。文学院教授金戈、信息学院教授陈禹、哲学院教授郭湛、历史学院教授叶凤美、统计学院教授易丹辉、农业与农村发展学院教授程漱兰、法学院教授徐孟洲、国际关系学院教授李宝俊、经济学院教授杨志、艺术学院教授洪涛、社会与人口学院教授姜向群、商学院教授赵苹、外国语学院教授于素秋、劳动人事学院教授周石等 14 名老教授受聘首批荣誉辅导员。

6 月 1 日，学校统计学院获得 2018 年度北美非寿险精算师协会大学奖（University Award）。2018 年，全球有 3 所高校获此荣誉。

6 月 1 日至 14 日，校领导靳诺、刘伟、张建明、王利明、洪大用、贺耀敏、吴晓球、刘元春、杜鹏等先后赴公共管理学院、财政金融学院、社会与人口学院、环境学院、国际关系学院，与各学院党政领导班子成员、学院党委委员、教师党支部书记以及教师党员代表座谈，深入了解各学院基层党组织建设、教师党员发展、教师党支部工作开展、基层党组织青年后备干部培养等相关问题。

6 月 3 日，学校一级教授高放同志遗体告别仪式在北京八宝山革命公墓举行。高放教授因病医治无效，于 2018 年 5 月 30 日 13 时 26 分在北京逝世，享年 91 岁。校领导靳诺、刘伟、贺耀敏、郑水泉等出席遗体告别仪式并敬献花圈。校领导张建明、王利明、吴付来、洪大用、吴晓球、刘元春、杜鹏，原校领导黄达、马绍孟、程天权、纪宝成、李昭公、沈云锁及部分老教授等向高放教授敬献花圈。中共中央对外联络部，中共中央党校（国家行政学院），中共中央党史研究室，中共中央文献研究室，中共中央编译局，北京市委教育工委、市教委，北京大学，人民出版社，求是杂志社，红旗文摘杂志社，中国社会科学杂志社，新华文摘杂志社，科学社会主义杂志社，当代世界与社会主义杂志社，中国国际共运史学会，中国科学社会主义学会，北京市国际共运史学会，北京市政治学行政学学会等有关国家机关、国内外高校和科研机构、社会团体及个人等通过各种方式向其亲属表示沉痛哀悼并敬献花圈。高放教授的亲属、学生、生前好友、学界同人及学校师生代表 400 余人参加了遗体告别仪式。

6 月 3 日，香港立法会议员、香港基本法教育协会会长梁美芬率香港基本法教育协会代表团访问学校，与全国港澳研究会专家就“一国两制”与“法治香港”建设专题进行研讨。副校长杜鹏出席研讨会。来自北京大学、中国政法大学、香港中文大学等近 10 所高校及相关科研院所的专家学者受邀参加。

6 月 4 日，学校召开本科教学工作审核评估整改工作会。副校长洪大用出席会议并讲话。党委宣传部、发展规划处、教务处等学校审核评估工作小组成员单位负责人参加会议。

6 月 4 日，校长刘伟会见来访的法国蒙彼利埃保罗-瓦莱里大学校长帕特里克·基利，双方就办好中法学院、加强教师交流与研究合作等事宜进行座谈。副校长杜鹏陪同会见。

6 月 5 日，学校中欧人文交流研究中心揭牌仪式举行。校长刘伟出席揭牌仪式并致辞。

6 月 5 日，中国人民大学 2018 学院校友工作座谈会召开。副校长杜鹏出席会议并讲话。

6 月 5 日，全国哲学社会科学规划办公室公布 2018 年国家社科基金年度项目和青年项目立项名单。学校获得立项 59 项，其中重点项目 9 项、一般项目 34 项、青年项目 16 项，立项率 43.4%，立项数量和立项率均创历史新高。

6 月 9 日，习近平新时代中国特色社会主义思想与青年信仰——首都高校学生理论社团交流会暨第 19 届“人北清师”马克思主义学院博士生论坛在学校举行。学校党委书记靳诺，党委副书记、纪委书记、马克思主义学院院长吴付来出席活动。共青团中央、北京团市委、北京市委教育工委等单位负责人应邀参会，来自北京大学、清华大学、北京师范大学等兄弟高校马克思主义学院的专家学者及负责人参加活动。校长助理、哲学院院长郝立新参加活动。

6 月 11 日，学校商学院顺利通过国际精英商学院协会五年期再认证。此前，商学院于 2018 年 1 月迎来再认证现场评估。1 月 5 日，校长刘伟、副校长吴晓球和商学院领导听取了专家组的反馈意见。

6月11日，学校原党委常委、副校长、纪委书记，新闻学院教授、博士生导师周建明同志遗体告别仪式在京举行。周建明教授在参加会议期间突发疾病，经抢救无效，于2018年6月5日13时在北京逝世，享年62岁。原中央顾问委员会委员、学校原校长袁宝华，最高人民法院党组成员、副院长姜伟，学校原校长黄达，新疆大学原党委书记、新疆维吾尔自治区党委教育工委原副书记李中耀等对周建明教授逝世表示沉痛哀悼，向家属表示慰问，并敬献花圈。教育部人事司，北京市委教育工委、市教委，北京市通州区委，学校及有关院校等党政机关、高校和科研机构、社会团体及代表通过不同方式对周建明教授逝世表示哀悼。校领导靳诺、刘伟、张建明、王利明、吴付来、洪大用、贺耀敏、吴晓球、郑水泉、刘元春、杜鹏以及学校老领导、老教授参加遗体告别仪式或敬献花圈，对周建明教授逝世表示哀悼。参加遗体告别仪式的还有周建明教授亲属、同学、好友、学生，学校各部处、学院负责人与新闻学院师生代表约200人。

6月12日，十三届全国政协副主席马飚一行到学校调研指导书法教育教学工作。学校党委书记靳诺陪同调研并主持相关座谈会，学校党委副书记、纪委书记、艺术学院院长吴付来做主题报告。

6月12日，学校与首都经济贸易大学、北京联合大学、北京印刷学院三所北京市市属高校结对共建工作会召开。学校党委书记靳诺会见首都经济贸易大学校长付志峰、北京联合大学校长李学伟、北京印刷学院校长罗学科一行。常务副校长王利明陪同会见并出席会议。

6月13日，学校2018年全体党支部书记培训班开班，并举行教师党支部书记“双带头人”校际论坛。学校党委书记靳诺出席校际论坛，学校党委常务副书记张建明出席开班仪式。

6月13日，中国人民大学“首都百万师生同上一堂课”高阶团校专场讲座在学校举行。学校党委常务副书记张建明为全体学员授课，深入解读习近平总书记在北京大学师生座谈会和纪念马克思诞辰200周年大会上重要讲话的精神内涵。

6月13日，学校2017—2018学年春季学期本科教学期末工作会议召开。副校长吴晓球出席会议并讲话。

6月14日，2018届赴基层就业毕业生训练营结营暨欢送仪式在学校举行。学校党委书记靳诺、副校长杜鹏出席活动，副校长刘元春出席并主持活动。

6月14日，学校党委宣传部、招生就业处及校友工作办公室举行“基层就业训练营”欢送仪式。学校党委书记靳诺，副校长杜鹏、刘元春出席。

6月14日，学校召开2018年招生动员大会，就本科生招生集中咨询宣传工作进行动员部署。学校党委书记靳诺、常务副书记张建明、常务副校长王利明、副校长杜鹏出席会议，本科生招生工作委员会委员、招生组全体成员等参加会议。会议由常务副校长王利明主持。

6月14日，2018年中央高校建设世界一流大学（学科）和特色发展引导专项资金工作部署暨2019项目申报会议召开。常务副校长王利明出席会议并讲话，来自30个学院和16个公共部门的主要负责人及相关工作人员参加会议。

6月14日至17日，学校党委副书记、纪委书记吴付来率团赴意大利访问相关合作院校，与意大利排名第一的私立大学国际社会科学自由大学（LUISS大学）签署两校合作谅解备忘录和学生交换协议，并参加意大利中国馆项目备忘录签约仪式等活动。16日，吴付来与中国驻意大利大使李瑞宇共同参加国务院新闻办公室等主办的“感知中国”活动。

6月15日，学校党委书记靳诺检查校园安全和防汛工作。副校长贺耀敏陪同。

6月15日，学校生态史研究中心与历史学院共同举办“奔腾的思想之河——唐纳德·沃斯特赠书仪式暨《帝国之河》学术研讨会”。学校党委常务副书记张建明代表学校对海外高层次文教专家唐纳德·沃斯特教授的捐赠表示感谢，同时对学校生态史研究中心六年来的工作表示肯定。

6月16日，第九届中美公共管理国际学术研讨会在学校举行。会议开幕式前，学校党委书记靳诺会见与会嘉宾，学校党委副书记郑水泉陪同会见及出席会议开幕式。

6月17日至20日，学校2018年自主招生考试在校内举行。副校长杜鹏到考场考察相关情况。

6月20日，朝鲜平壤科学技术大学副校长金在宏、高东勋率师生代表团访问学校。学校党委书记靳诺会见，副校长杜鹏陪同会见。

6月20日，以“似水流年　拾光往新”为主题的学校2018年毕业摄影展暨“复校四十年影迹”特别展开幕。学校党委书记靳诺到场参观并与师生交流。

6月20日，学校学位评定委员会九届五次全体会议召开。会议由校长、校学位评定委员会主席刘伟主持。常务副校长、校学位评定委员会副主席王利明，副校长、校学位评定委员会副主席吴晓球，校学位评定委员会副主席孙郁，校学位评定委员会委员等出席会议。研究生院、继续教育学院有关负责人列席会议。

6月20日，学校大学生创业训练2017结项表彰会暨2018立项会在文化大厦举行。副校长吴晓球出席并讲话。

6月21日，学校2018届毕业生代表座谈会召开。校领导靳诺、郑水泉、杜鹏与2018届毕业生代表座谈。校学生工作委员会、学生就业创业工作领导小组成员单位负责人参加座谈。座谈会由副校长杜鹏主持。

6月22日，教育部党组成员、部长助理刘大为专程看望学校一级教授陈先达。学校党委书记靳诺、校长刘伟会见刘大为。教育部社会科学司副司长徐艳国，学校党委副书记、纪委书记、马克思主义学院院长吴付来陪同看望。

6月22日，民盟中国人民大学委员会委员扩大会议在学校召开。民盟北京市委秘书长严为、学校党委常务副书记张建明出席会议并讲话。副校长、学校党委常委兼党委组织部部长、统战部部长杜鹏等参加会议。

6月23日，学校举办2018年校园开放日。副校长杜鹏出席相关活动。北京师范大学、南京大学、南开大学、上海交通大学等10所兄弟高校参加校园开放日系列活动。

6月23日，“中国宏观经济论坛（2018年中期）”报告会在学校举行。学校一级教授胡乃武等专家学者受邀出席报告会。副校长刘元春参加活动。

6月26日，来自中国香港、澳门地区以及13个国家的21家华文媒体的22位媒体负责人走进学校，参加“北京情思·2018年海外华文媒体北京行”活动。此次活动由北京市侨联牵头，学校侨联和北京市侨联共同举办，学校新闻学院承办，首开集团支持。学校党委常务副书记张建明、北京市侨联党组书记赵宏生等出席开班仪式。

6月27日，学校2018年博士学位授予仪式举行，802人获授博士学位。校长、校学位评定委员会主席刘伟，常务副校长、研究生院院长、校学位评定委员会副主席王利明，副校长、校学位评定委员会副主席吴晓球，校学位评定委员会副主席孙郁，副校长、校学位评定委员会委员洪大用，校学位评定委员会委员出席仪式。2018年博士学位获得者、博士生导师代表、学院负责人、机关部处负责人等参加仪式。

6月28日，学校主办、泰勒-弗朗西斯出版集团（Taylor & Francis）负责海外出版的英文期刊《经济与政治研究》（*Economic and Political Studies*）通过国际权威独立机构内容甄选委员会（Content Selection & Advisory Board，CSAB）的评审，被Scopus数据库收录。《经济与政治研究》现任主编为校长刘伟，执行主编为财政金融学院教授张成思，拥有国际化的编委会、体现地域多样性的作者队伍、分布于世界各地的读者群。加入包括Scopus在内的一系列国际检索数据库，标志着该刊正在成为具有国际影响力的学术刊物，朝着学校“双一流”建设的目标阔步迈进。

6月29日，学校2018届毕业典礼举行。学校领导刘伟、张建明、王利明、吴付来、贺耀敏、吴晓球、郑水泉、刘元春、杜鹏，哲学院一级教授陈先达，统计学院一级教授、原常务副校长袁卫，1996届汉语言文学专业校友、山西省临猗县委书记于鹏飞等出席典礼。各学院、部处负责人及2018

届学生家长代表观礼。毕业典礼由学校党委常务副书记张建明主持。

6月30日，学校数学学院成立大会暨揭牌仪式举行。学校党委书记靳诺、校长刘伟、常务副校长王利明，国务院学位委员会办公室副主任、教育部学位管理与研究生教育司司长洪大用，教育部高等教育司副司长徐青森，中国科学院院士、北京大学副校长、北京国际数学研究中心主任田刚，中国科学院院士、北京大学数学科学学院教授文兰，中国科学院院士、北京航空航天大学数学与系统科学学院教授郑志明，中国科学院院士、中国科学院数学与系统科学研究院研究员周向宇，学校党委副书记郑水泉，副校长、党委组织部部长杜鹏等出席大会。靳诺为国家杰出青年科学基金获得者、受聘学校数学学院首任院长郑志勇教授颁发聘书。王利明主持大会。

6月30日，学校召开纪念中国共产党建党97周年“争做新时代新青年”学生党员座谈会。副校长杜鹏与各学院优秀学生党员代表座谈。学校党委组织部、校团委等部门的负责人参加座谈。

7月1日至2日，第八届中国人民大学国际统计论坛举办。校长刘伟、原常务副校长袁卫出席开幕式。本届论坛由中国人民大学和美国耶鲁大学、康涅狄格大学、乔治·华盛顿大学、圣母大学联合主办，来自国内外的300余名统计学界专家学者以及高校学生参加论坛。

7月2日，学校庆祝中国共产党成立97周年表彰会召开。校领导靳诺、张建明、杜鹏出席。

7月2日，纪念建党97周年暨第25期新上岗中层领导人员培训班开班仪式举行。校领导靳诺、杜鹏出席。

7月3日，学校召开2018年度科研工作会议，明确提出2018年下半年将全力推进科研质量提升，从数量引领转向质量、数量均衡发展。校领导刘伟、刘元春出席。

7月3日，副校长杜鹏会见了来校访问的美国北卡罗来纳州立大学高级副教务长李百炼一行，双方就两校开展学术合作与交流等事宜进行会谈。

7月4日，校长刘伟会见来访的匈牙利罗兰大学校长博尔伊·拉兹罗，双方就深化两校各领域合作及学生交流等事宜进行交流。

7月4日，北京市教育工会主席张锦、常务副主席邱爱军一行来校开展“用工形式新变化对工会工作的新要求”专题调研。调研开始前，副校长杜鹏会见了张锦一行。

7月4日，学校团委召开专题座谈会，深入学习贯彻习近平总书记在同团中央新一届领导班子成员集体谈话时的重要讲话和团十八大精神。副校长杜鹏出席会议，校团委负责人、全校各学院分团委代表和校学生会、研究生会负责人参加会议。

7月5日，《中国人民大学合同管理办法（修订）》发布会暨授权委托书、合同专用章颁发仪式在学校举行。校领导靳诺、刘伟、张建明、王利明、吴付来、贺耀敏出席仪式。

7月5日，学校举行暑期安全稳定工作部署会。校领导靳诺、张建明、王利明、吴付来、贺耀敏出席。

7月6日，学校工会机关一分会举办“我爱人大”摄影比赛颁奖仪式。学校党委书记靳诺，党委副书记、纪委书记、工会主席吴付来出席颁奖仪式。

7月8日，学校党委书记靳诺、校长刘伟一行出席生态文明贵阳国际论坛2018年年会，并与贵州省人民政府签署战略合作协议。贵州省委书记、省人大常委会主任孙志刚，省委副书记、省长谌贻琴会见靳诺、刘伟一行。贵州省委常委、省委秘书长刘捷，副省长魏国楠，副校长杜鹏出席签约仪式。

7月9日，学校2018“两岸学子·彩虹计划”启动仪式举行。学校党委常务副书记张建明出席活动并致辞。

7月10日，“习近平新时代中国特色社会主义思想研究院实践基地”“中国人民大学党员教育基地”“中国人民大学‘千人百村’社会实践基地”授牌仪式在四川省宜宾市举行。学校党委书记靳诺、副校长刘元春，四川省宜宾市委书记刘中伯、市人大常委会主任陆振华等出席授牌仪式。

7 月 10 日，由学校和全国金融专业学位研究生教育指导委员会主办，教育部学位与研究生教育发展中心指导，以“跨学科案例与新时代中国金融发展”为主题的第四届（2018）中国社会科学案例论坛在学校举行。学校常务副校长、教育部高等学校法学类专业教学指导委员会副主任委员王利明，教育部高等学校金融类专业教学指导委员会副主任委员、中央财经大学副校长史建平，教育部学位中心主任黄宝印出席开幕式。

7 月 11 日，学校召开 2018 年度职务评审与岗位聘用委员会会议。校领导靳诺、刘伟、张建明、王利明、吴付来、贺耀敏、吴晓球、郑水泉、刘元春、杜鹏出席。校长助理、知名学者、相关学院院长、职能部门负责人及教代会主席团成员等代表参加。

7 月 11 日至 12 日，教育部对学校改善基本办学条件专项开展 2019 年度项目评审及 2017 年度项目检查工作。11 日，学校召开改善基本办学条件专项评审暨检查工作部署会议。常务副校长王利明出席会议并致辞，财务处、大类管理部门、附属中小学以及各项目负责人等参加会议。12 日，学校召开专项评审和检查结果反馈会议。副校长刘元春出席会议，听取评审专家反馈结果并致辞。评审专家组组长唐峥嵘代表专家组对学校各单位的积极配合表示感谢。

7 月 12 日，学校举行第七届教职工代表大会提案处理部署会。学校党委副书记、纪委书记、工会主席、教代会主席团主席吴付来出席会议。党委宣传部、研究生院、教务处等 26 个提案承办职能部门的负责人参加会议。

7 月 13 日，学校马克思主义理论一级学科学位授权点自我评估专家评审会召开。首都师范大学党委副书记徐志宏、北京大学马克思主义学院副院长宇文利、北京师范大学马克思主义学院副院长熊晓琳等担任评审专家。学校党委副书记、纪委书记、马克思主义学院院长吴付来出席评审会。

7 月 14 日至 15 日，学校财政金融学院与中国财政金融政策研究中心联合主办，学校国际货币研究所（IMI）承办的“2018 国际货币论坛”举行。论坛主题为“改革开放新征程：历史与未来”。校长刘伟出席开幕式并致辞，副校长吴晓球与会并发言。

7 月 15 日至 16 日，学校党委常务副书记张建明一行赴拉萨参加 2018 年团队对口支援西藏民族大学工作会，并走访西藏自治区党委组织部、党委宣传部和拉萨市委组织部等部门，看望学校援藏挂职干部、附属中小学援藏教师、专招大学生及部分校友。

7 月 16 日，第二届“雏鹰计划”中哈青年领袖项目开营仪式在学校举行。学校党委副书记、纪委书记吴付来出席仪式。

7 月 16 日，教育部科技司司长雷朝滋一行到学校调研学科建设工作。校领导靳诺、刘元春会见雷朝滋司长一行。

7 月 16 日，第二届郑杭生奖助学金优秀论文奖颁奖仪式在南京大学举行。副校长、中国社会学会副会长洪大用出席颁奖仪式。

7 月 17 日，校领导靳诺、刘伟、王利明、吴付来、杜鹏到本科生招生录取现场视察工作。

7 月 17 日，学校办公室党支部开展主题党日活动，组织本支部党员和机关党委其他支部部分党员赴北京市南水北调团城湖管理处学习考察。校领导靳诺、吴付来、贺耀敏、郑水泉等出席活动并与北京市南水北调办公室副主任刘光明等座谈。

7 月 18 日，学校“读懂中国”青年教师社会调研团出征仪式举行。学校党委书记靳诺、党委常务副书记张建明出席。

7 月 18 日，北京高校学科共建签约仪式在北京会议中心举行。来自中国人民大学、北京大学、清华大学等多所部属、市属高校参会。北京市委常委、市委教育工委书记林克庆出席签约仪式并讲话。签约仪式由北京市副市长王宁主持。学校党委书记靳诺出席并与结对高校校领导交换签约文本。常务副校长王利明出席签约仪式。

7 月 18 日，副校长杜鹏赴内蒙古自治区洽谈省校合作事宜，并与校友代表座谈。

7月20日，副校长杜鹏一行赴长春出席吉林省与国内著名高校人才合作暨新招录选调生座谈会，并看望吉林校友、选调生。

7月22日，教育部2018年教育援青工作会议在西宁召开。青海省委书记、省长王建军致辞，教育部副部长孙尧，民盟中央副主席王光谦出席会议并讲话。学校党委常务副书记张建明出席会议。承担对口支援任务的有关直属高校、教育厅（教委）和中央企业有关负责人参加会议。

7月24日，副校长刘元春、副校长杜鹏会见来访的世界大学联盟首席执行官约翰·赫恩教授，双方就学校“双一流”建设、提升国际性战略及与世界大学联盟加强科研合作事宜等进行探讨。

7月25日，常务副校长、丝路学院院长王利明一行赴丝路规划研究中心座谈交流。丝路规划研究中心常务副理事长李小琳出席并主持座谈。双方就丝路学院合作办学及智库建设等议题交换了意见。

7月26日，教育部学位与研究生教育发展中心公布了全国首次专业学位水平评估结果。学校四个专业学位授权点参评，其中法律、会计、公共管理三个专业学位授权点获得A+，工商管理硕士专业学位授权点获得A，参加评估的四个授权点全部获得A类，在人文社会科学类并列全国首位。

7月27日，2018年学校暑期社会实践暨“千人百村”社会调研活动出征仪式举行。校领导张建明、吴付来出席。

7月28日，学校与云南省签署合作协议，进一步推进校地合作。学校党委书记靳诺、校长刘伟在昆明与云南省委书记、省人大常委会主任陈豪，省委副书记、省长阮成发会面，双方就开展学科共建、课题研究、智库建设和政策咨询，深化国际交流合作，促进基础教育发展等进行交流。

7月29日，为纪念改革开放40周年，全面总结和深入研究中国改革开放的非凡历程和经验启示，学校中共党史党建研究院主办“中国共产党与中国道路”——中国改革开放四十年国际学术研讨会。学校党委书记、中共党史党建研究院院长靳诺出席会议，学校党委副书记、纪委书记、马克思主义学院院长吴付来主持开幕式。

7月30日，学校党委书记靳诺、党委副书记郑水泉赴浙江省湖州市南浔区，与正在此地开展社会调研的学校“读懂中国”青年教师暑期调研团成员及部分在浙校友一起参观吴宝康陈列馆。

7月30日，学校党委副书记郑水泉赴浙江省湖州市安吉县章村镇高山村，看望慰问开展“千人百村”社会调研活动的学生团队，深入当地农村参与调研活动。

7月30日至31日，学校党委副书记、纪委书记吴付来一行赴吉林省长春市、吉林市，看望慰问正在开展“千人百村”社会调研活动的学生团队，出席第二十三届中国大学生网球锦标赛相关活动。

7月31日，学校党委常务副书记张建明赴广西壮族自治区河池市巴马瑶族自治县所略乡六能村，看望慰问正在当地开展“千人百村”社会调研活动的学生团队，深入当地农村参与调研活动。

7月31日，常务副校长王利明赴海南省海口市琼山区甲子镇甲子村，看望慰问正在当地开展“千人百村”社会调研活动的学生团队，并与学生一起走访农户，与当地群众及基层村镇负责人交流并开展实地调研。

7月31日至8月1日，学校党委书记靳诺一行赴河北石家庄，推进省校深化合作并出席河北省选调生工作座谈会。学校党委副书记郑水泉陪同出席相关活动。

8月1日至2日，校长刘伟出席福建省2018届引进生座谈会、福州市“左海大讲堂”暨“东湖论坛”开幕式和中国人民大学福建校友会阅读基地揭牌仪式，会见福建省委书记、省人大常委会主任于伟国和省长唐登杰，并应邀为福州市领导干部做主题讲座。

8月3日至5日，副校长刘元春赴四川省宜宾市调研，看望慰问在江安县江安中学的学校第二十届研究生支教团和在屏山县大乘镇双峰村开展“千人百村”社会调研活动的学生团队，并深入当地农村参与调研活动。

8月4日，副校长吴晓球赴江西省鹰潭市贵溪市樟坪畲族乡黄思村，看望慰问正在当地开展“千人百村”社会调研活动的学生团队，并深入当地农村参与调研活动。

8 月 4 日至 5 日，学校党委副书记、纪委书记吴付来一行赴江苏省南京市、安徽省马鞍山市，看望慰问正在马鞍山开展“千人百村”社会调研活动的学生团队以及两地校友代表。

8 月 6 日，副校长贺耀敏赴河北省廊坊市大厂回族自治县大厂镇小厂村，看望慰问开展“千人百村”社会调研活动的学生团队，并参与调研活动。

8 月 7 日至 11 日，副校长杜鹏率团赴新疆维吾尔自治区和新疆生产建设兵团，看望慰问开展“千人百村”社会调研活动的学生、挂职干部和在基层工作的校友代表。

8 月 8 日，海口市人民政府副市长龙卫东一行来学校调研。常务副校长王利明、人大附中联合总校校长刘彭芝会见并进行座谈。海口市政协和学校相关负责人等参加座谈会。

8 月 10 日，学校党委副书记郑水泉赴四川省成都市大邑县金星乡黄泥村，看望慰问正在当地开展“千人百村”社会调研活动的学生团队。

8 月 11 日至 12 日，“新时代、新技术、新思维——2018 年中国历史地理学术研讨会”在学校召开。学校党委常务副书记张建明出席开幕式并致辞。

8 月 14 日至 15 日，校领导靳诺、王利明赴宁夏银川，推进校区深化合作，出席宁夏选调生工作座谈会，并走访宁夏校友会。

8 月 18 日，中国社会科学院马克思主义理论学科建设和理论研究工程领导小组、中国社会科学院国家文化安全与意识形态建设研究中心、学校北京高校思想政治理论课高精尖创新中心、天津大学共同主办的第六届中国社会科学院马克思主义哲学论坛在天津大学召开。学校党委副书记、纪委书记、马克思主义学院院长、北京高校思想政治理论课高精尖创新中心主任吴付来应邀出席论坛，并发表题为《习近平新时代中国特色社会主义思想对马克思主义哲学的创新发展》的主题演讲。

8 月 18 日，学校党委常务副书记张建明在北京延庆康庄 611 军训基地出席 2017 级本科生军训开营仪式，看望慰问参训学生、带队教师和军训团后勤工作人员。

8 月 18 日至 20 日，学校党委副书记郑水泉率团赴山东青岛，商谈校市合作，走访产业园区，参观大型企业，并赴国家发展与战略研究院青岛分院考察指导工作。

8 月 20 日，人大附中海口实验学校合作办学签约仪式在学校举行。学校常务副校长王利明，人大附中联合总校校长刘彭芝，海口市委副书记、市长丁晖，副市长龙卫东、邓海华等出席签约仪式。

8 月 23 日，新时代“一带一路”学术出版高峰论坛在学校举行。学校党委书记靳诺、副校长贺耀敏，中宣部对外推广局副局长李智慧、原国家新闻出版广电总局进口管理司副司长赵海云等嘉宾出席论坛并为一年来表现突出的成员单位颁奖。尼泊尔驻华大使利拉·马尼·鲍德尔、古巴图书委员会主席胡安·罗德里格斯·卡布雷拉出席并致辞，吉尔吉斯斯坦、波兰等多国驻华使节和嘉宾与会祝贺，来自全球 26 个国家和地区的近百名成员代表出席。

8 月 23 日至 25 日，教育部直属综合大学体育协会首届青年教师暑期培训班在贵州省黔南州都匀国际足球小镇举行。教育部直属综合大学体育协会理事长、学校党委副书记、纪委书记吴付来出席开班仪式并致辞。

8 月 24 日，学校党委副书记郑水泉一行赴河北正定出席“不忘初心　薪火相传　始终奋斗在时代最前列——纪念华北大学建校 70 周年主题教育活动”。河北校友会代表 150 余人参加活动。

8 月 26 日，国家自然科学基金委员会公布 2018 年度基金项目评审结果。学校共获得 57 项资助，资助率高于基金委平均资助率；获资助直接经费为 2 621 万元。

8 月 27 日，校领导贺耀敏、吴晓球赴北京延庆康庄 611 军训基地看望 2017 级本科生军训团全体师生。

8 月 30 日至 9 月 2 日，应韩国高等教育财团邀请，校长刘伟率团访问韩国，出席由韩国高等教育财团举办的 2018 亚洲研究中心主任会议。

9月31日，十三届全国人大常委会举行第六讲专题讲座。常务副校长王利明教授做题为《我国民法典分编编纂中的几个问题》的讲座。

9月1日，学校2017级本科生军训闭营仪式暨2018年参军入伍学生欢送大会在北京延庆康庄611军训基地举行。常务副校长王利明等出席大会。

9月3日，学校领导班子务虚会召开，就进一步加强学校“双一流”建设、加强学校管理和制度建设等议题展开研讨。校领导靳诺、刘伟、张建明、王利明、吴付来、贺耀敏、吴晓球、郑水泉、刘元春出席。靳诺主持会议。

9月4日，学校举行2018年新入职教职工岗前培训开班仪式。学校党委书记靳诺出席并以《立德树人守初心，重任在肩当笃行》为题做首场讲座，副校长吴晓球出席并主持仪式。

9月5日，贵州省副省长魏国楠一行到学校考察。校长刘伟、学校党委常务副书记张建明会见魏国楠一行，双方围绕推进地校合作进行深入交流。

9月6日，校领导靳诺、刘伟、张建明、贺耀敏一行考察走访校园，现场查看汇贤园和明德楼一层公共自习区的改造及运行状况，并对校园建设与消防安全工作重点视察。

9月9日，校领导靳诺、刘伟、张建明、王利明、吴付来、贺耀敏、刘元春、杜鹏等到明德广场，看望新生及家长，欢迎2018级学子。

9月10日，全国教育大会在京召开。中共中央总书记、国家主席、中央军委主席习近平出席会议并发表重要讲话。学校党委书记靳诺参加大会。

9月10日，校领导刘伟、王利明、吴晓球分别走访本科生、研究生课堂，巡视了解课堂教学情况。

9月10日至13日，校领导靳诺、刘伟、张建明、王利明、吴付来、贺耀敏、吴晓球、郑水泉、刘元春、杜鹏分别看望学校教师代表，并向他们致以节日祝福和诚挚问候。

9月12日，学校召开2018—2019学年第一学期全校工作部署会。学校党委书记靳诺主持会议并讲话，校长刘伟做学校总体工作及行政工作部署，学校党委常务副书记张建明做党建工作部署，学校党委副书记、纪委书记吴付来做纪检监察工作部署。校领导王利明、贺耀敏、杜鹏等出席会议。校长助理，学校党委委员、纪委委员，校务委员会委员，民主党派负责人、无党派人士代表，教代会主席团成员，学校学术委员会正副主任，学校学位评定委员会正副主席和各分会负责人，重要研究机构主要负责人，全体中层干部参加。

9月12日，学校2018—2019学年开学典礼暨教师节表彰大会举行。学校党委书记靳诺讲话，校长刘伟主持开学典礼。校领导张建明、王利明、吴付来、贺耀敏、郑水泉、刘元春，荣誉一级教授方汉奇、一级教授张立文出席开学典礼。中学校长代表，学生家长代表，校友代表，各学院、机关部处负责人，教师代表，2018级全体新生及在校生代表参加典礼。校领导和嘉宾为获奖教师代表颁奖。

9月12日，重庆市副市长屈谦一行来学校座谈交流。校长刘伟出席并主持座谈会，重庆市委教育工委书记舒立春、学校党委常务副书记张建明等出席。

9月12日，学校召开综合服务中心筹建工作专题会。校长刘伟出席会议并讲话。副校长贺耀敏主持会议。

9月12日至13日，学校举办首期全国中学教育领军人才“求是讲堂”活动。来自十几个省份的30余位中学校长参加相关活动。校长刘伟出席开幕式并致辞，副校长刘元春、杜鹏等出席开幕式。

9月13日，学校新学期本科教学工作部署会召开。副校长吴晓球出席。

9月15日至16日，第十八届中国青年经济学者论坛在学校举行。论坛主题为“新时代中国特色社会主义经济学的新发展——纪念改革开放40周年”。校领导靳诺、刘元春出席会议，中国社会科学院副院长高培勇、武汉大学原校长顾海良、南开大学原副校长逄锦聚等出席。

9月17日，2018年陕公联大老校友敬老祝寿会在学校举行。学校党委常务副书记张建明出席并致辞，祝寿会由副校长吴晓球主持。

9月17日至22日，常务副校长王利明率团出访白俄罗斯和俄罗斯。出访期间，王利明会见白俄罗斯国立大学副校长恰普锐斯，双方就开展校际合作等议题进行了探讨。

9月18日，学校为2018级新生举办原创话剧《吴玉章》专场演出。副校长杜鹏与各学院近千名新生观看演出。

9月19日，古巴共产党中央书记处书记、国际关系部部长何塞·拉蒙·巴拉格尔率领古巴共产党代表团一行来学校北京高校思想政治理论课高精尖创新中心考察。学校党委书记靳诺陪同参观，并就中国青年思想政治教育、马克思主义理论教学研究与人才培养等问题与巴拉格尔一行进行座谈交流。座谈会由学校党委副书记、纪委书记、马克思主义学院院长、北京高校思想政治理论课高精尖创新中心主任吴付来主持。

9月19日，学校党校第32期学生发展对象暨第32期教工发展对象培训班开班。学校党委书记、党校校长靳诺出席并讲话，学校党委副书记、纪委书记吴付来主持开班仪式并做首场培训报告。开班仪式上，靳诺书记为学生代表授班旗。

9月19日，学校举行50余名2018年新入职教职工“走进雄安新区　开启育人之旅”社会实践活动。行前，学校党委副书记、纪委书记、工会主席吴付来勉励新入职教职工为学校事业发展做出贡献。

9月20日，学校党委书记靳诺看望华北大学老校友——歌唱家胡松华、舞蹈家贾肇巽，并向两位校友致以节日问候和祝福。

9月20日，副校长吴晓球会见来校调研的华东政法大学党委副书记、副校长闵辉一行，双方就人才队伍建设相关工作进行座谈交流。

9月21日，学校党委书记靳诺会见中国科学院院士、中国数学学会理事长袁亚湘，双方就加强学校数学学科建设进行交流。

9月21日，校长刘伟会见来访的美国印第安纳大学校长麦克·麦克罗比，双方就校际合作及种子基金设立等问题进行交流，并签署两校友好合作协议。

9月26日，教育部召开教育系统学习贯彻全国教育大会精神视频会。学校在明德主楼第一会议室设立分会场，校领导靳诺、王利明、吴晓球出席。

9月28日至29日，教育部在上海召开“双一流”建设现场推进会。校长刘伟出席并发言，常务副校长王利明参与实地考察观摩和座谈交流研讨。

9月29日，在科技部公布的2017年创新人才推进计划入选名单中，学校首次入选创新人才培养示范基地。

9月29日，学校金融学科第二届年会（2018）召开，年会以“中国改革开放40年与中国金融学科发展”为主题。学校党委书记靳诺参加开幕式并致辞，副校长吴晓球、中国社会科学院原副院长李扬做主题演讲。

9月30日，北京市委组织部副部长、市人才工作领导小组办公室主任王建中一行来学校交流。学校党委书记靳诺与王建中一行座谈，副校长吴晓球出席，双方就共建北京人才发展战略研究院事宜进行探讨。

10月3日，1984级、1994级校友重返校园。校领导靳诺、刘伟、杜鹏出席庆祝活动，并代表学校欢迎校友们回家。

10月8日至12日，学校举办云南兰坪县基层干部脱贫攻坚素质能力提升专题班，50余位云南兰坪县各部门负责人和乡镇干部来学校学习。学校党委常务副书记张建明参加开班仪式并讲话。

10月9日，学校党委副书记、纪委书记吴付来会见新疆维吾尔自治区克孜勒苏柯尔克孜自治州党委常委、组织部部长龙明姬，双方就加强校地合作及人才引进相关事宜进行交流。

10 月 9 日，校长刘伟一行赴重庆与重庆市人民政府签订战略合作框架协议。在渝期间，校长刘伟与重庆市委副书记、市长唐良智会面，并共同见证签约。重庆市副市长屈谦、学校副校长刘元春分别代表双方签约。

10 月 10 日，学校召开“双一流”建设推进会。校领导靳诺、刘伟、王利明、吴晓球出席。

10 月 10 日，学校举行习近平总书记关于教育问题的重要论述专题研讨会。校长刘伟、中国高等教育学会副会长管培俊出席论坛开幕式并参加研讨。会议由副校长刘元春主持。

10 月 11 日，学校机关党委组织机关党员代表和入党积极分子参观“他是一座山——吴宝康同志生平展”。学校党委书记靳诺出席并讲话。

10 月 11 日，校长刘伟会见来访的意大利国际社会科学自由大学（LUISS 大学）校长安德里亚·普伦奇佩，双方就深化两校各领域合作事宜进行了会谈。

10 月 11 日，中国联合国协会常务理事，国际劳工组织泰国、柬埔寨和老挝国家局前局长王纪元来访，为学校师生作主题为“国际公务员：小细胞在大格局中的机制与活力”的专题讲座。

10 月 13 日，学校 2004 级校友返校。副校长刘元春出席活动，900 多名 2004 级本科校友等参加。

10 月 15 日，学校召开 2018 级博士新生暨新博士生导师大会。校长刘伟出席，2018 级全体博士新生、各学院新增备案的博士生导师以及各学院研究生工作负责人参加大会。大会由常务副校长王利明主持。

10 月 15 日，学校与井冈山大学签订共建井冈山研究中心和马克思主义理论学科协议。学校党委副书记、纪委书记、马克思主义学院院长吴付来出席签约仪式并致辞。江西省委教育工委副书记肖志华、井冈山大学党委书记彭涉晗出席签约仪式，吴付来与井冈山大学党委副书记、校长曾建平分别代表双方签订协议。

10 月 15 日至 17 日，学校正式启动“双一流”建设全面调研。校长刘伟带队，重点对入选一流学科建设名单的 14 个一级学科及各相关院系开展专题调研。

10 月 15 日至 19 日，学校党委书记靳诺参观“‘我爱我家’——中国人民大学‘职工之家’图片展”，学校党委副书记、纪委书记、工会主席吴付来，副校长刘元春也分别参观了此次展览。

10 月 17 日，学校领导靳诺、杜鹏会见到访的哥斯达黎加大学校长亨宁·杰森·派宁顿一行，双方就两校在人文社科、艺术、科学、孔子学院建设及相关领域合作展开交流。

10 月 17 日，学校召开全校网络安全和信息化工作会。校长刘伟出席并讲话，副校长刘元春主持会议。

10 月 17 日，学校党委副书记、纪委书记、马克思主义学院院长吴付来在“形势与政策”名家讲坛做题为《加快推进人文社会科学高等教育“双一流”建设》的主题报告。约 400 名本科生参加报告会。

10 月 17 日，副校长杜鹏会见来校访问的秘鲁天主教大学校长马歇尔·卢比奥。双方就两校的学科建设及相关领域合作进行交流。

10 月 17 日，广西 2019 年定向中国人民大学引进优秀毕业生宣讲会举办。副校长杜鹏，广西壮族自治区党委组织部副部长、老干部局局长曾艳和双方相关部门负责人出席活动。

10 月 17 日，外交部 2019 年度考试录用公务员宣讲会在学校举行。中国驻津巴布韦、纳米比亚前特命全权大使，中国前外交官联谊会副会长兼秘书长忻顺康带领外交部考录小组到学校现场，同学校师生深入交流。会前，副校长杜鹏会见忻顺康一行，并就促进国际交流和外交人才培养等事宜交换意见。

10 月 18 日，学校举行党委理论学习中心组扩大会议暨全校中层干部学习培训会。学校党委书记靳诺做专题讲座，学校党委副书记、纪委书记吴付来主持并做首场讲座。学校党委理论学习中心组全体成员、全体中层干部、2018 年新上岗中层干部、优秀年轻干部、党务干部参加培训。

10月18日，副校长贺耀敏前往张自忠路3号学校老校区，检查清陆军部海军部旧址主楼修缮加固工程进展情况。

10月18日，学校中国就业研究所主办的“中国就业季度分析会十周年暨2018年3季度形势研讨会”举办。常务副校长王利明出席会议并讲话。

10月19日，学校第七届体育文化节开幕式暨2018年新生田径运动会举行。校领导靳诺、刘伟、张建明、王利明、吴付来出席开幕式。

10月19日，学校党委书记靳诺、常务副校长王利明会见中国社会科学院副院长、学部委员李培林，双方就增进学校与中国社会科学院交流合作进行探讨。

10月19日，第十九届中国国际教育年会女性与可持续发展论坛在国家会议中心召开。学校党委书记靳诺出席会议并做主旨演讲，副校长杜鹏出席会议。

10月20日，学校首都发展与战略研究院主办，学校国家发展与战略研究院、北京市人民对外友好协会等协办的首都治理国际论坛在学校举行。学校党委书记、首都发展与战略研究院院长靳诺，北京社科联党组书记、首都高端智库理事会副理事长张淼分别致辞。

10月20日，1977级、1978级校友入学40周年庆典——“告别昨天，拥抱明天”举行。学校党委书记靳诺、校长刘伟出席活动。

10月20日，学校信息学院建院40周年庆祝大会在明德堂举办。校长刘伟、学校党委副书记郑水泉，悉尼科技大学副校长张成奇，华东师范大学副校长周傲英等出席大会。1 000余名信息学院校友及在校学生参加。

10月20日至25日，副校长杜鹏率团赴埃及开罗和伊朗德黑兰相关高校访问，并出席国际助老会亚太区域会议。中国驻伊朗大使庞森会见了杜鹏一行，双方就中伊关系、两国教育交流、国际组织人才培养等方面进行了交流。

10月21日，“北京国际摄影周2018”分展览“中国百名企业家摄影联展”在学校开幕。常务副校长王利明出席并致辞。来自全国各地的参展企业家代表、媒体、摄影家和学校师生参加了开幕式。

10月21日至27日，校长刘伟应邀率团到俄罗斯、捷克访问，先后到访俄罗斯圣彼得堡国立大学、圣彼得堡国立经济大学，捷克查理大学等，参访中国驻圣彼得堡总领事馆、中国驻捷克大使馆，并出席第八届中俄高级经济论坛。

10月22日，学校马克思主义学院举办马克思主义理论世界一流学科建设座谈会。学校党委副书记、纪委书记、马克思主义学院院长吴付来会见国际知名马克思主义学者戴维·麦克莱伦，并为其颁发中国人民大学“双一流”建设国际顾问委员会委员证书。

10月23日，西南民族大学副校长恩佳、学生工作部部长三朗扎西一行来学校交流和调研。学校党委副书记、纪委书记吴付来会见恩佳副校长一行，就少数民族学生教育管理、心理健康教育工作、辅导员队伍建设、团学工作等进行座谈。

10月23日，学校召开第十届青年教师教学基本功比赛工作部署会。学校党委副书记、纪委书记、工会主席吴付来出席会议，相关职能部门负责人、比教赛专家组成员代表参加会议。

10月24日，第二十四届万寿论坛在学校举行。论坛主题聚焦“精准扶贫与中非合作”，旨在贯彻2018中非合作论坛北京峰会精神，商讨合作发展大计。本届论坛由中共中央对外联络部和学校共同主办。论坛开始前，中共中央对外联络部副部长钱洪山会见南非非国大全国执委、非国大东开普省召集人、国会议员伦吉薇·穆凯兹一行。学校党委常务副书记张建明，中央党校原副校长李君如，中国扶贫开发协会会长、国防大学少将袁文先，中共中央对外联络部研究室主任栾建章，学校党委副书记、纪委书记吴付来等陪同。

10月25日，中法学院联合管理委员会2018年度会议在学校召开。来自中国人民大学和法方三所合作院校的联合管理委员会成员以及法国驻上海总领事馆的代表参加。学校党委书记靳诺出席会议并致辞。法国索邦大学校长让·尚巴兹、副校长塞尔日·弗迪达、人文学部院长阿兰·达龙，蒙彼利埃保罗-瓦莱里大学校长帕特里克·基利、驻中法学院教学总协调吴伟，KEDGE 商学院董事会副主席吉·马赫西亚、院长文森·蒙日马丁、亚洲项目经理李莉，法国驻上海总领事馆教育领事夏睿思等参加了会议和相关活动。

10 月 25 日，学校举办干部教育培训大会，中国社会科学院研究员、中国特色社会主义理论体系研究中心副主任辛向阳以“习近平新时代中国特色社会主义思想的几个基本问题”为题做讲座。培训会由学校党委副书记、纪委书记吴付来主持。学校全体中层干部、优秀年轻干部、部分党务干部参加培训。

10 月 25 日，学校国际货币研究所（IMI）主办的“2018 天府金融指数发布会暨货币金融圆桌会议·2018 秋”在成都举行。四川省政协副主席、省金融工作局局长欧阳泽华，学校副校长刘元春，成都市人民政府副秘书长高建军等出席发布会。

10 月 25 日，教育部社会科学委员会哲学（含宗教学、逻辑学）学部 2018 年学科建设研讨会在学校召开。会议的主题为“新时代我国哲学创建一流学科中的问题和对策”。副校长贺耀敏出席并致辞。研讨会由教育部社会科学委员会哲学学部主办，学校哲学院承办。来自 10 余所高校的教育部社会科学委员会哲学学部委员和特邀专家参加会议。会议就当前我国哲学创建一流学科的若干重要问题达成了共识。

10 月 28 日，副校长吴晓球率团参加江西财经大学“纪念改革开放 40 周年、复校 40 周年、建校 95 周年”暨第二届赣江金融高端论坛。江西财经大学党委书记王乔和校长卢福财分别会见吴晓球一行，对学校一贯支持江西财经大学尤其是金融学科发展表示感谢。

10 月 28 日，学校举行 2018 级新生团校开学典礼暨高阶团校结业仪式。副校长杜鹏出席活动并讲话，校团委书记班子、2018 级新生团校全体学员及辅导员、2018 年高阶团校全体学员等近 300 人参加活动。

10 月 30 日，学校党委副书记、纪委书记吴付来应邀为教育部部分单位党员干部做了“认真学习《中国共产党纪律处分条例》，坚决贯彻全面从严治党要求”专题报告。

10 月 30 日，学校 1950 级贸易系校友、著名爱国将领龙云先生之子龙绳德毕业离校 64 年之后首次回到母校，做客校友大讲堂暨近代历史人物故事会。活动开始前，副校长吴晓球、杜鹏会见龙绳德校友。

10 月 31 日，受科技部高技术研究发展中心委托，学校组织召开国家重点研发计划“云计算与大数据”重点专项项目“高时效、可扩展的大数据计算模型、优化技术与系统”项目启动暨实施方案论证会。常务副校长王利明出席会议。科技部高技术研究发展中心信息处和学校有关部处、学院、各课题负责人及技术骨干等参加会议。

10 月 31 日，俄罗斯共产党中央副主席诺维科夫访问学校，以《俄罗斯共产党的现状和前景》为题做学术报告。学校党委副书记、纪委书记吴付来会见诺维科夫，出席学术报告会并致辞。

11 月 1 日，2018—2022 年教育部高等学校教学指导委员会成立会议举行。新一届教指委最终遴选出委员 5 550 人，包括主任委员 111 人、副主任委员 710 人，其中 3 611 人为新任委员，占委员总数的三分之二，是规模最大、覆盖最全、水平最高的一届。学校共有 47 人次入选委员，入选 33 个教指委、5 个分教指委，比上一届增长 17.5%，在人文社科领域位居全国高校前列。其中包括 5 位主任委员，13 位副主任委员，5 位秘书长，24 位委员。学校党委书记靳诺入选马克思主义理论类专业教学指导委员会主任委员，校长刘伟入选经济学类专业教学指导委员会主任委员，社会与人口学院教授李路路和农业与农村发展学院院长唐忠分别继续担任社会学类专业教学指导委员会和农业经济管理类专业教学指导委员会主任委员，信息资源管理学院院长张斌入选档案学专业教学指导委员会主任委员；常务副校长王利明，副校长吴晓球、刘元春等 13 人入选副主任委员；马克思主义学院教授齐鹏飞等5人入选秘书长。

11月1日，学校马克思主义学院与浙江嘉兴学院马克思主义学院合作协议签约仪式在学校举行。学校党委副书记、纪委书记、马克思主义学院院长吴付来，嘉兴学院党委书记黄文秀代表合作双方签署协议，并表示未来将密切合作，共同推动两校马克思主义理论与实践研究取得新的更大的成绩。

11月2日，中国统一战线理论研究会政党理论北京研究基地2018年学术年会“新型政党制度与新时代中国特色社会主义政治发展”理论研讨会在京举行。来自各地的专家学者、北京市各民主党派代表等近100人参加。学校党委常委、副校长、党委统战部部长杜鹏代表学校向与会专家表示感谢。

11月2日至4日，学校和韩国高等教育财团联合主办的“国际儒学论坛·2018”举行。本届论坛的主题为“国际学术视野下的儒家思想”。来自韩国、日本、美国、英国等国家以及国内的120余位专家学者参加论坛。校长刘伟、韩国高等教育财团事务总长朴仁国出席开幕式并致辞，副校长杜鹏主持论坛。

11月3日，孔子学院总部、国家汉办和学校共同主办的第六届世界汉学大会在学校开幕。会议围绕“理解中国：包容的汉学与多元的文明”主题，结合汉学的发展与中西文化交流展开了对话。校长刘伟，国家汉办党委书记、孔子学院总部副总干事、国家汉办副主任马箭飞，国家汉办副主任、孔子学院总部副总干事静炜，世界汉学大会理事会主席杨慧林等出席开幕式。副校长杜鹏主持开幕式。美国普林斯顿大学、耶鲁大学，英国牛津大学等高校和机构的学者代表出席开幕式。

11月3日至4日，首届“人大马克思主义新闻观与中国特色社会主义新闻理论的发展与创新骨干师资高级研修班”在学校举办。来自全国30余家高等新闻教育机构的学员参加本届研修班。北京市委常委、宣传部部长杜飞进，中华全国新闻工作者协会党组书记、常务副主席胡孝汉，学校荣誉一级教授陈力丹等先后为学员授课。活动开始前，学校党委书记靳诺会见了杜飞进一行。开班仪式上，教育部高等教育司副司长徐青森、学校党委副书记郑水泉致辞。

11月4日，人大附中联合总校教育帮扶成果汇报会暨第一届理事会第三次会议在学校召开。学校党委书记靳诺、校长刘伟，教育部基础教育司司长吕玉刚、人事司一级巡视员赵丹龄，北京市教育委员会主任刘宇辉、北京市委副秘书长郑登文出席会议，国务院原副秘书长、国务院参事室原主任、党组书记陈进玉，第十二届全国人大常委会委员、法律委员会副主任委员李连宁，国务院参事室有关参事、中央文史研究馆有关馆员，校领导吴付来、贺耀敏、吴晓球、郑水泉、杜鹏，海淀区、丰台区、朝阳区、通州区、大兴区、北京经济技术开发区等主管领导参加会议。

11月4日，学校北美校友会主办的“北美明德论坛2018年会”在纽约洛克菲勒中心举行。常务副校长王利明出席论坛。此次年会以“新选择：从中美经济关系到量化投资策略”为主题，由北美校友会与德勤会计师事务所、Benimax Investment Group、《北京周报》和中国网联合主办。来自中美两国的经济、金融、实业界专业人士以及来自美国10余个州的校友近200人共同探讨了中美关系与宏观经济局势、量化投资策略与发展等话题。

11月6日，全国哲学社会科学规划办公室公布2018年度国家社科基金重大项目立项名单，学校共申报33项，其中10个项目获得资助，立项率为30.30%，立项数和立项率均居全国高校前列。

11月7日，“四川省新时代治蜀兴川骨干递进培养计划‘一把手’提能工程——加强和改进新形势下的高校思想政治工作培训班”开班，四川省主要高校“一把手”参加培训。学校党委书记靳诺出席开班仪式并讲授第一课，四川省委教育工委副书记刘立云在开班仪式上致辞。

11月8日，学校党委书记靳诺带队赴国家典籍博物馆参观了“旷世宏编，文献大成——国家图书馆藏《永乐大典》文献展”和“从《诗经》到《红楼梦》——那些年我们读过的经典展”，国家图书馆副馆长、国家典籍博物馆常务副馆长李虹霖陪同。学校党委副书记、纪委书记吴付来，副校长贺耀敏出席。来自学校办公室、党委组织部、党委宣传部、纪委办公室、档案馆、博物馆等单位的共60余名党员代表参加活动。

11月8日，黑龙江省委常委、组织部部长王爱文一行来校调研。学校党委书记靳诺、校长刘伟会见王爱文一行，双方就开展省校合作和选调生引进等议题进行深入交流。黑龙江省委组织部副部长马晓明，省高级人民法院党组成员、副院长邹鹏等有关领导，学校党委副书记、纪委书记吴付来陪同会见并主持座谈会。王爱文一行参观了学校校史馆和古籍典藏馆，副校长杜鹏陪同。

11月8日，校长刘伟会见比利时根特大学校长里克·冯·瓦利，双方就加强两校学科交流合作等事宜进行会谈。根特大学外事副校长胡伦布里克·盖多等陪同。

11月9日至11日，党外干部培训班暨中央社会主义学院第二期在京高校民主党派干部培训班在学校举办。学校党委常委、副校长、党委统战部部长杜鹏，中央社会主义学院党组成员、教务长李道湘出席开班仪式并致辞。

11月12日，校长刘伟会见美国理海大学校长约翰·西蒙一行。

11月12日，学校节约型公共机构示范单位通过验收。副校长吴晓球会见验收专家组。

11月13日，校长刘伟会见到访的吉林省委常委、组织部部长王凯，吉林省委组织部副部长、省委老干部局局长郝国昆一行。双方就进一步加强选调生招录工作进行深入交流。

11月13日至20日，学校党委书记靳诺率团访问墨西哥、哥斯达黎加和巴拿马，与墨西哥国立自治大学、墨西哥学院、哥斯达黎加大学及巴拿马大学进行了友好交流，并出席多项重要活动。

11月14日，第二十届中国国际高新技术成果交易会名校校长论坛在深圳人才园举行。深圳市副市长艾学峰、深圳市人力资源和社会保障局局长孙福金等出席论坛并致辞。校长刘伟应邀出席并做主题演讲。

11月14日，首期全国高校“党的建设”学科师资培训班在学校举办，来自全国50余所高校相关专业的教师参加培训。学校党委副书记、纪委书记、马克思主义学院院长吴付来在开班仪式上致辞。

11月14日，“红船领航”计划党员先锋营2017级总结表彰暨2018级迎新大会举行。副校长杜鹏、解放军新闻传播中心战略支援部队分社社长邹维荣出席会议，学校党委组织部、党委宣传部、党委学生工作部、校团委、商学院党委、马克思主义学院党委相关负责人以及武警选培办负责人参加活动。

11月15日，庆祝书报资料中心成立60周年大会暨第三届中国学术评价高峰论坛在学校召开。校长刘伟、副校长刘元春，中国期刊协会会长、原国家新闻出版广电总局副局长吴尚之，中共中央宣传部出版局局长郭义强，中国编辑学会会长郝振省，原国家新闻出版广电总局新闻报刊司司长李军等出席。

11月15日，学生职业生涯引领计划（“LEAD计划”）第四期结营暨第五期开营仪式在学校举行。校长刘伟、副校长杜鹏出席活动，“LEAD计划”部分导师和学员代表参加活动。

11月17日，学校国家发展与战略研究院与埃及艾因夏姆斯大学签订共建“一带一路”合作研究中心谅解备忘录并举行研究中心揭牌仪式。校长、国家发展与战略研究院院长刘伟，埃及艾因夏姆斯大学校长阿卜杜勒·瓦哈卜出席仪式并致辞。副校长刘元春主持备忘录签订仪式及座谈会，副校长杜鹏会见埃及艾因夏姆斯大学相关领导。

11月17日，校友会第六届理事会第五次会议暨2018校友工作研讨会在学校召开。校长、校友会会长刘伟，副校长杜鹏出席，学校相关部处、学院以及海内外地方校友会负责人，相关年级、专业、行业校友社团组织代表，热心校友代表参加会议。会议由副校长杜鹏主持。

11月17日至18日，“双一流”建设与评价圆桌会议在学校召开。副校长兼教育学院院长、中国教育发展战略学会高等教育专业委员会理事长吴晓球，中国高等教育学会原会长瞿振元，中国教育发展战略学会常务副会长康宁，中国劳动关系学院校长刘向兵等出席会议。

11月18日，学校公共管理学院行政管理学系和公共治理研究院联合举办的“改革开放40年：

中国式治理论坛”在学校举行。学校原党委书记、中国教育后勤协会会长程天权，学校党委副书记郑水泉出席开幕式。

11月19日至23日，为纪念改革开放40周年，学校党委副书记、纪委书记吴付来带队，学校党委组织部和党校组织各院系部处30余名优秀年轻干部赴福建宁德开展学习实践活动。

11月20日，价格改革40周年研讨会在学校召开。来自相关高校和研究机构的专家学者，国家发展改革委员会、国家市场监管总局、各地价格主管部门代表，曾在价格系统工作过的部分领导同志出席研讨会，共话价格改革40年。学校党委常务副书记张建明在开幕式上致辞，国家发展改革委员会副主任胡祖才做主旨发言。副校长刘元春主持。

11月21日，重庆工商大学校长孙芳城一行到访学校。副校长、经济学院院长刘元春会见孙芳城一行，双方就开展合作帮扶具体事宜座谈交流。

11月22日，学校召开部署第四批教授一级岗位聘用工作及人才相关工作会议。校长刘伟出席，副校长吴晓球主持会议。各学院及相关部处负责人、各学院人事干部共65人参会。

11月22日，校长刘伟带队，常务副校长王利明等到公共管理学院召开“双一流”建设座谈会，着重了解该院推进“双一流”建设各项工作的具体举措与实际进展，并围绕“双一流”建设所面临的挑战等问题进行深入探讨。

11月24日，学校国家发展与战略研究院、经济学院，中国诚信信用管理股份有限公司联合主办的“中国宏观经济论坛（2018—2019）”报告会举行。论坛主题为“改革开放新征程中的中国宏观经济”。校长、国家发展与战略研究院院长刘伟，学校一级教授胡乃武，中国社会科学院副院长高培勇，中银国际研究公司董事长曹远征等出席论坛。副校长、经济学院院长刘元春代表课题组发布论坛主报告《改革开放新征程中的中国宏观经济》。

11月25日，学校通州新校区大厂拓展区项目开工推进会在河北廊坊大厂回族自治县举行。校领导靳诺、张建明、贺耀敏，人大附中校长翟小宁，廊坊市委书记冯韶慧，廊坊市委常委、宣传部部长、统战部部长奚献军，廊坊市委常委、常务副市长贾永清，大厂回族自治县县委书记谷正海等出席，大厂回族自治县县长刘宝旺主持推进会。

11月25日，学校中共党史党建研究院举办“新时期与新时代：‘中国改革开放40年丛书’出版座谈会”。学校党委书记靳诺会见与会学者，副校长朱信凯出席会议并致辞。

11月26日，副校长刘元春会见来访的德国慕尼黑大学副校长叶翰，双方就加强两校交流合作事宜进行会谈。

11月27日，校长刘伟会见来校访问的西藏民族大学党委书记、副校长欧珠一行。学校党委常务副书记张建明陪同并与欧珠一行座谈。西藏民族大学党委常委、副校长史本林出席。

11月30日，学校党外知识分子联谊会成立暨第一届理事会第一次理事大会召开。学校党委书记靳诺，副校长、党委组织部部长、党委统战部部长杜鹏出席大会。北京市委统战部副部长刘春锋，北京市委统战部党外知识分子工作处、北京市委教育工委统群处等相关单位负责人参会。会议由学校党委常务副书记张建明主持。

12月1日，2018—2022年经济学类专业教学指导委员会第一次全体会议召开。会议旨在讨论新一届经济学类教学指导委员会工作章程、组织细则及工作计划。教指委主任委员、校长刘伟，教育部高等教育司副司长徐青森等有关领导，以及全国40余所高校代表共47位委员参加。会议由教指委秘书长、学校经济学院教授邱海平主持。

12月1日，为纪念建所40周年，学校清史研究所举办了系列纪念活动。学校党委书记靳诺，副校长朱信凯，国家清史编纂委员会主任、清史研究所名誉所长、学校一级教授戴逸，来自海内外的嘉宾、校友及在校学生等共200余人参加活动。

12月3日，学校马克思主义学院本科联合党支部召开“伟大的变革——改革开放40周年”专题理论学习会。学校党委书记靳诺，党委副书记、纪委书记、马克思主义学院院长吴付来出席。马克思主义学院党委书记兼常务副院长王易主持会议。

12月4日，首届全国高校党委教师工作部部长工作研讨会在学校举行，会议主题为“新时代高校教师师德建设探索与创新”。教育部教师工作司司长任友群、北京市委教育工作委员会常务副书记郑吉春、学校党委书记靳诺出席会议并讲话。北京大学、清华大学、中国人民大学等全国68所高校党委教师工作部部长，以及教育部教师工作司、北京市委教育工委相关处室负责人共80余人参加。学校党委副书记郑水泉主持。

12月4日，深圳市中国人民大学教育基金会第一届理事会2018年度会议召开。学校党委常务副书记、深圳市中国人民大学教育基金会理事长张建明出席会议。

12月4日，学校召开“双一流”建设年度总结及2019年项目启动工作部署会。校领导王利明、贺耀敏、朱信凯出席会议并讲话，来自30个院系以及学校职能部门的主要负责人参加。会议由朱信凯主持。

12月4日至5日，学校举办第十届青年教师教学基本功比赛。校领导靳诺、吴付来、吴晓球，北京市教育工会主席张锦出席开幕式。

12月4日至5日，第十三届全球孔子学院大会在成都举行。国务院副总理、孔子学院总部理事会主席孙春兰发表主旨演讲，教育部部长、孔子学院总部理事会副主席陈宝生主持开幕式。教育部副部长田学军在闭幕式上为全球孔子学院先进个人和先进单位颁奖。学校合作共建的海外孔子学院获得两项殊荣：哥斯达黎加大学孔子学院荣获“全球先进孔子学院”，意大利博洛尼亚大学孔子学院外方院长莫笛荣获“全球孔子学院先进个人”称号。副校长杜鹏出席大会。

12月4日至6日，学校党委书记靳诺率团赴云南省，就学校对口帮扶保山市和怒江州兰坪县工作展开调研及帮扶活动，了解当地扶贫攻坚工作开展情况和学校实施支持滇西教育脱贫攻坚有关工作的落实情况，看望慰问挂职干部与研究生支教团同学，并与当地政府座谈交流。

12月5日，副校长杜鹏会见美国康奈尔大学副教务长傅慧贞一行，双方就深入推进两校合作进行交流。

12月8日，学校举办纪念改革开放40周年高峰论坛。论坛以“致敬40年——新时代　新征程”为主题。校长刘伟出席并做主题演讲，副校长刘元春主持。

12月9日，学校第三十二届“一二·九”合唱音乐节举行，来自全校23个学院共计22支代表队参加比赛。学校党委书记靳诺，党委副书记、纪委书记吴付来，党委副书记郑水泉，副校长刘元春出席并颁奖。

12月11日，第七届吴玉章人文社会科学终身成就奖颁奖典礼在学校举行。本届终身成就奖分别授予著名历史学家、教育家、华中师范大学教授章开沅和著名马克思主义经济学家、中国人民大学教授吴易风。十八届中央政治局委员、国务院原副总理、吴玉章基金委员会主任马凯为获奖者颁奖并讲话。校领导靳诺、刘伟、王利明、吴付来、贺耀敏、刘元春、朱信凯，学校老领导程天权、冯惠玲、林岗，学校一级教授邬沧萍、方汉奇、吴易风、刘大椿，中国史学会会长、求是杂志社原社长李捷，华中师范大学校长赵凌云、原党委书记马敏，以及兄弟高校的代表等出席典礼。

12月11日，学校数据工程与知识工程教育部重点实验室第三届学术委员会第一次会议召开。中国科学院院士、北京理工大学副校长梅宏受邀担任学术委员会主任，华东师范大学副校长周傲英等15位教授担任委员，学校副校长刘元春出席会议。

12月12日，学校纪检监察工作专题培训会开班。学校党委书记靳诺出席开班仪式并讲话，学校党委副书记、纪委书记吴付来主持会议并做专题报告。

12月12日，校领导靳诺、王利明、吴付来、贺耀敏、刘元春、朱信凯带队赴国家博物馆参观“伟大的变革——庆祝改革开放40周年大型展览”。国家博物馆副馆长白云涛陪同参观。

12 月 13 日，南非共产党第一副总书记马派拉率领南非共产党代表团到访学校。学校党委书记靳诺会见马派拉一行。

12 月 14 日，学校党委书记靳诺出席教育部全国师德师风建设工作视频会议，并作为高校代表做大会交流发言。学校党委副书记郑水泉参加会议。

12 月 14 日，庆祝改革开放 40 周年文艺晚会《我们的四十年》在人民大会堂举行。学校学生艺术团合唱团 80 名同学参演晚会的《乘风破浪再出发》合唱节目。

12 月 15 日，2018—2022 年教育部高等学校马克思主义理论类专业教学指导委员会成立暨第一次工作会议在学校召开。教指委主任委员、学校党委书记靳诺，教育部高教司司长吴岩、副司长徐青森，学校党委副书记、纪委书记、马克思主义学院院长吴付来出席会议并致辞。

12 月 15 日，2018—2022 年教育部高等学校社会学类专业教学指导委员会成立暨第一次全体委员会议召开。学校党委常务副书记张建明、教育部高教司人文社科教育处副处长高巍巍，教指委主任委员李路路，副主任委员周飞舟、田毅鹏、顾东辉、文军、成伯清、胡荣、王宁及全体委员参加。

12 月 15 日，2018—2022 年教育部高等学校农业经济管理类专业教学指导委员会第一次全体委员会议在学校召开。教育部高教司副司长王启明、学校副校长朱信凯出席会议并讲话。来自全国 46 所高等院校的 48 位委员和部分上届委员参加会议。

12 月 16 日，“成就与经验：中国改革开放 40 年”高端论坛在学校举办。改革开放 40 年的亲历者和见证者、相关领域的学术大家和著名学者以及“成就与经验：中国改革开放 40 年”征文活动的获奖作者代表会聚一堂，共同回顾历史、展望未来。《东方风来满眼春》作者、《深圳特区报》原总编辑、1961 级校友陈锡添，校领导靳诺、刘伟、张建明、王利明、郑水泉、刘元春、朱信凯，学校一级教授张立文等出席会议。副校长刘元春主持会议。

12 月 17 日，学校党委书记靳诺一行到访内蒙古自治区呼和浩特市，会见自治区党委书记、自治区人大常委会主任李纪恒等，交流推动区校战略合作事宜，并看望自治区校友代表。

12 月 17 日，学校亚洲研究中心举行 2018 年理事会。校长、亚洲研究中心理事长刘伟，韩国高等教育财团事务总长、亚洲研究中心理事长朴仁国出席理事会。

12 月 18 日，学校党委理论学习中心组召开会议，学习习近平总书记在庆祝改革开放 40 周年大会上的重要讲话，“改革先锋”称号获得者、校友胡福明做专题报告并与师生交流。校领导靳诺、刘伟、张建明、王利明、吴付来、吴晓球、刘元春、朱信凯出席。

12 月 19 日，学校党委巡察工作动员部署会召开。学校党委巡察工作领导小组组长、党委书记靳诺，学校党委巡察工作领导小组副组长、党委常务副书记张建明，副校长吴晓球出席会议。会议由学校党委巡察工作领导小组副组长、党委副书记、纪委书记吴付来主持。学校党委巡察工作领导小组各成员单位主要负责人，巡察组组长和副组长，各学院党政主要负责人、二级纪委书记或纪检委员，各机关部处、教辅单位和直附属单位主要负责人参会。

12 月 20 日，“学习习近平总书记在庆祝改革开放 40 周年大会上重要讲话精神”学生座谈会在学校举行。学校党委书记靳诺出席座谈会并讲话，副校长朱信凯主持会议。有关单位负责人以及各学院学生代表参加座谈。

12 月 20 日，机关党委举办机关干部读书会暨《思想巨人马克思》导读会。中国社会科学院学部委员、《思想巨人马克思》作者靳辉明教授做导读报告。学校党委书记靳诺、常务副书记兼机关党委书记张建明在会前会见靳辉明教授。

12 月 21 日，内蒙古自治区人民政府与学校签署战略合作框架协议。内蒙古自治区党委常委、组织部部长曾一春，自治区副主席欧阳晓晖，校领导靳诺、刘伟、张建明、朱信凯出席签约仪式。

12 月 21 日，校长刘伟会见来访的吉尔吉斯斯坦驻华大使阿扎马特·乌谢诺夫一行。

12月21日至23日，学校举办2019（第15届）中国人力资源管理新年报告会暨中国人才发展高峰论坛。副校长吴晓球出席开幕式并致辞。

12月22日，香港中文大学原校长、社会学家金耀基来访学校，并担任“郑杭生社会学大讲堂”第十二期主讲嘉宾，做题为《大学与中国现代文明的建构》的学术报告。学校党委书记靳诺、校长刘伟会见金耀基教授，学校党委常务副书记张建明主持报告会。

12月23日，社会与人口学院举办“社会政策学科建设与中国社会政策发展”学术研讨会。学校党委常务副书记张建明出席会议并主持开幕式，副校长朱信凯出席并致辞。来自全国40余家教学和科研单位的60余名代表参会。

12月24日，学校党委启动第一轮巡察工作，后勤集团、商学院、环境学院分别召开巡察工作动员会。

12月25日，第二期全国高校“党的建设”学科师资培训班在学校举办。学校党委副书记、纪委书记、马克思主义学院院长吴付来出席并致辞，来自全国50余所高校相关专业的教师参加培训。

12月25日，学校举办“形势与政策”名家讲坛之改革开放40周年主题讲座。中国国家博物馆副馆长白云涛以致敬改革开放40周年为主题，结合“伟大的变革——庆祝改革开放40周年大型展览”做专题报告。讲座前，贺耀敏副校长会见白云涛副馆长。

12月26日，学校2018年学生奖励颁奖典礼举行。校领导靳诺、郑水泉、朱信凯，一级教授冯惠玲、杨瑞龙出席典礼并颁奖。

12月26日，“中美关系与公共外交40年”圆桌论坛在学校举办。副校长贺耀敏出席。论坛由学校国家发展与战略研究院和中国网联合主办。

12月26日，中国残联第七届执行理事会副理事长、党组成员贾勇来访。学校党委副书记郑水泉会见贾勇一行。

12月27日，学校召开2018年外事工作会议。校长刘伟出席并讲话。会议对学校国际化建设工作进行阶段性总结，就做好新时期教育对外开放、以学校“双一流”建设为目标努力提升学校国际化水平等方面工作提出发展规划。副校长杜鹏主持会议。

12月27日，学校召开改善基本办学条件专项2019年项目启动及2018年项目自评工作部署会议。常务副校长王利明、副校长贺耀敏出席。改善基本办学条件专项工作小组各成员单位、各项目单位负责人和工作人员参会。

12月27日，教育部发布《关于批准2018年国家级教学成果奖获奖项目的决定》，学校作为第一完成单位共7项教学成果获奖，总数位列全国高校第4。其中，一等奖获奖数居于全国第二。此次评选，学校共有8项教学成果获奖，作为第一完成单位获奖7项，其中一等奖2项，二等奖5项；作为联合完成单位获二等奖1项。获奖成果覆盖法学、管理学、思想政治理论课、经济学、哲学、新闻学等科类。

12月28日，学校召开2018年本科生招生工作总结表彰大会。校领导靳诺、刘伟、张建明、杜鹏、朱信凯出席，本科生招生社会监督员、本科生招生工作委员会委员、招生组新老组长、各学院招生协调专员及获奖代表参会。副校长朱信凯主持会议。

12月28日，学校召开教师职务评审和岗位聘用委员会会议，审议第四批教授一级岗位拟聘用人选。校领导靳诺、刘伟、张建明、王利明、吴晓球、刘元春、杜鹏、朱信凯出席。校学术委员会主任陈先达等10位一级教授，以及13位专家代表参会。

12月28日，中宣部、教育部、共青团中央共同主办的“改革先锋进校园”专场讲座在学校举办。“改革先锋”称号获得者、重庆市江北区观音桥街道人民调解委员会“老马工作室”负责人马善祥为学校师生做专题报告。报告开始前，学校党委常务副书记张建明会见马善祥。

12月28日，学校2019年新年音乐会举行。学校党委副书记、纪委书记、艺术学院院长吴付来出席音乐会。各机关部处、院系相关负责人和师生代表 1 000 余人共同欣赏音乐。

12 月 29 日，学校召开党委理论学习中心组扩大会议，深入学习习近平新时代中国特色社会主义思想和党的十九大精神等重要思想精神，并特别围绕习近平总书记关于改革开放及高等教育的重要论述，以及《中国共产党章程》《中国共产党纪律处分条例》等有关党内法规做专题理论学习研讨。校领导靳诺、张建明、王利明、吴付来、贺耀敏、吴晓球、刘元春、朱信凯出席。学校党委书记靳诺主持会议。

12 月 29 日，学校党委副书记郑水泉、副校长朱信凯一行到知行五楼为同学们送上新年礼物，并向元旦期间坚守岗位的教职工表示慰问。

12 月 31 日晚至 2019 年 1 月 1 日凌晨，“筑梦四十载，奋进再出发”学校 2019 年新年联欢晚会举行。学校党委副书记郑水泉、副校长朱信凯出席，与现场近千名师生共迎新年。

附录二　2018 年媒体报道中国人民大学的部分文章目录索引

专题部分

1. 中国人民大学“双一流”建设方案发布（2018 年 1 月 1 日）

人北清师公布“双一流”建设方案　北京青年报，2018/01/01
“双一流”建设已进入全面落实阶段　中国教育报，2018/01/01
世界一流大学究竟怎么建　人民日报，2018/01/02
专版聚焦人民大学“双一流”建设：始终奋进在时代前列　光明日报，2018/01/02
北大清华人大公布“双一流”建设方案：2020 年成为世界一流大学　北京晚报，2018/01/02
“双一流”建设进入实战状态　中国教育报，2018/01/03
“双一流”之路，任重道远　人民日报，2018/01/11

2. 中国人民大学发布《2017 中国大学生创业报告》(2018 年 1 月 6 日)

人大报告：26％的在校大学生有强烈或较强的创业意愿　法制晚报，2018/01/05
中国人民大学发布《2017 中国大学生创业报告》　高校创新创业教育向联盟化方向发展　新华网，2018/01/06
近九成在校大学生想创业　北京晚报，2018/01/06
中国人民大学发布《2017 中国大学生创业报告》　新浪教育，2018/01/06
近三成大学生创业意愿强烈　呼吁加快建设高校创业生态系统　经济日报，2018/01/07
《二〇一七年中国大学生创业报告》显示大学生创业意愿持续高涨　中国教育报，2018/01/13
《2017 中国大学生创业报告》发布　资金不足仍是最大障碍　创业生态体系正在形成　中国青年报，2018/01/13

3. 习近平新时代中国特色社会主义思想研究院揭牌仪式（2018 年 1 月 13 日）

中国人民大学习近平新时代中国特色社会主义思想研究院揭牌　澎湃新闻，2018/01/13
中国人民大学习近平新时代中国特色社会主义思想研究院揭牌　中国新闻社，2018/01/13
人民大学习近平新时代中国特色社会主义思想研究院揭牌　中国网，2018/01/14
中国人民大学习近平新时代中国特色社会主义思想研究院揭牌　中国高等教育，2018/01/28

4. 2017 年度中国十大学术热点发布会（2018 年 1 月 16 日）

2017 年度中国十大学术热点发布会举行　人民网，2018/01/16
中国人民大学发布 2017 年度中国十大学术热点　法制晚报，2018/01/16

2017 年度中国十大学术热点发布　习近平新时代中国特色社会主义思想研究排在首位　光明日报，2018/01/17
2017 中国十大学术热点发布　人民日报，2018/01/22

5. 国台办主任张志军看望人民大学台湾师生（2018 年 1 月 20 日）

张志军走访人民大学台湾师生　中国新闻网，2018/01/20
国台办主任张志军看望在京台生　与台湾师生进行座谈　今日台湾，2018/01/20
张志军走访看望在京台湾师生　中国评论通讯社，2018/01/21
国台办主任赴人民大学看望台湾师生　北京日报，2018/01/22

6. 深入学习习近平总书记在中国共产党与世界政党高层对话会上重要主旨讲话精神座谈会（2018 年 2 月 4 日）

靳诺：为建立新型政党关系贡献智慧和力量　光明日报，2018/02/04
凝聚构建人类命运共同体的政党力量——“深入学习习近平总书记在中国共产党与世界政党高层对话会上重要主旨讲话精神”座谈会会场直击　光明日报，2018/02/05
王文：“一带一路”建设是构建“人类命运共同体”的重要抓手　光明日报，2018/02/06
方长平：人类命运共同体具备很强的操作性和实践性　光明日报，2018/02/06
汪亭友：宣告崇高理念，展现使命担当　光明日报，2018/02/06
王义桅：政党外交的伟大创举政治文明的人类创新　光明日报，2018/02/06
杨凤城：历史和时代视野下新型政党关系的构建　光明日报，2018/02/06
秦宣：以制度创新推进建设更加美好的世界　光明日报，2018/02/06
周淑真：扩大我国政党制度的影响力　光明日报，2018/02/07
杨光斌：构建中国共产党的话语体系　光明日报，2018/02/07
政党携手，共铸人类命运共同体　光明日报，2018/02/09

7. 街巷中国・大学生寒假社会实践

大学生“街巷中国”城市调查助力长辛店街道社区养老　人民网，2018/02/05
中国人民大学学生在衡阳街道内开展城市调查　新浪网，2018/02/05
人大学子寒假实践深入潍坊社区调研基层民生　齐鲁网，2018/02/09
人大学子寒假实践走近津城街巷　搜狐网，2018/02/12
寒假高校“待机”，大学生们都忙些啥　中国教育报，2018/02/12
今年过半高校寒假超过 35 天：有人潜心学术，有人下乡支教　澎湃新闻，2018/02/13
中国人民大学“街巷中国”城市调查走进云富街道办事处　云南北大门网，2018/02/15

8. 2018 年两会

专访吴晓球：构铸新时代中国金融的强健之基　社会科学报，2018/03/01
专家学者聚焦全国两会：为人民谋幸福　为民族谋复兴　人民网，2018/03/02
李庆四：经贸合作依然是中美关系“压舱石”　北京日报，2018/03/02
“一带一路”倡议深得人心　西方抹黑中国难得逞　参考消息网，2018/03/02
实践是理论之源　CCTV 焦点访谈，2018/03/02
构建人类命运共同体　CCTV 焦点访谈，2018/03/04

多谋民生利　多解民生忧　光明日报，2018/03/05
靳诺：习近平新时代中国特色社会主义思想的理论特色　党建研究，2018/03/05
杨光斌：中国的政策过程追求的是一种共识民主　北京日报，2018/03/05
汪亭友：深入理解“两会”的制度特色与制度优势　求是网，2018/03/05
中国新时代　一切为了人民对美好生活的向往　中央电视台，2018/03/05
刘伟：中国经济高质量发展并非不要速度　经济日报，2018/03/05
王义桅、王文、文扬：大势已至，当有所为　观察者网，2018/03/05
毛寿龙：一定程度上开放国内的劳动力市场　中国青年网，2018/03/05
郑功成：解读《政府工作报告》重点　人民网，2018/03/05
“数”读政府工作报告　感受历史性成就与变革　新华社，2018/03/05
一锤接着一锤敲　人民日报，2018/03/06
郑功成解读《政府工作报告》：加快中央调剂金制度建设是基本养老保险改革发展的必由之路　人民网，2018/03/06
时延安：四方面加强对互联网金融犯罪的治理　检察日报，2018/03/06
王易：以人民为中心发展思想的生动实践　人民论坛，2018/03/06
刘伟等：发展壮大新动能成供给侧改革重点　经济参考报，2018/03/06
马亮：让政府效能“风暴”越刮越强　凤凰网，2018/03/06
魏钦恭：提高个税起征点将增强低收入群体获得感　新浪网，2018/03/06
仝志辉：科学制定规划才能加快乡村振兴　新浪网，2018/03/06
中国人民大学中法学院教授林承铎谈对台新措施如何助推两岸融合　深圳卫视，2018/03/07
“个税改革已有时间表”　人大金融专家庄毓敏：为企业减税是双赢　华夏时报，2018/03/07
李义平：深入理解我国经济发展进入新时代　人民日报，2018/03/07
实践没有止境　理论创新也没有止境　光明日报，2018/03/07
曹斌：让文物“活”起来应从多途径出发　光明网，2018/03/07
杨光斌：人类命运共同体是最大化公正的世界秩序　北京周报，2018/03/07
刘晓光：房地产税立法在即　将成调控房价重要手段　海外网，2018/03/07
汤维建：中国是世界最大裁判文书上网的国家　司法改革给百姓实在的实惠　未来网，2018/03/07
汤维建委员：建议制定我国《个人破产法》　人民政协网，2018/03/07
汤维建：确立个人破产制度势在必行　检察日报，2018/03/08
刘伟委员谈“GDP 预设 6.5”：稳速度全球瞩目　高质量主动为之　中国青年网，2018/03/08
郑功成、郑秉文畅谈养老“新”课题：我们对养老有哪些期许　经济日报，2018/03/08
汤维建：“法治”是“法制”的升级版　正义网，2018/03/08
郑功成：机关事业单位养老金制度真正成熟和定形还有过程　经济日报，2018/03/08
政协委员刘伟：均衡增长才能最好的发展　华夏时报网，2018/03/09
拥护宪法　增强宪法意识　人民日报，2018/03/09
汤维建委员：制定《行政程序法》　建设法治中国　人民政协网，2018/03/09
代表委员谈全面依法治国：法治护航　助力复兴伟业　光明日报，2018/03/10
刘伟：以人文社会科学为主的大学如何创建“双一流”　新华网，2018/03/11
王文：让人民群众更有获得感　CCTV 中国新闻，2018/03/11

郑功成：政府工作报告民生“大礼包”含金量高	苏州电视台，2018/03/11
王文：生态文明建设守护绿水青山	CCTV 中国新闻，2018/03/11
护航新时代　走向新辉煌——社会各界群众热议人大通过宪法修正案	人民日报，2018/03/12
为中华民族伟大复兴铸牢宪法根基	光明日报，2018/03/12
建设现代化经济体系：浓墨重彩写华章	光明日报，2018/03/12
周文彰　岳凤兰：“四个统一”是师德师风建设的时代要求	人民论坛网，2018/03/12
汤维建：建议出台公益诉讼鉴定机构标准	中国网，2018/03/12
蓝虹：生态文明写入宪法将推动绿色金融进入全面发展新阶段	中国青年网，2018/03/12
开启民生事业发展新征程	中国劳动保障报，2018/03/12
罗来军：绿色发展引领长江经济带建设	人民日报，2018/03/13
汤维建：反映新时代新风貌的国家根本法	光明日报，2018/03/13
王义桅：推动“一带一路”建设行稳致远	人民日报海外版，2018/03/13
郑功成：紧紧抓住养老保障这一民生热点、难点开展监督工作	新华网，2018/03/13
祁凡骅、王丛虎：13 个部门职能大整合更高效、统一	文汇报，2018/03/13
刘伟：深化推进供给侧结构性改革	人民政协报，2018/03/13
刘鹏：为何要设立大市场监管部门	财新网，2018/03/13
7 位大学书记校长纵论高校“双一流”建设	微言教育，2018/03/13
助力伟大时代　创造更大辉煌	人民日报，2018/03/14
坚决拥护宪法修改　推动全面贯彻实施	人民日报，2018/03/14
为中华民族伟大复兴提供根本法治保障	光明日报，2018/03/14
助力伟大时代　创造更大辉煌——代表委员和干部群众热议宪法修正案通过	光明日报，2018/03/14
坚决拥护深入学习宣传贯彻宪法修正案	光明日报，2018/03/14
国家监察：走中国特色监察道路	人民日报海外版，2018/03/14
国务院机构改革 8 大关注点	人民日报海外版，2018/03/14
推动宪法全面贯彻实施	新华社，2018/03/14
建设人民满意的服务型政府——透视国务院机构改革十大关键词	新华网，2018/03/14
汤维建：激活宪法潜能，使宪法更加“接地气”	人民网，2018/03/14
张杰：“三个第一”引领现代化经济体系全面建设	光明网，2018/03/14
2018 两会·改革新征程：国务院机构改革的举措与逻辑	中国经济网，2018/03/14
中国全面依法治国为人民做了哪些事儿?	中国网，2018/03/14
法学法律界专家学者坚决拥护完全赞成宪法修正案	CCTV 新闻联播，2018/03/14
多措并举　让居民老有所养	人民日报，2018/03/15
刘伟：改善供给才能满足人民对美好生活的需要	CCTV 两会特别报道，2018/03/15
刘伟：现在经济发展中的矛盾主要集中在供给端	新京报，2018/03/15
罗来军：货币政策的度在于中性	人民论坛网，2018/03/15
中国人民大学校长：以供给侧结构性改革为主线是人民生活需要	澎湃新闻，2018/03/15
张楠迪扬：常态化“代表通道”更便于向人民交账	凤凰网，2018/03/15
刘伟委员：构建现代经济体系需要以供给侧结构性改革为主线	新华网络电视，2018/03/15
汤维建：在新思想引领下深入推进司法改革	中国政协网，2018/03/15
中国人民大学校长：以供给侧结构性改革为主线是人民生活需要	澎湃新闻，2018/03/15
代表委员热议监察法草案和国家监察体制改革	人民日报，2018/03/16

推动创新　深化改革　人民日报，2018/03/16
两会特刊：图说两会　光明日报，2018/03/16
中国人民大学校长：以供给侧结构性改革为主线是人民生活需要　光明日报，2018/03/16
人民满意：建设服务型政府　人民日报海外版，2018/03/16
委员通道：聚焦发展共商良策　CCTV 新闻联播，2018/03/16
刘英：解读国务院机构改革　组建三部一局体现绿色发展理念　中国网，2018/03/16
郑功成：快速老龄化　是挑战也是机遇　中国青年报，2018/03/16
卫兴华：创新引领发展　满足美好生活　光明日报，2018/03/17
启航新时代　在发展中改善民生　CCTV 焦点访谈，2018/03/17
王丛虎：宪法宣誓——彰显中国人对宪法与法律的敬畏　中国网，2018/03/17
庄毓敏：预算报告有四大亮点　搜狐网，2018/03/17
人民大学教授郑功成当选第十三届全国人民代表大会常务委员会委员　CCTV 新闻联播，2018/03/18
冯玉军：国家领导人首次宪法宣誓彰显宪法权威　CCTV 新闻联播，2018/03/18
“伟大祖国的掌舵者　亿万人民的领路人”　光明日报，2018/03/18
全党全军全国人民的共同意愿　新华社，2018/03/18
威廉·萨拉斯：中国的发展为世界提供指引　人民日报，2018/03/19
新时代需要新作为——代表委员谈将改革进行到底　光明日报，2018/03/19
王义桅：中国发展造福世界　人民日报海外版，2018/03/19
从 2018 年全国两会看民生“新获得”　新华社，2018/03/19
金融业对外开放正进入全新阶段　国际金融报，2018/03/19
李珍：建议实行家庭为单位、属地参保原则　人民网，2018/03/19
宋伟：海外利益保护成为中国外交新热点　宣讲家网，2018/03/19
刘伟：把握好供给侧结构性改革重要“窗口”期　中宏网，2018/03/19
郑功成：民生红利惠及更多百姓　经济日报，2018/03/20
全国人大代表审查预算报告时认为：公开有“亮度”　民生有“温度”　经济日报，2018/03/20
杨子强：中国共产党人民观的新境界　人民网，2018/03/20
启航新时代　机构改革　职能优化　CCTV 焦点访谈，2018/03/21
周晓晶：扩大开放、优化营商环境凸显中国自信和政府担当　中国网，2018/03/21
专访郑功成：民政部应强化职责应对快速老龄化　21 世纪经济报道，2018/03/21
弘扬伟大民族精神　奋发有为新时代　CCTV 新闻联播，2018/03/22
让教育“卸掉浓妆”回归本真　光明日报，2018/03/23
卫兴华：深入研究中国特色社会主义政治经济学新课题　经济日报，2018/03/23
周文彰　肖立勋：在系统协同中实现“总体效应”　北京日报，2018/03/26
从“原告”到“公益诉讼起诉人”　检察机关扛起公益诉讼重任　中国青年报，2018/03/27
邬沧萍：建好没有围墙的养老院　人民日报，2018/03/29

9. 十九大专题

解读十九届中央纪委二次全会精神　人民网，2018/01/15
秦宣：深刻把握中国特色社会主义进入新时代的依据　求是，2018/01/31
郝立新：以人民为中心　CCTV 焦点访谈，2018/02/28
感受奔向全面小康的脚步　人民日报，2018/03/05
教育系统党的十九大精神“百人宣讲团”宣讲对谈全面展开　人民网，2018/03/08

“十九大精神高端理论研讨会”在中国人民大学召开 中国社会科学网，2018/03/09
宋扬：坚持现行标准脱贫的内涵与工作要求 中国网，2018/03/14
侯衍社 侯耀文：我国社会主要矛盾转化若干重要问题的思考 中国社会科学网，2018/03/14
郑水泉：高校思想政治工作要适应新时代新要求 北京教育，2018/03/18
李洁：关于加强高校基层党支部书记培训工作的若干思考 北京教育，2018/03/18
陈崎：党的十九大对科学社会主义的新发展 思想理论教育导刊，2018/03/20

10. “歌影年华”（2018年4月14日）

人民大学启动“歌影年华”纪念复校40周年首场活动 北京青年报，2018/04/14
中国人民大学启动纪念复校40周年首场活动 第十七届“歌影年华”校园原创音乐会唱响明德堂 中国网，2018/04/16

11. 世界读书日（2018年4月23日）

世界读书日：“朗读亭”亮相中国人民大学 呼吁多朗读感受文字力量 北京电视台，2018/04/23
中国人民大学举办世界读书日系列活动 中国教育新闻网，2018/04/24
中国人民大学：书香人大 光明日报，2018/04/24
中国人民大学举办世界读书日系列活动（组图） 中国网，2018/04/24
中国人民大学：书香溢校园（组图） 中国网，2018/04/24
中国人民大学举办世界读书日系列活动 中青在线，2018/04/24
在人大，书的影子从来没有消失 新华网，2018/04/25

12. 中国人民大学授予吉尔吉斯斯坦外长名誉教授（2018年4月24日）

吉外长：全世界需认真聆听上合组织青岛峰会的声音 中国网，2018/04/25
中国人民大学授予吉尔吉斯斯坦外长名誉教授 北京青年报，2018/04/25
吉尔吉斯斯坦外长：稳定与互信是吉中关系最佳描述 中国新闻社，2018/04/25
吉尔吉斯斯坦外长阿布德尔达耶夫中国人民大学名誉教授授予仪式举行 人民网，2018/04/25
Министру иностранных дел Кыргызстана присвоено звание почетного профессора Народного университета Китая *Синьхуа Новости*，2018/04/25

13. 丝路学院（2018年4月26日）

人民大学创办“丝路学院”今年计划面向“一带一路”沿线国家和地区招生50至100人 北京晚报，2018/04/26
海航集团与中国人民大学签署合作协议 “一带一路”与未来人才培养研讨会在京举行 第一财经，2018/04/26
First Belt and Road Graduate School to Open in September *China Daily*，2018/04/26
人大开办“丝路学院” 今年9月首次招生 北京青年报，2018/04/26
海航联手人民大学培养复合型人才 海口日报，2018/04/26
中国人民大学与海航集团签署合作协议 “一带一路”与未来人才培养研讨会在京举行 中国网，2018/04/27
中国人民大学成立丝路学院 9月将迎首批新生 中国新闻网，2018/04/27
中国人民大学与海航集团签署合作协议 人民网，2018/04/28

14. 纪念马克思诞辰两百周年（2018 年 5 月 4 日）

郝立新：马克思给我们留下怎样丰富的思想遗产　光明网，2018/04/28
陈先达：如何认识马克思主义的当代价值　求是，2018/04/30
《马克思是对的（五）》张晓萌等：千年思想家　CCTV1，2018/05/01
马克思是个“10 后”，永远和青年人在一起　中国青年网，2018/05/02
陈先达：为什么要隆重纪念马克思诞辰 200 周年　中国社会科学网，2018/05/02
张新：从《共产党宣言》看马克思思想的当代价值——纪念马克思诞辰 200 周年　宣讲家网，2018/05/02
提问马克思：马克思是谁?　央广网，2018/05/02
真理魅力的时代表达——通俗理论对话节目《马克思是对的》在社会各界产生广泛影响　光明日报，2018/05/03
臧峰宇：马恩视野中的“亚洲新纪元的曙光”　光明网，2018/05/03
韩海涛：马克思 200 年“不死”之秘　半月谈，2018/05/03
王向明：社会主要矛盾转化的历史逻辑与现实依据　中国共产党新闻网，2018/05/03
卫兴华：从马克思的科学社会主义到新时代中国特色社会主义——纪念马克思诞辰 200 周年　经济日报，2018/05/03
“纪念马克思诞辰 200 周年大会”特别报道　中央电视台，2018/05/04
乔梁：马克思主义是时代精神的精华又是整个人类精神的精华　央广网，2018/05/04
马克思主义在中国正变得“年轻”　新华社，2018/05/04
郑水泉：坚持和发展马克思主义的宣言书　人民网，2018/05/04
刘建军：《共产党宣言》中的“民族复兴”思想与中华民族的伟大复兴　科学社会主义，2018/05/05
汪亭友：马克思主义奠定了共产党人坚定理想信念的理论基础　中国网，2018/05/05
用马克思主义光辉照亮教育奋进之路　习近平总书记在纪念马克思诞辰 200 周年大会上的重要讲话在高校引发热烈反响　中国教育报，2018/05/05
侯衍社：纪念马克思诞辰 200 周年：坚持和发展马克思主义是对马克思最好的纪念　CETV，2018/05/05
张云飞：全面把握马克思主义的性质和特征　央广网，2018/05/05
习近平总书记在纪念马克思诞辰二百周年大会上的重要讲话引起热烈反响——前进道路上，继续高扬马克思主义伟大旗帜　人民日报，2018/05/05
为坚持和发展马克思主义而执着努力——社科理论界、高校知识分子热议习近平总书记在纪念马克思诞辰 200 周年大会上的重要讲话　新华社，2018/05/05
中国人民大学马克思主义学院学生就电影《青年马克思》接受《北京您早》采访　北京卫视，2018/05/06
为坚持和发展马克思主义而执着努力——社科理论界、高校知识分子热议习近平总书记在纪念马克思诞辰 200 周年大会上的重要讲话　人民日报，2018/05/06
用马克思主义观察时代解读时代引领时代——习近平总书记在纪念马克思诞辰 200 周年大会上的重要讲话在广大青年师生中引起热烈反响　新华社，2018/05/06
郝立新：马克思主义创立者经典巨制的辉煌呈现——读“马克思　人民日报，2018/05/07

恩格斯著作特辑”
陈学明　罗骞：马克思与时代　北京日报，2018/05/07
郭湛：实践铸就中国道路自信　光明日报，2018/05/07
刘建军：马克思与信仰　北京日报，2018/05/07
陈先达：马克思与生活　北京日报，2018/05/07
习近平在纪念马克思诞辰200周年大会上的重要讲话在哲学社科界引发强烈反响　中国社会科学网，2018/05/07
卫兴华：始终坚持和不断发展马克思主义政治经济学（构建中国特色哲学社会科学）——纪念马克思诞辰200周年　人民日报，2018/05/07
靳诺：从三个维度理解21世纪马克思主义　中国评论通讯社，2018/05/12

15. 第十八届万寿论坛在京举行（2018年5月11日）

第十八届“万寿论坛”在京举行　探讨中国道路与非洲发展　凤凰网，2018/05/11
南非共总书记出席万寿论坛　探讨马克思主义　中国评论通讯社，2018/05/12
南非共总书记：马克思主义真理性没有变　需不断发展　中新社，2018/05/12
第十八届“万寿论坛”在京举行　光明日报，2018/05/12
第十八届“万寿论坛”在京举行　聚焦21世纪马克思主义　中国网，2018/05/14
南非共总书记：不断发展马克思主义，才是它适用当今的关键　澎湃新闻，2018/05/14
第十八届万寿论坛在中国人民大学举行　新浪网，2018/05/14

16. 中国人民大学博物馆建馆十周年暨“大学校训书法作品展”开幕式举行（2018年5月18日）

中国人民大学博物馆建馆十周年系列活动启动仪式暨“大学校训书法作品展”开幕式　中国网，2018/05/18
蔡元培、于右任等大师墨宝亮相人大博物馆　新京报网，2018/05/18
人民大学博物馆建馆十周年暨“大学校训书法作品展”开幕式今天举行　北京青年报，2018/05/18
大学校训书法作品展开展　中国教育报，2018/05/19

17. 中国人民大学丝路学院揭牌（2018年5月23日）

中国人民大学丝路学院在苏州校区揭牌　中国日报网，2018/05/23
中国人民大学丝路学院在苏州校区揭牌，丝路学院发布首份研究报告《构建一带一路学》　凤凰网，2018/05/23
中国人民大学发布《构建“一带一路”学》报告　CCTV，2018/05/23
中国人民大学丝路学院苏州揭牌　人民日报海外版，2018/05/24
中国人民大学丝路学院在苏州校区揭牌成立　中国网，2018/05/24
中国人民大学丝路学院在苏州校区揭牌　人民网，2018/05/24
Silk Road School Opens at Renmin University of China　CGTN，2018/05/24
人大丝路学院揭牌　人民日报，2018/05/25

18. 毕业典礼（2018年6月29日）

人民大学今天举行毕业典礼　校长寄语毕业生：别怕　新京报，2018/06/29
人民大学举行毕业典礼　校长寄语毕业生：别怕　新浪网，2018/07/02

中国人民大学校长刘伟：学好，守拙，别怕　中教之声，2018/07/02
中国人民大学校长毕业典礼致辞：学好、守拙、别怕　凤凰，2018/07/02
中国人民大学校长刘伟送给毕业生六个字：学好、守拙、别怕　澎湃新闻，2018/07/02
中国人民大学校长刘伟寄语毕业生：学好、守拙、别怕　人民网，2018/07/02
中国人民大学校长刘伟送给毕业生六个字：学好、守拙、别怕　网易，2018/07/02
数据分析毕业“最后一课”“人生”“创新”“时代”成高频词　北京日报，2018/07/03
毕业季“最后一课”，听听师长们的临别寄语　新华社，2018/07/05
2018 毕业季　最后一课：脚踏实地，求真力行　CCTV，2018/07/14

19. 数学学院成立（2018 年 6 月 30 日）

中国人民大学成立数学学院　北京青年报，2018/06/30
中国人民大学数学学院揭牌成立　新华网，2018/06/30
中国人民大学数学学院揭牌成立　中国社会科学网，2018/06/30
以人文社科为主的中国人民大学，今天成立了数学学院　北京日报，2018/06/30
中国人民大学成立数学学院　郑志勇担任首任院长　人民网，2018/07/02
中国人民大学数学学院揭牌成立　新浪网，2018/07/02
人大成立数学学院　北京晚报，2018/07/03

20. “中非互助与人类命运的共同未来”中非关系研讨会暨系列研究成果发布会（2018 年 8 月 20 日）

“中非互助与人类命运的共同未来”中非关系研讨会暨系列研究成果发布会在京举行　人民网，2018/08/20
人民大学与中国公共外交协会在京主办中非关系研讨会　中青在线，2018/08/20

21. 中国人民大学澳门校友会成立（2018 年 9 月 1 日）

崔世安会见中国人民大学领导一行　就加强教育合作交换意见　华侨报，2018/09/01
崔世安会见中国人民大学领导一行　冀加强合作培育人才　澳门日报，2018/09/01
人民大学澳校友会成立　澳门日报，2018/09/02

22. 北区食堂智慧餐厅试运行（2018 年 9 月 4 日）

餐具内置芯片、告别人工结算　中国人民大学智慧餐厅试运行　新京报，2018/09/04
食堂“刷盘交费”终结打饭排长队　北京青年报，2018/09/06

23. 新生报到（2018 年 9 月 9 日）

近 9 000 新生人民大学报到　港澳台学生近百人　中国新闻社，2018/09/09
人大新生获赠《时间管理手册》，隐形资助让贫困生更有尊严　澎湃新闻，2018/09/09
近 9 000 名新生人民大学报到　首批“00 后”“霸屏”大学校园　央广网，2018/09/09
中国人民大学迎来近 3 000 名“00 后”新生　中青在线，2018/09/09
人大首批“00”后新生今报到　学校“量身打造”《时间管理手册》　融合日程管理、学业规划等　法制晚报，2018/09/09
人大 8 824 名新生今日报到　为“00”后新生准备《时间管理手册》　北青网，2018/09/09
8 800 余名新生人大报到　迎来首批“00”后新生　中国日报，2018/09/09
中国人民大学迎新　为“00 后”新生首推时间管理手册　新京报，2018/09/09

人民大学今天迎来 8 000 余名新生　为 00 后量身打造《时间管理手册》　北京晚报，2018/09/09
人大迎新生　为 00 后量身打造《时间管理手册》　法制晚报，2018/09/09
中国人民大学为“00 后”新生量身打造“时间管理手册”　中国青年报，2018/09/11
“00 后”新生自制学业成长地图　现代教育报，2018/09/12
时间管理助推大学生启航　中国教育报，2018/09/13

24. 师生热议习近平总书记在全国教育大会上的重要讲话（2018 年 9 月 10 日）

中国人民大学：为党和国家培养“国民表率、社会栋梁”　中国青年报，2018/09/12
习近平总书记重要讲话引发热议　16 位大学书记校长这样说　人民网，2018/09/12
把培养社会主义建设者和接班人作为根本任务——广大教育工作者热议习近平总书记在全国教育大会上的重要讲话　光明日报，2018/09/12
“以德树人，办好人民满意的教育”　中国青年报，2018/09/13
靳诺：准确把握新时代新形势培养民族复兴的有用之才　光明日报，2018/09/13

25. 开学典礼（2018 年 9 月 12 日）

中国人民大学党委书记靳诺：在大学最美好年华找寻人生答案　人民网，2018/09/12
人大开学典礼今日举行　校党委书记寄语“00 后”新生　北京青年报，2018/09/12
人大党委书记寄语“00 后”：在大学最美好年华找寻人生答案　中国网，2018/09/12
人大书记寄语“00 后”新生：要主动放下手机　回归至名家经典阅读　央广网，2018/09/12
人民大学党委书记寄语“00 后”：大学最美好年华找寻人生答案　今日头条，2018/09/12
中国人民大学书记靳诺寄语 2018 级新生：找寻人生的答案　中青在线，2018/09/13
人大校党委书记靳诺：在大学最美好的年华找寻人生的答案　新浪网，2018/09/13
人民大学举行“开学第一课”　校领导这样告诫学生　北京晚报，2018/09/13

26. 学习贯彻全国教育大会精神专家讨论会（2018 年 9 月 14 日）

中国人民大学举办学习贯彻全国教育大会精神专家讨论会　中国日报，2018/09/14
学习贯彻全国教育大会精神专家讨论会在京举行　中国社会科学网，2018/09/17

27. “一带一路”国际智库论坛（2018 年 9 月 20 日）

十六国智库专家共话“一带一路”五周年进展　光明网，2018/09/17
一带一路国际智库论坛举办　人民网，2018/09/21

28. 中国人民大学金融学科第二届年会举行（2018 年 9 月 29 日）

中国人民大学金融学科第二届年会在京召开　中国金融，2018/09/30
中国人民大学金融学科第二届年会在京举行　中国发展网，2018/09/30
中评现场：人大第二届金融学年会昨召开　中国评论新闻网，2018/09/30

29. 重庆市政府与中国人民大学签订战略合作框架协议（2018 年 10 月 9 日）

重庆市政府与中国人民大学签订战略合作框架协议　重庆卫视，2018/10/09
重庆市政府与中国人民大学签订战略合作框架协议　重庆日报，2018/10/10

30. 习近平总书记关于教育的重要论述专题研讨会（2018 年 10 月 10 日）

教育界热议习近平讲话：中国教育立足国情　扎根中国大地　中国网，2018/10/11
习近平总书记关于教育的重要论述专题研讨会在中国人民大学举行　中国日报，2018/10/11
加快新时代教育事业发展步伐　中国社会科学报，2018/10/12
以“九个坚持”为根本遵循　扎根中国大地办大学　人民网，2018/10/12

31. 首都治理国际论坛（2018 年 10 月 20 日）

如何推进精治、共治、法治？中外专家为首都治理把脉开方　北京日报，2018/10/20
多措并举提升首都城市治理能力　中国社会科学报，2018/10/22
“首都治理国际论坛”在中国人民大学举行　人民网，2018/10/23

32. 第 24 届万寿论坛（2020 年 10 月 24 日）

第 24 届万寿论坛“精准扶贫与中非合作”主题会议举行　中国新闻社，2018/10/24
中联部副部长钱洪山：中国将为非洲减贫发展作出新的更大努力　澎湃新闻，2018/10/24
中联部帮扶脱贫有何高招？驻村第一书记向非洲朋友传授经验　澎湃新闻，2018/10/24
第二十四届万寿论坛在中国人民大学举行　新浪网，2018/10/24
万寿论坛“精准扶贫与中非合作”主题会议在京举行　光明日报，2018/10/24
共商精准扶贫　中非政要、专家聚首万寿论坛　新华社，2018/10/24
中非减贫合作将成为南南合作典范　人民日报，2018/10/25
第 24 届万寿论坛“精准扶贫与中非合作”主题会议在京举行　中国网，2018/10/25
提高贫困人口生活和就业能力　中国社会科学报，2018/10/29

33. 第六届世界汉学大会（2018 年 11 月 3 日）

百余中外学者聚人大　探讨汉学发展　法制晚报，2018/11/03
第六届世界汉学大会在中国人民大学举行　中国日报，2018/11/03
第六届世界汉学大会在中国人民大学举行　北京青年报，2018/11/03
第六届世界汉学大会举行　聚焦汉学发展开展多元文化交流　中国网，2018/11/03
“我持此石归，袖中有东海”——第六届世界汉学大会开幕　光明日报，2018/11/03
第六届世界汉学大会举行　中国新闻网，2018/11/03
第六届世界汉学大会在京开幕　CCTV 新闻联播，2018/11/03
第六届世界汉学大会举行　中国教育报，2018/11/05
第六届世界汉学大会在中国人民大学举办　新华网，2018/11/05
第六届世界汉学大会在中国人民大学举行　网易，2018/11/05
“分享世界对中国的阐释”——写在第六届世界汉学大会闭幕之际　光明日报，2018/11/05
第六届世界汉学大会：如何理解中国　新京报，2018/11/05
世界汉学大会在京举行　中外学者共商汉学发展　新华社，2018/11/05
“包容性”汉学研究受关注　中国社会科学报，2018/11/09
人大校长刘伟：汉学研究帮助世界理解中国　中青在线，2018/11/12

34. 马克思主义新闻观骨干师资培训班举办（2018 年 11 月 3 日）

马克思主义新闻观骨干师资培训班举办　总结新闻传播经验　中国网，2018/11/03
马克思主义新闻观骨干师资培训班在人大新闻学院举办　网易，2018/11/05

马克思主义新闻观骨干师资研修班在人大新闻学院举办　中国教育新闻网，2018/11/06
马克思主义新闻观骨干师资培训班在人大新闻学院举办　中国社会科学网，2018/11/06
中国人民大学首届马克思主义新闻观研修班开班，教育部点赞　澎湃新闻，2018/11/06
马克思主义新闻观骨干师资研修班在中国人民大学举办　新华网，2018/11/06
马克思主义新闻观骨干师资研修班在人大新闻学院举办　光明网，2018/11/06
马克思主义新闻观骨干师资研修班在人大新闻学院举办　中国青年网，2018/11/06
马克思主义新闻观骨干师资研修班在人大新闻学院举办　新华社，2018/11/06
马克思主义新闻观骨干师资研修班在人大新闻学院举办　现代教育报，2018/11/06

35. 全国高校“党的建设”学科师资培训班开班（2018 年 11 月 14 日）

首期全国高校“党的建设”学科师资培训班在中国人民大学开班　光明网，2018/11/14
首期全国高校“党的建设”学科师资培训班在中国人民大学开班　新浪网，2018/11/14

36. 书报资料中心成立 60 年（2018 年 11 月 15 日）

中国人民大学庆祝书报资料中心成立 60 年　中新网，2018/11/15
中国人民大学庆祝书报资料中心成立六十周年　光明网，2018/11/15
中国人民大学书报资料中心成立六十周年　人民网，2018/11/16

37. 何梓华逝世（2018 年 11 月 16 日）

杏坛诲人　德厚流光——追记新闻教育家、中国人民大学新闻学院原院长何梓华　光明日报，2018/11/17
著名新闻教育学者何梓华逝世　中国教育报，2018/11/20
新闻学的“铺路者”何梓华走了　新京报，2018/11/21

38. 改革开放 40 年：中国式治理论坛（2018 年 11 月 19 日）

“改革开放 40 年：中国式治理论坛”举行　中国教育新闻网，2018/11/19
“改革开放 40 年：中国式治理论坛”纪念改革开放四十周年学术研讨会在中国人民大学举行　光明网，2018/11/19
“改革开放 40 年：中国式治理论坛”在中国人民大学举行　北京青年报，2018/11/20
“改革开放 40 年：中国式治理论坛”在中国人民大学举行　中国青年网，2018/11/21

39.《社会心态与大学生人才资本》报告发布（2018 年 11 月 26 日）

人民大学报告：超 6 成大学生希望成为职场精英　新京报，2018/11/26
人民大学实证研究显示：61%的大学生希望成为职场精英　北京日报，2018/11/26
人民大学调查报告显示　近 6 成大学生呈现积极心态　法制晚报，2018/11/26
社会心态及大学生人才资本实证报告发布会在人大举办　北京青年报，2018/11/27
报告显示今年大学生心态更积极　使命担当感更强　中国青年网，2018/11/29
《社会心态及大学生人才资本》实证报告发布　近六成大学生持积极社会心态　中国社会科学网，2018/11/30

40. 首届全国高校党委教师工作部部长工作研讨会在中国人民大学举行（2018 年 12 月 4 日）

首届全国高校党委教师工作部部长工作研讨会举行　全面推进　教育部网站，2018/12/07

新时代高校师德建设探索与创新
首届全国高校党委教师工作部部长工作研讨会举行　全面推进　　光明日报，2018/12/08
新时代高校教师师德建设探索与创新
全国 68 所高校在京共商教师师德建设探索与创新　　新华网，2018/12/08
首届全国高校党委教师工作部部长工作研讨会举行　　中国网，2018/12/09

41. 中国人民大学举办纪念改革开放 40 周年高峰论坛（2018 年 12 月 8 日）

中国人民大学纪念改革开放 40 周年高峰论坛在京召开　　中国网，2018/12/09
人大以“致敬 40 年——新时代、新征程”为主题纪念改革开放　　北京青年报，2018/12/09
人民大学校长刘伟谈改革开放：中国近当代史找不出第二个这样的 40 年　　封面新闻，2018/12/09
中国人民大学举办纪念改革开放 40 周年高峰论坛　　中国日报，2018/12/09
刘伟：改革开放 40 年让中国变化深刻　　中国青年报，2018/12/10
中国人民大学举办纪念改革开放 40 周年高峰论坛　　光明日报，2018/12/10
中国人民大学举办纪念改革开放 40 周年高峰论坛　　中国青年网，2018/12/12

42. 章开沅、吴易风获第七届吴玉章人文社会科学终身成就奖（2018 年 12 月 11 日）

刚刚，人文社科最高奖颁给两位泰斗　　光明日报，2018/12/11
捐出百万奖金＋身故后房产　86 岁老教授就为做好这件事　　北京日报，2018/12/12
吴玉章终身成就奖揭晓，86 岁获奖者捐 100 万奖金设贫困生奖学金　　中国青年报，2018/12/12
章开沅、吴易风获吴玉章终身成就奖　　新京报，2018/12/12
老教授捐奖金身后房产设奖学金　　北京日报，2018/12/12
章开沅、吴易风获第七届吴玉章人文社会科学终身成就奖　　光明日报，2018/12/12
人大 87 岁教授吴易风为贫困生捐百万奖金：还将捐遗产　　澎湃新闻，2018/12/12
人大获奖教授：捐百万奖金千万房产　　梨视频，2018/12/12
第七届吴玉章人文社会科学终身成就奖颁奖　章开沅吴易风获奖　　中国网，2018/12/12
章开沅、吴易风获授第七届吴玉章人文社会科学终身成就奖　　中国青年网，2018/12/12
暖心！人大“学历最低”教授捐出百万奖金助学贫困生　　新华社，2018/12/13
历史学家章开沅、马克思主义经济学家吴易风获吴玉章终身成就奖　　新华社，2018/12/13
第七届吴玉章人文社会科学终身成就奖揭晓　　中国社会科学网，2018/12/15

43. 中国人民大学朝阳幼儿园绘本剧综合实践活动研讨会（2018 年 12 月 12 日）

中国人民大学朝阳幼儿园绘本剧综合实践活动研讨会　　新浪网，2018/12/12
中国人民大学朝阳幼儿园通过绘本剧助力“幼小衔接”　　北京青年报，2018/12/13

44. 专访《东方风来满眼春》作者陈锡添

26 年前一篇雄文震惊全国，作者忆当年：写完稿子，怕到睡不着　　北京日报，2018/12/17
专访《东方风来满眼春》作者陈锡添：邓小平的话石破天惊　　新京报，2018/12/17
陈锡添：改革开放改变了我的命运　　中国青年报，2018/12/18

45. 专访《实践是检验真理的唯一标准》作者胡福明

胡福明：写文章前经过激烈的思想斗争　新京报，2018/12/19
胡福明回母校人民大学分享心得：这是勇于开放勇于探索的 40 年　北京晚报，2018/12/19
胡福明：我为光明日报撰写《实践是检验真理的唯一标准》的前前后后　光明日报，2018/12/20

46. 成就与经验：中国改革开放 40 年高端论坛在中国人民大学举办（2018 年 12 月 16 日）

陈锡添：未来中国改革开放不停步　中国青年报，2018/12/17
“成就与经验：中国改革开放 40 年”高端论坛在中国人民大学成功举行　中国网，2018/12/18
成就与经验：中国改革开放 40 年高端论坛会议举办　中国日报，2018/12/18
“成就与经验：中国改革开放 40 年高端论坛会议”在人民大学举办　北青网，2018/12/20

47. 庆祝改革开放 40 周年大会在人民大学引发强烈反响（2018 年 12 月 18 日）

改革开放 40 周年：以新担当新作为推动改革开放再出发　光明网，2018/12/19
王易　杨子强：吹响新时代改革开放再出发的嘹亮号角　人民网，2018/12/19
全国高校师生踊跃观看庆祝改革开放 40 周年大会　人民网，2018/12/19
庆祝改革开放 40 周年·习总书记重要讲话　在知识分子青年学生中引发热议　CCTV 朝闻天下，2018/12/20
弘扬伟大改革开放精神　在新时代将改革开放推向前进——习近平总书记在庆祝改革开放 40 周年大会重要讲话在青年学子中引发强烈反响　CCTV 新闻联播，2018/12/20
砥砺奋进新征程　扬帆起航再出发——习近平总书记在庆祝改革开放 40 周年大会重要讲话在知识分子中引发强烈反响　CCTV 新闻联播，2018/12/20
广大师生热议庆祝改革开放 40 周年大会：砥砺奋进四十年改革开放再出发　中国教育电视台，2018/12/21
青春奋进新时代　改革开放筑梦来　习近平总书记在庆祝改革开放 40 周年大会重要讲话在青年学子中引发强烈反响　中国青年网，2018/12/21
跑好伟大复兴的接力赛　习近平总书记在庆祝改革开放 40 周年大会上的重要讲话在各地基层党员干部群众中引起热烈反响　新华社，2018/12/21
跑好伟大复兴的接力赛　习近平总书记在庆祝改革开放四十周年大会上的重要讲话在各地基层党员干部群众中引起热烈反响　光明日报，2018/12/21
致敬 40 年　做好接棒人　人民日报海外版，2018/12/21
致敬改革开放！首都高校师生热议庆祝改革开放 40 周年大会　V 思想，2018/12/21

48. 改革先锋奖章获得者代表与人民大学师生座谈交流（2018 年 12 月 20 日）

部分改革先锋与大学师生话改革　北京青年报，2018/12/20
改革先锋奖章获得者代表与首都高校学子座谈交流　北京卫视，2018/12/20
99 岁“改革先锋”何载经历非凡，自述“惊涛骇浪”岁月　北京日报理论周刊，2018/12/21
实践验真理　四十年铸辉煌　《实践是检验真理的唯一标准》的主要作者与人大师生共话改革开放　中国教育电视台，2018/12/22
中央宣传部教育部共青团中央部署开展“改革先锋进校园”活动　新华社，2018/12/28

“改革先锋”许崇德：学而为宪六十载 新华社，2018/12/28
“改革先锋进校园”活动启动 CCTV 新闻联播，2018/12/28
不一样的思政课——“改革先锋”进首都高校宣讲 北京日报，2018/12/29
“改革先锋”与大学生共话改革开放故事 北京青年报，2018/12/29
“改革先锋”讲述生动一课 北京晚报，2018/12/29

其他署名文章及报道

一月

“共享图书”现身大学校园 北京晚报，2018/01/02
吴付来等：坚定文化自信，加快构建中国特色哲学社会科学 思想理论教育导刊，2018/01/02
伍聪：重点关注全球金融风险的六大问题 社会科学报，2018/01/02
2017 年来自于理论界的 70 个观点 人民论坛，2018/01/02
政协委员、专家学者共议“三治合一”的乡村治理体系如何建立——治理有序才是最美乡村 人民日报，2018/01/03
翟小宁：把创新精神溶进学校生活 中国教育报，2018/01/03
方汉奇：用 66 年把冷板凳坐热 中国青年报，2018/01/03
促进学科交叉融合　创新人才培养模式 新华社，2018/01/03
中国人民大学推出校友故事系列片　乔羽、刘强东等 8 位校友为主角 新京报，2018/01/03
董希淼：防控金融风险永远在路上 广州日报，2018/01/04
8 所大学生创业园入孵化体系 北京日报，2018/01/04
国内首家“一带一路”法律研究会在京成立 人民网，2018/01/04
爱国爱校还可以这样酷 中国教育报，2018/01/04
政治领导硬，攻坚不怕打不赢 人民日报，2018/01/04
王文：每个人都是“中国读本” 人民日报，2018/01/05
陶文昭：在共同繁荣发展中铸牢中华民族共同体意识 光明日报，2018/01/05
靳诺：习近平新时代中国特色社会主义思想的精神特质和理论品格 学习时报，2018/01/05
王丛虎：让《环保税法》为生态文明有效护航 社会科学报，2018/01/05
时不我待 只争朝夕——学习贯彻习近平总书记在党的十九大精神研讨班开班式重要讲话 CCTV 新闻联播，2018/01/06
用三个“一以贯之”开创新时代中国特色社会主义事业新局面 CCTV 新闻联播，2018/01/07
吴晓球：科技创新推动中国金融的未来变革——在第二届环球人物金融科技领军人物榜发布盛典上的讲话 IMI 财经观察，2018/01/08
陈先达：文化自信的本质与当代意义 光明日报，2018/01/08
刘元春：牢记高端智库“顶天立地”的资政使命 中国网，2018/01/08
人民大学国发院青岛分院正式成立 光明网，2018/01/08
中法关系发展迎来新机遇 人民日报海外版，2018/01/09
中国人民大学附属中学在新建学校—— 探索构建“启航—领航—自航”课程体系 中国教育报，2018/01/10
这所高校的学生把党支部建到了法国 澎湃新闻，2018/01/10
陈先达：法治与德治何以相得益彰 人民日报，2018/01/10

思政理论课也能“高”“精”“尖” 光明日报，2018/01/10
卫兴华：准确理解“不平衡不充分的发展” 人民日报，2018/01/11
打造网络新“视界” CCTV焦点访谈，2018/01/11
地无三尺平，百姓咋脱贫？ 人民日报，2018/01/12
吴晓球：中国金融监管改革的目标不是所谓的“一行三会合并” 央广网，2018/01/12
张杰：新时代中法关系大有可为 光明网，2018/01/12
王小虎　桑明旭：完善高考改革需要坚持“四个结合” 光明日报，2018/01/12
思政课是这样“活起来”的 瞭望，2018/01/13
高校思政课的北京实践 新华社，2018/01/13
吴晓球：证券化的金融产品应由证监会来监管 新浪财经，2018/01/13
吴晓球：IPO标准需要修改　防止BAT类企业流失 和讯网，2018/01/13
吴晓球：金融监管不是消灭风险，应推动中国金融变革 新华网，2018/01/13
“90后”心中的思政课 新华社，2018/01/13
吴晓球：资本市场的灵魂是成长性，不能再把下一个阿里、腾讯赶出国门上市 E洞察，2018/01/15
杨德山：论党的自我革命与伟大社会革命 学习时报，2018/01/15
陈先达：软实力并不软 吉林日报，2018/01/15
刘伟：弘扬传统凝练特色　推进“双一流” 中国教育报，2018/01/15
网游行业应规范性经营 法制晚报，2018/01/16
李立国：始终奋斗在时代前列　高等教育的重要精神品格 理论网，2018/01/16
奖与贷：奋斗青年的乐与忧 人民日报海外版，2018/01/16
2017年四季度就业情况排名出炉　这些行业就业景气 中国新闻网，2018/01/16
李鹏　王檠成：始终坚持“四个服务”　办扎根中国大地的世界一流大学 理论网，2018/01/16
李立国：服务党的中心任务　探索高等教育发展新路 理论网，2018/01/16
中国人民大学幼儿园“精彩童画　涂鸦未来”儿童画展开幕式举行 中国网，2018/01/16
张腾霄：风雨润桃李　玉壶托冰心 北京教育，2018/01/16
李立国：20年步入世界一流　中国大学何以做到 光明日报，2018/01/16
人大幼儿园“精彩童画　涂鸦未来”儿童画展开幕式举行 新浪网，2018/01/16
马亮：互联网巨头时代的隐私保护 联合早报，2018/01/16
刘晓光：2018年房地产可能带不动经济了 华尔街见闻，2018/01/16
“爱心圆梦工程”中国人民大学文学院助学金资助仪式举行 中青在线，2018/01/17
王义桅：中国机遇期也是世界机遇期 人民日报海外版，2018/01/18
谁“刷”热了虚高榜单 人民日报，2018/01/18
聂辉华：地方政府为何自曝GDP掺水 新京报，2018/01/18
杨东：当前亟需加强监管共享单车押金涉众及类金融风险 华夏时报，2018/01/18
李巍：台湾重新成中美关系敏感问题 中评网，2018/01/18
李奋飞：别急着追诉律师　律协调查可成为前置程序 法制晚报，2018/01/22
黄兴涛：清朝时期“中国”作为国家名称从传统到现代的发展 光明日报，2018/01/22
打赢思政课质量提升攻坚战——全国高校思政课改革创新综述 中国教育报，2018/01/22
王丛虎：94号令五大看点 政府采购信息网，2018/01/22
陈先达：我是改革开放的同龄人 北京日报，2018/01/22

吴付来：打造学生真心喜爱、终身受益的思想政治理论课 中国高等教育，2018/01/23
人民大学举行“新时代金融改革与开放”论坛 法制晚报，2018/01/23
吴晓球：房地产市场空间比金融投资有限 新华社，2018/01/23
宋伟：政府停摆风波与美国两党较劲 北京日报，2018/01/24
李巍：贸易对抗无助美国减少对华逆差 光明日报，2018/01/24
阿勒泰·赛肯：新时代民族团结工作的新使命和新要求 人民政协报，2018/01/25
聂辉华等：环保升级成本谁担　构建环京津冀跨区转移支付机制 财新网，2018/01/25
王义桅：“一带一路”全面延伸到拉美大陆 人民日报海外版，2018/01/25
刘伟：以供给侧结构性改革为主线建设现代化经济体系 人民日报，2018/01/26
王义桅：人类命运共同体为何引发世界共鸣？ 联合早报，2018/01/27
张立文：镜如明月　察知求实 光明日报，2018/01/27
为新时代法治中国建设汇智聚力 光明日报，2018/01/28
马亮：环境治理应保护弱势群体权益 新浪财经，2018/01/29
李义平：高质量发展要求淡化 GDP 情结 中国日报网，2018/01/29
大数据为诚信体系建设提供新契机 光明日报，2018/01/29
《哲学与人生》出版 光明日报，2018/01/29
为什么强调执政党建设“伟大工程”？如何造就？ 中国共产党新闻网，2018/01/29
刘元春：期待地方政府能以新发展观布局区域发展工作 中新网，2018/01/29
《新时代面对面》网上座谈会今天举行 CCTV 新闻联播，2018/01/30
李巍：特朗普在达沃斯：“交易型总统”正转变为“战略型总统” 澎湃新闻，2018/01/31
王义桅：英中何以成为共建“一带一路”的天然合作伙伴？ FT 中文网，2018/01/31

二月

王义桅：中英共建“一带一路”将再现“亚投行效应” 北京日报，2018/02/02
杨子强　张宜秋：信仰的滋味 中国纪检监察报，2018/02/02
吴晓球：新时代的大国金融 东南卫视，2018/02/02
王义桅：中英共同打造“黄金时代”增强版 人民日报海外版，2018/02/02
“新闻法治·媒体诚信”第六届中国新闻法治学术峰会召开 人民网，2018/02/04
刘凤云：北京古都的人文之蕴 北京日报，2018/02/05
余开亮：文明互鉴与中国传统美学发展 光明日报，2018/02/05
马亮：招引国际人才：做猎头更要做星探 凤凰网，2018/02/05
孙郁：守正笃实　敦行不怠 教育部网站，2018/02/05
孔祥智：“一号文件”派发“乡村振兴”新红利 华夏时报网，2018/02/05
马亮：数据造假越来越无所遁形 新浪网，2018/02/05
刘俊海：部分商家名为春节促销实则侵犯消费者权益 法制日报，2018/02/06
北京高校思政理论课高精尖创新中心利用大数据、云计算收集与分析课程——“思政理论课也要追求高精尖” 中国教育报，2018/02/06
孙久文：塑造区域城乡协调发展新格局 光明网，2018/02/06
郑风田：乡村振兴战略是全面的“三农”工作部署 光明日报，2018/02/06
王利明：国家有必要加强网络游戏监管力度　净化网络 法制晚报，2018/02/06
打造新时代的“中坚力量” 人民日报，2018/02/06
刘瑞明：明星出轨和东北衰落是一回事 新浪网，2018/02/07

王义桅：人类命运共同体理念的大格局大智慧　光明日报，2018/02/07
邬沧萍：解决养老难题需要全社会共同发力　光明日报，2018/02/07
喻国明等：警惕公信力陷入“公地悲剧”　环球时报，2018/02/08
马亮：多点发力，健全乡村社会治理体制　光明网，2018/02/08
王宏伟：进入2月以来发生多起生产安全事故　春节前加快生产进度忽视安全是主因　法制日报，2018/02/08
中国电视：以文化的力量突围　光明日报，2018/02/08
张杰：当前中美战略竞争的三个焦点　联合早报，2018/02/09
王义桅：重要变化！中国崛起令西方恐慌，“中国威胁论”已不够用？　参考消息网，2018/02/09
马亮：以邻为壑的环境治理该醒醒了　中国网，2018/02/09
带你读懂新时代　CCTV焦点访谈，2018/02/09
王利明：落实十九大报告，加强人格权立法　中国民商法律网，2018/02/11
李玉峰：建立健全绿色低碳循环发展的经济体系　光明网，2018/02/11
杨德山：靠大学习增长新本领　中国社会科学网，2018/02/11
张杰：“美国优先”对中国有多大杀伤力？“绵里藏针”的柔术或可反制　华夏时报网，2018/02/11
许鹏鸿：从满足人民美好生活需要出发　全面优化产业结构　人民日报，2018/02/12
全国高校学者期刊论文排行榜　学术志，2018/02/12
李锦：在世界一流目标指导下加快国有企业改革　光明网，2018/02/12
让理论成为真理的喉舌——读《卫兴华传》　北京日报，2018/02/12
刘伟：新时代的中国将迎来发展的春天　人民政协报，2018/02/13
获国家级期刊奖得具备这些特质　中国新闻出版广电报，2018/02/13
郑风田：健全自治、法治、德治相结合的乡村治理体系　光明网，2018/02/13
宋学勤：坚定不移走中国特色社会主义社会治理之路　光明日报，2018/02/13
拿外交和援外“节流”　美国要自损“软实力”？　新华网，2018/02/14
规划建设沿海运输大通道应上升为国家战略　经济参考报，2018/02/14
卡酷少儿春晚回归传统年味儿　北京日报，2018/02/14
董希淼：沉醉在智能金融的春风里　新华网，2018/02/14
刘瑞明：房地产泡沫不破将酝酿社会危机　新浪网，2018/02/14
降瑞峰：《朱子家训》中的修身齐家思想　学习时报，2018/02/14
2017年度全国高校人文社科研究竞争力百强出炉　中国高等教育，2018/02/15
从运动员到技术官员　王北星：难舍奥运情　人民网，2018/02/15
金元浦：春晚——抹不掉的记忆和永远前行的创造　央视网，2018/02/15
2018年春节年夜饭调查　新华网，2018/02/16
同庆新春　共品年味——海外各地华侨华人留学生喜迎新春　新华网，2018/02/17
美“枪伤”难愈　转折点何时将至？此案能否成为美国控枪转折点？　CCTV国际时讯，2018/02/19
王利明：新时代中国法治建设的基本问题　中国社会科学网，2018/02/20
王义桅：今天的中国该如何实践《共产党宣言》　观察者网，2018/02/20
王义桅：蓬勃的生机——纪念《共产党宣言》发表170年　央视网，2018/02/21
张忠炜：追寻实事求是之道——读大庭脩《秦汉法制史研究》　光明日报，2018/02/21
教育合作促民心相通　人民日报，2018/02/22
张云飞：2017年度生态主义的“三种色调”　人民论坛，2018/02/23

黄河　翁之颢：打通融合大动脉　展望传媒新时代　人民网，2018/02/24
王丛虎：综合施策、精准施策，坚决打赢脱贫攻坚战　光明网，2018/02/24
环保提标　助力蓝天增多　人民日报，2018/02/24
第三支柱能否为灵活就业者补齐保障短板？　工人日报，2018/02/24
杨宏山：整合治理——公共治理的新形态　北京日报，2018/02/26
万静：大学的终结，是警报还是谎言？　中国教育报，2018/02/26
大学生租房热：住在宿舍之外　中国青年报，2018/02/26
桑明旭　郭湛：人类命运共同体：历史坐标、现实基础与世界意义　光明日报，2018/02/26
刘晓光：2017 中国居民收入再创新高！机遇之余也存“两难”　海外网，2018/02/26
刘元春：2018 中国经济的关注点从速度转向质量　中国网，2018/02/26
人大附中经开实验学校的学生们在开学第一课上体验操控 VEXIQ 机器人　北京日报，2018/02/27
聂辉华：政商沟通机制失灵，企业家频繁网络“上访”　凤凰评论，2018/02/27
社会保障学术大会上，专家表示：社保——按照制度要求完善管理体制　人民日报，2018/02/27
王文：“债权帝国主义论”不值一驳　环球时报，2018/02/27
罗思义：习近平著作为世界提供更好地了解中国的机会　中国网，2018/02/27
杨瑞龙：两会后的国有企业改革将从五大方面展开　中国网，2018/02/27
筑牢实现中华民族伟大复兴的共同思想基础——广大干部群众坚决拥护中共中央关于修改宪法部分内容的建议　CCTV 新闻联播，2018/02/27
马亮：地方政府大数据治理战略　中国社会科学网，2018/02/28
陈卫东：智慧司法确保法院去行政化处理案件　法制晚报，2018/02/28

三月

我国哲学社会科学国际影响力研究　中国社会科学网，2018/03/01
全国高校积极开展学生寒假社会实践活动，用青春丈量大地　人民日报，2018/03/01
何天平：《厉害了，我的国》：大国雄姿跃然银幕　光明日报，2018/03/01
董希淼：金融业综合经营重在监管和引导　经济日报，2018/03/01
降瑞峰：用优良家风润泽时代新人　中国教育报，2018/03/01
李玉峰：法治如何引领保障绿色发展体系建设　法制网，2018/03/01
宋伟：施压中国难解美国贸易困局　海外网，2018/03/02
林坚：深化党和国家机构改革是一个系统工程　中国网，2018/03/02
春节返乡调查｜25 个地市实地调研，六大“小康”特征凸显　新华网，2018/03/02
赵玉峰：多措并举推动流动人口社会融合　中国社会科学网，2018/03/02
欧阳志远：论科学自信　光明网，2018/03/02
大陆台胞：31 条新措施抓住了台湾民众核心需求　中国新闻网，2018/03/03
中国经济“年报”给世界新惊喜　人民日报海外版，2018/03/05
中国人民大学打造“三全育人”新模式　教育部网站，2018/03/05
人大附中的教育“扶贫”路　凤凰周刊，2018/03/05
61.4%受访者认为大学本科增减专业应以人才培养质量为依据　中国青年报，2018/03/06
青年学子：以新时代要求为己任　肩负起时代使命　中国教育网络电视台，2018/03/06
洪大用：创新创业教育助推中国“加速度”　新华社，2018/03/07
中国养老金融 50 人论坛北京峰会在京召开　人民网，2018/03/07

杨光斌：思想话语权事关国家安全　人民日报，2018/03/08
金灿荣：中国的积极外交有8个大变化　观察者网，2018/03/08
王文　关照宇：美国若挑贸易战，中国要学会“软硬兼施”　观察者网，2018/03/09
陈晓晨：推动“一带一路”走向更宽更广更深　21世纪经济报道，2018/03/09
王义桅：与美日新印学者激辩“一带一路”：回应不同关切　澄清种种误解　环球网，2018/03/09
汪亭友：要毫不动摇地坚持和维护党的核心领导地位　红旗文稿，2018/03/09
二月份居民消费价格“季节性回升”　人民日报海外版，2018/03/10
刘守英：当前公共政策一些偏差源自城市化认识的偏颇　北京日报，2018/03/12
3·15吐槽大会之电信运营商篇：运营商套路有多深?　中国网，2018/03/12
中国人民大学中小学国学教育基地落户淮阳中学　网易新闻，2018/03/12
王义桅：西方对华适应性相较过去有所上升　参考消息网，2018/03/12
罗来军：绿色发展引领长江经济带建设　人民日报，2018/03/13
《信中国》：被誉“最好看的党课”　人民网，2018/03/13
87.9%受访青年关注养老问题　中国青年报，2018/03/13
张楠迪扬：政商关系健康指数　广东为何不如浙江　搜狐网，2018/03/13
王义桅：“美国搞阅兵”让一些人跌破了眼镜　北京日报，2018/03/14
当抖音遇上快手　短视频之争将走向何方?　工人日报，2018/03/14
林坚：应急管理尤需系统思维　中国网，2018/03/14
方长平：美国相对衰退加剧战略竞争，中国需再评估中美关系以未雨绸缪　澎湃新闻，2018/03/14
左希迎：美国对华负面情绪日益严重，控制竞争成本是中国应对的关键　澎湃新闻，2018/03/15
品质消费引领美好生活　人民日报海外版，2018/03/16
张燕玲：设置国际发展合作署非常及时　21世纪经济报道，2018/03/16
《哲学与人生》书评：让哲学回归生活　中国新闻出版广电网，2018/03/16
马亮：“新官不理旧政”，也需反思企业和“旧官”关系　搜狐网，2018/03/16
张楠迪扬：健康的政商关系不需要官员“嘘寒问暖”式客套　搜狐网，2018/03/16
王莉丽：智库的核心功能是思想创新　澎湃新闻，2018/03/17
聂辉华：改善营商环境　如何评价考核地方官员最关键　搜狐网，2018/03/17
电商大数据“杀熟”套路有哪些　北京青年报，2018/03/18
大学教育基金会的使命与挑战　人民网，2018/03/19
春节因素拉高各地2月CPI涨幅　11省份涨幅超3%　中国新闻网，2018/03/20
郑功成：尽快制定《社会组织法》　公益时报，2018/03/20
王义桅：人类命运共同体的中共逻辑　人民网，2018/03/21
贾晋京：高质量构建人类命运共同体　求是网，2018/03/21
贾文山：创新型人才建设：聚天下英才　释磅礴动力　光明网，2018/03/21
吴晓球：中国金融不要当“巨婴”　环球人物，2018/03/21
人民大学报告：解决经济深层次问题需切实推进供给侧改革　经济参考报，2018/03/21
多校发布今年自主招生简章：中国人民大学计划招收142人　新京报，2018/03/22
王星宇：微观合作与国家发展模式之争：中日战略竞争关系的形成与管控　澎湃新闻，2018/03/22

大数据赋能司法新发展　政产学研嘉宾共聚清华　光明网，2018/03/23
王义桅：跨越各色“陷阱”的陷阱　环球时报，2018/03/23
王文纽约演讲：中美应该“共同演进”　观察者网，2018/03/23
程诚：中非发展合作，与ODA不同的援助路径　观察者网，2018/03/23
范志勇：如何应对美国贸易战？保持政策定力　腾讯财经，2018/03/23
张杰：中国应对美国挑起贸易战的六大策略　腾讯财经，2018/03/23
马亮：国务院机构改革｜部门合并后如何实现“同舟共济”　澎湃新闻，2018/03/23
中国人民大学校长刘伟：世界大学智库联盟的成立意义重大　中国网，2018/03/24
文明守法养犬究竟有多难　法制日报，2018/03/24
刘英：中国如何应对美国贸易限制？　证券日报，2018/03/24
“贸易战”第2天！高等教育能为这个世界做些什么？　一读EDU，2018/03/24
Opinion：A Chinese Global Vision—of All，by All and for All　CGTN，2018/03/24
为未来国际社会携手共进描绘宏伟蓝图　光明日报，2018/03/25
中国人民大学倡议成立世界大学智库联盟　新华社，2018/03/25
马克思主义中国化的伟力——访中国人民大学一级教授陈先达　北京日报，2018/03/26
世界大学智库联盟在京成立　光明日报，2018/03/26
当心，别落入这些金融陷阱！　人民日报，2018/03/26
郑保卫：把新闻学传播学建设成具有一定国际影响力和竞争力的强势学科　人民网，2018/03/26
国内智库联合培养“一带一路”建设国际人才　人民网，2018/03/26
崔守军：中国反制美国贸易战应“蛇打七寸”　环球网，2018/03/26
马斯特里赫特大学校长马丁·保罗：大学能为“一带一路”倡议做更大贡献　中国网，2018/03/26
澳大利亚学者：充分智库作用，保障“一带一路”倡议取得圆满成功　中国网，2018/03/26
进课堂走军营　北京卫视《档案》探索影响力创新之路　北京晨报，2018/03/26
世界大学智库联盟成立　人民日报，2018/03/27
冯玉军：把握新时代立法工作着力点　人民日报，2018/03/27
王子今：秦汉长城与丝绸之路　光明日报，2018/03/27
王文：为全球治理体系变革注入中国动力　光明日报，2018/03/27
金灿荣：把握世界进步大势、顺应时代发展潮流的科学理念　光明日报，2018/03/27
杨志：一项现实可操作的伟大工程　光明日报，2018/03/27
杨庆祥：作家必须和未来较量　长江日报，2018/03/27
张云飞：坚持和完善党对生态文明体制改革的领导　人民网，2018/03/27
73.2%受访者自称有“知识焦虑”　中国青年报，2018/03/27
中国人民大学人文社科成果评价发布论坛召开　人民网，2018/03/27
中国人民大学发布两项2017人文社科评价成果　法制晚报，2018/03/27
中国人民大学发布2017人文社科成果评价　凤凰网，2018/03/27
过去三年复印报刊资料转载“双一流”高校论文占比超五成　新京报，2018/03/27
舌尖上的人大网红菜是怎样炼成的？　北京青年报，2018/03/27
人大味道是哪种味道？嵌枣的大脸馒头、小龙虾饭、蛋黄青团……　教育圆桌，2018/03/27
Wang Yiwei：Belt and Road Initiative Promotes Green Development　CGTN，2018/03/27

王义桅：阻止中国技术进步，那是徒劳 人民日报海外版，2018/03/28
中国人民大学人文社科成果评价发布论坛召开 新华网，2018/03/28
中国人民大学人文社科成果评价发布论坛暨学术评价与学科发展研讨会在京召开 中国社会科学网，2018/03/28
新排名公布，人大北大南大分列前3！ 一读EDU，2018/03/28
Forging Bonds Across the Straits *China Daily*，2018/03/28
扎根中国大地 强化思想引领 构筑实践育人新高地 V思想，2018/03/28
祁凡骅：机构改革——国家治理的中国范式 中国教育报，2018/03/29
范志勇：立足国内，放眼长远，积极应对美国贸易摩擦 央广网，2018/03/29
王文：中国应对“新威胁论”须有战略耐力 观察者网，2018/03/29
贾晋京：美国贸易“生病”，别让中国“吃药” 人民日报海外版，2018/03/30
人大食堂的“爆款网红菜” 中国青年报，2018/03/30
罗来军：雄安的雄心和定力 人民日报海外版，2018/03/31
专访吴晓球：让大众有更多获得感 人民日报，2018/03/31
北京开通高校思政课资源共享平台 新华社，2018/03/31
北京高校思想政治理论课高精尖创新中心课程资源平台开通 中国青年网，2018/03/31

四月

史无前例的大学排名和海外校区 一读EDU，2018/04/01
刘伟：金融领域仍面临不少风险和挑战 新浪财经，2018/04/01
郑功成：为慈善创造更完备政策环境 人民日报，2018/04/02
钟扬同志先进事迹报道引起强烈反响——铸牢实现中国梦的初心与梦想 人民日报，2018/04/02
王义桅：揭开陷阱说背后的逻辑真相 北京日报，2018/04/02
中国人民大学校长：GDP指标有局限但不能完全否定 中国新闻网，2018/04/02
世界大学智库联盟在京成立 中国教育报，2018/04/02
聂辉华：大城市要不要控制人口——兼评几个错误的流行观点 澎湃新闻，2018/04/02
张杰：全面深化改革引领中国经济发展 央广网，2018/04/02
吴晓球：中国金融发展需要理清的四个问题 证券日报，2018/04/02
靳诺：发挥强大政治和组织优势 不断增强党的社会号召力 中国党政干部论坛，2018/04/03
人工智能掀起“智慧革命” 新华网，2018/04/03
中国人民大学2018年本科招生增加马克思主义理论等两个专业 新京报，2018/04/03
国宴名厨来掌勺 爆款美食成“网红”：人民大学的“青团”别有味道 北京晚报，2018/04/03
刘春田：美方对华知识产权指责是无的放矢 人民日报，2018/04/03
刘元春：创新和完善新时代中国特色宏观调控 人民日报，2018/04/03
杨建顺 唐钧：深化行政执法体制改革将力推法治政府建设 法制日报，2018/04/03
中国特色新闻学学科建设研讨会在中国人民大学举办 人民网，2018/04/03
张杰：把握好政府和市场关系是建设现代化经济体系的核心 人民网，2018/04/03
宋伟：以实力求和平：主动“迎战”亮明中国决心 北京日报，2018/04/04
王文：建设国际知名智库 中国任重道远 中国社会科学报，2018/04/04
刘昕：敢于担当型干部评价体系有何设计重点 人民论坛网，2018/04/04
“文化+”，如何为高质量发展集聚动能 光明日报，2018/04/04

你的情绪我疏导 人民日报，2018/04/04
孟雁北：美国外资并购国家安全审查制度内含悖论 人民网，2018/04/05
中国人民大学新增两个分流专业　马克思主义理论专业本硕连读 法制晚报，2018/04/05
涂永前：人工智能“抢饭碗”，《劳动法》的变革该顺势而为 社会科学报，2018/04/06
宋伟：中国不应主动陷入修昔底德陷阱 澎湃新闻，2018/04/06
马亮：警惕“抢人大战”变成狭隘的恶性竞争 界面新闻，2018/04/06
于春海：贸易争端再升级，中国要反制也要结盟 人民日报，2018/04/06
就是要打在美方利益的七寸——访中国人民大学农业与农村发展学院教授孔祥智 人民日报，2018/04/07
中国人民大学艺术家走进中学校园送艺术精品 大连日报，2018/04/07
赵忠：政府主导的人才争夺战面临多重风险 界面新闻，2018/04/07
中国人民大学副校长刘元春：中国有底气捍卫国家利益 CCTV 新闻联播，2018/04/07
短视频流行的当下　你有多久没放下手机了? 中国新闻网，2018/04/07
在写本物质性研究中开展深度比较——“写本及其物质性”国际学术研讨会举行 中国社会科学网，2018/04/07
陈晨晨：特朗普政府用政治“边缘政策”处理贸易问题是玩火 国际在线，2018/04/07
人民网评：美国别玩火，后果很严重 人民网，2018/04/07
张旭：应对考验于社会主义市场经济发展全过程 人民日报，2018/04/08
吴晓球：发行改革还要加快，警惕独角兽变“毒角兽” 第一财经，2018/04/08
吴晓球：中美贸易战如果开打，对美国资本市场的影响会更大 中国日报，2018/04/08
吴晓球：管理机构风险与市场风险要并重 中国证券网，2018/04/08
吴晓球：2020 年前可实现人民币自由兑换，金融开放是必然 澎湃新闻，2018/04/08
“对话资本论”学术论坛第 1 期暨中国人民大学马克思主义理论学科青年学者论坛第 19 期顺利举办 求是网，2018/04/08
吴晓球：贸易战遏制不了中国的发展 新华网，2018/04/08
张云飞：“绿水青山就是金山银山”的丰富内涵和实践途径 前线，2018/04/08
刘伟：习近平新时代中国特色社会主义高等教育思想研究 中国高教研究，2018/04/09
王利明：人格权：从消极保护到积极确权 北京日报，2018/04/09
杨光斌：建设更加成熟更加定型的制度 北京日报，2018/04/09
臧峰宇：在哲学沉思中安顿我们的人生 光明日报，2018/04/09
五大银行集体裁员撤点　竞速“智能化转型” 经济参考报，2018/04/09
周晓晶：中国坚定推进新型全球化的决心不会动摇 中国网，2018/04/09
从绩效管理视角看高质量发展及其落实 中国网，2018/04/09
罗来军：长江经济带亟需以绿色发展推进高质量发展 人民网，2018/04/09
王义桅：“一带一路”如何再塑全球化? 求是网，2018/04/09
Wang Wen：A Common Rise：Future of Sino-Russian Relations *Global Times*，2018/04/09
北京市委党校召开“宪法亮点面对面”专题研讨交流会 人民网，2018/04/09
侮辱诽谤英烈名誉事件时有发生　英烈名誉荣誉将获立法保护　捍卫英烈声誉　法治提供全方位保障 法制日报，2018/04/09
生猪价格一路“跌跌不休”　如何破解猪价涨跌怪圈? 新华社，2018/04/09
“揽才新政”要打组合拳 人民日报，2018/04/10
习近平主席打响中国改革开放再出发“发令枪” 中国共产党新闻网，2018/04/10

谷歌、Facebook、百度：三巨头的三种媒体化变革　中国网，2018/04/10
王孝松："中国制造"对美国就业岗位的创造效应　光明网，2018/04/10
罗来军：改革开放：中国的第二次革命　光明网，2018/04/10
制定"负面清单"整治现金贷业务　经济参考报，2018/04/10
电商导致传统行业失业潮？它也在创造更多新岗位　中国青年报，2018/04/10
乔梁：中国加快对外开放步伐　带头促进世界繁荣、稳定、和平、发展　央广网，2018/04/10
郑风田：让宅基地"三权分置"改革成为乡村振兴新抓手　中国社会科学网，2018/04/10
70年，这篇谈话仍熠熠生辉　人民日报，2018/04/10
《"一带一路"民心相通报告》共筑民心相通之基　光明日报，2018/04/10
王义桅：一个真正的平等和繁荣的社区　*China Daily*，2018/04/10
四大开放举措彰显中国主动开放坚定意志和决心　新华网，2018/04/10
专访英国学者罗思义："人类命运共同体"理念是对破解全球性问题最透彻的阐述　新华网，2018/04/10
展示中国智慧和大国担当　光明日报，2018/04/11
基本解决执行难，决胜仗怎么打　人民日报，2018/04/11
吴晓球：开放是中国发展的必然选择　中央电视台，2018/04/11
罗来军：中国对外开放在新的历史起点上打开全新局面　人民网，2018/04/11
范志勇：中国坚持改革和扩大对外开放推动世界经济复苏　人民网，2018/04/11
王文：感受俄罗斯悄然"偷师"中国　环球时报，2018/04/11
"对话资本论"学术论坛第1期在京举办　人民网，2018/04/11
中国人大劳动人事学院与三亚学院签署合作协议　新浪教育，2018/04/11
美国挑起贸易摩擦或反致其失业率攀升　新京报，2018/04/11
英烈纪念设施范围内不再有"噪音杂事"　小贩绝迹　法制日报，2018/04/11
刘玉书：共享东方科技新革命，共创人类命运新未来　环球网，2018/04/11
世界级领导人的情怀　负责任大国的担当——国内外人士高度评价习近平主席在博鳌亚洲论坛开幕式上的主旨演讲　人民日报海外版，2018/04/11
杨菊华：全方位推动流动人口社会融合　中国人口报，2018/04/11
马亮：政府信任、社会信任与民众的风险担忧　澎湃新闻，2018/04/11
刘鹏：期待国家市场监管总局成为良性市场经济的培育者　中国食品安全报网，2018/04/11
方明月　张雨潇　聂辉华：中国中小民营企业成为僵尸企业之谜　澎湃新闻，2018/04/11
王义桅："一带一路"：立足亚洲，走向世界　中国网，2018/04/11
程诚：有人坚持太平洋只容得下美利坚，但我们的朋友早已遍天下　观察者网，2018/04/12
电影《米花之味》：以日常生活之幽默反映留守儿童的现实　中国青年报，2018/04/12
韩文龙：改革开放彰显中国特色社会主义发展动力和活力　人民网，2018/04/12
旅法学子助力中法人文交流　人民日报海外版，2018/04/12
吴晓球：中国的金融体系风险发生了很大的变化　腾讯财经，2018/04/12
中国人民大学刘海龙教授在山西大学作专题讲座　科学网，2018/04/12
中国人民大学副校长刘元春率团赴福州开元寺调研　凤凰网，2018/04/12
张杰：中国决意成为全球知识产权保护制度的捍卫者　央广网，2018/04/12
洪大用：着力满足新时代人民群众新需求　人民日报，2018/04/12
吴晓球：中美贸易摩擦根源在于美国想遏制中国崛起　凤凰网，2018/04/12

网络综艺如何困中求变 人民日报，2018/04/12
焦国成：确立现代社会道德基准 人民日报，2018/04/13
德国莱比锡大学孔子学院举行成立十周年庆典 中国新闻网，2018/04/13
黄隽：艺术品财富管理前景可期 经济参考报，2018/04/13
宋扬：北京实施积分落户政策具有重大的积极意义 中国网，2018/04/13
林红：美台关系频踩红线背后的虚妄想象 北京日报，2018/04/13
《看好中国：一位智库学者的全球演讲》入选中央和国家机关主题读书活动推荐书目 人民网，2018/04/13
中国人民大学举办“新时代的智库发展与舆论传播”圆桌论坛 中国社会科学网，2018/04/13
王义桅、崔白露：博鳌亚洲论坛为什么行 新华社，2018/04/13
董希淼：资管新规为行业发展确定新方向 经济参考报，2018/04/13
马亮：政府业务“一网通办”为何至关重要 凤凰新闻，2018/04/14
习近平扩大开放四大举措系列解读之四：五个角度理解“主动扩大进口” 人民网，2018/04/14
寻找新方位　把握新定位 光明日报，2018/04/14
贾晋京：解读时代之问的中国方案 中央广播电视总台国际在线，2018/04/15
罗来军：要把海南建设成为新时代对外开放的新样板 人民网，2018/04/15
大学学子听严歌苓讲写作课 北京日报，2018/04/16
共迎“百花齐放满园春”的美好时代——智库专家热议习近平主席在博鳌亚洲论坛 2018 年年会开幕式上的主旨演讲 光明日报，2018/04/16
刘守英：土地制度改革的份量越来越重 北京日报，2018/04/16
中国人民大学发布系列文件加强师德师风建设 中国青年报，2018/04/16
共享单车并购背后有何玄机 北京青年报，2018/04/16
梁树发：认识人类命运共同体的三个维度 思想理论教育导刊，2018/04/16
马亮：欠发达地区如何突围治理困境跳出贫困陷阱？ 界面新闻，2018/04/16
网络直播需戴“紧箍” 人民日报海外版，2018/04/17
美英法对叙动武太任性 人民日报海外版，2018/04/17
大幅度放宽市场准入：新机遇　新挑战 人民日报海外版，2018/04/17
吴文越：学历与学力 光明日报，2018/04/17
人民大学印发师德建设长效机制实施办法等三个文件　教师性骚扰可被开除 北京青年报，2018/04/17
王义桅：为世界美好未来贡献中国力量 解放军报，2018/04/17
曾湘泉：调查失业率统计是促进更高质量和更充分就业的科学举措 国家统计局，2018/04/17
统计局发布城镇调查失业率　专家：促进更高质量更充分就业 人民网，2018/04/17
严歌苓对话张立宪　畅谈小说创作中的“原型与虚构” 人民网，2018/04/17
中国经济稳中求进的底气何在？ 中国新闻网，2018/04/17
孙文凯：户籍改革实效仍受到户籍捆绑福利限制 中国网，2018/04/18
中国智库建议中俄共建“冰丝”支点港口 新华网，2018/04/18
人力资源服务迎来新契机 人民日报，2018/04/18
让思想光芒照亮世界 人民日报海外版，2018/04/18
刘元春：2018 年良好开局为改革调整提供了很好的空间 光明网，2018/04/18
新促会主办“讲好新时代中国故事”专题研讨会 人民网，2018/04/18

刘元春：降准影响不会特别大　网易，2018/04/18
姚裕群：加强就业服务　提高匹配效率　中国劳动保障报，2018/04/19
瞄准深度贫困地区，聚焦贫困人口集中的乡村　脱贫攻坚，两个关键如何抓　人民日报，2018/04/19
52.6%受访大学生建议高校就业指导早一点开始　中国青年报，2018/04/19
王轶：建设面向未来的世界一流法学学科　人民网，2018/04/19
人大法学院探索“一体多维　二元融合”新型社会主义法治人才培养模式　光明网，2018/04/19
生活垃圾分类克难前行　人民日报海外版，2018/04/19
贴近百姓生活　强化精准生产　“互联网+”多点发力更接地气　人民日报，2018/04/19
严守法律公德准绳　确保真实安全公平　大数据三条底线不能失守　人民日报，2018/04/19
闫盼　卫兴华：自觉抵制商品交换原则侵蚀党内生活　人民日报，2018/04/20
年轻的职场逃兵，为何把高校当避难所　中国青年报，2018/04/20
师德失范　一票否决　光明日报，2018/04/20
2018智汇养老北京高峰研讨会推进健康积极老龄化　人民网，2018/04/20
杨德山：我国新型政党制度之新　中国教育报，2018/04/20
王义桅：欧盟真的抵制“一带一路”吗？　环球时报，2018/04/20
《马克思主义大辞典》问世　光明日报，2018/04/20
刘志勤：中国开始“第二次改革开放”新的长征　环球网，2018/04/20
贾文山：习近平主席博鳌演讲为人类美好未来注入新希望　央广网，2018/04/20
王丛虎：应急管理部将更加高效应对各类突发公共事件　光明网，2018/04/20
切实加强市场监管力度　有效回应汽车消费投诉　人民日报，2018/04/20
遁入低谷的美俄关系想转圜？难！　新华网，2018/04/20
中国人民大学探索实践新型社会主义法治人才培养模式　新华网，2018/04/20
人民大学推动法学教育迭代升级　中国教育报，2018/04/21
王义桅：“一带一路”的世界交响　人民日报，2018/04/21
刘晓光：中国经济总体向好　双重约束下短期承压　证券日报，2018/04/21
史上最大的绿色金融盛会：2018绿金委年会在京召开　环球网，2018/04/21
讲好中国故事　“中国梦·中国道路丛书”在京出版　环球网，2018/04/22
靳诺：新时代首都发展的新使命　北京日报，2018/04/23
何家弘：从禁枪难看美国民主　北京日报，2018/04/23
农村需要阅读推广人　光明日报，2018/04/23
细算中美经贸账　人民日报，2018/04/23
筑梦航天　扛起新时代青年的责任担当　光明日报，2018/04/23
贾晋京：当今世界　还没有这样一座新城　人民日报海外版，2018/04/23
孟宪实：中国有重视文化软实力的传统　北京日报，2018/04/23
中国教育发展战略学会学术研讨会隆重举行　凤凰网，2018/04/23
面板诉讼再升级　依靠专利拼实力　中国知识产权资讯网，2018/04/24
洪大用：加快建设绿色发展体系　人民日报，2018/04/24
杨东：从Facebook风波看大数据法律的“痛点”　社会科学报，2018/04/24
心怀四海忧天下　矢志不渝为人民——中国共产党人的“三为”情怀　人民日报海外版，2018/04/25
推动知识产权理论研究和实践创新双剑合璧——最高人民法院　人民法院报，2018/04/25

知识产权司法保护研究中心工作座谈会侧记

吴晓球当选高等教育专业委员会新一届理事长　人民网，2018/04/25

盘古智库老龄社会研究中心成立　人民网，2018/04/25

4 月 26 日是第十八个世界知识产权日，知识产权保护又成为公众热议的话题——知识产权在中国获充分保护　人民日报，2018/04/26

臧峰宇：在历史前进的逻辑中前进　光明日报，2018/04/27

纪念马克思诞辰 200 周年学术研讨会召开　中国高等教育，2018/04/27

卫兴华：辨析我国当前社会主要矛盾转化问题解读的理论是非　人文杂志，2018/04/27

中国人民大学党委书记靳诺被授予法国国家荣誉军团骑士勋章　中国日报，2018/04/27

惊喜！又一位女性学人被授予法国国家荣誉军团骑士勋章　光明日报，2018/04/27

中国人民大学党委书记靳诺荣获法国国家荣誉军团骑士勋章　光明日报，2018/04/27

陈先达：共产党人要念好马克思主义“真经”　人民日报，2018/04/27

周淑真：比较视阈中新型政党制度的结构关系　央广网，2018/04/28

纪念马克思诞辰 200 周年暨《马克思主义发展史》出版座谈会在京举行　人民出版社，2018/04/28

陈先达：马克思主义发展史对于马克思主义基本原理和文本研究具有基础的作用　人民出版社，2018/04/28

靳诺：马克思主义放射出更加灿烂的真理光芒　人民出版社，2018/04/28

政治文化、政党制度的伟大创造——写在中共中央发布“五一口号”七十周年之际　光明日报，2018/04/29

《马克思是对的（二）》郝立新等：洞悉世界的眼睛　CCTV1，2018/04/29

《马克思是对的（三）》邱海平等：不朽的《资本论》　CCTV1，2018/04/30

杨凤城：我们党是为人类进步事业而奋斗的政党　人民日报，2018/04/30

国务院学位委员会：20 所高校可开展学位授权自主审核　新华社，2018/04/30

校友会 2018 中国大学教学质量排行榜出炉　光明日报，2018/04/30

五月

中国人民大学校长刘伟认领中纪委新工作　长安街知事，2018/05/02

互联网时代个人信息保护的双重模式　光明日报，2018/05/02

罗来军：生态建设——雄安建设现代化城市的新亮点　新华日报，2018/05/02

中国人民大学法学院：改革课程体系　推动迭代升级　人民日报，2018/05/02

中国作家劳马获颁罗马尼亚杰出散文奖　凤凰网，2018/05/02

习近平总书记在北京大学考察时的重要讲话在全国高校师生中引起热烈反响　人民网，2018/05/03

为民族复兴铺路架桥　为祖国建设添砖加瓦——首都高校师生热议习近平总书记在北大考察时的重要讲话　光明日报，2018/05/03

杨子强：把握人才培养辩证法，贯彻习近平新时代思政观　人民网，2018/05/03

人大副校长吴晓球对话尼尔·弗格森：中美国作为一个整体会渡过贸易战危机　搜狐网，2018/05/03

王向明　戚雯泾：青年兴则国家兴　青年强则国家强——论新时代中国共产党的青年思想　中国教育报，2018/05/03

蹭网行为侵犯隐私权财产权　软件开发商涉三类责任　业内专家　法制日报，2018/05/04

详解蹭网软件法律焦点问题
奋勇投身新时代　接力建功中国梦　中国教育报，2018/05/04
张杰：雄安新区正成为中国现代产业体系的引领者　中国网，2018/05/04
叶裕民：雄安规划实施的四大保障与两个建议　中国网，2018/05/04
International College Has Roots in Belt，Road　*China Daily*，2018/05/04
让中华民族伟大复兴在我们的奋斗中梦想成真　习近平总书记在北京大学考察时的重要讲话引起热烈反响　新华社，2018/05/04
叶光亮：一位80后教授的中国梦　光明日报，2018/05/05
左希迎：战略竞争时代的中美关系图景　搜狐网，2018/05/05
尼尔·弗格森："替特朗普说句话"VS吴晓球："他不简单"　搜狐网，2018/05/05
王义桅：对西方失望，非洲兄弟开始看《习近平谈治国理政》　观察者网，2018/05/05
边买边玩的"趣味消费"竟是可怕陷阱？　新华网，2018/05/07
王文：漫长的亚洲崛起　人民画报，2018/05/07
董希淼：资管新规的变与不变　经济日报，2018/05/07
竞价排名网络广告模式亟须严管　法制日报，2018/05/07
基金，养老钱的"新管家"　人民日报，2018/05/07
减负优服务　企业活力足　人民日报，2018/05/07
石敏俊：雄安新区：生态优先、绿色发展如何落地？　中国网，2018/05/07
林新奇：影响工作效率的四大因素　人民论坛，2018/05/07
刘志勤：一堂马克思主义的现场课　环球网，2018/05/08
马亮：雄安新区　打造"未来之城"的三大举措　中国网，2018/05/08
中国人民大学创新开展思想政治理论课教育教学　教育部网络，2018/05/08
中国人民大学举行"政治大学日"主题交流活动　中国新闻网，2018/05/08
马亮：公共服务是城市最大的魅力指数　凤凰网，2018/05/09
于洋：大国营城——雄安新区的"未来之城"空间格局建构逻辑　中国网，2018/05/09
靳诺　郝立新：走近真实的马克思——读《思想巨人马克思》　光明日报，2018/05/09
李义平：马克思经济学指引中国经济发展航向　经济参考报，2018/05/09
王向明　王孟秋：以马克思主义时代观分析"新时代"的阶段性特征　前线，2018/05/09
时延安：准确把握刑事手段保护经济秩序的限度　检察日报，2018/05/09
刘鹏：建设雄安公共服务新高地的四维透视　中国网，2018/05/09
农村人居环境如何建设——九三学社中央调研组赴浙江、江苏调研乡村环境治理　人民日报，2018/05/09
官微"神回复"警示：平台可托管，责任不可以　光明网，2018/05/10
便民网约车　别成烦心事　人民日报，2018/05/10
教育"熊孩子"　88.5%受访者反对家长辩解"他还是个孩子"　中国青年报，2018/05/10
黄石松：补齐政策短板　应对人口老龄化所带来的挑战　光明网，2018/05/10
王宏伟：巨灾应对经验刷新应急管理体制　中国青年报，2018/05/10
家庭过期药品回收卡在哪儿？　新华社，2018/05/10
快递新规，您满意吗？　人民日报，2018/05/11
哲学硕士研究生毕业后会到哪儿工作？这份报告告诉你答案　凤凰网，2018/05/11
为企业融资"消肿止痛"：缩短融资链条　减少中间费用　经济日报，2018/05/11
刁大明：特朗普任性"退群"根子在美国的制度缺陷　北京日报，2018/05/11

黄大慧：中日韩共同书写合作新篇章 人民日报海外版，2018/05/11
青少年宪法教育研究中心成立暨第三届全国学生“学宪法 讲宪法”活动在京启动 人民网，2018/05/11
青少年宪法教育研究中心成立暨第三届全国学生“学宪法 讲宪法”活动在京启动 新华网，2018/05/11
王宪举：俄经济发展瓶颈的借鉴意义 环球网，2018/05/12
专家解析网约车平台究竟该担何责 法制日报，2018/05/12
专家认为：应急管理法治建设让灾害影响降到最低 法制日报，2018/05/12
诺奖得主和国内一流专家为国企改革“支招” 人民网，2018/05/13
“互联网+”经济，如何走好下半场？ 人民网，2018/05/14
董希淼：2018年我国上市银行发展的新趋势 金融时报，2018/05/14
《俄罗斯经济发展研究》（2017）发布会在京举行 人民网，2018/05/14
“互联网+”带火旅游业 人民日报海外版，2018/05/14
最优落户政策推动，一季度多地新增落户人口成倍增加 “抢人大战”第一回合见分晓 人民日报海外版，2018/05/14
“性恶论”是对荀子的误读 北京日报，2018/05/14
展现中华文化独特魅力——“《提高文化软实力 增强国际影响力》报告发布及研讨会”述要 人民日报，2018/05/14
王文：“一带一路”建设是构建“人类命运共同体”的重要抓手 中国教育报，2018/05/14
学习者解读：不断开辟马克思主义创新发展新境界 中国青年网，2018/05/14
法院立案大厅有群热心娃 法制日报，2018/05/14
臧峰宇：贯穿新时代战略布局的科学方法论 人民日报，2018/05/14
周淑真：中国新型政党制度——人类政治制度和政党制度的新范式 光明日报，2018/05/14
陶文昭：向马克思理论品格看齐 北京日报，2018/05/14
陈先达：占据真理和道义制高点的马克思主义 光明日报，2018/05/14
大学里的博物馆 北京晚报，2018/05/14
支付强监管常态化 今年已开出28张罚单 北京商报，2018/05/15
“百场讲坛”走进河南光山 宣讲中国传统文化的现代复兴 新华网，2018/05/15
逯子新 赵晓耕：清代处理疑案的逻辑与智慧 检察日报，2018/05/15
不只“红颜”与“江山”，古风音乐里有00后的时代 中国青年报，2018/05/15
大学生到国际组织实习任职全国高校巡讲走进北京高校 中国教育报，2018/05/15
大学生到国际组织实习任职全国高校巡讲走进北京高校 新华网，2018/05/15
大学生到国际组织实习任职 全国高校巡讲走进北京高校 教育部网站，2018/05/15
核心价值观百场讲坛走进河南光山 人民日报，2018/05/16
金元浦：核心价值观与中国传统文化的现代复兴 光明日报，2018/05/16
“百场讲坛”走进河南光山 宣讲中国传统文化的现代复兴 光明日报，2018/05/16
大学生到国际组织实习任职巡讲在中国人民大学举办 中青在线，2018/05/16
侯衍社：做新时代高素质的思政课教师 中国教育报，2018/05/16
王文：面对世界“前所未有之大变局”，中国要有这“三招” 参考消息网，2018/05/17
知识付费，优质内容是关键 人民日报，2018/05/17
四大关键词透视2018年高招趋势 光明日报，2018/05/17
靳诺：坚持办学正确政治方向 人民日报，2018/05/17

齐悦：乐教传统与现代教育的使命	中国教育报，2018/05/17
胡锦光：社会层面核心价值观的意义与作用	光明网，2018/05/17
人大出版社亮相华沙国际书展	人民网，2018/05/17
张洁宇：月光穿过一百年——纪念中国第一部现代白话文小说《狂人日记》发表100周年	光明日报，2018/05/18
杨子强等：大力弘扬伟大团结精神	人民日报，2018/05/18
寻访看花宫	学习时报，2018/05/18
Xi's thought opens new frontier of Marxism	*China Daily*，2018/05/18
黄石松：创新社区治理模式，夯实社会化养老服务体系的基础	光明网，2018/05/18
教育部关工委启动“读懂中国”品牌活动　北大等20所高校先行试点	人民网，2018/05/18
中国学子在英特尔国际科学与工程大奖赛中获佳绩	新华网，2018/05/19
人大国发院报告：经济在中高位平稳运行　持续增长的动力需关注	中国证券网，2018/05/20
人民大学公布2018年招生政策，新增两个分流专业	中青在线，2018/05/20
让理论成为真理的喉舌——读《卫兴华传》	人民日报，2018/05/20
“中国国际问题论坛2018”在中国人民大学举行	新华网，2018/05/20
资管新规落地，你我怎么理财？	人民日报，2018/05/21
石敏俊：绿色发展是新时代生态文明建设的治本之策	光明网，2018/05/21
张云飞：全方位、全地域、全过程开展生态文明建设	光明网，2018/05/21
七十不再“古来稀”	齐鲁晚报，2018/05/21
社会主义基本价值在西方得到尊重	北京日报，2018/05/21
罗来军：为长江经济带建设立下生态保护规矩	光明日报，2018/05/21
专家学者热议中美联合声明　中美经贸磋商成果是共赢选择（打开对外开放新局面）	人民日报，2018/05/21
中日专家畅谈“一带一路”资源环境合作	新华网，2018/05/21
刘昕：中国创新能力不足别赖年轻人	新浪财经，2018/05/21
张云飞：深入学习贯彻习近平生态文明思想	中国社会科学网，2018/05/21
不断将马克思主义推向前进	中国社会科学网，2018/05/21
别只盯着ESI，全国高校高被引论文数量排行榜出炉啦！	一读EDU，2018/05/21
《上海合作组织十七年进展评估》智库研究报告发布：聚焦成果展望未来	CCTV，2018/05/22
杨菊华：让性别红利激发经济社会发展新潜能	中国妇女报，2018/05/22
王孝松：中国主动提出对外开放，有何内在动力？	海外网，2018/05/22
国内外知名大学校训“聚集”人民大学，快找找有木有你的母校｜热点	教育圆桌，2018/05/23
瑞幸起诉星巴克，揭了“黑幕”还是为了“贴金”	解放日报，2018/05/23
诽谤侮辱英烈可追刑责	法制日报，2018/05/23
吴晓球：科技创新助力中国金融“弯道超车”	中国经济导报，2018/05/23
监管风声来袭　结构性存款规模生变	北京商报，2018/05/24
靶向抽检　护航网购儿童用品	北京晚报，2018/05/24
杨东：用好区块链技术服务“一带一路”数字经济	环球网，2018/05/24
快递新规为何难解送货上门困境	检察日报，2018/05/24

张云飞：坚持生态惠民、生态利民、生态为民　央广网，2018/05/24
电视用来“听” 广播可以“看”　人民日报，2018/05/24
专家学者研讨“美丽国土与乡村振兴”　光明网，2018/05/24
王义桅：特朗普给美国的盟友上了一课：老大靠不住　北京日报，2018/05/25
刘英：美国对华贸易战的背景、影响与应对　国际经济合作，2018/05/25
手机号注销该怎么办　人民日报，2018/05/25
95 后社交保鲜期：朋友圈士别三日当刮目相看　中国青年报，2018/05/25
毛基业：国企战略管理世界一流　应在机制创新下功夫　新浪网，2018/05/26
吴晓球：国企改革需要大智慧　千万不要抹杀国企贡献　新浪网，2018/05/26
中国人民大学国企改革与发展研究中心揭牌　中新网，2018/05/26
王文：中国制造业仍被世界看好　凤凰网，2018/05/27
“国企改革与发展”受关注　中国人民大学成立研究中心　新华社，2018/05/27
兼并重组、跨界经营加速　共享经济探寻可持续发展之路　人民日报，2018/05/28
王文：中国制造业是“虚假繁荣”吗？　观察者网，2018/05/28
谢天武：马克思主义新闻观融入高校思政工作的四种意识　思想政治工作研究，2018/05/28
Tax Cooperation Can Help B&R Achieve Aspiration　*Global Times*，2018/05/28
“国企改革与发展”受关注　中国人民大学成立研究中心　中国日报，2018/05/28
全国百名创新创业优秀女性走进人民大学　中国新闻社，2018/05/28
杨宏山：雄安新区：优先发展现代化教育路径选择　中国教育报，2018/05/29
面对面分享创业经验　手拉手提供创业指导　全国百名创新创业优秀女性走进中国人民大学　法制日报，2018/05/29
张清华　朱万曙：纯学笃实　大雅扶轮——《中国文学家大辞典·明代卷》评介　光明日报，2018/05/30
将青春之志融入国家民族发展——各地高校深入学习贯彻习近平总书记在北京大学考察时的重要讲话精神　光明日报，2018/05/30
南山峰会海南开幕　权威聚焦健康老龄化顶层设计　人民健康网，2018/05/30
南非共产党政治局委员马丁斯赴中国人民大学演讲　人民网，2018/05/30
中国人民大学展出“猛犸象”“恐龙蛋”化石　新京报，2018/05/30
刘元春：以供给侧结构性改革推动高质量发展　人民日报，2018/05/30
中国人民大学国企改革与发展研究中心揭牌　光明网，2018/05/30
纪念马克思诞辰 200 周年　学习习近平总书记讲话精神暨“走近马克思”小丛书出版座谈会在京举行　中国社会科学报，2018/05/30
陈先达、臧峰宇：以问题为导向的哲学探索与新时代哲学的现实关注　党政干部学刊，2018/05/31
王义桅：“金砖”行稳致远面临的挑战　环球时报，2018/05/31
以汉字溯源延展语文教育　人民日报，2018/05/31
阿勒泰·赛肯：深刻认识“五个认同”思想的哲学意蕴　人民政协报，2018/05/31
张旭：《资本论》的真理光芒和时代价值　经济日报，2018/05/31
郝立新：《共产党宣言》的历史地位和现实意义　光明日报，2018/05/31

六月

黄河　常菲　薛昱琨：强化政务微信运营的战略设计　网络传播，2018/06/02
人文与科学比翼齐飞——中国人民大学第二届科技文化周开幕　科技日报，2018/06/02

张新宝：尊重网络主权　发扬伙伴精神　人民日报，2018/06/04
中国人民大学第四届国民经济管理论坛在京举行　中国社会科学网，2018/06/04
杨光斌："包容型智慧"造就"中国时刻"　北京日报，2018/06/04
刘振天：推进高校教师教学变革的内在原理与外在方法　中国高教研究，2018/06/04
王大庆：古代希腊和古代中国的竞争观念比较　光明日报，2018/06/05
纪念马克思诞辰200年暨"走近马克思"丛书出版座谈会举行　人民网，2018/06/05
贾根良：高质量发展阶段需要怎样的产业政策　光明日报，2018/06/05
千秋太史公　心事有人知　北京日报，2018/06/05
Opinion：When SCO Meets BRI—What Should the World Expect?　CGTN，2018/06/05
中国人民大学中欧人文交流研究中心今日揭牌　人民网，2018/06/05
罗来军：双重转型　中国经济建设的逻辑主线　光明网，2018/06/05
陶文昭：精准把握"新时代"这一历史方位　四川日报，2018/06/06
王利明：中国民事立法40年走过了西方国家数百年的道路　央广网，2018/06/06
中国人民大学：填报志愿要了解专业分流规则　光明日报，2018/06/06
金元浦：用大数据推动共享和融合　光明日报，2018/06/06
贡献全球治理新方案——迎接上合组织青岛峰会系列述评之三　新华社，2018/06/06
高校基层党建，打响质量提升攻坚战　人民日报，2018/06/07
如何加强上合组织与"一带一路"对接？专家建言献策　人民网，2018/06/07
保障好孩子们的多元高考观　中国教育报，2018/06/07
2018高考高招有啥新特点　人民日报，2018/06/07
郑水泉：坚持和发展马克思主义的宣言书　中国高等教育，2018/06/07
王文：上合组织与"一带一路"交相辉映　人民日报海外版，2018/06/07
张智：试析中国人民从精神被动到精神主动的历史嬗变　思想理论教育导刊，2018/06/08
侯衍社：人民主体思想的科学内涵　光明日报，2018/06/08
网约车消费，拧紧"安全阀"　人民日报，2018/06/08
大数据反腐，如何用好这把"利剑"　新京报，2018/06/08
林红：看民进党治下的台湾乱世景象　北京日报，2018/06/08
知识产权强国建设纲要制定工作启动在即　经济参考报，2018/06/08
高校送暖心祝福　与考生相约九月　北京晚报，2018/06/09
"人北清师"论坛今举行　40篇论文获奖　法制晚报，2018/06/09
王文：如何加强上合组织与"一带一路"对接？　观察者网，2018/06/09
首都高校学生理论社团交流学习成果　青年学子共话新时代青春信仰　中国青年网，2018/06/10
夏·读丨还是人民大学的馒头好吃　光明网，2018/06/10
首都高校学生理论社团交流会暨第19届"人北清师"马克思主义学院博士生论坛举办　北京青年网，2018/06/10
用知识产权为互联网经济"点睛"　光明日报，2018/06/10
关雪凌：弘扬"上海精神"　推动建设公正合理的新型国际关系　央广网，2018/06/11
刘元春　张杰：首都减量发展的新时代创新价值　北京日报，2018/06/11
"人北清师"马克思主义学院博士生论坛在京举办　中国新闻社，2018/06/11
"当代青年应该树立坚定的政治信仰"首都高校学生理论社团交流会举办　光明网，2018/06/11

方振邦：扎根中国实践　解决中国问题　抓住构建中国特色管理学的要点　人民日报，2018/06/11
段忠桥：关于平等主义的两个争论　光明日报，2018/06/11
打造共同发展繁荣的强劲引擎　光明日报，2018/06/11
新知识青年下乡：沉入真实的乡土中国　中国青年报，2018/06/11
光明大直播带你选学校　光明日报，2018/06/11
Forum Seeks to Popularize Marxism among Students　*China Daily*，2018/06/12
王文：上合再出发：因进而近　由近再进　中国经济时报，2018/06/12
第十五届马克思主义哲学创新论坛在中国人民大学召开　求是网，2018/06/12
中国文博创意作品海外巡展在巴黎开幕　新华社，2018/06/12
全国政协双周协商座谈会围绕打赢"基本解决执行难问题"决战建言献策　依法保障胜诉当事人及时实现权益　人民网，2018/06/13
首都高校学生理论社团交流会暨第19届"人北清师"马克思主义学院博士生论坛在京举办　中国社会科学网，2018/06/13
今日头条旗下视频平台发布对英烈不敬内容被查　业内人士曝部分自媒体知错不改利益动机　法制日报，2018/06/13
周晓晶：青岛峰会成果引领上合组织迈向历史新阶段　中国网，2018/06/13
熊文景：法院判决让污蔑英烈者"无处藏身"　法制网，2018/06/13
大数据"杀熟"：最懂我的人，为何能伤我最深？　新华日报，2018/06/13
机票退改签，乱象怎么破？　检察日报，2018/06/13
Renmin University of China Hosts the 2018 CCSP PhD Forum　*China Daily*，2018/06/14
孔祥智：发展以农业为中心的乡村产业体系　四川日报，2018/06/14
王义桅："五大观念"的时代价值　人民日报海外版，2018/06/14
首届联合国教科文组织《信使》论坛在巴黎举办　光明日报，2018/06/14
韩大元：把儿童食品安全置于优先保障地位　中国医药报，2018/06/14
G7到底还能走多远？　人民日报海外版，2018/06/14
90.4%受访者选择影视剧会关注其价值观　中国青年网，2018/06/14
白菜价聘请代理人难有高价值专利　法制网，2018/06/14
"中国开放与包容给世界树立了榜样"　人民日报，2018/06/14
张旭：发挥当代中国马克思主义的思想力量　中国社会科学报，2018/06/14
央行货币政策委员会换届　新入选的都有谁？　财新网，2018/06/15
扬起时代风帆　开启全新征程——习近平主席在上合组织青岛峰会上的重要讲话引发国内学者热议　人民日报，2018/06/15
大学生士兵已占北京征兵总数八成以上　北京青年报，2018/06/15
陈力丹：坚持以人民为中心的工作导向　人民日报，2018/06/15
为完善全球治理贡献东方智慧　人民日报，2018/06/16
第九届中美公共管理国际学术研讨会举行　中国社会科学网，2018/06/17
第九届中美公共管理国际学术研讨会举行　中国新闻社，2018/06/17
首例英烈保护公益诉讼宣判　人民日报海外版，2018/06/18
第九届中美公共管理国际学术研讨会在中国人民大学举行　中国日报，2018/06/19
中国资本市场开放出大招　人民日报海外版，2018/06/19
史焕翔：中国优秀传统文化的当代价值　中国共产党新闻网，2018/06/19

老年人社保年审如何更便利　人民日报，2018/06/19
领导干部要讲政德　光明日报，2018/06/20
宋博：上合组织安全治理的未来　中国青年报，2018/06/20
赵锡军：征收方式由“扣”变“报”　投资收入需单独列出　每日经济新闻，2018/06/20
国家生态文明试验区（福建）创新与发展论坛举行　光明日报，2018/06/20
人大2018年毕业摄影展暨“复校四十年影迹”特别展开幕　新京报，2018/06/20
“故宫＋金融”来了，将“加”出什么　光明日报，2018/06/20
十三万村组完成集体产权改革　人民日报海外版，2018/06/20
2018（第三届）全国党报网站高峰论坛嘉宾观点　人民日报，2018/06/21
臧峰宇：用中国话语体系彰显学术自信　光明日报，2018/06/21
农村污水有效治理按下快进键　市场空间或加速释放　经济参考报，2018/06/21
西方国家争搭“一带一路”快车　人民日报海外版，2018/06/21
靳诺：牢记使命抓住根本　建设中国特色世界一流大学　中国高等教育，2018/06/22
似水年华　拾光往新　中国人民大学学子展出毕业摄影作品　中国青年网，2018/06/22
张辉锋：互联网时代，新闻人才培养面临重重挑战　人民网，2018/06/22
美方无权妄称中国强制高技术转让——访中国人民大学法学院教授刘春田　人民日报，2018/06/22
这个暑假，如何过得更惬意？　人民日报，2018/06/22
为人类作出新的更大贡献——国内学者积极评价中国对外工作成果　人民日报，2018/06/23
文学教育再追问　中国教育报，2018/06/23
陈彦斌：当前宏观经济需要警惕六大风险点　证券日报，2018/06/23
中国宏观经济论坛（2018年中期）报告会在中国人民大学举行　光明网，2018/06/24
洪大用：美好生活的丰富内涵和实现之道　光明日报，2018/06/25
移动支付看中国　人民日报海外版，2018/06/25
陈彦斌：结构性去杠杆，除了化解债务还要保证经济平稳　经济观察网，2018/06/25
资管新规开启行业转型　人民日报海外版，2018/06/25
方汉奇：中国新闻事业的“知识运河”　人民日报，2018/06/26
中国人民大学80年间培养26万学子　人民网，2018/06/26
完善规模控制以促进积分落户获突破性进展——访中国人民大学首都发展与战略研究院执行院长叶裕民　中国经济时报，2018/06/26
四探保健品“坑老”现象　人民日报，2018/06/26
刘元春　刘晓光：理性看待当前中国宏观经济形势变化　中国经济时报，2018/06/27
城镇化：从速度向深度转变　专家热议中国城市发展40年　经济日报，2018/06/27
王子今：童年司马迁的“耕牧”生活　人民日报，2018/06/27
郑功成：加快建成多层次社会保障体系　光明日报，2018/06/27
张向荣：听何兹全讲中国传统文化　光明日报，2018/06/27
张丁：《信・中国》：振奋民族精神的鲜活教材　光明日报，2018/06/28
专家建言“一带一路”建设绿色发展之路　中国新闻网，2018/06/29
专家热议中国城市发展40年　城镇化：从速度向深度转变　中国经济网，2018/06/29
王义桅：难民问题是如何撕裂欧盟的　北京日报，2018/06/29
董希森：缓解小微企业融资困境应综合施策　证券日报，2018/06/30
朱青：个税改革向减负与公平迈出坚实一步　中央广播电视总台，2018/06/30

王卫东：拿什么充实00后的阅读世界　光明日报，2018/06/30
周莉：治“熊孩子”：“不护短”但也得平衡有度　新京报，2018/06/30
陈禹：40年后，解放思想依然是重中之重　新京报，2018/06/30
不给楼市留炒作空间　30个城市启动治理房地产乱象专项行动　人民日报，2018/06/30

七月

陈先达：中国百年历史变革中的辩证法　光明日报，2018/07/02
范永茂：步履不停　一个海归教授的基层挂职心路　光明日报，2018/07/02
党旗所指　团旗所向　引领青年建功新时代——习近平在同团中央新一届领导班子成员集体谈话时的讲话引起热烈反响　CCTV新闻联播，2018/07/03
沈大军：城镇供水价格改革攻坚克难　人民日报，2018/07/04
姚乐：走蒙内铁路，看中国印记　环球时报，2018/07/04
靳诺：全面深化改革的根本指导思想　中国教育报，2018/07/05
撕开网络欺诈5张“假面具”　人民日报，2018/07/05
王文：中美出现结构性的实力消长　红旗文稿，2018/07/05
刘伟：稳健中性的货币政策符合我国经济转型发展要求　新华社，2018/07/06
央行货政委委员、中国人民大学校长刘伟：流动性合理充裕与结构性去杠杆没有根本矛盾　中国证券网，2018/07/06
刘伟：稳健中性货币政策应兼顾短期经济增长和长期结构调整　中国金融新闻网，2018/07/06
王洪臣：完善污水处理费征收政策　助力打好碧水保卫战　人民日报，2018/07/06
中国人民大学贵州校友会成立　贵州日报，2018/07/07
央行货政委委员、中国人民大学校长刘伟：流动性管理须更具灵活性　经济日报，2018/07/07
以绿色产业引领乡村振兴　光明日报，2018/07/08
罗骞：与马克思同行——读“走近马克思”小丛书　光明日报，2018/07/08
三位一体丰富第二课堂育人成效——中国人民大学统计学院第二课堂建设成果侧记　中国教育报，2018/07/09
王义桅：为构建新型国际关系注入强大动力　人民日报，2018/07/09
2018年“英才计划”中期研讨会举办　凝心聚力协同培育“未来科学家”　新华网，2018/07/09
亲山近水共享绿色福祉——专家建言林业生态文明建设发展路径　光明网，2018/07/09
刘志勤：认真研究“习近平金融思想”　环球网，2018/07/09
好大学少不了浓浓的人情味儿　中国教育报，2018/07/09
捍卫市场诚信　涵养社会信任　光明日报，2018/07/10
美贸易战将使美欧同盟信任受损、渐行渐远　新华网，2018/07/10
管好备付金　花钱更安心　人民日报，2018/07/10
披“马甲”请演员，违法广告怎么管　解放日报，2018/07/10
社保扩面，怎样走好平衡木　人民日报，2018/07/10
王文：美国挑起的贸易战是一堂全民教育课　人民日报海外版，2018/07/10
让电信诈骗和虚假广告无所遁形　光明日报，2018/07/11
卫兴华：在理论创新中走向社会主义市场经济　经济日报，2018/07/12
短视频虽短版权保护不可短视　中国新闻出版广电报，2018/07/12
信用让生活更美好　光明日报，2018/07/12

贾晋京：荒谬的药方治不了美国的病 人民日报海外版，2018/07/13
美方对华指责站不住脚 人民日报，2018/07/13
构建现代金融体系　布局金融强国战略 中国社会科学网，2018/07/13
朱景文：培育更加先进的法治文明 人民日报，2018/07/13
朱晓琦：来华留学教育须“供给侧改革” 中国教育报，2018/07/13
长江经济带生态产品价值多少？采取多种价值实现路径 经济参考报，2018/07/13
事情发展到今天，责任全在美方 人民日报，2018/07/14
特朗普滥权不得“官心” 人民日报海外版，2018/07/14
央行：任何单位和个人不得拒收现金 光明日报，2018/07/14
吴晓球：没有金融的多样性，何来现代金融体系 搜狐财经，2018/07/15
“深入了解国情是一生财富”——回访中国人民大学香港籍毕业生 经济日报，2018/07/15
王义桅：贸易大棒阻挠不了中国发展的步伐 人民网，2018/07/16
2018 年中国人民大学在川本科提前批录取情况 四川电视台，2018/07/17
刘元春：财政和货币政策有微调空间 21 世纪经济报道，2018/07/17
同饮一江水　合力促进长江经济带协同发展 CCTV 中国新闻，2018/07/17
改革开放夯实人民币国际化基础 中国社会科学网，2018/07/18
刘伟：人民币国际化报告成推动人民币国际化决策依据 凤凰网，2018/07/18
改革开放 40 周年之际，高校青年学子广泛开展社会实践活动——追寻历史征程　汲取前进力量 人民日报，2018/07/19
中国人民大学师生党建骨干赴雄安新区开展主题调研实践活动 中国青年网，2018/07/20
曾湘泉：结构性矛盾突出，做好应对不确定性风险的准备 CCTV 央视财经评论，2018/07/20
侯衍社：新时代党的组织路线：马克思主义党建学说的创造性发展 光明日报，2018/07/20
刘元春：未来会出现流动性的良性循环 澎湃新闻，2018/07/21
王义桅：讲好“一带一路”故事，不亦乐乎 光明网，2018/07/22
陈力丹：让历史告诉未来——“人民日报 70 年作品精选”丛书巡礼 人民日报，2018/07/24
三问 P2P 平台运行 新华社，2018/07/26
下半年中国经济怎么干？国务院用这六个词定调 中国新闻网，2018/07/26
心手相连　相约明天——记全国台联“第十五届台胞青年千人夏令营” 人民日报，2018/07/26
政府应对“问题疫苗”需要做好这三件事 中国网，2018/07/26
王文：中国有能力跨越“中等收入陷阱” 人民日报，2018/07/26
构建有利于特色发展的评价体系 人民日报，2018/07/26
租赁经济风头正劲——信用、支付、物流环节打通催生“租一族” 人民日报，2018/07/26
水质存隐患　服务无标准　监管成空白　婴幼儿游泳项目如何驶入正轨？ 新华社，2018/07/26
网络假证　严打追责 人民日报，2018/07/26
宋扬：区域收入差距扩大现象值得警惕 中国网，2018/07/27
人民陪审员法施行满三月新规接地气　履职更积极 人民日报，2018/07/27
陈晨晨：世界格局转折点上的中国气象 人民网，2018/07/28
黄石松：我国居家养老服务面临新旧动能转换 光明网，2018/07/28
机遇与挑战：“一带一路”倡议下的中国—阿联酋全面战略合作 人民网，2018/07/28
王文：世界因“金砖”而不同 人民日报海外版，2018/07/28
云南省政府与中国人民大学签署合作协议 云南日报，2018/07/29

程诚：中非合作论坛务实和机制化程度冠绝全球　合作势头向好　中国网，2018/07/30
业内专家剖析如何规范早教市场　法制日报，2018/07/30
马亮："网约车新政"的尴尬与出路　澎湃新闻，2018/07/30
杨光斌：开辟世界政治研究新路径　人民日报，2018/07/30
个税草案关注度高　收到意见超13万条　人民网，2018/07/30
程大为：贸易战如何以双赢告终？　中国网，2018/07/30
二手车买卖"没有中间商赚差价"？听起来很美的广告词其实大有水分　新华每日电讯，2018/07/31
侯耀文：自我革命精神—推进新时代社会革命的强大精神动力　光明网，2018/07/31
长江刀鱼，大家嘴下留情　生命时报，2018/07/31
宋建武：善用大数据，提升社会治理能力　人民网，2018/07/31
美国"安全"损害世界安全　人民日报海外版，2018/07/31
王晋斌：特朗普为何强推"三无"自贸政策？跳出"贸易战"来看清楚　华夏时报，2018/07/31

八月

城市书屋给生活添书香　人民日报海外版，2018/08/01
李虹含：依托科技的城市未来　人民日报，2018/08/01
陶文昭：处置中美贸易争端的战略定力　中国网，2018/08/01
深入贯彻全国组织工作会议精神　推进省校人才和科技合作迈上新台阶　河北日报，2018/08/01
顾雷：是该建立统一的金融消费者保护机构了　新京报，2018/08/02
不知道、不敢请、请不了，"独生子女护理假"只是说说而已？　新华社，2018/08/02
刁大明：寻求与鲁哈尼会面，特朗普在打什么牌？　新京报，2018/08/02
王鹏　刘建平：美国无法遏止中国的科技进步与产业升级　光明日报，2018/08/02
形成保护和尊崇英烈的清朗网络空间　人民日报，2018/08/02
"一带一路"5岁了！　人民日报海外版，2018/08/02
王义桅：为何总有人拿"一带一路"的规则说事儿？　海外网，2018/08/02
《马克思主义发展史》第一至三卷正式出版　体现中国马克思主义史研究最新发展　人民网，2018/08/02
吴晓球：中国资本市场如何健康稳定发展　CCTV中国经济大讲堂，2018/08/02
刘伟：培养社会主义建设者和接班人　建设中国特色世界一流大学　中国高等教育，2018/08/02
中国加强医卫行业综合监管　医卫制度建设进入新阶段　中国新闻网，2018/08/03
山东省检察院推进规范化试点，增强法律监督效果　检察建议书不再"一发了之"　人民日报，2018/08/03
宋伟：解析国际关系理论的发展历程　中国社会科学网，2018/08/03
王虎峰：我国基本医疗卫生制度建设进入新阶段　光明日报，2018/08/04
李巍　艾雪颖：美欧日要建"超级自贸区"？　中新网，2018/08/04
最新中国高校一流学科排行榜：人民大学12个一级学科排名全国第一　今日头条，2018/08/05
首届全国中学生国学大赛收官　北京日报，2018/08/06
马亮：政府网站也该有点"流量焦虑"　凤凰网，2018/08/07

何天平　颜梅：文化类电视节目功能再审视　中国社会科学报，2018/08/08
罗思义：了解中国　读懂中国　人民日报，2018/08/09
守护智库质量生命线　人民日报，2018/08/09
低年级准备考研成风　专家建议改革研招模式　中国青年报，2018/08/09
刘昕：发展是解决一切问题的“总钥匙”　人民日报海外版，2018/08/09
《2018年降低企业杠杆率工作要点》发布——积极稳妥降低企业杠杆率　经济日报，2018/08/09
涂永红：全面理性看待经常账户现逆差　经济日报，2018/08/09
中国人民大学“千人百村”社会调研活动组走进沙圪堵镇石窑沟村　人民网，2018/08/09
王义桅　许利平：一带一路”如何对接东盟“深耕区”　环球网，2018/08/09
杨光斌：墨西哥暴力政治的经济学启示　环球时报，2018/08/09
引领通往未来的希望之路——共建“一带一路”5年成果综述之一　新华网，2018/08/10
“非常幸运，我亲历了中国的发展”——访澳大利亚中国问题专家马克林　人民日报，2018/08/10
李义平：深入理解现代化经济体系的有机构成　人民日报，2018/08/10
刘元春、刘晓光：经济运行稳中有变　改革开放勇往直前　光明日报，2018/08/10
暑期档荧屏需要怎样的“爆款”　光明日报，2018/08/11
中日学者齐聚杭州　共议“中国南宋史”挖掘与研究　中国新闻网，2018/08/11
王义桅：“一带一路”五年成事了　人民日报海外版，2018/08/11
唐良智会见中国人民大学校长刘伟　重庆日报，2018/08/11
关学研究新进展——“戊戌年关学国际研讨会”综述　光明日报，2018/08/11
王子今：走近秦汉儿童的世界　光明日报，2018/08/12
2018全国新闻传播学骨干教师研修班在成都举办　人民网，2018/08/13
孙鹃娟、高秀文：“边富边老”：现阶段我国人口老龄化特征——国际视野中的中国人口老龄化若干趋势　北京日报，2018/08/13
郑云天：从“看不惯”、“看不懂”到“看惯看懂”——国外学者对中国特色社会主义发展进程的认识变迁　北京日报，2018/08/13
黄朴民：“不以无过为贤”　北京日报，2018/08/13
谢地坤：学以成人与哲学何为　光明日报，2018/08/13
郑功成：中国社会保障学科建设：回顾与展望　人民日报，2018/08/13
刘建军：深刻把握“战略定力”　北京日报，2018/08/13
中国试管婴儿30年：不忍扔不敢扔，“无主”胚胎何去何从　科技日报，2018/08/14
历史地理学用历史观照现实　光明网，2018/08/14
在稳中有变中实现稳中求进　光明日报，2018/08/14
臧峰宇：分享与重思哲学的跨文化整合　光明日报，2018/08/14
“心有大我，至诚报国”——知识分子的时代答卷　新华社，2018/08/15
程大为：直面霸凌，中国具备博弈优势　人民日报海外版，2018/08/16
杨子强：保持“眼睛向下”的情怀　人民日报，2018/08/16
BIMG Institute在洛杉矶成立　聚焦区块链服务实体经济　人民网，2018/08/16
中国人民大学在宁选调生座谈会召开　宁夏日报，2018/08/16
今年高招录取新变化　瞭望，2018/08/16
第五届著名大学中学校长峰会召开　中国高等教育，2018/08/16

Wang Yiwei：How the Belt and Road Initiative is Changing Africa? CGTN，2018/08/16
刘伟：新发展理念与现代化经济体系 政治经济学评论，2018/08/16
程大为：贸易战在前，中国应对的底气何在？ 人民日报海外版，2018/08/16
Wang Yiwei：How to Evaluate the Outcomes of the Five-year-old Belt and Road Initiative CGTN，2018/08/16
为伟大时代注入思想力量——新时代中国特色哲学社会科学取得新进展 新华网，2018/08/17
龙翼飞教授评析老年人再婚引起的财产纠纷问题 CCTV 今日说法，2018/08/18
冯玉军：中国传统法律文化的形成与特点 光明日报，2018/08/19
专家建议完善法律法规解决公摊面积争议 法制日报，2018/08/20
类金融行业迎监管新时代 经济参考报，2018/08/20
限塑令，还须硬碰硬 人民日报，2018/08/20
王文：关于中非关系的十大误解 参考消息网，2018/08/20
杨子强：把握“求真务实”的核心要义 中国纪检监察报，2018/08/21
何召鹏　卫兴华：改革开放 40 年来中国特色社会主义几个经济理论的创新与发展 毛泽东邓小平理论研究，2018/08/24
王义桅：从历史深处走来的合作共赢之路 光明日报，2018/08/27
陶文昭：指导新形势下党的宣传思想工作的纲领性文献 北京日报，2018/08/27
叶林：完善法制体系　提高我国期货市场核心竞争力 中证网，2018/08/27
“苏州工业园区—中国人民大学奖学金”协议签约 澎湃新闻，2018/08/27
吴秋翔　李立国：专项招生计划，从数量公平到质量公平 光明日报，2018/08/28
刘期湘　于浩：新时代法治反腐的重大创新 光明日报，2018/08/29
2018 国家艺术基金“传统村落艺术创新设计人才培养”项目成果展开幕 新华网，2018/08/29
斐济高校成功举办南太平洋岛国与“一带一路”倡议研讨会 新华网，2018/08/29
2018 年度十大金融图书 新浪财经，2018/08/29
网络服务改收费　用户体验待提升 人民日报，2018/08/30
何虎生：坚定信念思奋进　永葆初心有担当 光明日报，2018/08/30
董佳：在总结经验中推进全面深化改革——中国改革开放四十年国际学术研讨会综述 中国教育报，2018/08/30
刘俊海等：华帝“法国队夺冠退全款”暴露广告营销哪些问题 法制日报，2018/08/31
网上买观赏鱼，怎么送到家里？ 人民日报，2018/08/31
是否假药应由专业部门从严界定 法制日报，2018/08/31
冯玉军：沿着中国特色社会主义法治道路阔步前进 人民日报，2018/08/31
十三届全国人大常委会第五次会议在京闭幕 人民日报，2018/08/31
高校迎接“00 后”用上“黑科技” 北京晚报，2018/08/31

九月

中美智库对话寻求经贸摩擦解决之策 人民日报，2018/09/01
十三届全国人大常委会第五次会议在京闭幕 人民日报，2018/09/01
革命先辈成仿吾的“钉钉子精神” 学习时报，2018/09/01

孙文凯：解决住房问题需要住房套数大于家庭数	中国网，2018/09/01
王利明：我国民法典分编编纂需重点解决的七个问题	光明日报，2018/09/02
第四届地缘政治经济学论坛在中国人民大学举办	中国社会科学网，2018/09/03
“一带一路”学术出版共通共赢	北京日报，2018/09/03
中国人民大学食品安全协同治理创新中心药品监管与法律研究所成立	新华网，2018/09/03
习近平主席就中非命运共同体提出新主张　重点实施“八大行动”	中国共产党新闻网，2018/09/03
高校分宿舍　不只靠“缘分”	北京晚报，2018/09/03
刻在心底的第一课	光明日报，2018/09/03
治网购乱象　促电商发展	人民日报，2018/09/04
贾文山：拉动世界经济增长的新引擎	人民日报海外版，2018/09/04
谢富胜　王朝科：企业生产方式创新是建设现代化经济体系的关键	光明日报，2018/09/04
李焰：促进小微企业发展需在降成本上下功夫	经济日报，2018/09/04
来自中国人民大学的志愿者黄素素凭借过硬的综合实力向外宾展示中国青年风采	北京青年报，2018/09/05
王利明：编纂展现中国智慧的民法典	人民日报，2018/09/05
上半年个人住房贷款增速放缓　热点城市房贷比重下降	中国经济网，2018/09/06
王文：中非携手，未来更美好	人民日报，2018/09/06
以“租”代“买”，日子过得也精彩	人民日报，2018/09/07
首届中国电影美学年会聚焦“变迁与传承”	新华社，2018/09/07
杨德山：深入把握思想建设的规律　将思想建设真正落到实处	人民日报，2018/09/07
2018 中国企业 500 强发布——榜单变化透露哪些经济信号	人民日报海外版，2018/09/08
海归创业：如何借助高校留创园独特优势	人民日报海外版，2018/09/08
一些地方建特色小镇建成即荒废　类似问题如何避免?	中国新闻网，2018/09/08
金灿荣：全球治理出现“赤字”　中国逐渐成为治理参与者	每日经济新闻，2018/09/08
勤工助学薪水不如小时工　困难学生难买账	北京青年报，2018/09/09
贸易畅通是应对逆全球化之道——访中国人民大学习近平新时代中国特色社会主义思想研究院副院长王义桅	经济日报，2018/09/09
宋建武：主流媒体深度融合的目标与路径	人民网，2018/09/10
P2P 网贷平台资金净流出放缓　监管力度加大缓解恐慌情绪	中国经济网，2018/09/10
杨光斌：有必要弄清“话语权”到底是什么	北京日报，2018/09/10
王燕：中国通俗文学的海外传播——十九世纪英译中国通俗文学资料的学术价值	光明日报，2018/09/10
补齐农业标准化的制度短板——专访中国人民大学农业与农村发展学院教授孔祥智	光明日报，2018/09/11
侯衍社：增强学习本领　主动走向未来	光明日报，2018/09/11
人物：立德树人·张立文	CCTV，2018/09/11
吴晓球：中国资本市场的问题根源究竟在哪里?	腾讯，2018/09/11
董希淼：存款增速降低并不等于银行没钱	每日经济新闻，2018/09/12
宋春光：诗词文化普及不能止于记诵	光明日报，2018/09/12
聚焦电子商务法：微商终结野蛮生长　拒绝刷单炒信陷阱	人民日报，2018/09/13
王孝松：在坚守底线基础上协调利益	光明日报，2018/09/13

专访朱青教授，社保费主要矛盾是“未富先老” 麻辣财经，2018/09/13
人大教授文继荣：将“技术基因”带回校园 新华社，2018/09/13
你的数据科学第一课 数据科学 50 人——记中国人民大学信息资源管理学院副教授朝乐门 第一财经，2018/09/13
打好休闲这张牌 人民日报，2018/09/14
关雪凌：推动中俄经贸关系发展进入新阶段——写在第四届东方经济论坛闭幕之际 光明日报，2018/09/14
刘晓光、刘元春：既要强化硬约束 还要优化大环境 经济日报，2018/09/15
王义桅：“一带一路”点亮各国共同发展之路 解放军报，2018/09/16
第十八届中国青年经济学者论坛在人民大学举行 中青在线，2018/09/16
金元浦：我国文化产业发展的历史进程与未来趋向 人民日报，2018/09/16
董希淼：善用法规，推助电商健康成长 人民日报，2018/09/17
表情包产业化之路悄然开启 人民日报海外版，2018/09/17
侯衍社：中国道路的人学意蕴 光明日报，2018/09/17
郭湛：理论创新的前提与前沿 人民日报，2018/09/17
加强国有企业改革与发展的理论与实践研究 中国社会科学网，2018/09/18
赵旭东：重读《江村经济》 人民日报，2018/09/18
朱青：“未富先老”如何应对 人民日报，2018/09/18
促进传统文化和现代文明有机融合——专访中国人民大学农业与农村发展学院教授孔祥智 光明日报，2018/09/18
杨凤城：新时代改革开放大旗只会更鲜亮 人民日报，2018/09/19
中国人民大学党委副书记吴付来寄语 2018 级艺术学院本科生：大学伊始，扣好三粒“扣” 人民网，2018/09/19
卫兴华：我国基本经济制度的确立和完善 人民日报，2018/09/19
何天平：文化类节目的新趋向 光明日报，2018/09/20
专家建议公费师范生政策部分延伸到研究生阶段 中国青年报，2018/09/20
75.4%受访者愿意报考或让孩子报考公费师范生 中国青年报，2018/09/20
人民大学港澳台新生喜迎中秋 北京日报，2018/09/20
刘伟：释放涵养消费力并使之成为推动经济增长的新动能 中国社会科学网，2018/09/20
陶文昭：幸福是青春中奋斗出来的 中国网，2018/09/20
“青年传习社”走进中国人民大学 中国网，2018/09/20
“不是放弃，是选择” 中国青年报，2018/09/21
刁大明：得道多助无惧极限施压 北京日报，2018/09/21
曹彬：青莲寺塑像引争议，文物修复该循“新”还是守“旧” 光明网，2018/09/21
中国人民大学工会为从教 30 年教工拍摄工作纪念照 劳动午报，2018/09/21
李景治：改革开放彰显马克思主义强大生命力 人民日报，2018/09/21
中宣部举办第十三届中国公民道德论坛 人民日报，2018/09/22
国家级金融机构最青睐三所名校 北京青年报，2018/09/23
关照宇 张婷婷：东方经济论坛整合“冰上丝绸之路”建设力量 学习时报，2018/09/24
“洋学生”走进市民家中共度佳节 苏州网络电视台，2018/09/24
把新形势下宣传思想工作使命任务扛在肩上——来自宣传思想战线的部分中央党校学员谈学习贯彻全国宣传思想工作会议 学习时报，2018/09/24

精神
问责利器稳步持续发力 人民日报，2018/09/25
网上纠纷网上解 人民日报，2018/09/25
鲁全：降低社保费率需要“全国一盘棋” 新京报，2018/09/25
Rural Students Struggle to Fit in and Break Through Social Boundaries at Urban Universities 环球时报，2018/09/25
王义桅：打通“一带一路”建设金融血脉 光明日报，2018/09/26
冯玉军：德治与法治结合，促进国家治理体系和治理能力现代化 人民日报，2018/09/26
高杭：以系统思维推进教育事业发展 中国教育报，2018/09/26
中澳战略经济对话暨“一带一路”投资友好指数发布会 人民网，2018/09/26
《英烈保护法》亮剑网络“恶搞” 人民日报，2018/09/27
王文：“要在金融保障上下功夫”，加强“一带一路”金融保障体系建设 光明日报，2018/09/27
刘俊海：旗帜鲜明地保护投资者的合法权益 光明日报，2018/09/27
杨保军　李泓江：技术视野中的当代　中国新闻生产方式变迁 人民网，2018/09/27
中国石油档案馆与中国人民大学信息资源管理学院签订战略合作协议 中国石油报，2018/09/27
吴晓球：稳健、低调、坚定地推行人民币汇率制度的改革 和讯网，2018/09/27
全面依法治国迈向新征程 CCTV 焦点访谈，2018/09/27
董希淼：“入富”标志着 A 股国际化步伐加快 证券日报，2018/09/28
王义桅：中国故事从“一带一路”讲起 人民日报海外版，2018/09/28
A 股“入富”将带来更多活水　初始增量资金或达千亿元人民币 经济日报，2018/09/28
国家审计“公开课”高校开讲 中国青年报，2018/09/28
侯衍社：改革开放以来坚持和发展中国特色社会主义的经验弥足珍贵 求是，2018/09/28
张世飞：领导干部缘何要学好历史这门“必修课” 人民网，2018/09/28
杨子强：从战略高度把握习近平总书记“独树一帜”的办学评价 中国高等教育，2018/09/28
王丛虎：感知非洲人民对中国友好的三件事 光明网，2018/09/28
中央地方发力稳投资　多地出台补短板投资计划 中国新闻网，2018/09/29
身临其境的旅行体验 中国文化报，2018/09/29
央视财经评论：“打车难”卷土重来，供给短板怎么补？ CCTV2，2018/09/29
李立国：从传统中汲取解决当代教育问题的理论智慧 光明日报，2018/09/29
刁大明：美国大法官提名战：性侵之争实为党争 新京报，2018/09/30

十月

梳理总结农村改革 40 年宝贵经验——访中国人民大学农业与农村发展学院教授孔祥智 中国社会科学网，2018/10/01
文化+科技，让古老艺术活起来 光明日报，2018/10/02
马亮：以范冰冰案为鉴，拉近民众与税收联系 新京报，2018/10/02
高校学子快闪合唱“我爱你中国”再度引燃网络 人民网，2018/10/02
范冰冰案教育警示文艺影视从业者遵纪守法 光明日报，2018/10/04
建设新时代高素质专业化企业家队伍——专家、干部谈《中央企业领导人员管理规定》 人民日报，2018/10/04

熊文景、徐拥军：科技创新的强大精神力量 前线，2018/10/04
董希淼：对拒收现金现象要加强整治 经济日报，2018/10/08
一带一路为中俄关系注入新内涵 中国社会科学报，2018/10/08
中国的现代化不是美国赐予的礼物 光明日报，2018/10/08
“关怀式谣言”借“善心”横行网络 经济参考报，2018/10/08
“我被中国人的爱国热情震撼了” 人民日报海外版，2018/10/08
中国人民大学教授杨东：将区块链技术应用于国家政府领域的监管服务 人民网，2018/10/08
海南生态软件园将与人民大学共建区块链制度创新研究中心 人民网，2018/10/08
吴付来：马克思主义哲学的创新发展 北京日报，2018/10/08
人民大学：马克思主义理论学科悄然走红 中国教育报，2018/10/08
老有所养，从“有保障”到“更完善” 人民日报，2018/10/08
电子钱包　能否“天下无贼” 科技日报，2018/10/09
唐朝墩，竟然就是唐代的蒲类县城 光明日报，2018/10/09
政策落地，怎样精细配套 人民日报，2018/10/09
40 年，中国外汇市场迎巨变——从外汇紧缺到外储世界第一 人民日报海外版，2018/10/09
大中华文库《晏子春秋》国际学术研讨会举办 现代教育报，2018/10/09
《北京市养老服务行业诚信自律公约》研究成果发布 人民网，2018/10/10
张培丽：民营企业创新发展势在必行 经济参考报，2018/10/10
王英健：找回自然之美　建筑中的“现代木造” 光明日报，2018/10/10
个人信息　要多加几道保护锁 人民日报，2018/10/10
李庆四：美国对华“有恩论”可以休矣 光明网，2018/10/10
互金行业全面纳入反洗钱监控 北京商报，2018/10/11
王文　刘玉书：区块链发展亟待有效监管 经济日报，2018/10/11
“如何让国际关系更加深入民众”研讨会在京举行 光明网，2018/10/11
银行业创新服务　力争打通小微企业融资“最后一公里” 新华网，2018/10/11
葛晨虹：爱国奉献何以可贵 光明日报，2018/10/12
陶文昭：新发展理念揭示高质量发展之路 人民日报，2018/10/12
卞永祖：减税降费有利于经济转型提振内需 北京日报，2018/10/12
王润泽、谭泽明：沟通——百年中国新闻实践的核心理念 中国社会科学报，2018/10/12
卫兴华：马克思研究政治经济学和写作《资本论》的四十年岁月 经济纵横，2018/10/12
人大社：从外国作者中挖“矿” 中国新闻出版广电报，2018/10/12
今年 9 所国内名校“落户”这里！多地提出“名校名院”引进… 中国青年报，2018/10/12
杨光斌：中美关系进入“新阶段” 环球时报，2018/10/12
人民情怀　理政智慧　文化自信——《平“语”近人——习近平总书记用典》引起知识界热烈反响 光明日报，2018/10/14
毛佩琦担任《“平”语近人——习近平总书记用典》节目第七集经典释义人 CCTV，2018/10/14
社保费用统一由税务部门征收，目的很明确——个人企业国家三者都成赢家 人民日报海外版，2018/10/15
贾晋京：“重建中国”？美国迷之自信 人民日报海外版，2018/10/15
改革开放书写了壮丽史诗——中国改革开放 40 年国际学术 人民日报，2018/10/15

研讨会述要
理解不走偏　贯彻不打折　创新不走样　推广不变形　政策执行，务求落地生根　人民日报，2018/10/15
朱腾：中国法律史学学科意义之再思　光明日报，2018/10/15
人大传媒经济学博导张辉锋教你如何读书　人民网，2018/10/15
李志杰：区块链技术可以尝试大规模应用　人民网，2018/10/15
靳诺：深刻理解党对高校全面领导的科学内涵和实践要求——深入学习习近平总书记在全国教育大会上的重要讲话　求是，2018/10/15
陈先达：马克思主义理论工作者的素养和品格　光明日报，2018/10/15
刘伟：货币政策松紧适度　流动性合理充裕　经济日报，2018/10/16
移动支付平均使用率达43%　手机玩转旅行和消费　人民日报海外版，2018/10/17
“中挪年度学术研讨会：国家和国际视角下的社会福利”在京举行　光明网，2018/10/17
吴晓球：新全球化时代渐行渐近　搜狐网，2018/10/17
程大为：海南自贸试验区的创新发展空间在哪里?　腾讯财经，2018/10/17
刁大明：中国的发展是世界的机遇　人民日报，2018/10/17
聂辉华：国企“竞争中性”十三问可能是个积极信号　华夏时报，2018/10/17
金灿荣、金君达：和平发展道路的关键任务及“一带一路”倡议在其中的角色　人民网，2018/10/17
靳诺：新型政党制度——中国共产党领导力的重要体现　统战新语，2018/10/17
陶文昭：风浪面前更要保持战略定力　光明日报，2018/10/18
百位统战理论界大咖齐聚江城研讨“新时代统一战线”　统战新语，2018/10/18
吴晓球：建立现代经济体系　实现新动能转化　中国金融信息网，2018/10/18
以扩大开放促金融助推新旧动能转换　新华社，2018/10/18
《习近平讲故事》短视频上线播出　人民网，2018/10/18
宋友文：从传统文化资源中汲取智慧　光明日报，2018/10/18
教育大会大学习：最近，教育系统干部师生都在“追”这场宣讲　微言教育，2018/10/18
治理欠薪，我们有信心　人民日报，2018/10/19
王文：中国需要更多“国际活动家”　文汇报，2018/10/19
王义桅：维护多边贸易体系　中欧合作很关键　北京日报，2018/10/19
陈彦斌　刘哲希：当前宏观经济形势需要更加积极的宏观政策　证券日报，2018/10/20
省委理论学习中心组举行集体（扩大）学习会　吉林日报，2018/10/20
喜看乡村振兴这一年　人民日报，2018/10/20
王文：在欧洲感受“脱美国化”迹象　环球时报，2018/10/22
林坚：加强应急管理需要树立系统思维　人民日报，2018/10/23
《平“语”近人——习近平总书记用典》引发广泛点赞　光明日报，2018/10/23
第三届劳动经济学会年会在首经贸大学举办　人民网，2018/10/23
卞永祖：个税改革为工薪层减负增收　北京日报，2018/10/24
刷单删差评侵犯消费者权益破坏竞争秩序　专家建议提升失信成本降低失信收益　法制日报，2018/10/24
李义平：中国发展离不开非公经济　经济参考报，2018/10/24
陶文昭：新时代要有新气象更要有新作为　光明日报，2018/10/25
马亮：立足发展大局，勠力自主创新　光明网，2018/10/25

宋学勤：社会建设改革与发展的中国经验 中国教育报，2018/10/25
宋建武：短视频已成正能量传播主场 经济日报，2018/10/25
陶文昭：深入理解构建人类命运共同体的意义 中国社会科学网，2018/10/25
关照宇："新进口时代"与中国国际进口博览会的世界机遇 光明日报，2018/10/26
陈晨晨：美国退约重启潘多拉魔盒 北京日报，2018/10/26
乡村振兴：如何激活"人、地、钱"活力 光明日报，2018/10/26
李岩：以绿色消费推动绿色发展 光明日报，2018/10/26
涂永红：解决"金融空转"要多管齐下 中国证券报，2018/10/26
陈晨晨：美式资本主义面临道路之争 红旗文稿，2018/10/26
梁鸿：用历史记忆构筑精神家园 人民日报海外版，2018/10/27
卫兴华：应准确解读我国新时代社会主要矛盾的科学内涵 思想火炬，2018/10/27
王文、贾晋京、关照宇：纠偏中国进口的九大旧论 环球网，2018/10/27
教育部社会科学委员会哲学学部 2018 年学科建设研讨会召开 光明网，2018/10/27
陈卫东：牵住司法责任制这个牛鼻子 人民日报，2018/10/28
臧峰宇："事实—价值"的辩证法与马克思的正义论 光明日报，2018/10/29
张燕玲：共建一带一路开创国际合作新局面 人民日报，2018/10/30
邓绍根：宣传思想队伍如何切实增强"四力" 光明日报，2018/10/30
杨菊华：改革开放 40 年公共领域性别平等进展 中国妇女报，2018/10/30
国际关系学院举办日本动向与中日关系学术研讨会 人民网，2018/10/30
靳诺：坚持中国特色社会主义大学发展道路——培养德智体美劳全面发展的社会主义建设者和接班人 人民论坛，2018/10/30
续写民营经济发展新篇章 人民日报，2018/10/31
新闻 1+1：诈骗手段层出不穷　保健品"坑老"如何终结？ CCTV13，2018/10/31
最早在高校讲授金庸小说　人大教授冷成金：金庸小说中高雅部分还未被充分阐发 封面新闻，2018/10/31
《国家记忆》：传薪者——半世清史　戴逸 CCTV4，2018/10/31

十一月

董希淼：以明晰的政策稳定市场预期 经济日报，2018/11/01
王国刚：防范系统性金融风险首先要搞清楚数据 新浪网，2018/11/01
范志勇：不应过度渲染和解读人民币汇率是否破 7 腾讯，2018/11/01
专家剖析如何彻底驱散"霸王条款"阴霾 法制日报，2018/11/01
网络诚信建设亮出四大"法宝" 人民日报，2018/11/01
卫兴华：从"三个有利于"看改革开放四十年 人民日报海外版，2018/11/01
金庸小说：打通雅俗的江湖世界 光明日报，2018/11/01
周珂、史一舒：提高环境法治建设精细化水平 人民日报，2018/11/01
专家议建构多元视角的中国文化心理学共同体 中国新闻网，2018/11/01
教育大会大学习 15：如何落实大会精神？6 位高校党委书记这样说 微言教育，2018/11/01
没有煤，"饭碗"也要端稳当 人民日报，2018/11/02
吴晓球：金融创新仍然是中国金融发展的基本动力 每日经济新闻，2018/11/02
围绕哲学与认知科学热点问题　五十余位专家学者齐聚一堂 人民网，2018/11/02
吴晓球：我们永远要记住 1978 年 华夏基石 e 洞察，2018/11/03

民营经济只能壮大不能弱化——专家学者、民营企业家热议习近平总书记重要讲话　光明日报，2018/11/04
坚持“两个毫不动摇”　为民营企业发展注入强大动力　光明日报，2018/11/04
刘英：美国搞贸易摩擦的一个借口　北京日报，2018/11/05
郝立新：马克思主义哲学 40 年的回顾与前瞻　光明日报，2018/11/05
朱景文：在法治建设实践中发展繁荣中国法理学　人民日报，2018/11/05
人大附中联合学校总校在全国帮扶 26 所学校　新华网，2018/11/05
靳诺：向建设中国特色世界一流大学目标奋进　党建，2018/11/05
杨子强：书写时代赋予的使命任务——读《徐光春文集》有感　人民日报，2018/11/06
用法治手段推进保障改革深化助力反腐——解读新修改的刑事诉讼法　法制日报，2018/11/06
贾晋京：中国经济是一片大海　人民日报海外版，2018/11/07
驴象两党分占国会两院　中期选举凸显美国极化　新华社，2018/11/07
王义桅：阿里大进口计划将催生全球贸易新生态　光明网，2018/11/07
在更加开放的世界共创美好未来　中国社会科学报，2018/11/07
顺大势　增信心　共建开放型世界经济　光明日报，2018/11/07
吴玉章是新中国高等教育奠基人　中国教育新闻网，2018/11/07
进博会打造世界共同繁荣的未来　中央广电总台国际在线，2018/11/08
学者探讨安倍晋三访华后中日关系走向　人民网，2018/11/08
给网络“新闻搬运工”敲响警钟　中国新闻出版广电，2018/11/08
人大重阳：走向“相通共进”：中国进口贸易回望与前瞻　光明日报，2018/11/08
数字丝路：让互联网技术成果造福各国　光明日报，2018/11/09
李庆四：中期选举能否踩住特朗普的“刹车”　北京日报，2018/11/09
赵云泽：马克思主义新闻观的相关课程要有回响之美　人民网，2018/11/10
进博会：一次机遇　一段佳话　人民日报海外版，2018/11/10
变了的是媒介，不变的是要静下来读　光明日报，2018/11/11
王文：开放，中国长期繁荣的必选项　人民网，2018/11/12
赵云泽谈新媒体：不要逞一时之快　人民网，2018/11/12
王义桅：“新殖民主义论”背后的战略焦虑——析关于“一带一路”的片面荒谬论调　北京日报，2018/11/12
王文：中国推动更高水平开放的脚步不会停滞　人民日报，2018/11/12
王子今：秦汉——穿越千年的文化符号　北京日报，2018/11/12
王易：把握培养时代新人的方法论　光明日报，2018/11/12
刘英：为世界经济发展提供强劲动力　解放军报，2018/11/12
张云飞：人与自然和谐共生的发展诉求　光明日报，2018/11/12
刘伟：当今中国的“精气神”已焕然一新　北京日报，2018/11/12
戴逸：我与清史　北京日报，2018/11/12
“思想政治理论课名师讲坛”第七期在中国人民大学举行　中国社会科学网，2018/11/12
一群年轻人，投身支教项目，用行动支援教育资源匮乏的贫困地区，以期实现——给更多孩子更好的教育　人民日报，2018/11/13
刘元春、刘晓光：持续完善宏观调控　保持经济长期向好趋势　光明日报，2018/11/13
“人大水墨”创作展亮相中国人民大学　新华网，2018/11/13

人民大学“一带一路”绿色发展指数报告在京发布　人民网，2018/11/13
中国人民大学坚持马克思主义底色　着力推进“双一流”建设　教育部网站，2018/11/13
达尼洛·图尔克：进博会，打开世界对未来的想象　人民日报，2018/11/14
韩建业：传说时代的古史并非不可证明　人民日报，2018/11/14
“中国产生了共产党，这是开天辟地的大事变”　光明日报，2018/11/14
互联网法院开启诉讼新体验　人民日报海外版，2018/11/14
提振实体将迎最大力度政策推动　经济参考报，2018/11/14
《正正的世界》本月底院线上映　讲述留守儿童的故事　中国网，2018/11/14
专家建言乡村振兴：重在产业发展　制度创新　人民网，2018/11/15
暖气报停，是否当交“热损费”？　新华网，2018/11/15
刘伟：为什么 GDP 是“三步走”发展战略的指标？　中国经济大讲堂，2018/11/15
吴晓球：中国经济奇迹的四大奥秘，金融体系是其中之一　搜狐网，2018/11/15
刘伟：名校校长齐聚“论道”　聚焦国际化人才培养　深圳电视台，2018/11/15
王义桅：“一带一路”：从中国倡议到世界共识　光明网，2018/11/15
5 年减贫 6 600 多万人　脱贫攻坚的“中国方略”有何奇特　中国网，2018/11/15
李庆四：建立“欧洲军队”：美欧分歧的新考验　北京日报，2018/11/16
刘伟：深刻领会做好新时代教育工作的根本遵循　中国高等教育，2018/11/16
百度携中国人民大学等成立区块链媒体实验室　网易科技，2018/11/16
资产配置新时代：不负养老重托　共创美好未来　人民网，2018/11/16
回顾 40 年：中国走向“大国金融”　中国发展网，2018/11/16
许勤华：“一带一路”绿色发展的中国贡献　光明网，2018/11/17
黄爱平：学必证明于史　光明日报，2018/11/17
2018·全国哲学研究生学术创新论坛在京召开　光明网，2018/11/17
黄朴民：只见其轮回，不见其进步　北京日报，2018/11/19
申素平：重视校规校纪在师德建设中的作用　光明日报，2018/11/19
谢富胜　王朝科：把握中国特色社会主义政治经济学的逻辑脉络　人民日报，2018/11/19
李立国、薛新龙：中国经济发展需要什么样的高教体系　中国教育报，2018/11/19
定位长江经济带下的宜宾角色：“智行中国——走进宜宾”活动举行　光明网，2018/11/19
董希淼：支持民营经济要有治本之道　经济参考报，2018/11/20
王义桅：做好互利合作大文章　人民日报海外版，2018/11/20
走进秦汉儿童的世界　人民日报，2018/11/20
毛基业：主动求变适应环境　腾讯，2018/11/20
中国人民大学举行 LEAD 计划第四期结营暨第五期开营仪式　人民网，2018/11/20
中国—巴拿马友好故事会将在巴拿马首都举行　网易，2018/11/21
5G：为数字文化产业搭建高速信息路　光明日报，2018/11/21
三亿人上冰雪，难在哪儿　光明日报，2018/11/21
董希淼：长租公寓乱象亟须整治　经济日报，2018/11/22
丁刚：中国发展的动力来自哪里　人民日报，2018/11/22
培育校友捐赠文化，从与在校生良性互动做起　光明网，2018/11/22
王鹏：英国痛苦脱欧的“阿喀琉斯之踵”　北京日报，2018/11/23
李庆四：世贸组织改革要“修路”不要“筑墙”　北京日报，2018/11/23
中巴友好故事会举行，书写中巴友谊新篇章　新华社，2018/11/23

老年人境外游如何保障安全 检察日报，2018/11/24
刘元春：稳消费对经济健康发展重要性远大于稳投资 中国证券报，2018/11/24
中国通过贫困专项计划进入“双一流”高校学子比例约10% 中国新闻社，2018/11/24
“做真党员，是我的理想和追求”——人大九旬教师入党记 新华社，2018/11/24
第二届“公共管理类院校研究生联盟”大会暨“青年与公共精神”院长论坛在京举办 人民网，2018/11/25
吴晓球：正确理解金融与实体经济的关系 搜狐网，2018/11/26
张杰：优化营商环境是一场深刻的制度性变革 北京日报，2018/11/26
刘大椿：从“西学东渐”到“西学东源” 北京日报，2018/11/26
邱吉：提炼文化精神标识，展示中国形象 北京日报，2018/11/26
张霄：培育商业伦理精神 光明日报，2018/11/26
马中：环境要素是经济增长过程中重要的投入要素 人民网，2018/11/26
杨维东：18亿美元大学捐赠的启示 光明日报，2018/11/27
贺耀敏：中国梦也是惠及世界的梦 光明日报，2018/11/27
高校师德师风如何建设？这把“尺子”很重要|好校风哪里来 微言教育，2018/11/27
李义平：当前我国民营企业发展面临的机遇与挑战 人民日报，2018/11/28
Increase Seen in Students Learning Chinese *China Daily*，2018/11/28
王文：崛起强国，除了中印，还有一个容易被忽视 人民网，2018/11/28
中国人民大学联合京东集团共同研究　引领数字经济未来法治　二零一八互联网法治蓝皮书发布 法制日报，2018/11/28
“第六届中国网络视听大会”开幕前夕　大咖齐聚成都勾勒5G时代视听节目未来 封面新闻，2018/11/28
“新时代中国教育公平与学生发展论坛”在京举行 中国社会科学网，2018/11/29
短视频作品创作与版权保护研讨会在京举办 经济日报，2018/11/29
年底加班季，职场你过劳了吗？ 新华网，2018/11/29
“零钱理财”需用心选择 人民日报，2018/11/30
两岸关系走近走好是民心所向 人民日报海外版，2018/11/30
杨子强：筑牢思想政治工作生命线 光明日报，2018/11/30
新动能指数：一个新视角 人民日报海外版，2018/11/30
张楠迪扬：优化营商环境，发挥政府“撬动效应” 人民日报，2018/11/30
朱信凯：廓清农业概念　推动农业农村教育优先发展 农民日报，2018/11/30

十二月

让更多创意走进大众视野 北京日报，2018/12/01
中国人民大学将推动农经类专业融合发展 中青在线，2018/12/01
中欧为多边合作注入正能量 人民日报海外版，2018/12/01
“首都农经理论界纪念农村改革四十周年学术研讨会”在中国人民大学召开 北青网，2018/12/01
崔守军：中阿携手打造“南南合作”新典范 光明日报，2018/12/02
专家：农村社会保障是农民问题的重要议题 新京报，2018/12/02
“为今后一个时期中美关系发展指明方向”——解读中美元首布宜诺斯艾利斯会晤 光明日报，2018/12/03

马亮："花更多时间和精力关心民营企业发展" 北京日报，2018/12/03
魏晓娜：回避制度是正义的基石 光明网，2018/12/03
提高违法成本遏制网络数据造假 法制日报，2018/12/03
韩大元：消除或最大程度降低科技给人类带来的风险，必须选择一个根本性的制度安排——科技发展要基于人的尊严和宪法共识 北京日报，2018/12/03
专家建议对定向招生专项计划学生提供个性化帮扶 "招进来还要培养好" 中国教育报，2018/12/03
沃尔玛与人民大学共同举办全球食品安全共治论坛 光明网，2018/12/04
王文、刘玉书：大变局之下中国的全球经济治理创新实践经验 中国经济时报，2018/12/04
民企"翻山"：长板短板一块也不能少 中国青年报，2018/12/04
许光建：把脉！从"两手论"到"五位一体"如何演进？ 人民论坛网，2018/12/04
农业养活所有中国人 农村改革的"中国方略"为何这么牛？ 中国网，2018/12/04
王鹏：G20峰会为多边主义注入信心 中国贡献日益显著 中国网，2018/12/05
中国记协举办新闻茶座 聚焦改革开放四十年中国外交发展 光明日报，2018/12/05
卡塔尔"退群"影响几何？ 人民日报海外版，2018/12/06
中国记协举办新闻茶座 聚焦"改革开放40年的中国外交" 人民网，2018/12/06
陈致群：作为知识生产的数据新闻 中国社会科学报，2018/12/06
斩断网络"黑账号"利益链 人民日报，2018/12/06
电视"牵手"网络好看又好玩 人民日报，2018/12/06
匡文波 吕聪聪：新媒体技术助推党的创新理论传播 中国社会科学报，2018/12/06
魏坚：不理解草原文明，就无法理解中国历史 澎湃新闻，2018/12/06
陶文昭：总结经验再出发 中国教育报，2018/12/06
汉语纳入俄罗斯"高考" 专家：文言文，俄罗斯学生真的在学 中国青年报，2018/12/06
"21大学生世界华语文学盛典"致敬朱天文 她的小说和电影推动华语流传 北京日报，2018/12/07
集聚"青椒力量" 打造"筑梦之巢" 中国人民大学推动思想政治理论课高精尖创新 教育部网站，2018/12/07
规范管理二手交易平台 人民日报海外版，2018/12/07
杨婷婷：一个燃油税何以引发法国大骚乱 北京日报，2018/12/07
奋斗，用双手书写幸福 人民日报，2018/12/08
校歌：从"时代曲"到"流行歌" CETV，2018/12/08
和合与人类命运共同体 光明日报，2018/12/08
"新时代我国哲学创建一流学科中的问题和对策"会议综述 光明日报，2018/12/10
陶文昭、温祖俊：在深入推进反腐败斗争中加强党的领导 光明网，2018/12/10
杨光斌：立足自身实践完善发展中国政治学 人民日报，2018/12/10
人大EE金融学会成立大会暨首届论坛在京举行 人民网，2018/12/10
刘祥乐：以马克思主义抵御价值虚无主义 中国社会科学网，2018/12/11
"一带一路"五周年专题讲座在希腊比雷埃夫斯举行 新华社，2018/12/11
刘伟：坚持办学正确政治方向 建设高素质教师队伍 形成高水平人才培养体系 中国高教研究，2018/12/11
完善网络诚信体系 让电商失信者寸步难行 光明日报，2018/12/12

暴力伤医罪名与刑罚裁量如何确定？最高法司法案例研究院举办“案例大讲坛” 人民网，2018/12/13
建设新型服务型政府，助力民营经济发展 光明网，2018/12/13
宋伟：从法国骚乱扩大看欧洲政治之困 北京日报，2018/12/14
砥砺奋进正当时 人民日报，2018/12/14
促进农业全面升级农村全面进步农民全面发展——“致敬改革开放40周年：乡村振兴高层论坛”举行 人民日报，2018/12/14
王文　贾晋京：历史与世界维度中的改革开放 人民日报海外版，2018/12/15
俞国良、王浩：大学生心理健康教育喜忧参半 光明日报，2018/12/15
改革开放40年再出发　大咖齐聚国图畅谈民法发展进程 人民网，2018/12/16
《改革开放　关键一招》第六集：大国形象很有样 CCTV，2018/12/16
纪念中美建交40周年”座谈会在美国亚特兰大卡特中心举行 中国新闻网，2018/12/16
我国将探索建立老龄科学新兴学科群 光明日报，2018/12/16
“2018中国家长大会”在京举行 光明日报，2018/12/17
张利庠：未来农场是解决农业问题的有效集成方案 新华网，2018/12/18
《必由之路》播出引发社会各界热议 CCTV新闻联播，2018/12/18
王鹏：以“人类命运共同体”的视角反思“一战” 学习时报，2018/12/19
践行实事求是校训　助力首都改革发展 BTV北京新闻，2018/12/19
电影《又是一年三月三》中国人民大学点映式举行 光明日报，2018/12/19
张燕玲：见证改革开放的银行变化 中国经济周刊，2018/12/21
“新零售+”站上新风口　新零售万亿市场开启新消费时代 经济参考报，2018/12/21
董希淼：加快发展中小金融机构 经济日报，2018/12/21
专家把脉2019经济走势　改革开放是中国发展必由之路 人民网，2018/12/21
“改革开放四十年”分列国内年度字词 北京青年报，2018/12/21
深化供给侧改革　八字方针指明航向 人民日报，2018/12/22
观看盗版视频未付费致行业损失百亿元 法制日报，2018/12/22
高校本科教育短板待补 瞭望新闻周刊，2018/12/22
创纪录！全国290万“考研大军”上考场 北京日报，2018/12/22
肖扬：一蓑风雨任改革 法制日报，2018/12/22
郝立新：必须坚持以人民为中心 求是，2018/12/22
王文：中国需求将成世界经济增长主要动力之一 南方日报，2018/12/23
探寻县域绿色发展新路径　2018县域生态文明建设高峰论坛在京举行 光明网，2018/12/24
第七届全国马克思主义经济学论坛述要 光明日报，2018/12/24
郝立新：改革开放的实践创新与理论创新 人民网，2018/12/24
陶文昭：改革开放是我们党的一次伟大觉醒 北京日报，2018/12/24
中国人民大学清史研究所喜迎建所40周年 光明日报，2018/12/24
杨宏山：赋权增能——城市基层治理新经验 北京日报，2018/12/24
改革开放体现中国特色社会主义道路独特创造——深刻领会“关键一招”的核心要义 北京日报，2018/12/24
王义桅：立己达人　共谋发展　不断推动共建人类命运共同体 中国纪检监察报，2018/12/25
贾晋京：“八字方针”打通经济“任督二脉” 北京日报，2018/12/26
稳健不变　货币政策定向特征将突显 经济参考报，2018/12/26

高仿“签证官网”收费比官网贵一倍　新京报，2018/12/26
《社会力量参与脱贫攻坚实践案例研究》蓝皮书发布会在京举办　光明网，2018/12/26
孟宪实：电子检索无法取代的工具书——读《中华通历》　光明日报，2018/12/26
力争3～5年基本普及中小学影视教育　中国教育报，2018/12/26
正能量共传递　技术赋能升温“指尖善举”温暖人心　人民日报，2018/12/27
携号转网政策红利要落到实处　人民日报，2018/12/27
东亚合作论坛2018：中日韩关系迈进新阶段　光明日报，2018/12/27
许崇德：新中国法律体系建设的积极推动者　法制日报，2018/12/27
纪念改革开放40周年与深化社会保障改革座谈会在京召开　光明网，2018/12/27
赵锡军：未来要用市场力量激励每一位投资者　每日经济新闻，2018/12/27
王文：扩大开放领域　打造国际一流营商环境　每日经济新闻，2018/12/27
农业农村发展蹄疾步稳　人民日报，2018/12/28
郝立新：从改革开放看中国马克思主义的历史性飞跃　中国社会科学报，2018/12/28
中国人民大学开展爱国主义教育：读懂中国　坚定信念　人民日报，2018/12/28
加强多元公共外交，推动中美关系平稳致远——“中美关系与公共外交40年圆桌论坛”在人大举办　光明网，2018/12/28
《我要去延安》纪录片首亮相　探索新时代红色文化的传承与创新　光明网，2018/12/29
农村改革开放40年成就辉煌——改革铺展乡村振兴之路　人民日报，2018/12/29
2018，中国外交巨轮破浪前行　人民日报海外版，2018/12/29
专家学者热议改革开放40年中国财经领域成就与经验　人民网，2018/12/29

图书在版编目（CIP）数据

中国人民大学年鉴．2019/《中国人民大学年鉴》编辑委员会编．--北京：中国人民大学出版社，2023.10

ISBN 978-7-300-31188-3

Ⅰ.①中… Ⅱ.①中… Ⅲ.①中国人民大学- 2019 -年鉴 Ⅳ.①G649.281-54

中国版本图书馆 CIP 数据核字（2022）第 203920 号

中国人民大学年鉴（2019）

《中国人民大学年鉴》编辑委员会

Zhongguo Renmin Daxue Nianjian（2019）

出版发行	中国人民大学出版社		
社　　址	北京中关村大街 31 号	**邮政编码**	100080
电　　话	010－62511242（总编室）		010－62511770（质管部）
	010－82501766（邮购部）		010－62514148（门市部）
	010－62515195（发行公司）		010－62515275（盗版举报）
网　　址	http://www.crup.com.cn		
经　　销	新华书店		
印　　刷	涿州市星河印刷有限公司		
开　　本	890 mm×1240 mm　1/16	**版　　次**	2023 年 10 月第 1 版
印　　张	30.25 插页 14	**印　　次**	2023 年 10 月第 1 次印刷
字　　数	891 000	**定　　价**	158.00 元

版权声明

编辑部地址： 北京市中关村大街59号
中国人民大学学校办公室
邮 政 编 码： 100872
电　　　话： 86-10-82509930
传　　　真： 86-10-62515263
电 子 信 箱： nianjian@ruc. edu. cn